東洋古典譯註叢書 10

譯註 莊子 3

安炳周 田好根 共譯

傳統文化硏究會

東洋古典譯註叢書를 발간하면서

우리의 古典國譯事業은 민족문화 진흥의 기초사업으로 1960년대부터 政府 支援으로 古文獻 現代化 작업을 추진하여 많은 成果를 거두었다. 당시 이 사업 추진의 先行課題로 東洋古典이라 일컬어지는 중국의 基本古典을 먼저 飜譯하여야 한다는 學界의 주장이 있어 왔음에도 불구하고 우리 고전이 아니라는 일부의 偏狹한 視角과 財政 事情 등으로 인하여 배제되어 왔다.

전통적으로 중국의 기본고전은 우리 歷史와 함께 숨쉬며 각종 교육기관의 教科書로 활용됨은 물론이고 지식인들의 必讀書가 되어 왔으며, 우리 文化의 基底에 자리잡고 거의 모든 방면의 體系와 根幹을 형성하여 왔다. 그래서 학문연구의 기본서 역할을 해 왔을 뿐만 아니라 오늘날에도 우리의 國學徒 및 東洋學 硏究者들에게 같은 역할을 하고 있음은 주지의 사실이다. 그럼에도 불구하고 中國古典은 우리 것이 아니라 하여 專門機關의 飜譯對象에 포함하지 않음으로써 대부분 原典에서의 직접 번역이 아닌 重譯이나 拔萃譯의 방식이 주를 이루면서 教養水準으로 出版되어 왔다.

오늘날 東洋三國 중에서 우리의 東洋學 연구가 가장 부진한 이유는 東洋基本古典에 대한 폭넓은 이해의 부족과 漢文古典 讀解力의 저하에 기인함을 우리는 솔직히 인정하여야 한다. 따라서 이들 중국고전에 대한 신뢰할 만한 國譯이 이루어지는 것이 한국학 연구를 촉진시키는 시급한 先行課題라 할 수 있다.

이에 韓國學 및 東洋學의 연구와 古典現代化의 基盤構築을 위해서는 전문기관으로 하여금 동양고전을 단기간에 각 분야의 專門 硏究者와 漢學者가 상호협동하여 연구번역하여 飜譯의 傳統性과 效率性, 硏究의 專門性을 높일 수 있도록 政策的 配慮가 있어야 한다.

이에 本會에서는 元老 및 中堅 漢學者와 斯界의 專攻者로 하여금 協同硏究飜譯하여 공부하는 사람들이 믿고 引用하거나 깊이 있는 註釋 등을 활용할 수 있게 하고, 知識人들의

教養을 증진시켜 줄 수 있는 東洋古典의 國譯書 간행을 지속적으로 추진해 왔다. 근래에 다행히 이 사업에 대하여 각계 지도층의 폭넓은 이해와 지원에 힘입어 2001년도부터 國庫補助를 받아 東洋古典譯註叢書를 간행하게 되었다. 이를 계기로 우리 先學의 註釋과 見解를 반영하는 등 국역사업의 內實을 기하게 되었음을 이 자리를 빌어 衷心으로 감사드리며, 아울러 國譯에 參與하신 관계자 여러분의 勞苦에 깊은 謝意를 표한다.

끝으로 우리의 이러한 작업은 오랜 역사 위에 축적된 先賢들의 業績과 現代學問을 이어주는 튼튼한 架橋와 礎石이 되어 진정한 韓國學과 東洋學 발전에 기여할 것을 굳게 믿으며, 21세기를 우리 文化의 世紀로 열어 가는 밑거름이 되도록 우리의 力量을 本 事業에 경주하고자 한다. 江湖諸賢의 부단한 관심과 지원을 기대해 마지 않는다.

社團法人 傳統文化研究會 會長 李 啓 晃

凡 例

1. 本書는 東洋古典譯註叢書 ≪莊子≫의 제3책이다.

2. 본서는 郭慶藩 ≪莊子集釋≫(無求備齋莊子集成續編 제38권, 藝文印書館, 臺灣)을 底本으로 삼고, 郭慶藩 ≪莊子集釋≫(新編諸子集成 제1집, 中華書局, 北京)을 참고하였다.

3. 飜譯은 原義에 充實하도록 노력하였다. 다만 難解한 부분은 意譯 또는 補充譯을 하였다.

4. 懸吐는 懸吐句解南華眞經(林希逸 注, 驪江出版社 影印)을 참고하였으며, 어려운 古語套는 가급적 현대어로 바꾸었다.

5. 譯註는 중국과 일본 古今 諸家의 說과 朝鮮朝의 朴世堂 ≪南華經註解刪補≫와 韓元震 ≪莊子辨解≫를 참고하여 최대한 반영하고, 현대 학자들의 연구 성과도 소개하였다.

6. 原文은 각 參考本과 校勘하여 譯註로 처리하였으며, 音이 여러 개인 漢字나 어려운 漢字에는 ( ) 안에 音을 달아 주었다.

7. 본서에 사용된 주요 符號와 略號는 다음과 같다.

   " " : 對話, 각종 引用
   ' ' : 再引用, 强調
   ( ) : 漢字의 音, 간단한 註釋, 原文의 誤字를 正字로 바꾼 경우
   ≪ ≫ : 書名, 出典
   〈 〉: 篇章節名, 作品名, 補充譯, 原文의 補充字
   〔 〕: 原文의 倂記, 衍文, 音이 다른 漢字

參考圖書

국내자료

林希逸注, 懸吐者未詳, 《懸吐句解南華眞經》

朴世堂, 《南華經註解刪補》

韓元震, 《莊子辨解》

安東林譯, 《莊子》, 현암사, 1998

오강남譯, 《莊子》, 현암사, 1999

李基東譯, 《莊子》, 동인서원, 2001

釋德淸著, 송찬우譯, 《莊子禪解(莊子內篇注)》, 세계사, 1991

중국자료

郭象, 《莊子注》

陸德明, 《莊子音義(經典釋文)》

成玄英, 《莊子疏》

呂惠卿, 《莊子義》

陳景元, 《莊子闕誤》

林希逸, 《南華眞經口義》

褚伯秀, 《南華眞經義海纂微》

羅勉道, 《南華眞經循本》

陳深, 《莊子品節》

楊愼, 《莊子解》

朱得之, 《莊子通義》

陸西星, 《南華眞經副墨》

焦竑, 《莊子翼》

釋德淸, 《莊子內篇注》

方以智, 《藥地炮莊》

王夫之, 《莊子解》

林雲銘, 《莊子因》

宣穎, 《南華經解》

屈復, 《南華通》

陸樹芝, 《莊子雪》

姚鼐, 《莊子章義》

王念孫, 《讀書雜志》

兪樾, 《莊子平議》

王闓運, 《莊子內雜篇注》

吳汝綸, 《莊子點勘》

陳壽昌, 《南華眞經正義》

王先謙, 《莊子集解》

郭慶藩, 《莊子集釋》

馬其昶, 《莊子故》

陶鴻慶, 《讀莊子札記》

章炳麟, 《莊子解故》

武延緒, 《莊子札記》

奚侗, ≪莊子補注≫

阮毓崧, ≪莊子集注≫

朱桂曜, ≪莊子內篇證補≫

馬叙倫, ≪莊子義證≫

蔣錫昌, ≪莊子哲學≫

王叔岷, ≪莊子校詮≫

楊樹達, ≪莊子拾遺≫

張之純, ≪莊子評注≫

聞一多, ≪莊子內篇校釋≫

曹受坤, ≪莊子哲學≫

張默生, ≪莊子新釋≫

劉武, ≪莊子集解內篇補正≫

錢穆, ≪莊子纂箋≫

陳啓天, ≪莊子淺說≫

陳鼓應, ≪莊子今注今譯≫

王孝魚, ≪莊子內篇新解≫

曹礎基, ≪莊子淺注≫

方勇・陸永品, ≪莊子詮評≫

일본자료

福永光司譯, 莊子(日本 朝日新聞社)

金谷治譯, 莊子(日本 岩波書店)

赤塚忠譯, 莊子(日本 集英社)

池田知久譯, 莊子(日本 學習研究社)

目 次

莊子 外篇

第15篇 刻意

【해설】

〈刻意〉라는 편명은 陸德明이 의미를 취하여 이름을 붙였다〔以義名篇〕고 한 것과는 달리 외편의 다른 편처럼 편 머리의 두 글자를 취해서 편명으로 삼은 것이다. 池田知久에 의하면, 이 편은 다음의 〈繕性〉편과 관계가 깊기 때문에 王夫之, 羅勉道, 關鋒, 福永光司 등 대부분의 주석가들이 같은 그룹에 속하는 사상가들이 기록한 것으로 추정하고 있다고 한다.

이 편의 제1장에는 다섯 가지 유형의 인간이 등장한다. 첫 번째는 屈原과 같은 悲憤慷慨型의 인간으로, 이 편의 작자는, 이런 사람들은 스스로를 높이는 데 골몰하여 심산유곡을 방황하며 세상을 비난하면서 결국에는 말라비틀어진 모습으로 연못에 몸을 던진다며 비웃는다.

또 仁義忠信을 말하며 도덕수양에 몰두하는 두 번째 유형의 사람들은 밖에 나가 遊說하거나 들어앉아 남을 가르치는 학자들 즉 民間의 自由講學力量의 淵源이 되는 民間敎育者型이고, 세 번째는 나라를 다스리는 일에 몰두하는 政治指向 혹은 官僚實務家型이고, 네 번째는 조용한 곳에서 물고기나 낚으며 無爲하는 현실도피형 隱者들이고, 다섯 번째는 호흡법을 익혀 장수하는 일 즉 養生에 몰두하는 神仙求道者型인데 이 편에서는 이들 모두가 한계를 지닌 사람들로 비판받는다.

이어서 이들 다섯 유형의 인간을 넘어선 聖人을 이야기하는데 그런 사람은 뜻을 새겨 자기 마음을 엄격하게 억제하거나 仁義를 내세우는 일이 없이 恬淡

寂漠과 虛靜無爲의 태도를 지켜 德을 완전하게 하고 정신이 손상되지 않게 할 수 있다고 칭송한다.

그런데 福永光司는, 恬淡寂漠과 虛無無爲라고 하는 天地自然의 근원적인 존재의 방식이 중시되는 것은 이 편이나 〈天道〉편이 같은데, 〈天道〉편에서는 그 主眼点이 현실세계의 支配와 處世 속에 놓여져 있는데 반해, 이 〈刻意〉편에서는 개인적인 養生의 理論으로 그것이 展開되고 있는 것이 特徵이라고 말하고 있다.

전편이 1장으로 구성된 논문이지만(陳景元, 姚鼐), 池田知久의 分章에 따라 편의상 3장으로 나누어 번역하였다.

第1章

刻意尙行[1)]하야 離世異俗[2)]하야 高論怨誹[3)]하야 爲亢而已矣[4)]니 此는 山谷之士 非世之人[5)]의 枯槁赴淵者之所好也[6)]니라 語仁義忠信[7)]하며 恭儉推讓[8)]하야 爲修而已矣니 此는 平世之士 敎誨之人[9)]의 遊居[10)]學者之所好也니라

語大功하며 立大名하며 禮君臣하며 正上下[11)]하야 爲治而已矣니 此는 朝廷之士 尊主强國之人[12)]의 致功幷兼者之所好也니라 就藪澤하며 處閒曠[13)]하야 釣魚閒處[14)]하야 無爲而已矣[15)]니 此는 江海[16)]之士 避世之人[17)]의 閒暇者之所好也니라 吹呴呼吸하야 吐故納新하며 熊經鳥申[18)]하야 爲壽而已矣니 此는 道引[19)]之士 養形之人[20)]의 彭祖壽考者[21)]之所好也니라

若夫[22)]不刻意而高하며 無仁義而修하며 無功名而治하며 無江海而閒하며 不道引而壽하린 無不忘也하며 無不有也[23)]하야 澹然無極이어든 而衆美從之[24)]하리니 此는 天地之道며 聖人之德也니라

故로 曰 夫恬惔寂漠과 虛無無爲는 此 天地之平 而道德之質也[25)]라하고 故로 曰 聖人은 休焉[26)]이라하나니 休則平易矣오 平易則恬惔矣오 平易恬惔則憂患이 不能入[27)]하며 邪氣 不能襲[28)]하나니 故로 其德이 全 而神이 不虧[29)]니라

〈어떤 사람들은〉 마음을 억제하고 행동을 고결하게 하여 속세를 떠나고 세속과 달리 행동하여 높은 이상을 論하고 자기의 不遇를 원망하거나 세상의 부패를 비난하여 자기를 높이는 일에 몰두할 따름이다. 이 같은 태도는 심산유곡을 방황하는 사람, 세상을 비난하는 사람들로 말라비틀어진 모습으로 연못에 몸을 던지는 자들이 좋아하는 태도이다.

〈또 어떤 사람들은〉 仁義忠信을 말하며 공손, 검약, 추천, 양보를 실천하여 도덕수양에 몰두할 따름이다. 이 같은 태도는 평화로운 시대의 선비들, 남을 가르치는 사람들로 밖에 나가 遊說하거나 들어앉아 남을 가르치는 학자들이 좋아하는 태도이다.

〈또 어떤 사람들은〉 천하를 다스리는 큰 공을 말하며, 역사에 남을 큰 이름을 세우며, 君臣 간의 禮를 제정하며 上下의 신분질서를 엄정하게 하여 다스리는 일에 몰두할 따름이다. 이 같은 태도는 조정의 선비들, 군주의 권력을 강화하고 나라를 강대하게 하려는 사람들, 공을 이루어 다른 나라까지 겸병하려는 자들이 좋아하는 태도이다.

〈또 어떤 사람들은〉 초목이 무성한 못가에 나아가고 한적하고 비어 있는 땅에 살면서 조용한 곳에서 물고기나 낚으며 無爲할 따름이다. 이 같은 태도는 큰 강과 바닷가의 隱逸者, 세상을 피해 사는 사람들로 한가한 자들이 좋아하는 태도이다.

〈또 어떤 사람들은〉 숨을 급히 쉬거나 천천히 쉬고, 숨을 토하거나 숨을 들이마시면서 호흡하여, 묵은 氣를 토해내고 새로운 氣를 받아들이며 곰처럼 直立하거나 새처럼 목을 펴면서 장수하는 일에 몰두할 따름이다. 이 같은 태도는 道引(호흡법을 가미한 유연한 屈伸體操)하는 사람, 육체를 기르는 사람들로 彭祖와 같은 長壽者(長壽追求者)들이 좋아하는 태도이다.

〈그런데 이들 다섯 유형의 사람들이 좋아하는 바를 넘어선 天地의 道와 聖人의 德이란 어떠한 것인가?〉

뜻을 새기지 않고서도 저절로 고결해지고, 仁義를 내세우는 일이 없어도 저절로 마음이 닦이고, 무리하게 功名을 세우는 일이 없어도 나라가 저절로 잘 다스려지고, 隱遁의 名所라 할 큰 江이나 바닷가로 숨지 않아도 저절로 마음이 한적하고, 굳이 道引을 하지 않아도 天壽를 누릴 수 있는 이 같은 경지에 도달한 사람은 모든 것을 잊지 않음이 없기 때문에 도리어 모든 것을 다 가질 수 있다. 그리하여 담담히 끝없는 작용을 이루면 모든 아름다움이 따르게 될 것이니, 이것이 바로 천지자연의 道이고 聖人에게 갖추어진 德이다.

그래서 "恬淡寂漠(無欲, 淡白, 조용하고 고요함)과 虛無無爲(無心, 無作爲)는 천지의 근본이고 道와 德의 본질적 형태이다."라고 말하고, 또 그래서 "聖人은 이러한 경지에서 휴식한다."고 하는 것이니, 聖人이 이 경지에서 몸을 쉬면 그의 마음이 평이하게 되고 평이하게 되면 無欲淡白하게 되고, 이처럼 平易恬淡(平靜, 安穩하고 無欲淡白)하게 되면 어떤 근심 걱정도 그 마음속에 들어올 수 없으며, 어떤 사악한 氣도 밖에서 들어올 수 없다. 그 때문에 聖人의 德은 완전하고 마음(精神)은 손상되지 않는다.

【역주】

1) 刻意尙行 : 뜻을 새기고 행동을 고결하게 함. 뜻을 새긴다는 것은 곧 마음을 억제한다는 뜻. 刻은 새긴다는 뜻으로 司馬彪는 "깎아서 새김이니 자기의 뜻을 높이 세움이다〔削也 峻其意也〕."고 풀이했고, 陸德明도 "살펴보건대 뜻을 깎아서 새기고 높게 함이다〔案謂削意令峻也〕."고 풀이했다. 林希逸은 "조각함이다〔彫刻也〕."고 풀이했고, 褚伯秀는 "자기의 뜻을 갈고 새김이다〔刻礪其意〕."고 풀이했는데 비슷한 풀이이다. 意는 뜻. 陸德明은 "≪廣雅≫에는 志라 했다〔廣雅云 志也〕."고 풀이했다. 尙行은 '高尙其行'의 줄임으로 행동을 고상하게 한다는 뜻.

2) 離世異俗 : 속세를 떠나고 세속과 달리 행동함. 馬叙倫은 異자는 冀자를 생략한 글자로 背의 뜻이라 했는데 異→冀→背로 이어지는 가차의 중복은 지나치게 번거로운 해설일 뿐더러 聲韻으로 따져 보아도 離世의 離와 異俗의 異가 같기 때문에 異자를 그대로 두고 풀이하는 간명함만 못하다.

3) 高論怨誹 : 높은 이상을 論하고 자기의 不遇를 원망하거나 세상의 부패를 비난함. 怨誹는 자신을 원망하고 세상을 비난한다는 뜻. ≪經典釋文≫의 李頤가 "세상이 무

도함을 비난하고 자신이 때를 만나지 못함을 원망함이다〔非世無道 怨己不遇也〕." 라고 풀이한 것이 적절하다(池田知久).

4) 爲亢而已矣 : 자기를 높이는 일에 몰두할 뿐임. 爲亢은 자신을 높인다는 뜻인데 높은 체하는 행동을 조소하는 뉘앙스가 있다. 李頤는 "높임을 끝까지 하는 것을 亢이라 한다〔窮高曰亢〕."고 풀이했는데 적절한 견해이다(池田知久).

5) 山谷之士 非世之人 : 심산유곡을 방황하는 사람과 세상을 비난하는 사람. 山谷之士는 산이나 골짜기에 은거한 사람들을 말한다. 非世之人은 세상을 비난하는 사람인데 非자가 誹로 표기된 인용문이 있으나(馬叙倫) 두 글자는 통용하기 때문에 의미의 차이는 없다(王叔岷). 非世는 세상을 비난한다는 뜻.

6) 枯槁赴淵者之所好也 : 말라비틀어진 모습으로 연못에 몸을 던지는 자들이 좋아하는 태도임. '枯槁赴淵者'는 〈外物〉편에 나오는 '湯임금의 양위를 피하기 위해 窾水에 빠져 죽은 紀他', '河水에 빠져 죽은 申徒狄', 〈讓王〉편에 나오는 '순의 양위를 피해 淸泠淵에 빠져 죽은 北人無擇', '湯의 양위를 피해 椆水에 빠져 죽은 卞隨'와 역시 '탕의 양위를 피해 廬水에 빠져 죽은 務光', 〈盜跖〉편에 나오는 '나무를 끌어안고 죽은 鮑焦와 介子推', '다리 기둥을 끌어안고 죽은 尾生' 등이 있고, 가장 유명한 사람은 말할 것도 없이 汨羅水에 몸을 던져 죽은 楚나라의 屈原이다(池田知久).

枯槁는 말라비틀어진 모습으로 ≪楚辭≫ 〈漁夫〉편에도 "굴원이 이미 쫓겨난 뒤에 강담에서 방황하다가 못가에서 읊조리고 있었는데 안색이 초췌하고 형용이 말라비틀어져 있었다〔屈原旣放 游於江潭 行吟澤畔 顔色憔悴 形容枯槁〕."고 한 내용이 보인다. 林希逸은 枯槁를 "적막함이다〔寂寞也〕."고 풀이했는데 〈齊物論〉편의 '槁木死灰'를 지나치게 의식한 결과인 듯하지만 다소 빗나간 견해이다(池田知久도 불충분한 해석이라고 비판하고 있음).

赴淵은 연못에 몸을 던진다는 뜻. 司馬彪는 "枯槁는 포초나 개자추 같은 사람이고 赴淵은 신도적 같은 사람이다〔枯槁 若鮑焦介推 赴淵 若申徒狄〕."라고 풀이했고, 成玄英은 "말라비틀어진 모습의 사람은 鮑焦와 介子推 같은 부류이고, 연못에 몸을 던진 사람은 신도적이나 변수 같은 부류이니 이들은 모두 한쪽의 가치만 아는 사람들이니 어찌 지극한 도를 말하기에 충분하겠는가〔枯槁則鮑焦介推之流 赴淵則申狄卞隨之類 蓋是一曲之士 何足以語至道哉〕."라고 풀이했다.

7) 語仁義忠信 : 仁義忠信을 말함. 仁義忠信을 지상의 가치로 여기고 그것을 실천한다

는 뜻. 仁義忠信은 ≪孟子≫ 〈告子 上〉편에 보인다.

8) 恭儉推讓 : 공손, 검약, 추천, 양보를 실천함. ≪論語≫ 〈學而〉편에는 "溫良恭儉讓"이 있다. 따라서 여기의 恭儉推讓은 ≪孟子≫에 나오는 앞의 仁義忠信과 함께 孔孟을 염두에 두고 譏弄한 듯하다.

9) 平世之士 教誨之人 : 평화로운 시대의 선비들, 남을 가르치는 사람들. '平世'는 亂世와 상대되는 말로 ≪孟子≫ 〈離婁 下〉에서 "禹와 稷이 平世(治世)를 만나 세 번이나 자기 집 앞을 지나면서도 들어가 보지 못했는데 공자께서 현자로 칭송하셨다〔禹稷當平世 三過其門而不入 孔子賢之〕."고 했을 때의 '平世'와 같다. 한편 成玄英은 平世之士를 "평시에 세상을 다스리는 사람이다〔平時治世之士〕."고 하여 '平世'를 세상을 다스린다는 뜻으로 보았는데 이 견해도 참고할 만하다.

10) 遊居 : 遊說와 安居. 밖에 나가 遊說하거나 들어앉아 남을 가르친다는 뜻. 成玄英이 "어떤 경우는 나가서 논의하고 어떤 경우는 들어앉아 강설한다〔或遊行而議論 或安居而講說〕."고 풀이한 것이 적절하다.

11) 禮君臣 正上下 : 君臣 간의 禮를 제정하며 上下의 신분질서를 엄정하게 함. 禮君臣은 군신관계의 禮制化를 통해 군주와 신하가 서로 예로 대한다는 뜻. 正上下는 상하의 신분을 엄정하게 한다는 뜻.

12) 尊主强國之人 : 군주의 권력을 강화하고 나라를 강대하게 하려는 사람들. '尊主安國'이라는 문장이 ≪荀子≫ 〈成相〉편, ≪韓非子≫ 〈姦劫弑臣〉편과 〈定法〉편, ≪管子≫ 〈參患〉편 등에 보이며, ≪荀子≫에는 〈彊國〉이라는 이름의 편도 있다. 또 〈讓王〉편에서 務光에 의해 "강한 힘을 가지고 굴욕을 참고 견딘 사람이다〔强力忍垢〕."고 평가받은 伊尹 같은 인물이 이 경우에 속한다고 할 수 있을 것이다(池田知久).

13) 處閒曠 : 한적하고 비어 있는 땅에 머묾. 閒은 閑으로 표기된 인용문이 있다(馬叙倫). 陸德明은 "음은 한이니 아래도 같다〔音閑 下同〕."고 풀이했다.

14) 釣魚閒處 : 조용한 곳에서 물고기나 낚음. 陸德明은 釣를 魡자로 표기하여 釣자와 같다고 풀이했다. 池田知久는 馬叙倫을 참조하여 魡자가 俗字일 것이라고 하였다. 閒은 閑으로 인용한 것이 있고(馬叙倫), 隱으로 표기된 인용문도 있다.

15) 無爲而已矣 : 無爲할 따름임. 奚侗은 無爲를 爲無가 잘못된 것이라고 주장하는 한편 ≪說文解字≫에서 無를 '亡'으로 풀이한 것을 따라 無를 '逃亡'의 뜻으로 보아야 한다고 주장했고 馬叙倫, 金谷治 등이 奚侗의 견해에 동의했지만 적절치 않다(陳鼓

應・池田知久). 成玄英이 "한가로이 살면서 낚시질이나 하고 세상을 피해 무위에 머문다〔閒居而事綸釣 避世而處無爲〕."라고 풀이한 것이 무난하다.

16) 江海 : 강과 바닷가. 〈天道〉편 제2장에 "강과 바닷가 산림 속에 은거하는 선비〔江海山林之士〕."라는 표현이 있으며 〈讓王〉편에도 "몸이 강과 바닷가에 있다〔身在江海之上〕."고 한 표현이 있는 것처럼 은둔하기에 적당한 장소〔隱遁의 名所〕를 말한다. 成玄英의 疏와 池田知久의 註解를 참고할 것.

17) 避世之人 : 成玄英은 "산이나 늪지에 은거하고 연못 등지에서 마음대로 돌아다니며 한가로이 살면서 낚시질이나 하고 세상을 피해 무위에 머무는 사람이니 천자가 신하로 삼지 못하고 제후가 벗으로 사귀지 못하니 이런 사람이 바로 조용하고 한가한 사람이니 바로 소부, 허유, 공열휴의 무리이다〔栖隱山藪 放曠皐澤 閒居而事綸釣 避世而處無爲 天子不得臣 諸侯不得友 斯乃從容閒暇之人 卽巢父許由公閱休之類〕."라고 풀이했고, 林希逸은 "세상을 피해 한가로이 노니는 은자이다. 세상에서 도망쳐 멀리 떠나가서 시비의 밖으로 초월했다. 그 때문에 자신을 높이는 일에 몰두한 사람과는 같지 않다〔避世閑暇 隱者也 逃世遠去 超出是非之外 故與爲亢非世者不同〕."고 풀이했는데 모두 참고할 만하다.

18) 吹呴呼吸 吐故納新 熊經鳥申 : 숨을 급히 쉬거나 천천히 쉬고, 숨을 토하거나 숨을 들이마시면서 호흡하여, 묵은 氣를 토해내고 새로운 氣를 받아들이며 곰처럼 直立하거나 새처럼 목을 폄. 吹는 숨을 급히 쉼, 呴(구)는 숨을 천천히 쉼. 呼는 숨을 吐함이고 吸은 숨을 吸入하는 것임. 곧 吹呴呼吸 吐故納新은 일종의 呼吸法이고 熊經鳥申은 일종의 보건체조이다.

≪淮南子≫ 〈精神訓〉편에도 보다 상세하게 "숨을 급히 쉬거나 천천히 쉬면서 호흡하여, 묵은 기〔故〕를 토해내고 새로운 기〔新〕를 받아들이며 곰처럼 곧게 서거나 새처럼 목을 펴며, 오리처럼 목욕하고 원숭이처럼 뛰며 소리개처럼 살피고 범처럼 돌아봄과 같은 것, 이것이 자신의 육체를 기르는 사람이다〔若吹呴呼吸 吐故內新 熊經鳥伸 鳧浴蝯躩 鴟視虎顧 是養形之人也〕."라고 한 내용이 나오며, ≪漢書≫ 〈王吉傳〉에는 보다 자세한 내용이 보인다(池田知久).

≪淮南子≫에는 이밖에도 〈齊俗訓〉편에 "숨을 급히 쉬거나 천천히 쉬면서 호흡하여, 묵은 기를 토해내고 새로운 기를 받아들이며 육체를 떠나고 지혜를 버리며 소박을 품고 참된 세계로 돌아가 현묘한 세계에서 노닐어 구름 위의 하늘과 통한다

〔吹嘔呼吸 吐故內新 遺形去智 抱素反眞 以遊玄眇 上通雲天〕."고 한 내용이 있고, 〈泰族訓〉편에도 "숨을 내뱉을 때에는 묵은 기를 배출하고 들이쉴 때에는 새로운 기를 마신다〔呼而出故 吸而入新〕."고 한 내용이 있는데, 池田知久가 지적하였듯이 前漢 초기의 道家가 이 같은 양생법을 받아들인 것으로 추정된다.

熊經은 곰처럼 똑바로 선다는 뜻. 司馬彪는 "마치 곰이 나무를 붙잡고 기를 끌어당기는 것과 같은 모습이다〔若熊之攀樹而引氣也〕."고 풀이했고, 宣穎은 "곰이 나뭇가지에 매달리는 것을 배움이다〔學熊之懸掛於枝〕."고 풀이했는데 곰이 나무를 타고 오르는 모습을 표현한 것 같기도 하지만 곰의 직립을 표현한 것으로 보는 것이 무난하다. 鳥申은 새처럼 목을 편다는 뜻. 王敔가 "마치 새가 목을 펴는 것과 같이 함이다〔如鳥之申頸〕."고 풀이한 것을 따라서 번역하였다. 鳥申을 사람이 모방할 때에는 허리를 펴는 운동을 뜻한다고 볼 수 있다.

또한 吳汝綸은 이상의 세 구절을 ≪淮南子≫ 〈精神訓〉편에서 취한 것이라 했지만 赤塚忠과 池田知久의 지적처럼 오히려 그 반대로 보는 것이 타당하다.

19) 道引 : 道引術을 함. 호흡법과 보건체조를 통합해서 일컫는 말이다. 李頤는 "기를 인도하여 조화롭게 하고 몸을 끌어당겨 부드럽게 함이다〔導氣令和 引體令柔〕."고 풀이했다. ≪史記≫ 〈留侯世家〉에 "留侯는 본래 병이 많아서 도인술을 하면서 곡식을 먹지 않았다〔留侯性多病 卽道引不食穀〕."고 한 기록이 있는 것으로 보아 漢의 功臣 張良도 도인술을 익힌 것으로 추정된다. 道자가 導자로 표기된 판본과 인용문이 있는데(劉文典, 王叔岷), 두 글자는 통한다(馬叙倫).

20) 養形之人 : 육체를 기르는 사람들. 養形은 제3장의 養神과 대비되는 개념이다(陸樹芝, 池田知久). 뒤의 〈達生〉편에는 養形에 대한 상세한 비판이 있다(福永光司, 池田知久).

21) 彭祖壽考者 : 팽조와 같은 長壽者 또는 팽조처럼 장수하려고 하는 長壽追求者를 지칭한다. 彭祖는 전설적인 長壽者. 내편의 〈逍遙遊〉편 제1장과 〈齊物論〉편 제1장에 既出. ≪詩經≫ 〈秦風 終南〉, 〈大雅 行葦〉 등에 보인다(福永光司).

22) 若夫…… : '저……와 같은 사람은' '……와 같은 경지에 도달한 사람은'의 뜻이 되는데 不道引而壽까지 걸린다.

23) 無不忘也 無不有也 : 모든 것을 잊지 않음이 없기 때문에 도리어 모든 것을 다 가질 수 있음. 郭象은 "잊어버리기 때문에 가질 수 있다〔忘 故能有〕."고 풀이했는데

이 견해를 따랐다. 한편 林希逸은 ≪老子≫ 제37장을 활용하여 "바로, 함이 없는 것이 하지 않음이 없는 것이다〔卽無爲無不爲也〕."라고 풀이했는데 참고할 만하다.

24) 澹然無極而衆美從之 : 담담히 끝없는 작용을 이루면 모든 아름다움이 따르게 됨. 澹然은 담담함, 담박함. 澹은 淡과 통한다. 陸德明은 澹然이 澹而로 표기된 판본도 있다고 했다. '衆美'는 앞의 여러 부류의 사람들이 추구했던 온갖 아름다운 가치, 곧 高, 修, 治, 閒, 壽 등을 가리킨다. 따라서 '衆美從之'는 얼핏 아름다움과는 거리가 있을 듯한 담박함 속에 온갖 아름다움이 들어 있음을 암시하는 표현이다. 呂惠卿은 '衆美從之'를 "이른바 高, 修, 治, 閒, 壽 등이 부르지 않아도 저절로 찾아온다〔所謂高修治閒壽者 不召而自來〕."고 풀이했는데 정곡을 찌른 해설이라 할 만하다.

25) 夫恬惔寂漠 虛無無爲 此天地之平而道德之質也 : 恬惔寂漠(無欲, 淡白, 조용하고 고요함)과 虛無無爲(無心, 無作爲)는 천지의 근본이고 道와 德의 본질임. 恬惔寂漠은 無欲, 淡白 등으로 표현되는 조용하고 고요한 상태를 의미하며 虛無無爲는 無心과 無作爲의 상태를 의미한다. 거의 같은 문장이 〈天道〉편 제2장에 "마음을 비우고 고요함을 지키고 편안하고 담백하며 적막하면서 하는 일이 없는 것은 천지자연의 기준이며 지극한 도덕이다〔夫虛靜恬淡寂寞無爲者 天地之平而道德之至〕."라고 하여 이미 나왔는데 그것을 밑그림으로 삼아 작성한 글인 듯하다. 惔은 淡으로 표기된 판본과 인용문이 있고(羅振玉, 王叔岷, 楊明照), 恬惔을 澹泊으로 표기한 인용문이 있다(王叔岷). 王叔岷은 惔의 가차자로 풀이했는데 참고할 만하다.

漠자가 莫으로 표기된 판본이 있고(羅振玉), 寞으로 표기된 판본과 인용문이 있는데 통용하는 글자이다(王叔岷). 또 平자가 本으로 표기된 인용문이 있고(馬叙倫), 質자가 篤 또는 至자로 표기된 인용문이 있으며(馬叙倫, 王叔岷), 〈天道〉편에도 至로 표기되어 있는데, 兪樾은 이것을 근거로 質자를 至의 가차라고 주장했다. 또 陸德明은 "올바른 모습이다〔正也〕."고 풀이했지만 宣穎이 "근본이다〔本〕."고 풀이한 것이 가장 적절한 견해이다. 陳壽昌이 "실질이다〔實也〕."라고 풀이한 것도 비슷한 견해이다(池田知久).

26) 聖人休焉 : 聖人은 이러한 경지에서 휴식함. 底本에는 "聖人休休焉 則平易矣"로 표기되어 있는데 兪樾이 〈天道〉편을 근거로 하여 고치는 것이 옳다고 주장했고, 奚侗도 陳景元이 ≪莊子闕誤≫에서 인용한 張君房본을 근거로 '聖人休焉'으로 고치는 것이 옳다고 했다. 곧 '聖人休休焉'은 '聖人休焉'으로 고치고 한 字 남은 休자는 아래

句로 이어져 '休則平易矣'가 된다. 休의 뜻은 陸德明이 "쉼이다〔息也〕."고 풀이한 것이 적절하다. 陶鴻慶은 바로 위의 曰자를 잘못 끼어든 문자〔衍文〕라 했는데 참고할 만하다.

27) 憂患不能入 : 근심 걱정이 마음속에 들어올 수 없음. 〈天道〉편 제2장에 "우환이 머물 수 없다〔憂患不能處〕."고 하여 비슷한 표현이 있으며 〈養生主〉편 제4장과 〈大宗師〉편 제3장에도 "슬픔과 즐거움이 들어오지 못한다〔哀樂不能入也〕."는 표현이 있다(福永光司, 池田知久).

28) 邪氣不能襲 : 사악한 氣가 밖에서 들어올 수 없음. 襲은 밖에서 안으로 엄습해 온다는 뜻. 敦煌본에는 '襲也' 두 글자로 표기되어 있고(羅振玉), 襲也로 표기된 인용문도 있다(王叔岷). 成玄英은 "들어옴과 같다〔猶入也〕."고 풀이했다.

29) 其德全而神不虧 : 德은 완전하고 마음(精神)은 손상되지 않음. 德全은 〈天地〉편 제11장에 이미 나왔다(池田知久). 虧는 '이지러지다, 손상되다'는 뜻. 敦煌본에는 '虧矣' 두 글자로 표기되어 있고(羅振玉), 矣자가 붙어 있는 인용문과, 虧也로 표기된 인용문도 있다(王叔岷).

第2章

故로 曰 聖人之生也에는 天行이오 其死也에는 物化니 靜而與陰으로 同德이오 動而與陽으로 同波[1)]라하나니라 不爲福先하며 不爲禍始[2)]오 感而後에 應하며 迫而後에 動[3)]하며 不得已而後에 起[4)]하나니라 去知與故[5)]하고 循天之理[6)]하나니 故로 無天災하며 無物累하며 無人非하며 無鬼責[7)]하니라 其生이 若浮하고 其死 若休하니

不思慮하며 不豫謀[8)]하며 光矣而不燿[9)]하며 信矣而不期[10)]하며 其寢이 不夢하며 其覺 無憂[11)]하며 其神이 純粹하며 其魂이 不罷[12)]하야 虛無恬惔하야 乃合天德[13)]이니라

故로 曰 悲樂者 德之邪요 喜怒者 道之過요 好惡者 德之失[14)]이라하노니 故로 心不憂樂은 德之至也[15)]요 一而不變은 靜之至也[16)]요 無所於忤 虛之至也[17)]요

不與物交 惔之至也[18]요 無所於逆이 粹之至也[19]라

그 때문에 "성인은 살아 있을 때에는 자연의 운행을 따르고 죽을 때에는 物의 변화를 따르니 고요히 머물 때에는 陰과 덕을 함께하고, 活動할 때에는 陽의 氣와 같이 물결치듯 움직인다."고 말한다.

福의 앞이 되지도 아니하고 禍의 시작이 되지도 아니하고 外物에 感觸된 뒤에 비로소 호응하며 外物이 급박하게 다가온 뒤에 비로소 움직이며 어쩔 수 없는 처지가 된 뒤에 비로소 일어난다. 知慧와 作爲를 버리고 오로지 자연의 이법을 따를 뿐이다.

그러므로 하늘의 재앙이 없으며, 外物에 얽매임이 없으며, 사람들에게 비난 받음이 없으며, 귀신에게 책망받는 일도 없다. 살아 있을 때에는 마치 떠다니는 것처럼 자연스럽고 죽을 때에는 마치 쉬러 들어가는 것처럼 편안하다. 미리 생각하거나 미리 계획하지 아니하며 안으로 빛이 갖추어져 있어도 밖으로 번쩍거리지 아니하며, 사람됨이 믿을 만하지만 期約하지 아니하며 잠잘 때에는 꿈꾸지 아니하며, 깨어서도 걱정하지 않으며, 정신은 순수하며, 魂은 지치지 않아서 無心(虛無)하고 無欲(恬淡)하여 마침내 自然 본래의 작용(天德)과 합치된다.

그래서 "슬퍼하거나 즐거워하는 감정은 본래의 덕이 비뚤어진 것이고, 喜와 怒의 감정은 自然의 道가 잘못된 것이고, 좋아하고 미워하는 감정은 본래의 덕이 상실된 것이다."고 말하는 것이다.

그러므로 마음에 근심과 즐거움이 일어나지 않는 것은 덕의 극치이고 마음이 한결같아서 변하지 않는 것은 고요함의 극치이며 〈外物의 움직임에〉 거슬림이 없는 것은 虛의 극치이고 外物과 교섭하지 않는 것은 담담함의 극치이고 외물을 거스름이 없는 것은 순수의 극치이다.

【역주】

1) 故曰 聖人之生也 天行 其死也 物化 靜而與陰同德 動而與陽同波 : 그 때문에 "성인은 살아 있을 때에는 자연의 운행을 따르고 죽을 때에는 物의 변화를 따르니 고요히 머물 때에는 陰과 덕을 함께하고, 活動할 때에는 陽의 氣와 같이 물결치듯 움직인

다."고 말한다. 天行은 자연의 운행이란 뜻이니 철저하게 자연현상의 하나가 된다는 것이고, 物化는 物의 변화란 뜻이니 物體轉生의 한 현상이 된다는 의미이다.

이 문장은 〈天道〉편 제3장에 거의 같은 문장이 보인다. "그 때문에 '자연의 즐거움〔天樂〕을 아는 사람은 살아 있을 적에는 자연〔天〕과 함께 움직이고 죽어서는 사물과 동화되며 고요할 적에는 陰氣와 德을 함께하고 움직일 때에는 陽氣와 파동을 함께한다. 그 때문에 자연의 즐거움〔天樂〕을 아는 이는 하늘의 원망을 받지도 않고 사람의 비난을 받지도 않고 사물의 얽매임도 받지 않고 귀신의 책망도 받지 않는다.'고 말한다〔故曰 知天樂者 其生也天行 其死也物化 靜而與陰同德 動而與陽同波 故知天樂者 無天怨 無人非 無物累 無鬼責〕." 故曰의 내용을 '動而與陽同波'에서 끊는 독법을 취하여 여기에 '……라 하나니라'로 현토하였는데 뒤의 '不得已而後起'까지를 모두 曰의 내용으로 보아 起자 아래에 '……라 하나니라'로 현토하는 독법도 있다.

2) 不爲福先 不爲禍始 : 福의 앞이 되지도 아니하고 禍의 시작이 되지도 아니함. 보통 사람들은 복은 좇으려 하고 화는 피하려 하지만 성인은 화와 복을 모두 잊어버린다는 뜻이다. ≪淮南子≫ 〈精神訓〉편에 거의 같은 문장이 나온다. 郭象은 "唱導(앞서서 인도)함이 없음이다〔無所唱也〕."고 풀이했고, 成玄英은 "선행은 복의 앞이 되고 악행은 화의 시작이 된다. 이미 선악을 모두 보내 버리고 화복을 다 잊어서 사물에 감촉된 뒤에야 호응하니 어찌 앞이나 시작이 되겠는가〔夫善爲福先 惡爲禍始 旣善惡雙遣 亦禍福兩忘 感而後應 豈爲先始者也〕."라고 풀이했다.

3) 感而後應 迫而後動 : 外物에 感觸된 뒤에 비로소 호응하며 外物이 급박하게 다가온 뒤에 비로소 움직임. ≪管子≫ 〈心術 上〉편에 "감촉된 뒤에 호응하고……사물이 이른 뒤에 호응한다〔感而後應……物至則應〕."고 한 내용이 보이고, ≪淮南子≫ 〈原道訓〉편에도 "감촉된 뒤에 호응하고……사물이 이른 뒤에 정신이 호응한다〔感而後動……物至而神應〕."고 한 내용이 있고, 또 "급박하게 다가오면 호응하고 감촉되면 움직일 수 있다〔迫則能應 感則能動〕."고 한 부분이 있고, 〈精神訓〉편에도 "감촉되면 호응하고 급박하게 다가오면 움직이고 부득이한 뒤에 나아간다〔感而應 迫而動 不得已而往〕."고 한 내용이 보인다. 迫은 급박하게 다가온다는 뜻. 成玄英은 "다가옴이니 가까이 닥침이다〔至也 逼也〕."고 풀이했다. 動은 호응한다는 뜻. 成玄英은 '應'으로 풀이했다.

4) 不得已而後 起 : 어쩔 수 없는 처지가 된 뒤에 비로소 일어남. 郭象의 〈莊子序〉에는 "고요히 움직이지 않다가 어쩔 수 없게 된 뒤에야 일어나는 이〔夫寂然不動 不得已而後起者〕."로 이 부분을 인용하고 있는데, 여기서 郭象이 지칭한 성인은 노자가 아니라 공자라는 점은 王弼이 ≪周易注≫에서 노자가 아닌 주공과 공자를 성인으로 지칭한 것과 마찬가지로 위진 시기의 玄學을 규정하는 데 시사해 주는 바가 크다. 本書에서는 〈人間世〉편 제1장에서 "오로지 道를 거처로 삼아 부득이할 때에만 말할 수 있다면 거의 가까울 것이다〔一宅而寓於不得已 則幾矣〕."라고 한 내용이나, 〈大宗師〉편 제1장에서 "臨迫해서 움직여 마지못한 듯하다〔崔乎其不得已乎〕."고 한 것처럼 자주 나오는 주요 어구이다(池田知久 참조).

5) 去知與故 : 知慧와 作爲를 버림. 故는 故意, 짐짓 ~하려는 의도. 인위적인 행위를 뜻한다. 林希逸은 "일의 자취이다〔事迹也〕."고 하여 故를 事故의 故로 풀이했지만 옳지 않다(池田知久). 陳壽昌이 "마음이 있음을 말함이다〔有心之謂〕."라고 풀이한 것이 적절하다. 王先謙이 "기교이다〔巧也〕."고 풀이한 것, 馬叙倫이 "거짓으로 속인다는 뜻이다〔詐僞之義〕."고 풀이한 것도 무난하다. 阮毓崧, 劉文典, 王叔岷, 李勉, 金谷治, 赤塚忠, 陳鼓應, 池田知久 등도 거의 비슷한 견해를 제시했다. ≪管子≫ 〈心術 上〉편에도 "군자는……조용히 즐거워함에 거짓이 없어서 지혜와 작위를 버린다〔君子……恬愉無爲 去智與故〕."고 한 내용이 있다. 또 ≪呂氏春秋≫ 〈論人〉편과 ≪韓非子≫ 〈揚權〉편, ≪淮南子≫ 〈原道訓〉편에도 거의 비슷한 내용이 보인다(池田知久).

6) 循天之理 : 오로지 자연의 이법을 따름. 天之理는 자연의 이법, 〈養生主〉편 제2장에서 庖丁이 소를 잡으면서 "천리를 따른다〔依乎天理〕."는 내용이 있고, 〈盜跖〉편 제2장에도 "자연의 이법을 따른다〔從天之理〕."는 표현이 보인다. 그 밖에 〈秋水〉편 제1장에는 "아직 천지의 이법을 분명히 알지 못했다〔未明天地之理〕."는 표현이 있고, 〈漁父〉편에는 "참으로 자연의 이법이다〔固天之理也〕."고 한 표현도 보인다. 또 ≪管子≫ 〈心術 上〉편에도 "이법에 따라 움직인다〔緣理而動〕."는 표현이 있고, ≪淮南子≫ 〈原道訓〉편, ≪禮記≫ 〈樂記〉편에도 "천리가 소멸될 것이다〔天理滅矣〕."고 한 표현이 있는데 각각의 문헌마다 내용상의 차이가 있긴 하지만 천리의 개념을 정리하는 데 참고할 필요가 있다(池田知久를 참조할 것). 循은 따른다는 뜻. 成玄英은 "따름이다〔順也〕."고 풀이했다.

7) 故無天災 無物累 無人非 無鬼責 : 그러므로 하늘의 재앙이 없으며, 外物에 얽매임

이 없으며, 사람들에게 비난받음이 없으며, 귀신에게 책망받는 일도 없음. 〈天道〉편 제3장에 "그 때문에 자연의 즐거움〔天樂〕을 아는 사람은 하늘의 원망을 받지도 않고 사람의 비난을 받지도 않고 사물의 얽매임도 받지 않고 귀신의 책망도 받지 않는다〔故 知天樂者 無天怨 無人非 無物累 無鬼責〕."고 하여 거의 같은 문장이 나오는데 그것을 토대로 작성한 글이다(池田知久).

8) 不豫謀 : 미리 계획하지 아니함. 豫는 預로 표기되어 있는 판본과 인용문이 있는데 預가 俗字이다(王叔岷).

9) 光矣而不燿 : 안으로 빛이 갖추어져 있어도 밖으로 번쩍거리지 아니함. ≪老子≫ 제58장에서 "빛이 있지만 번쩍거리지 않는다〔光而不燿〕."고 한 구절이 있고, 제4장의 "빛을 누그러뜨려 세속과 함께한다〔和其光 同其塵〕."고 한 구절도 비슷한 의미이다.

10) 信矣而不期 : 사람됨이 믿을 만하지만 期約하지 아니함. 林希逸의 "다른 사물에 기필하는 태도를 취하지 않는다〔不取必於物也〕."고 풀이한 것이 적절하다. 宣穎, 陸樹芝, 阮毓崧, 李勉 등의 견해도 대체로 비슷하다(池田知久). 〈天地〉편 제13장에 나오는 "마땅하게 행동하면서도 그것을 信이라 자랑할 줄 몰랐다〔當而不知以爲信〕."고 한 것과 비슷한 사유이다(阮毓崧).

11) 其寢不夢 其覺(교)無憂 : 잠잘 때에는 꿈꾸지 아니하며, 깨어서도 걱정하지 않음. 〈大宗師〉편 제1장에 "옛날의 진인은 잠잘 때에는 꿈을 꾸지 않았고, 깨어 있을 때에는 근심이 없었다〔古之眞人 其寢不夢 其覺無憂〕."고 하여 진인의 생활을 동일한 표현으로 묘사하고 있는 내용이 보이며, 〈齊物論〉편에는 "〈세속적인 인간은〉 잠들어서도 꿈을 꾸어 마음이 쉴 사이가 없고, 깨어나서는 신체가 外界의 욕망을 받아들여 사물과 접촉해서 분쟁을 일으켜 날마다 마음속에서 싸운다〔其寐也魂交 其覺也形開 與接爲構 日以心鬪〕."고 하여 번민에 시달리는 세속 사람들의 모습을 그리고 있는데 이 부분의 내용을 이해하기 위해 둘 다 참고할 필요가 있다.

12) 其神純粹 其魂不罷(피) : 정신은 순수하고, 魂은 지치지 않음. 〈天道〉편 제3장에 "그 精神(鬼와 魂)은 핑계를 대지 아니하고 게으르지 않다〔其鬼不祟 其魂不疲〕."고 한 내용을 토대로 삼아 수정한 내용으로 추정된다. 罷는 지친다는 뜻으로 疲와 같으며 음도 '파'가 아니고 '피'이다. 林希逸이 "疲와 같다〔與疲同〕."고 풀이했고, 馬叙倫은 疲의 假借字라 했는데 위에 인용한 〈天道〉편 제3장에 '疲'로 표기되

어 있기도 하다.

13) 虛無恬惔 乃合天德 : 無心(虛無)하고 無欲(恬淡)하여 마침내 自然 본래의 작용(天德)과 합치됨. 虛無의 虛는 虛心, 無는 無爲로 無心의 뜻이며 恬惔의 恬은 고요함, 惔은 담담함, 無欲을 의미하는 것으로 세분할 수 있지만 전체적으로 虛無恬惔은 無爲의 태도를 의미한다. 〈天地〉편 제1장에 "아주 오랜 옛날, 천하에 군림한 임금은 아무 것도 함이 없었다고 말하는 것이니 天德을 실천한 것일 뿐이다〔玄古之君天下 無爲也 天德而已矣〕."라고 한 내용과 같은 맥락이다. 대의는 宣穎이 "이상은 모두 虛無恬淡에 해당하는 일이다〔以上皆虛無恬淡也〕."고 풀이한 것이 적절하다(池田知久).

14) 悲樂者德之邪 喜怒者道之過 好惡者德之失 : 슬퍼하거나 즐거워하는 감정은 본래의 덕이 비뚤어진 것이고, 喜와 怒의 감정은 自然의 道가 잘못된 것이고 좋아하고 미워하는 감정은 본래의 덕이 상실된 것이다. ≪淮南子≫ 〈原道訓〉편에는 이와 비슷한 구절로 "기뻐하거나 노여워하는 감정은 도가 비뚤어진 것이고, 걱정하거나 슬퍼하는 감정은 덕이 상실된 것이고, 좋아하고 미워하는 것은 마음이 잘못된 것이고, 기욕은 본성이 얽매인 것이다〔夫喜怒者道之邪也 憂悲者德之失也 好憎者心之過也 嗜欲者性之累也〕."라고 한 내용이 보인다.

15) 故心不憂樂 德之至也 : 그러므로 마음에 근심과 즐거움이 일어나지 않는 것은 덕의 극치임. 이것과 똑같은 구절이 ≪淮南子≫ 〈原道訓〉편에 보인다(池田知久).

16) 一而不變 靜之至也 : 마음이 한결같아서 변하지 않는 것은 고요함의 극치임. 다음 문장에 "고요히 한결같음을 지켜 변하지 않는다〔靜一而不變〕."고 하여 靜을 풀이하는 표현이 나온다.

17) 無所於忤 虛之至也 : 〈外物의 움직임에〉 거스름이 없는 것은 虛의 극치임. ≪管子≫ 〈心術 上〉편에 "마음을 비우지 않으면 외물에 거스른다〔不虛則仵於物矣〕."는 표현이 보인다(池田知久). 忤는 '거스르다'는 뜻. 成玄英이 "거스름이다〔逆也〕."고 풀이한 것이 적절하다. 於는 高亨이 "與와 같다〔猶與也〕."고 풀이하여 뒤의 '不與物交'와 같이 맞추려 했지만 그 뒤의 無所於逆의 於와 같이 보면 본래 글자 그대로 읽는 것이 무난하다(池田知久).

18) 不與物交 惔之至也 : 外物과 교섭하지 않는 것은 담담함의 극치임. 다음 장에 "恬淡하여 무위한다〔惔而無爲〕."고 하여 惔에 대한 풀이가 나온다. 交는 교류, 교섭한

다는 뜻. 劉文典은 交자가 爻자의 誤字로 혼란스럽다〔殽〕는 뜻이라 했는데(池田知久), 交자 자체를 혼란의 뜻으로 보는 것은 무리이지만 사물과 교류하는 모습을 어지러운 상태로 표현한 것으로 이해한 점은 참고할 만하다.

19) 無所於逆 粹之至也 : 외물을 거스름이 없는 것은 순수의 극치임. 다음 장에 "순수함을 지켜 잡념을 섞지 않는다〔純粹而不雜也〕."고 하여 粹를 풀이한 말이 나온다(池田知久). 逆에는 맞이한다는 뜻도 있어, 林希逸이 맞이한다는 뜻을 취하여 "맞이함이니 보내지도 않고 맞이하지도 않으면 나에게 있는 것이 순수하게 유지된다〔迎也 不將不迎 則在我者 純粹矣〕."고 풀이하였고 赤塚忠도 같은 견해를 지지하였지만 池田知久도 그러하였듯이 취하지 않는다. 程明道의 '物來順應'과 같은 뜻으로 이해되는 대목이기에 더욱 그러하다. 한편 于鬯은 "逆에는 어지러운 뜻이 있다〔逆有亂意〕."고 풀이했지만 이것도 따르지 않는다(池田知久).

第3章

故로 曰 形勞而不休則弊하고 精用而不已則勞하나니 勞則竭[1)]이라하노니 水之性이 不雜則淸하고 莫動則平[2)]이나 鬱閉而不流하면 亦不能淸[3)]하나니 天德之象也[4)]니라 故로 曰 純粹而不雜하며 靜一而不變하며 惔而無爲[5)]하며 動而以天行[6)]이라하나니 此 養神之道也[7)]니라 夫有干越之劍[8)]者 柙而藏之[9)]하야 不敢用也[10)]는 寶之至也일새니라 精神이 四達[11)]竝流[12)]하야 無所不極하야 上際於天하며 下蟠於地[13)]하야 化育萬物[14)]호대 不可爲象이 其名이 爲同帝[15)]니라

純素之道는 唯神을 是守[16)]니 守而勿失하면 與神爲一[17)]이니 一之精이 通[18)]하야 合於天倫[19)]이니라 野語에 有之하니 曰[20)] 衆人은 重利하고 廉士는 重名하고 賢人은 尙志하고 聖人은 貴精[21)]이라하니 故로 素也者는 謂其無所與雜也오 純也者는 謂其不虧其神也니 能體純素할새 謂之眞人[22)]이니라

그러므로 "인간의 육체는 혹사만 하고 쉬지 않으면 지쳐 쓰러지고, 精氣는 쓰기만 하고 그만두지 아니하면 피로하게 되니, 피로가 겹치면 그 육체나 精氣가

그만 다해 버린다."고 한다.

〈이와 마찬가지로〉 물의 본성도 이물질이 섞이지 않으면 맑은 상태를 유지하고, 흔들어 움직이게 하지 않으면 水平을 이루지만, 막고 닫아서 흘러가지 않게 하면 물은 또한 맑을 수 없으니, 이것이 자연 본래의 타고난 덕의 모습이다.

그러므로 〈無爲自然의 道를 체득한 바람직한 人間의 모습은〉 "순수함을 지켜 잡념을 섞지 않고 고요히 한결같음을 지켜 변하지 아니하며, 恬淡하여 무위하며, 움직일 때에는 天行(자연의 운행)을 따른다."고 하니 이것이 정신을 기르는 방법이다.

무릇 吳나라나 越나라에서 만들어진 명검을 가지고 있는 자가 그것을 상자에 넣어 간직해 두고 감히 함부로 쓰지 않는 것은 그것이 지극한 보배이기 때문이다. 정신은 사방으로 통달하고 널리 流行하여 세상 끝 어디까지든지 가지 않는 곳이 없어서 위로는 하늘에 다다르고 아래로는 땅속 깊이 서려 만물을 化育하지만 그 모습을 알 수 없으니 그 이름을 同帝(上帝와 같은 존재)라 한다.

純粹素朴한 道는 오직 精神을 지키니, 이것을 지켜서 잃어버리지 않으면 정신과 一體가 되니, 一體가 된 정신이 만물에 통하면 天倫(자연의 질서)과 합치된다. 속담에 이런 말이 있다. "보통 사람들은 이익을 중시하고 청렴한 사람은 명예를 중시하고 현인은 뜻을 숭상하고 聖人은 정신을 중시한다." 그러므로 素朴이란 함께 섞이는 것이 없음을 말하고 純粹란 그 정신을 잘 지켜 손상하지 않음을 말하는 것이니 純粹素朴을 체득했기에 그런 사람을 眞人이라고 일컫는 것이다.

【역주】

1) 形勞而不休則弊 精用而不已則勞 勞則竭 : 인간의 육체는 혹사만 하고 쉬지 않으면 지쳐 쓰러지고, 精氣는 쓰기만 하고 그만두지 아니하면 피로하게 되고 피로가 겹치면 그 육체나 精氣가 다 소진됨. 〈在宥〉편 제3장에서 "당신의 몸을 수고롭게 하지 말고, 당신의 정신을 흔들어대지 않아야만 비로소 장생할 수 있을 것〔無勞女形 無搖女精 乃可以長生〕."이라고 하여 신체와 정신의 혹사를 경계한 내용과 동일한 양생사상의 표현이다(陸長庚, 池田知久). ≪淮南子≫ 〈精神訓〉편에도 거의 같은 문장이 보인다. 成玄英이 "기가 막히고 피폐해짐이다〔困弊〕."고 풀이한 것이 적절하

다(池田知久).

2) 水之性 不雜則淸 莫動則平 : 물의 본성은 이물질이 섞이지 않으면 맑은 상태를 유지하고, 흔들어 움직이게 하지 않으면 水平을 이룸. 고요히 정지하고 있는 물에 대한 긍정적 비유는 이 외에도 〈德充符〉편 제4장에 "평평한 것으로는 정지하고 있는 물이 가장 성대하다〔平者水停之盛也〕."고 한 내용이 보이고, 〈天道〉편 제1장에도 "물이 고요하면 〈水面을 바라보는 사람의〉 수염이나 눈썹까지도 분명하게 비추어 주고 그 평평함은 水準器에 딱 들어맞아 목수가 기준으로 채택한다〔水靜則明燭鬚眉 平中準 大匠取法焉〕."고 한 내용이 나온다.

또 맥락은 다소 다르지만 ≪呂氏春秋≫ 〈本生〉편에 "무릇 물이란 본래 맑은 것이 본성인데 흙이 휘저어 놓기 때문에 맑은 상태를 유지하지 못하는 것이고 인간의 생명은 장수를 누리게 되어 있는데 물욕이 휘저어 놓기 때문에 장수하지 못하게 된다〔夫水之性淸 土者扫之 故不得淸 人之性壽 物者扫之 故不得壽〕."고 한 내용이 보이며, 비슷한 글이 ≪淮南子≫ 〈俶眞訓〉편에도 보인다(池田知久).

3) 鬱閉而不流 亦不能淸 : 막고 닫아서 흘러가지 않게 하면 물은 또한 맑을 수 없음. 赤塚忠은 이 "흘러가지 않게 하면 물이 맑을 수 없다."는 비유를 종전에는 없는 비유라고 하면서 流動을 重視하는 것을 표시한다고 하였다. 池田知久도 역시 赤塚忠뿐만이 아니고 林雲銘까지 참조하기를 권하면서 이 부분의 뜻을 精神의 流動을 중시하기 시작한 종전에 없는 사상이라고 하고 있다.

4) 天德之象也 : 이것이 본래 타고난 덕의 모습임. 天은 武延緖, 李勉이 문맥으로 미루어볼 때 失의 誤字라고 보고 문장 전체를 반대로 해석하지만 근거가 충분치 않기 때문에 설득력이 부족하다(池田知久 참조).

5) 惔而無爲 : 恬淡하여 무위함. 담박함을 지켜 무위한다는 뜻.

6) 動而以天行 : 움직일 때에는 天行(자연의 운행)을 따름. 이 편 제2장에 나온 "성인은 살아 있을 때에는 자연의 운행을 따른다〔聖人之生也 天行〕."고 한 내용을 이어받아서 작성한 듯하다. 武延緖, 嚴靈峯, 李勉, 陳鼓應, 金谷治 등은 잘못 끼어든 문자라고 했지만 근거가 박약하며 林雲銘이 말하는 것처럼 바로 위의 '鬱閉而不流 亦不能淸'을 이어 작성한 글이다(池田知久 참조).

7) 此養神之道也 : 이것이 정신을 기르는 방법임. 成玄英이 "앞에서 나온 天行(자연의 운행) 등을 총괄한 것이니 이것이 몸을 다스리는 기술이고 정신을 기르는 방도이다

〔總結以前天行等法 是治身之術 養神之道也〕."고 풀이한 것처럼 이상의 내용을 마무리 짓는 결론부분이다. 이하의 내용은 구체적인 사례를 예시하고 있다.

8) 干越之劍 : 吳나라나 越나라에서 만들어진 名劍. 干越은 吳越과 같다. 干은 吳의 干溪(地名). 吳越 지방은 고래로 名劍의 산지로서 유명하였음.

9) 柙(합)而藏之 : 상자에 넣어 간직해 둠. 柙은 상자. 여기서는 '상자에 넣다'는 동사로 쓰였다. 押으로 표기되어 있는 판본(馬叙倫)도 있다. ≪淮南子≫ 〈精神訓〉편에 이 부분과 유사한 내용이 보인다(楊樹達, 池田知久 참조).

10) 不敢用也 : 감히 함부로 쓰지 않음. 馬其昶과 劉文典 등이 用자가 輕用 두 글자로 표기된 인용문이 있다고 소개했는데 郭象 注에도 "하물며 감히 정신을 함부로 쓰겠는가〔況敢輕用其神乎〕."라고 하였으며, 郭慶藩의 ≪莊子集釋≫에서는 郭象 注나 成玄英本에는 敢字 아래에 모두 輕字가 있다고 校閱하고 있다. 馬其昶과 劉文典은 물론이고 馬其昶과 馬叙倫, 劉文典, 王叔岷, 王孝魚, 陳鼓應, 金谷治 등도 모두 輕자를 보충하고 있지만 그대로 두어도 그런 뉘앙스를 문맥에서 찾을 수 있기 때문에 굳이 본문을 고치면서까지 보충할 필요는 없다. 池田知久도 輕字 보충 說을 근거가 불충분하다고 하고 있다.

11) 四達 : 사방으로 통달함. ≪老子≫ 제10장에서 "明白하게 사방으로 통달하여 無爲할 수 있겠는가〔明白四達 能無爲乎〕."라고 하여 비슷한 내용이 보이며, 〈知北遊〉편 제5장에도 "사방으로 도달함에 끝없이 넓다〔四達之皇皇也〕."는 표현이 나온다(池田知久).

12) 竝流 : 널리 流行함. 竝은 '널리, 두루'의 뜻으로 旁과 같다. 奚侗은 ≪說文解字≫에서 "旁은 널리 미침이다〔旁 溥也〕."고 풀이한 것을 따라 旁의 假借字라 했다.

13) 無所不極 上際於天 下蟠於地 : 세상 끝 어디까지든지 가지 않는 곳이 없어서 위로는 하늘에 다다르고 아래로는 땅속 깊이 서림. 주장하는 내용은 상당히 다르지만 ≪孝經≫ 〈感應〉장에서 "효제를 지극하게 실천하면 신명과 교통하고 사해에 빛나 통하지 않는 곳이 없다〔孝悌之至 通於神明 光于四海 無所不通〕."고 한 내용이나 ≪禮記≫ 〈樂記〉편에서 "예악이 하늘에 도달하고 땅에 서림에 이르러서……〔及夫禮樂之極乎天而蟠乎地……〕."라고 한 내용은 모두 동일한 방식으로 효제의 지극한 효용 또는 예악의 극치가 가져오는 편재성을 강조한 수사법이다. 池田知久는 福永光司를 참조하여 이상의 인용문들이 本章과 同類의 사상을 답습한 것이라 했지만

사상적 동질성까지 확인하기에는 다소 무리일지 모르겠다. 다만 동류의 表現임은 틀림없다. ≪淮南子≫ 〈道應訓〉편에 유사한 문장이 보인다(池田知久). 蟠은 서리다는 뜻으로 陸德明은 盤이라고 읽어야 한다고 했는데, 盤으로 표기되어 있는 인용문도 있다(王叔岷).

14) 化育萬物 : 만물을 化育함. 이와 유사한 표현으로 ≪管子≫ 〈心術 上〉편에 "만물을 화육하는 것을 德이라 일컫는다〔化育萬物謂之德〕."고 한 기술이 있고, ≪中庸≫에도 "오직 천하에서 지극히 진실한 성인만이……천지의 화육을 도울 수 있다〔惟天下至誠……可以贊天地之化育〕."고 한 내용이 나온다(福永光司).

15) 不可爲象 其名爲同帝 : 그 모습을 알 수 없으니 그 이름을 同帝라 함. ≪老子≫ 제14장에 "끊임없이 이어져 있어서 이름을 붙일 수 없으며 사물이 없는 상태로 돌아가니 이것을 일러 형상 없는 형상이라 하고 물상 없는 물상이라 한다〔繩繩不可名 復歸於無物 是謂無狀之狀 無物之象〕."고 한 내용이 있으며, 제25장에도 "나는 그 이름은 알지 못하겠고 字를 붙여(通稱하여) 道라 하며 억지로 이름을 붙여 大라 한다〔吾不知其名 字之曰道 强爲之名曰大〕."고 한 내용이 보인다. 敦煌본에 同帝의 同이 없다. 同帝는 上帝와 같은 존재라는 뜻. 위대한 精神의 작용을 上帝와 같은 존재 즉 同帝라고 이름 붙인 것이다. 林希逸이 "공용이 천제와 같음을 말한 것이다〔謂功用與天帝同也〕."라고 풀이한 것도 같은 해석이다.

16) 純素之道 唯神是守 : 純素之道는 唯神을 是守 즉 純粹素朴한 道는 오직 精神을 지킨다는 뜻. 純素는 純粹素朴의 줄임. 道의 모습을 素로 표현한 경우는 일일이 거론하기 어려울 정도로 많지만 〈天地〉편 제11장에서는 "명백한 지혜로 소박한 곳으로 들어가고 무위로 순박함으로 돌아가서 본성을 체득하고 정신을 지킨다〔夫明白入素 無爲復朴 體性抱神〕."고 하여 이 문장과 유사한 사상적 표현이 나오는데 이 문장은 〈天地〉편의 내용을 토대로 작성한 듯하다. 또 〈達生〉편에서 "이것은 純氣를 지키는 것이다〔是純氣之守也〕."라고 한 것과도 관계가 있을 것이다(池田知久 참조).

17) 與神爲一 : 〈순수 소박한 道는 오직 精神을 지키니 이것을 지켜서 잃어버리지 않으면 사람은 높이 昇化해서〉 精神과 一體가 된다는 뜻. 〈達生〉편에는 "무릇 형체가 완전해지고 정신이 회복되면 하늘과 일체가 된다〔夫形全精復 與天爲一〕." 하여 이 문장과 유사한 내용이 보인다(褚伯秀 참조). 池田知久는 이 부분의 大意를, 成玄英이 "신체와 정신이 일체가 됨이다〔身神爲一也〕."라고 풀이한 것보다는 林希逸이 "지

키는 존재(주체)와 지켜지는 존재(객체)가 합쳐서 하나가 됨이다〔守之與所守者 合而爲一矣〕."라고 풀이한 쪽이 낫다고 하였는데 참고할 만하다. 神은 精神 또는 精神의 靈妙한 作用을 뜻한다.

18) 一之精通 : 一體가 된 정신이 만물에 통함. 精은 위 문장의 神, 精神과 같다. 通은 만물과 통한다는 뜻. 通과 관련된 표현은 ≪周易≫ 〈繫辭傳 上〉에서 "왕래함에 다함이 없는 것을 通이라 한다〔往來不窮謂之通〕."고 한 내용과, "미루어 시행하는 것을 일러 通이라 한다〔推而行之謂之通〕."고 한 기술을 참고할 만하다(福永光司).

19) 合於天倫 : 天倫과 합치됨. 天倫은 자연의 질서. 제2장에서 "자연의 이법을 따른다〔循天之理〕."고 한 내용과 "自然 본래의 작용(天德)과 합치된다〔合天德〕."고 한 내용을 함께 참고할 필요가 있다. 成玄英은 "자연의 이법과 冥合한다〔冥乎自然之理〕."고 풀이했는데 적절한 견해이다(池田知久).

20) 野語有之曰 : 속담에 이런 말이 있음. 野語는 民間의 속담. ≪孟子≫ 〈萬章 上〉에 나오는 "이것은 군자의 말이 아니다. 제나라 동쪽 야인의 말이다〔此非君子之言 齊東野人之語也〕."라고 했을 때의 野語는 뚜렷한 근거 없이 돌아다니는 말로 믿을 수 없다는 의미이지만 여기서는 긍정적인 의미로 썼기 때문에 나름대로 진리를 표현하고 있는 속담의 뜻으로 이해해야 한다. 〈秋水〉편 제1장에도 같은 句, '野語有之'가 보인다.

21) 廉士重名 賢人尙志 聖人貴精 : 청렴한 사람은 명예를 중시하고 賢人은 뜻을 숭상하고 聖人은 정신을 중시함. 精은 精神. 林希逸이 "바로 神이다〔卽神也〕."라고 풀이한 것이 적절하다(池田知久).

22) 能體純素 謂之眞人 : 純粹素朴을 체득했기에 그런 사람을 眞人이라고 일컫는 것임. 體는 체득함. 成玄英은 體를 "깨닫고 이해함이다〔悟解也〕."고 풀이했는데 다소 미흡하다(池田知久는 부적당하다고 함). 純素는 앞의 純素之道와 마찬가지로 위 문장의 '恬淡寂漠', '虛無無爲' 등을 두 글자로 대표한 것이다(陸樹芝). 대의는 池田知久의 註解에 의거, 林雲銘이 "이 문단은 성인이 순수 소박한 도로 정신을 기르기 때문에 천도와 함께할 수 있음을 말한 것이다〔此段言聖人以純素 養其精神 所以能與天道〕."고 풀이한 것을 따라 해석하였다.

第16篇 繕性

【해설】

陸德明은 〈繕性〉이라는 편 이름은 의미를 취하여 이름을 붙였다〔以義名篇〕고 했지만 여기도 외편의 다른 편처럼 편 머리의 두 글자를 취해서 편명으로 삼은 것이다. 전편이 一章으로 이루어진 하나의 논문이지만(陳景元, 姚鼐), 편의상 세 장으로 나누어 번역하였다.

'繕'은 治의 뜻이고 '性'은 자연 그대로의 본성을 말하는데 〈繕性〉편의 문장에서 주목할 만한 부분은 "지혜와 편안한 마음이 서로 길러준다〔知與恬 交相養〕."는 구절이다. 즉 知와 恬〔무욕 담백한 마음, 편안한 마음〕이 서로 잘 길러주면 인간의 본성〔性〕에서 필연적으로 사회의 조화〔和〕와 질서〔理〕가 생겨난다는 주장이다. 이 '和'와 '理'는 이어서 '德'과 '道'와 동일시되는데, 여기까지는 지금까지 보아온 《莊子》의 사상과 크게 어긋나지 않는다고 할 수 있고 여전히 道家的이라 할 수 있다(池田知久). 그러나 이 〈繕性〉편의 作者는 용납하지 않음이 없는 無不容의 德을 仁으로 표현하고 있고 다스려지지 않음이 없는 道를 義라고 규정하고 있기 때문에 유가에 대한 접근 정도가 상당히 심화되고 있다고 할 수 있다. 그래서 이 〈繕性〉편에 대하여는 福永光司와 興膳宏의 譯書에서 지적하고 있는 것처럼, 무위자연의 道를 근본으로 전제하고 '存身'과 '得志'를 설명하면서, 原初의 質朴함으로의 回歸를 그 특징으로 하는 道家思想을 '나를 바르게 한다〔正己〕'는 儒家的 修養論과 절충한 점에 그 독자적 성격을 발견할 수 있다고 할 수 있을 것 같다.

第1章

繕性於俗[1]하야 **學**으로 **以求復其初**[2]하며 **滑欲於俗**[3]하야 **思以求致其明**[4]을 **謂之蔽蒙之民**[5]이라하나니라

古之治道者는 **以恬**으로 **養知**한대 **知生而無以知爲也**[6]하니 **謂之以知**로 **養恬**이라하나니 **知與恬**으로 **交相養而和理 出其性**[7]하나니라 **夫德**은 **和也**[8]요 **道**는 **理也**[9]요 **德無不容**은 **仁也**[10]요 **道無不理**는 **義也**[11]요 **義明而物親**은 **忠也**[12]요 **中純實而反乎情**은 **樂也**[13]요 **信行容體而順乎文**은 **禮也**[14]니 **禮樂**이 **偏行則天下亂矣**[15]리니 **彼 正而蒙己德**이면 **德則不冒**니 **冒則物必失其性也**[16]리라

세속에 살면서 본성을 닦아서 학문으로 原初의 모습으로 돌아가기를 구하거나 세속에 살면서 욕심에 골몰하면서 思慮를 통해 밝은 지혜를 이루기를 바라는 것을 일러 몽매한 백성이라고 한다.

옛날 道를 잘 다스린 사람은 편안한 마음으로 지혜를 길렀고, 지혜가 생겨나더라도 그 지혜를 가지고 무엇을 하려 함이 없었으니, 이것을 일컬어 지혜를 가지고 편안한 마음을 기르는 것이라고 일컫는다. 이처럼 지혜와 편안한 마음이 서로 길러주면 和(인간 사회의 조화)와 理(인간 사회의 질서)는 본성 속에서 저절로 생겨난다.

德은 사람들을 조화시키는 것이고, 道는 사람들에게 질서를 부여하는 원리이다. 萬民을 포용하지 않음이 없는 德은 仁이고, 萬物을 다스려 질서 지우지 아니함이 없는 道가 義이다. 義가 분명해지고 萬民이 서로 親愛하는 것은 忠이고, 마음속〔忠〕이 純粹篤實해져 본래의 모습〔情〕으로 돌아가는 것은 樂이고, 信이 용모와 태도에 베풀어져 문리에 맞는 것은 禮이다.

그런데 〈道와 德을 놓아둔 채〉 禮樂에만 치우쳐 행하면 天下가 어지러워질 것이다. 저 위정자들이 예악으로 천하를 바로잡으려 하여 〈예악으로〉 자기 본

래의 덕을 덮어버리면 덕은 萬民을 덮을 수 없게 될 것이니, 그런 德으로 만물을 억지로 덮어 화육하려 하면 萬物은 반드시 그 본성을 잃어버리게 될 것이다.

【역주】

1) 繕性於俗 : 세속에 살면서 본성을 닦음. 繕은 修身, 齊家, 治國, 平天下의 修齊治平과 같은 의미로, 여기서는 〈본성을〉 '닦는다'는 뜻으로 쓰였다. 崔譔은 "다스림이다〔治也〕."고 풀이했다. 陸德明은 "어떤 이는 선하게 함〔善也〕이라고 했다."고 풀이한 내용을 소개했다. 底本에는 俗자가 俗俗 두 글자로 重複되어 있다. 그러나 두 글자로 겹치지 않은 판본이 많고(王先謙, 武延緖, 馬叙倫, 王叔岷), 특히 陳景元의 ≪莊子闕誤≫와 ≪南華眞經章句音義≫에서 인용하고 있는 張君房본에는 한 글자만으로 표기되어 있으므로(褚伯秀, 劉文典) 한 글자는 끼어든 문자로 보는 것이 다수 견해이며 문의도 한 글자로 풀이하는 것이 더 자연스럽다(羅勉道, 褚伯秀, 蘇輿, 王先謙, 吳汝綸, 章炳麟, 劉師培, 武延緖, 奚侗, 馬叙倫, 劉文典, 王叔岷 등). 또 繕性於俗으로 絶句하는 것은 褚伯秀, 朱得之, 陳壽昌, 王先謙 등의 견해를 따른 것이다. 우리나라의 현행 역주본 중 安東林의 ≪莊子≫에서는 '繕性於俗學 以求復其初'라 絶句하고 있으나 따르지 않는다. 이 편의 뜻에 대한 좀 더 상세한 穿鑿은 池田知久의 注說을 더 참조할 것.

2) 學以求復其初 : 학문으로 처음의 모습으로 돌아가기를 구함. 비슷한 표현으로 〈在宥〉편 제4장에 "만물이 성대하게 자라나고 각기 근본으로 돌아간다〔萬物云云 各復其根〕."고 한 내용이 보인다.

또 ≪老子≫ 제16장에도 "만물이 함께 일어나는 데 나는 그것으로 돌아감을 본다. 만물이 성대하게 자라나고 각기 근본으로 돌아가는데, 근본으로 돌아가는 것을 고요함이라고 하며 이를 일러 復命이라 하니 復命을 일정함이라 한다〔萬物竝作 吾以觀復 夫物芸芸 各復歸其根 歸根曰靜 是謂復命 復命曰常〕."고 한 내용이 있고, 제28장에도 "떳떳한 덕을 떠나지 않아서 갓난아기의 상태로 복귀하며……떳떳한 덕을 어기지 않아 무극으로 복귀하며……떳떳한 덕이 충족되어 樸으로 복귀한다〔常德不離 復歸於嬰兒……常德不忒 復歸於無極……常德乃足 復歸於樸〕."고 한 내용이 보이는데, 이 부분은 ≪老子≫ 제28장과 가까운 사상으로 정리할 수 있다(池田知久).

한편 宋代의 朱熹는 자신이 정리한 ≪大學章句≫의 經1章 첫 구절을 주석하면서

"배우는 사람은 마땅히 본체가 드러나는 곳을 따라 마침내 그것을 밝혀서 처음의 모습을 회복해야 한다〔學者當因其所發而遂明之以復其初也〕."고 하여 '復其初'라는 말을 유가적 맥락으로 이해하였는데 바로 ≪莊子≫ 이 편의 이 구절을 유가의 수양론으로 끌어들여서 활용한 것이라 할 수 있다.

그렇다면 이 편이 유가를 포섭하려는 도가에 의해 작성되었을 것이라고 추정하는 池田知久의 견해와는 달리 아예 유가의 지식인들에 의해 작성된 것으로 볼 수도 있다.

3) 滑(골)欲於俗 : 세속에 살면서 욕심에 골몰함. 滑은 汩沒하다는 뜻. 汩과 통한다. 滑欲은 욕심에 빠져서 어지러워짐을 말한 것인데 陸德明은 滑을 "어지러움이다〔亂也〕."라고 풀이했다. 반면 兪樾, 馬叙倫, 李勉 등은 앞의 맥락상 繕性과 같은 뜻으로 보고 "다스림이다〔治也〕."라고 풀이했지만 이 경우는 맥락보다 우선 滑자의 의미를 충실하게 이해해야 하므로 따르지 않는다.

4) 思以求致其明 : 思慮를 통해 밝은 지혜를 이루기를 바람. 思는 앞의 學과 對比되는 글자이다. 明은 밝은 지혜로 명석한 판단력을 의미한다. 내편 〈齊物論〉편에서 강조된 것과 같은 절대의 明知를 말한다(福永光司). ≪老子≫ 제52장에도 "밝음으로 복귀한다〔復歸其明〕."라는 말이 보이는데 여기 보이는 明이 바로 '致其明'의 明과 같다.

5) 蔽蒙之民 : 몽매한 백성, 곧 도리에 어두운 인간을 말한다. 이상의 문장은 세속적인 생활 속에 埋沒되어 세속적인 욕망을 추구하면서 동시에 그것을 벗어나려고 발버둥치는 어리석은 사람들의 모습을 비웃는 표현으로 본래의 모습〔初〕이나 절대의 밝음〔明〕은 그런 상식적인 학문이나 상식적인 사색을 통해서 접근할 수 없는 경지임을 나타낸 것이다. 蔽는 가리고 막혔다는 뜻. 成玄英은 "막힘이다〔塞也〕."고 풀이했다. 蒙은 몽매함. 成玄英은 "어두움이다〔暗也〕."고 풀이했다. ≪荀子≫ 〈解蔽〉편의 '蔽'와 같은 뜻이다(池田知久).

6) 知生而無以知爲也 : 지혜가 생겨나더라도 그 지혜를 가지고 무엇을 하려 함이 없었음. ≪莊子集釋≫에서는 陳景元의 ≪莊子闕誤≫본에는 知生의 知자가 없고 ≪莊子闕誤≫에서 인용한 張君房본에는 生자 앞에 知자가 놓여 있다고 하였다. 여기에 또한 陶鴻慶, 武延緖, 王叔岷, 池田知久의 견해에 근거하여 知字를 보충하였다. ≪管子≫ 〈心術 下〉편에 "무릇 마음의 형벌은 지나친 지혜로 인한 것이니 〈지혜가

지나치면〉 삶을 잃어버리게 된다〔凡心之刑 過知失生〕."고 하여 이 부분과 비슷한 표현이 보인다(赤塚忠, 池田知久).

7) 知與恬交相養 而和理出其性 : 지혜와 편안한 마음이 서로 길러주면 和와 理는 본성 속에서 저절로 생겨남. 和는 인간 사회의 조화, 곧 人和를 의미하고 理는 인간 사회의 질서를 의미한다. 감성과 이성의 적절한 조화를 강조한 표현으로 知와 恬으로 상호간에 서로 기르면 性에서 仁과 理, 道와 義, 더 나아가 忠, 樂, 禮가 자연히 나와서 천하가 잘 다스려진다는 생각인데, 이와 유사한 사상으로는 ≪管子≫ 〈心術下〉편에서 "마음이 편안하면 나라가 편안하고 마음이 다스려지면 나라가 다스려진다〔心安 是國安也 心治 是國治也〕."고 한 내용을 참고할 것(池田知久).

8) 夫德 和也 : 德은 사람들을 조화시키는 것임. 물론 이 德은 무위자연의 德을 말하는 것임. 〈德充符〉편 제1장에 "또한 耳目 등의 감각기관이 마땅하다고 여기는 것을 초월하여, 마음을 덕의 융화 속에서 노닐게 한다〔且不知耳目之所宜 而遊心乎德之和〕."고 한 내용이 보이고, 제4장에는 "덕이란 완전한 평정을 닦은 것이다〔德者成和之脩也〕."라고 하여 이 대목과 비슷한 내용이 나온다(赤塚忠, 池田知久).

9) 道 理也 : 道는 사람들에게 질서를 부여하는 원리임. 池田知久는 〈天地〉편 제8장에서 "物이 이루어져 결〔理〕이 나타나니 이것을 形〔형체〕이라 한다〔物成生理 謂之形〕."고 한 내용이나, ≪韓非子≫ 〈解老〉편에서 "그래서 道는 만물을 다스리는 것이라고 말한다〔故曰 道 理之者也〕."고 한 내용은 비록 존재론적 차원의 접근으로 이 부분과는 다소 다른 맥락이지만 비슷한 표현으로 참고할 만하다고 하고 있다.

10) 德無不容 仁也 : 德이 萬民을 포용하지 않음이 없는 것은 仁인데, 만민을 포용하지 않음이 없는 德은 仁이라는 뜻. 德·道→仁·義→忠→樂·禮처럼 道家의 德·道를 근본으로 하고 儒家의 樂·禮를 말단으로 하여 諸概念을 계열화한 문장인데, 〈天地〉편 제1장에서 "義는 德에 포섭되고 德은 道에 포섭되고 道는 자연〔天〕에 포섭된다〔義兼於德 德兼於道 道兼於天〕."고 한 언급이나, 〈天道〉편 제5장에서 "옛날 大道를 밝게 알고 있었던 사람은 먼저 天을 밝히고 그 다음에 도와 덕이 이어졌고 도와 덕을 이미 밝히고 난 뒤에 인의가 이어졌고……〔古之明大道者 先明天 而道德次之 道德已明 而仁義次之……〕."라고 한 내용이나, ≪老子≫ 제38장에서 "道를 잃어버린 뒤에 德이 나오게 되었고 德을 잃어버린 뒤에 仁이 나오게 되었고 仁을 잃어버린 뒤에 義가 나오게 되었고 義를 잃어버린 뒤에 禮가 나오게 된 것이니 禮란

忠과 信이 야박해진 것이고 亂을 일으키는 으뜸이다〔失道而後德 失德而後仁 失仁而後義 失義而後禮 夫禮者 忠信之薄 而亂之首〕."고 한 내용과 비교된다. 于鬯을 참고할 것을 제시하고 池田知久가 지적했듯이 이 점은 儒家에 대한 태도가 宥和的으로 바뀐 것으로 이해가 가능하다.

11) 道無不理 義也 : 道가 만물을 다스리지 아니함이 없는 것은 義인데, 만물을 다스려 질서 지우지 아니함이 없는 道가 義라고 潤文하였다.

12) 義明而物親 忠也 : 義가 분명해지고 萬民이 서로 親愛하는 것은 忠임. 陳景元의 ≪莊子闕誤≫에서 인용한 江南古藏本에는 忠자가 中으로 표기되어 있으나 忠자를 그대로 둔다. 林雲銘이 "마음속에서 인의가 모두 극진한 것이 忠이 된다〔仁義交盡其心 所以爲忠〕."고 풀이했고, 宣穎이 "義와 仁이 모두 극진해지면 비로소 실제로 도덕이 갖추어진다〔義盡仁至 乃爲實有道德〕."고 풀이한 것을 따르기로 한 池田知久의 주석을 취했음.

13) 中純實而反乎情 樂也 : 마음속〔忠〕이 純粹篤實해져 본래의 모습〔情〕으로 돌아가는 것이 樂(악)임. 中은 위 문장과의 연결을 고려할 때 宣穎의 견해를 따라 忠의 뜻으로 이해하는 것이 적절하다. 純은 純粹함. 反乎情은 본래의 모습〔情〕으로 돌아간다는 뜻. 林雲銘이 "본래의 모습으로 돌아가 본성으로 복귀하는 것이 樂이 되는 것이다〔反乎情以歸性 所以爲樂〕."고 풀이한 것과, 宣穎이 "본성을 얻음이다〔得其本性〕."고 풀이한 것이 무난하다(池田知久). ≪禮記≫ 〈樂記〉편에는 "군자는 본래의 모습으로 돌아감으로써 자신의 뜻을 조화시키고 음악을 널리 반포하여 교화를 이룬다〔君子反情以和其志 廣樂以成其敎〕."고 한 내용이 있는데 이 부분을 이해하는 데 참고가 된다(陳治安, 池田知久).

14) 信行容體而順乎文 禮也 : 信이 용모와 태도에 베풀어져 문리에 맞는 것이 禮임. 용모와 몸뚱아리〔容體〕는 용모와 태도의 뜻. 宣穎이 "이 忠을 용모와 태도에 베풀면 자연스러운 節文이 있게 된다〔以此忠行於容體 而有自然節文〕."고 풀이한 것이 적절하다(池田知久).

15) 禮樂偏行 則天下亂矣 : 禮樂에만 치우쳐 행하면 天下가 어지러워질 것임. 道와 德을 놓아둔 채 예악만 시행하면 천하가 어지러워진다는 뜻. 底本에는 偏자가 徧으로 표기되어 있으나, 兪樾의 고증에 따라 禮樂偏行으로 고치고 '치우치다'는 뜻으로 번역하였다. 奚侗, 王叔岷, 池田知久 등 참조. 林希逸도 "밖으로 예악만 추구하고 근

본을 알지 못하기 때문에 한쪽만 치우쳐 행한다고 말한 것이니 단지 절반만 보았다고 말하는 것과 같다〔外求禮樂而不知其本 故曰偏行 猶言只見得一半也〕."고 하여 '치우치다'는 뜻으로 이해하였다.

16) 彼正而蒙己德 德則不冒 冒則物必失其性也 : 저 위정자들이 예악으로 천하를 바로잡으려 하여 〈예악으로〉 자기 본래의 덕을 덮어버리면 덕은 萬民을 덮을 수 없게 될 것이니, 그런 德으로 萬物을 억지로 덮어 화육하려 하면 萬物은 반드시 그 본성을 잃어버리게 될 것이다. 저들 곧 세상의 위정자들이 인의예악의 규범에 의해 정치를 시행하려고 하여 자기 본래의 德을 감추어버리면 그의 덕은 萬民을 화육할 수가 없게 될 것이니 할 수 없는데 무리하게 萬民 萬物을 덮어 化育하고자 한다면, 만물은 반드시 그 본성을 잃게 될 것이라는 뜻.

'不冒'의 '冒'는 만물을 감싸고 덮어서 화육한다는 뜻.

林雲銘이 "천하가 어지러운 까닭은 저 위정자들이 사람들을 바로잡겠다고 하면서 먼저 자신의 덕을 덮어 가렸으니 그 덕이 만물을 덮기에 부족하게 되었는데 덮기에 부족한 것을 가지고 억지로 덮으려고 하기 때문에 만물이 자신의 본성을 잃어버리게 된다〔言天下之所以亂者 以彼欲正人而先蔽蒙其德 則其德不足以蓋冒乎物 以不足蓋冒之德而蓋冒之 物之所以失其性也〕."고 풀이한 것이 훌륭하다. 이 부분은 異說이 매우 많아 그 때문에 오히려 난해한 구절이 되기 쉽다. 池田知久도 林雲銘의 주석을 거의 정확하다고 하면서도 그 後半部의 해석은 부적당하다고 하고 있다.

第2章

古之人은 在混芒之中[1)]하야 與一世而得澹漠焉[2)]하니 當是時也하야 陰陽이 和靜하며 鬼神이 不擾[3)]하며 四時 得節하며 萬物이 不傷[4)]하며 群生이 不夭[5)]라 人雖有知나 無所用之[6)]니 此之謂至一[7)]이라 當是時也하야 莫之爲而常自然[8)]하더니라

逮德이 下衰[9)]하야 及燧人伏羲 始爲天下[10)]라 是故로 順而不一[11)]하니라 德又下衰하야 及神農黃帝 始爲天下라 是故로 安而不順[12)]하니라 德又下衰하야 及唐虞[13)] 始爲天下라 興治化之流하야 澆淳散朴[14)]하야 離道以善하며 險德以

行[15)]한 然後에 去性而從於心[16)]하야 心이 與心으로 識[17)]하니라 知而不足以定天下[18)]한 然後에야 附之以文하며 益之以博[19)]하니라 文滅質하며 博이 溺心[20)]한 然後에야 民始惑亂하야 無以反其性情而復其初[21)]하니라

由是觀之컨대 世 喪道矣며 道 喪世矣라 世與道 交相喪也[22)]니 道之人은 何由興乎世며 世 亦何由興乎道哉[23)]리오 道 無以興乎世며 世 無以興乎道면 雖聖人이 不在山林之中이라도 其德이 隱矣[24)]니 隱故不自隱[25)]이니라

古之所謂隱士者는 非伏其身而弗見也며 非閉其言而不出也며 非藏其知而不發也[26)]라 時命이 大謬也[27)]일새니라 當時命而大行乎天下하야는 則反一無迹[28)]하고 不當時命而大窮乎天下하야는 則深根寧極而待[29)]하나니 此 存身之道也[30)]니라

옛사람들은 구별이 없는 渾沌 속에 살면서 세상 사람들과 더불어 恬淡寂漠의 삶을 누리고 있었다. 이 시대에는 陰陽二氣가 본래의 조화를 얻어 고요하며, 귀신도 사람들을 동요시키지 아니하며, 사계절의 운행이 절도에 맞으며, 만물이 손상되지 아니하며, 모든 生物이 요절하지 않았다.

사람들이 비록 지혜를 가지고 있다 하더라도 그것을 쓸 필요가 없었으니, 이런 때를 일컬어 만물일체가 실현된 시대(至一의 시대)라 한다. 이 시대에는 아무도 억지로 함이 없고 늘 자연 그대로의 상태이었다.

그러다가 德이 衰頹하여 燧人氏와 伏羲氏가 처음으로 천하를 다스리는 시대에 이르렀다. 이 때문에 사람들은 순종하기는 했지만, 서로 일체가 되지 못했다. 德이 또 더욱 쇠퇴하여 드디어 神農氏와 黃帝가 비로소 천하를 다스리는 시대에 이르렀다. 이 때문에 사람들의 삶은 편안해지긴 했지만 서로 순종하지 않게 되었다. 德이 또 더욱 쇠퇴하여 드디어 陶唐氏(堯)와 有虞氏(舜)가 비로소 천하를 다스리는 시대에 이르렀다. 그들은 정치와 교화의 흐름을 일으켜 사람들의 淳厚한 진심을 천박하게 하고 素朴한 본성을 消散시켜 道를 떠나 엉뚱

한 것을 善이라 하며, 德을 위태롭게 만들어 그것을 실행하게 되었다. 그런 뒤에 사람들은 소박한 본성을 버리고 私心을 따라 私心이 私心과 분별하게 되었다. 그래서 지식이 발달하더라도 그들의 지식으로 천하를 안정시키기에는 부족하게 되었다. 그런 뒤에 쓸데없는 껍데기를 갖다 붙이고 박식이라는 꾸밈을 보태서, 껍데기〔文〕가 바탕〔質〕을 없애버리고 박식이 인간의 마음을 탐닉케 하였다. 그런 뒤에 백성들은 비로소 미혹되고 혼란에 빠져 자기 본성의 진실한 모습으로 돌아가 처음의 상태인 道로 돌아갈 수 없게 되었다.

이로써 살펴본다면 세상은 참된 道를 잃어버리고, 또 참된 道도 그 道를 실현할 세상을 잃어버렸는지라. 세상과 道가 서로 상대를 잃어버리고 말았으니 道를 체득한 聖人이 있다 한들 어떻게 세상에서 일어날 수 있겠으며, 세상 또한 어떻게 그 道에 의지해 일어날 수 있겠는가. 道가 세상에 일어날 수 없고 세상이 道에 의지해 일어날 수 없다면 성인이 비록 〈일부러〉 산림 속에 몸을 감추지 않더라도 그 德은 이미 숨겨진 것이니, 이미 숨겨져 있는 까닭에 스스로 숨지 않는다.

옛날 이른바 은둔한 선비들은 자기 몸을 엎드려서 보이지 않게 한 것이 아니며 말문을 닫아서 말을 꺼내지 않았던 것이 아니며 지혜를 속에 감추어서 밖으로 公表하지 않았던 것이 아니다. 時運이 크게 어긋났기 때문이다. 시운을 만나 천하에 크게 시행함에는 사람들을 하나로 돌아가게 하되 자취를 남김이 없고 시운을 만나지 못해 천하에서 크게 곤궁할 때에는 뿌리를 깊이 박고 지극한 도를 편안히 여기며 때를 기다렸으니 이것이 몸을 보존하는 도리이다.

【역주】

1) 混芒之中 : 일체의 구별이 없는 渾沌 상태. 混芒은 천지가 아직 분화되지 않았을 때의 혼돈 상태를 뜻한다. 崔譔은 "混芒은 混混芒芒함이니 아직 나누어지지 않은 때이다〔混芒 混混芒芒 未分時也〕."고 풀이했다.

2) 與一世而得澹漠焉 : 세상 사람들과 더불어 恬淡寂漠의 삶을 누림. 一世는 一世之人으로 동시대의 다른 사람들을 지칭. 澹漠의 澹은 앞에 나온 恬淡, 漠은 寂漠. 고요하고 담박하며 적막한 삶을 의미한다.

3) 陰陽和靜 鬼神不擾 : 陰陽二氣가 본래의 조화를 얻어 고요하며, 귀신도 사람들을 동요시키지 아니함. 陰陽和靜은 음과 양이 서로 짝이 되어 서로를 밀치지 않는다는 뜻. 鬼神不擾는 귀신이 사람들을 놀라게 하지 않는다는 뜻. 擾는 祟(수)와 같다(方勇 · 陸永品).

4) 四時得節 萬物不傷 : 사계절의 운행이 절도에 맞고, 만물이 손상되지 아니함. 陳景元의 ≪莊子闕誤≫에서 인용하고 있는 張君房본에는 得자가 應자로 표기되어 있다. 이와 비슷한 내용으로 〈知北遊〉편에 "음양과 사계절이 운행함에 각각 차례를 얻었다〔陰陽四時運行 各得其序〕."고 한 대목이 보인다. 또 ≪淮南子≫ 〈本經訓〉편에도 "사계절이 차례를 잃어버리지 않았다〔四時不失其敍〕."고 한 내용이 보인다.

5) 群生不夭 : 모든 生物이 요절하지 않음. 群生은 衆生과 같고 夭는 비명에 죽는 것을 말하는데 일찍 죽는다는 뜻이 殀와 통용한다(方勇 · 陸永品).

6) 人雖有知 無所用之 : 사람들이 비록 지혜를 가지고 있다 하더라도 그것을 쓸 필요가 없었음. ≪淮南子≫ 〈俶眞訓〉편에는 "비록 羿같이 뛰어난 지혜를 갖추고 있다 하더라도 쓸 데가 없었다〔雖有羿之知 而無所用之〕."고 한 내용이 보이는데 이 구절을 토대로 작성한 듯하다(王叔岷).

7) 此之謂至一 : 이런 때를 일컬어 만물일체가 실현된 시대(至一의 시대)라 함. 林希逸은 "온 세상이 모두 純粹完全하고 道에 비추어볼 때 빠지거나 부족함이 없기 때문에 至一이라 했다〔擧世皆純全而於道無所欠闕 故曰至一〕."고 풀이했다.

8) 莫之爲而常自然 : 아무도 억지로 함이 없고 늘 자연을 따랐음. 세상 사람들이 모두 무위의 덕을 품고 있기 때문에 단지 자연에 맡기기만 하면 그만이라는 뜻(方勇 · 陸永品). 王念孫은 ≪廣雅≫에서 "然은 이루어짐이다〔然 成也〕."고 한 풀이를 따라 然을 이루어진다는 뜻으로 보고 自然을 自成, 곧 저절로 이루어진다는 의미로 보고 ≪大戴禮≫ 〈武王踐阼〉편의 "그 재앙이 장차 이루어질 것이다〔其禍將然〕.", ≪楚辭≫ 〈遠遊〉의 "저것은 장차 저절로 이루어질 것이다〔彼將自然〕."고 한 글귀를 근거로 제시했는데 참고할 만하다.

맥락은 다소 다르지만 ≪孟子≫ 〈萬章 上〉에는 "아무도 하지 않았는데 저절로 이루어지는 것은 하늘이며 아무도 부르지 않았는데 저절로 오는 것은 명이다〔莫之爲而爲者 天也 莫之致而至者 命也〕."라고 하여 王念孫이 제시한 부분과 유사한 표현이 나오며 이 문장의 원형으로 추정되는 ≪老子≫ 제51장의 '夫莫之命而常自然'이라

한 대목 또한 "아무도 명령하지 않았는데 늘 저절로 이루어진다."고 하여 然자를 成자로 풀이하는 것이 자연스럽다.

하지만 常自然을 '늘 자연을 따른다'는 의미로 번역하면 '저절로 이루어진다'는 의미를 포괄할 수 있기 때문에 自然을 굳이 自成으로 바꾸지는 않고 본래 글자 그대로 번역하였다.

9) 逮德下衰 : 德이 衰頹함에 미침. 逮는 미침〔及〕. 下와 衰는 모두 '쇠퇴하다'는 뜻. 郭象은 "무릇 덕이 쇠퇴하게 되는 까닭은 성인이 대를 이어 세상에 나타나지 못하자 군주의 자리에 있는 이가 스스로 무위를 실천하지 못하고 무위의 자취만 선망하게 되었기 때문에 이런 폐단이 있게 된 것이다〔夫德之所以下衰者 由聖人不繼世 則在上者不能無爲而羨無爲之跡 故致斯弊也〕."고 풀이했다.

10) 燧人伏羲始爲天下 : 燧人氏와 伏羲氏가 처음으로 천하를 다스림. 爲는 다스린다는 뜻으로 治와 같다(王叔岷). 燧人氏와 伏羲氏는 모두 고대 전설상의 제왕이자 문화영웅. 燧人氏는 사람들에게 처음으로 나무에 집을 짓고 사는 방법을 알려주었다 하고 伏羲氏는 처음으로 書契 文字를 만들고 팔괘를 만든 인물로 기록되어 있는데 여기서는 모두 인간의 자연스러운 본성을 해친 자들로 묘사되어 있다.

成玄英은 "옛날에는 짐승의 털을 먹고 피를 마시고 사슴들과 무리 지어 함께 살았는데 燧人氏에 이르러 비로소 날것을 바꾸어 익혀 먹었으며, 伏羲氏에 이르러서는 소를 길들이고 말을 타며 푸줏간을 처음 만들고 팔괘를 그어 문자를 제정하고 거미를 모방하여 촘촘한 그물을 만들었다. 이미 사사로운 지혜가 싹트게 되자 嗜欲이 점차 자라나 순박한 마음을 천박하게 하고 無爲의 도를 흩어버렸으니 덕이 쇠퇴하자 비로소 천하를 다스렸다는 것은 이를 두고 한 말일 것이다〔古者茹毛飮血 與麋鹿同群 及至燧人始變生爲熟 伏羲則服牛 乘馬 創立庖廚 畫八卦以制文字 放蜘蛛而造密網 旣而智詐萌矣 嗜欲漸焉 澆淳樸之心 散無爲之道 德衰而始爲天下 此之謂乎〕."라고 풀이했다.

11) 順而不一 : 사람들은 순종하기는 했지만, 서로 일체가 되지 못함. 不一은 '道와 일체가 되지 못함'으로 번역할 수도 있다. 成玄英은 "일반 백성들의 마음을 순종케 하기는 했지만 차별 없이 지극한 통일을 이루지는 못했다〔順黎庶之心 而不能混同至一也〕."고 풀이했다.

12) 安而不順 : 사람들의 삶은 편안해지긴 했지만 서로 순종하지 않음. 여기서도 不順

을 '道를 따르지 않았음'이라고 번역할 수도 있다. 成玄英은 "德化가 더욱 쇠퇴하게 되자 폐단이 더욱 심해졌다. 그 때문에 신농씨 때에는 共工을 정벌하는 전쟁이 있었고 황제 때에는 치우의 전쟁이 있어서 祆氣가 그치지 않고 전쟁이 여러 차례 일어났다. 이 때문에 포악한 이를 죽이고 잔악한 자를 제거하고 백성들을 위로하고 죄지은 자에게 죄를 물어 구차하게 천하를 안정시키기는 하였으나 뭇 생명들을 순종하게 하지는 못했다〔夫德化更衰 爲弊增甚 故神農有共工之伐 黃帝致蚩尤之戰 祆氣不息 兵革屢興 是以誅暴去殘 弔民問罪 苟且欲安於天下 未能有順於群生者也〕."고 풀이했다.

13) 唐虞 : 唐은 요임금이 다스린 나라 이름. 虞는 순임금이 다스린 나라 이름. 堯와 舜을 각각 陶唐氏와 有虞氏라고 일컫는다.

14) 興治化之流 澆淳散朴 : 정치와 교화의 흐름을 일으켜 사람들의 淳厚한 진심을 천박하게 하고 素朴한 본성을 消散시킴. 治化는 敎化와 같다. 成玄英은 "순후함과 소박함을 훼손하여 거짓을 꾸미고 질박함을 흩어서 화려한 거짓을 꾸며 댔다〔毁淳素以作澆訛 散樸質以爲華僞〕."고 풀이했다. 澆(요)는 얇다〔澆薄〕는 뜻의 澆(요)와 같은 字. 여기서는 흩어버린다, 천박하게 한다는 뜻으로 볼 수 있음.

15) 離道以善 險德以行 : 道를 떠나 엉뚱한 것을 善이라 하며, 德을 위태롭게 만들어 그것을 실행함. ≪淮南子≫ 〈俶眞訓〉편에는 '雜道以僞 儉德以行'으로 표기되어 있는데 王念孫에 의하면 ≪莊子≫의 이 구절을 근거로 '雜'을 '離'로 고치고 '儉'을 '險'으로 고쳐야 한다고 했다. 아무튼 '離道以善'을 ≪淮南子≫에서는 '離道以僞'로 이해하고 있다는 점은 참고할 만하다. 한편 王叔岷은 ≪淮南子≫를 근거로 '離道以善'의 '善'을 '僞'로 고쳐야 하며 '僞'는 '爲'와 같다고 보고 이 구절을 '離道以爲'로 표기해야 한다고 주장했는데 이어지는 '險德以行'의 '行'과 對文이 자연스러우므로 일리는 있지만 우선 본문을 그대로 두고 번역하였다. 異說이 자못 분분한 문장이다.

16) 去性而從於心 : 소박한 본성을 버리고 私心을 따름. 去性은 자연의 본성을 방기한다는 뜻. 從於心은 사심을 따른다는 뜻. 成玄英은 "자연의 본성을 버리고 분별하는 마음을 따르게 되었다〔去自然之性 從分別之心〕."고 풀이했고, 林希逸은 "자연의 본성을 버리고 유위의 마음을 따랐다. 그 때문에 본성을 버리고 私心을 따른다고 말한 것이다〔去其自然之性而從其有爲之心 故曰去性而從於心〕."고 풀이했다.

17) 心與心識 : 私心이 私心과 분별하게 됨. 피차간에 사심을 가지고 사심을 엿본다는

뜻. 林希逸은 "識은 서로 살핌이다. 여기의 心자와 같은 것은 모두 機心이다〔識 相識察也 似此心字皆機心也〕."라고 여기의 心을 〈天地〉편의 機心과 같다고 풀이했는데 타당한 견해이다. 郭象 注와 成玄英 疏를 따라 識에서 絶句하였는데, 淸의 兪樾은 아래 句의 知를 위로 붙여 識知를 衍文으로 보고 있다(池田知久). 여기서는 兪樾의 설을 따르지 않았다.

18) 知而不足以定天下 : 지식이 발달하더라도(知하더라도) 〈그들의 지식으로〉 천하를 안정시키기에는 부족하게 됨. 그러므로 여기의 知는 지식이 발달한 堯와 舜의 지식을 지칭한다. 方勇·陸永品은 이 구절을 두고 堯와 舜의 지식이 사람들의 私心에 간파되어 그들의 지식만으로 천하를 안정시킬 수 없게 되자 쓸데없는 껍데기를 갖다 붙이고 박식이라는 꾸밈을 보태게 되었다는 의미로 풀이했는데, '본성에 맡기지 않고 지식으로 다스렸기 때문에 천하를 안정시키지 못하게 된 것'이라는 전래의 해석을 뛰어넘는 탁견이라고 평가할 만하기에 이 견해를 따라 번역하였다.

19) 附之以文 益之以博 : 쓸데없는 껍데기〔文〕를 갖다 붙이고 박식이라는 꾸밈을 보탬. 여기의 文과 博은 각각 뒤의 質과 心에 상대되는 외형적인 가식을 의미한다.

20) 文滅質 博溺心 : 껍데기〔文〕가 바탕〔質〕을 없애버리고 박식이 인간의 마음을 탐닉케 함. 文과 質의 이상적인 관계에 대한 논의는 《論語》에 자세하다. 특히 〈雍也〉편에서 공자가 "質이 文을 이기면 촌스러워지고 文이 質을 이기면 고루해진다. 文과 質이 균형을 갖춘 뒤라야 君子다울 수 있다〔質勝文則野 文勝質則史 文質彬彬然後 君子〕."고 한 유가적 논의가 文과 質의 균형 상태인 文質彬彬을 이상으로 삼는다고 한다면 여기의 비판은 그런 균형에 도달하지 못한 상태를 비판하는 것이므로 유가적 논의를 완전히 뒤집는 것이라고 평가하기는 곤란하다.

21) 無以反其性情 而復其初 : 자기 본성의 진실한 모습으로 돌아가 처음의 상태인 道로 돌아갈 수 없게 됨. 郭象은 "初는 성명의 근본을 말함이다〔初 謂性命之本〕."고 풀이했다.

22) 世喪道矣 道喪世矣 世與道交相喪也 : 세상은 참된 道를 잃어버리고, 또 참된 道도 그 道를 실현할 세상을 잃어버려 세상과 道가 서로 상대를 잃어버림. 道와 世의 상관관계를 직접적이고 적극적으로 말하고 있다는 점에서 유가 사상에 해당한다고 할 수 있다. 특히 이어지는 문장에서 "道가 세상에 일어날 수 없고 세상이 道에 의지해 일어날 수 없다〔道無以興乎世 世無以興乎道〕."고 한 표현은 세상은 오직 도에

의해서만 다스려질 수 있다는 표현으로 유가의 治道와 다를 것이 없다. 예를 들어 뒤의 〈讓王〉편에서 "道의 진수를 가지고 자기 몸을 다스리고 남은 실마리를 가지고 국가를 다스리고 찌꺼기를 가지고 천하를 다스린다〔道之眞以治身 其緖餘以爲國家 其土苴以治天下〕."고 한 것처럼 외부세계를 다스리는 수단으로 기능하는 도를 낮추어 본 것과는 달리 도와 세상의 관계를 서로 상보적인 관계로 파악하고 있다는 것은 큰 폭의 변화라 할 수 있다.

23) 道之人 何由興乎世 世亦何由興乎道哉 : 道를 체득한 聖人이 있다 한들 어떻게 세상에서 일어날 수 있겠으며, 세상 또한 어떻게 그 道에 의지해 일어날 수 있겠는가. 道之人은 有道之人, 또는 體道之人으로 도를 지닌 사람을 뜻한다. 다만 奚侗은 道之人의 之人 두 글자가 잘못 끼어든 문자라 했는데 일리가 있는 견해이지만 成玄英疏에 이미 '懷道聖人'으로 표기되어 있으므로 道之人을 有道之人, 또는 體道之人으로 보고 번역하였다.

24) 雖聖人不在山林之中 其德隱矣 : 성인이 비록 〈일부러〉 산림 속에 몸을 감추지 않더라도 그 德은 이미 숨겨짐. 呂惠卿은 "세상과 도가 서로 일으켜 주면 성인이 일어나 만물이 모두 제 모습을 드러내고 세상과 도가 서로를 잃어버리게 되면 성인이 세속에서 노닐더라도 아무도 알아보지 못할 것이니 참으로 이미 숨겨진 것이니 어찌 스스로 산림 속에 숨는 일을 하겠는가〔世與道交相興 則聖人作而萬物睹 世與道交相喪 則聖人游乎世俗而莫之知 固已隱矣 奚以自隱於山林間爲哉〕."라고 풀이했는데 참으로 적절한 견해라 할 만하다.

25) 隱故不自隱 : 이미 숨겨져 있는 까닭에 스스로 숨지 않음. 林希逸은 "세상이 온통 道를 알지 못하게 되면 성인이 비록 눈앞에 있더라도 또한 알지 못할 것이니, 성인이 비록 스스로 숨지 않더라도 사람들이 알지 못할 것이다. 그러니 숨으려 하지 않더라도 저절로 숨고 있는 것이다〔擧世皆不知道 則聖人雖在目前亦不知矣 非聖人自隱也 人不知之 不求隱而自隱矣〕."라고 풀이했다. 한편 錢穆은 馬其昶의 견해를 인용하면서 '故'는 '固'와 같다고 풀이하고 '不' 또한 '非'와 같다고 했는데 만약 이 견해를 따른다면 '隱故不自隱'을 '隱固非自隱'으로 표기하고 "숨겨진 것이지 본디 스스로 숨은 것이 아니다."고 번역하여야 하겠지만 王叔岷의 지적처럼 不자와 非자는 활용에 차이가 있으므로 우선 본문을 그대로 두고 번역하였다. 錢穆의 주석대로 읽으면 현토도 '隱이 故(固)不自隱이니라'로 되어야 할 것이다.

26) 非伏其身而弗見(현)也 非閉其言而不出也 非藏其知而不發也 : 자기 몸을 엎드려서 보이지 않게 한 것이 아니며 말문을 닫아서 말을 꺼내지 않았던 것이 아니며 지혜를 속에 감추어서 밖으로 公表하지 않았던 것이 아님. 王叔岷은 成玄英 疏에는 弗見이 不見으로 표기되어 있으므로 아래의 '不出', '不發'의 경우와 마찬가지로 不見으로 표기해야 한다고 했는데 타당한 견해이다. 見은 現과 통한다.

27) 時命大謬(무)也 : 시운이 크게 어긋났기 때문에 不見, 不出, 不發하였던 것이다. 時命은 時運, 나누어서 말하면 世道가 흥기와 쇠퇴하는 시기를 말한다. 成玄英은 "유도의 시대를 만난 경우〔時逢有道〕"와 "무도한 시대를 만난 경우〔時遭無道〕"로 나누어서 풀이했는데, 합쳐서 말하면 時運 한마디로 포괄할 수 있다. 곧 時運을 만나는 것은 좋은 때를 만남이고 時運을 만나지 못함은 좋지 못한 때를 만남을 말한다. 大謬는 크게 어긋남. 謬는 毫釐之差 千里之謬의 謬와 같다.

28) 當時命而大行乎天下 則反一無迹 : 時運을 만나 천하에 크게 시행함에는 사람들을 하나로 돌아가게 하되 자취를 남김이 없음. 當時命은 좋은 때를 만났다는 뜻. '大行乎天下'는 道가 天下에 널리 통행함을 말함이다. 反一無迹은 완전하게 통일된 경지 또는 至上의 道의 세계로 돌아가 자취를 남기지 않는다는 뜻. 林雲銘은 "至一의 상태로 돌아가 有爲의 자취를 보이지 않음이다〔反於至一而不見有爲之迹也〕."고 풀이했다.

29) 不當時命 而大窮乎天下 則深根寧極而待 : 시운을 만나지 못해 천하에서 크게 곤궁할 때에는 뿌리를 깊이 박고 지극한 도를 편안히 여기며 때를 기다림. 深根은 뿌리를 깊이 한다는 뜻으로 자연의 근본을 견고하게 한다는 의미이다. 寧極은 지극한 본성을 편안하게 지킨다는 뜻. 成玄英은 "자연의 근본을 아주 견고하게 하고 지극한 본성을 편안하게 보존한다〔深固自然之本 保寧至極之性〕."고 풀이했다.

30) 此存身之道也 : 이것이 몸을 보존하는 도리임. 存身은 自然의 性命을 보존한다는 뜻(方勇·陸永品). 郭象은 "자기 몸을 보존하고서 세상을 흥기시키지 못하는 경우는 없다〔未有身存而世不興者也〕."고 풀이했고, 成玄英은 "곤궁하게 살면서도 늘 道를 즐기고 위험한 곳에 머물면서도 편안하게 살며 시대에 따라서 나아가 道를 실행하기도 하고 거두어 道를 간직하기도 한다면 몸을 보존하는 도리라고 일컬을 만하다〔在窮塞而常樂 處危險而安寧 任時世之行藏 可謂存身之道也〕."고 풀이했다.

第3章

古之行身者[1)]는 不以辯으로 飾知[2)]하며 不以知로 窮天下[3)]하며 不以知로 窮德[4)]이오 危然處其所하야 而反其性已[5)]니 又何爲哉[6)]리오 道固不小行이며 德固不小識[7)]이니 小識은 傷德하고 小行은 傷道하나니라 故로 曰 正己而已矣라하니 樂全之謂得志[8)]니라

古之所謂得志者는 非軒冕之謂也[9)]라 謂其無以益其樂而已矣[10)]러니 今之所謂得志者는 軒冕之謂也니 軒冕이 在身이 非性命也라 物之儻來寄者也[11)]니라 寄之는 其來를 不可圉며 其去를 不可止[12)]니 故로 不爲軒冕하야 肆志하며 不爲窮約하야 趨俗[13)]하야 其樂彼를 與此로 同[14)]이론 故로 無憂而已矣니라 今에 寄去則不樂[15)]하나니 由是觀之컨댄 雖樂이라도 未嘗不荒〈亡〉也[16)]로다 故로 曰 喪己於物하고 失性於俗者[17)]를 謂之倒置之民[18)]이라하노라

옛날 자기 몸을 안전하게 보존했던 사람은 말재주로 자신의 지혜를 꾸미지 않았으며, 지혜로 天下 萬象을 다 알아내려 하지 않았으며, 또 지혜로 德을 窮究하지 아니하고 홀로 자신의 자리에 똑바로 서 있으면서 자연의 본성으로 돌아갔을 뿐이다. 그밖에 또 무엇을 했겠는가. 道는 본시 자잘한 행실로 이룰 수 있는 것이 아니고 德은 본시 자잘한 지식으로 엿볼 수 있는 것이 아니니 자잘한 지식은 德을 해치고 자잘한 행실은 道를 해친다. 그래서 "내 몸을 바로잡을 뿐이다."고 말하는 것이니, 즐거움이 온전해지는 것을 일러 뜻을 얻었다고 일컫는다.

옛날의 이른바 뜻을 얻었다는 것은 〈수레를 타고 면류관을 쓰고 다니는〉 높은 벼슬아치가 됨을 말하는 것이 아니다. 그 어떤 즐거움도 더 보탤 것이 없는 경지를 말할 따름이었는데, 오늘날의 이른바 뜻을 얻었다는 것은 〈수레를 타고 면류관을 쓰고 다니는〉 높은 벼슬아치가 되는 것을 말한다. 그러나 가령 〈수레

나 면류관 따위의〉 높은 벼슬이 내 몸에 미쳤다 하더라도 그것은 인간에게 주어진 天與의 본성이 아니고, 〈벼슬이라는〉 외물이 우연히 밖에서 들어와 내 몸에 寄生한 것일 뿐이다. 외물이 밖에서 들어와 기생하는 경우, 오는 것을 막을 수도 없고, 가는 것을 붙들 수도 없다.

그 까닭에 〈옛날 뜻을 얻었던 사람은 수레를 타고 면류관을 쓰고 다니는〉 높은 벼슬아치가 되었다 해서 뜻을 멋대로 부리지 아니하며 곤궁 빈핍하다고 해서 세속에 영합하지 않아서 그것을 이것과 똑같이 즐겼다. 그 때문에 마음속에 근심이 없었던 것이다.

그런데 오늘날에 이르러서는 기생했던 외물이 떠나면 곧 怏怏不樂하나니 이로 말미암아 살펴본다면 비록 〈높은 벼슬이 찾아와〉 즐거움이 있었다 하더라도 처음부터 본연의 즐거움은 망실되지 않은 적이 없었을 것이다. 그래서 이렇게 말한다. “자기를 外物에 잃어버리고 세속에 끌려 자기의 본성을 상실한 자, 이런 사람을 일러 本末이 顚倒된 인간이라 한다.”

【역주】

1) 古之行身者 : 옛날 자기 몸을 안전하게 보존했던 사람. 底本인 ≪莊子集釋≫본에는 行身의 行이 世德堂본에서는 存으로 되어 있다고 注하고 있다. 여기서도 行身을 자기 몸을 보존한다는 뜻으로 위의 存身之道의 存身과 같은 것으로 보고 번역하였다. 褚伯秀, 林雲銘, 陳壽昌, 池田知久, 方勇・陸永品이 모두 存身이 옳다고 하였다.

2) 不以辯飾知 : 말재주로 자신의 지혜를 꾸미지 않음. 〈天下〉편에서 “惠施는 날마다 자신의 지혜를 가지고 다른 사람과 변론하였다〔惠施日以其知與人之辯〕.”고 했는데 ‘以辯飾知’란 바로 혜시와 같은 경우를 지칭한다(王叔岷).

3) 不以知窮天下 : 지혜로 天下萬象을 다 알아내려 하지 않음. 窮은 窮究한다는 뜻. 成玄英은 “窮은 곤궁하게 하고 얽맴을 말함이니 함부로 지혜를 부려 해독을 끼쳐 창생을 곤고하게 하지 않음이다〔窮者 困累之謂也 不縱知毒害以困苦蒼生也〕.”고 풀이하여 窮을 ‘困窮하게 하다’는 뜻으로 보았지만 적절치 않다. 한편 錢穆은 ‘下’자를 衍文으로 보고 不以知窮天으로 표기해야 한다고 했는데 앞의 ‘不以辯飾知’와 바로 뒤의 ‘不以知窮德’과의 對句를 고려한 듯하지만 꼭 그렇게 볼 필요는 없다. 여기의

天下는 ≪周易≫ 〈繫辭傳 上〉편에 보이는 "감응하면 마침내 천하 사사물물의 연고를 안다〔感而遂通天下之故〕."고 할 때의 '天下'와 같이 천하의 事事物物의 이치를 의미한다고 보는 것이 자연스럽다.

4) 不以知窮德 : 지혜로 德을 窮究하지 아니함. 郭象은 "자신의 德을 지킬 뿐이다〔守其自德而已〕."라고 풀이했다. 또 成玄英은 "지식을 자기 분수에 맞게 멈추어서 끝없는 지식을 가지고 스스로 터득한 德을 얽매지 않음이다〔知止其分 不以無涯而累其自得也〕."고 풀이했는데 窮을 '얽매다'는 뜻으로 본 것은 앞에서 밝혔듯이 적절치 않다.

5) 危然處其所 而反其性已 : 홀로 자신의 자리에 똑바로 서 있으면서 자연의 본성으로 돌아갔을 뿐임. 危然은 홀로 똑바로 선 모양. 朱駿聲은 ≪廣雅≫에서 "危는 올바름이다〔危 正也〕."라고 풀이한 것을 따라 '正'으로 풀이했다. 郭象은 "危然은 홀로 올바로 선 모양이다〔危然 獨正之貌〕."라고 풀이했고, 成玄英은 "危는 獨과 같다. 홀로 난세의 한가운데 서서 위태로운 곳에 머물러서도 있는 곳을 편안하고 즐겁게 여기고 움직일 때 고요함을 해치지 않고 늘 자연의 본성으로 돌아감을 말한 것이다〔危猶獨也 言獨居亂世之中 處危而所在安樂 動不傷寂 恆反自然之性〕."라고 풀이했다.

6) 又何爲哉 : 그밖에 또 무엇을 했겠는가. 자연스러운 본성을 따라 움직일 뿐 無爲함을 말한 것이다. 成玄英은 "본성을 따라 움직이니 다시 무엇을 하겠는가. 무위함을 말한 것이다〔率性而動 復何爲之哉 言其無爲也〕."고 풀이했다. 王叔岷은 앞의 反其性已의 已가 己로 표기된 판본이 있는 것을 근거로 앞의 문장을 '危然處其所 而反其性'으로 마무리하고 이 구의 앞에 己자를 붙여 '己又何爲哉'로 절구하고 "자기가 또 무엇을 하겠는가."라는 의미로 풀이했는데 참고삼아 밝혀 둔다.

7) 道固不小行 德固不小識 : 道는 본시 자잘한 행실로 이룰 수 있는 것이 아니고 德은 본시 자잘한 지식으로 엿볼 수 있는 것이 아님. 道와 德은 자잘한 행실로 도달하거나 자잘한 지식으로 엿볼 수 있는 것이 아니라는 뜻. 郭象은 "道는 탄탄한 길에서 노닌다〔遊於坦途〕."고 풀이했는데 이는 小行을 작은 길로 보고 풀이한 듯한데 다소 미흡하다. 成玄英은 "작은 성취는 도를 숨기니 참으로 자잘한 행실을 추구해서는 안 된다〔小成隱道 固不小行矣〕."고 풀이했는데 〈齊物論〉편에서 "道는 작은 성취 때문에 숨는다〔道隱於小成〕."고 한 내용에 착안한 것으로 적절한 견해라 할 수 있다.

8) 樂全之謂得志 : 즐거움이 온전해지는 것을 일러 뜻을 얻었다고 일컬음. 郭象은 "스스로 뜻을 얻어서 홀로 마음을 평안하게 하여 슬픔이나 즐거움이 없게 하니 이

것이 즐거움이 온전한 것이다〔自得其志 獨夷其心 而無哀樂之情 斯樂之全者也〕." 고 풀이했다.

9) 古之所謂得志者 非軒冕之謂也 : 옛날의 이른바 뜻을 얻었다는 것은 수레를 타고 면류관을 쓰고 다니는 처지가 됨을 말하는 것이 아님. 곧 높은 벼슬아치가 됨을 말하는 것이 아니라는 뜻. 軒은 수레, 冕은 면류관으로 모두 벼슬아치들의 사치스런 물건을 뜻한다. 成玄英은 "軒은 수레이고 冕은 冠이다〔軒 車也 冕 冠也〕."고 풀이했다.

10) 謂其無以益其樂而已矣 : 그 어떤 즐거움도 더 보탤 것이 없는 경지를 말할 따름임. 郭象은 "내면을 완전하게 하면 만족함이다〔全其內而足〕."라고 풀이했다. 益은 보탠다는 뜻. 成玄英은 "益은 보탬이다〔益 加也〕."라고 풀이했다.

11) 物之儻來寄者也 : 벼슬이라는 외물이 우연히 밖에서 들어와 내 몸에 寄生한 것일 뿐임. 儻은 우연, 요행의 뜻. 崔譔본에는 儻자가 黨으로 표기되어 있고 '衆'의 뜻으로 풀이했지만 옳지 않다. 成玄英이 "儻이란 의외로 갑자기 오는 것일 따름이다〔儻者 意外忽來者耳〕."고 풀이한 것이 적절하다.

12) 寄之 其來不可圉 其去不可止 : 외물이 밖에서 들어와 기생하는 경우, 오는 것을 막을 수도 없고, 가는 것을 붙들 수도 없음. 외물은 기필할 수 없다는 뜻이다. 郭象은 "외물에 달려 있을 뿐이니 득실을 내가 어쩔 수 있는 것이 아니다〔在外物耳 得失之非我也〕."고 풀이했는데 간명하고 적절한 견해이다. 陸德明은 '圉'자가 '御'자로 표기된 판본도 있다고 했는데 막는다는 뜻인 '禦'의 가차자로 보아야 할 것이다.

13) 不爲軒冕肆志 不爲窮約趨俗 : 〈옛날 뜻을 얻었던 사람은〉 높은 벼슬아치가 되었다 해서 뜻을 멋대로 부리지 않았으며 곤궁 빈핍하다고 해서 세속에 영합하지 않았음. 맥락은 다소 다르지만 ≪孟子≫ 〈滕文公 下〉에서 "뜻을 얻어서는 백성들과 함께 올바른 도리를 말미암고 뜻을 얻지 못해서는 홀로 올바른 도리를 실천한다. 부귀가 타락시킬 수 없으며 빈천이 뜻을 바꾸게 할 수 없으며 힘으로 굴복시킬 수 없으니 이런 사람을 일러 대장부라 한다〔得志與民由之 不得志獨行其道 富貴不能淫 貧賤不能移 威武不能屈 此之謂大丈夫〕."고 한 대목과 상통하는 측면이 있다.

14) 其樂彼與此同 : 그것을 이것과 똑같이 즐김. 彼는 軒冕, 곧 높은 벼슬아치가 됨이고 此는 窮約한 처지가 됨을 말한다. 높은 벼슬아치가 되건 곤궁하게 사는 처지가 되건 똑같이 道를 즐겼다는 뜻이다.

15) 今 寄去則不樂 : 그런데 오늘날에 이르러서는 기생했던 외물이 떠나면 곧 怏怏不樂함. 寄는 우연히 찾아와서 기생했던 외물, 곧 軒冕으로 대표되는 높은 벼슬을 말한다.

16) 雖樂 未嘗不荒〈亡〉也 : 비록 〈높은 벼슬이 찾아와〉 즐거움이 있었다 하더라도 처음부터 본연의 즐거움은 망실되지 않은 적이 없었을 것임. 荒은 荒亡으로 亡失의 뜻이다. 阮毓崧은 "수레와 면류관을 즐거워할 때 외물을 내면의 즐거움과 바꾸었으니 자연의 본성은 반드시 망실되었을 것이다〔當樂軒冕時 以外易內 其性必已荒亡〕."라고 풀이했고, 馬叙倫은 "荒은 亡의 假借이다〔荒 借爲亡〕."라고 풀이했는데 이들의 견해를 따랐다.

17) 喪己於物 失性於俗者 : 자기를 外物에 잃어버리고 세속에 끌려 자기의 본성을 상실한 자. 物은 우연히 찾아온 높은 벼슬 따위이고 俗은 세속적 가치로 높은 벼슬을 추구하는 마음을 의미한다.

18) 謂之倒置之民 : 이런 사람을 일러 本末이 전도된 인간이라 함. 倒置는 本末과 輕重의 판단이 거꾸로 되었다는 뜻으로 바로 위의 '喪己於物 失性於俗'에서 보이는 것처럼 자기보다 외물을 중시하고 본성보다 세속적 가치를 더 중시하는 본말이 전도된 경우를 가리킨다. 崔譔은 "성명을 거슬러 따르지 않음이다〔逆其性命而不順也〕."고 풀이했고, 向秀는 "외물을 가지고 내면과 바꾸었으니 倒置라고 말할 만하다〔以外易內 可謂倒置〕."고 풀이했다.

第17篇 秋水

【해설】

〈秋水〉는 가을의 큰 홍수〔大水〕의 뜻인데, 陸德明이 이 〈秋水〉편의 명칭을 "物을 빌려 편명을 삼았다〔以物名篇〕."라고 한 것은 무리한 이해이다. 앞뒤의 여러 편들과 마찬가지로 편 앞의 '秋水' 두 글자를 따서 편명으로 삼은 것이다.

第1章에 보이는 河伯과 北海若의 긴 문답은 〈秋水〉편 전체의 반이 넘는데, 이 第1章은 〈逍遙遊〉편 第1章과 〈齊物論〉편 第1章 등을 이어받아 새로운 사상을 전개한 문답이다(赤塚忠, 福永光司, 池田知久, 關鋒 등). 그런데 이 새로운 사상이란, 池田知久에 의하면, 齊物論的인 無에 대한 비판, 知識論으로부터 實踐論으로의 전개, 인식론적 齊同으로부터 존재론적 齊同으로의 이행, 無爲의 제창, 道를 아는 것은 사람〔人〕이 아니고 자연〔天〕이라는 주장 등이다.

第5章과 第6章에서는 莊子 자신이 설화의 주인공으로 등장하여 傳記 자료가 많지 않은 장자의 생애에 대한 상상력을 자극하며(福永光司), 第7章에서는 논리학에 의한 것이 아닌, 直觀에 의해 대상을 파악하는 莊子를 묘사하고 있다(池田知久).

第1章

秋水時至[1)]하야 百川灌河[2)]하야 涇流之大[3)] 兩涘[4)]의 渚涯之間[5)]에 不辨牛馬[6)]러니 於是焉에 河伯[7)]이 欣然[8)]自喜하야 以天下之美로 爲盡在己[9)]라하야 順

流而東行[10)]하야 至於北海[11)]하야 東面而視하니 不見水端[12)]이어늘

於是焉에 河伯이 始旋其面目[13)]하야 望洋[14)](하고)向若[15)]而歎曰 野語[16)]에 有之하니 曰聞道百[17)]하고 以爲莫己若者 我之謂也로다

且夫我 嘗聞少仲尼之聞 而輕伯夷之義者[18)]하고 始吾弗信이어니 今我 睹子之難窮也[19)]호니 吾非至於子之門이런들 則殆矣[20)]라 吾長見笑於大方之家[21)]랏다

北海若曰 井鼃를 不可以語於海者[22)]는 拘於虛也[23)]니라 夏蟲을 不可以語於冰者는 篤於時也[24)]니라 曲士를 不可以語於道者[25)]는 束於敎也[26)]니라 今爾는 出於崖涘[27)]하야 觀於大海하고 乃知爾醜[28)]하니 爾는 將可與語大理矣[29)]로다

가을이 되자 물이 불어나 모든 물이 황하로 흘러들어 출렁이는 물결의 광대함이 양쪽 기슭에서 〈건너편〉 물가에 있는 소와 말이 구별되지 않을 정도였다. 이런 때에 황하의 神 河伯은 欣然히 스스로 기뻐하여 천하의 아름다움이 모두 자기에게 집중되어 있다고 생각했다. 흐름을 따라 동쪽으로 흘러가서 北海에 이르러 동쪽을 바라보았더니 〈아무리 보아도 망망대해가 보일 뿐〉 물의 끝을 볼 수 없었다.

이때에 河伯이 비로소 그 얼굴을 돌려 멍한 눈으로 北海의 神 若을 바라보고 탄식하며 이렇게 말했다. "세간의 속담에 이르기를 '道에 대해 조금 들었다고 세상에 나만 한 사람이 없다고 우쭐댄다.'고 했는데 바로 나 같은 사람을 두고 한 말입니다. 뿐만 아니라 나는 일찍이 仲尼의 見聞을 적다 하고 伯夷의 義로운 행동을 가벼이 여기는 이야기를 듣고 처음에는 내가 그것을 믿지 않았더니만, 지금 나는 그대의 끝을 헤아리기 어려운 廣大함을 보았습니다. 그러니 내가 당신의 門에 이르지 않았던들 위태로울 뻔했습니다. 나는 〈하마터면〉 大道를 깨달은 사람들에게 길이 비웃음을 당할 뻔했습니다."

北海若이 말했다. "우물 안 개구리에게 바다에 관한 이야기를 해줄 수 없는

것은 〈우물 안 개구리가〉 자신이 머무는 곳에만 얽매여 있기 때문이며, 여름 버러지에게 얼음에 관한 이야기를 해줄 수 없는 것은 〈여름 버러지가〉 자신이 사는 때에만 얽매여 있기 때문이며, 曲士에게 道에 관한 이야기를 해줄 수 없는 것은 〈곡사들이〉 자기가 알고 있는 敎理에 속박되어 있기 때문이다. 이제 그대는 황하의 양쪽 기슭 사이에서 벗어나 큰 바다를 보고 마침내 그대 자신의 보잘 것없음을 알았으니, 그대와는 함께 커다란 道理에 관해 이야기할 만하다."

【역주】

1) 秋水時至 : 가을이 되어 때맞추어 물이 불어남. 번역문에서는 '때맞추어〔時〕'라는 번역어를 생략하는 것도 자연스럽다. 李頤는 "물은 봄에 생기고 가을에 성대해진다〔水生於春 壯於秋〕."고 풀이했는데 宣穎, 王先謙, 阮毓崧 등이 이 견해를 따랐다. 成玄英은 보다 상세하게 "큰물은 봄에 생기고 가을에 왕성해진다. 가을철에는 음기가 성대해져 궂은비를 내리게 하는 경우가 많기 때문에 가을철이 되면 물이 지극해진다〔大水生於春而旺於秋 素秋陰氣猛盛 多致霖雨 故秋時而水至也〕."고 풀이했고 福永光司, 金谷治, 赤塚忠도 거의 같은 견해를 제시했지만 이는 오행론에 기초한 사고방식에 기초하여 물이 많아지는 현상을 풀이한 것으로 다소 과장된 견해이다. 時至는 물이 때에 맞춰 불어남. 李勉은 "때에 맞춰 이름이다〔及時而至也〕."고 풀이했다.

2) 百川灌河 : 모든 물이 황하로 흘러듦. 百川은 백 가지 하천, 곧 모든 하천을 표시하는 수사이다. 阮毓崧은 灌을 "물을 댐이다〔注聚也〕."고 풀이했다. 또한 呂惠卿은 이 두 구절의 의미를 "배움이 밖에서 안으로 들어오는 단계여서 아직 대도에 이르지 못함을 비유한 것이다〔學自外至 而未達乎大道之譬〕."고 풀이했는데 참고할 만하다.

3) 涇流之大 : 출렁이는 물결의 광대함. ≪經典釋文≫ 崔譔본에는 涇자가 徑으로 표기되어 있고, 또 經으로 표기된 인용문도 있지만(奚侗, 馬叙倫), 이들은 서로 통용하는 글자이다(王叔岷, 池田知久). 崔譔은 "곧게 흘러가는 것을 徑이라 한다〔直度曰徑〕."고 풀이했는데 武延緖, 奚侗, 阮毓崧, 赤塚忠, 曹礎基 등도 비슷한 견해를 제시했다. 또 司馬彪는 "涇은 通함이다〔涇 通也〕."고 풀이했고, 成玄英, 陳壽昌, 王先謙, 錢穆 등이 司馬彪의 견해를 따라 풀이했다. 아울러 林希逸은 "탁함이다. 황하의

물이 갑자기 불어나면 혼탁해져서 양쪽 기슭에 들이치기 때문에 출렁이는 물결의 광대함이 양쪽 기슭을 들이친다고 말한 것이다〔濁也 黃河之水 驟至而濁 拍滿兩岸 故曰 涇流之大兩涘〕."라고 해석하고, 羅勉道, 林雲銘, 王敔, 宣穎, 陸樹芝 등이 이 것에 따른다. 또 池田知久에 의하면, 章炳麟은 巠의 가차로 보아 ≪說文解字≫의 '巠 水脈也'에 의거 涇을 '水脈'으로 보는 새로운 설을 내세우고 있는데, 여기에는 馬叙倫, 陳鼓應, 李勉, 福永光司 등이 찬성하고 있다고 한다.

4) 兩涘 : 양쪽 기슭. 涘는 기슭. 陸德明은 涘를 涯로 풀이했고, 成玄英은 岸이라 풀이했는데 大同小異하다.

5) 渚涯之間 : 물가. 渚는 모래톱. 涯는 물가. 司馬彪는 "물속에 머물 수 있는 곳을 渚라 한다〔水中可居曰渚〕."고 풀이했다. 成玄英, 林希逸, 陳壽昌, 王先謙, 張之純, 馬叙倫, 李勉, 森三樹三郎, 陳鼓應, 金谷治, 曹礎基 등 대부분의 주석가들이 이를 따르고 있는데, 이것은 定說이다. 그러나 福永光司는 "渚涯는 渚岸과 같다. 岸邊을 말한다."고 하여 약간 다르게 풀이했고, 赤塚忠도 비슷한 견해를 제시했으며, 池田知久도 이 견해를 따르고 있다.

陸德明은 涯자가 厓로 표기된 판본이 있다고 했는데 현재 전해지는 여러 판본에도 厓로 표기된 경우가 있고 厓로 표기된 인용문도 적지 않다(馬叙倫, 劉文典, 王叔岷).

한편 林希逸은 "渚涯는 하수 안에 있는 모래톱이다. 渚와 涯, 두 글자의 의미는 같다. 만약 涯자를 際(사이)의 뜻으로 풀이한다면 間자가 붙을 수 없다〔渚涯 河中洲渚也 渚涯兩字 一般輕重 若以涯訓際 則間字下不得〕."고 하여 기존의 풀이에 반대하고 있는데 참고할 만하다.

6) 不辨牛馬 : 소나 말을 구별하지 못함. 어떤 물체가 소인지 말인지 구분할 수 없다는 뜻이 아니라 워낙 멀어서 소나 말처럼 큰 사물들도 잘 구분되지 않는다는 뜻이다. 陸德明은 "구별함이다. 광대하기 때문에 바라보아도 구별되지 않음을 말한 것이다〔別也 言廣大 故望不分別也〕."고 풀이했는데 정확한 견해이다. 成玄英은 좀 더 자세하게 "마침내 물을 사이에 두고 멀리 바라보면 소와 말을 구분할 수 없게 한다〔遂使隔水遠看 不辨牛之與馬也〕."고 풀이했다. 이것이 정설이다(池田知久).

7) 河伯 : 황하의 神. 陸德明은 "성은 馮이고 이름은 夷이다. 일명 冰夷라 하기도 하고 또 馮遲라 하기도 하는데 〈大宗師〉편에 이미 나왔다. 어떤 사람은 성은 呂이고 이

름은 公子이다. 馮夷는 공자의 아내라 했다〔姓馮 名夷 一名冰夷 一名馮遲 已見大宗師篇 一云 姓呂 名公子 馮夷是公子之妻〕."라고 풀이했는데, 河伯은 문자 그대로 황하를 관장하는 우두머리라는 뜻이므로 굳이 사람의 성명을 꿰어 맞출 필요는 없다. 李勉, 陳鼓應 등도 伯을 長의 의미로 보았다(池田知久).

8) 欣然 : 기뻐하는 모양. 王雱은 "河伯이 기뻐하는 것은 제자백가의 사상가들이 자신의 도를 시행할 수 있게 된 것을 기뻐함을 비유하고자 한 것이다〔夫河伯欣然者 所以況諸子喜其道之得行也〕."라고 풀이했는데 참고할 만하다.

9) 天下之美爲盡在己 : 천하의 아름다움이 모두 자기에게 집중되어 있다고 생각함. 成玄英은 "황하가 이미 광대해졌기 때문에 흔쾌히 기뻐한 것이니 천하의 영화와 성대한 아름다움이 모두 자기 자신에게 집중되어 있다고 말한 것이다〔河旣曠大 故欣然懽喜 謂天下榮華盛美 盡在己身〕."고 풀이했다.

10) 順流而東行 : 흐름을 따라 동쪽으로 흘러감. 呂惠卿은 "이치를 따라 찾으면 반드시 돌아갈 곳을 찾게 될 것〔言循理而求 則必得其所歸〕."이라고 했는데 池田知久의 견해처럼 다소 추상적인 해석이다.

11) 北海 : 북쪽 바다. 李頤는 "동해의 북쪽이 이에 해당한다〔東海之北 是也〕."라고 풀이했고, 成玄英은 "지금의 萊州가 이에 해당한다〔今萊州 是〕."고 풀이했고, 赤塚忠은 渤海를 가리킨다고 했다. 지리정보를 기준으로 판단하면 발해를 지칭한다고 한 赤塚忠의 견해가 가장 근사하나 굳이 특정지역을 가리키는 해역의 명칭으로 보기보다는 황하가 맞닿아 있는 동해의 일부라고 보는 것이 무난하다.

池田知久의 注에서도 인용하고 있듯이, 王雱은 이 부분을 두고 "제자백가의 사상가들이 비록 자신의 도를 시행할 수 있게 된 것을 기뻐할 줄 알지만 어찌 성인의 도가 있다는 사실을 알겠는가. 이것이 장자가 河伯이 동쪽으로 흘러갔다가 북해에 이르는 이야기를 한 까닭이다〔諸子雖喜其道之得行 安知有聖人之道在焉 此莊子所以有河伯東行而至於北海之言也〕."라고 풀이했고, 陳祥道도 "장자가 북해를 가지고 성인의 도를 비유했고 황하의 가을 물을 가지고 백가의 학술을 비유했다〔莊子所以以北海喩聖人之道 秋河喩百家之術〕."고 하여 유사한 견해를 제시했다.

池田知久처럼 이 같은 견해를 概念的이라고 지적하는 학자도 있지만 ≪孟子≫ 〈盡心 上〉에 "공자께서 동산에 올라 보시고는 노나라를 좁다고 여겼고 태산에 올라 보시고는 천하를 좁다고 여겼다. 그 때문에 바다를 본 사람에게는 물에 관해 말하기가 어렵고 성인의 문하에서 노닌 사람에게는 훌륭한 말을 하기가 어렵다〔孔子登東山而小魯 登太山而小天下 故觀於海者難爲水 遊於聖人之門者 難爲言〕."고 한 것과 같은 맥락의 비유로 이해한다면 무리한 해설이라고만 할 수는 없다.

12) 不見水端 : 물의 끝이 보이지 않음. 成玄英의 "물의 끝이 보이지 않음이다〔不見水之端涯〕."라고 풀이한 것이 무난하다. 林希逸은 "물이 어디에서 오는지 알 수 없음이다〔不知水之自來也〕."라고 풀이했는데 특이한 견해로 참고할 만하다.

13) 旋其面目 : 얼굴을 돌림. 成玄英은 "비로소 면목을 돌림이다〔方始迴旋面目〕."고 풀이했으며, 한편 阮毓崧은 "동쪽을 바라보다가 방향을 바꾸어 북쪽을 바라봄이다〔由東轉觰北也〕."라고 풀이했는데 成玄英의 해석과 비슷한 견해이다.

14) 望洋 : 멍한 눈으로 바라봄. 陸德明의 ≪經典釋文≫에는 望자가 '盳'으로 표기되어 있다. 陸德明은 이어서 "어떤 판본에는 望으로 표기되어 있다〔本一作望〕."고 소개했는데 王敔에 의하면 盳으로 표기된 판본도 있다고 한다.

池田知久의 注에서 지적하고 있듯이, 陳鼓應은 望洋의 의미를 다음과 같이 네 가지로 정리했는데 참고할 만하다. 첫째, 司馬彪와 崔譔은 "盳洋은 望羊과 같고 우러러보는 모양이다〔盳洋 猶望羊 仰視貌〕."라고 풀이했는데, 王先謙, 吳汝綸, 錢穆 등이 이 견해를 따랐다. 둘째, 의미는 첫 번째와 크게 다르지 않지만 洋이나 羊을 陽의 가차로 보는 郭慶藩의 주장이 있는데, 奚侗, 阮毓崧 등이 이 견해를 따랐다. 세 번째 馬叙倫은 두 번째 견해를 비판하고 望洋을 疊韻으로 보고 "멀리 아득하게 바라봄이다〔遠視茫茫也〕."고 풀이했는데, 본래 羅勉道의 견해에서 시작되었고, 福永光司, 森三樹三郎, 曹礎基, 池田知久 등도 이 견해를 따랐다. 넷째, 陳鼓應 스스로는 洋을 海洋의 뜻으로 보았는데 林希逸의 견해에서 비롯되었고, 林希逸 이후 宣穎, 陸樹芝, 陳壽昌, 李勉 등이 이 견해를 따랐다. 그러나 池田知久의 지적처럼 이 견해는 洋을 羊이나 佯이라고 쓰는 예(奚侗, 馬叙倫)에 관해서는 설명이 불가능하므로 타당하지 않다.

15) 若 : 海神의 이름. 司馬彪는 '海神'이라고 했는데 이 견해가 적절하다.

16) 野語 : 야인들이 하는 말. 俗語. 李勉은 "속어이다〔俗語也〕."라고 풀이했다.

17) 聞道百 : 도를 백 가지 정도 들음. 도에 대해 조금 안다는 뜻. 百은 조금의 뜻으로 이해하는 것이 무난하며 정반대의 뜻으로 이해하는 견해도 일리가 있다. 池田知久가 정리한 바에 의하면, 李頤가 "만분의 일이다〔萬分之一也〕."라고 풀이한 이래, 成

玄英, 林希逸, 林雲銘, 陳壽昌, 吳汝綸, 張之純 등 대부분의 주석가들이 이를 따라 '聞道百'을 "도를 조금 얻어 들었다."는 뜻으로 풀이했다.

그러나 淸末에 郭嵩燾가 "百은 많다는 말이다〔百者 多詞也〕."라는 견해를 처음으로 주장했고, 阮毓崧, 李勉, 陳鼓應, 曹礎基 등이 이 견해를 따라 "도를 많이 들었다."는 뜻으로 풀이하여 두 가지 '조금 들었다'와 '많이 들었다'의 정반대의 해석이 가능하게 되었다.

더 첨가해 말하면 郭慶藩은 百을 博의 가차라고 주장하였고, 이어서 馬叙倫은 ≪說文解字≫에서 "溥는 大이다〔溥 大也〕."고 풀이한 것을 근거로 溥의 가차라고 주장하기에 이르렀고 陳鼓應이 찬성하고 있다. 池田知久는 赤塚忠의 견해에 따라 '어느 정도 많이 들음'의 뜻이 좋을 것이라 하였는데, 여기서는 '도에 대해 조금 안다'는 뜻으로 번역하였다.

18) 我嘗聞少仲尼之聞 而輕伯夷之義者 : 일찍이 仲尼의 見聞을 적다 하고 伯夷의 義로운 행동을 가벼이 여기는 이야기를 들음. '少仲尼之聞'은 張之純이 "仲尼의 博聞을 적다고 여김이다〔以仲尼博聞爲少〕."고 풀이한 것이 적절하다.

19) 今我睹子之難窮也 : 지금 내가 그대의 끝을 헤아리기 어려운 크기를 봄. 睹는 본다는 뜻으로 覩와 같다. 池田知久의 注에서 지적했듯이, 陸德明은 睹를 "구음은 覩이다. ≪說文解字≫를 살펴보건대 睹는 요즘의 글자이고 覩는 옛글자이다. 睹는 본다는 뜻이다〔舊音覩 案說文 睹今字 覩古字 睹 見也〕."라고 풀이했다. 子는 이인칭으로 여기서는 北海若을 지칭한다.

20) 吾非至於子之門則殆矣 : 내가 당신의 門에 이르지 않았던들 위태로울 뻔함. 宣穎, 陸樹芝는 '殆矣'를 아래 구에 연결하여 가깝다〔幾乎〕는 뜻으로 풀이했는데 殆자를 幾의 뜻으로 본 것은 일리가 있지만 '矣'자는 종결사로 쓰이기 때문에 문법상 무리이다(池田知久).

21) 吾長見笑於大方之家 : 大道를 깨달은 사람들에게 길이 비웃음을 당할 뻔함. 司馬彪는 大方을 大道로 풀이했고, 成玄英도 "方은 道와 같다〔方 猶道也〕."고 풀이했다.

22) 井鼃 不可以語於海者 : "우물 안 개구리가 바다에 관해 이야기할 수 없다."는 뜻이 아님. 우물 안 개구리에게 바다 이야기를 해주어야 알아듣지 못한다는 뜻이 정확한 해석이다. '鼃'에 대하여는 鼃를 魚로 作한 판본이 있는 등 구구한 주석이 있으나 여기서는 '蛙'와 같은 글자로 보아 '우물 안 개구리'로 번역하였음.

23) 拘於虛也 : 자신이 머무는 곳에 얽매임. 拘는 구애된다는 뜻. 虛는 장소로 墟와 같다. 林希逸은 拘를 "자기가 머무는 곳에 국한됨을 말한 것이다〔言局於其所居也〕."라고 풀이했는데 적절한 견해이다. 馬叙倫은 ≪說文解字≫에서 "局은 促이다〔局 促也〕."라고 풀이한 것을 근거로 局의 가차자라고 풀이했다. 曹礎基가 '局限'으로 풀이한 것도 같은 견해이다.

24) 夏蟲不可以語於冰者 篤於時也 : 여름 벌레에게 얼음에 관한 이야기를 해줄 수 없는 것은 〈여름 벌레가〉 자신이 사는 때에만 얽매여 있기 때문임. 林希逸은 夏蟲을 〈逍遙遊〉편에서 "쓰르라미나 씽씽매미는 1년의 길이를 알지 못한다고 한 것과 같은 종류〔蟪蛄不知春秋之類〕."라고 풀이했는데 적절한 견해이다. 篤에 대해서는 이설이 분분하다. 司馬彪는 篤을 "깊이 믿는다〔厚信〕."는 뜻으로 풀이했고 成玄英도 이를 따르지만, 郭慶藩이 ≪爾雅≫에서 "篤은 固이다〔篤 固也〕."고 풀이한 것을 따라 위 문장의 拘나 아래 문장의 束과 같은 뜻이라고 했는데 이것이 가장 타당한 견해이다. 王先謙을 비롯 阮毓崧, 錢穆, 陳鼓應, 金谷治, 曹礎基, 池田知久 등이 모두 이 견해를 따랐다. 池田知久는 篤을 制約되어 있다는 뜻으로 번역하고 있다. 한편 林希逸은 "아는 것이 한때에 그침을 말한 것이다〔言所知止一時也〕."고 풀이했는데 참고할 만하다.

25) 曲士 不可以語於道者 : 曲士에게 道에 관한 이야기를 해줄 수 없는 까닭. 曲士는 전체를 모르고 일부만 아는 사람이라는 뜻. 司馬彪는 "시골구석의 선비〔鄕曲之士也〕."라 풀이했고, 王先謙과 李勉이 이를 따르고 있는데 틀렸다고 할 수는 없지만 충분치는 않다. 成玄英은 "일부만 아는 선비이자 치우친 견해를 고집하는 사람이다〔曲見之士 偏執之人〕."고 풀이했는데 이 견해가 타당하다. 〈天道〉편 제5장과 〈天下〉편 제1장에 보이는 '一曲之人'과 같다. 陳鼓應은 ≪荀子≫ 〈解蔽〉편의 '曲知之人'과도 같다고 했는데 池田知久의 언급처럼 유익한 지적이다.

26) 束於教也 : 教理에 속박됨. 曲士가 教理에 속박되어 있기 때문이라는 뜻. 成玄英은 "名教에 속박되어 있기 때문이다〔爲束縛於名教故也〕."고 풀이했는데 池田知久의 지적처럼 좀 더 일반적인 의미로 풀이하는 것이 좋다. 呂惠卿은 "교리에 속박되면 方術에 의해 제한된다. 천하 사람들이 소요하지 못하는 것은 이 때문이다〔束於教則方術之所制 天下所以不得逍遙者以此〕."고 풀이했는데 참고할 만하다.

27) 出於崖涘 : 황하의 양쪽 기슭 사이에서 벗어남. 崖은 涯로 표기된 판본이 있다(孫

毓修, 馬叙倫). 福永光司와 陳鼓應 등은 '崖涘'는 위 문장의 '兩涘渚涯'를 이어받은 것이라 했는데 적절한 견해이다. 曹礎基는 "황하를 지칭한다〔指河〕."고 풀이했는데 틀렸다고 할 수는 없지만 충분한 설명은 아니다(池田知久).

28) 乃知爾醜 : 마침내 그대 자신의 보잘것없음을 앎. 成玄英은 "큰 바다가 무궁한 것을 자세히 살펴보고 난 뒤에 비로소 작은 물의 하찮음을 낮추어 봄이다〔詳觀大壑之無窮 方鄙小河之陋劣〕."고 풀이했다.

29) 爾將可與語大理矣 : 그대와는 함께 커다란 道理에 관해 이야기할 만함. 爾는 이인칭. 將자에 대해 阮毓崧은 '其'와 같다고 풀이했고, 赤塚忠은 '爾를 특별히 제시하는 뜻'이라고 하지만, 앞으로에 해당하는 부사로 보는 것이 간편하므로 굳이 어렵게 해석할 것이 없다. 大理는 커다란 도리. 池田知久의 주석에도 인용되어 있듯이, 呂惠卿은 "황하의 물가를 벗어나 큰 바다를 보았으니 국한된 곳을 벗어나 끝없는 바다의 모습을 함께 보게 되었다. 그 때문에 커다란 도리에 관해 이야기할 수 있다〔出涯涘而觀大海 則脫其拘限 而與於無方之觀 故可以語大理也〕."고 풀이했고, 林自는 "지금 河伯이 황하의 물가를 벗어나 바다를 보았으니 한 모퉁이에 가리지 않게 되었기 때문에 커다란 도리를 함께 이야기할 수 있게 되었다〔今河伯出涯涘而觀海 則不蔽於一曲 可以語大理矣〕."고 풀이했다.

天下之水 莫大於海하니 萬川이 歸之[1)]호대 不知何時止而不盈하며 尾閭泄之[2)]호대 不知何時已而不虛하며 春秋에 不變[3)]하며 水旱을 不知[4)]하나니 此其過江河之流[5)] 不可爲量數[6)]로대 而吾 未嘗以此自多者는 自以比形於天地[7)]하며 而受氣於陰陽[8)]이라 吾 在於天地之間은 猶小石小木之在大山也[9)]일새니라 方存乎見少[10)]어니 又奚以自多[11)]리오

計四海之在天地之間也[12)]컨댄 不似礨空之在大澤乎[13)]아 計中國之在海內[14)]컨댄 不似稊米之在大倉乎[15)]아 號物之數하야 謂之萬이나 人處一焉[16)]하며 人卒九州[17)]하고 穀食之所生과 舟車之所通에 人處一焉[18)]하니 此其比萬物也컨댄 不似豪末之在於馬體乎[19)]아 五帝之所連과 三王之所爭[20)]과 仁人之

所憂[21]와 **任士之所勞**[22] **盡此矣**[23]어늘 **伯夷辭之**하야 **以爲名**하고 **仲尼語之**하야 **以爲博**[24]하니 **此其自多也 不似爾向之自多於水乎**[25]아

河伯曰 然則吾大天地而小豪末이 **可乎**[26]아

"天下의 물은 바다보다 넓은 것이 없다. 온갖 하천의 물이 바다로 흘러드는데 어느 때에 그치는지 알 수 없지만 가득 차지 않으며 尾閭로 빠져나가는데 어느 때에 그치는지 알 수 없지만 고갈되지 아니하며 봄이나 가을의 계절에 따라 변화하지 않으며 홍수가 나든 가뭄이 들든 그것에 좌우되지 않는다. 이 바다가 장강이나 황하 따위의 흐름보다 나은 정도는 수로 헤아릴 수 없을 정도이다. 그럼에도 내가 이것을 가지고 스스로 많다고 자랑하지 않는 까닭은 스스로 생각건대 내가 天地 사이에 형체를 의탁하고 陰陽에게 기를 받은 존재인지라 내가 천지 사이에 있는 것은 마치 작은 돌이나 작은 나무가 큰 산에 있는 것과 같기 때문이다. 바로 작다는 것이 드러나니 또 어찌 스스로 많다고 자랑할 수 있겠는가.

四海〈에 둘러싸여 있는 이 세계〉가 천지 사이에 있는 것을 헤아려 본다면 개미구멍이 큰 沼澤 가에 있는 것 같지 아니한가. 중국이 海內에 있는 것을 따져본다면 돌피의 낟알이 커다란 창고에 있는 것 같지 아니한가. 사물의 수를 만이라고 일컫지만 사람은 그중의 하나에 지나지 않으며 사람들이 九州에 살면서 곡식이 자라고 배와 수레가 소통하는 공간 가운데 개인이 차지하는 것은 그 일부분에 지나지 않는다. 이것을 만물과 견주어 본다면 털끝 하나가 말 몸에 붙어 있는 것 같지 않은가. 五帝가 서로 이어 계승해 오고 三王이 서로 쟁탈하고 어진 사람이 근심하고 세상을 다스리는 이들이 수고한 것이 모두 이 작은 인간사회의 일을 극진히 한 것에 지나지 않는 것이다. 그런데 백이는 그것을 사양하여 명예를 얻었고 仲尼는 그것을 말하여 박식하다고 칭찬을 받았으니 伯夷와 仲尼가 이 같은 것을 가지고 스스로 많다고 자랑하는 것은 아까 그대가 스스로 물이 많다고 자랑한 것과 같지 아니한가."

河伯이 말했다. "그렇다면 내가 천지를 크다 여기고 털 끄트머리를 작다고 여

기는 것이 옳은 것인가요?"

【역주】

1) 萬川歸之 : 온갖 하천의 물이 바다로 흘러듦. 萬川이 百川으로 표기되어 있는 인용문도 있다(王叔岷).

2) 尾閭泄之 : 尾閭로 빠져나감. 尾閭는 이설이 분분한데 일단 바닷물이 빠지는 곳으로 번역하였다. 崔譔은 尾閭를 "바다 동쪽의 물 이름이다〔海東川名〕."라고 풀이했고, 司馬彪는 "바닷물이 빠져서 바깥으로 나가는 곳이다〔泄海水出外者也〕."라고 풀이했다. 成玄英도 "尾閭는 바닷물이 빠지는 곳이다〔尾閭者 泄海水之所也〕."라고 풀이했다.

3) 春秋不變 : 봄이나 가을에 따라 변화하지 않음. 봄에는 비가 적고 가을에는 비가 많지만 그로 인해 수량이 변하지 않는다는 뜻. 成玄英은 "봄에는 비가 적고 가을에는 비가 많다〔春雨少而秋雨多〕."고 풀이했다.

4) 水旱不知 : 홍수가 나든 가뭄이 들든 변화를 알 수 없음. 수량의 변화가 없다는 뜻. 不知는 변화를 알아차릴 수 없다는 뜻. 劉文典은 知자가 加로 표기된 인용문이 있음을 들어 加자로 고치는 것이 옳다고 주장했지만 '不知'가 '알아차리지 못한다.'는 뜻으로 쓰였음을 알지 못했기 때문에 생긴 오해이다. 成玄英이 "홍수가 나거나 가뭄이 들어도 증감을 알 수 없다〔水旱不知其增減〕."라고 풀이한 것이 정확하다.

5) 過江河之流 : 강물이나 하수 따위의 흐름보다 나은 정도. 過는 낫다는 뜻. 여기서는 수량이 많다는 뜻으로 쓰였다. 成玄英의 疏에는 江河가 江海로 표기되어 있다.

6) 不可爲量數 : 수로 헤아릴 수 없음. 산술적으로 헤아릴 필요가 없을 정도로 현격하게 차이가 난다는 뜻. 數자 아래에 計자가 붙어 있는 인용문도 있다(王叔岷).

7) 自以比形於天地 : 스스로 생각건대 천지 사이에 내가 형체를 의탁함. 以는 '생각건대'의 뜻이고, 比는 의탁한다는 뜻으로 바로 뒤에 이어지는 受氣於陰陽의 受자와 같은 맥락이다. 比자에 대해서는 이설이 분분하지만 일단 高亨이 ≪方言≫에서 "庇는 寄託함이다〔庇 寄也〕."고 풀이한 것을 따라 庇의 뜻으로 번역하였다. 陳鼓應도 高亨의 견해를 따랐다. 林希逸은 "바다를 천지에 견주어 보면 단지 작다는 것을 알게 되니 어찌 큼을 알 수 있겠는가〔以海比之天地 但見其小 豈知其大〕."라고 풀이하여 比較의 뜻으로 보았으며, 이 밖에 福永光司는 "줄지어 늘어놓다. 나란히 하다."는

뜻으로 풀이했고, 池田知久가 이 견해를 따르고 있는데 참고할 만하다.

8) 受氣於陰陽 : 음양에게 氣를 받음. 천지음양에게서 氣를 부여받아 이루어진 존재라는 뜻이다.

9) 吾在於天地之間 猶小石小木之在大山也 : 내가 천지 사이에 있는 것은 마치 작은 돌이나 작은 나무가 큰 산에 있는 것과 같음. 위의 自以의 以를 '생각건대'로 읽고 이 '猶小石小木之在大山也'로 이어서 이해하여, 이것을 "마치 작은 돌이나 작은 나무가 큰 산에 있는 것과 같기 때문이다."로 번역하였음. '吾在於天地之間'에서 於자가 없는 판본도 있다(孫毓修, 馬叙倫, 池田知久).

10) 方存乎見少 : 바로 작다는 것을 알 수 있게 됨. 바로 작다는 것이 보임, 또는 바로 작다는 것이 드러남의 뜻. ≪莊子≫에서 存자는 存在의 뜻과 存置의 뜻으로 쓰이는 경우가 대부분이다. 여기서는 存자를 일단 존재한다는 뜻으로 보고 '~에 해당한다, ~하게 된다, ~할 수 있게 된다.'는 의미로 번역하였다. 赤塚忠은 存을 "살펴서 안다〔察知〕."는 뜻이라고 풀이했는데 참고할 만하다. 見은 알게 된다는 뜻. 李勉은 見을 已의 잘못이라 했는데 지나친 견해이다.

11) 又奚以自多 : 또 어찌 스스로 많다고 자랑할 수 있겠는가. 多는 많다고 여겨 자랑한다는 뜻. '以'는 '~을 가지고', 곧 '바다를 가지고'의 뜻.

12) 計四海之在天地之間也 : 사해가 천지 사이에 있는 것을 헤아려 봄. 四海는 사해에 둘러싸여 있는 세계를 의미한다.

13) 不似礨(뢰)空之在大澤乎 : 개미구멍이 큰 沼澤 가에 있는 것 같지 아니한가. 礨空은 개미구멍. 礨자는 壘자로 표기된 인용문이 있고, 空자는 罌(앵)자로 표기된 인용문이 있다(王叔岷). 陸德明은 "崔譔은 礨를 壘로 읽었다. 空은 孔으로 읽으니 壘孔은 작은 구멍이다〔崔音壘 空音孔 壘孔 小穴也〕."라고 풀이했다. 이 외에 陸德明은 "李頤는 '작은 언덕'이라 했고, 어떤 이는 '개미산'이라 했다〔李云 小封也 一云 蟻冢也〕."고 하여 다른 견해를 소개하고 있고, 또 林希逸은 "작은 구멍이니 벌집의 구멍이다〔小穴也 蜂窠之類〕."라고 풀이하고, 羅勉道는 "돌의 구멍이다〔石穴也〕."고 풀이하는 등 이설이 많지만 저본의 글자 그대로 개미구멍으로 보아도 의미가 충분히 통하기 때문에 굳이 穿鑿할 것이 없다.

14) 計中國之在海內 : 중국이 해내에 있는 것을 따져 봄. 計자가 諸자로 표기된 인용문이 있고(劉文典), 內자 밑에 也자가 있어야 한다는 주장도 있다(王叔岷, 楊明照).

15) 不似稊米之在大(태)倉乎 : 돌피의 낟알이 커다란 창고에 있는 것 같지 아니한가. 稊米는 돌피의 낟알. 司馬彪는 稊米를 "작은 쌀알〔小米也〕."이라 했고, 李頤는 "돌피의 풀이다〔稊草也〕."고 풀이했으며, 陸德明은 "稊는 稗와 비슷하다〔稊似稗〕."고 풀이했고, 成玄英은 "稊는 풀의 모양은 稗와 비슷하지만 낟알은 더욱 가늘고 작다〔稊 草似稗而米甚細少也〕."고 풀이했다. 大倉은 커다란 곡식창고. 陸德明은 大倉의 大는 음이 泰라고 했다. 太로 표기하고 있는 인용문도 많다(吳汝綸, 劉文典, 李勉, 赤塚忠). 赤塚忠은 "천하로부터 貢納된 穀物을 收藏하는 큰 창고"라고 풀이했는데 참고할 만한 견해이다.

16) 人處一焉 : 사람은 그중의 하나를 차지하고 있음. 사람은 만물 중의 일부에 지나지 않는다는 뜻. 위의 人處一焉(號物之數 謂之萬 人處一焉)은 인류는 만물 중의 일부에 지나지 않음을 이야기한 것이고 아래의 人處一焉(穀食之所生 舟車之所通 人處一焉)은 개인은 수많은 사람 중의 한 사람에 지나지 않음을 말한 것이다. 林希逸은 "사람은 만물 중에서 단지 한 가지 사물일 뿐이다〔人在萬物之中 只爲一物之數〕."고 풀이했고, 陳鼓應은 "위의 人處一焉은 人類를 만물에 상대하여 말한 것이고 아래의 人處一焉은 개인을 衆人에 對하여 말한 것이다."고 풀이했는데 陳鼓應의 견해를 따른다. 이 견해는 陳鼓應 이전에 이미 陸樹芝, 馬其昶, 于鬯이 제기한 바 있다(池田知久). 한편 馬叙倫은 아래의 人處一焉은 잘못 끼어든 衍文이라 하여 삭제했고 金谷治와 曹礎基가 이 견해를 따랐고, 赤塚忠은 아래의 人處一焉을 亦處一焉으로 고쳤지만 근거가 충분하지 않다(池田知久).

17) 人卒九州 : 사람들은 구주에 살고 있음. 이설이 분분한 대목이지만 우선 司馬彪는 人卒에서 卒을 "衆也."라고 풀이한 견해를 따라 人卒을 사람들로 번역하였다. 成玄英, 林自, 林希逸, 劉文典, 王叔岷, 李勉, 陳鼓應, 曹礎基 등이 이 설을 따른다. 또 崔譔은 "다함이다〔盡也〕."고 풀이했고, 王敔, 宣穎, 陳壽昌, 郭嵩燾, 王先謙, 武延緖, 張之純, 阮毓崧 등이 崔譔의 견해를 따랐다. 池田知久의 지적처럼 崔譔의 이 견해는 卒을 동사로 보는 데 문제가 있을 뿐만 아니라 이 책의 다른 곳에서 세 차례 나오는 人卒과 부합되지 않기 때문에 무리가 있다. 또 福永光司와 森三樹三郎 등은 九州를 "州를 아홉으로 한다."는 뜻으로 보았으나 이는 九州가 위 문장의 中國을 다른 말로 바꿔 말한 것임을 살피지 못한 것이다. 대체로 池田知久의 견해가 타당하지만 "人卒과 九州는"으로 읽는 讀法에도 문제가 없지는 않기 때문에 우선 司馬彪의

견해를 따랐다.

18) 穀食之所生 舟車之所通 人處一焉 : 곡식이 자라는 바와 배와 수레가 소통하는 바에 사람은 그 일부분에 지나지 않음. 곡식이 자라고 배와 수레가 소통하는 공간 가운데 개인이 차지하는 것은 그 일부분에 지나지 않는다는 뜻이다. 生은 生育이니 자란다는 뜻.

19) 此其比萬物也 不似豪末之在於馬體乎 : 이것을 만물과 견주어 본다면 털끝 하나가 말 몸에 붙어 있는 것과 같지 않은가. 比는 견줌. 비교하다는 뜻. 馬叙倫은 여기의 열여섯 자를 앞의 '人處一焉' 아래로 옮겨야 한다고 주장했고 金谷治, 赤塚忠, 曹礎基 등이 찬성했지만 池田知久의 지적처럼 옳지 않다.

20) 五帝之所連三王之所爭 : 오제가 서로 이어 계승해 오고 삼왕이 서로 쟁탈함. 陸德明은 五帝를 五常으로 표기한 다음 "판본에 따라 五帝로 되어 있기도 하다〔本亦作五帝〕."라고 풀이했지만, 帝가 올바르다(馬叙倫, 赤塚忠, 池田知久). 陳景元 ≪莊子闕誤≫에서 인용한 江南古藏本에 連은 運으로 표기되어 있는데, 郭嵩燾, 陳鼓應이 이것에 따르고, 馬其昶은 連을 運의 가차로 하지만(錢穆, 李勉이 여기에 따른다), 좋지 않다(赤塚忠, 池田知久를 참조). 司馬彪가 "仁義가 연속됨을 말함이다〔謂連續仁義也〕."라고 풀이한 것이 대체적으로 올바르다(陳景元도 같다). 〈人間世〉편 제1장의 "禹임금과 舜임금이 기준으로 삼았던 도리이다〔禹舜之所紐也〕."라고 한 대목을 참조. 連의 對象은 仁義만이 아니고, 더 넓게 인간 일반일 것이다.

21) 仁人之所憂 : 어진 사람이 근심함. 仁人은 〈騈拇〉편 제2장에 이미 나왔다(福永光司, 池田知久).

22) 任士之所勞 : 세상을 다스리는 이들이 수고함. 李頤는 任을 '能'으로 풀이했지만(吳汝綸, 陳壽昌, 張之純, 阮毓崧, 福永光司도), 정확하지 않다. 林希逸이 "任士는 일을 담당한 사람이니 세상을 다스리는 사람이다〔任士 任事之人 言治世之士也〕."고 풀이한 것이 적절하다. 林雲銘, 陳壽昌, 張之純, 阮毓崧, 福永光司도 거의 같은 견해(池田知久).

23) 盡此矣 : 모두 이 작은 인간사회의 일을 극진히 한 것임. 모두 한 영역에 국한된 것일 뿐이라는 뜻. 郭象이 "일부 지역에서 벗어나지 않는다〔不出乎一域〕."고 풀이한 것이 적절하다.

24) 伯夷辭之以爲名 仲尼語之以爲博 : 백이는 그것을 사양하여 명예를 얻었고 仲尼는

그것을 말하여 박식하다고 칭찬을 받음. 成玄英이 "앞서 仲尼의 견문을 적다 여기는 말을 아울러 풀이한 것이다〔竝釋前事少仲尼之聞〕."고 풀이한 것이 적절하다. 呂惠卿, 陸樹芝, 阮毓崧, 福永光司도 거의 같은 견해이다(池田知久).

25) 不似爾向之自多於水乎 : 이 같은 것을 가지고 스스로 많다고 자랑하는 것은 아까 그대가 스스로 물이 많다고 자랑한 것과 같지 아니한가. 林雲銘은 "이 문단은 도의 큼은 본래 끝이 없음을 말한 것이다〔此段言 道之大 本無窮極〕."라고 풀이했다.

26) 然則吾大天地而小豪末可乎 : 그렇다면 내가 천지를 크다 여기고 털 끄트머리를 작다고 여기는 것이 옳은 것인가. 豪는 毫와 같다. 馬叙倫과 王孝魚는 豪자가 毫로 표기된 판본이 있다고 했고, 王敔는 豪, 毫 두 글자가 통한다고 했다. 이 질문의 대의는 앞의 문답을 이어받아 河伯이 진실로 큰 존재가 되기 위한 목적으로, 참으로 큰 것〔大〕이란 천지인가라고 묻는 데 있다(池田知久).

北海若曰 否라 **夫物**은 **量無窮**[1)]하며 **時無止**[2)]하며 **分無常**[3)]하며 **終始無故**[4)]하니 **是故**로 **大知**라야 **觀於遠近 故**로 **小而不寡**하며 **大而不多**하나니(하야) **知量無窮**[5)]일새니라(이니라) **證曏今故**[6)](하야) **故**로 **遙而不悶**하며 **掇而不跂**[7)]하나니(하야) **知時無止**[8)]일새니라(니라) **察乎盈虛 故**로 **得而不喜**하며 **失而不憂**하나니(하야) **知分之無常也**일새니라(니라) **明乎坦塗**[9)] **故**로 **生而不說**하며 **死而不禍**[10)]하나니(하야) **知終始之不可故也**[11)]일새니라(니라)

北海若이 말하였다. "아니다. 대저 사물이란 양에 한이 없이 무한히 크며 시간은 멈춤이 없이 永劫이며 주어진 분수는 일정하게 정해진 몫이 없으며 마침과 시작에는 고정됨이 없다.

이런 까닭에 큰 지혜를 갖춘 사람이라야 원대한 道理와 비근한 일상의 사물을 볼 수 있다. 그 까닭에 작아도 그것을 적다 여기지 않고, 커도 그것을 많다 여기지 않으니 사물의 양에 한이 없음을 알고 있기 때문이다.

〈큰 지혜를 갖춘 사람이라야〉 과거와 현재를 밝게 안다. 그 까닭에 먼 미래의 일이 명백하지 않더라도 근심하지 아니하고 빨리 지나가는 일이라 하더라도 버둥대지 않으니, 시간에 멈춤이 없음을 알고 있기 때문이다.

〈큰 지혜를 갖춘 사람이라야〉 세상의 榮枯盛衰를 살펴서 잘 안다. 그 까닭에 얻었다고 기뻐하지 아니하고 잃었다고 근심하지 않으니 분수에 일정한 몫이 없음을 알고 있기 때문이다.

〈큰 지혜를 갖춘 사람이라야〉 평탄한 大道를 분명히 안다. 그 까닭에 태어나도 기뻐하지 아니하고 죽어도 그것을 재앙으로 여기지 않는다. 마침과 시작에 일정함이 없음을 알고 있기 때문이다."

【역주】

1) 物量無窮 : 사물이란 양에 한이 없음. 양에 한이 없이 무한히 크다는 뜻. 赤塚忠에 의해서 "夫物은 이 이하의 네 句에 연결되어 있다."가 오늘날에는 이것이 정설이 되어 있는데, 池田知久도 지적하고 있듯이 林自, 林雲銘, 王敔 등도 이미 그렇게 이해하고 있었다. 量은 아래 문장에 小・大가 언급되고 있는 점으로부터 미루어, 공간을 차지하는 크기이어서, 數(金谷治)로 볼 수는 없고, 따라서 物量은 만물 전체의 공간적인 큼을 말하는 것일 것이다(池田知久). 無窮은 無限하게 큰 것. 無窮이 무한히 작은 것까지를 의미하는 일은 이 시대에는 없었다(池田知久).

2) 時無止 : 시간은 멈춤이 없음. 시간은 멈춤이 없이 永劫이라는 뜻.

3) 分無常 : 주어진 분수는 일정하게 정해진 몫이 없음. 常은 林希逸 이래로 定의 뜻으로 함이 定說(池田知久). 주어진 분수 즉 分은, 만물 각각에게 주어진 生存의 조건. 貴賤貧富 등을 말한다.

4) 終始無故 : 마침과 시작에는 고정됨이 없음. 終始는 林自에 의해 "사물의 생사이다〔物之死生〕."(林雲銘, 王敔)라고 풀이한 것이 적절. 故는 高亨이 "固로 읽는다〔讀爲固〕."고 한 풀이가 통설.

5) 是故 大知 觀於遠近 故小而不寡 大而不多 知量無窮 : 이런 까닭에 큰 지혜를 갖춘 사람이라야 원대한 道理와 비근한 일상의 사물을 볼 수 있다. 그 까닭에 작아도 그것을 적다 여기지 않고, 커도 그것을 많다 여기지 않으니 사물의 양에 한이 없음을 알고 있기 때문이다. 劉文典은 "知量無窮"을 "知物量之無窮也"로 고치고 있으나 그럴 필요는 없다(池田知久).

6) 證曏今故 : 〈큰 지혜를 갖춘 사람이라야〉 과거와 현재를 밝게 앎. 證도 曏도 모두

명백하게 한다는 뜻. 曏에는 지난번, 접때라는 뜻도 있으나 여기서는 明(명백하게 한다)의 뜻. 今故는 今古와 같다.

7) 遙而不悶 掇而不跂 : 먼 미래의 일이 명백하지 않더라도 근심하지 아니하고 빨리 지나가는 일이라 하더라도 버둥대지 않음. 郭象이 遙를 '長'으로 풀이한 것을 따라 遙를 명백하지 않은 먼 미래의 일로 보는 것이 좋다. 悶은 근심한다〔憂〕는 뜻. 掇은 郭象이 "短과 같다〔猶短也〕."라고 풀이했는데 짧은 시간에 빨리 지나가는 일이라는 뜻. 跂는 '忮'와 같은 글자로 거슬린다는 뜻으로 보거나, '企'와 같은 글자로 남을 원망한다는 뜻으로 보는 주석이 있는 등, 異說이 분분하나, 陸樹芝의 "잠깐의 시간이 쉬 지나간다고 해서 버둥대는 마음이 생기지 않는다〔不以暫之易過 而生跂望之心〕."라는 주석이 좋은 것 같다(池田知久도). 그래서 일단 "먼 미래의 일이 명백하지 않더라도 근심하지 아니하고 短時間에 빨리 지나가는 일이라 하더라도 버둥대지 않는다."는 뜻으로 풀이했다. 遙를 長 즉 長壽로, 掇을 短 즉 短命으로 보아 이 글을 "오래 살게 되는 것에 싫증 내지 않고 빨리 죽는 것을 원망하지도 않는다."고 풀이하는 해석도 있음을 참고삼아 소개한다.

8) 知時無止 : 시간에 멈춤이 없음을 알고 있기 때문임. 劉文典은 "知時之無止也"로 표기해야 한다고 하고 있다.

9) 明乎坦塗 : 평탄한 大道를 분명히 앎. 成玄英은 坦을 '平'으로 풀이했고, 塗을 '道'라고 풀이했다. 여기에 따른다.

10) 死而不禍 : 죽어도 그것을 재앙으로 여기지 않음. 이 두 句의 대의는 〈大宗師〉편 제1장의 "삶을 좋아할 줄도 모르고 죽음을 미워할 줄도 모른다〔不知說生 不知惡死〕."와 같다(福永光司, 池田知久).

11) 知終始之不可故也 : 마침과 시작에 일정함이 없음을 알고 있기 때문임. 故는 固와 같다. 일정하다는 뜻.

計人之所知론 不若其所不知며 其生之時 不若未生之時[1)]하니 以其至小로 求窮其至大之域이라 是故로 迷亂而不能自得也[2)]하나니라 由此觀之컨댄 又何以知豪末之足以定至細之倪며 又何以知天地之足以窮至大之域[3)]이리오

"사람이 아는 것을 따지는 것은 알지 못하는 것이 많음만 못하며 태어나서 살아 있는 시간은 아직 태어나지 않은 때의 장구함만 못하다. 〈이렇듯〉 지극히 작은 것을 가지고 지극히 큰 것을 궁구하려 하나니, 이 때문에 미혹되고 어지러워져 스스로 茫然自失하지 않을 수 없다. 이로 말미암아 살펴본다면 또 어찌 털 끄트머리가 지극히 작은 것 중에서 가장 끝에 해당한다고 결정하기에 족하겠으며 또 어찌 천지가 지극히 큰 세계의 극한이라고 하기에 충분함을 알 수 있겠는가."

【역주】

1) 計人之所知 不若其所不知 其生之時 不若未生之時 : 사람이 아는 것을 따지는 것은 알지 못하는 것이 많음만 못하며 태어나서 살아 있는 시간은 아직 태어나지 않은 때의 장구함만 못함. 사람이 아는 것은 한계가 있고 알지 못하는 것은 무한히 많으며 사람이 살아 있는 시간은 지극히 짧고 살아 있는 시간이 아닌 그 이외의 시간은 무한히 장구하다는 뜻. 林希逸은 "사람이 아는 것은 사람일 뿐이고 알지 못하는 것은 자연인 天이다……지극히 작은 것은 나이고 지극히 큰 것은 天이다. 지극히 작은 나로서 지극히 큰 天을 궁구하려고 하니 미혹되어 즐겁지 못한 것은 당연하다〔人之所知者 人也 其所不知者 天也……至小 我也 至大 天也 以我至小 欲窮至大之天 宜乎迷亂而不樂〕."고 풀이했다. 金谷治는 〈養生主〉편의 "나의 삶에는 끝이 있는데 지식은 끝이 없다. 끝이 있는 것을 가지고 끝이 없는 것을 추구하면 위태로울 뿐이다〔吾生也有涯 而知也無涯 以有涯隨無涯 殆已〕."와 같은 의미로 풀이하고 있는데 참고할 만한 견해이다.

2) 以其至小 求窮其至大之域 是故 迷亂而不能自得也 : 지극히 작은 것을 가지고 지극히 큰 것을 궁구하려 하기 때문에 미혹되고 어지러워져 스스로 茫然自失하지 않을 수 없음. 成玄英은 "지극히 작은 것은 지식이고 지극히 큰 것은 천지 사이의 경계이다〔至小 智也 至大 境也〕."라고 풀이했다.

3) 又何以知豪末之足以定至細之倪 又何以知天地之足以窮至大之域 : 이로 말미암아 살펴본다면 또 어찌 털 끄트머리가 지극히 작은 것 중에서 가장 끝에 해당한다고 결정하기에 족하겠으며 또 어찌 천지가 지극히 큰 세계의 극한이라고 하기에 충분함을 알 수 있겠는가. 倪는 끝. 林希逸은 "끝이다〔端也〕."고 풀이했다.

河伯曰 世之議者[1] 皆曰 至精은 **無形**하고 **至大**는 **不可圍**[2]라하나니 **是信情乎**[3]아

北海若曰 夫自細로 **視大者**는 **不盡**하고 **自大**로 **視細者**는 **不明**[4]이니 **夫精**은 **小之微也**요 **垺**는 **大之殷也**[5]나 **故異便**하니 **此**는 **勢之有也**[6]니라

夫精粗者는 **期於有形者也**[7]니 **無形者**는 **數之所不能分也**요 **不可圍者**는 **數之所不能窮也**[8]라 **可以言論者**는 **物之粗也**요 **可以意致者**는 **物之精也**[9]니 **言之所不能論**이며 **意之所不能察致者**는 **不期精粗焉**[10]이니라

河伯이 말했다. "〈惠施 또는 名家들을 비롯한〉 세상의 논객들은 모두 지극히 작은 것은 보이지 아니하고 지극히 큰 것은 밖에서 에워쌀 수 없다고 하는데 이것이 참으로 사실입니까?"

北海若이 말했다. "무릇 작은 것을 기준으로 큰 것을 보면 다 보지 못하고 큰 것을 기준으로 작은 것을 보면 분명히 보지 못하니 대저 지극히 작은 것〔精〕이란 작은 것 중에서 가장 작은 것이고 극대의 것〔垺〕은 큰 것 중에서 가장 큰 것이다. 그러나 〈크니 작으니 하는 것은〉 본시 편의상의 구별일 뿐이니, 이것은 각각의 사물이 놓여진 상황에 따라 정해지는 것이다.

대저 작다 크다 하는 것도 형체가 있는 대상을 예상해서 한 말이다. 형체가 없는 것은 수량으로 구분할 수 없는 것이고 에워쌀 수 없는 것은 수량으로 궁구할 수 없는 것이다.

〈사람이〉 말로 설명할 수 있는 것은 만물 가운데 큰 것〔粗〕이고, 마음으로 이해할 수 있는 것은 만물 가운데 작은 것〔精〕이니, 말로 설명할 수 없고 마음으로 이해할 수 없는 것은 작다 크다 하는 것을 초월한 데 있는 것이다."

【역주】

1) 世之議者 : 세상의 논객들. 惠施 또는 名家들을 비롯한 논객들을 지칭한다(福永光司, 森三樹三郞, 金谷治, 池田知久).

2) 至精無形 至大不可圍 : 지극히 작은 것은 보이지 아니하고 지극히 큰 것은 밖에서

에워쌀 수 없음. 精은 林希逸에 의거 細의 뜻. 〈天下〉편의 惠施의 말 "지극히 큰 것은 밖이 없고…… 지극히 작은 것은 안이 없다〔至大無外……至小無內〕."고 한 명제와 같은 취지이다.

3) 是信情乎 : 이것이 참으로 사실입니까. 信은 부사로 '참으로'의 뜻이고 情은 확실한 것, 사실이라는 뜻이다.

4) 夫自細視大者不盡 自大視細者不明 : 무릇 작은 것을 기준으로 큰 것을 보면 다 보지 못하고 큰 것을 기준으로 작은 것을 보면 분명히 보지 못함. 대의는, 郭象 注가 올바르게 풀이하고 있다. 池田知久는 "成玄英 疏로 해석하는 자가 많으나, 그렇게 되면 至精·至大가 무의미하게 되므로 부적당하다."고 한다.

5) 夫精 小之微也 垺 大之殷也 : 대저 지극히 작은 것〔精〕이란 작은 것 중에서 가장 작은 것이고 극대의 것〔垺〕은 큰 것 중에서 가장 큰 것이다. 精은 極小의 뜻. 成玄英은 "微小也"라고 하고 있으며, 垺(부)는 '클 부', 여기서는 極大의 뜻. 成玄英은 "殷은 큼이다〔殷大也〕."라 하였다. 大之殷也의 '殷'은 '盛'의 뜻이다.

6) 故異便 此勢之有也 : 먼저 직역에 가깝게 번역하면 "그러나 본시 便不便을 달리하는 것이니 이것은 각각의 놓여진 형세가 있기 때문이다."가 되는데, 이는 "그러나 〈크니 작으니 하는 것은〉 본시 편의상의 구별일 뿐이니, 각각의 사물이 놓여진 상황에 따라 정해지는 것이다."의 뜻이다. 故는 '본시'의 뜻이고, 勢는 情勢·形勢·놓여진 상황의 뜻이다.

7) 夫精粗者 期於有形者也 : 대저 작다 크다 하는 것도 형체가 있는 대상을 예상해서 한 말임. 期는, 成玄英에 의해 期限의 뜻으로 해석하는 이가 많은데 여기서는 기약한다, 예상한다로 해석하는 것이 좋다. 精은 미세하다, 작다〔小〕의 뜻이고, 粗는 거칠다, 크다〔大〕의 뜻.

8) 無形者數之所不能分也 不可圍者 數之所不能窮也 : 형체가 없는 것은 수량으로 구분할 수 없는 것이고 에워쌀 수 없는 것은 수량으로 궁구할 수 없는 것임. 池田知久는 數는 成玄英이 말한 것과 같은 數量을 의미하는 것이 아니고, 〈知北遊〉편 제9장의 數와 거의 같다고 하였다. 여기서는 일단 '수량'으로 번역하였으나, 池田知久의 說도 참고할 만하다. 에워쌀 수 없는 것은 境界를 정할 수 없는 것이란 뜻이기도 하다.

9) 可以言論者 物之粗也 可以意致者 物之精也 : 말로 설명할 수 있는 것은 만물 가운데

큰 것(粗)이고, 마음으로 이해할 수 있는 것은 만물 가운데 작은 것(精)임. 論은 논한다, 따진다, 설명한다이고, 致는 成玄英의 '致得'을 따라 '이해한다'이고, 意는 뜻, 마음.

10) 言之所不能論 意之所不能察致者 不期精粗焉 : 말로 설명할 수 없고 마음으로 이해할 수 없는 것은 작다 크다 하는 것을 초월한 데 있는 것임. 不期精粗는 精이니 粗니 하는 것으로 기약되지 않는 것, 즉 精(작다)·粗(크다)를 초월한 데 있는 것이란 뜻이다.

是故로 **大人之行**[1)]은 **不出乎害人**[2)]호대 **不多仁恩**[3)]하며 **動不爲利**호대 **不賤門隷**[4)]하며 **貨財弗爭**호대 **不多辭讓**[5)]하며 **事焉不借人**호대 **不多食乎力**[6)]하며 **不賤貪汙**[7)]하며 **行殊乎俗**호대 **不多辟異**[8)]하며 **爲在從衆**하야 **不賤佞諂**이라 **世之爵祿**으로 **不足以爲勸**하며 **戮恥**로 **不足以爲辱**[9)]이니(이오) **知是非之不可爲分**이며 **細大之不可爲倪**[10)]일새니라(하나니) **聞**호니 **曰 道人**은 **不聞**[11)]하고 **至德**은 **不得**[12)]하고 **大人**은 **無己**[13)]라하나니(니) **約分之至也**[14)]니라(라하도다)

"그래서 大人의 행동은 남을 해치는 데로 나아가지는 않으나 仁惠恩德을 베푸는 행위를 자랑하지도 아니하고, 〈大人의〉 행동은 이익을 추구하지는 않으나 〈이익을 위해서〉 성문의 문지기 노릇까지 하는 사람을 천하게 여기지도 아니하며, 〈大人은〉 재산 때문에 남하고 다투지 아니하나 그렇다고 해서 겸양의 미덕을 자랑하지 아니하며, 〈大人은〉 일을 할 때 남의 힘을 빌리지 않지만 그렇다고 해서 自力으로 먹는 것을 자랑하지도 아니하고, 〈청렴함을 지키고 귀하게 여기지만〉 그렇다고 해서 탐욕스럽고 더러운 사람이라고 하여 천하게 여기지도 아니하며, 〈大人은〉 행동을 세속과 달리하지만 그렇다고 해서 일반 사람과 크게 다름(辟異)을 자랑하지 아니하며, 〈大人은〉 대중을 따라 행동하여 윗사람에게 아첨하는 것을 천하게 여기지 않는다.

세상의 爵祿으로도 권장하기에 부족하며 刑戮과 수치로도 욕되게 하기에 부족하니 그것은 〈大人이〉 是와 非를 가릴 수 없고 小와 大의 한계를 그어 구별할 수 없다는 사실을 알고 있기 때문이다.

듣건대, 道를 터득한 사람은 명성이 세상에 들리지 않고, 지극한 덕을 가진 사람은 德으로 칭송할 수 없고, 大人은 自己가 없다고 하니 이것이 곧 〈是와 非, 小와 大의〉 구별을 버린 극치이다."

【역주】

1) 是故大人之行 : 그래서 大人의 행동은. 大人은 道를 체득한 위대한 인물이란 뜻. '是故大人之行' 이하 '約分之至也'까지의 111字는 문맥이 불분명하다고 보는 것이 일반적인 해석이다. 陳鼓應은 마땅히 삭제해 버려야 한다고까지 말하고 있다. 池田知久도 "是故는 앞뒤의 논리적 관계를 표시하는 말이지만 〈여기서는〉 그것이 확실치 않다."고 말하고 있다.

2) 不出乎害人 : 남을 해치는 데로 나아가지는 않음. 出은 進과 같다.

3) 不多仁恩 : 仁惠恩德을 베푸는 행위를 자랑하지도 아니함. 多는 많다고 자랑한다는 뜻. 林希逸은 "비록 다른 사물을 해치지는 않지만 다른 사람을 아끼는 것을 잘한다고 여기지는 않는다〔雖不害物 而亦不以愛物爲能〕."라고 풀이했다.

4) 動不爲利 不賤門隸 : 행동은 이익을 추구하지는 않으나 〈이익을 위해서〉 성문의 문지기 노릇까지 하는 사람을 천하게 여기지 않음. 비록 스스로 이익을 추구하지는 않지만, 이익을 위해서 성문의 문지기 노릇까지 마다하지 않는 사람이라고 해서 천하게 여기지는 않는다는 뜻. 두 句의 대의는, 林希逸의 "내가 이익을 추구하지는 않으나 또한 이익을 추구하는 자를 그르다고 여기지도 않는다〔我不求利 亦不以求利者爲非〕."가 거의 올바른 풀이이며 또한 정설(위에 인용한 王敔는 부적당). 李勉이 "이 句는 榮辱에 구분이 없고 貴賤에 구별이 없음〔榮辱無分 貴賤無別〕을 말한 것이다."라고 한 것은 잘못(池田知久). 門隸는 林自의 "관문을 지키는 자로 가난을 벗어나기 위해 말하는 자이다〔抱關而爲貧者也〕."가 옳다. 利에 緣이 없는 가난한 사람이다. 利를 구하는 사람은 아니다(池田知久).

5) 不多辭讓 : 겸양의 미덕을 자랑하지 않음. 馬叙倫은 讓을 攘의 가차라 했는데 물건을 받지 않고 물리친다〔攘〕는 뜻으로 본 것으로 의미의 차이는 거의 없다.

6) 事焉不借人 不多食乎力 : 일을 할 때 남의 힘을 빌리지 않지만 그렇다고 해서 自力으로 먹는 것을 자랑하지도 아니함. '食乎力'의 食力은 自力으로 식생활을 해결하는

것(池田知久).

7) 不賤貪汙 : 〈청렴함을 지키고 귀하게 여겨 物質的인 탐욕을 갖는 일은 없지만〉 그렇다고 해서 탐욕스럽고 더러운 사람이라고 하여 천하게 여기지도 아니함. 汙는 汚로 표기한 판본이 있다(馬叙倫). 不賤貪汙의 앞에는 한 句가 있었는데 脫落된 것으로 보는 견해도 있으며(陶鴻慶), 王叔岷은 이것을 '守貴淸廉' 네 글자로 推測하고 있다.(≪莊子校釋補錄≫) 여기서는 이것을 따라 번역하였음.

8) 行殊乎俗 不多辟異 : 행동을 세속과 달리하지만 그렇다고 해서 일반 사람과 크게 다름을 자랑하지 아니함. 陸德明은 行을 "下와 孟의 반절이다. 아래에 있는 堯桀之行의 行과 같다〔下孟反 下堯桀之行同〕."라고 풀이했다. 林希逸의 "그의 행실이 사람들과 다르지만 스스로 심하게 달리하지 않음이다……辟은 치우침이다. 辟異는 심하게 달리함이다〔其行實異於人 而不自爲崖異……辟 僻也 辟異 崖異也〕."의 풀이가 옳다(崖異는 〈天地〉편 제2장의 말). 곧 辟異는 僻異 또는 特異와 같다.

9) 世之爵祿 不足以爲勸 戮恥 不足以爲辱 : 세상의 작록으로도 권장하기에 부족하며 형륙과 수치로도 욕되게 하기에 부족함. 이상의 七事에 있어서의 大人의 主體性의 확립을 말하는 문장이다(池田知久). 〈逍遙遊〉편에 보이는 "그런데 宋榮子는 〈이런 자기 만족의 인물들을〉 빙그레 비웃는다. 그리하여 그는 온 세상이 모두 그를 칭찬하더라도 더 힘쓰지 아니하며 온 세상이 모두 그를 비난하더라도 더 氣가 꺾이지 아니한다〔而宋榮子猶然笑之 且擧世而譽之 而不加勸 擧世而非之 而不加沮〕."를 참조할 것.

10) 知是非之不可爲分 細大之不可爲倪 : 是와 非를 가릴 수 없고 小와 大의 한계를 그어 구별할 수 없다는 사실을 알고 있기 때문임. 倪는 구별, 한계의 뜻인데, 是非之不可爲分과 細大之不可爲倪는 是와 非 사이에 명확한 구분이 없고, 大와 小 사이에 절대적인 구별이 없음을 말하는 것이다.

11) 道人不聞 : 道를 터득한 사람은 명성이 세상에 들리지 않음. 池田知久에 의하면, 〈山木〉편 제4장에 "至人不聞"이라 있음은 王先謙의 지적이며, 不聞은 林希逸에 의해 '無名'의 뜻.

12) 至德不得 : 지극한 덕을 가진 사람은 德으로 칭송할 수 없음. 得은 郭象, 成玄英 이래로 得失의 得으로 보아왔으나, 福永光司에 의해 德의 뜻으로 읽는 것이 좋다(池田知久). 또, 이 句를 ≪老子≫ 38장의 "上德不德"과 같다고 본 것은 成玄英으로

부터 시작한다(池田知久).

13) 大人無己 : 大人은 自己가 없음. 이 句가 〈逍遙遊〉편 제1장의 "至人無己"와 관계가 있을 것이라는 지적은 陸樹芝에서 시작되었던 것 같다(池田知久). 福永光司나 赤塚忠은 이것을 〈逍遙遊〉편에 근거한다고 보고 있으나 池田知久는 그 반대로 보고 있다. 修辭도 이쪽이 古朴하고, 〈逍遙遊〉편이 잘 整合된 점에 注意할 필요가 있다고 池田知久는 말하고 있다.

14) 約分之至也 : 〈是와 非, 小와 大의〉 구별을 버린 극치임. 是와 非, 小와 大 따위의 구별을 버린 극치의 행위라는 뜻. 大意는 呂惠卿의 "사람이 구분을 버리는 극치를 이룰 수 있으면 구별이 없는 경지에 도달할 수 있다〔人能約分之至 至於無所分〕.", 羅勉道의 "約은 儉約이라."는 주석을 취해서 約을 적게 한다, 버린다는 뜻으로 해석한 池田知久를 따랐다. 그러나 約分之至也에는 異說이 있다. 安東林은 "自己本分을 지킨다는 것의 극치."라고 번역하였으며, 福永光司는 "자기에게 주어진 경우〔分〕에 적응하는 극치."라고 번역하였다. 福永光司의 설은 "約은 依也라."라고 한 成玄英의 주석을 따른 것이다. 참고로 成玄英 疏를 소개한다. "約은 依이고, 分은 限이다. …… 만일 눈이 보는 바를 보고 귀가 듣는 바를 듣고 知는 아는 바에 멈추고 분수 안에 스스로를 제한하는 자는 이는 德이 지극한 데 이른 자이다〔約依也 分 限也……若視目所見 聽耳所聞 知止所知 而限於分內者 斯德之至者也〕."

河伯曰 若物之外와 若物之內에 惡至而倪貴賤이며 惡至而倪小大[1]오

北海若曰 以道로 觀之컨대 物無貴賤[2]커니와 以物로 觀之컨대 自貴而相賤하고 以俗으로 觀之컨대 貴賤이 不在己하니라

以差로 觀之[3]컨대 因其所大而大之 則萬物이 莫不大하고 因其所小而小之 則萬物이 莫不小[4]하니 知天地之爲稊米也하며 知毫末之爲丘山也하면 則差數를 覩矣[5]리라

以功으로 觀之[6]컨대 因其所有而有之 則萬物이 莫不有하고 因其所無而無之 則萬物이 莫不無하니 知東西之相反(하나) 而不可以相無하면 則功分이 定矣[7]리라

以趣로 **觀之**[8]컨댄 **因其所然而然之 則萬物**이 **莫不然**하고 **因其所非而非之 則萬物**이 **莫不非**[9]하니 **知堯桀之自然而相非**인댄 **則趣操**를 **覩矣**[10]리라

昔者에 **堯舜**은 **讓而帝**어늘 **之噲**는 **讓而絶**[11]하며 **湯武**는 **爭而王**이어늘 **白公**은 **爭而滅**[12]하니 **由此**로 **觀之**컨댄 **爭讓之禮**와 **堯桀之行**은 **貴賤有時**라 **未可以爲常也**[13]로다

河伯이 말했다. "혹 사물의 밖에서건 혹 사물의 안에서건 어디에 이르러 貴와 賤의 구분이 성립되며, 어디에 이르러 小와 大의 구별이 성립합니까?"

北海若이 말했다. "道의 관점에서 보면 만물에는 귀천이 없다. 그런데 사물의 관점에서 보면 모두 자기를 귀하게 여기고 서로 상대를 천시하고, 세속의 관점에서 보면 귀천이 나에 있지 않게 된다.

차별이란 관점에서 보면 사람들이 각자 크다고 여기는 것을 기준으로 어떤 사물을 크다고 하면 만물이 크지 않은 것이 없고, 사람들이 각자 작다고 여기는 것을 기준으로 어떤 사물을 작다고 하면 만물이 작지 않은 것이 없다. 그래서 천지가 돌피알처럼 작은 것이 될 수 있음을 알고, 毫末이 언덕이나 산처럼 큰 것이 될 수 있음을 알게 되면 차별의 이치〔差數〕를 볼 수 있게 될 것이다.

效用이란 관점에서 보면, 사람들이 각자 유용하다고 판단하는 기준에 근거하여 어떤 사물을 유용하다고 하면 만물이 모두 유용하지 않은 것이 없고, 사람들이 각자 무용하다고 판단하는 기준에 근거하여 어떤 사물을 무용하다고 하면 만물이 모두 무용하지 않은 것이 없게 된다. 그래서 東과 西가 서로 반대편에 있지만 서로 없어서는 아니 됨을 알면 사물 각각의 효용성이 명확하게 될 것이다.

취향의 관점에서 보면 사람들이 각자 그렇다고 하는 것을 근거로 그렇다고 하면 만물이 모두 그렇지 않은 것이 없고, 사람들이 각자 그렇지 않다고 하는 것을 근거로 그렇지 않다고 하면 만물이 그렇지 않다고 할 것이 없게 된다. 그래서 堯와 桀이 자기를 그렇다고(옳다고) 하고 상대방을 그렇지 않다고(그르다

고) 여기는 것을 알게 되면 취향의 근거를 볼 수 있을 것이다.

옛날 堯와 舜은 임금 자리를 사양함으로써 제왕이 되었는데, 燕의 宰相 子之와 燕王 子噲(자쾌)는 같은 방법으로 나라를 멸망시켰다. 또 湯王과 武王은 무력으로 다툼으로써 왕이 되었는데, 楚나라의 白公은 같은 방법으로 다투고서 살해당해 자멸했다.

이로써 살펴본다면 다툼〔放伐〕과 禪讓의 禮나 堯와 桀의 행동은 어떤 것을 貴한 것으로 여기고 어떤 것을 賤하게 여김이 때에 따라 다른지라 그 어느 하나를 일정한 법칙으로 삼을 수 없다."

【역주】

1) 若物之外 若物之內 惡至而倪(예)貴賤 惡至而倪小大 : 혹 사물의 밖에서건 혹 사물의 안에서건 어디에 이르러 貴와 賤의 구분이 성립되며, 어디에 이르러 小와 大의 구별이 성립합니까? '어디에 이르러'는 '어떻게 하여'로 번역하여도 可하다. 倪는 한계, 구별의 뜻. 若은 選擇關係를 표시하는 連詞. 物之外는 위 문장의 無形, 不可圍, 物之內는 有形, 可圍를 말하는 것일 것이다. 결국 이 부분은 河伯이 "物의 세계 밖으로 想定하건, 物의 세계 안으로 內在시키건, 거기에는 貴와 賤, 小와 大로 구별하는 기준이 있는 것이 아니냐."고 질문한 문장이다.

2) 以道觀之 物無貴賤 : 道의 관점에서 보면 만물에는 귀천이 없음. 成玄英의 疏에서 "道는 虛通의 妙理이고 物은 質礙(질애)의 麤事(추사)이다. 麤의 관점에서 妙를 보는 까닭에 大小가 있고 묘의 관점에서 추를 보는 까닭에 貴賤이 없다."라고 주석한 것이 참고가 된다.

3) 以差觀之 : 차별이란 관점에서 봄. '差'는 成玄英에 의거 '別'로 보는 것이 정설이다. 以差觀之는 아래 문장의 "以功觀之" "以趣觀之"와 함께 위 문장의 "以物觀之"의 구체화이다(池田知久). 物의 大小를 差라 하고 物의 有無를 功(작용, 功能)이라 하고, 物의 然非를 趣라 한 것일 뿐, 다른 의미가 있는 것은 아니다(褚伯秀, 王夫之, 池田知久).

4) 因其所大而大之 則萬物莫不大 因其所小而小之 則萬物莫不小 : 사람들이 각자 크다고 여기는 것을 기준으로 어떤 사물을 크다고 하면 만물이 크지 않은 것이 없고, 사람들이 각자 작다고 여기는 것을 기준으로 어떤 사물을 작다고 하면 만물이 작지

않은 것이 없음. 각자의 기준이 상대적일 수밖에 없으므로 절대적인 大나 小의 기준을 세울 수 없다는 뜻.

5) 知天地之爲稊米也 知毫末之爲丘山也 則差數 覩矣 : 천지가 돌피알처럼 작은 것이 될 수 있음을 알고, 毫末이 언덕이나 산처럼 큰 것이 될 수 있음을 알게 되면 차별의 이치〔差數〕를 볼 수 있게 될 것임. 천지보다 큰 것을 무한히 들 수 있기 때문에 그런 것들과 비교하면 천지가 가장 작은 것이 될 수 있고, 털 끄트머리보다 작은 것들과 비교하면 털 끄트머리가 가장 큰 사물이 될 수 있다는 뜻. 福永光司는 "知毫末之爲丘山也"를 〈齊物論〉편 제1장의 "천하에 가을털끝보다 더 큰 것이 없고 太山은 가장 작은 사물이다〔天下莫大於秋毫之末 而太山爲小〕."와 같은 사상이라고 하여 〈齊物論〉편을 참고할 것을 말하고 있다.

6) 以功觀之 : 效用이란 관점에서 살펴본다면. 功은 功用 곧 效用의 뜻. 功은 郭象이 功을 各人, 各物의 功能, 功績의 뜻으로 한 이래, 이것이 정설이 되어 있으나 적절치 않다(池田知久).

7) 知東西之相反 而不可以相無 則功分定矣 : 東과 西가 서로 반대편에 있지만 서로 없어서는 아니 됨을 알면 사물 각각의 효용성이 명확하게 될 것이다. 池田知久는 이 부분을 "成玄英 이래의 通說처럼, 東西가 서로 의존해가며 함께 있는 것이라는 뜻이 아니다. 有無가 東西처럼 物自體에 없음에도 불구하고, 인간이 밖으로부터 가지고 온 相互 규정적인 대립개념이니 이 부분을 이렇게 해석하지 않으면 上下文에서 물자체에 大小, 然非가 없다고 하고 있는 것과 整合하지 않는다."라고 註解하고 있다. 功分의 分에 대하여는 '本分, 本質'을 뛰어난 譯語로 보아 '功分定矣'를 "효용을 나누는 名分이 분명히 결정될 것이다."고 해석할 수도 있으나 여기서는 취하지 않는다.

8) 以趣觀之 : 취향을 기준으로 살펴봄. 王先謙은 "중인들의 취향〔衆人之趣向〕."이라고 풀이했고, 王夫之는 "사람들이 달려가는 것〔人之所趣嚮〕."으로 풀이했다. 이 외에 宣穎은 "사람의 마음이 향하는 것〔人心所向也〕."이라고 풀이했는데 비슷한 견해로 큰 차이는 없다. 劉文典과 池田知久는 〈天地〉편 제15장과 이 장에 나오는 趣舍의 趣와 같다고 했는데 타당한 견해이다.

9) 因其所然而然之 則萬物莫不然 因其所非而非之 則萬物莫不非 : 각자 그렇다고 하는 것을 근거로 그렇다고 하면 만물이 모두 그렇지 않을 것이 없고, 사람들이 각자 그

렇지 않다고 하는 것을 근거로 그렇지 않다고 하면 만물이 그렇지 않다고 할 것이 없게 됨. 然은 그렇다고 여김. 곧 옳다고 여긴다는 뜻. 成玄英이 풀이한 것처럼 是와 같다. 〈齊物論〉편 제1장에 "모든 物은 진실로 그러한 바가 있으며 모든 物은 진실로 可한 바가 있으니 어떤 物이든 그렇지 않은 바가 없으며 어떤 物이든 可하지 않은 바가 없다〔物固有所然 物固有所可 無物不然 無物不可〕."라고 하고 있는 것이 참고가 된다.

10) 知堯桀之自然而相非 則趣操覩矣 : 그래서 堯와 桀이 자기를 그렇다고(옳다고) 하고 상대방을 그렇지 않다고(그르다고) 여기는 것을 알게 되면 취향의 근거를 볼 수 있을 것임. 自然而相非는 자신은 옳고 상대는 그르다고 하는 것. 趣操는 취향의 기준, 근거를 뜻한다. 成玄英은 操를 志操로 풀이했는데 어떤 행동을 지조 있는 태도라고 생각하여 그쪽으로 달려간다는 뜻이다. 覩는 본다는 뜻으로 여기서는 알게 된다, 明白하게 된다는 뜻으로 쓰였다.

11) 堯舜 讓而帝 之噲讓而絶 : 堯와 舜은 임금 자리를 사양함으로써 제왕이 되었는데, 燕의 宰相 子之와 燕王 子噲(자쾌)는 같은 방법으로 나라를 멸망시킴. 之噲의 之는 연나라 재상이었던 子之, 噲는 연나라 임금 子噲를 지칭한다. 司馬彪는 "연나라 왕 쾌가 계책을 쓰는데 어리석어서 소대의 유세를 따라 요순이 선양한 것을 본받아 재상이었던 子之에게 임금 자리를 양보했다가 3년 만에 연나라가 어지러워졌다〔燕王噲拙於謀 用蘇代之說 效堯舜讓位與子之 三年而國亂〕."라고 풀이했다. 池田知久에 의하면, "武內義雄의 〈六國年表訂誤〉와 錢穆의 ≪先秦諸子繫年≫에 의하면 燕王噲나 子之가 죽은 것은 기원전 314년의 일이다. 그런데 그런 사실 앞에 '昔者'라고 붙여 서술하고 있는 이 문장은 빨라도 戰國 末期의 작품이다. 따라서 姚鼐의 ≪莊子章義≫에서 '자지와 자쾌는 장자와 동시대이므로 昔者라고 말할 수 없다〔之噲莊子同時 必不曰昔者〕.'라고 풀이하고 錢穆과 李勉이 姚鼐의 견해를 그대로 따른 것은 옳지 않다."고 했다.

12) 湯武 爭而王 白公爭而滅 : 湯王과 武王은 무력으로 다툼〔放伐함〕으로써 왕이 되었는데, 楚나라의 白公은 같은 방법으로 다투고서 살해당해 자멸함. 白公은 ≪經典釋文≫에 "이름은 勝이고, 楚 平王의 손자이다. 白縣의 尹으로 公을 僭稱하다가 亂을 일으켰다가 죽었다. 일이 ≪春秋左氏傳≫ 哀公 16年條에 보인다〔名 勝 楚平王之孫 白縣尹 僭稱公 作亂而死 事見左傳哀公十六年〕."라고 풀이했다.

13) 爭讓之禮 堯桀之行 貴賤有時 未可以爲常也 : 다툼〔放伐〕과 선양의 禮나 堯와 桀의 행동은 어떤 것을 貴한 것으로 여기고 어떤 것을 賤하게 여김이 때에 따라 다른지라 그 어느 하나를 일정한 법칙으로 삼을 수 없음. 朱得之는 禮를 擧의 잘못이라 했는데 일리가 있는 견해이지만 글자를 그대로 두고도 무리 없는 해석이 가능하므로 굳이 따르지 않는다. 陸樹芝는 "위에서는 자신의 견해를 고집하면 귀천의 차별이 있게 됨을 말했고, 여기서는 천하의 일은 본래 일정한 귀천이 없으므로 한 가지를 고집하여 상례로 삼을 수 없음을 말했다〔上言偏執己見 則有貴賤 此言天下事本無一定之貴賤 未可執而常例也〕."고 풀이했다.

第2章

梁麗는 可以衝城호대 而不可以窒穴이니 言殊器也[1)]니라 騏驥驊騮는 一日而馳千里한대 捕鼠는 不如狸狌하니 言殊技也[2)]니라 鴟鵂는 夜撮蚤하며 察豪末호대 晝出하야는 瞋目而不見丘山[3)]하나니 言殊性也[4)]니라

故로 曰蓋師是而無非하며 師治而無亂乎[5)]인댄 是未明天地之理와 萬物之情者也니 是猶師天而無地하며 師陰而無陽[6)]이라 其不可行이 明矣어늘 然且語而不舍하나니 非愚則誣也[7)]니라 帝王이 殊禪하며 三代殊繼[8)]하니 差其時하며 逆其俗者란 謂之簒夫[9)]라하고 當其時하야 順其俗者란 謂之義之徒[10)]라하나니

默默乎인저 河伯아 女는 惡知貴賤之門과 小大之家[11)]리오

대들보와 마룻대 같은 큰 나무로는 城壁을 쳐부술 수는 있지만 조그만 구멍을 틀어막을 수는 없으니 이는 도구의 용도가 다름을 말한 것이다. 騏驥, 驊騮와 같은 천리마는 하루에 천리를 달리지만 쥐 잡는 일에는 살쾡이만도 못하니 이는 가지고 있는 기능이 다름을 말한 것이다. 올빼미는 캄캄한 밤에도 벼룩을 잡을 수 있고 털끝을 살필 수 있지만 낮에 나와서는 눈을 크게 부릅뜨고서도 커다란 산과 언덕을 보지 못하니 이는 타고난 본성이 다름을 말한 것이다.

그 때문에, "생각건대 옳은 것을 스승으로 삼고 그른 것은 무시해 버리며 治

를 존숭하고 亂은 무시해 버리면 좋지 않은가." 하고 말한다면 이런 사람은 아직 천지의 이치와 만물의 실정을 잘 알지 못하고 있는 자이다. 말하자면 하늘을 스승으로 삼아 땅은 업신여기며 음을 스승으로 삼아 양을 무시하는 것과 같아서 성립할 수 없음이 명백하다. 그런데 또 계속 말하여 그만두지 않으니 어리석은 자가 아니면 속이는 자이다. 제왕들은 禪讓하는 방법을 달리했으며 삼대의 왕위를 계승하는 방법도 달랐으니 그 시대와 다르고 그 풍속과 어긋나는 자는 찬탈한 자라 일컫고 그 시대에 합당하고 그 풍속을 따른 자는 의로운 무리라고 일컬었으니 河伯이여, 아무 말 없이 침묵할지어다. 그대가 어찌 귀천을 구별하는 문이 어디에 있고 小와 大를 구별하는 집이 어디에 있는지 알 수 있겠는가.

【역주】

1) 梁麗可以衝城 而不可以窒穴 言殊器也 : 대들보와 마룻대 같은 큰 나무로는 城壁을 찔러 쳐부술 수는 있지만 조그만 구멍을 틀어막을 수는 없으니 이는 도구의 용도가 다름을 말한 것이다. 司馬彪는 梁麗를 작은 배라고 하지만 부적당하며, 崔譔이 '마룻대'라고 한 것이 좋으나, 成玄英이 "梁은 대들보이고 麗는 마룻대이다〔梁 屋梁也 麗 屋棟也〕."라 함이 더 낫다(池田知久). 梁은 대들보, 麗는 마룻대, 衝은 찌른다, 찔러 쳐부수다의 뜻이고, 窒穴은 조그만 구멍을 틀어막는다는 뜻이다.

2) 騏驥驊騮 一日而馳千里 捕鼠 不如狸狌(리성) 言殊技也 : 騏驥, 驊騮와 같은 천리마는 하루에 천리를 달리지만 쥐 잡는 일에는 살쾡이만도 못하니 이는 가지고 있는 기능이 다름을 말한 것이다. 李頤는 騏驥驊騮를 "모두 준마이다〔皆駿馬也〕."라 하고, 成玄英은 "모두 옛날의 양마이다〔竝古之良馬也〕."라 하였는데 모두 적절하다. 陳鼓應, 曹礎基가 보다 상세하게 서술하고 있다. 陸德明은 捕를 "어떤 本에서는 또 搏이라고 하였다〔本又作搏〕." 하고 있으며, 王叔岷에 의해 두 글자는 통한다(池田知久). 狸狌은 너구리와 살쾡이, 여기서는 살쾡이로만 번역하였음. 技는 각기 장기로 삼는 기능을 말한다.

3) 鴟鵂(치휴) 夜撮蚤 察豪末 晝出 瞋目而不見丘山 : 올빼미는 캄캄한 밤에도 벼룩을 잡을 수 있고 털끝을 살필 수 있지만 낮에 나와서는 눈을 크게 부릅뜨고서도 커다란 산과 언덕을 보지 못함. 鴟鵂는 올빼밋과에 속하는 새. '치'를 올빼미, '휴'를 부엉이로 볼 수도 있으나 여기서는 두 글자를 합해서 '올빼미'라고 번역하기로 한다.

撮은 陳壽昌이 ≪莊子正義≫에서 "撮은 捉이다."고 함이 옳다. 捉은 잡을 착. 蚤는 벼룩. 또 郭慶藩은 "瞋은 혹 瞑으로 표기된 판본도 있는데, 생각건대 瞑으로 표기함이 옳을 것이다〔瞋或作瞑 疑作瞑者是也〕."고 하여 瞑이 옳다고 주장하나 부적당하다(王叔岷). 瞑은 瞋의 잘못(王叔岷)이며 蘇輿에 의해 瞋이 옳다(池田知久).

4) 言殊性也 : 타고난 본성이 다름을 말한 것임. 池田知久는 "梁麗 이하의 취지는, 세 종류의 物(대들보와 마룻대, 천리마, 올빼미)의 實例를 들어 각각 能(잘함)하고 능치 못함이 있는 사실을 관찰하면서 物의 全一性을 분해하여서는 아니 되고 더구나 그 잘하는 쪽(可以衝城)만을 들고 잘못하는 쪽(不可以窒穴)을 看過하여서는 아니 된다 라고 하는 것이다."라고 하였는데 참고할 필요가 있을 것이다. 어떤 한 쪽의 능력이 뛰어난 동물이 다른 쪽엔 아주 劣等한 것의 비유는 〈逍遙遊〉편 제5장에도 狸狌과 斄牛의 예가 보인다.

5) 故曰蓋師是而無非 師治而無亂乎 : 그 때문에 "생각건대 옳은 것을 스승으로 삼고 그른 것은 무시해 버리며 治를 존숭하고 亂은 무시해 버리면 좋지 아니한가."라고 말한다면. '故曰……乎'는 '그 때문에 ……라고 말한다면'의 뜻이고, 蓋(개)는 '대개' 또는 '생각건대……이 좋다' 정도의 뜻인데, 蓋자에 대해서는 異說이 있다. 蓋를 盍(합)과 같은 '어찌……하지 않는가〔何不〕'의 뜻으로 보고 音까지도 '합'으로 읽는 독법이 바로 그것이다. 그래서 '故曰蓋(합)……'로 읽으면 그 뜻은 "그 때문에 '어찌 옳은 것을 스승으로 삼아 그른 것을 무시해 버리지 아니하고, 治를 존숭하여 亂을 무시하지 아니하는가.'라고 말한다면."의 뜻이 된다. 蓋를 盍의 뜻으로 본 것은 王敔가 처음인데 楊樹達의 '何不也' 등 그를 따르는 주석도 많다. 그러나 이상의 두 번역문을 보아 알 수 있듯이 '개'로 읽든 '합'으로 읽든 결국 내용은 같은 것이 된다. 여기서는 '개'로 읽는 독법에 따라 번역하였다. 師는 스승으로 삼고 존숭한다는 뜻.

6) 是未明天地之理 萬物之情者也 是猶師天而無地 師陰而無陽 : 이는(이런 사람은) 아직 천지의 이치와 만물의 실정을 잘 알지 못하고 있는 자이다. 이는(말하자면) 하늘을 스승으로 삼아 땅은 업신여기며 음을 스승으로 삼아 양을 무시하는 것과 같음. 池田知久는 "天地, 萬物의 세계에 天도 없으면 地도 없고 陰도 없으면 陽도 없음을 말한다. 比喩라는 형태를 취해 서술하고 있으므로 정확한 표현이 되고 있지는 않으나 아래 문장의 '女惡知貴賤之門 小大之家' 등에서 판단하여 이 같은 萬物齊同을 제창한 것이다."고 주석하고 있다.

7) 其不可行 明矣 然且語而不舍 非愚則誣也 : 성립할 수 없음이 명백한데 또 계속 말하여 그만두지 않으니 어리석은 자가 아니면 속이는 자이다. '以物觀之' 등으로 대표되는 物의 立場에서 발언하는 言論을 비난한 문장(池田知久). 舍는 捨와 같음. '非愚則誣也'는 ≪韓非子≫ 〈顯學〉편에도 보인다(劉文典, 池田知久).

8) 帝王殊禪 三代殊繼 : 제왕들은 선양하는 방법을 달리했으며 삼대의 왕위를 계승하는 방법도 달랐음. 위 문장의 物에 각각 殊器, 殊技, 殊性만이 있었듯이 帝王, 三代에도 다만 殊禪과 殊繼가 있었던 데 지나지 않을 뿐, 그것의 하나하나에 禪讓이니, 放伐이니, 또는 簒이니 義니 하는 價値(와 反價値)는 존재하지 않는다고 하는 것(池田知久를 要 참조).

9) 差其時 逆其俗者 謂之簒夫 : 그 시대와 다르고 그 풍속과 어긋나는 자는 찬탈한 자라 일컬음. 差는 다르다, 어기다, 등지다, 배반하다 등의 뜻. ≪莊子闕誤≫에서 인용한 張君房본에는 簒之夫로 표기되어 있고, 奚侗, 王叔岷, 金谷治가 그것을 따르나 적당하다고 생각되지 않는다(劉文典, 池田知久 참조).

10) 當其時 順其俗者 謂之義之徒 : 그 시대에 합당하고 그 풍속을 따른 자는 의로운 무리라고 일컬음. 義之徒의 之자가 없는 판본(馬叙倫, 王叔岷 ≪莊子校釋≫ 부록, 王孝魚, 金谷治)이 있으나 그대로 있는 것이 좋다(池田知久). 郭慶藩의 ≪莊子集釋≫에서는 之字가 없던 것을 世德堂本에 의거해서 보충하였다고 하고 있다.

11) 默默乎河伯 女惡知貴賤之門 小大之家 : 河伯이여, 아무 말 없이 침묵할지어다. 그대가 어찌 귀천을 구별하는 문이 어디에 있고 小와 大를 구별하는 집이 어디에 있는지 알 수 있겠는가. 默은 馬叙倫이 譓의 가차라 한다. 제2장 梁麗 可以衝城 이하 小大之家까지의 내용의 大意를 池田知久의 說을 참조 정리하여, "천지 만물은 그 가운데 크고 작고 있고 없는 大小有無의 사실의 구별과 귀하고 천하고 옳고 그른 貴賤然非의 가치의 구별이 없는 萬物齊同의 세계인데, 여기에 접근하기 위하여는 物의 입장에서는 불가능하고, 오직 道의 입장에서만이 가능하다. 따라서 사람은 이 사실을 있는 그대로 인정하고 입을 다물고 침묵할 필요가 있다."라고 이해하면 어떨까 한다.

河伯曰 然則我何爲乎며 何不爲乎오 吾辭受趣舍를 吾終奈何[1)]오

北海若曰 以道로 觀之컨댄 何貴何賤[2)]이리오 是謂反衍[3)]이니 無拘而志[4)]어다 與道大蹇[5)]하리라 何少何多리오 是謂謝施[6)]니 無一而行이어다 與道參差[7)]하리라 嚴乎若國之有君이라 其無私德[8)]이며 繇繇乎若祭之有社라 其無私福[9)]이며 泛泛乎[10)]其若四方之無窮이라 其無所畛域[11)]이어다 兼懷萬物이어니 其孰承翼[12)]이리오 是謂無方[13)]이라 萬物一齊어니 孰短孰長[14)]이리오 道無終始어니 物有死生이라 不恃其成[15)]하며 一虛一滿하야 不位乎其形[16)]하며 年不可擧[17)]며 時不可止라 消息盈虛 終則有始[18)]하니 是所以語大義之方이며 論萬物之理也[19)]라

物之生也 若驟若馳[20)]라 無動而不變하며 無時而不移[21)]하나니 何爲乎며 何不爲乎리오 夫固將自化[22)]니라

河伯이 말했다. "그렇다면 나는 무엇은 하고 무엇은 하지 말아야 합니까? 내가 사양하고 받고 달려가고 그만둠을 나는 마침내 어떻게 해야 합니까?"

北海若이 말했다. "道를 기준으로 살펴보면 〈만물에는 귀천이 없으니〉 무엇을 귀하다 하고 무엇을 천하다 하겠는가. 이것을 일러 反衍(구별이 없는 渾沌)이라 하니, 너의 뜻을 〈귀천을 구별해야겠다는 생각에〉 구속되지 않게 할지어다. 〈만약 구애되면〉 道와 크게 어긋나고 말 것이다.

무엇을 적다 하고 무엇을 많다 하겠는가. 이것을 일러 謝施(境界 없는 道의 모습)라 하니, 너의 행동을 한 방향으로만 한정하지 말지어다. 〈만약 한정하면〉 道와 일치하지 않게 될 것이다.

嚴然하게 나라에 군주가 있는 것처럼 사사로운 은덕 없이 공평하게 다스리며, 넉넉히 마치 土地神이 제사에 강림하듯 사사로운 복을 베풀지 않고 공평하게 복을 내려 주며, 넓디넓게 마치 사방이 끝이 없는 것처럼 한정된 구역을 만들지 말지어다. 만물을 모두 포용하는데 그 누구를 사사로이 庇護하고 도와줄 것인가. 이것을 일러 어느 한쪽으로 구애되지 아니한 無限定이라고 한다. 만물은 구별 없이 동일한 존재인데 어느 것을 짧다 하고 어느 것을 길다 할 것인가.

道에는 끝도 없고 시작도 없다. 그러나 事物에는 사멸도 있고 생성도 있는지라 事物은 成就함이 있더라도 그것을 믿을 수 없다. 공허하게 비었다가는 가득 차기도 하여 하나의 형태로 자리 잡지 못한다. 세월의 흐름은 막을 수 없으며 시간의 추이는 멈추게 할 수 없는지라 消滅하였다가 生息하고(衰하였다가 번영하고) 가득 찼다가 텅 비게 되어 마치게 되면 곧 시작이 있으니 이것이 〈작은 節義를 뛰어넘는〉 커다란 正義의 方道를 말하고 〈개개의 事物이 아닌〉 만물 전체의 이치를 논하는 것이다.

사물의 생성은 마치 말이 달리는 것과 같은지라 늘 움직여서 변하지 않는 경우가 없으며 어느 때고 옮겨 가지 않음이 없으니 무엇은 하겠으며 무엇은 하지 않겠는가. 본디 스스로 변화하는 법이다."

【역주】

1) 然則我何爲乎 何不爲乎 吾辭受趣舍 吾終奈何 : 그렇다면 나는 무엇은 하고 무엇은 하지 말아야 합니까? 내가 사양하고 받고 달려가고 그만둠을 나는 마침내 어떻게 해야 합니까? 세계의 齊同性의 인식에 도달한 者(河伯)가 현실 사회 속에서 어떻게 행동해야 할 것인가의 실천적인 질문이다. 知識論으로부터 實踐論으로의 이와 같은 전개는 初期道家에는 보이지 않는 새로운 사상이다(池田知久).

2) 以道觀之 何貴何賤 : 道를 기준으로 살펴보면 무엇을 귀하다 하고 무엇을 천하다 하겠는가. 道를 기준으로 살펴보면 만물에는 귀천이 없다는 뜻. '以道觀之 何貴何賤'은 위 문장의 '以道觀之 物無貴賤'을 계승한 것이다(福永光司, 池田知久). 다만 後者가 주로 知識論的이었던 데 비해, 前者가 주로 實踐論的이어서 "何爲乎 何不爲乎"를 이야기하고 있는 것에 주의해야 할 것이다(池田知久).

3) 是謂反衍 : 이것(貴賤)을 일러 反衍이라 함. 反衍은 〈齊物論〉편 제4장에 보이는 "변화에 자기 자신을 맡긴다〔因之以曼衍〕."의 曼衍과 같은 뜻인데, 因之以曼衍의 因은 맡긴다는 뜻이고 만연은 변화 또는 無極(司馬彪)의 뜻이다. 여기서는 '끝없는 변화' '限定이나 구별이 없는 끝없는 渾沌' 등의 해석 가운데서 '구별이 없는 渾沌'의 뜻을 취했다. 이밖에 赤塚忠은 ≪老子≫ 제40장과 제25장을 인용하여 "反은 復歸하는 것이고 衍은 반대로 펴지고 넓혀지는 것으로 ≪老子≫의 逝와 遠에 해당한다. 즉

人生을 기준으로 말한다면 反衍은 貴賤의 어디에도 치우치지 않고 자연스런 循環에 맡기는 것이다."라고 풀이했다(池田知久). 참고할 만한 주석이다.

4) 無拘而志 : 너의 뜻을 구속되지 않게 할지어다. 귀천을 구별해야겠다는 생각에 구속되지 말라는 뜻. 而는 이인칭 대명사.

5) 與道大蹇 : 道와 크게 어긋나고 말 것임. 만약 귀천을 구별하는 생각에 구애되면 道와 어긋나게 된다는 뜻.

6) 何少何多 是謂謝施(이) : 무엇을 적다 하고 무엇을 많다 하겠는가. 이것(적고 많음)을 일러 謝施라 함. 謝施는 위의 反衍과 마찬가지로 境界 없는 道의 모습을 뜻한다. 謝는 교대한다는 뜻으로 변화를 의미하며 施는 뻗어간다는 뜻으로 移와 같다. 따라서 謝施는 무엇이 좋고 무엇이 나쁘다고 인위적으로 규정하지 않고 대상이 있는 모습을 그대로 따라간다는 뜻. 司馬彪는 "謝는 교대함이고 施는 작용이다〔謝 代也 施 用也〕."고 풀이했고, 崔譔은 정반대로 "그 덕을 바꾸지 아니함을 일러 '謝施'라 한다〔不代其德 是謂謝施〕."고 풀이했는데, 司馬彪의 견해를 보충하여 위의 反衍과 같은 뜻으로 풀이한 方勇·陸永品의 견해가 가장 근사하다.

7) 無一而行 與道參差 : 너의 행동을 한 방향으로만 한정하지 말지어다. 〈만약 한정하면〉 道와 일치하지 않을 것이다. 而는 위 문장의 無拘而志의 而와 마찬가지로 이인칭. 成玄英에 의거 "汝也". 또한 池田知久에 의하면, 이 文章의 作者는 세계의 齊同性(천지 만물에 貴賤과 少多가 없는 것)을 道라 생각하고 있는 것이 될 것이다.

8) 嚴乎若國之有君 其無私德 : 嚴然하게 나라에 군주가 있는 것처럼 사사로운 은덕 없이 공평하게 다스림. 嚴은 儼의 의미이며, 이는 陸德明이 魚檢反이라고 音을 단 이래의 통설(阮毓崧을 참조).

9) 繇繇(유유)乎若祭之有社 其無私福 : 넉넉히 마치 土地神이 제사에 강림하듯 사사로운 복을 베풀지 않고 공평하게 복을 내려주며. 繇繇乎는 悠然히, 만족하게, 넉넉히의 뜻. 成玄英은 "느리고 긴 모양이다〔賒長之貌也〕."고 풀이했다.

10) 泛泛乎 : 넓디넓은 모습. 成玄英은 "널리 존재하는 모양〔普遍之貌也〕."이라고 풀이했다. 陸德明은 "汎자로 된 경우도 있다〔字又作汎〕."고 했는데 지금도 汎으로 표기되어 있는 판본이 있다. 池田知久도 지적하였듯이, 福永光司는 ≪老子≫ 제34장 "대도는 넓게 흘러서 왼쪽으로 흐를 수도 있고 오른쪽으로 흐를 수도 있다〔大道氾兮 其可左右〕."고 한 표현과 관계가 있다고 하였다. 유익한 견해로 참고할 만하다.

11) 其無所畛域 : 한정된 구역을 만들지 말지어다. 成玄英은 畛域을 각각 경계〔畛界〕와 한정된 구역〔限域〕으로 풀이했는데 무난한 견해이다.

12) 兼懷萬物 其孰承翼 : 만물을 모두 포용하는데 그 누구를 사사로이 庇護하고 도와줄 것인가. 대의는 林希逸이 "만물이 모두 나에게 갖추어져 있으니 이것이 〈만물을〉 모두 포용함이요, 사사로운 편애가 없음이다. 그래서 '그 누가 사사로이 비호하고 도와줄 것인가' 라고 말한 것이다. 承翼은 두 손 맞잡고 붙들어 주는 것이니, 이 두 글자는 私愛하는 뜻을 형용한 것이다〔萬物皆備於我 是兼懷也 而無所私愛 故曰 其孰承翼 承翼拱扶之也 此二字形容私愛之意〕."고 풀이한 것이 무난하다.

13) 是謂無方 : 이것을 일러 어느 한쪽으로 구애되지 아니한 無限定이라고 함. 林希逸은 "無方은 곧 無心이다. 내가 이미 無心하게 되면 物에 短과 長이 없고 또한 生과 死도 없게 된다〔無方 卽無心也 我旣無心 則物無短長 亦無生死〕."라고 풀이했는데 다소 무리한 견해이다(池田知久).

14) 萬物一齊 孰短孰長 : 만물은 구별 없이 동일한 존재인데 어느 것을 짧다 하고 어느 것을 길다 할 것인가. 이른바 萬物齊同 사상의 한 표현이다. 〈齊物論〉 제1장의 '道通爲一'에 由來한다(福永光司). 단 〈天運〉편 제4장의 '變化齊一'은 관계가 희박하다.

15) 不恃其成 : 事物은 成就함이 있더라도 그것을 믿을 수 없음. 物의 세계에서 事物의 一時적 成就는 그것을 믿을 수 없다는 뜻. 林希逸은 〈大宗師〉편 제1장의 '不雄成'과 같다고 풀이했다.

16) 一虛一滿 不位乎其形 : 때론 공허하게 비었다가는 때론 가득 차기도 하여 하나의 형태로 자리 잡지 못함. 한 번 비었다가 한 번 찼다 하여 한 가지 모습으로 定着된 자리에 있을 수 없다는 뜻. 楊樹達은 滿자는 원래 盈이었는데 漢나라 惠帝의 이름을 피해서 滿으로 고친 것이라고 하여 滿을 盈으로 고쳐야 한다고 하나 근거가 박약하다(池田知久).

17) 年不可擧 : 세월의 흐름은 막을 수 없음. 王夫之의 ≪莊子解≫에는 不可擧를 "미리 들어 이를 예측할 수가 없음."이라고 풀이했고, 郭象은 "이를 들어 보내버리려 해도 불가능함."이라고 풀이하는 등 이설이 많다. 여기서는 馬叙倫의 ≪莊子義證≫에 "擧는 歫(막을 거)의 借字."라 한 설이 있어 그것을 택하였다. '歫'는 拒와 통용된다.

18) 終則有始 : 마치게 되면 곧 시작이 있음. 池田知久는 馬叙倫과 丁展成의 견해를 따라 有자가 又자로 표기된 인용문이 있을 뿐만 아니라 《文選》 注에도 '有'가 '又'로 되어 있음을 들어 又로 읽는 것이 옳다고 주장했는데 타당한 견해이다. '有'가 '又'의 뜻으로 쓰이는 경우는 여러 문헌에 자주 보인다. 이와 비슷한 내용으로는 이 책의 〈知北遊〉편 제5장에도 "끝나면 다시 시작된다〔其終則復始也〕."라고 하여 비슷한 부분이 있다(福永光司).

19) 大義之方 論萬物之理也 : 이것이 〈작은 節義를 뛰어넘는〉 커다란 正義의 方道를 말하고 〈개개의 事物이 아닌〉 만물 전체의 이치를 논하는 것임. 大義之方은 萬物之理와 함께 결국은 道를 가리킨다(池田知久). 林希逸이 "바로 大道이다〔卽大道也〕." 고 풀이한 것이 무난하다.

20) 物之生也 若驟若馳 : 사물의 생성은 마치 말이 달리는 것과 같음. 사물의 생성 변화에 끝이 없을 뿐만 아니라 그 속도 또한 빠르다는 뜻이다.

21) 無動而不變 無時而不移 : 늘 움직여서 변하지 않는 경우가 없으며 어느 때고 옮겨가지 않음이 없음. 불변의 사물이 없음을 표현하고 있다.

22) 何爲乎 何不爲乎 夫固將自化 : 무엇은 하겠으며 무엇은 하지 않겠는가. 본디 스스로 변화하는 법이다. 《老子》 제37장에서 "道의 不變의 모습은 人爲的인 作爲가 없으면서, 그러면서도 하지 않음이 없다. 王侯가 만일 이 無爲의 道를 지켜 나간다면 萬物은 저절로 그 덕에 감화되어 나갈 것이다. 만일 감화되고서도 다시 有爲의 욕심을 일으킨다면, 나는 장차 이것을 無名의 樸(無爲의 道의 소박)으로서 이것을 진정시킬 것이다. 無爲의 道의 소박함에는 또한 장차 有爲의 욕심을 갖지 않게 될 것이니, 有爲의 욕심을 갖지 않아 마음이 안정되면 천하는 장차 저절로 바르게 다스려질 것이다〔道常無爲而無不爲 侯王若能守之 萬物將自化 化而欲作 吾將鎭之以無名之樸 無名之樸 夫亦將無欲 不欲以靜 天下將自定〕."라고 한 부분, 그리고 제57장에서 "그러므로 聖人이 말하기를, '내가 無爲하면 民은 저절로 감화되고, 내가 淸靜을 좋아하면 民은 저절로 올바르게 되고, 내가 無爲無事하면 民은 저절로 부유해지고, 내가 無欲하면 民은 저절로 순박하게 된다.'고 하였다〔故聖人云 我無爲而民自化 我好靜而民自正 我無事而民自富 我無欲而民自樸〕."라고 한 부분과 유사한 사상적 표현이다. 이 부분은 內篇 《莊子》에서 道를 통해 萬物의 근원적 齊同性을 강조하는 맥락을 답습한 표현으로 莊子가 萬物의 自生自化를 道라고 인정하고 있

다는 점에서 특히 주목할 만하다(池田知久).

河伯曰 然則何貴於道邪[1)]아 **北海若曰 知道者**는 **必達於理**하고 **達於理者**는 **必明於權**[2)]하고 **明於權者**는 **不以物**로 **害己**[3)]하나니라 **至德者**는 **火弗能熱**하며 **水弗能溺**하며 **寒暑弗能害**하며 **禽獸弗能賊**[4)]하나니 **非謂其薄之也**[5)]라 **言察乎安危**하며 **寧於禍福**하며 **謹於去就**라 **莫之能害也**[6)]니라 **故**로 **曰 天**은 **在內**하고 **人**은 **在外**[7)]하며 **德**은 **在乎天**[8)]이라하나니 **知天人之行**[9)]하고 **本乎天**하고 **位乎得**[10)]하며 **蹢躅而屈伸**[11)]이 **反要而語極**[12)]이니라

河伯曰 何謂天이며 **何謂人**고

北海若曰 牛馬의 **四足**이 **是謂天**[13)]이오 **落馬首**하며 **穿牛鼻 是謂人**[14)]이니라 **故**로 **曰 無以人**으로 **滅天**하며 **無以故**로 **滅命**하며 **無以得**으로 **殉名**[15)]하야 **謹守而勿失**이 **是謂反其眞**[16)]이니라

河伯이 말했다. "그렇다면 道는 무엇 때문에 중시합니까?"

北海若이 말했다. "도를 아는 사람은 반드시 이치에 통달하고 이치에 통달한 사람은 반드시 權道에 밝고 권도에 밝은 사람은 外物로 자기를 해치지 않는다. 지극한 덕을 가진 사람은 불로 뜨겁게 할 수 없고 물에 빠뜨릴 수 없으며 추위와 더위가 해치지 못하며 짐승들이 해치지 못한다. 그것은 그가 그것들을 가벼이 여긴다는 뜻이 아니라 무엇이 편안하고 무엇이 위태로운지를 잘 살피며 화와 복을 편안히 여기며 거취를 삼가는지라 아무도 그를 해칠 수 없음을 말한 것이다. 그래서 天性은 사람의 마음속에 있고 人爲는 사람의 몸 밖에 있으며 참다운 덕은 천성을 따르는 데 있다고 하는 것이니 天(자연)과 人(인위)의 道를 잘 인식하고 천성에 근본하고 참다운 德의 경지에 머물며 머뭇거리면서 구부리기도 하고 펼치기도 하면서 一進一退하게 되면 근원의 道로 되돌아가고 궁극의 道에 대해 말할 수 있게 될 것이다."

河伯이 물었다. "무엇을 天性이라 하고 무엇을 人爲라 합니까?"

北海若이 대답했다. "소와 말에 네 개의 발이 있는 것을 일러 천성이라 하고 말의 머리에 烙印을 찍고 소의 코뚜레를 뚫는 것을 人爲라 한다. 그 때문에 인위로 천성을 없애지 말아야 하며 인간의 의도로 천명을 없애지 말아야 하며 虛名을 얻기 위해 타고난 德을 잃어버리지 말아서 삼가 지켜서 잃어버리지 않는 것, 이것을 일러 天眞의 본성으로 돌아간다고 하는 것이다."

【역주】

1) 然則何貴於道邪 : 그렇다면 道는 무엇 때문에 중시합니까? 道를 귀하게 여길 필요가 어디에 있느냐는 뜻. 앞에서 北海若이 말한 대로 만물은 본래 아무런 차별이 없다면 道를 중시할 필요도 없는 것이 아니냐는 반문이다. 成玄英은 "이미 변화의 저절로 그러한 데 맡겼는데, 또 무엇 때문에 道를 중시할 것이 있겠는가〔旣任變化之自然 又何貴於至道〕."라고 하였다. 貴於道는 도를 존숭한다는 뜻.

2) 知道者 必達於理 達於理者 必明於權 : 도를 아는 사람은 반드시 이치에 통달하고 이치에 통달한 사람은 반드시 權道에 밝음. 權은 權道. 權道는 常道와 상대되는 말로 때에 따라 변통할 줄 아는 태도를 말한다. 상황에 따른 바른 對處라는 뜻의 時中之道와 같은 뜻. 池田知久는 權자를 설명하면서 ≪孟子≫ 〈梁惠王 上〉에 보이는 "저울로 달아본 뒤에 무게를 알 수 있고, 자로 재 본 뒤에 길이를 알 수 있다〔權然後知輕重 度然後知長短〕."고 한 맹자의 설명을 들고 있는데 여기서의 權은 저울로 헤아려 본다는 기본적인 뜻만을 전해 주기 때문에 권도에 대한 충분한 설명은 아니다. 권도의 뜻을 가장 잘 설명하고 있는 사례는 ≪孟子≫ 〈離婁 上〉에서 "남녀 간에 물건을 직접 주고받지 않는 것은 평상시의 예이고 형수가 물에 빠졌을 때 손을 잡고 구원하는 것은 權道이다〔男女授受不親 禮也 嫂溺 援之以手者 權也〕."라고 설명한 부분이다.

3) 不以物害己 : 外物로 자기를 해치지 않음. 河伯의 질문에 답하여 道를 아는 것에서부터 생겨나는 효용을 서술한 문장으로 '不以物害己'가 작자의 실천적인 최종목표.

4) 至德者 火弗能熱 水弗能溺 寒暑弗能害 禽獸弗能賊 : 지극한 덕을 가진 사람은 불로 뜨겁게 할 수 없고 물에 빠뜨릴 수 없으며 추위와 더위가 해치지 못하며 짐승들이 해치지 못함. 〈逍遙遊〉편 제3장에서 "이 사람은 그 무엇에 의해서도 손상되지 아니

하니, 큰 홍수가 나서 하늘에까지 닿을 지경이 되어도 물에 빠지지 아니하며 크게 가물어 金石이 녹아 흐르고 土山이 타버리더라도 불에 타지 아니한다〔之人也 物莫之傷 大浸稽天而不溺 大旱金石流 土山焦而不熱〕."라고 藐姑射(막고야)山에 사는 神人들의 덕을 설명한 말들을 참조할 것. 또한 〈大宗師〉편 제1장에 보이는 "그 같은 사람은 높은 데 올라가도 두려워 떨지 아니하고, 물속에 들어가도 젖지 아니하며, 불 속에 들어가도 뜨겁지 아니하다〔若然者 登高不慄 入水不濡 入火不熱〕."고 한 옛 眞人에 대한 설명 문장도 함께 참조할 것(福永光司).

5) 非謂其薄之也 : 〈그것은 그가 그것들을〉 가벼이 여긴다는 뜻이 아님. 水火나 寒暑, 禽獸 등을 등한히 여겨서 함부로 범하는 것이 아니라는 뜻. 成玄英이 "薄은 가벼이 여김이다〔薄 輕也〕."라고 한 것이 좋다.

6) 言察乎安危 寧於禍福 謹於去就 莫之能害也 : 무엇이 편안하고 무엇이 위태로운지를 잘 살피며 禍와 福을 편안히 여기며 거취를 삼가는지라 아무도 그를 해칠 수 없음을 말한 것임. 察은 자세히 살펴서 잘 안다는 뜻. 去는 물러난다는 뜻이고 就는 나아간다는 뜻. 寧於禍福은 禍와 福을 편안히 여긴다는 것인데, 寧은 편안히 순응한다는 뜻. 程明道의 "物來順應"도 이와 같은 맥락에서 이해할 수 있을 것이다.

7) 天在內 人在外 : 자연 그대로의 天性은 사람의 마음속에 있고 人爲는 사람의 몸 밖에 있음. 몸 밖에 있다는 것은 밖에 依存한다는 뜻. 成玄英은 "천연의 본성은 마음속에 간직되어 있고 인사를 따르는 것은 외부의 행적과 관계된 것인지라 모두 하지 않고 자연에 맡긴다. 그 때문에 어떤 사물도 해치지 못한다〔天然之性 韞之內心 人事所順 涉乎外跡 皆非爲也 任之自然 故物莫之害矣〕."고 풀이했다.

8) 德在乎天 : 참다운 德은 天性을 따르는 데 있음. 지극한 德은 自然과 天性을 근본으로 삼는다는 뜻. 成玄英은 "지극한 덕의 아름다움은 자연에 달려 있다. 만약 제멋대로 인위적인 지식에 의존하게 되면 천성이 흘러서 방탕하게 될 것이다〔至德之美 在乎天然 若恣人任知 則流蕩天性〕."고 풀이했다.

9) 知天人之行 : 天(자연・천성)과 人(인위)의 도를 잘 인식함. 이설이 분분한 대목인데 여기서는 天人을 天과 人(天與人)으로 보는 曹礎基의 注를 참고하였다. 曹礎基는 "天과 人은 天性과 人爲이다〔天與人 天性與人爲〕."라고 하였다.

10) 本乎天 位乎得 : 천성에 근본하고 〈참다운〉 德의 경지에 머문다. 位는 成玄英이 '居處'라고 한 것을 따라 머문다고 번역하였음. 位乎得을 분수에 넘치지 않는 뜻으

로 본 郭象 注 이래로 位를 社會的인 境遇와 관련지어 설명하는 呂惠卿 · 林希逸 · 陸樹芝 · 馬其昶 · 李勉 등은 모두 부적당하다고 池田知久는 말하고 있다. 得은 天性으로 自得한 것으로도 볼 수 있으나 역시 武延緖의 설을 따라 德의 假借字로 보는 것이 定說(池田知久 · 福永光司)이라 그것을 따랐음.

11) 蹢躅(척촉)而屈伸 : 머뭇거리면서 구부리기도 하고 펼치기도 함. 一進一退하면서 進退가 定해지지 않은 모습. 蹢躅은 머뭇거리는 모양. 屈伸은 구부리고 펼치는 동작을 뜻한다.

12) 反要而語極 : 근원의 道로 되돌아가고 궁극의 도에 대해 말함. 말할 수 있게 된다는 뜻. 要와 極은 모두 道를 가리킴. 근원의 도와 궁극의 도. 反은 復, 돌아간다는 뜻이고, 語는 말한다, 말할 수 있게 된다는 뜻.

13) 牛馬四足 是謂天 : 소와 말에 네 개의 발이 있는 것을 일러 천성이라 함. 자연 그대로의 상태를 비유한 표현.

14) 落馬首 穿牛鼻 是謂人 : 말의 머리에 烙印을 찍고 소의 코뚜레를 뚫는 것을 인위라 함. 落은 絡의 뜻으로 취하여 絡馬首를 말머리에 고삐를 단다, 재갈 물려 얽어맨다고 풀이하는 것이 定說이나, 落과 烙이 통한다고 보아 烙馬首를 "말머리에 烙印 찍는다."고 풀이한 해석을 취해 보았다.

15) 無以人滅天 無以故滅命 無以得殉名 : 인위로 천성을 없애지 말아야 하며 인간의 의도로 천명을 없애지 말아야 하며 허명을 얻기 위해 타고난 德을 잃어버리지 않아야 함. 人은 인위, 天은 천성. 故는 인간의 작위적 의도, 人知가 弄하는 作爲이고, 得은 德과 같다. 殉은 따라 죽는다는 뜻. 〈大宗師〉편 제1장에 있는 眞人의 설명, "心知로 道를 손상시키지 아니하고, 인위적인 행위로 무리하게 자연(天)의 운행을 助長하지 않는다〔不以心捐道 不以人助天〕."를 참조할 것(福永光司).

16) 謹守而勿失 是謂反其眞 : 삼가 지켜서 잃어버리지 않는 것, 이것을 일러 天眞의 본성으로 돌아간다고 함. 反其眞은 〈大宗師〉편 제4장에도 이미 나온 바가 있다. 莫逆한 친구 子桑戶가 죽었을 때 "〈孟子反과 子琴張이〉 서로 화답하며 노래하기를, '아! 桑戶여, 아! 상호여. 그대는 이미 참된 세계로 돌아갔는데 우리는 아직 사람으로 남아 있구나.'라고 하였다〔相和而歌曰 嗟來桑戶乎 嗟來桑戶乎 而已反其眞 而我猶爲人猗〕."를 참조할 것(福永光司). 眞을 道라고 보는 주석도 있으나 반드시 道라고 번역할 필요까지는 없다.

第3章

夔憐蚿[1)]하고 **蚿**이 **憐蛇**하고 **蛇 憐風**하고 **風**이 **憐目**[2)]하고 **目**이 **憐心**[3)]하나니

夔謂蚿曰 吾以一足으로 **趻踔而行**[4)]호대 **予無如矣**[5)]어늘 **今子之使萬足**은 **獨奈何**[6)]오

蚿曰 不然하니라 **子不見夫唾者乎**[7)]아 **噴則大者**는 **如珠**하고 **小者**는 **如霧**하야 **雜而下者 不可勝數也**니라 **今予**는 **動吾**의 **天機**[8)]라 **而不知其所以然**[9)]하노라

〈외발 짐승〉 夔는 〈발이 많은〉 노래기〔蚿〕를 부러워하고 노래기는 〈발이 없는〉 뱀을 부러워하고 뱀은 〈모습이 없는〉 바람을 부러워하고 바람은 〈움직이지 않고도 작용하는〉 눈을 부러워하고 눈은 〈物을 보지 않고도 모든 것을 다 아는〉 마음을 부러워하였다.

夔가 노래기에게 말했다. "나는 외발로 깡충거리며 다니지만 막힘없이 걸어다니는 그대에는 도저히 미치지 못한다. 그대는 그 많은 발을 잘 쓰고 있는데 도대체 어떻게 발을 움직여 걸어다니는 것인가?"

노래기는 대답하였다. "아니, 그렇지 않다. 그대도 저 침을 퉁기는 사람을 보았을 것이다. 재채기를 해서 침을 뿜어내면 큰 것은 구슬 같고 작은 것은 안개 같아 크고 작은 것이 뒤섞여서 흩어져 떨어지는데 그 숫자는 이루 다 헤아릴 수 없다. 지금 나도 〈타고난 그대로의 그 많은 발의〉 自然의 機能〔天機〕을 그저 움직이게 할 뿐 어째서 그러한지를 알지 못한다."

【역주】

1) 夔(기)憐蚿 : 〈외발 짐승〉 夔는 〈발이 많은〉 노래기〔蚿〕를 부러워함. 夔는 ≪山海經≫ 〈大荒東經〉 등에 보이는 외발의 동물. 소와 같은 모양에 푸른빛이며 뿔이 없고 외발로 다닌다고 한다. 소리는 또한 雨雷와 같다고도 하고 있다. 憐은 成玄英이 "憐은 아끼고 숭상함을 일컬음이다〔憐是愛尙之名〕."라고 한 것을 따라 愛慕한다, 부러워한다는 뜻. ≪方言≫에는 "愛를 宋나라와 魯나라 사이에서는 憐이라 한다〔愛

宋魯之間曰憐〕."고 있다(馬叙倫, 池田知久). 成玄英의 疏에는 또 다른 해석〔又解〕으로 "애처로이 여긴다〔哀愍〕."를 들고 있으나 池田知久는 이 又解를 지지하고 있는 것은 呂惠卿밖에 없다고 하고 있다. 憐은 불쌍히 여긴다, 동정한다는 뜻으로 읽는 것이 일반적이기는 하나 여기서는 애모한다, 부러워한다로 읽는 것이 正解임. 蚿은 노래기.

2) 風憐目 : 바람은 눈을 부러워함. 형체 없는 바람에 비해 눈은 한 걸음 더 나아가 "형체는 여기에 매여 있어 〈움직이지 않고도〉 눈 밝음이 저기에까지 흘러가 닿을 수 있다〔目 形綴於此 明流於彼〕."(司馬彪 注). 그래서 바람이 눈을 부러워한 것임.

3) 目憐心 : 눈은 마음을 부러워함. 눈이 보고 아는데 마음은 보지 않고도 모든 것을 다 안다. 그래서 마음을 부러워하는 것이다. 마음은 그윽한 데 들어앉아 있으면서도 그 정신은 자유로이 밖에서 노닐 수 있기 때문이라는 설이 있다.

4) 趻踔(침탁)而行 : 외발로 깡충거리며 다님. 宣穎의 ≪南華經解≫에서는 "趻은 踸(절름거릴 침)과 같고 趻踔은 절룩거리며 일정하지 않게 가는 모양〔行無常之貌〕"이라 하였으며(安東林), 林希逸은 "한 발로 걸어가는 모양이다〔一足行之貌也〕."라고 하였다. 침탁은 또한 雙聲의 擬態語라고도 함(福永光司).

5) 予無如矣 : 나는 〈막힘없이 걸어다니는 그대에는〉 도저히 미치지 못함. 安東林은 如를 能의 借字로 보는 章炳麟 ≪莊子解詁≫의 설을 따라 "나는 무능하다, 힘에 부친다."는 뜻으로 취하고 있으나 부적당한 것 같다. 또한 成玄英의 "無如我者"나 林希逸의 "無似我者"도 취하지 않는다. 여기서는 予無如矣를 "나는 〈도저히 그대에게 미치지 못한다〔無如＝不及〕."고 보는 陳祥道・陸樹芝의 설을 취한 池田知久의 해석을 따랐다.

6) 今子之使萬足 獨奈何 : 그대가 萬足〔많은 발〕을 사용함은 도대체 어떻게 하는 것인가. "그대는 그 많은 발을 잘 쓰고 있는데 도대체 어떻게 발을 움직여 걸어다니는 것이냐."라는 뜻. 獨은 '홀로'의 뜻이나 여기서는 '도대체' 정도의 뜻.

7) 子不見夫唾者乎 : 그대는 저 침 튕기는 사람을 보지 아니하였는가. "침 튕기는 사람을 그대도 보았겠지."로 번역하는 것이 좋다. 이 이야기에서 '咳唾成珠'라는 成語가 생겼는데 해타성주는 기침할 때 튀는 침이 모두 아름다운 珠玉이 된다는 뜻. 특별히 공을 들이지 않고서도 문장이 주옥처럼 아름다운 것을 칭찬할 때 쓰는 말.

8) 今予動吾天機 : 지금 나도 자연의 기능〔天機〕을 움직이게 함. 天機는 노래기〔蚿〕의

경우에는 〈타고난 그대로의 그 많은 발의〉 저절로, 그러한 데에 갖추어진 기능, 작용, 기틀, 造化 등을 말한다. 〈大宗師〉편 제1장과 〈天運〉편 제3장에 旣出(池田知久, 安東林).

9) 不知其所以然 : 어째서 그러한지를 알지 못함. 발이 움직이는 까닭은 알지 못한다는 뜻. 所以然은 그러한(然) 까닭(所以). 〈齊物論〉편 제5장의 "어떻게 그런 줄 알며 어떻게 그렇지 않은 줄 알겠는가〔惡識所以然 惡識所以不然〕."를 참조할 것(福永光司, 池田知久).

蚿이 **謂蛇**하야 **曰 吾以衆足**으로 **行**호대 **而不及子之無足**은 **何也**오 **蛇曰 夫天機之所動**은 **何可易邪**[1]리오 **吾安用足哉**리오

노래기가 뱀에게 물었다. "나는 많은 발로 걷고 있는데도 발이 없는 그대의 속도를 따르지 못한다. 어째서인가?" 뱀이 대답했다. "무릇 저절로 그러한 자연의 기능이 움직이는 것은 어떻게 바꿀 수가 없는 것이다. 내 무엇 때문에 발 따위를 쓸 필요가 있겠는가."

【역주】

1) 何可易邪 : 어찌 바꿀 수 있으리오. 어떻게 바꿀 수가 없는 것이라는 뜻. 林希逸은 "不可變易也"라 하였다.

蛇謂風하야 **曰予動吾脊脅而行**은 **則有似也**[1]커니와 **今子**는 **蓬蓬然**[2]**起於北海**하야 **蓬蓬然入於南海**호대 **而似無有**는 **何也**오

風曰 然하다 **予蓬蓬然起於北海而入於南海也**하노라 **然而指我**하야는 **則勝我**[3]하고 **鰌我**하야도 **亦勝我**[4]하나니 **雖然**이나 **夫折大木**하며 **蜚大屋**[5]**者**는 **唯我能也**하노라 **故**로 **以衆小不勝**으로 **爲大勝也**[6]하노니 **爲大勝者**는 **唯聖人**이아 **能之**[7]하나니라

뱀이 바람에게 물었다. "나는 내 등이나 겨드랑이를 움직여서 걸어간다. 그러니까 이것은 발이 있는 것과 다르지 않다. 그런데 지금 그대는 휙휙 소리 내며

北海에서 일어나 휙휙 소리 내며 南海로 들어가고 있는데도 형체도 아무 것도 없는 無와 같으니 무슨 까닭인가?"

바람이 말했다. "분명 그러하다. 나는 휙휙 소리 내며 북쪽 바다에서 일어나 남쪽 바다로 들어간다. 그러나 사람이 나를 손가락으로 찌르는 것만으로도 나를 이기고 나를 발로 밟는 것만으로도 또한 나를 이길 수 있다. 비록 그러나 저 큰 나무를 꺾고 큰 집을 날려 버리는 것은 다만 나만이 할 수 있는 일이다. 그러므로 나는 여러 작은 패배가 있음으로써 큰 승리를 거둘 수 있다. 커다란 승리를 거둘 수 있는 것은 오직 聖人만이 할 수 있다."

【역주】

1) 有似也 : 발이 있는 것과 다르지 않다. 有似也를 글자 그대로 두고서 成玄英은 "似는 像이다. 뱀이 비록 발이 없으나 形像은 있다〔似 像也 蛇雖無足 而有形像〕."고 하였으며, 林希逸은 "有似는 볼 수 있는 像이 있음이다〔有似 有可見之像〕."라고 하였다. 成玄英 疏나 林希逸의 注로도 번역문과 같은 해석이 가능하지만, 이에 대하여는 좀 더 명확한 주석이 있다. 馬叙倫의 ≪莊子義證≫에서는 有似를 似有로 고쳤는데 이에 의하면 형체가 있는 것과 비슷하다는 뜻이 된다. 王先謙의 ≪莊子集解≫에서는 더 나아가 "발이 있는 것과 같다〔似有足也〕."라고 하여, 여기서는 이에 의거하여 "발이 있는 것과 비슷하다(다르지 않다)."로 번역하였다.

2) 蓬蓬然 : 휙휙 소리 내며. 바람이 부는 모습을 보여 주는 擬態語. ≪經典釋文≫ 李頤 注는 "바람 부는 모습〔風貌〕."이라 하였고, 成玄英은 "蓬蓬은 바람 소리〔蓬蓬 風聲〕."라고 註解하였음.

3) 指我則勝我 : 사람이 나를 손가락으로 찌르는 것만으로도 나를 이김. 여기서 손가락으로 찌르는 것은 손가락을 세워 나〔바람〕를 찌르는 것을 말한다. 사람이 손가락을 세워 바람을 찌르면 바람은 그것을 못하게 하지 못한다는 뜻.

4) 鰌我亦勝我 : 나를 발로 밟는 것만으로도 또한 나를 이김. '鰌'는 '밟는다', '걷어찬다'는 뜻. 陸德明은 "鰌는 蹭라고도 되어 있다〔本又作蹭〕."라고 하였다. 이때 蹭는 밟을 추. 또한 ≪莊子集釋≫ 郭嵩燾 注에는 "鰌란 발로 참〔鰌者 足蹴之〕."이라고도 하였다.

5) 蜚大屋 : 큰 집을 날려 버림. 蜚는 飛와 같음.

6) 以衆小不勝爲大勝也 : 여러 작은 패배가 있음으로써 큰 승리를 거둘 수 있음. 衆小의 패배〔不勝〕는 바람이 사람의 손가락에 의해 찔리는 것이나 사람의 발에 밟히는 것이고, 大勝은 큰 나무를 꺾고 큰 집을 날려 버리는 것을 의미한다.
7) 爲大勝者 唯聖人能之 : 커다란 승리를 거둘 수 있는 것은 오직 聖人만이 이것을 할 수 있음. 爲大勝者는 바람 또는 바람과 같은 존재의 모습을 하고 있는 것을 가리킨다(池田知久). '唯聖人能之'는 위에 보이는 '唯我能也'를 이은 말이기 때문에 그렇다는 것이다(赤塚忠). 唯我能也의 '我'는 바람을 뜻하였음.

第4章

孔子遊於匡[1)]할새 宋人이 圍之數匝[2)]이어늘 而弦歌不惙[3)]한대 子路入見曰[4)] 何夫子之娛也[5)]잇고

孔子曰 來하라 吾語女[6)]호리라 我諱窮이 久矣로대 而不免은 命也[7)]라 求通이 久矣로대 而不得은 時也[8)]니라 當堯舜[9)]而天下에 無窮人하니 非知得也[10)]며 當桀紂而天下에 無通人하니 非知失也[11)]라 時勢適然[12)]이니라 夫水行에 不避蛟龍[13)]者는 漁父之勇也오 陸行에 不避兕虎[14)]者는 獵夫之勇也오 白刃이 交於前이어든 視死若生者는 烈士之勇也오 知窮之有命하며 知通之有時하야 臨大難而不懼者는 聖人之勇也니라 由아 處矣[15)]어다 吾命이 有所制矣[16)]리라

無幾何오 將甲者進辭하야 曰[17)]以爲陽虎也[18)]라하야 故로 圍之하도소니 今에 非也실새 請辭而退[19)]하노이다

孔子가 匡이라는 땅에 여행했을 때 宋나라 사람들이 그를 겹겹으로 포위하였는데도 공자는 거문고를 타고 노래를 부르면서 전혀 그치려 하지 않았다. 子路가 들어와 뵙고 공자에게 물었다. "아니 이런 위급한 상황 속에서 선생님께서는 어찌 음악 같은 것을 즐기고만 계십니까."

공자는 대답했다. "이리 오라. 내 자네에게 말해 주겠노라. 나는 오래 전부터

逆境을 피하려 하였지만 피할 수 없었다. 이것도 운명이다. 또 오래 전부터 榮達을 추구하여 왔지만 얻지를 못하였다. 이것도 時勢라고 하는 것이다.

堯나 舜의 시대에는 천하에 곤궁한 사람이 없었으나 그것은 그들의 지혜가 뛰어나서가 아니었다. 또 桀이나 紂의 시대에는 천하에 通達한 사람이 하나도 없었으나 그것은 그들의 지혜가 뒤떨어져서가 아니었다. 時勢가 우연히 그렇게 되었을 뿐이다. 대저 물 위를 가면서 蛟龍을 두려워하지 않는 것은 漁父의 용기이고, 육지를 여행하면서 외뿔소나 호랑이를 두려워하지 않는 것은 사냥꾼의 용기이고, 칼날이 눈앞에서 교차하는 전투에 직면하고서도 죽음을 삶처럼 보아 조금도 두려워하지 않는 것이 烈士의 용기이다. 그리고 逆境에 운명이 있음을 알고 通達에 時勢가 있음을 알아서 커다란 危難에 臨해서도 두려워하지 않는 것은 聖人의 용기이다. 由야, 침착하게 그대로 있으라. 내 운명은 이미 定해진 바가 있는 것이다."

얼마 안 있어 무장 병사들의 지휘자가 찾아와 사과하며 말했다. "당신을 陽虎로 생각하여 그 까닭에 포위하였습니다만 이제 그렇지 않다는 것을 알았습니다. 용서를 빌며 이만 물러가겠습니다."

【역주】

1) 孔子遊於匡 : 공자가 匡이라는 땅에 여행했을 때. 匡은 춘추시대 衛나라의 地名으로 보는 것이 일반적이나 이어지는 아래 문장에 宋人(송나라 사람 혹은 송나라 군인들)이라고 있으므로 宋나라의 邑名으로 보아야 한다는 설도 있다. 衛의 지명으로 보는 쪽에서는 아래의 宋人까지도 衛人의 誤字로 보아 마땅히 衛人이라고 수정하여야 한다고도 하는 등 異說이 분분하나 여기서는 원문 그대로 宋人이라고 번역하였음. 실제로 춘추시대에는 匡이라는 땅이 여러 곳에 있었다고도 한다. 어쨌든 孔子가 이 匡 땅에서 災厄을 당한 것은 ≪論語≫ 〈子罕〉편과 〈先進〉편에 "선생님께서 匡 땅에서 어려움〔危難〕을 겪으셨다〔子畏於匡〕."라고 한 기록과 관련이 있다. 한편 ≪史記≫ 〈孔子世家〉에서는 이것이 孔子 57세 때, 衛나라로부터 陳나라로 향해 가는 도중의 사건으로 되어 있다.

2) 宋人圍之數帀(잡) : 송나라 사람들(혹은 송나라의 군인들)이 공자를 겹겹으로 포위

함. 匝은 帀으로 되어 있는 판본도 있는데(王叔岷) 두 글자는 같은 자이다. 匝의 뜻은 에워싸다, 두르다는 뜻. 에워싼 한 돌림을 의미하기도 하여 數匝은 여러 돌림으로 에워싸다, 겹겹으로 포위하다의 뜻이 된다.

3) 弦歌不惙 : 〈공자가〉 거문고를 타고 노래를 부르면서 그치려고 하지 않았다. 惙은 ≪莊子集釋≫에서는 "趙諫議本에는 輟로 되어 있다〔趙諫議本作輟〕."고 하고 있다. 奚侗은 惙을 輟로 고쳐야 한다고 했지만 惙은 輟의 假借字라고 볼 수도 있다(王叔岷, 池田知久). 뜻은 成玄英의 疏에 의거, "惙은 止也."

4) 子路入見(현)曰 : 자로가 〈공자의 방에〉 들어가 뵙고 말함. 子路는 공자의 제자. 姓은 仲이고 이름은 由. 字가 子路 또는 季路이다. ≪論語≫ 〈衛靈公〉편 제1장에는 "〈공자 일행이〉 陳나라에 있을 때에 양식이 떨어지니 從者들이 병들어 일어나지 못하였다. 자로가 성난 얼굴로 〈공자를〉 뵙고, '군자도 또한 곤궁할 때가 있습니까.' 하고 묻자 공자께서는 '군자는 진실로 궁할 때가 있게 마련이라 태연히 그것을 견디는데 소인은 궁하면 이에 放逸하게 넘치는 행동을 한다.'고 했다〔在陳絶糧 從者病 莫能興 子路慍見曰 君子亦有窮乎 子曰 君子固窮 小人窮斯濫矣〕."라는 이야기가 보인다.

5) 何夫子之娛也 : 선생님께서 〈음악을〉 즐기시고 계심은 어찌된 일이십니까. 아니 이런 위급한 상황 속에서 어찌 선생님께서는 한가로이 음악을 즐기고만 계시냐는 뜻.

6) 來 吾語女 : 이리 오너라. 내 자네에게 말해 주겠다. 來字 위에 由가 있는 引用이 있으나(馬叙倫, 劉文典, 王叔岷, 池田知久), "由(子路의 이름)야 이리 오너라."라고 반드시 由를 보충할 것까지는 없다는 주장도 있다(劉文典 등). 吾語女의 女는 汝의 假借일 것이다. 汝로 된 판본과 爾로 된 引用이 있다(馬叙倫).

7) 我諱窮久矣 而不免 命也 : 나는 逆境을 피하려 한 지가 오래되었는데도 그것을 피할 수 없었으니 이것도 운명이다. 諱는 成玄英의 "꺼리다, 거부하다〔忌也, 拒也〕."도 좋고, 阮毓崧의 "피하다〔避也〕."도 좋고, 章炳麟이 "諱는 忌이고 忌는 憎惡함이다."라고 ≪莊子解詁≫에서 註解한 설도 적절하다. 窮은 成玄英이 "꽉 막혀 통하지 않음〔否塞〕."이라 註解하였는데 여기서는 逆境(또는 不遇)이라 번역하였음. 不免은 면하지 못함, 피하지 못하였다는 뜻이고 命은 運命.

8) 求通久矣 而不得 時也 : 오래 전부터 榮達을 추구하여 왔지만 얻지 못하였다. 이것도 時勢 탓이다. 通은 成玄英이 "크게 영달함이다〔泰達也〕."라 하였다. 榮達, 順境,

뜻대로 이루어짐의 뜻. 窮과 通은 困窮과 榮達(通達)로 대응이 된다.

9) 當堯舜 : 堯舜의 시대를 당해서. '堯나 舜의 시대에는'의 뜻. 陳景元의 ≪莊子闕誤≫가 인용한 張君房본에는 堯舜의 아래에 '之時' 두 글자가 있어(아래 桀紂의 아래에도 같음), 이 二字 補完을 따르는 사람이 많으나 그대로도 無妨함(池田知久).

10) 非知得也 : 사람들의 지혜가 타당성을 얻었음이 아님. '그것은 그들의 지혜가 뛰어나서가 아니었다.'라는 뜻이다.

11) 非知失也 : 사람들의 지혜가 타당성을 잃었음이 아님. '그것은 그들의 지혜가 뒤떨어져서가 아니었다.'라는 뜻이다.

12) 時勢適然 : 시세가 우연히 그렇게 되었을 뿐이다. 適은 '때마침' '우연히'의 뜻.

13) 不避蛟龍 : 교룡을 피하지 않음. 교룡을 두려워하지 않는다는 뜻. 蛟龍은 龍의 일종으로, 뿔은 없고 모양이 뱀 같으며 길이가 한 길이 넘는다는 상상적인 동물. 큰 홍수를 일으킨다고 한다.

14) 兕虎(시호) : 외뿔소와 호랑이. ≪老子≫ 제50장에도 "육지를 여행할 적에 외뿔소나 호랑이〈와 같은 猛獸〉를 만나지 아니한다〔陸行不遇兕虎〕."라는 유사한 표현이 보인다.

15) 由處矣 : 由야 침착하게 그대로 있으라. 由는 子路의 이름. '處하라.'라고 하는 處는, 成玄英은 "편안하게 쉼이다〔安息也〕."라 하였으며 阮毓崧은 "멈춤이다〔止也〕."라고 풀이하였다.

16) 吾命有所制矣 : 내 운명은 〈이미〉 정해진 바가 있다. 郭象이 "운명은 내가 定하는 것이 아니기 때문에 〈공연히〉 마음 쓸 것이 없다〔命非己制 故無所用其心也〕."고 註解하였다. 安東林은 "制는 分限也."라 한 成玄英의 疏를 따라 "내 운명에도 한계가 있을 테니까."라고 번역하였으나 운명이 定해진 바가 있다고 보는 것이 더 적절할 것 같다.

17) 無幾何 將甲者進辭曰 : 얼마 안 있어 무장 병사들의 지휘자가 찾아와 사과하며 말했다. 幾何는 얼마 동안, 無는 얼마 안 있다의 뜻. 將은 거느린다, 인솔한다는 뜻이고 甲은 갑옷 또는 갑옷 입은 병사, 무장한 군인들을 말한다. 李勉이 "甲은 士兵을 가리키고 將甲이라고 하는 것은 士兵들을 인솔함을 말한다〔甲指士兵 將甲者謂率領士兵之人也〕."라고 한 것이 좋다(池田知久). 進은 '나아간다'인데 여기서는 '찾아왔다'는 뜻이고, 辭曰의 '辭'는 阮毓崧에 의거 '사과한다'는

뜻이다(池田知久).

18) 以爲陽虎也 : 〈당신을〉 陽虎로 생각하였음. 匡 땅에서 공자가 陽虎로 誤認되어 災難을 당한 이야기는 ≪論語≫, ≪孟子≫, ≪春秋左氏傳≫ 등에는 보이지 않고(池田知久), ≪史記≫ 〈孔子世家〉에 보인다. ≪論語≫ 〈陽貨〉편 제1장의 朱子 注에는 "陽貨는 季氏의 家臣이니 이름은 虎이다〔陽貨季氏家臣 名虎〕."라고 있다. 일찍이 匡 땅에서 亂暴한 일을 저질렀는데 孔子가 陽虎와 용모가 닮았기 때문에 匡 땅을 지나다가 誤認되어 災難을 당하게 된 것이다.

19) 請辭而退 : 용서를 빌며 이만 물러가겠다. 請辭의 '辭'는 위 글에 보이는 辭曰의 '辭'와 같은 뜻. 請辭는 곧 사과함, 용서를 청함, 용서를 빎이다.

第5章

公孫龍[1)]이 **問於魏牟**[2)]하야 **曰 龍**이 **少學先王之道**[3)]하고 **長而明仁義之行**[4)]하야 **合同異**하며 **離堅白**[5)]하며 **然不然**하며 **可不可**[6)]하야 **困百家之知**하며 **窮衆口之辯**[7)]하야서 **吾自以爲至達已**라니 **今吾聞莊子之言**[8)]하고 **汒焉異之**[9)]하노니 **不知**케라 **論之不及與**잇가 **知之弗若與**잇가 **今吾無所開吾喙**[10)]로소니 **敢問其方**[11)]하노이다

公孫龍이 魏의 公子 牟에게 물었다. "나는 어려서부터 先王의 道를 배우고 자라서는 仁義의 행위에 밝게 되었습니다. 사물의 同과 異를 조화시키거나 돌의 굳은 것과 흰 것을 변별시키고, 세상에서 흔히 그렇지 않다고 하는 것을 그렇다고 하고 세상에서 흔히 옳지 않다고 하는 것을 옳다고 하여 많은 학자들의 지식을 곤혹스럽게 하고 뭇사람들의 변론을 궁지에 몰아넣었습니다. 그리하여 나는 스스로 최고의 경지에 도달했다고 생각해 왔던 것입니다. 그런데 나는 지금 莊子의 말을 듣고는 멍해진 채 무엇이 무엇인지 모르게 되어 버렸습니다. 알 수 없군요. 나의 議論이 그에게 미치지 못하는 것인가요? 아니면 나의 지식이 그에게 미치지 못하는 것인가요? 지금 나는 입도 벌릴 수 없을 정도입니다. 감히 묻겠습니다. 어떻게 하면 좋겠습니까."

【역주】

1) 公孫龍 : 趙의 平原君에게 벼슬한 학자. 惠施와 함께 중국 고대 名家(논리학파)의 대표적인 인물. ≪公孫龍子≫ 6편이 現存하나 原著 그대로는 아닐 것임. 後人의 손이 加해진 것으로 보는 견해가 일반적이다.

2) 魏牟 : 장자의 故國인 宋에 인접한 魏나라의 公子이다. 魏公子 牟라고 일컬었는데 위나라가 中山을 伐得해서 牟를 여기에 冊封하였기 때문에 中山公子 牟라고도 불리웠음. ≪漢書≫ 〈藝文志〉의 諸子略 道家에 ≪公子牟 4篇≫이 기록되어 있으나 지금은 없음.

3) 少學先王之道 : 어려서부터 先王의 道를 배움. 先王은 先生으로 되어 있는 판본이 있고(朱得之본·陸樹芝본·王先謙본 등) 遠藤哲夫·市川安司처럼 그것을 正文이라고 하는 說이 있으나 不可하다(池田知久). 成玄英은 先王을 堯舜禹湯之迹이라고 주해하였는데, 池田知久도 말했듯이 본시 先王으로 되어 있었으니, 先生으로 고칠 필요는 없다.

4) 長而明仁義之行 : 자라서는 仁義의 행위에 밝게 통했음. '明仁義之行'까지는 儒家의 理論을 배운 것을 나타내는 것이다(赤塚忠). 成玄英은 仁義를 五德之行이라고 하였음.

5) 合同異 離堅白 : 物의 同과 異를 조화시키거나 돌의 堅과 白을 변별시킴. '合同異'는 다른 것을 합해서 하나로 조화하는 詭辯術이고 '離堅白'은 같은 것을 변별해서 다르다고 하는 궤변술인데, 예를 들어, "단단하고 흰 돌〔堅白石〕은 하나가 아니고 둘이다."라고 하는 것이 堅과 白을 분리시키는 궤변이다. ≪莊子≫ 가운데서 同異와 堅白이 함께 언급되고 있는 곳은 〈駢拇〉편 제1장·〈胠篋〉편 제4장과 〈天下〉편이고, 堅白만은 〈齊物論〉편 제1장·〈德充符〉편 제6장·〈天地〉편 제9장에 보이고 合異는 〈漁父〉편에도 보인다. 合同異는 주로 惠施派의 說이고 離堅白은 주로 公孫龍派의 說이라고 하는 것은 馮友蘭의 ≪中國哲學史≫에서 시작하는 中國的인 이해이다.

6) 然不然 可不可 : 〈세상에서 흔히〉 그렇지 않다고 하는 것(不然)을 그렇다고 하고(然), 세상에서 흔히 옳지 않다고 하는 것을 옳다고 함. 〈齊物論〉편 제4장·〈天地〉편 제9장에 既出(池田知久).

7) 窮衆口之辯 : 뭇사람들의 변론을 궁지에 몰아넣었음. 池田知久에 의하면 辯은 辨

또는 說로 되어 있는 引用이 있다(馬叙倫・王叔岷).

8) 莊子之言 : 池田知久는 이 장자의 말이 〈逍遙遊〉편 제3장의 接輿의 말, 〈齊物論〉편 제4장의 夫子의 말에 해당한다고 하고 있다.

9) 汒(망)焉異之 : 멍해져서 그것을 괴이하게 여기게 되었다는 뜻. 멍해진 채 무엇이 무엇인지 모르게 되었다는 뜻으로 보는 것이 좀 더 명확하다. 汒은 茫과 통용, 아득하다, 멀다는 뜻. 茫然・芒焉으로 되어 있는 引用이 있다(馬叙倫・劉文典・王叔岷). 汒・茫・芒 3字는 예로부터 通用하였다(池田知久). 馬叙倫은 汒을 夢의 借字라고 하고 있다(≪莊子義證≫).

10) 無所開吾喙 : 나의 입을 열 바가 없음. 입도 벌릴 수 없을 정도라는 뜻. 成玄英은 喙는 '口也'라 하였다. 부리는 곧 입을 말한다는 뜻이다.

11) 敢問其方 : 감히 그 방법을 묻는다. 그저 "감히 묻겠습니다. 어떻게 하면 좋겠습니까." 정도가 正解. 이것을 陳壽昌처럼 "이 장자의 말은 도대체 어떤 方術이기에 나를 이 지경으로 멍하게 만들었는지를 감히 묻겠다〔敢問是何方術 而使我至此〕."라고 해석하거나, 遠藤哲夫・市川安司의 해석(明治書院 新釋漢文大系本)처럼 "方은 道를 가리킨다. 莊子의 大道."라고 하는 것은 池田知久의 지적처럼 모두 부적당하다. 이 '敢問其方'은 〈齊物論〉편 제1장에 顔成子游의 말로 旣出.

公子牟 隱机大息하고 仰天而笑하야 曰[1] 子獨不聞夫埳井之鼃[2]乎아 謂東海之鱉[3]曰 吾樂與[4]인뎌 吾는 跳梁乎井幹之上[5]하다가 入休乎缺甃之崖하야 赴水[6]則接腋持頤[7]하고 蹶泥則沒足滅跗[8]하노니 還虷蟹與科斗[9]에 莫吾能若也[10]하니라 且夫擅一壑之水[11]하야 而跨跱[12]埳井之樂이 此亦至矣[13]니 夫子는 奚不時來하야 入觀乎오 東海之鱉 左足을 未入하야서 而右膝已縶[14]矣어늘 於是에 逡巡而却[15]하야 告之海하야 曰 夫千里之遠[16]으로 不足以擧其大[17]며 千仞之高로 不足以極其深[18]이니 禹之時에 十年에 九潦로대 而水弗爲加益이며 湯之時에 八年에 七旱이로대 而崖不爲加損[19]하니 夫不爲頃久하야 推移[20]하며 不以多少로 進退者[21]는 此亦東海之大樂也니라 於是에 埳井之鼃聞之하고 適

適然[22]**驚**하야 **規規然自失也**[23]하니라

公子 牟는 팔뚝을 안석에 기댄 채 한숨을 깊이 쉬고는 하늘을 우러러 웃으면서 말했다. "그대는 저 우물 안 개구리 이야기를 듣지 못하였는가. 그 개구리는 동해 바다에 사는 자라에게 이렇게 말했다네. '아 즐겁구나. 나는 우물 밖으로 튀어나와서는 우물 난간 위에서 깡충 뛰놀다가 우물 안으로 들어와서는 깨어진 벽돌 끝에서 쉬곤 한다. 물에 들어가서는 두 겨드랑이를 물에 찰싹 붙인 채 턱을 지탱하고 진흙을 찰 때는 발이 빠져 발등까지 잠겨 버리지. 장구벌레와 게와 올챙이를 두루 돌아봄에 나만 한 것이 없다네. 게다가 구덩이 물을 온통 독점하며 우물 안의 즐거움을 내 멋대로 한다는 것, 이 또한 최고일세. 그대도 이따금 와서 들어와 보지 아니하겠는가.'

동해의 자라는 〈그 말을 듣고 우물 속에 들어가려 하였으나〉 왼발이 채 들어가기 전에 오른쪽 무릎이 벌써 우물에 꽉 끼여버렸다네. 그래서 망설이다 뒤로 물러나서는 개구리에게 바다의 이야기를 해주었다네. '대저 바다는 천리의 넓이를 가지고도 그 크기를 표현할 수 없고 천 길의 높이로도 그 깊이를 다 표현하기에는 부족하다. 夏의 禹임금 때에는 10년 동안에 아홉 번이나 홍수가 났지만 그래도 바닷물이 더 불어나지는 않았지. 또 殷의 湯임금 때에는 8년 동안에 일곱 번이나 가뭄이 들었지만 그래도 바닷가의 水位가 더 내려가는 일은 없었다네. 시간의 長短에 좌우되는 일도 없고 降雨量의 多少로 물이 增減되지 않는 것, 이것이 또한 동해의 커다란 즐거움이라네.'

우물 안 개구리는 이 말을 듣고 깜짝 놀라고 너무 당황해서 무엇이 무엇인지 모르게 되어버렸다네."

【역주】

1) 公子牟隱机大息仰天而笑曰 : 公子 牟가 팔뚝을 안석에 기댄 채 한숨을 깊이 쉬고는 하늘을 우러러 웃으면서 말함. 公子 牟는 魏牟와 동일 인물. 机는 几(안석 궤)와 같음. 大息(태식)은 한숨을 깊이 쉼. 이 구절은 〈齊物論〉편 제1장의 類似句를 모방한 것.

2) 埳(감)井之鼃 : 埳井에 대하여는 司馬彪는 '무너진 우물'이라 하였고 成玄英은 '얕은 우물〔淺井〕'이라 하였으나 이 〈秋水〉편 제1장에서는 北海若의 말로 '井鼃'란 표현이 보이는 점 등을 참조하여 여기서는 '埳井之鼃'를 '무너진 우물 안의 개구리', '얕은 우물 안의 개구리' 등으로 번역하지 않고 그냥 '우물 안 개구리'로 번역하였음. 赤塚忠이 埳을 '구멍처럼 움푹 파인 땅, 또는 구멍, 우물의 뜻'으로 註解한 것도 참고가 된다. 埳자는 본래 坎과 같은 글자. 鼃는 蛙의 古字임.

3) 鱉(오) : 자라. 陸德明의 ≪經典釋文≫에는 鼈로도 쓰여지고 있다고 하였는데 두 자가 모두 자라라는 뜻. 지금도 鼈로 쓰여진 판본, 引用이 많다(王叔岷).

4) 吾樂與 : 아! 나는 즐겁구나. 樂은 ≪經典釋文≫에 "音은 락이다〔音洛〕."라고 함. 與는 감탄 助字.

5) 吾跳梁乎井幹之上 : 나는 〈우물 밖으로 튀어나와서는〉 우물 난간 위에서 깡충 뛰논다. '吾跳梁'은 ≪莊子集釋≫본에는 '出跳梁'으로 되어 있으나 우리나라에서 읽어 오던 林希逸 注의 懸吐本에 따라 고쳤음. '吾出跳梁'으로 되어 있는 판본도 있음. 井幹은 司馬彪가 '井欄'이라고 주해한 것을 따랐음. 跳梁은 〈逍遙遊〉편 제5장에 旣出(阮毓崧・池田知久).

6) 赴水 : 물에 들어감. 물속으로 뛰어든다는 뜻. 赴에 대하여는, 馬叙倫이 尹桐陽을 인용해서 仆(엎드릴 부)의 假借字라고 한 이래로 이것을 따라 '물 위에 엎드릴 때에는'으로 번역한 역주본(安東林)도 있으나, 여기서는 赴字의 일반적인 뜻(나아가다, 뛰어들다, 투신하다, 헤엄치다)을 따르기로 한다. 陸德明의 ≪經典釋文≫에서는 글자 그대로 해석하였음(池田知久).

7) 接腋持頤 : 두 겨드랑이를 물에 찰싹 붙인 채 턱을 지탱함. 腋은 掖으로 된 판본과 引用이 있으나 ≪莊子集釋≫본이나 林希逸 注 현토본에는 腋으로 되어 있음. 接腋은 두 겨드랑이를 물에 착 붙인다는 뜻이고 持頤는 턱을 지탱한다, 턱을 물 위에 올려놓는다는 뜻.

8) 蹶泥則沒足滅跗 : 진흙을 찰 때에는 발이 빠져 발등까지 잠겨 버림. 蹶泥의 蹶은 '발로 걷어찬다'는 뜻. 넘어진다는 뜻은 아님. 沒과 滅은 둘 다 '빠진다', '잠겨 버린다'는 뜻이고 跗는 ≪儀禮≫ 疏에 "발등이다〔足背也〕."라고 주해한 것이 참고가 된다(阮毓崧・池田知久).

9) 還虷(간)蟹與科斗 : 장구벌레와 게와 올챙이를 두루 돌아봄. 還(선)은 '旋'과 같은

음으로 '顧視'(成玄英) 즉 한 바퀴 빙 둘러 두루 돌아본다는 뜻(盧文弨, 福永光司). 虷은 ≪經典釋文≫에 "虷은 우물 속에 있는 赤蟲이며, 일명 蜎(장구벌레 연)〔虷 井中赤蟲也 一名蜎〕."이라 함. 곧 장구벌레(安東林). 蟹는 게, 科斗는 蝌蚪와 같으며 올챙이라는 뜻.

10) 莫吾能若也 : 나만 한 것이 없다. 능히 나와 같은 자가 없다, 나에게 미칠 수 있는 자가 없다는 뜻. '능히 나와 같다〔能若吾〕'가 否定될 때 '莫能若吾'의 어순으로 하지 않고 '莫吾能若'으로 吾자의 자리가 부정사 바로 다음으로 이동하는 것은 吾자가 대명사이기 때문이다. '有之也'의 否定이 '未有之也'로 되지 않고 '未之有也'로 되는 것과 같다. 이때에도 之가 대명사임.

11) 擅一壑之水 : 구덩이 안의 물을 독점함. 擅은 멋대로 함, 독점함이고, 一壑之水는 한 구렁 안의 물, 한 웅덩이, 한 골짜기 안의 물인데 여기서는 우물 안의 물을 말함.

12) 跨跱(과치) : 내 멋대로 함. 나 혼자만의 전유물로 한다는 뜻. 跨는 올라탄다, 차지한다는 뜻이고 跱는 우뚝 서다, 特出하다의 뜻. 異說이 많으며 모두 정확하지 않다.

13) 此亦至矣 : 이 또한 최고이다. 至는 지극함, 최고. 〈逍遙遊〉편 제1장의 "이것이 또한 〈내가〉 날아다닐 수 있는 최상의 경지〔此亦飛之至也〕."를 답습한 문장이다(福永光司).

14) 右膝已縶(칩) : 오른쪽 무릎이 이미 우물에 꽉 끼여버렸음. 縶은 묶는다, 붙잡는다, 고삐, 굴레 등의 뜻을 가진 글자인데 司馬彪는 拘의 뜻으로 보았음. 縶拘는 속박함, 구속함의 뜻. 已縶은 이미 꽉 끼여버려 몸이 자유롭게 움직일 수 없이 속박됨을 말한다.

15) 逡巡而却 : 망설이다가 뒤로 물러남. 逡巡은 疊韻의 말로 망설이는 모양. 여기서는 阮毓崧이 逡巡을, "가기는 하나 나아가지 않는 모양〔不進貌〕."이라고 풀이한 것을 택하였다(福永光司, 安東林). 이에 대하여는 阮毓崧의 "나아가지 못하는 모양〔不進貌〕.", 曹礎基의 "주저하면서 배회하는 모양〔遲疑徘徊的樣子〕." 등을 부적당하다고 보면서 逡巡을 단순한 "물러나는 모습〔形容退却的樣子〕."으로 보는 것이 옳다는 주장도 있다(池田知久).

16) 千里之遠 : 천리의 원대함, 천리의 넓이. 劉文典은 "千里는 마땅히 萬里로 作하여야 한다."고 하였으나 근거박약(池田知久).

17) 不足以擧其大 : 그 크기를 다 표현할 수 없음. 擧는 王叔岷이 "成玄英본에는 '語'로 作하고 있었다."고 推論하고 있으나 역시 근거박약(池田知久).

18) 不足以極其深 : 그 깊이를 다 표현하기에는 부족함. 極은 다할 극. 여기서는 완전히 다 표현해 낸다는 뜻.

19) 崖不爲加損 : 바닷가의 水位가 이 때문에 더 내려가지는 않음. 崖는 바닷가, 海岸의 水位. 爲는 '때문에'의 뜻이고, 加損은 더 損함. 損은 加함의 뜻인데 損은 減損, 곧 水位가 아래로 내려간다는 뜻이다.

20) 不爲頃久推移 : 시간의 長短 때문에 옮기고 변화하지 않음. 시간의 장단에 좌우되는 일이 없음. 頃久는 짧은 시간과 긴 시간. 아주 짧은 순간을 말하는 숙어로는 頃刻이란 말이 있다. 推移를 成玄英은 "변화함이다〔變改也〕."라 하였음.

21) 不以多少進退者 : 降雨量의 多少 때문에 물이 增減되지 않는 것. 進退는 물의 增減을 말한다. 王先謙은 "進退는 損益을 말한다."고 하였음(安東林).

22) 適適然 : 깜짝 놀람. 成玄英은 適適을 "놀라 두려워하는 모양〔驚怖之容〕."이라 하였다. 또한 馬叙倫은 適適의 適을 '惕(驚也)'의 假借字로 보았는데 이것이 오늘날의 定說이다(池田知久).

23) 規規然自失也 : 너무 놀라서 얼이 빠져버렸다. 너무 당황해서 무엇이 무엇인지 모르게 되어버렸다. 陸德明은 ≪經典釋文≫에서 "適適과 規規는 모두 깜짝 놀라 얼이 빠진 모양〔適適 規規 皆驚視自失貌〕."이라 하였다. 自失은 제정신을 잃어버림, 넋이 나감이다. 公子 牟(魏牟)의 말은 여기서 끝나지 않고 다음 단락의 문장으로 이어진다.

且夫知不知是非之竟[1]이오 而猶欲觀於莊子之言[2]이면 是猶使蚊으로 負山이며 商蚷[3]로 馳河[4]也라 必不勝任矣리라 且夫知不知論極妙之言[5]이오 而自適一時之利者[6]는 是는 非埳井之鼃與[7]아 且彼方跐黃泉[8]而登大皇[9]이라 無南無北하며 奭然四解[10]하야 淪於不測이라 無東無西하며 始於玄冥[11]하야 反於大通[12]이어늘 子乃規規然而求之以察[13]하며 索之以辯하나니 是는 直用管闚天이며 用錐指地也[14]니 不亦小乎아 子는 往矣어다

且子獨不聞夫壽陵餘子[15]之學行於邯鄲[16]與[17]아 未得國能[18]하야 又失其故行[19]矣오 直匍匐而歸耳[20]니라 今子不去하면 將忘子之故하며 失子之業[21]이라하야늘

公孫龍이 口呿而不合[22]하며 舌擧而不下[23]하야 乃逸而走하니라

"게다가 〈그대가〉 是와 非를 구별할 만한 知力도 가지고 있지 못한 주제에 莊子의 말을 이해하려고 한다면 이는 마치 모기에게 山을 짊어지게 한다거나 노래기에게 黃河를 건너게 하는 것과 같아서 감당할 수 없음은 말할 것도 없네. 게다가 또한 根源的이고 靈妙한 철학을 논할 만한 지혜도 없는 주제에 일시적인 利로움에 自己滿足하는 자는 저 우물 안의 개구리와 무엇이 다르겠는가.

또한 저 莊子는 이제 땅속의 黃泉에까지 발을 들여놓고 하늘 끝 大皇에까지 오르려 하고 있네. 남쪽도 북쪽도 없이 거침없이 사방팔방으로 자기를 해방하여 짐작할 수도 없는 深遠한 경지에 沈潛하고, 동쪽도 서쪽도 없이 幽玄한 冥合의 경지로부터 시작해서 自由無碍로 소통하는 大道로 돌아가는 사람이네. 그런데 자네는 정신없이 자질구레한 지혜 분별로 그를 찾으려 하고 쓸모없는 변론으로 그를 잡으려 하고 있네. 이것은 다만 가느다란 대롱구멍으로 하늘을 엿보고 송곳을 땅에 꽂고 大地의 깊이를 측량하려는 짓이니 참으로 작은 소견이 아니겠는가. 자네는 어서 돌아가게.

또 자네도 저 壽陵의 젊은이가 〈趙나라 서울〉 邯鄲에 가서 大都市風 걸음걸이를 배웠다는 이야기를 들은 적이 있겠지. 〈이 젊은이는〉 대도시풍 걸음걸이를 미처 배우기도 전에 또 그 옛 걸음걸이마저 잊어버렸으므로 결국에 오직 기어서 고향으로 돌아갈 수밖에 없었다고 하네. 이제 그대도 얼른 여기를 떠나지 않으면 〈장자의 철학을 體得하지 못할 뿐만 아니라〉 그대 자신의 지금까지의 지식도 잊어버리고 그대 자신의 學業마저도 잃어버리고 말 것일세."

公孫龍은 열린 입이 닫혀지지도 않고 올라간 혀를 내려오게 하지도 못한 채 이윽고 뒤돌아보지 않고 달아났다.

【역주】

1) 知不知是非之竟 : 〈그대의〉 知가 是와 非의 경계를 알지 못함. 〈그대가〉 是와 非를 구별할 만한 知力도 가지고 있지 못함. 竟은 境界. '境'으로 되어 있는 판본도 있다(福永光司).

2) 猶欲觀於莊子之言 : 오히려 장자의 말을 이해하고자 함. 觀은 본다, 이해한다는 뜻.

3) 商蚷 : 노래기. 陸德明의 ≪經典釋文≫에 보이는 司馬彪의 注에 "벌레 이름이며 北燕에서는 馬蚿이라 한다."고 하였다(安東林).

4) 馳河 : 黃河를 달리게 함. 황하를 건너게 함.

5) 知不知論極妙之言 : 知가 근원적이고 靈妙한 말을 논할 줄을 알지 못함. 極妙한 철학을 논할 만한 지혜가 없다는 뜻. 極은 극원적인 것, 妙는 靈妙함.

6) 自適一時之利者 : 一時의 利에 스스로 만족하는 자. 適은, 阮毓崧은 '樂也'라 하였음(池田知久). 뜻은 "일시적인 이로움에 자기만족하는 자."

7) 非埳井之鼃與 : 우물 안의 개구리가 아니겠는가. 우물 안 개구리와 무엇이 다르겠느냐는 뜻.

8) 彼方跐黃泉 : 그(莊子)는 이제 땅속의 黃泉에까지 발을 들여놓음. 彼는 여기서는 莊子를 가리킴. 方은 바야흐로, 이제. 跐는 陸德明이 ≪廣雅≫를 인용하여 "蹋也 蹈也 履也."라고 함이 定說(池田知久). 跐(자), 蹋(답), 蹈(도), 履(리)는 모두 '밟는다'는 뜻.

9) 登大皇 : 하늘 끝 大皇까지 오름. 大皇은 天空, 大空. 大는 ≪經典釋文≫에 의해 '音은 泰'로, 大皇은 音이 태황이다. 馬叙倫은 태황이 天空을 의미함은 '皇'이 光과 통하기 때문이라고 하였으며, 成玄英은 大皇을 '하늘〔天也〕'이라고 주해하였음.

10) 奭然四解 : 거침없이 사방팔방으로 자기를 해방함. '奭然'은 '釋然'과 같으며 消散하는 모양이고, '四解'는 사방으로부터 구속을 받지 않음을 말한다(福永光司).

11) 始於玄冥 : 幽玄한 冥合의 경지에서 출발함. '玄冥'은 내편 〈大宗師〉편 제2장에서는 깊고 어두워서 알 수 없는 사람이라는 뜻으로 擬人化된 人名으로 사용되고 있다.

12) 反於大通 : 크게 소통하는 自由無碍의 大道로 回歸해 돌아감. 反은 돌아간다는 뜻이고 大通은 모든 것을 자유로이 막힘없이 소통시키는 큰 道의 작용을 말한다. 大

通 역시 〈大宗師〉편 제7장에 보임. 大通은 成玄英에 의하면 大道와 같다.

13) 規規然而求之以察 : 정신없이 자질구레한 지혜 분별로 그를 찾으려 함. 規規然은 놀라고 당황해서 정신없는 모양. 成玄英은 "경영하는 모양이다〔經營之貌也〕."고 하였으나 취하지 않는다. 以察의 察은 작은 지혜 분별의 분석을 말하며, 求之는 그를 (莊子를) 찾으려 함이다.

14) 是直用管闚天 用錐指地也 : 이것은 다만 대롱구멍으로 하늘을 엿보고 송곳을 땅에 꽂고 大地의 깊이를 측량하는 것이다. 直은 다만. 用管은 '대롱을 씀', '대롱구멍을 통하여'의 뜻이고 闚天은 하늘을 엿봄이다. '管見(좁은 소견)'이라는 成語의 出典. 錐는 송곳이고 指地는 땅을 가리킨다는 뜻이니 '用錐指地', 줄여서 '錐指'는 일반적으로 "송곳으로 땅을 가리킨다."는 해석이 통설이나, 여기서는 '指地'를 "땅의 얕고 깊음을 측량한다〔測地之淺深〕."는 뜻으로 보았음. 이곳의 문장 또한 '錐指'라는 成語의 出典.

15) 壽陵餘子 : 壽陵의 젊은이. 壽陵은 戰國時代 燕나라(何北省 北部)의 도읍 이름. 餘子는 아직 成年이 되지 않은 젊은이.

16) 學行於邯鄲(한단) : 〈趙나라 서울〉 邯鄲에 가서 大都市風 걸음걸이를 배움. '行'은 '步'의 뜻이니 걸음걸이. 邯鄲은 趙나라(山西省)의 서울로 당시 가장 번화하였던 大都市. 한단에서 걸음걸이를 배웠다는 말은 한단의 大都市風의 걸음걸이를 배웠다는 뜻. 이 故事에서 함부로 남의 흉내를 내면 원래 자기가 지녔던 좋은 점까지도 잃게 된다는 뜻의 '邯鄲之步', '邯鄲學步'란 成語가 생겨났다.

17) 且子獨不聞……與 : 또 자네도 홀로 ……을 듣지 아니하였는가. "또 자네도 ……을 들은 적이 있겠지."의 뜻. 與는 助字.

18) 國能 : 대도시풍 걸음걸이. 林希逸이 "邯鄲 國都 안에서 통용되는 걸음걸이〔邯鄲國中 所能之步也〕."라고 한 주석을 따랐음.

19) 故行 : 옛 걸음걸이. 壽陵에서 지낼 때의 옛 걸음걸이를 말함.

20) 直匍匐而歸耳 : 다만 기어서 고향으로 돌아갈 수밖에 없었다. 耳는 '뿐 이'. 歸는 反으로 된 인용이 있다(王叔岷, 池田知久).

21) 將忘子之故失子之業 : 〈莊子의 철학을 배우지 못할 뿐만 아니라〉 장차 그대 자신의 지금까지의 지식도 잊어버리고 그대 자신의 學業마저도 잃어버리고 말 것임. 忘子之故의 子는 '그대', 故는 지금까지의 그대 자신의 지식. 失子之業의 業은 그대

자신의 지금까지의 學業. 公子 牟(魏牟)가 안석에 기대어 한숨을 깊이 쉬고 하늘을 우러러 웃으면서 公孫龍에게 한 긴 말이 여기서 끝난다.

22) 口呿而不合 : 입이 열린 채 닫혀지지 않음. 이 句는 〈天運〉편 제6장에 類似한 표현이 있다(王叔岷, 池田知久). "입을 벌린 채 다시 다물지 못한다〔口張而不能嗋〕." 는 문장.

23) 舌擧而不下 : 올라간 혀를 내려오게 하지 못함. 不下는 不能下로 된 인용이 있다(王叔岷). ≪莊子≫ 속에 한 類型을 이루고 있는 惠施와 莊子 사이의 論爭에 대비해서 公孫龍과 魏牟를 問答케 한 것이 지금까지 보아온 〈秋水〉편 제5장의 글이다(赤塚忠 등).

第6章

莊子釣於濮水[1]어늘 **楚王**이 **使大夫二人**으로 **往先焉**[2]하야 **曰 願以境內**로 **累矣**[3]로라

莊子持竿不顧하야 **曰 吾聞**호니 **楚有神龜**[4]**死已三千歲矣**어늘 **王**이 **巾笥而藏之廟堂之上**[5]이라호니 **此龜者寧其死爲留骨而貴乎**[6]아 **寧其生而曳尾於塗中乎**[7]아

二大夫曰 寧生而曳尾塗中이니라

莊子曰 往矣어다 **吾將曳尾於塗中**[8]호리라

장자가 濮水에서 낚시를 하고 있었는데 楚나라 王이 두 사람의 大夫를 使者로 먼저 보내 이렇게 말하게 하였다. "우리나라의 모든 일을 先生에게 맡기고자 願합니다."

장자는 낚싯대를 쥔 채 돌아보지도 않고 말했다. "나는 듣건대 초나라에는 죽은 지 이미 3천 년이나 된 神龜가 있는데 왕은 이것을 상자에 넣고 비단보로 싸서 나라의 廟堂 안에 소중하게 간직하고 있다지요. 이 거북이는 죽어서 뼈를 남겨 소중하게 받들어지기를 바랐을까요, 아니면 살아서 진흙 속을 꼬리를 끌

며 다니기를 바랐을까요."

두 사람의 大夫가 말했다. "그거야 차라리 살아서 진흙 속을 꼬리를 끌며 다니기를 바랐을 테죠."

장자가 말했다. "어서 돌아가시오. 나도 진흙 속에서 꼬리를 끌며 자유로이 놀 작정이오."

【역주】

1) 濮水(복수) : 물 이름. 成玄英은 "濮은 물 이름이다. 東郡에 속함. 지금의 濮州 濮陽縣이 바로 이것이다〔濮 水名也 屬東郡 今濮州濮陽縣是也〕."라고 하였다. 黃河의 支流인데 지금은 흐름이 바뀌어 없어졌다고 한다(福永光司).

2) 楚王使大夫二人往先焉 : 楚王이 두 大夫를 使者로 먼저 보냄. 大夫 두 사람으로 하여금 가서(往) 먼저 하게 함(先)이란, 왕보다 앞서 두 사람 大夫가 먼저 가서 왕의 뜻을 傳하게 한다는 뜻. 楚王은 ≪史記≫ 〈莊周傳〉에서는 楚의 威王. 또한 ≪史記≫에서는 여기 이 이야기와 雜篇 〈列禦寇〉편에 보이는 이야기를 合成해서 하나의 이야기로 만들고 있다. '往先'을 '往見'으로 만든 판본도 있다. 林希逸은 "往先은 그를 가서 만나 보게 하여 뜻을 먼저 전달함이다〔往先者 往見之 先道此意也〕."라고 하였다.

3) 願以境內累矣 : 우리나라〔境內〕의 모든 일을 先生에게 맡기기를 원합니다. 境內는 나라 안〈의 모든 일〉. 國中의 뜻. 成玄英은 "원컨대 국경 안의 모든 일을 賢人에게 委託코자 함〔願以國境之內委託賢人〕."이라 하였다. 累는 '누를 끼침', '心勞를 끼침'이니 나라의 정치를 맡긴다는 뜻이다.

4) 楚有神龜 : '神龜'는 龜卜에 쓰이는 거북이를 말함. 龜甲에 점치는 내용의 文句를 적고 불로 태워 그 균열된 모양에 의해 吉凶을 판단하였다. 神龜에 관하여는 〈外物〉편에도 보인다(福永光司, 池田知久).

5) 王巾笥而藏之廟堂之上 : 왕은 이것을 상자에 넣고 비단보로 싸서 廟堂 안에 〈소중하게〉 보관함. ≪經典釋文≫ 李頤의 注에서는 '巾笥'를 "이를 笥에 넣고 巾으로 이를 덮음. 笥는 匣의 일종."이라 하였음(安東林). 笥는 상자, 巾은 비단보 등의 보자기. 廟堂은 조상의 사당.

6) 寧其死爲留骨而貴乎 : 차라리 죽어서 뼈를 남겨 귀하게 되기를 할〔爲〕 것인가. 번

역문을 潤文함에 있어서는 '차라리〔寧〕'는 생략해도 그 뜻이 명백할 것으로 간주해서 빼버리고 '할 것인가〔爲〕'는 '바랐을까요'로 번역하였음.

7) 寧其生而曳尾於塗中乎 : 아니면 살아서 진흙 속을 꼬리를 끌며 다니기를 바랐을까요. 寧은 '차라리'인데 여기서는 그 뜻을 살려 '아니면'으로 번역함. '曳尾於塗中乎'는 "진흙 속에서 꼬리를 끌면서 〈자유로이〉 놀 것인가."인데 앞 문장과 연관시켜 "진흙 속에서 꼬리를 끌며 놀기를 바랐을 것인가."로 번역하였음. 塗中은, 塗를 길이란 뜻으로 보아 '길 가운데'로도 번역할 수 있으나 塗가 泥 또는 泥塗로 된 引用이 있다는 馬叙倫이나 王叔岷, 池田知久의 설을 참조하여 '진흙 속'으로 번역함.

8) 吾將曳尾於塗中 : 나도 진흙 속에서 꼬리를 끌며 자유로이 놀 작정이오. '吾將'은 吾亦寧으로 된 인용이 있다(王叔岷, 池田知久). 吾將의 '將'은 赤塚忠이 "이 將은 意志를 나타낸다."라고 한 註解가 적절하다(池田知久).

第7章

惠子 相梁[1]이어늘 莊子 往見之[2]하니 或謂惠子曰 莊子來하야 欲代子相이라하야늘 於是에 惠子 恐하야 搜於國中을 三日三夜[3]어늘

莊子 往見之曰 南方에 有鳥하니 其名이 爲鵷鶵[4]니 子는 知之乎아 夫鵷鶵 發於南海하야 而飛於北海[5]할새 非梧桐이어든 不止하며 非練實이어든 不食하며 非醴泉이어든 不飮[6]이러니 於是에 鴟得腐鼠하야 鵷鶵過之[7]어늘 仰而視之하고 曰 嚇[8]하니 今子 欲以子之梁國으로 而嚇我邪아

惠子가 梁나라의 재상이 되었는데 莊子가 가서 만나 보려 하였다. 어떤 사람이 惠子에게 이렇게 말했다. "莊子가 와서 당신을 대신해서 재상 자리에 들어앉을 것입니다."

이 때문에 惠子가 두려워서 온 都城 안을 사흘 밤낮 동안 샅샅이 수색하여 莊子를 붙잡으려 했다.

莊子가 스스로 찾아가서 그를 만나 이렇게 말했다. "남쪽에 새가 있는데 그 이

름이 鵷鶵라고 하네. 자네는 알고 있는가? 이 원추는 멀리 남쪽 바다에서 날아올라 북쪽 바다로 날아가는데, 오동나무가 아니면 머물지 않고, 練實이 아니면 먹지 않고, 醴泉이 아니면 마시지 않는다네. 그런데 그때 솔개가 썩은 쥐 한 마리를 얻었는데, 마침 원추가 그곳을 지나가게 되었다네. 그랬더니 솔개가 〈썩은 쥐를 빼앗길까 두려워〉 위를 보고 꽥! 하고 소리를 질렀다 하더구만. 지금 그대는 그대의 梁나라 재상 자리를 가지고 나에게 꽥! 하고 소리를 지르는가?"

【역주】

1) 惠子相梁 : 惠子가 양나라의 재상이 됨. 혜시는 양나라 혜왕 때에 양나라의 재상을 지낸 적이 있다. 陸德明의 ≪經典釋文≫에는 "相梁惠王"이라고 있다. 이 梁惠王은 ≪孟子≫에 보이는 梁惠王과 같은 인물.

2) 莊子往見之 : 莊子가 가서 만나 보려 하였다. 가서 만나 보았다로 보지 않고 만나 보려 하였다고 한 것은 다음 글 "搜於國中 三日三夜"와 연계시켜 그렇게 번역한 것이다. 三日三夜 다음의 莊子往見之는 장자가 〈스스로〉 찾아가서 그를 만나 보았다는 뜻.

3) 搜於國中 三日三夜 : 온 都城 안을 사흘 밤낮 동안 샅샅이 수색함. 搜는 수색해서 체포하려 했다는 뜻이다. 國中의 國은 國都를 뜻한다. 國中은 나라 都城 안.

4) 南方有鳥 其名爲鵷鶵 : 남쪽에 새가 있는데 그 이름이 원추임. 鵷鶵는 전설상의 새로 鳳凰과 비슷한 종류로 알려져 있다. ≪經典釋文≫에서는 李頤의 주석으로 "바로 난새와 봉새의 종류이다〔乃鸞鳳之屬也〕."라 하였고, 成玄英은 "봉의 새끼라고도 한다〔亦言鳳子也〕."라고 하였다(池田知久).

5) 發於南海 而飛於北海 : 남쪽 바다에서 날아올라 북쪽 바다로 날아감. 發은 出發의 뜻이다. 發於의 於는 from, 飛於의 於는 to의 뜻.

6) 非梧桐 不止 非練實 不食 非醴泉 不飮 : 오동나무가 아니면 머물지 않고, 練實이 아니면 먹지 않고, 醴泉이 아니면 마시지 않음. 練實은 먹구슬나무 열매. 馬叙倫은 竹實이라고 풀이했다. 醴泉은 甘露泉.

7) 鴟得腐鼠 鵷鶵過之 : 솔개가 썩은 쥐 한 마리를 얻었는데, 마침 원추가 그곳을 지나감. 이 鴟得腐鼠의 故事로 뒤에 벼슬자리를 '腐鼠' 또는 '臭腐'로 비유하게 되었다.

8) 嚇 : 꽥! 노해서 지르는 소리. 威嚇하는 소리.

第8章

莊子 與惠子로 **遊於濠梁之上**[1)]이러니 **莊子曰 儵魚 出遊從容**[2)]하나니 **是魚之樂也**니라

惠子曰 子非魚어니 **安知魚之樂**[3)]고

莊子曰 子非我어니 **安知我**의 **不知魚之樂**[4)]고

惠子曰 我 非子완대 **固不知子矣**어니와 **子固非魚也**라 **子之不知魚之樂**이 **全矣**[5)]니라

莊子曰 請循其本[6)]하노라 **子曰 汝安知魚樂云者**[7)] **旣已知吾**의 **知之而問我**[8)]니 **我知之濠上也**[9)]호라

莊子가 惠子와 함께 濠水의 돌다리 위에서 노닐고 있었는데 장자가 말했다. "피라미가 나와서 한가로이 놀고 있으니 이것이 바로 물고기의 즐거움일세."

혜자가 말했다. "자네는 물고기가 아닌데 어떻게 물고기의 즐거움을 알 수 있겠는가?"

장자가 말했다. "자네는 내가 아닌데 어떻게 내가 물고기의 즐거움을 알지 못하는지 알 수 있겠는가?"

혜자가 말했다. "내가 자네가 아니기 때문에 참으로 자네를 알지 못하거니와, 그것처럼 자네도 당연히 물고기가 아닌지라 자네가 물고기의 즐거움을 알지 못하는 것이 틀림없네."

장자가 말했다. "다시 처음으로 돌아가 보세. 자네가 나를 보고 '자네가 어떻게 물고기의 즐거움을 알겠느냐'고 말한 것은, 〈자네가 내가 아닌데도 내가 물고기의 즐거움을 아는지 모르는지를 자네가 알 수 있다고 말한 것이므로〉 이미 내가 그것을 알고 있음을 알고서 나에게 물어온 것일세. 〈어디에서 알았느냐고? 어디서 알긴.〉 나는 그것을 濠水 가에서 알았지."

【역주】

1) 遊於濠梁之上 : 濠水의 돌다리 위에서 노닒. 濠는 물 이름. 濠梁은 濠水 위의 교량. 司馬彪는 "濠는 물 이름이다. 돌로 물을 가로질러 만든 것을 梁이라 한다〔濠 水名也 石絶水曰梁〕."고 풀이했고, 成玄英은 "濠는 물 이름이다. 회남의 종리군에 있다. 지금 그곳에는 장자의 묘소가 있고 또 장자와 혜시가 노닐던 곳도 있다. 돌로 물을 가로질러 다리를 만들었는데 또한 이것이 바로 濠水의 橋梁으로 장자와 혜시가 그 위에서 청담을 논했다고 말한다〔濠是水名 在淮南鍾離郡 今見有莊子之墓 亦有莊惠遨遊之所 石絶水爲梁 亦言是濠水之橋梁 莊惠淸談在其上也〕."라고 풀이하고 있다.

2) 儵(조)魚 出遊從容 : 피라미가 나와서 한가로이 놂. 儵는 피라미. 조로 읽는다. 徐邈은 음을 條로 읽어야 한다고 풀이했다. 盧文弨는 "儵는 鯈(조)로 써야 한다. 注의 글자도 마찬가지이다. 이 책 안에서는 혼용하는 경우가 많다〔儵當作鯈 注同 此書內多混用〕."고 풀이했다. 池田知久는 盧文弨 ≪經典釋文考証≫의 위의 해설이 옳다고 하고 있다. 從容에는 여러 가지 뜻이 있지만 여기서는 한가로이 노니는 모양. 成玄英은 "從容은 마음 놓고 노는 모양이다〔從容 放逸之貌也〕."고 풀이했다.

3) 子非魚 安知魚之樂 : 자네는 물고기가 아닌데 어떻게 물고기의 즐거움을 알 수 있겠는가? 장자가 물고기가 아닌 이상 물고기가 즐거운지 아닌지 알 수 없다는 주장이다. 安은 어찌. 安이 焉으로 된 引用이 있다(馬叙倫).

4) 子非我 安知我不知魚之樂 : 자네는 내가 아닌데 어떻게 내가 물고기의 즐거움을 알지 못하는지 알 수 있겠는가? 혜시와 똑같은 방식으로 혜시가 자신을 알 수 없다고 반박한 주장이다. 다만 물고기와 장자의 種差와 장자와 혜시의 種差는 같은 수준으로 간주할 수 없음에도 불구하고 두 사람 모두 그것을 문제 삼지는 않고 있다.

5) 我非子 固不知子矣 子固非魚也 子之不知魚之樂 全矣 : 내가 자네가 아니기 때문에 참으로 자네를 알지 못하거니와, 그것처럼 자네도 당연히 물고기가 아닌지라 자네가 물고기의 즐거움을 알지 못하는 것이 틀림없네. 固는 '진실로'의 뜻인데 여기서는 자리에 따라 '참으로' 또는 '당연히'로 번역하였음. 全矣는 틀림없다는 뜻. 方勇·陸永品은 혜시가 자신의 주장이 완전하다는 뜻으로 말한 것이라고 풀이했다.

6) 請循其本 : 다시 처음으로 돌아가 보세. 처음으로 돌아가 다시 따져보자는 뜻.

7) 子曰 汝安知魚樂云者 : 자네가 나를 보고 '자네가 어떻게 물고기의 즐거움을 알겠

느냐'고 말한 것. 일찍이 조선 전기의 문인 徐居正은 ≪莊子≫ 〈秋水〉편의 마지막 장인 이 부분을 소재로 시를 지어 다음과 같이 장자를 풍자한 적이 있다. "남화는 지락에서 실컷 노닒을 말하고, 애오라지 호량에서 질펀하게 놀았으니, 자네가 물고기 아니요 물고기가 자네 아니며, 과연 주가 나비 되고 나비도 주가 되었다네. 양생에는 포정의 기술 빌릴 것 없지만, 지혜가 부족하여 공연히 北海若을 떠들게 하는구나. 만물은 본래 평등한데 다시 무슨 물을 평등케 하리. 멍하니 온종일 빈 배만 띄우누나〔南華至樂道優游 聊復濠梁汗漫遊 非子是魚魚是子 果周爲蝶蝶爲周 養生不假庖丁術 知醜空令海若咻 畢竟物齊齊底物 嗒然終日泛虛舟〕." ≪四佳詩集≫ 〈莊子濠梁〉

8) 旣已知吾知之而問我 : 이미 내가 그것(물고기의 즐거움)을 알고 있음을 알고서 나에게 물어온 것일세. 내가 물고기의 즐거움을 이미 알 수 있다고 인정한 것이라는 뜻. 곧 자네가 내가 아닌데도 내가 물고기의 즐거움을 아는지 모르는지를 자네가 알 수 있다고 말한 것과 다를 바 없다는 뜻. 실제 혜시의 언급이 이런 뜻은 아닌데 장자가 슬쩍 왜곡한 것이다.

9) 我知之濠上也 : 나는 그것을 濠水 가에서 알았지. 장자가 혜시가 어떻게 알 수 있느냐〔安知魚樂〕고 물은 것을 일부러 "어디에서 알았느냐?"고 물은 것처럼 슬쩍 왜곡해서 "어디서 알긴 어디에서 알아? 濠水 가에서 알았지." 하고 농담한 것이다. 郭沫若은 莊子가 惠施의 본의를 일부러 곡해해서 安을 何處의 뜻으로 쓰고 일부러 그 장소(濠上)를 말했다고 했는데 탁견이다.

第18篇 至樂

【해설】

〈至樂〉편의 편명은 제1장의 첫 번째 句인 '天下有至樂'에서 '지락' 두 글자를 취한 것으로, 그 뜻은 '더 以上이 없는 최고의 쾌락'을 말한다. 이 〈至樂〉편에서는 만물의 自然性에 따르는 虛心無爲의 處世가 인간에게 至福(至樂)을 갖다주는 것을 말하고 있으며 無爲가 곧 至樂임을 명백히 하고 있다.

제1장에서는 사람들이 중시하는 富·貴·壽·善 등의 快樂이, 실은 貧·賤·夭·惡과의 관계 속에서의 상대적인 가치를 갖는데 불과한 限定的인 즐거움인데 비하여, 상대적인 가치를 초월한 無爲의 경지인 無樂이야말로 최고 지상의 쾌락임을 주장하고 있다.

제2장에서 제6장까지의 다섯 寓話는 모두가 흥미 만점의 것들이지만 그중에서도 특히 제2장 莊子의 아내가 죽었을 때의 이야기가 유명하고, 제4장 莊子와 해골과의 '髑髏問答'은 ≪莊子≫를 논하는 사람들의 입에 지금도 膾炙되고 있다. 이 〈至樂〉편의 내용이나 문장에 대하여는 〈繕性〉·〈外物〉·〈讓王〉의 3편과 함께 〈逍遙遊〉편을 布衍한 것이라 하는 이도 있고, 내편의 〈齊物論〉·〈大宗師〉편과의 관련이 느껴진다고 하는 이도 있는 등 이 〈至樂〉편과의 관련이 지적되는 篇名의 지적은 학자에 따라 異說이 분분하다.(池田知久 譯註의 ≪莊子≫ 下를 참조할 것.)

第1章

天下에 有至樂가 無有哉[1)]아 有可以活身者아 無有哉[2)]아 今에 奚爲奚據[3)]며

奚避奚處며 **奚就奚去**며 **奚樂奚惡**[4]오

천하에 지극한 즐거움이 있는가 없는가. 내 몸을 편안히 살게 할 수 있는 방법이 있는가 없는가. 이제 무엇을 하고 무엇을 그만두고, 무엇을 피하고 무엇에 머물며, 무엇에 나아가고 무엇을 떠나고, 무엇을 좋아하고 무엇을 싫어해야 하는가.

【역주】

1) 有至樂 無有哉 : 천하에 지극한 즐거움이 있는가 없는가. 이 세상에 절대의 즐거움이 있는지 없는지 가설해서 묻는 말. 至樂은 지극한 기쁨, 최고의 즐거움. 至는 지극함〔極〕이고 樂은 기쁨〔歡〕이다(陸德明). 成玄英은 "가설해서 묻는 말〔假問之辭〕."이라고 풀이했다.

2) 有可以活身者 無有哉 : 내 몸을 편안히 살게 할 수 있는 방법이 있는가 없는가. 可以活身의 道가 있는지 없는지 묻는 내용이다. 成玄英은 "우주 안에 지극한 환락이 많이 있는데 그중에서 내 목숨을 편안하게 살게 해 줄 수 있는 것이 있느냐고 말한 것이다〔言寰宇之中 頗有至極歡樂 可以養活身命者無有哉〕."고 풀이했다.

3) 今奚爲奚據 : 이제 무엇을 하고 무엇을 그만두어야 하는가. 奚는 何와 같다. ≪列子≫ 〈力命〉편에는 "어디를 떠나고 어디로 나아가며 무엇을 슬퍼하고 무엇을 즐거워하며 무엇을 하고 무엇을 하지 않을까〔奚去奚就 奚哀奚樂 奚爲奚不爲〕."로 되어 있다. 따라서 奚爲의 爲와 奚據의 據는 상반되는 의미로 무엇을 하고 무엇을 하지 말아야 하는지를 묻는 내용으로 보는 것이 적절하다.

4) 奚避奚處 奚就奚去 奚樂(요)奚惡(오) : 무엇을 피하고 무엇에 머물며, 무엇에 나아가고 무엇을 떠나고, 무엇을 좋아하고 무엇을 싫어해야 하는가. 避와 處, 就와 去, 樂와 惡는 각각 상반된 뜻으로 의미는 앞의 '奚爲奚據'와 대동소이하다.

夫天下之所尊者는 **富貴壽善**[1]**也**요 **所樂者**는 **身安厚味美服好色音聲**[2]**也**요 **所下者**[3]는 **貧賤夭惡**[4]**也**요 **所苦者**는 **身不得安逸**하며 **口不得厚味**하며 **形不得美服**하며 **目不得好色**하며 **耳不得音聲**[5]이니 **若不得者**[6]인댄 **則大憂以懼**[7]하나니

其爲形也 亦愚哉[8)]라

무릇 천하 사람들이 중시하는 것은 富貴와 장수와 명예이고, 좋아하는 것은 몸이 편안한 것과 맛있는 음식과 예쁜 옷과 미색과 음악이고, 하찮게 여기는 것은 貧賤과 요절과 악평이고, 고통스럽게 여기는 것은 몸이 편안하지 못하며 입으로 맛있는 음식을 먹지 못하며 몸에 예쁜 옷을 걸치지 못하며 눈으로 미색을 보지 못하며 귀로 아름다운 음악을 듣지 못하는 것이다. 즐거움을 얻지 못하면 사람들은 크게 근심하고 두려워하는데 이런 것들을 가지고 몸을 기르는 것은 또한 어리석은 짓이다.

【역주】

1) 富貴壽善 : 富貴와 장수와 명예. 成玄英은 "천하 사람들이 가장 중시하는 것은 부유하여 재물과 보배가 충분한 것, 신분이 귀하여 영화를 극진히 누리는 것, 수명이 긴 것, 아름다운 명성이 영예롭게 드러나는 것이다〔天下所尊重者 無過富足財寶 貴盛榮華 壽命遐長 善名令譽〕."고 풀이했다. 王叔岷은 ≪說文解字≫에서 "美와 善은 같은 뜻이다〔美與善同意〕."고 풀이한 것을 따라 善을 美와 같다고 풀이했다. 참고로 말하면, 중국인의 전통적인 幸福觀을 표시하는 ≪書經≫ 〈洪範〉의 '五福'의 개념과도 연관되는 것이 이 '富貴壽善'이다.

2) 身安厚味美服好色音聲 : 몸이 편안한 것과 맛있는 음식과 예쁜 옷과 미색과 음악. 身安은 四肢의 安逸을 의미한다.

3) 所下者 : 하찮게 여기는 것. 사람들이 아래로 여기는 바의 것, 즉 賤視하고 싫어하는 것.

4) 貧賤夭惡 : 貧賤과 요절과 악평. 惡은 악평. 王叔岷은 ≪漢書≫ 顔師古 注를 인용하여 "讒毁"라고 풀이했다.

5) 身不得安逸 口不得厚味 形不得美服 目不得好色 耳不得音聲 : 몸이 편안하지 못하며 입으로 맛있는 음식을 먹지 못하며 몸에 예쁜 옷을 걸치지 못하며 눈으로 미색을 보지 못하며 귀로 아름다운 음악을 듣지 못하는 것. 厚味는 맛있는 음식. 好色은 미색으로 아름다운 여인을 뜻한다. 好色을 '아름다운 색채'라고 번역하는 역주서도 있으나 취하지 않는다. 音聲은 아름다운 음악소리.

6) 若不得者 : 만약 얻지 못하면. 者는 여기서는 假定 또는 條件을 나타내는 助字로 처리함이 좋다.
7) 大憂以懼 : 크게 근심하고 두려워함. 王叔岷은 以는 且와 같다고 풀이했다.
8) 其爲形也 亦愚哉 : 이런 것들을 가지고 몸을 기르는 것은 또한 어리석은 짓임. 其는 앞에 나온 安逸, 厚味, 美服, 好色, 音聲 따위를 지시한다.

夫富者는 **苦身疾作**[1]하야 **多積財而不得盡用**[2]하나니 **其爲形也 亦外矣**[3]라 **夫貴者**는 **夜以繼日**[4]하야 **思慮善否**[5]하나니 **其爲形也 亦疏矣**라 **人之生也 與憂俱生**이어늘 **壽者**는 **惛惛**하야 **久憂不死**[6]하나니 **何苦也**[7]오 **其爲形也 亦遠矣**라

무릇 富者는 몸을 괴롭히고 재빠르게 일하여 財物을 많이 蓄積하지만 다 쓰지도 못하니 그 몸을 기르는 방법치고는 또한 빗나간 짓이다. 무릇 신분이 귀한 자는 밤으로 낮을 이어서 쉴 틈도 없이 政治의 선악을 따지느라 마음을 썩이니 그것을 가지고 몸을 기르는 것은 또한 疏遠한 일이다. 사람의 삶은 근심과 함께 살아가는데 장수하는 사람은 정신이 흐린 상태에서 오래도록 근심하면서 죽지도 않으니, 이 무슨 괴로움인가. 그것을 가지고 몸을 기르는 것은 또한 멀리 빗나간 일이다.

【역주】

1) 苦身疾作 : 몸을 괴롭히고 재빠르게 일함. 疾作은 재빠르게 일한다는 뜻. 王叔岷은 疾을 力과 같은 뜻으로 보아 疾作을 힘써 일한다는 뜻으로 풀이했는데 그 또한 무난한 견해이다. 成玄英도 이미 "勞神苦思하고 身力을 내달리게 한다〔勞神苦思 馳騁身力〕."고 하여 心身을 酷使하면서 노력한다는 뜻으로 보고 있다.
2) 多積財而不得盡用 : 재물을 많이 축적하지만 다 쓰지도 못함. 막대한 재물을 축적하면서도 스스로 다 쓰지도 못하고 죽는다는 뜻.
3) 其爲形也 亦外矣 : 그 형체를 가진 자기 몸을 다스리는 방법은 또한 빗나간 것임. 外는 핵심과 어긋난 그릇된 행위라는 뜻으로 亦外矣는 아래의 亦疏矣, 亦遠矣와 같은 뜻임(王叔岷, 方勇·陸永品). 外矣는 內矣의, 疏矣는 密矣의, 遠矣는 近矣의 反義語이다.

4) 夜以繼日 : 밤으로 낮을 이음. 밤낮없이 일한다는 뜻.
5) 思慮善否(비) : 선악을 따짐. 끊임없이 일이 잘 될지 안 될지를 따진다는 뜻. 善은 일이 잘 성사된다는 뜻이고, 否 즉 惡(악)은 그 반대의 뜻이다(方勇・陸永品). 부정한다는 뜻으로 쓰는 否는 惡의 뜻으로 쓸 때는 音 '비'.
6) 壽者惛惛 久憂不死 : 장수하는 사람은 정신이 흐린 상태에서 오래도록 근심하면서 죽지도 않음. 惛惛은 이 책의 底本인 ≪莊子集釋≫본 등 몇몇 판본에 惽惽으로 되어 있는 경우가 있으나(王叔岷, 馬叙倫) 여기서는 알기 쉬운 通行本 등을 따라 惛惛으로 고쳤다. 惛惛은 昏昏과 같은, 어둡다는 뜻으로 정신이 흐린 모습, 또렷하지 못한 모양을 나타낸다.
7) 何苦也 : 이 무슨 괴로움인가. 何其苦也와 같다(章炳麟, 王叔岷).

烈士[1)]는 爲天下見善矣[2)]나 未足以活身[3)]하나니 吾未知[4)]케라 善之誠善邪아 誠不善邪[5)]아 若以爲善矣인댄 不足活身[6)]이오 以爲不善矣인댄 足以活人[7)]이로다 故로 曰 忠諫을 不聽이어든 蹲循勿爭[8)]이라하나니 故로 夫子胥爭之하야 以殘其形[9)]하니 不爭이면 名亦不成하나니 誠有善가 無有哉[10)]아

烈士는 천하 사람들로부터 善하다고 평가를 받지만 자신의 몸을 살리지는 못하였으니, 나는 알 수 없구나. 〈세상에서 말하는〉 善이라는 명예가 정말로 善인가 아니면 참으로 善이 아닌 것인가. 만일 그것을 善이라고 한다면 〈善이라는 것이〉 자신의 몸조차 살리기에 부족한 것이 되고, 만일 그것을 不善이라고 한다면 〈不善이란 것이 자신의 몸을 살리지 못했지만〉 많은 사람을 족히 살린 것이 된다. 그러므로 말하기를, 〈군주에게〉 忠諫을 했을 때 군주가 그것을 들어주지 않으면 뒷걸음쳐 물러나 임금과 다투지 말라고 하는 것이다.

그러므로 저 伍子胥는 〈吳王 夫差에게〉 억지로 善을 강요하여 그 결과 자신의 몸을 해쳤다. 만약 그때 善을 강요하여 다투지 않았더라면 〈烈士라는〉 명예가 또한 이루어지지 않았을 것이다. 〈이렇게 생각해볼 때〉 善이란 진실로 있는 것인가, 없는 것인가.

【역주】

1) 烈士 : 節義에 몸을 바친 사람. 列士로 표기된 판본도 있으나 底本 대로 '烈士'로 함이 옳다.
2) 爲天下見善矣 : 천하 사람들로부터 선하다고 평가받음. 爲天下所善矣와 같다(方勇·陸永品). 곧 천하 사람들의 칭찬을 받는다는 뜻. 見은 被와 같다. 被動을 나타내는 助字로도 쓰임.
3) 未足以活身 : 자신의 몸을 살리기에는 부족함. 身은 뒤의 人과 상대되는 표현으로 자기 자신을 지칭한다.
4) 吾未知 : 나는 알 수 없구나. 未知는 不識과 마찬가지로 뒤 구절과 연결하여 어떤 사실을 확신할 수 없음을 나타내는 표현이다.
5) 善之誠善邪 誠不善邪 : 善이라는 명예가 정말로 善인가 아니면 참으로 善이 아닌 것인가. 세상에서 말하는 善이 정말 善인지 아니면 善이 아닌지 확신할 수 없다는 뜻이다.
6) 若以爲善矣 不足活身 : 만일 그것을 善이라고 한다면 자신의 몸조차 살리기에 부족한 것이 됨. 善이라 하자니 그런 행위가 자신의 몸조차 살리지 못하기 때문에 그러한 의미에서는 善이라 할 수 없음을 말한 것이다.
7) 以爲不善矣 足以活人 : 만일 그것을 不善이라고 한다면 많은 사람을 족히 살린 것이 된다. 不善이라고 규정하자니 그런 행위가 비록 자신의 몸을 살리지는 못했지만 다른 사람을 살리기에 충분하기 때문에 그러한 의미에서는 不善이라 할 수 없음을 말한 것이다.
8) 忠諫不聽 蹲循勿爭 : 忠諫을 했을 때 군주가 듣지 않으면 뒷걸음쳐 물러나 임금과 다투지 말아야 함. 蹲循은 뒷걸음쳐 물러남. 逡巡과 같다(王念孫, 郭慶藩, 王叔岷).
9) 子胥爭之 以殘其形 : 伍子胥는 〈吳王 夫差에게〉 억지로 善을 강요하여 그 결과 자신의 몸을 해쳤음. 爭之의 爭은 말을 듣지 않는 吳王 夫差와 善을 요구하며 諫爭하였다는 뜻. 殘은 해친다는 뜻. 오자서는 이름은 員, 子胥는 字. 춘추시대 초나라의 대부였던 伍奢의 둘째 아들. 오자서에 관한 이야기는 〈胠篋〉편에 나왔고, 〈外物〉편에도 나온다.
10) 誠有善 無有哉 : 善이란 진실로 있는 것인가, 없는 것인가. 참다운 善이 있는지 없

는지 모르겠다는 뜻.

今俗之所爲와 與其所樂을 吾는 又未知樂之果樂邪아 果不樂邪아 吾觀夫俗之所樂한댄 擧群趣者[1] 誙誙然如將不得已[2]하나니 而皆曰樂者를 吾未之樂也하며 亦未之不樂也[3]하노니 果有樂가 無有哉아 吾는 以無爲라야 誠樂矣[4]로니 又俗之所大苦也로다 故로 曰 至樂은 無樂하고 至譽는 無譽[5]라하나니라

지금 세속 사람들의 행동과 그들이 즐거워하는 것을 〈살펴볼 때〉 나는 또 알지 못하겠구나. 그 즐거움이란 것이 과연 즐거운 것인가, 아니면 과연 즐겁지 아니한 것인가. 내가 저 세속 사람들의 즐거워하는 것을 살펴볼진댄 온 세상 사람들이 무리 지어 달려가는 것이 죽을 둥 살 둥 마치 장차 그만두려야 그만둘 수 없어서 하는 것 같다. 그러나 세상 사람들이 모두 '즐겁다'고 하는 것을, 나는 그게 즐거운 줄 모르겠고 그렇다고 해서 또한 그것을 즐겁지 않은 줄도 모르겠으니 과연 정말 즐거움이란 게 있는 것인가, 없는 것인가. 나는 생각건대 無爲라야만 참으로 즐거울 것이니, 이 無爲는 또 세속 사람들은 크게 고통스럽게 여기는 것이다. 그러므로 최고의 즐거움은 즐거움이 없는 것이고 최고의 명예는 명예가 없는 것이라고 말하는 것이다.

【역주】

1) 擧群趣者 : 온 세상 사람들이 무리 지어 달려감. 擧는 皆와 같고(王叔岷), 온 세상 사람들〔擧世之人〕이라는 뜻(方勇·陸永品). 趣는 달려간다는 뜻으로 趨와 같다(方勇·陸永品).

2) 誙誙(경경)然如將不得已 : 가는 것이 죽을 둥 살 둥 마치 장차 그만두려야 그만둘 수 없어서 하는 것 같음. 誙誙은 세상 사람들이 앞 다투어 즐거움을 찾기 위해 달려가는 모습을 표현한 말로 赤塚忠은 "곧장 앞으로 달려가 그치지 않는 모양이다〔直前不止貌〕."라고 풀이했다. 成玄英은 誙誙을 "죽음으로 달려 나아가는 모양〔趣死貌〕"이라고 註解하였는데 이 成玄英 疏를 따르더라도 번역문은 역시 '죽을 둥 살 둥'으로 可하다.

3) 而皆曰樂者 吾未之樂也 亦未之不樂也 : 세상 사람들이 모두 '즐겁다'고 하는 것을, 나는 그게 즐거운 줄 모르겠고 그렇다고 해서 또한 그것을 즐겁지 않은 줄도 모르겠음. 여기서 未之樂, 未之不樂의 '樂'은 즐거움으로 여긴다는 뜻. 王叔岷은 陳景元의 ≪莊子闕誤≫를 인용하여 未자 아래에 知자가 붙어 있다고 했는데 그 견해를 따르는 것이 타당하다(方勇・陸永品). 곧 '吾未之樂也 亦未之不樂也'는 '吾未知之樂也 亦未知之不樂也'로 보는 것이 적절하다. 成玄英 또한 "그 즐거움을 알지 못하겠고 또한 그것이 즐겁지 않은 줄도 알지 못하겠다〔不見其樂 亦不見其不樂也〕."고 풀이한 것으로 보아 知자가 있는 것으로 본 듯하다.

4) 吾以無爲誠樂矣 : 나는 생각건대 無爲라야 참으로 즐거울 것임. 여기서 '以'字는 한 글자만으로 '생각건대'의 뜻이 된다.

5) 至樂無樂 至譽無譽 : 최대의 즐거움은 즐거움이 없는 것이고 최대의 명예는 명예가 없음. 至樂은 세속의 즐거움이 없고, 지극한 명예는 세속적인 명예가 없다는 뜻.

天下是非를 果未可定也[1]로대 雖然이나 無爲 可以定是非[2]니 至樂活身[3]은 唯無爲아 幾存[4]이니라

천하의 是非에 관한 판단은 결국 결정하기 어려운 것이다. 비록 그렇지만 無爲의 태도를 지켜야만 비로소 是와 非를 결정할 수 있을 것이니 지극한 즐거움은 자신의 몸을 살릴 수 있으니 오직 무위를 지켜야만 거의 보존될 수 있을 것이다.

【역주】

1) 天下是非 果未可定也 : "천하의 是와 非에 관한 판단은 결국은 결정하기 어려운 것이다. 그러나……."의 뜻. 이 天下是非 이하 구절의 뜻은 〈齊物論〉편 제3장의 뒷부분에 "내 입장에서 살펴보건대 仁義의 단서와 是非의 길이 복잡하게 얽혀서 어수선하고 어지럽다. 그러니 내가 어찌 그 구별을 알 수 있겠는가〔自我觀之 仁義之端是非之塗 樊然殽亂 吾惡能知其辯〕."라고 한 것과 같은 맥락의 글이다.

2) 無爲 可以定是非 : 無爲의 태도를 지켜야만 비로소 是와 非를 결정할 수 있음. 시비를 잊어버려야만 시비로부터 자유로울 수 있다는 뜻.

3) 至樂活身 : 지극한 즐거움은 자신의 몸을 살릴 수 있음. 成玄英은 "무릇 지극한 즐거움은 즐거움이 없는지라 늘 마음에 꼭 맞아서 근심이 없어 몸과 마음을 기르고 살릴 수 있으니 천수를 끝까지 누릴 수 있다〔夫至樂無樂 常適無憂 可以養活身心 終其天命〕."고 풀이했다.

4) 唯無爲 幾存 : 오직 무위를 지켜야만 거의 보존될 수 있음. 幾는 '거의'. 成玄英은 '~에 가깝다〔近也〕.'는 뜻으로 보았는데 의미의 차이는 거의 없다. 存은 생존, 보존의 뜻. 成玄英은 "무위하기 때문에 실패도 없다〔無爲故無敗〕."고 풀이했다.

請嘗試言之하노라 **天無爲**라 **以之淸**하며 **地無爲**라 **以之寧**[1])하니 **故**로 **兩無爲 相合**이라야 **萬物**이 **皆化**[2])하야 **芒乎芴乎**[3]) **而無從出乎**[4])며 **芴乎芒乎 而無有象乎**[5])라 **萬物職職**[6])이 **皆從無爲殖**[7])하나니 **故**로 **曰 天地**는 **無爲也 而無不爲也**[8])라하나니 **人也**는 **孰能得無爲哉**[9])오

시험 삼아 말해보겠다. 하늘은 無爲하는지라 그로써 맑음을 유지하고, 땅은 無爲하는지라 그 때문에 〈요동 없이〉 편안하다. 그 때문에 하늘과 땅, 이 둘의 無爲가 서로 합쳐야만 비로소 만물이 모두 생성 변화하여 황홀한 가운데 어디서부터 생성되어 나오는지 알 수 없으며, 惚恍한 가운데 모습이 보이지 않는다. 만물이 무성하게 퍼져 나가는 것이 모두 無爲로부터 번식한다. 그 때문에 말하기를, 천지는 無爲함으로써 무슨 일이든 해낸다고 한다. 그런데 사람은 그 누가 無爲할 수 있을 것인가.

【역주】

1) 天無爲 以之淸 地無爲 以之寧 : 하늘은 無爲하는지라 그로써 맑음을 유지하고, 땅은 無爲하는지라 그 때문에 편안함. 寧은 동요하지 않고 편안하다는 뜻. 《老子》 제39장에서 "하늘은 하나를 얻어서 맑음을 유지하고 땅은 하나를 얻어서 편안함을 유지한다〔天得一以淸 地得一以寧〕."고 한 말과 거의 비슷한 맥락이다. 郭象은 "모두 저절로 맑고 편안한 것이지 무엇을 해서 얻어진 결과가 아니다〔皆自淸寧耳 非爲之所得〕."고 풀이했다.

2) 兩無爲 相合 萬物皆化 : 둘의 無爲가 서로 합쳐야만 비로소 만물이 모두 생성 변화함. 陳景元의 ≪莊子闕誤≫에 인용된 江南古藏本에는 萬物皆化 아래에 生자가 붙어 있는데, 王叔岷은 '生'자는 위 문장 天無爲以之淸의 '淸'과 地無爲 以之寧의 '寧'과 같은 운이므로 生자가 붙어 있는 것이 옳다고 했는데 타당한 견해이다.

3) 芒乎芴乎 : 無爲의 도가 황홀한 모습. 황홀해서 구체적인 모습을 표현할 수 없다는 뜻이다. ≪老子≫ 제21장에서 "道의 모습은 황홀하다〔道之爲物 惟恍惟惚〕."고 표현한 것과 거의 같은 표현이다. 芒은 亡 또는 茫의 가차자로 恍과 같은 뜻으로 어두워 분명히 알기 어려운 모습이고, 芴은 勿 또는 忽의 가차자인데 惚은 본시 忽의 俗字이다. 흐리멍덩하여 말로 표현하기 어려운 모습.

4) 無從出乎 : 無는 從出 즉 어디로부터〔從〕 생성되어 나오는지〔出〕 확실한 모습이 없다는 뜻. 곧 어디서부터 생성되어 나오는지 알 수 없음이니 역시 천지 무위의 도가 어디에서부터 나오는지 알 수 없다는 뜻. 成玄英은 "어디서 나오는지를 찾아봐도 그 유래하는 곳을 알 수 없다〔尋其從出 莫知所由〕."고 풀이했다. 乎는 무의미한 助字. 無有象乎의 乎도 같다.

5) 無有象乎 : 모습이 보이지 않음. 무위의 변화는 황홀하기 때문에 모습이 보이지 않는다는 뜻. 宣穎은 "무위의 변화는 헤아릴 수 없음을 말한 것이다〔言無爲之化 不可測識〕."고 풀이했다.

6) 萬物職職 : 만물이 무성하게 퍼져 나감. 職職은 繁植하는 모양(李頤). 宣穎은 "많은 모양〔多貌〕."으로 풀이했다.

7) 皆從無爲殖 : 모두 無爲로부터 번식함. 殖은 번식의 뜻이다. 林希逸은 "殖은 生殖함이다. 만물은 모두 자연에서 생성된다. 그 때문에 모두 무위에서 생식한다고 말한 것이다〔殖 生也 萬物皆在自然中生 故曰皆從無爲殖〕."고 풀이했다.

8) 天地無爲也 而無不爲也 : 천지는 無爲함으로써 무슨 일이든 해냄. ≪老子≫ 제37장에서 "道는 늘 무위하지만 하지 않는 것이 없다〔道常無爲而無不爲〕."고 한 내용과 유사한 표현이다.

9) 人也 孰能得無爲哉 : 사람은 그 누가 無爲할 수 있을 것인가. 세속 사람들은 무위를 체득할 수 없고, 오직 道를 체득한 聖人이라야 비로소 무위를 체득할 수 있을 것이라는 뜻. ≪老子≫ 제2장에는 "성인은 무위의 일에 처하고 말하지 않는 가르침을 행한다〔聖人處無爲之事 行不言之教〕."는 문장이 있다.

第2章

莊子의 妻 死거늘 惠子 弔之러니 莊子則方箕踞[1)]하야 鼓盆而歌[2)]커늘

惠子曰 與人居 長子 老身[3)]타가 死어든 不哭이 亦足矣[4)]어늘 又鼓盆而歌하나니 不亦甚乎아

莊子曰 不然하니라 是其始死也에 我인들 獨何能無槪然[5)]이리오마는 察其始而本無生[6)]이로다 非徒無生也라 而本無形[7)]하도다 非徒無形也라 而本無氣[8)]하도다 雜乎芒芴之間하야 變而有氣[9)]하고 氣變而有形하야 形變而有生이라가 今又變而之死하니 是는 相與爲春秋冬夏하야 四時行也니라 人且偃然寢於巨室이어늘 而我噭噭然隨而哭之[10)]하면 自以爲不通乎命이니 故로 止也[11)]호라

莊子의 아내가 죽어서 惠子가 조문하러 갔더니 장자는 다리를 뻗고 철퍼덕 앉아 동이를 두드리며 노래를 부르고 있었다. 혜자가 이렇게 말했다. "아내와 함께 살면서 자식까지 키우고 함께 늙도록 年輪을 쌓다가 바로 그 아내가 죽었는데도 곡을 하지 않는 것은 그래도 괜찮으나 게다가 한술 더 떠서 동이를 두드리며 노래까지 하다니 너무 심하지 않은가."

장자가 이렇게 말했다. "그렇지 않다. 이 사람이 처음 죽었을 때에 난들 어찌 슬프지 않았겠는가마는 그 삶의 처음을 살펴보았더니 본래 삶이 없었고, 삶이 없었을 뿐만 아니라 본래 形體도 없었고, 형체가 없었을 뿐만 아니라 본래 氣조차 없었다. 황홀한 가운데에 섞여서 變化하여 기가 나타나고 기가 변화하여 형체가 이루어지고 형체가 변하여 삶이 이루어졌다가 지금 또 변화해서 죽음으로 갔으니 이것은 서로 봄・여름・가을・겨울이 되어서 사계절이 運行되는 것과 같다. 저 사람이 천지의 큰 집에서 편안히 쉬고 있는데 내가 시끄럽게 떠들면서 사람들의 習俗을 따라 울어대는 것은 스스로 天命을 알지 못하기 때문이라고 여겼기에 그만두었다."

【역주】

1) 莊子則方箕踞 : 장자가 바야흐로 다리를 뻗고 철퍼덕 앉아 있음. 箕踞는 두 다리를 곧게 뻗고 철퍼덕 앉아 있는 모양으로 예절에 구속되지 않음을 의미한다. 箕는 그 모습이 곡식의 쭉정이를 까부는 키와 비슷함을 형용한 것이고, 踞는 거만한 모양을 나타낸 것이다.

2) 鼓盆而歌 : 동이를 두드리며 노래를 함. 鼓는 두드리다는 뜻. 盆은 동이. 盆을 질장구 따위의 악기라고 풀이하는 주석도 있지만, 악기를 연주하는 것으로 보기보다는 그냥 동이를 악기처럼 두드리는 것으로 보는 것이 맥락에 더 가깝다.

3) 與人居 長子老身 : 아내와 함께 살면서 자식까지 키우고 몸이 늙도록 함께 삶. 人은 그 사람, 즉 아내를 지칭한다. 長子는 자식을 키운다는 뜻. 子자가 莊子를 지칭하는 이인칭 대명사라는 주장이 있지만 옳지 않다. 宣穎은 長을 키우다〔育〕는 뜻으로 풀이했다. 老身은 몸〔身〕을 늙게 했다〔老〕, 즉 늙도록 年輪을 쌓아왔다는 뜻. 이 부분은 異說도 많고, 우리나라 林希逸 注 현토본에서는 "與人居長이라가 子老身死어든"으로 되어 있기도 한데, 이것은 불확실한 현토임. 현토를 "與人居 長子老身타가"로 고치고 "死어든"은 다음 구에 이어서 읽도록 하였다. 이 부분의 句讀는 底本인 ≪莊子集釋≫본의 "與人居 長子老身"을 따른 것이다.

4) 死不哭亦足矣 : 바로 그 아내가 죽었는데도 곡을 하지 않는 것은 그래도 괜찮음. 아내가 죽었는데 슬퍼서 哭을 하지 않음은 물론 용납하기 어렵다. 그러나 그것은 그래도 봐줄 수 있다는 뜻으로 한 말.

5) 我獨何能無概然 : 난들 어찌 슬프지 않았겠는가. 概然은 슬픈 모양. 概는 慷慨의 慨와 통하는 글자. 司馬彪는 "概는 느낌이다〔概 感也〕."고 풀이했다.

6) 察其始而本無生 : 그 삶의 처음을 살펴보았더니 본래 삶이 없었음. 其始는 아내가 생명을 가지기 이전의 상태를 가리킨다.

7) 非徒無生也 而本無形 : 삶이 없었을 뿐만 아니라 본래 형체도 없었음. 非徒는 '~할 뿐만 아니라'.

8) 非徒無形也 而本無氣 : 형체가 없었을 뿐만 아니라 본래 氣조차 없었음. 氣를 숨, 곧 氣息의 뜻으로 보는 견해가 있지만 池田知久의 지적처럼 아래의 '氣變而有形'에 비추어볼 때 氣가 변화해서 형체가 있게 되는 구조로 보고 氣를 형체를 구성하는

기본 원소의 뜻으로 보는 것이 타당하다.

9) 雜乎芒芴之間 變而有氣 : 황홀한 가운데에 섞여서 변화하여 氣가 나타남. 황홀한 모양.

10) 人且偃然寢於巨室 而我嗷嗷然隨而哭之 : 저 사람이 천지의 큰 집에서 편안히 쉬고 있는데 내가 시끄럽게 떠들면서 사람들의 습속을 따라 울어댐. 人은 장자의 아내를 지칭한다. 偃然은 누워 있는 모양. 成玄英은 "偃然은 편안히 쉬는 모양이다〔偃然 安息貌也〕."고 풀이했다. 巨室은 큰 집. 여기서는 천지 사이를 뜻한다. 成玄英은 "巨室은 천지 사이를 말함이다〔巨室 謂天地之閒也〕."고 풀이했다. 嗷嗷는 슬피 우는 모양.

11) 自以爲不通乎命 故止也 : 스스로 천명을 알지 못하기 때문이라고 여겼기에 그만 둠. 이 대목은 장자가 아내의 죽음을 맞이하여 처음에는 다른 사람들과 똑같이 슬퍼하다가 나중에 슬픔을 극복하는 모습을 보여 주고 있다. 이 대목과 관련하여는 〈大宗師〉편 제1장에 보이는 "죽고 사는 것은 명이요, 〈죽고 사는 것에〉 밤낮처럼 일정함이 있는 것은 天이다〔死生命也 其有夜旦之常 天也〕."는 사상을 이어받은 것으로 지적하는 학설이 있다.

第3章

支離叔[1)]이 **與滑介叔**[2)]으로 **觀於冥伯之丘**[3)]와 **崑崙之虛**[4)]에 **黃帝之所休**[5)]러니 **俄而柳生其左肘**[6)]어늘 **其意蹶蹶然惡之**[7)]한대

支離叔이 **曰 子**는 **惡之乎**아

滑介叔이 **曰 亡**(무)라 **予何惡**[8)]리오 **生者**는 **假借也**라 **假之而生**[9)]하니 **生者**는 **塵垢也**[10)]니라 **死生**이 **爲晝夜**[11)]니 **且吾與子**로 **觀化**어늘 **而化及我**[12)]어니 **我**는 **又何惡焉**[13)]이리오

支離叔이 滑介叔과 함께 冥伯의 언덕과 崑崙의 터, 일찍이 黃帝가 휴식했던 장소에 가보았다. 그런데 얼마 있다가 갑자기 버드나무가 滑介叔의 왼쪽 팔꿈치에 생겨났다. 처음에는 滑介叔이 놀라 허둥지둥하며 싫어하는 것 같았다.

支離叔이 말했다 "자네는 그게 싫은가?" 滑介叔이 말했다. "아닐세. 내가 어찌 싫어하겠는가. 사람의 생명이란 본시 빌린 것이다. 빌려서 살고 있으니 생명이란 먼지나 때와 같은 것이다. 死生은 晝夜의 交代와 같은 것이다. 게다가 나는 자네와 함께 만물의 변화를 이 눈으로 막 보고 있는데, 마침 변화가 나에게 미쳤으니 내가 또 어찌 싫어할 것인가."

【역주】

1) 支離叔 : 가공의 인명. 支離는 사지가 지리멸렬하다는 뜻으로 〈人間世〉편의 支離疏를 본뜬 인물이다. 이름에 叔자를 붙인 것은 〈逍遙遊〉편의 連叔과 같은 방식의 작명법이다.

2) 滑(골)介叔 : 역시 가공의 인명. 우스꽝스러움을 나타내는 滑稽(골계)의 뜻(成玄英). 〈齊物論〉편에서 '滑疑之耀'라 하여 분명하게 알기 어려운 도의 모습을 형용한 '滑疑'도 참고할 필요가 있다. 池田知久는 滑介叔을 知를 혼돈화한 표현이라고 풀이했다.

3) 冥伯之丘 : 冥伯의 언덕. 가공의 장소 이름. 李頤는 "언덕 이름이니 희미하고 어두움을 비유한 것이다〔丘名 喩杳冥也〕."라고 풀이했다. 冥伯이 冥漠 또는 冥泊으로 표기된 판본도 있다. 한편 羅勉道는 ≪南華眞經循本≫에서 冥伯이 死者를 비유한 것이라고 풀이했는데 참고할 만하다.

4) 崑崙之虛 : 곤륜의 빈 터. 역시 가공의 장소 이름이다. 흔히 崑崙을 西北의 끝의 땅으로 상상되는 神山이라 보고 神仙이 사는 곳이라 하는바, 赤塚忠은 "崑崙은 지명으로 混淪의 뜻이다."라고 풀이했다. 崑崙과 混淪을 같은 뜻으로 풀이한 견해는 명말청초의 方以智가 ≪通雅≫에서 먼저 제기했다. 冥伯의 언덕은 죽음의 땅을 의미하고 崑崙之虛는 삶이 시작되는 곳을 상징하고 있는데 支離叔과 滑介叔은 이곳에서 노닐면서 삶에서 죽음으로 죽음에서 삶으로 변화하는 모습을 목격했다는 우언적 표현이 이장의 중심 내용이다. 虛는 墟와 같다.

5) 黃帝之所休 : 황제가 쉬던 곳. 冥伯의 언덕과 곤륜의 빈 터는 모두 황제가 노닐던 곳이라는 뜻.

6) 俄而柳生其左肘 : 얼마 있다가 갑자기 버드나무가 골개숙의 왼쪽 팔꿈치에 생겨남. 柳를 瘤(류 : 몸에 생기는 '혹'을 말함)의 假借字로 보고 죽음을 예감케 하는 불길한

것으로 보는 견해가 유력하다(李慈銘의 ≪讀莊子≫, 于鬯, 郭嵩燾, 孫詒讓, 王先謙 등). 정설로 인정받아 왔지만 異說이 있다. 여기서는 褚伯秀, 池田知久의 견해를 따라 '버드나무'로 번역했다.

7) 其意蹶蹶然惡之 : 滑介叔의 마음이 놀라 허둥지둥하며 싫어하는 것 같았음. 其意……는 골개숙의 마음이 ……한 것 같다는 뜻. 골개숙의 마음. 蹶蹶然은 놀라서 허둥지둥하는 모양. 宣穎은 "蹶蹶然은 불안해하는 모양이다〔蹶蹶然 不安貌〕."라고 풀이했다.

8) 亡(무) 予何惡 : 아닐세. 내가 어찌 싫어하겠는가. 亡는 音 무. 無와 같은 글자. 아니라는 뜻의 부정사. 惡(오)는 싫어한다는 뜻.

9) 生者假借也 假之而生 : 生者假借也는 사람의 생명이란 본시 빌린 것, 생명은 임시로 빌린 것이라는 뜻. 假之而生은 빌려서 살고 있다는 뜻.

10) 生者塵垢也 : 생명이란 먼지나 때와 같은 것임. 생명은 집착할 것이 못 된다는 뜻.

11) 死生爲晝夜 : 死生은 晝夜의 交代와 같은 것임. 삶과 마찬가지로 죽음 또한 자연스런 현상이므로 슬퍼할 것이 못 된다는 뜻. 〈大宗師〉편 제1장에서 "죽고 사는 것은 명이다. 죽고 사는 것에 밤낮처럼 일정함이 있는 것은 자연〔天〕인지라 사람이 관여할 수 없는 바가 있으니 이것이 사물의 참다운 모습이다〔死生命也 其有夜旦之常 天也 人之有所不得與 皆物之情也〕."고 한 내용을 참고할 필요가 있다.

12) 且吾與子 觀化 而化及我 : 게다가 나는 자네와 함께 만물의 변화를 이 눈으로 막 보고 있는데 마침 변화가 나에게 미침. 觀化는 천지 만물의 변화를 관찰한다는 뜻. 冥伯之丘와 崑崙之虛에 노닐면서 죽음을 매개로 轉生하는 만물의 변화를 목격했다는 뜻.

13) 我又何惡焉 : 내가 또 어찌 싫어할 것인가. 〈大宗師〉편에 나오는 子輿와 子祀의 문답과 유사한 서사구조이다.

第4章

莊子之楚하다가 **見空髑髏髐然有形**[1)]이어늘 **撽以馬捶**[2)]하고 **因而問之曰 夫子貪生失理而爲此乎**[3)]아 **將子**는 **有亡國之事**와 **斧鉞之誅**하야 **而爲此乎**[4)]아 **將**

子는 有不善之行하야 愧遺父母妻子之醜而爲此乎[5]아 將子는 有凍餒之患而爲此乎[6]아 將子之春秋 故及此乎[7]아

於是에 語卒하고 援髑髏하고 枕而臥러니 夜半에 髑髏見夢[8]하야 曰 子之談者 似辯士[9]라 視子所言[10]은 皆生人之累也어니와 死則無此矣하니라 子는 欲聞死之說乎아

莊子曰 然하다

髑髏曰 死는 無君於上하고 無臣於下하며 亦無四時之事[11]요 從然以天地로 爲春秋[12]하나니 雖南面王樂이라도 不能過也[13]라

莊子不信하야 曰 吾 使司命으로 復生子의 形하야 爲子의 骨肉肌膚하고 反子의 父母妻子閭里知識[14]호리니 子는 欲之乎아

髑髏 深矉蹙頞[15]하야 曰 吾는 安能棄南面王樂하고 而復爲人間之勞乎리오

莊子가 楚나라로 가다가 속이 빈 해골이 앙상하게 마른 채 모양만 남아 있는 것을 보았다. 장자는 말채찍으로 그 해골을 치면서 질문했다. "그대는 과도하게 生의 욕망을 추구하다가 道理를 잃어서 이 지경이 된 것인가? 아니면 그대는 나라의 멸망을 만나 죽었거나 도끼로 주륙당하는 형벌에 처해져 이렇게 된 것인가? 또는 그대는 좋지 못한 짓을 저질러 부모와 처자에게 치욕을 남기게 된 것을 부끄럽다고 자살하여 이렇게 된 것인가? 아니면 그대는 추위와 배고픔의 환난을 만나서 이렇게 된 것인가? 아니면 그대의 수명이 다해서 이렇게 된 것인가?"

이에 말을 끝마치고 해골을 끌어당겨 베개 삼아 베고 누워 잤는데 한밤중에 해골이 꿈에 나타나 이렇게 말했다. "그대의 이야기는 마치 변사의 이야기처럼 달변이다. 그런데 그대가 이야기한 것들을 살펴보니 모두 산 사람의 걱정거리인데, 죽게 되면 이와 같은 괴로움이 없다. 그대는 죽은 자의 이야기를 한번 들어보겠는가?"

장자가 말했다. "그리하겠다."

해골이 말했다. "죽음의 세계는 위로 군주가 없고 아래로 신하가 없으며, 또한 계절에 따라 쫓기는 일도 없다. 자유롭게 천지자연의 장구한 시간을 봄가을로 삼으니 비록 천하를 다스리는 왕의 즐거움이라 할지라도 이보다 더 즐거울 수가 없다."

장자가 믿지 못하고 말했다. "내가 수명을 관장하는 신으로 하여금 다시 그대의 육체를 살아나게 해서, 그대의 뼈와 살점과 살결을 만들고, 그대의 부모와 처자와 동네의 知人들에게 돌려보내도록 할 테니, 그대는 그것을 바라는가?"

해골이 눈살을 심하게 찡그리고 이맛살을 찌푸리며 말했다. "내가 어찌 南面하는 왕의 즐거움〈보다도 더한 이 죽음의 세계의 즐거움〉을 버리고 다시 인간의 괴로움을 반복할 수 있겠는가?"

【역주】

1) 見空髑髏髐(효)然有形 : 속이 빈 해골이 앙상하게 마른 채 모양만 남아 있는 것을 봄. 髑髏는 죽은 사람의 두개골. 髐然은 바짝 말라버린 모양.

2) 撽(교)以馬捶 : 말채찍으로 해골을 침. 撽는 치다는 뜻. 馬捶는 말채찍.

3) 貪生失理而爲此乎 : 과도하게 生의 욕망을 추구하다가 道理를 잃어서 이 지경이 된 것인가? 욕망을 지나치게 추구하다 이렇게 죽게 되었느냐는 뜻.

4) 將子 有亡國之事 斧鉞之誅而爲此乎 : 아니면 그대는 나라의 멸망을 만나 죽었거나 도끼로 주륙당하는 형벌에 처해져 이렇게 된 것인가? 싸움터에서 죽은 것인가 아니면 형벌을 받아 죽게 된 것이냐는 뜻. 將은 '아니면'. 抑과 같다. 아래 將子의 將도 마찬가지이다. 子는 '그대', '너'의 뜻. 이인칭 대명사.

5) 愧遺父母妻子之醜而爲此乎 : 부모와 처자에게 치욕을 남김을 부끄럽게 여겨 이렇게 된 것인가? 곧 수치스러운 행위로 인해 자살함을 뜻한다. 醜는 치욕스러운 일. 遺는 치욕을 끼침.

6) 有凍餒之患而爲此乎 : 추위와 배고픔의 환난을 만나서 이렇게 된 것인가? 凍餒는 추위에 떨고 굶주림.

7) 子之春秋 故及此乎 : 수명이 다해서 이렇게 된 것인가? 春秋는 春夏秋冬의 줄임말

로 1년을 나타내는데 여기서는 나이, 수명이 다함을 뜻한다.

8) 髑髏見(현)夢 : 해골이 꿈에 나타남. 話題의 주인공이 꿈에 나타나 꿈꾼 사람과 대담하는 것은 〈人間世〉편 제4장에도 보인다. 여기서는 장자의 꿈에 해골이 나타나 유명한 髑髏문답이 전개되는데, 〈人間世〉편에서는 匠石의 꿈에 社에 심어진 상수리나무〔櫟社樹〕가 나타나 不材之木문답이 전개되고 있다.

9) 子之談者 似辯士 : 그대의 말은 변사와 같음. 곧 아까 그대가 한 말은 마치 변사의 이야기처럼 달변이라는 뜻.

10) 視子所言 : 그대가 한 이야기를 살펴봄. 視가 諸로 표기된 판본이 있으며(福永光司, 金谷治, 森三樹三郎), 諸로 표기한 인용문도 있다(馬叙倫, 劉文典, 王叔岷). 林希逸은 "그대가 말한 모든 것〔凡子所言也〕."이라고 풀이했는데 諸자로 보고 풀이한 것이다. 奚侗, 阮毓崧 등도 諸로 보고 凡의 뜻으로 읽어야 한다고 했지만 여기서는 福永光司 등의 견해를 따라 視로 보고 풀이하였다. 視는 續古逸叢書本에는 諸로 표기되어 있으나 古逸叢書本에는 視로 표기되어 있다.

11) 亦無四時之事 : 또한 계절에 따라 쫓기는 일도 없음. 겨울의 추위나 여름의 더위에 대비하기 위한 수고로움 따위가 없다는 뜻.

12) 從然以天地爲春秋 : 자유롭게 천지자연의 장구한 시간을 봄가을로 삼음. 從然은 자연스러운 모양. 從容과 같다(陸德明). 이에 관해서는, 〈逍遙遊〉편 제1장에 보이는 "옛날 上古에 大椿이라는 나무가 있었으니 8천 년을 봄으로 삼고 8천 년을 가을로 삼았다〔上古有大椿者 以八千歲爲春 八千歲爲秋〕."라는 ≪莊子≫ 개권 첫머리부분의 寓話도 참고할 것.

13) 雖南面王樂 不能過也 : 비록 천하를 다스리는 왕의 즐거움이라 할지라도 이보다 더 즐거울 수가 없음. 南面王樂은 천하를 다스리는 왕의 즐거움. 죽음의 세계에서 누릴 수 있는 즐거움은 제왕이 천하를 다스리는 즐거움보다 훨씬 더 즐겁다는 뜻. 한편 뒤의 安能棄南面王樂의 南面王樂은 南面王樂보다 훨씬 즐거운 죽음의 세계에서 누리는 즐거움을 직접적으로 지칭하고 있다.

14) 反子 父母妻子閭里知識 : 그대의 부모와 처자와 동네의 知人들에게 돌려보냄. 다시 살려 주도록 하겠다는 뜻. 閭里知識은 동네에서 알고 지내던 사람들.

15) 髑髏 深矉蹙頞 : 해골이 눈살을 심하게 찡그리고 이맛살을 찌푸림. 矉은 顰의 假借字(馬叙倫, 王叔岷). 陸德明은 "이맛살을 찌푸리는 것을 矉이라 한다〔蹙額曰

矉].”고 풀이했다.

第5章

顔淵이 **東之齊**[1]할새 **孔子 有憂色**이어시늘 **子貢**이 **下席而問**[2]하야 **曰 小子**는 **敢問**하노이다 **回 東之齊**어늘 **夫子 有憂色**은 **何邪**잇고

孔子曰 善哉라 **汝問**이여 **昔者**에 **管子 有言**[3]을 **丘甚善之**하노니 **曰 褚小者**는 **不可以懷大**오 **綆短者**는 **不可以汲深**[4]이라하니 **夫若是者**는 **以爲命有所成而形有所適也**라 **夫不可損益**[5]이니라 **吾**는 **恐回與齊侯**로 **言堯舜黃帝之道**요 **而重以燧人神農之言**[6]하면 **彼將內求於己而不得**[7]이라 **不得則惑**하리니 **人惑則死**[8]하리라

顔淵이 동쪽으로 제나라에 가려고 할 때 공자에게 걱정하는 기색이 있었다. 子貢이 자리에서 내려와 질문했다. “제가 감히 묻겠습니다. 顔回가 동쪽으로 齊나라에 가는데 선생님께 근심하는 기색이 있는 것은 무엇 때문입니까?”

공자가 말했다. “좋은 질문이다. 옛날 齊나라의 宰相 管子가 한 말을 내가 아주 좋아하는데 그 말은 ‘주머니가 작으면 큰 것을 담을 수 없고, 두레박줄이 짧으면 깊은 물을 퍼 올릴 수 없다.’는 말이다. 무릇 이와 같은 말은 운명은 결정된 바가 있고, 형체는 꼭 맞는 것이 있다고 하는 뜻이다. 무릇 人爲로 덜어낼 수도 없고 보탤 수도 없는 것이다. 내가 걱정이 되는 것은, 안회가 齊나라 임금을 향해 堯·舜·黃帝의 道를 이야기하고 다시 燧人氏·神農氏의 말을 더 보태게 되면 齊나라 임금이 장차 안으로 〈성인의 도를〉 자기에게서 찾으려다가 얻지 못할 것이고, 얻지 못하게 되면 의혹이 생길 것이니, 의혹이 생기게 되면 〈안회가 도리어〉 죽게 될 것이라는 점이다.”

【역주】

1) 顔淵東之齊 : 顔淵이 동쪽으로 제나라에 가려고 할 때. 之는 갈 지. 여기서 문맥으로 보아 떠나간 것이 아니고 가려고 할 때를 뜻한다.

2) 下席而問 : 자리에서 내려와 여쭘. 下席은 避席과 같이 질문하거나 대답할 때 상대

를 공경하는 표시이다.

3) 管子有言 : ≪管子≫에 이런 말이 있음. 管仲이 한 말 중에 이런 말이 있다는 뜻. 成玄英은 "이 말은 ≪管子書≫에 나온다〔此言出管子之書〕."고 했지만 지금의 ≪管子≫에는 보이지 않는다(池田知久).

4) 褚(저)小者 不可以懷大 綆(경)短者 不可以汲深 : 주머니가 작으면 큰 것을 담을 수 없고, 두레박줄이 짧으면 깊은 물을 퍼 올릴 수 없음. 褚는 옷을 장식하는 호주머니〔袋〕. 綆은 두레박줄. 汲深은 깊은 우물 속의 물을 길어 올림.

5) 夫若是者 以爲命有所成 而形有所適也 夫不可損益 : 무릇 이와 같은 말은 운명은 결정된 바가 있고 형체는 꼭 맞는 것이 있다고 하는 뜻이다. 무릇 〈人爲로〉 덜어낼 수도 없고 보낼 수도 없는 것이다. '以爲……'는 '……라는 뜻이다.'로 보면 되고, 命有所成은 운명에는 결정〔成〕된 바가 있다, 만물은 모두 운명에 의해 지배되고 있다는 뜻이고, 形有所適은 형체 있는 모든 것은 그에 適合한 適應性이 있다는 뜻이고, 夫不可損益의 夫는 '대저' '무릇'이고 不可損益은 人爲로, 멋대로 損益하고 변경할 수 없다는 뜻이다. 곧 형체에 맞는 국량의 크기는 人爲로 증감할 수 없다는 뜻. 또한 命有所成 즉 사람의 운명에는 정해진 바가 있다는 생각은 〈天運〉편 제7장에 "본성을 바꾸어서는 아니 되고 운명을 변화시켜서는 안 된다〔性不可易 命不可變〕."고 보이고, 〈秋水〉편 제3장에 "나의 운명은 이미 정해져 있는 것이다〔吾命有所制矣〕." 라고 있는 것이 類似한 예이다. 한편 不可損益과 유사한 것으로는 〈騈拇〉편 제2장에 보이는 "오리의 다리가 비록 짧지만 〈무리하게〉 이어주면 슬퍼하고 학의 다리가 길지만 〈억지로〉 자르면 슬퍼한다〔鳧脛雖短 續之則憂 鶴脛雖長 斷之則悲〕."고 한 예를 들 수 있다.

6) 吾恐回與齊侯 言堯舜黃帝之道 而重以燧人神農之言 : 내가 걱정이 되는 것은, 안회가 齊나라 임금과 더불어 堯・舜・黃帝의 道를 이야기하고 다시 燧人氏・神農氏의 말을 더 보태게 되면. 걱정이 된다는 '恐'字가 걸리는 것은 그 다음의 문장 彼將…… 이하 人惑則死로 끝나는 마지막까지이다. "……다시 燧人氏・神農氏의 말을 더 보태게 되면 …… 얻지 못하게 되면 의혹이 생기고 의혹이 생기게 되면 〈顔回가〉 죽게 될까봐 걱정이 된다."라고 읽어야 한다. 與齊侯 즉 '제나라 임금과 더불어'의 與는 向과 같다(方勇・陸永品). 重은 '거듭' 즉 더 보탠다는 뜻이다.

7) 彼將內求於己而不得 : 저 사람은 장차 안으로 자기에게서 찾으려다가 얻지 못할 것

임. 彼는 제나라 임금을 지칭한다. 곧 齊나라 임금이 성인의 도를 자기에게서 찾다가 찾지 못할 것이라는 뜻.

8) 不得則惑 人惑則死 : 얻지 못하게 되면 의혹이 생길 것이니 의혹이 생기게 되면 〈안회가〉 죽게 될 것임. 惑은 疑惑의 뜻으로 제나라 임금이 안회의 진의를 의심하게 된다는 뜻이다. 한편 曹礎基는 "제후가 의혹이 생겼는데 풀어 주지 않으면 근심하고 고민하다가 심지어는 사망에 이른다〔疑惑而不解則憂愁苦悶 甚至死亡〕."고 하여 사망하는 주체가 제나라 임금이라고 보았는데 옳지 않다. 사망의 주어는 안회이다. 또한 위의 吾恐의 恐은 이 문장의 끝인 人惑則死에 걸리므로 번역도 "내가 걱정이 되는 것은 …… 얻지 못하게 되면 의혹이 생길 것이니 제나라 임금에게 의혹이 생기면 〈안회가〉 죽게 될 것이라는 점이다."라고 하였음.

且女 獨不聞邪아 **昔者**에 **海鳥 止於魯郊**[1)]어늘 **魯侯御而觴之于廟**[2)]한대 **奏九韶以爲樂**[3)]하야 **具太牢**[4)]**以爲膳**한대 **鳥乃眩視憂悲**하야 **不敢食一臠**하며 **不敢飮一杯**하고 **三日而死**하니 **此**는 **以己養**으로 **養鳥**[5)]**也**라 **非以鳥養**으로 **養鳥也**일새니라 **夫以鳥養**으로 **養鳥者**는 **宜栖之深林**하며 **遊之壇陸**[6)]하며 **浮之江湖**하며 **食之鰌鰷**[7)]하고 **隨行列而止**하며 **委虵而處**[8)]니 **彼唯人言之惡聞**[9)]이어늘 **奚以夫譊譊爲乎**[10)]리오 **咸池九韶**[11)]**之樂**을 **張之洞庭之野**[12)]하면 **鳥 聞之而飛**[13)]하며 **獸 聞之而走**하며 **魚 聞之而下入**커든 **人卒**은 **聞之**하고 **相與還而觀之**[14)]하나니라 **魚**는 **處水而生**하고 **人**은 **處水而死**[15)]하나니 **彼必相與異其好惡**라 **故**로 **異也**하니라 **故先聖**이 **不一其能**하며 **不同其事**라 **名止於實**하며 **義設於適**[16)]하니 **是之謂條達而福持**[17)]니라

"또 너는 유독 듣지 못했는가. 옛날에 海鳥가 魯나라 國都의 郊外에 날아와 머물러 있었는데 노나라 임금이 맞이하여 묘당에서 酒宴을 베풀고, 〈舜임금이 작곡했다는〉 九韶를 연주하여 음악으로 삼고, 太牢의 음식을 갖추어서 요리상을 차렸는데, 새는 마침내 눈이 어찔어찔해지고 두려워하고 슬퍼하여 감히 한 점의 고기도 먹지 못하고 감히 한 잔의 술도 마시지 못하다가 사흘 만에 죽고

말았다. 이는 노나라 임금이 자신을 봉양하는 방법으로 새를 기르려고 했고 새를 기르는 방법으로 海鳥를 길렀던 것이 아니기 때문이다.

무릇 새를 기르는 방법으로 새를 기르는 자는 마땅히 깊은 숲 속에 깃들게 하고, 넓은 들판에 놀게 하며 江湖에 떠다니게 하며 미꾸라지나 피라미를 먹게 하고, 자기와 부류가 같은 새들의 行列을 따라다니거나 함께 머물러 있게 하며, 있는 그대로 만족스럽게 지내면서 살게 해야 한다. 저들은 오직 사람의 말소리를 듣기 싫어하는데, 어찌 저 떠들썩한 시끄러운 인간의 음악을 연주해 대는 것인가.

咸池나 九韶의 음악을 洞庭의 들판에서 성대하게 연주하면, 새들은 그것을 듣고 날아가 버리며 짐승들은 그것을 듣고 달아나며 물고기는 그것을 듣고 물속 깊이 내려가 버리지만, 사람들은 그것을 듣고 그 둘레를 빙 둘러 에워싸고 감상한다. 물고기는 물에 머물러 살지만 사람은 물속에 머물면 빠져 죽는다. 물고기와 사람은 반드시 서로 好惡를 달리한다. 그 때문에 〈이와 같이〉 다른 것이다. 그러므로 옛날 先聖들도 그 능력이 한결같지 아니하며 事績도 같지 않은 것이다. 명칭은 사실에서 멈추며 올바른 도리는 꼭 맞는 경우에 성립되니 이런 경우를 일러 만사에 條理가 통달해서 행복이 유지된다고 말한다."

【역주】

1) 海鳥 止於魯郊 : 海鳥가 魯나라 國都의 郊外에 날아와 머묾. 海鳥와 관련된 기록으로 ≪國語≫ 〈魯語 上〉에 "爰居라고 하는 海鳥가 노나라 성 동문 밖에 사흘 동안 머물러 있었는데 장문중이 국인들로 하여금 제사를 지내게 했다〔海鳥曰 爰居 止於魯東門之外三日 臧文仲使國人祭之〕."고 한 내용이 있고, 邢昺의 ≪爾雅疏≫에는 "원거는 해조이다. 크기는 망아지만 하다〔爰居 海鳥也 大如馬駒〕."고 원거를 묘사하고 있다. 해조 문답은 〈達生〉편 마지막장에도 거듭 나온다.

2) 魯侯御(아)而觴之于廟 : 노나라 임금이 맞이하여 묘당에서 酒宴을 베풂. 御는 맞이함. 맞이한다는 뜻일 때에는 音은 '어'가 아니고 '아'. 觴은 술잔으로 여기서는 주연을 베풀었다는 뜻.

3) 奏九韶以爲樂 : 九韶를 연주하여 음악으로 삼음. 九韶는 순임금이 작곡했다는 음

악. ≪書經≫ 〈益稷〉편에 "소악을 아홉 번 연주하자 봉황새가 날아와서 춤을 췄다〔簫韶九成 鳳凰來儀〕."는 기록이 있는데 이 기록을 흉내 낸 듯하다.

4) 太牢 : 太牢의 음식. 牛·羊·豕의 三牲을 모두 사용한 요리. 또는 牛·羊·豕 중에서 쇠고기를 사용한 요리를 지칭하기도 한다. 羊 또는 豕만 사용한 요리를 少牢라고 한다.

5) 以己養養鳥 : 자신을 봉양하는 방법으로 새를 기름. 己養은 사람을 기르는 방법. 己자가 人자로 표기된 인용문이 있다(方勇·陸永品).

6) 遊之壇陸 : 넓은 들판에서 놀게 함. 壇陸은 〈達生〉편에 나온 '平陸'과 같은 뜻으로 보는 것이 적절하며, 모래톱으로 보는 견해도 있다. 司馬彪는 "본래 澶으로 되어 있었는데 음은 단이고 물가의 모래톱을 말함이다〔本作澶 音但 云水沙澶也〕."고 풀이했고, 成玄英은 "강과 호수이다〔江湖也〕."라고 풀이했는데 뚜렷한 근거가 있는 것은 아니다.

7) 食之鰌鰷(추조) : 미꾸라지나 피라미를 먹임. 鰌鰷는 미꾸라지와 피라미. 鰷는 鯈와 같은 字로 둘 다 뜻은 피라미, 音은 '조'. 食(사)는 먹인다, 먹게 한다.

8) 委虵(위이)而處 : 있는 그대로 만족스럽게 지냄. 委虵는 스스로 만족해하는 모양. 虵는 蛇의 俗字인데 委虵라고 할 때는 音이 '이'.

9) 彼唯人言之惡聞 : 저들은 오직 사람의 말소리를 듣기 싫어함. 彼는 해조를 지칭. 之는 목적격조사로 이해하는 것이 간편하다. 人言之惡(오)聞을 逐字譯하면 "사람이 말하는 것을 이것(之)을 듣기 싫어함."이다.

10) 奚以夫譊譊(요뇨)爲乎 : 어찌 譊譊함을 하는가. 즉 어찌 저 떠들썩한 시끄러운 인간의 음악을 연주해대는 것인가 라는 뜻. 譊는 말다툼할 뇨, 시끄럽고 소란할 뇨字이다. 譊譊는 시끄럽고 소란한 인간의 음악을 뜻하고 爲는 한다, 연주한다는 뜻.

11) 咸池九韶 : 모두 악곡의 명칭. 咸池는 黃帝의 음악이고 九韶는 舜의 음악이다.

12) 張之洞庭之野 : 洞庭의 들판에서 성대하게 연주함. 張은 '펴다, 연주하다'는 뜻.

13) 鳥聞之而飛 : 새들이 그것을 들으면 날아가 버림. 〈齊物論〉편에서 "毛嬙(모장)과 麗姬(이희)를 사람들은 아름답다고 여기지만 물고기는 그들을 보면 물속으로 깊이 도망하고, 새는 그들을 보면 하늘로 높이 날아가고, 사슴은 그들을 보면 힘껏 달아난다〔毛嬙麗姬人之所美也 魚見之深入 鳥見之高飛 麋鹿見之決驟〕."고 한 내용을 계승한 표현이다.

14) 人卒聞之 相與還而觀之 : 사람들은 그것을 듣고 그 둘레를 빙 둘러 에워싸고 감

상함. 人卒은 衆人과 같은 뜻. 卒은 사람이 많은 모양. 相與還의 還을 成玄英은 "에워싼다〔繞〕."고 하였는데 이것이 定說이다. 還을 環의 가차자로 보더라도 같은 뜻이 된다. 觀은 咸池나 九韶의 음악을 '감상한다'는 뜻. 그런데 이것이 연주된 洞庭의 들판을 荊蠻 쪽의 현실의 지명으로 보고, "새나 짐승이나 물고기는 말할 것도 없고 형만 쪽의 미개한 백성들조차도 이 음악을 듣고는 서로 더불어 빙 둘러 에워싸고 그저 바라보기〔觀〕만 할 뿐이었다."라고 해석하는 註解(池田知久)도 있다. 定說과 다른 特異한 註解이기는 하나, 鳥·獸·魚 등과 인간을 대비하며 말하고 있는 이 부분의 문맥과는 상치되기 때문에 그 註解의 특이함을 참고삼아 소개하는 데 그친다.

15) 魚處水而生 人處水而死 : 물고기는 물에 머물러 살지만 사람은 물속에 빠지면 죽음. 역시 〈齊物論〉편에서 "사람은 습한 데서 자면 허리병이 생기고 반신불수가 되는데, 미꾸라지도 그러한가〔民溼寢 則腰疾偏死 鰌然乎哉〕."라고 한 표현을 답습한 표현이다.

16) 名止於實 義設於適 : 명칭은 사실에서 멈추며 올바른 도리는 꼭 맞는 경우에 성립됨. 만물 각각의 名과 實이 一致하고 道理가 適性에 맞게 된다는 뜻이니, 곧 만사는 모든 존재의 자연성을 따른다는 뜻.

17) 是之謂條達而福持 : 이런 경우를 일러 만사에 條理가 통달해서 행복이 유지된다고 말함. 阮毓崧은 "條達은 조리가 분명하고 자세하다고 말하는 것과 같다〔條達 猶言條理詳明〕."고 풀이했다. 福持는 행복한 상태가 유지된다는 뜻. 林希逸은 "복이 유지된다고 한 것은 복이 늘 있게 됨을 말한 것이다. 持는 보존한다는 뜻이다〔福持者 言福常在也 持 保也〕."고 풀이했다.

第6章

列子 行食於道하다가 **從見百歲髑髏**[1)]하고 **攓蓬而指之**[2)]하야 **曰 唯予與汝**로 **知而未嘗死**하며 **未嘗生也**[3)]하노니 **若**이 **果養乎**아 **予 果歡乎**[4)]아

列子가 여행을 떠나 길에서 밥을 먹다가 이어서 백년 묵은 해골을 보고 쑥대를 뽑아 해골을 가리키며 말했다. "〈이보게, 해골 선생〉 오직 나와 그대만이 그대가 아직 완전히 죽지도 않고 아직 轉生하지도 않은 것을 알고 있으니 그대는

과연 슬퍼하고 나는 과연 기뻐하고 있는가."

【역주】

1) 列子 行食於道 從見百歲髑髏 : 列子가 여행을 떠나 길에서 밥을 먹다가 이어서 백년 묵은 해골을 봄. 從은 연이어 또 다른 일이 일어남을 나타내는 표현으로 '이어서' 정도에 해당하며 굳이 번역하지 않아도 의미의 전달에 문제가 없다. 또 위치를 나타내는 '~에서'에 해당하는 것으로 볼 수도 있는데 이 견해를 따르면 "길에서 밥을 먹다가 거기서 백년 묵은 해골을 보았다."는 식으로 번역하는 것이 무난하다. 陸德明은 道從으로 기재하면서 "司馬彪는 '從은 길옆이다. 徒자로 된 판본도 있다.'고 했다〔司馬云 從 道旁也 本或作徒〕."라고 풀이하고 있다. 또 '列子行 食於道從 見百歲髑髏(福永光司, 金谷治, 森三樹三郞, 安東林, 方勇・陸永品)'로 절구하는 독법도 있지만 심각한 차이가 있는 것은 아니다. 여기서는 林希逸이 "從見은 이어서 봄이다〔從見者 因而見也〕."고 풀이한 견해를 따랐다.

2) 攓(건)蓬而指之 : 쑥대를 뽑아 해골을 가리킴. 攓은 취하다, 뽑는다는 뜻. 林希逸은 "攓蓬이란 해골이 쑥대 속에 있는데 쑥대를 뽑아서 그것을 가리킨 것이다〔攓蓬者 彼在蓬草之中 攓其蓬而指之〕."고 풀이했다.

3) 唯予與汝 知而未嘗死 未嘗生也 : 오직 나와 그대만이 그대가 아직 완전히 죽지도 않고 아직 轉生하지도 않은 것을 알고 있음. 이 문장의 의미는 그대가 아직 완전히 죽지도 않고 아직 다시 태어나지도 않은, 萬物의 生死의 理法을 나와 그대가 알고 있다는 뜻이다(池田知久). 而는 너(이인칭)이다(宣穎). 대부분의 註釋은 而를 '곧'으로 처리하고 있는데 옳지 않다.

4) 若 果養乎 予 果歡乎 : 그대는 과연 슬퍼하고 나는 과연 기뻐하고 있는가. 죽음이 반드시 슬픈 일이고 삶이 반드시 기쁜 일이 아닐 수도 있다는 뜻. 若은 '그대'(이인칭). 兪樾은 "養은 근심〔恙〕으로 읽어야 한다. ≪爾雅≫ 〈釋詁〉에 이르기를 '恙은 근심'이라고 했다. 그대는 과연 슬퍼하고 나는 과연 기뻐하고 있는가에서 恙과 歡이 상대하고 있음은 憂와 樂이 상대하고 있음과 같으니 그 말하는 바는 너의 죽음이 반드시 근심은 아니며 나의 삶이 반드시 즐거움은 아니라는 뜻이다. 恙과 養은 고자에서는 통용했다〔養 讀爲恙 爾雅釋詁 恙 憂也 若果恙乎 予果歡乎 恙與歡對 猶憂與樂對也 言若之死非憂 予之生 非樂也 恙與養 古字通〕."고 풀이했다. 이 장은 제4장에 이미 나온 莊子와

髑髏의 問答과 같은 형식이다. 내용은 장자의 아내가 죽은 내용을 다루고 있는 제2장에서 死生을 轉生의 과정으로 설명하는 說話와 유사하다. 다만 妻死章은 만물의 轉化(變化)를 설명하는 데 '氣'의 개념을 도입한 데 비해, 이 장은 '種' 또는 '種의 幾(機)'라는 개념을 설명하고 있는 점이 다르다. 그러나 실제로는 種을 氣와 같은 의미로 사용하고 결국 이들 章은, 모두 悅生惡死가 미혹임을 설명, 비판하고 있다는 점에서 같다(池田知久). 列子行食於道 이하의 설화는 ≪列子≫ 〈天瑞〉편에도 나오는데 내용이 약간 다르다(福永光司).

種이 有幾[1)]오 得水則爲㡭[2)]요 得水土之際 則爲鼃蠙之衣[3)]요 生於陵屯 則爲陵舄[4)]이오 陵舄得鬱棲則爲烏足[5)]이오 烏足之根은 爲蠐螬[6)]요 其葉은 爲胡蝶이니 胡蝶은 胥也에 化而爲蟲하야 生於竈下[7)]하나니라 其狀若脫[8)]하니 其名이 爲鴝掇[9)]이니 鴝掇이 千日에 爲鳥하나니 其名이 爲乾餘骨[10)]이라 乾餘骨之沫이 爲斯彌[11)]오 斯彌 爲食醯[12)]니 頤輅 生乎食醯[13)]하고 黃軦이 生乎九猷[14)]하고 瞀芮 生乎腐蠸[15)]이니라 羊奚 比乎不箰 久竹하야 生青寧[16)]하고 青寧이 生程[17)]하고 程이 生馬하고 馬 生人하고 人이 又反入於機[18)]하나니 萬物이 皆出於機하며 皆入於機[19)]하나니라

씨에는 미묘한 작용이 있고 〈씨가〉 물을 얻으면(물속에서는) 㡭라는 水草가 되고, 물가의 습지에서는 青苔(갈파래)가 되어 개구리와 조개의 옷이 되고, 언덕에 생기면 질경이가 된다. 질경이가 거름더미 속에서 자라면 烏足이라는 毒草가 되고, 烏足의 뿌리는 〈땅 속에서〉 나무굼벵이가 되고, 그 잎사귀는 〈땅 위에서〉 나비가 된다. 나비는 얼마 있다가 변화해서 벌레가 되어 부뚜막 밑에서 생겨난다. 〈이 벌레는〉 그 모습이 막 껍질을 벗은 것과 같은데 그 이름을 귀뚜라미라고 하니, 이 귀뚜라미는 천 일 정도 지나면 새가 되는데, 그 이름을 간여골(까치 또는 비둘기의 일종)이라고 한다. 간여골의 침〔唾液〕은 斯彌(시미 : 쌀벌레)가 되고, 斯彌는 食醯(눈에놀이 벌레)가 된다. 頤輅 벌레는 눈에놀이 벌레〔食醯〕에서 생겨나고, 黃軦 벌레는 九猷 벌레에서 생겨나고 瞀芮 벌레는 腐蠸 벌레에서 생겨난다. 羊奚 풀은 더 이상 죽순이 생기지 않는 老竹(久竹)과 교합하여 靑寧이라는 대뿌리 벌레〔竹根蟲〕를 낳고, 청령 벌레는 〈외뿔에 꼬리가 다섯 달린〉 程이라는 짐승을 낳고, 정은 말〔馬〕을 낳고, 말은 사람을 낳고, 사람은 또다시 씨〔種〕의 미묘한 作用으로 다시 들어가니 이처럼 만물은 모두 機에서 나와 모두 機로 들어간다.

【역주】

1) 種有幾 : 씨에는 미묘한 작용이 있음. 萬化의 근원이 되는 종자에는 미묘한 작용이 있다는 뜻. 郭象은 "변화해서 생기는 종류는 헤아릴 수 없이 많다〔變化種數 不可勝計〕."고 풀이했고, 安東林은 이 견해를 따랐지만 맥락상 다소 무리한 견해이다.

2) 得水則爲𧇖(계) : 물을 얻으면 𧇖가 됨. 곧 씨가 물속에서는 𧇖라는 水草가 된다는 뜻. 𧇖는 繼와 같다. 㡭는 絶의 古字. 𧇖는 未詳. 水草의 일종.

3) 得水土之際 則爲鼃蠙之衣 : 물가의 습지에서는 靑苔(갈파래)가 됨. 鼃蠙之衣는 갈파래(水苔의 일종)로 물이끼의 일종이며 靑苔라고도 한다.

4) 生於陵屯 則爲陵舃(능석) : 언덕에 생기면 질경이가 됨. 陵屯은 언덕. 陵舃은 언덕에서 자라는 질경이〔車前草〕.

5) 得鬱棲則爲烏足 : 거름더미 속에서 자라면 烏足이라는 毒草가 됨. 鬱棲는 거름더미. 糞壤. 烏足은 풀 이름. 安東林의 견해를 따라 독초인 附子로 보는 것이 적절하다.

6) 烏足之根 爲蠐螬 : 烏足의 뿌리는 땅 속에서 나무굼벵이가 됨. 蠐螬는 나무굼벵이.

7) 胡蝶 胥也 化而爲蟲 生於竈下 : 나비는 얼마 있다가 변화해서 벌레가 되어 부뚜막 밑에서 생겨남. 胥也는 '잠깐 있다가'의 뜻. '胥'를 나비의 별칭으로 보는 陸德明의 견해도 있지만 취하지 않는다. 또 陳景元은 "서로이다〔相胥也〕."고 하여 서로의 뜻으로 보았고 陸長庚도 거의 같지만 역시 따르지 않는다. 殷敬順이 〈師說〉을 인용하여 "잠깐이니 잠깐의 시간이 지나감을 말함이다〔少也 謂少去時也〕."라고 풀이했고 兪樾이 이것을 자세히 논의하고 馬其昶, 馬叙倫 등이 더욱 보강하여 거의 정설로 굳어졌다(池田知久).

8) 其狀若脫(태) : 〈이 벌레는〉 그 모습이 막 껍질을 벗은 것과 같음. 脫는 蛻(태 또는 세)와 같은 뜻의 글자로 매미 등의 벗은 껍질 또는 허물을 뜻한다.

9) 鴝掇(구철) : 귀뚜라미.

10) 乾餘骨(간여골) : 새의 이름. 까치 또는 비둘기의 일종이라 하는데 정확히 무엇을 가리키는지는 未詳.

11) 乾餘骨之沫爲斯彌 : 간여골의 침〔唾液〕은 시미가 됨. 沫은 입 속의 침. 斯彌는 쌀벌레. 音은 陸德明의 ≪經典釋文≫에 보이는 李頤 주에 의거하여 '시미'.

12) 斯彌爲食醯(혜) : 시미(쌀벌레)는 눈에놀이 벌레가 됨. 식혜는 술 독 안에 떠오르는 날개 달린 작은 벌레를 말한다는 주석도 있음.

13) 頤輅(이로)生乎食醯 : 頤輅 벌레는 눈에놀이 벌레에서 생겨남. 頤輅는 벌레의 이름인데 정확히 무엇을 가리키는지는 未詳.

14) 黃軦(황황)生乎九猷(구유) : 黃軦과 九猷는 모두 벌레의 이름. 정확히 무엇을 가리키는지는 未詳.

15) 瞀芮(무예)生乎腐蠸(부권) : 瞀芮와 腐蠸도 역시 벌레 이름인데 정확히 무엇을 가리키는지는 未詳. 다만 成玄英의 疏에서는 腐蠸을 螢火蟲이라고 하여 반디벌레로 보기도 하나 두더지라는 一說도 있는 등 역시 확실치 않다.

16) 羊奚比乎不箰久竹生青寧 : 羊奚 풀이 더 이상 죽순이 생기지 않는 老竹(久竹)과 교합하여 青寧이라는 대뿌리 벌레를 낳음. 比는 化의 誤字라는 견해(高亨의 ≪莊子今箋≫)가 있고, 李勉은 生의 誤字라 하나, 모두 옳지 않다(池田知久). 司馬彪와 成玄英의 견해를 따라 '比合'으로 보는 것이 타당하다. 福永光司는 '交合'으로 보았는데 역시 같은 뜻이며 森三樹三郎이 '가까이 삶'이라고 한 것도 같은 의미이다. 羊奚는 풀 이름. 箰은 筍(죽순)과 같음. 青寧은 벌레의 이름.

17) 青寧生程 : 青寧 벌레는 程이라는 짐승을 낳음. 程은 짐승 이름. ≪列子≫와 ≪經典釋文≫에 인용하는 ≪尸子≫의 설(程은 中國에서는 豹라 하고 越나라에서는 貘이라고 한다)에 따라, 程을 표범이라고 하는 역주서도 있다. 여기서는 程은 猙(쟁)과 古音이 비슷하다는 說을 취한다. 猙은 豹와 비슷한데 외뿔에 꼬리가 다섯 달린 짐승이라 한다.

18) 人又反入於機 : 사람은 또다시 씨〔種〕의 미묘한 作用으로 다시 들어감. 機는 造化의 無를 상징한다.

19) 萬物皆出於機皆入於機 : 만물은 모두 機에서 나와 모두 機로 들어감. 이에 대하여 郭象은 "이것은 一氣이고서 만 가지 형체〔萬形〕이고 變化는 있으되 死生은 없음을 말한다〔此言一氣而萬形 有變化而無死生也〕."고 하였다.

第19篇 達生

【해설】

편 이름은 이 편 맨 앞의 達生 두 글자를 따서 지은 것이다. 〈達生〉편에서 주목할 만한 내용은 무위의 철학을 관념이 아닌 현실의 구체적인 삶에 나아가 설명하고 있다는 점이다. 이 편은 대체로 내편 특히 〈養生主〉편의 사상을 계승하고 있는데 자신의 삶을 완전하게 유지하여 인생의 달인이 되기 위해서는 天理의 自然에 따라 私心을 버리는 태도, 곧 무위를 삶의 원칙으로 삼아야 한다고 역설하고 있다.

이 無爲의 경지에 서면, 도리어 至妙한 有爲가 실현된다고 하는 데에 이 편의 사상적 특징이 보인다.

매미잡이〔承蜩〕 이야기(제3장), 기왓장을 景品으로 걸고 하는 던지기 놀이〔瓦注〕 이야기(제4장), 목계(木鷄) 이야기(제8장), 呂梁이라는 격류(激流) 속에서 헤엄치는〔滔水〕 이야기(제9장), 목거(木鐻) 깎는 이야기 등 각종 技藝의 達人에 관한 흥미진진한 이야기가 이 〈達生〉편에는 보이고 있는데, 이 이야기들은 〈養生主〉편에 보이는 '庖丁解牛'의 寓話와 그 성질이 같은 이야기들이다.

以天合天하는, 무리하지 않는 인생태도를 이야기하고 있는 이 〈達生〉편의 제일 마지막 12장에는 인생을 달관하지 못하는 상식적인 모랄리스트 孫休와 無爲自然〔天〕의 道와 합할 것을 인생의 第一義로 생각하는 초월의 철학자 扁慶子와의 흥미있는 문답이 실려 있다.

第1章

達生之情者는 不務生之所無以爲[1)]하고 達命之情者는 不務知之所無奈何[2)]하나니라 養形에(호대,호매) 必先之以物[3)]이로대(하나니) 物有餘而形不養者 有之矣니라 有生인댄 必先無離形하나니 形不離而生亡者 有之矣[4)]니라 生之來를 不能却이며 其去를 不能止[5)]어늘 悲夫라 世之人이 以爲養形이 足以存生[6)]이라하나니 而養形이 果不足以存生[7)]인댄 則世奚足爲哉[8)]오 雖不足爲로대 而不可不爲者는 其爲不免矣[9)]일새니라

夫欲免爲形者는 莫如棄世[10)]니 棄世則無累하고 無累則正平[11)]하고 正平則與彼로 更生[12)]이니 更生則幾矣[13)]니라

事奚足棄며 而生이 奚足遺[14)]리오마는 棄事則形不勞하며 遺生則精不虧[15)]하나니 夫形全精復이면 與天으로 爲一하리니 天地者는 萬物之父母也라 合則成體하고 散則成始[16)]하나니 形精이 不虧할새 是謂能移[17)]니 精而又精하면 反以相天[18)]하리라

生命의 實情에 통달한 사람은 어떻게 할 방법이 없는 삶을 이루기 위해 애쓰지 않고, 운명의 實相을 달관하고 있는 사람은 어찌할 수 없는 명을 벗어나기 위해 힘쓰지 않는다. 육체를 길러 보전하기 위해서는 반드시 물질을 먼저 마련하지 않을 수 없지만 물질이 넉넉함에도 육체가 길러지지 않는 경우가 있다. 生命을 보전하기 위해서는 반드시 육체를 먼저 유지하지 않으면 안 되지만 육체는 유지하고 있으면서도 목숨을 잃는 경우가 있다.

생명이란 찾아오는 것을 물리칠 수 없으며 가는 것을 멈추게 할 수 없는 것이다. 슬프다. 세상 사람들은 육체를 잘 기르기만 하면, 족히 생명을 보존할 수 있다고 생각하는데 만약 육체를 잘 기르는 것만으로 결코 생명을 보존하기에 부족하다면 세속인들이 육체를 기르려는 노력이 어찌해볼 만한 가치가 있는 것이겠는가. 비록 해볼 만한 가치가 없는 것이라 하더라도 하지 않을 수 없는 것

은 그것을 피할 수 없기 때문이다.

무릇 육체를 기르려는 집착에서 벗어나려고 한다면 세속과의 관계를 버리는 것이 가장 좋은 방법이다. 세속과의 관계를 버리면 얽매임이 없게 되고 얽매임이 없게 되면 마음이 바르고 평안해지고 마음이 바르고 평안해지면 저 육체와 함께 삶을 다시 시작하게 될 것이니 삶을 다시 시작하게 되면 거의 〈達生에〉 가까울 것이다.

세상의 일이 어찌 족히 버릴 수 있는 것이겠으며 생명이 어찌 족히 잊을 수 있는 것이겠는가마는 세속의 일을 버리면 육체가 피로하지 않게 되고 生命에 대한 집착을 잊어버리면 精氣가 손상되지 않을 것이니, 무릇 육체가 완전해지고 精氣가 회복되면, 天(自然)과 그대로 하나가 될 것이다. 天地라고 하는 것은 만물의 부모이다. 天과 地가 합하면 만물의 형체를 이루고 天과 地가 흩어지면 만물의 시작을 이룬다. 육체와 精氣가 손상되지 않는지라, 이것을 일컬어 '자연과 함께 변화할 수 있다.'고 하니 〈육체와 精氣를〉 精妙하게 하고 또 정묘하게 할 수 있다면 생명의 근원으로 되돌아가 천지의 작용을 도울 수 있을 것이다.

【역주】

1) 達生之情者 不務生之所無以爲 : 生命의 實情에 통달한 사람은 어떻게 할 방법이 없는 삶을 이루기 위해 애쓰지 않음. ≪淮南子≫ 〈詮言訓〉편에는 達자가 通으로 표기되어 있고(赤塚忠), 〈泰族訓〉편에는 知로 표기되어 있다(劉文典). 陸德明은 "창달, 통달함이다〔暢也 通也〕."고 풀이했다. 生은 ≪淮南子≫의 〈詮言訓〉편과 〈泰族訓〉편에 모두 '性'으로 표기되어 있는데 武延緖는 이에 근거하여 性의 의미로 읽는 것이 옳다고 주장했다(劉文典도 같다). 그러나 陸德明이 ≪廣雅≫를 인용하여 "生 出也"로 풀이하고 있으므로 生出의 뜻으로 보는 것이 적절하다(陳景元, 赤塚忠을 참조). 之자가 없는 판본도 있고(寺岡龍含), 之情 두 글자가 없는 인용문도 있다(馬叙倫). 情은 宣穎이 實理로 풀이한 것이 무난하다. 陸樹芝는 本 또는 原으로 풀이했는데 적절치 않다. 無以爲는 池田知久가 지적하고 있는 것처럼 ≪老子≫ 제38장에 "上德無爲而無以爲"라 한 대목과 유사하다. 以는 所以의 뜻.

2) 達命之情者 不務知之所無奈何 : 운명의 實相을 달관하고 있는 사람은 어찌할 수 없

는 명을 벗어나기 위해 힘쓰지 않음. 不務知의 知는 命의 잘못이다(王叔岷). 〈人間世〉편 제2장에 "어찌할 수 없음을 알아 마음을 편안히 하고 천명을 따르니 덕의 지극함이다〔知其不可奈何而安之若命 德之至也〕."고 한 내용과 유사한 삶의 태도이다(福永光司).

3) 養形必先之以物 : 육체를 길러 보전하기 위해서는 반드시 물질을 먼저 마련해야 함. 成玄英은 "物이란 財貨와 衣食이니 늘 필요한 것이다〔物者 謂資貨衣食 旦夕所須〕."고 풀이했다. 養形은 〈刻意〉편 제1장에 이미 나왔다. 之는 阮毓崧이 "之는 어조사이다〔之 語助也〕."고 풀이한 것이 적절하다.

4) 有生必先無離形 形不離而生亡者有之矣 : 生命을 보전하기 위해서는 반드시 육체를 먼저 유지하지 않으면 안 되지만 육체는 유지하고 있으면서도 목숨을 잃는 경우가 있음. 無離形은 육체를 떠나서는 생명이 유지될 수 없다는 뜻.

5) 生之來不能却 其去不能止 : 생명이란 찾아오는 것을 물리칠 수 없으며 가는 것을 멈추게 할 수 없음. 〈養生主〉편에 보이는 安時而處順과 동일한 삶의 태도이다. 또 〈繕性〉편의 "其來不可圉 其去不可止", 〈田子方〉편의 "其來不可卻也 其去不可止也", 〈知北遊〉편의 "哀樂之來 吾不能禦 其去 弗能止"도 모두 유사한 의미이다.

6) 悲夫 世之人以爲養形足以存生 : 슬프다. 세상 사람들은 육체를 잘 기르기만 하면, 족히 생명을 보존할 수 있다고 생각함. 〈知北遊〉편에서 "슬프다. 世人은 다만 물질이 왔다 가는 여관 노릇을 할 뿐이다〔悲夫 世人直爲物逆旅耳〕."라고 한 표현과 유사하다.

7) 養形果不足以存生 : 육체를 잘 기르는 것만으로 결코 생명을 보존하기에 부족함. 馬其昶의 ≪莊子故≫에서는 ≪禮記≫ 鄭玄 注를 따라 果자를 決로 풀이했는데 타당한 견해이다.

8) 世奚足爲哉 : 세속인들이 육체를 기르려는 노력이 어찌해볼 만한 가치가 있는 것이겠는가. 해볼 만한 가치가 없다는 뜻을 완곡히 표현한 대목이다. 世는 세속인들이 행하는 육체를 기르는 방법. 林雲銘은 "세상 사람들이 배우는, 육체를 기르려는 노력과 같은 것〔如世人所學 養形之事也〕."이라고 풀이했는데 이 견해를 따른다.

9) 雖不足爲 而不可不爲者 其爲不免矣 : 비록 해볼 만한 가치가 없는 것이라 하더라도 하지 않을 수 없는 것은 그것을 피할 수 없기 때문이다. 그 자체가 긍정적 가치를 지니고 있기 때문이 아니라 달리 방법이 없기 때문에 어쩔 수 없이 육체를 기른다

는 뜻이다.

10) 夫欲免爲形者 莫如棄世 : 무릇 육체를 기르려는 집착에서 벗어나려고 한다면 세속과의 관계를 버리는 것이 가장 좋은 방법임. 爲形은 養形과 같이 육체를 기른다는 뜻이다.

11) 正平 : 마음이 바르고 평안해짐. 林雲銘은 "마음과 몸이 본연의 상태를 얻음이다〔得心體之本然也〕."고 풀이했다.

12) 與彼更生 : 저 육체와 함께 삶을 다시 시작함. 林希逸, 羅勉道 등은 彼를 '造物者'로 보았지만 여기서는 曹礎基와 赤塚忠의 견해를 따라 '形'을 가리키는 것으로 보고 번역하였다. 池田知久도 마찬가지이다.

13) 更生則幾矣 : 삶을 다시 시작하게 되면 거의 達生에 가까울 것임. 幾는 '거의 ~에 가깝다'는 뜻. 곧 완전한 達生에 가까워짐을 말한다.

14) 事奚足棄而生奚足遺 : 세상의 일이 어찌 족히 버릴 수 있는 것이겠으며 생명이 어찌 족히 잊을 수 있는 것이겠는가마는. 몇 가지 讀法이 있는데 池田知久처럼 疑問文으로 읽는 방법이 있고 福永光司처럼 反語의 뜻으로 보아 "이런 높은 경지에 도달하면 어찌 버리고 어찌 잊을 것인가. 곧 버리고 잊을 것도 없다."는 뜻으로 풀이하기도 하는데 福永光司의 견해는 무리한 주장이고, 池田知久처럼 단순한 의문문으로 보는 것도 맥락을 정확하게 전달하고 있는 것은 아니다. '~리오마는'의 뜻으로 보는 것이 가장 적절하다.

15) 遺生則精不虧 : 生命에 대한 집착을 잊어버리면 精氣가 손상되지 않게 됨. 生은 생명에 대한 집착의 뜻이다. 成玄英은 "생애를 잊어버리면 정신이 응집되어 손상당하지 않는다〔遺生涯則神凝而不損也〕."고 풀이했다.

16) 合則成體 散則成始 : 〈天과 地가〉 합하면 만물의 형체를 이루고 天과 地가 흩어지면 만물의 시작을 이룸. 成始는 기가 흩어져서 만물이 아직 생성되지 않은 최초의 상태로 돌아간다는 뜻.

17) 形精不虧 是謂能移 : 육체와 精氣가 손상되지 않는지라, 이것을 일컬어 '자연과 함께 변화할 수 있다'고 함. 能移는 天, 곧 자연과 함께 추이할 수 있다는 뜻.

18) 精而又精 反以相天 : 〈육체와 精氣를〉 精妙하게 하고 또 정묘하게 할 수 있다면 생명의 근원으로 되돌아가 천지의 작용을 도울 수 있을 것임. 相은 돕는다는 뜻. 郭象은 '輔'로 풀이했고 成玄英은 '助'로 풀이했는데 같은 뜻이다. 天은 천지자연

의 작용을 뜻한다.

第2章

子列子[1] 問關尹[2]하야 曰 至人은 潛行不窒[3]하며 蹈火不熱하며 行乎萬物之上而不慄[4]하나니 請問何以至於此오

關尹曰 是純氣之守也[5]라 非知巧果敢之列[6]이니라 居하라 予 語汝[7]호리라 凡有貌象聲色者는 皆物也[8]니 物與物이면 何以相遠[9]이리오 夫奚足以至乎先[10]이리오 是色而已[11]니라 則物之造乎不形而止乎無所化[12]를 夫得是而窮之者는 物이 焉得而止焉[13]이리오 彼將處乎不淫之度[14]하야 而藏乎無端之紀[15]하며 遊乎萬物之所終始[16]하야 壹其性하며 養其氣하며 合其德하야 以通乎物之所造[17]하나니 夫若是者는 其天이 守全하며 其神이 無郤[18]이어니 物이 奚自入焉[19]이리오

夫醉者之墜車에는 雖疾이나 不死[20]하나니 骨節이 與人同하나 而犯害與人異는 其神全也[21]일새니라 乘亦不知也하며 墜亦不知也하야 死生驚懼를 不入乎其胸中이라 是故로 遻物而不慴[22]하나니 彼 得全於酒하야도 而猶若是온 而況得全於天乎[23]여 聖人은 藏於天故로 莫之能傷也[24]하나니라

復讎者 不折鏌干[25]하며 雖有忮心者라도 不怨飄瓦[26]하나니 是以로 天下에 平均[27]하니 故로 無攻戰之亂하며 無殺戮之刑者는 由此道也[28]니라 不開人之天하고 而開天之天[29]이니 開天者는 德生하고 開人者는 賊生[30]하나니 不厭其天하며 不忽於人이면 民이 幾乎以其眞[31]이니라

列子가 關尹에게 물었다. "'至人은 물속을 潛行하더라도 窒息하지 아니하며, 불을 밟아도 뜨거워하지 아니하며 萬物을 내려다보는 높은 낭떠러지 위를 걸어 다녀도 두려움에 떨지 않는다.'고 합니다. 묻고 싶습니다. 어떻게 하면 이런 경지에 도달할 수 있을까요?"

關尹이 말했다. "그것은 순수한 氣를 지키고 있기 때문입니다. 지혜나 기교, 또는 용감하다고 할 수 있는 종류가 아닙니다. 앉으시지요. 내 그대에게 말해드리겠습니다. 무릇 모양과 소리, 색채를 가지고 있는 것은 모두 사물이니 이 사물들이야 어찌 서로의 차이가 멀 수 있겠습니까. 무릇 사물이 어찌 사물의 모습이 있기 이전의 상태에 먼저 이를 수 있겠습니까. 이 사물들은 모습과 色彩일 뿐이니 사물이 아직 형체를 갖지 않은 상태에서 시작하여 生滅變化를 초월한 경지에 멈추는 것, 이것을 체득하여 窮究하는 경지를 사물이 어떻게 머물 수 있겠습니까.

그는 장차 정도에 넘치지 않는 節度에 머물러 끝이 없는 근원에 몸을 감추며, 만물이 끝나고 시작하는 道의 세계에 노닐어서, 자기의 본성을 한결같이 지키며 자기의 精氣를 기르며 자기의 德을 〈천지와〉 합하여 만물의 나아가는 바를 통달하고자 하는 사람이니 무릇 이 같은 사람은 그 자연의 덕〔天〕이 완전하게 지켜지며 그 精神도 다른 것이 끼어들 틈이 없으니 물이나 불 따위의 재앙이 어디로부터 들어올 수 있겠습니까.

무릇 술에 취한 사람이 수레에서 떨어졌을 경우에는 비록 빨리 달리고 있었다 하더라도 죽지 않으니, 뼈와 관절은 보통의 사람과 다를 것이 없는데도 해침을 당한 정도가 보통 사람과 다른 것은 〈술의 힘으로〉 그 정신이 온전히 보전되었기 때문입니다. 수레에 탄 것도 알지 못하며 수레에서 떨어진 것도 알지 못하여 죽거나 사는 데 놀라거나 두려워하는 감정이 마음속에 들어오지 않습니다. 그 까닭에 그는 어떤 사물을 만나더라도 두려워하지 않게 됩니다. 저 술에 취한 자가 술로 인해 정신의 온전함을 얻고서도 오히려 이와 같은데 하물며 하늘〔天〕에서 온전함을 얻었음에랴. 聖人은 天에 몸을 감추고 있기 때문에 그 무엇도 聖人을 해칠 수 없습니다.

〈예를 들면〉 복수하려는 사람도 〈원수는 미워하지만〉 원수가 살인에 사용하였던 鏌邪나 干將을 미워하여 그것을 부러뜨리려 하지 않습니다. 또 비록 남을 해치려는 마음을 가진 자라 할지라도 바람에 날려 떨어진 기왓장을 원망하지는 않습니다. 그러므로 〈칼이나 기왓장처럼 無心하게 되면〉 천하가 평화롭게 다스려질 것입니다. 그러므로 전쟁에 의한 혼란이 없게 되고 사람을 죽이는 刑戮이 사회에서 없게 되는 것은 모두 이 무위자연의 道에서 말미암는 것입니다. 〈그리하여 聖人은〉 인간들이 하늘로 떠받드는 지혜나 기교 따위를 계발하지 아니하고 자연 그대로의 天을 계발합니다. 자연의 天을 계발하면 무위자연의 德이 생기고 인간의 지혜나 기교 따위를 계발하면 덕을 해치는 일이 생겨납니다. 그러니 天(자연)을 억압하지 아니하고 그 인위의 폐해를 소홀히 하지 아니하면 백성들은 참다운 삶으로 살아가는 데 가깝게 될 것입니다."

【역주】

1) 子列子 : 列子의 극존칭. 成玄英은 "옛사람들은 스승을 子라고 호칭했고 또 덕이 있는 것을 일컫는 아름다운 호칭이 子이다. 이 두 가지 뜻을 다 갖추었기 때문에 子列子라고 호칭한 것이니 바로 列禦寇이다〔古人稱師曰子 亦是有德之嘉名 具斯二義 故曰 子列子 卽列禦寇也〕."라고 풀이했다. 이 章을 두고 列子의 후계자가 썼다든가(阮毓崧, 福永光司, 森三樹三郎), ≪列子≫에서 따온 내용(曹礎基)이라고 주장하는 견해가 있지만 池田知久의 견해처럼 추정일 뿐 그렇게 단순하게 볼 수는 없다.

2) 關尹 : 관문을 지키는 관리. 關은 관문이고 尹은 관리라는 뜻이다. 李頤는 "關令尹인 喜이다〔關令尹喜也〕."라고 풀이했는데 ≪史記≫ 〈老莊申韓列傳〉의 기록을 근거로 삼은 듯하다. 成玄英은 한 걸음 더 나아가 "성은 尹이고 이름은 喜이며 字는 公度이다. 함곡관을 지키는 관리였기 때문에 關令尹眞人이라고 불렀다. 이 사람은 노자의 제자로 도를 품고 덕을 안고 있었기 때문에 열어구가 물은 것이다〔姓尹 名喜 字公度 爲函谷關令 故曰 關令尹眞人 是老子弟子 懷道抱德 故禦寇詢之也〕."라고 풀이했다. 한편 成玄英이 姓이 尹이라고 한 것에 대해 關의 令尹이라는 뜻으로 關門을 지키는 官吏의 뜻으로 보아야 한다고 주장한 학자(錢大昭, 兪樾, 陳壽昌, 蔣伯潛)들이 있고, ≪史記≫ 〈老莊申韓列傳〉의 '關令尹喜曰'의 '喜' 또한 사람의 이름이 아니라 '기뻐하면서'의 뜻이라고 하는 주장(郭沫若, 陳鼓應)이 있지만 특정인의 이름이 그런 구체적인 사실에 근거하여 이름으로 불리게 되는 역사적 맥락 또한 무시할 수 없으므로 成玄英의 풀이가 반드시 틀렸다고 할 수만은 없다.

3) 潛行不窒 : 潛行하더라도 窒息하지 아니함. 成玄英은 潛行을 "잠복해서 세상에서 산

다〔潛伏行世〕."고 풀이했고 林希逸도 이와 비슷하지만 이 같은 추상적 해석은 옳지 않다. 江遹이 〈大宗師〉편 제1장의 "물속에 들어가도 젖지 않는다〔入水不濡〕."는 구절과 같은 뜻이라고 한 것이 적절하다.

4) 行乎萬物之上而不慄 : 萬物을 내려다보는 높은 낭떠러지 위를 걸어 다녀도 두려움에 떨지 않음. 王敔, 林雲銘, 張之純, 赤塚忠이 말하는 것처럼 〈田子方〉편 제9장의 "높은 산에 올라 위태로운 돌을 밟고 백 길의 연못을 마주한다〔登高山 履危石 臨百仞之淵〕."고 한 내용과 유사하다. 한편 林希逸, 褚伯秀, 陸長庚은 "이를테면 바람을 몰고 날아다니는 것이다〔如御風而行 是也〕."라고 풀이했는데 〈逍遙遊〉편 제1장에 근거한 견해이다.

5) 是純氣之守也 : 이는 순수한 氣를 지키고 있기 때문임. 成玄英은 "바로 순수하고 온화한 기를 지킴이다〔乃是保守純和之氣〕."고 풀이했다.

6) 非知巧果敢之列 : 지혜나 기교, 또는 용감하다고 할 수 있는 종류가 아님. 成玄英은 列을 아래로 연결시켜 列禦寇의 뜻이라고 하나 옳지 않다(馬叙倫).

7) 居 予語汝 : 앉으시지요. 내 그대에게 말해드리겠습니다. 陸德明은 앞의 列자가 所자로 표기되어 있는 판본이 있다(寺岡龍含)고 했는데 현재의 敦煌본에도 所로 표기되어 있다. 寺岡龍含은 이것을 근거로 居를 위의 구절과 연결시켜 '非知巧果敢之所居'로 보았지만 고문에서 "居 予語汝"와 같은 표현의 예가 워낙 많기 때문에 굳이 따르지 않는다.

8) 凡有貌象聲色者 皆物也 : 무릇 모양과 소리, 색채를 가지고 있는 것은 모두 사물임. 物은 모두 사물의 속성을 가지고 있다는 뜻. 也가 없는 판본이 있다(王重民, 寺岡龍含). 成玄英은 "무릇 모양과 소리와 색채를 가지고 있어서 보고 들을 수 있는 것은 모두 사물이다〔夫形貌聲色 可見聞者 皆爲物也〕."고 풀이했다.

9) 物與物 何以相遠 : 사물들이야 어찌 서로의 차이가 멀 수 있겠습니까. 物은 物을 초월할 수 없다는 뜻이다.

10) 夫奚足以至乎先 : 무릇 사물이 어찌 사물의 모습이 있기 이전의 상태에 먼저 이를 수 있겠습니까. 物과 物은 서로 같은 物이기 때문에 서로 다른 존재일 수 없으므로 物의 근원에 있는 道에 도달할 수 없다는 의미이다.

11) 是色而已 : 이 사물들은 모습과 色彩일 뿐임. 陳景元의 ≪莊子闕誤≫에서 인용한 江南古藏本에는 色이 形色 두 글자로 표기되어 있다. 姚鼐, 武延緒, 奚侗 이하 이를

따르는 자가 많으나 적절치 않다. 郭象이 形色이라 한 것은 形을 보완하여 註解한 것에 불과하며 그것을 근거로 色을 形色 두 글자로 표기해야 한다고 주장하는 것은 타당하지 않다. ≪列子≫에 色으로 표기되어 있고 成玄英 또한 聲色으로 표기한 것을 보면 色을 그대로 두는 것이 옳음을 알 수 있다. 林希逸은 한걸음 더 나아가 "色은 곧 자취이니 모습과 소리, 색채이다. 위에서 본래 네 글자로 표현했는데 여기에 이르러 한 가지만 거론한 것이니 문장을 쓰는 법이다〔色卽迹也 貌象聲色 上面本有四字 到此擧其一 文法也〕."고 풀이했는데 적절한 견해이며, 羅勉道, 遠藤哲夫, 市川安司도 거의 같은 견해를 제시했다(池田知久).

12) 則物之造乎不形 而止乎無所化 : 사물이 아직 형체를 갖지 않은 상태에서 시작하여 生滅變化를 초월한 경지에 멈추는 것. 則은 阮毓崧이 "'그렇다면'이다〔然則也〕."고 풀이한 것, 또 赤塚忠이 "故와 거의 같은 뜻이다."고 풀이한 것으로 충분하다(池田知久). 物은 위 문장의 物과 같다.

13) 夫得是而窮之者 物焉得而止焉 : 이것을 체득하여 窮究하는 경지를 사물이 어떻게 머물 수 있겠습니까. 是, 之는 위 문장의 不形, 無所化를 가리키며, '得是而窮之'는 위 문장의 '純氣之守'에 해당한다. 林希逸은 '조화의 이치〔造化之理也〕'라고 풀이했는데 池田知久의 지적처럼 너무 객관화 한 폐단이 있다. '窮之者'는 위 문장의 至人을 말한다(宣穎, 陳壽昌, 張之純).

14) 彼將處乎不淫之度 : 그는 장차 정도에 넘치지 않는 節度에 머물 것임. 彼는 成玄英이 "저들 중에서 득도한 성인이다〔彼之得道聖人〕."라고 풀이한 것도 좋지만, 위 문장의 至人을 의미하는 것으로 보는 것이 간편하다. '處乎不淫之度'에 대해서는 郭象이 "자기가 부여받은 분수에 머묾이다〔止於所受之分〕."라고 주석한 이래 이 견해를 추종하는 자가 적지 않으나 分의 思想이 지나치게 강조되는 폐단이 있다. 林自가 "예도에 일정한 법칙이 있기 때문에 넘치지 않는다〔禮度有法 故不淫〕."고 풀이한 것도 너무나 社會規範的이기 때문에 취하지 않는다. 江遹이 "만물과 자연의 도수를 어기지 않는 것이다〔不違萬物自然之數者〕."라고 풀이한 것이 무난하다(池田知久).

15) 藏乎無端之紀 : 끝이 없는 근원에 몸을 감춤. 赤塚忠은 바로 아래 문장에 나오는 養其氣가 바로 이에 해당하는 내용으로 풀이했는데 참고할 만하다. 無端은 郭象이 "명연한 가운데 변화와 함께 날로 새로워짐이다〔冥然與變化日新〕."고 풀이했고 成

玄英도 같은 방향으로 풀이했는데, 池田知久의 지적처럼 다음 句와 중복되기 때문에 적절치 않다. 福永光司는 〈在宥〉편 제6장에 나오는 無端의 뜻과 가깝다고 했는데 참고할 만하다. '無端之紀'는 江遹이 "앞에서 맞이하여도 머리를 볼 수 없고 뒤에서 따라가도 꼬리를 볼 수 없다〔迎之不見其首 隨之不見其尾〕."고 풀이했고 陸樹芝, 陳壽昌 등도 같은 견해를 제시했는데 ≪老子≫ 제14장을 인용한 것으로 유력한 견해이다(池田知久). 紀는 陳壽昌의 경우는 '실마리이다〔緒也〕.'라고 풀이했고, 赤塚忠은 '始原, 根本의 뜻'이라고 풀이했는데 적절한 견해이다. 成玄英이 紀綱으로 풀이한 것도 무난하다. 한편 馬叙倫은 基의 假借라 하고 福永光司, 金谷治 등이 이 견해를 따르고 있는데 참고할 만하다.

16) 遊乎萬物之所終始 : 만물이 끝나고 시작하는 道의 세계에 노닒. 萬物之所終始는 만물이 의지해서 생성되고 사멸하는 대도를 지칭한다(方勇・陸永品). 林雲銘은 "만물이 의지해서 끝마치고 의지해서 시작하는 곳에서 노닒이다〔遊於萬物所藉以終所藉以始之處〕."고 풀이했다.

17) 壹其性 養其氣 合其德 以通乎物之所造 : 자기의 본성을 한결같이 지키며 자기의 精氣를 기르며 자기의 德을 〈천지와〉 합하여 만물의 나아가는 바를 통달하고자 함. 壹其性은 심성을 순일하게 하여 뒤섞이지 않게 한다는 뜻이다. 氣는 元氣. 合其德은 成玄英이 "원대한 덕과 명합함이다〔與元德冥合〕."고 풀이했는데 자신의 덕성을 대도와 서로 부합시킴을 뜻한다. 物之所造는 造物者를 지칭한다(林雲銘).

18) 夫若是者 其天守全 其神無郤 : 무릇 이 같은 사람은 그 자연의 덕〔天〕이 완전하게 지켜지며 그 精神도 다른 것이 끼어들 틈이 없음. 天은 자연의 德. 林雲銘은 自然之天이라고 풀이했는데 자연의 천성을 의미한다. 郤은 隙과 같다. 間隙, 곧 틈이라는 뜻.

19) 物奚自入焉 : 물이나 불 따위의 재앙이 어디로부터 들어올 수 있겠습니까. 物은 물이나 불 따위의 재앙, 곧 외물의 침범을 뜻한다.

20) 夫醉者之墜車 雖疾不死 : 무릇 술에 취한 사람이 수레에서 떨어졌을 경우에는 비록 빨리 달리고 있었다 하더라도 죽지 않음. 疾은 수레가 빨리 달리고 있었다는 뜻. 成玄英은 疾을 困疾로 풀이하여 질병의 뜻으로 보았지만 맥락상 적절치 않다.

21) 骨節與人同 而犯害與人異 其神全也 : 뼈와 관절은 보통의 사람과 다를 것이 없는데도 해침을 당한 정도가 보통 사람과 다른 것은 〈술의 힘으로〉 그 정신이 온전

히 보전되었기 때문임. 犯害는 受害와 같다(方勇·陸永品). 곧 해침을 당한다는 뜻이다.

22) 是故遻物而不慴 : 그 까닭에 그는 어떤 사물을 만나더라도 두려워하지 않게 됨. 遻은 만난다는 뜻. 接觸의 뜻으로 풀이하는 견해가 있지만 逆과 같이 만난다는 뜻으로 보는 것이 무난하다. 慴은 두려워함.

23) 彼得全於酒 而猶若是 而況得全於天乎 : 저 술에 취한 자가 술로 인해 정신의 온전함을 얻고서도 오히려 이와 같은데 하물며 하늘〔天〕에서 온전함을 얻었음에랴. 彼는 술에 취한 사람을 지칭한다. 하늘에서 온전함을 얻은〔得全於天〕 사람은 곧 지인, 성인을 지칭한다(方勇·陸永品). 天은 곧 대도를 지칭한다.

24) 聖人藏於天 故莫之能傷也 : 聖人은 天에 몸을 감추고 있기 때문에 그 무엇도 聖人을 해칠 수 없음. 藏於天을 자연인 천도에 神을 감추고 있다는 뜻으로 풀이하는 견해(方勇·陸永品)도 있는데 참고할 만하다.

25) 復讎者 不折鏌干 : 〈예를 들면〉 복수하려는 사람도 〈원수는 미워하지만〉 원수가 살인에 사용하였던 鏌邪나 干將을 미워하여 그것을 부러뜨리려 하지 않음. 鏌干은 鏌邪와 干將으로 둘 다 명검의 이름.

26) 雖有忮心者 不怨飄瓦 : 비록 남을 해치려는 마음을 가진 자라 할지라도 바람에 날려 떨어진 기왓장을 원망하지는 않음. 飄瓦는 바람에 날려 떨어지는 기왓장. 鏌邪와 干將이 사람을 해치거나 바람에 날려 떨어지는 기왓장이 사람을 해쳐도 모두 無心하기 때문에 원망을 피할 수 있는 것처럼 성인 또한 무심함으로써 외물의 해침을 피할 수 있음을 비유하고 있다.

27) 是以天下平均 : 그러므로 〈칼이나 기왓장처럼 無心하게 되면〉 천하가 평화롭게 다스려질 것임. 사람들이 모두 鏌邪나 干將, 바람에 날려 떨어지는 기왓장처럼 무심하게 되면 천하가 평화롭게 다스려질 것이라는 뜻이다.

28) 故無攻戰之亂 無殺戮之刑者 由此道也 : 그러므로 전쟁에 의한 혼란이 없게 되고 사람을 죽이는 刑戮이 사회에서 없게 되는 것은 모두 이 무위자연의 道에서 말미암는 것임. 此道는 無心의 도를 지칭한다.

29) 不開人之天 而開天之天 : 〈그리하여 聖人은〉 인간들이 하늘로 떠받드는 지혜나 기교 따위를 계발하지 아니하고 자연 그대로의 天을 계발함. 자연 그대로의 無爲無心의 세계를 열어 나감을 뜻한다.

30) 開天者德生 開人者賊生 : 자연의 天을 계발하면 무위자연의 德이 생기고 인간의 지혜나 기교 따위를 계발하면 덕을 해치는 일이 생겨남. 開天者德生은 위의 天下平均의 뜻을 이어서 말한 것이고, 開人者賊生은 위의 攻戰과 殺戮을 이어서 말한 것이다.

31) 不厭其天 不忽於人 民幾乎以其眞 : 그러니 天(자연)을 억압하지 아니하고 그 인위의 폐해를 소홀히 하지 아니하면 백성들은 참다운 삶으로 살아가는 데 가깝게 될 것임. 以其眞은 참다운 삶의 태도를 지니고 살아간다는 뜻이다.

第3章

仲尼適楚할새 出於林中[1)]하다가 見痀僂者[2)] 承蜩[3)]호대 猶掇之也[4)]하고

仲尼曰 子는 巧乎[5)]아 有道邪[6)]아

曰 我는 有道也호라 五六月[7)]을 累丸二호대 而不墜[8)]면 則失者錙銖[9)]요 累三而不墜則失者十一이오 累五而不墜여야 猶掇之也호라 吾의 處身也 若橛株拘[10)]하며 吾의 執臂也 若槁木之枝[11)]하니 雖天地之大와 萬物之多라도 而唯蜩翼之知[12)]오 吾 不反不側하야 不以萬物로 易蜩之翼[13)]하노니 何爲而不得[14)]이리오 孔子 顧謂弟子하야 曰用志不分[15)]하야 乃凝於神[16)]하나난 其痀僂丈人之謂乎인저

仲尼가 초나라로 갈 적에 어떤 숲 속으로 나가다가 곱사등이 노인이 매미를 마치 물건을 줍는 것처럼 손쉽게 잡는 것을 보았다. 중니가 말했다. "재주가 좋군요. 무슨 비결이라도 있습니까?"

노인이 대답했다. "비결이 있지요. 대여섯 달 동안 손바닥 위에 둥근 구슬 두 개를 포개놓아도 떨어뜨리지 않을 정도가 되면 매미를 잡을 때 잡는 경우보다 놓치는 경우가 적어지고, 구슬 세 개를 포개놓아도 떨어뜨리지 않을 정도가 되면 매미를 잡을 때 놓치는 경우가 열 번에 한 번 정도가 되고, 구슬 다섯 개를 포개놓아도 떨어뜨리지 않을 정도가 되면 마치 땅에 떨어진 물건을 줍는 것처럼 매미를 잡게 됩니다. 그때 나는 내 몸을 나무 그루터기처럼 웅크리고 팔뚝은 시든 나

무의 가지처럼 만들어서 비록 천지가 광대하고 만물이 많지만 오직 매미날개만을 알 뿐입니다. 나는 돌아보지도 않고 옆으로 기울지도 않아서 만물 중 어느 것과도 매미날개와 바꾸지 않으니 어찌하여 매미를 잡지 못하겠습니까."

공자가 제자들을 돌아보며 말했다. "뜻을 한 가지 일에 집중하여 꼭 귀신과 다를 것이 없는 사람은 바로 이 곱사등이 노인을 두고 한 말일 것이다."

【역주】

1) 出於林中 : 숲 속으로 나감. 於자가 遊로 표기된 인용문이 있다(劉文典, 王叔岷). 이 章은 ≪列子≫ 〈黃帝〉편에도 나온다.

2) 痀僂者 : 곱사등이. 痀자가 傴로 표기되어 있는 인용문이 있다(王叔岷). 成玄英은 "노인이 허리를 구부리고 있는 모습이다〔老人曲腰之貌〕."라고 풀이했지만 文如海, 陳景元 등이 "등이 굽은 것이다〔曲脊也〕."라고 풀이한 것이 적절하다. 〈大宗師〉편 제3장의 曲僂와 같은 말로 보는 것이 타당하다.

3) 承蜩 : 매미를 잡음. 成玄英은 "매미를 잡음이다〔取蟬也〕."라고 풀이했다.

4) 猶掇之也 : 마치 물건을 줍는 것과 같음. 떨어진 물건을 줍는 것처럼 쉽게 매미를 잡는다는 뜻. 陸德明은 掇을 "주움이다〔拾也〕."라고 풀이했다.

5) 子巧乎 : 당신의 재주가 좋군요. 子는 이인칭. 乎는 감탄형 종결사. 子가 없는 판본이 있다(王重民, 寺岡龍含). 〈知北遊〉편 제11장에서 "大司馬 아래에서 戈戟(창) 등의 武器類를 두드려 만드는 대장장이가 나이 80이 되었는데도 그 솜씨가 조금도 떨어지지 않았다〔大馬之捶鉤者 年八十矣 而不失豪芒之〕."고 한 이하의 내용과 유사하다.

6) 有道邪 : 무슨 비결이라도 있습니까? 邪자가 也로 표기된 판본이 있다(王重民, 寺岡龍含). 陸樹芝는 ≪莊子拾遺≫에서 "자연스럽게 터득한 기교가 있는 것인지 아니면 학습한 방도가 있는 것인지 물은 것이다〔言天然之巧乎 抑有學習之道邪〕."라고 풀이했는데 적절한 견해이다(池田知久).

7) 五六月 : 대여섯 달 동안. 5월과 6월을 뜻하는 것으로 보는 견해가 있으나 成玄英이 "때가 반년을 지남이다〔時經半歲〕."라고 풀이한 것, 곧 학습한 기간으로 보는 것이 적절하다. 池田知久처럼 5, 6개월이란 기간은 연습기간치고는 지나치게 길다고 의심을 제기하는 견해도 있다.

8) 累丸二而不墜 : 둥근 구슬 두 개를 포개놓아도 떨어뜨리지 않음. 累자는 ≪列子≫에 纍자로 표기되어 있고 馬叙倫은 이것을 옳다 하나 殷敬順, 王叔岷의 주장처럼 絫(류)의 뜻으로 보는 것이 옳다(池田知久). 丸자는 ≪列子≫에 垸자로 표기되어 있고 馬叙倫은 이것을 옳다고 하나 오히려 垸이 丸의 假借라는 赤塚忠의 주장이 설득력이 있다(池田知久). 累丸은 司馬彪가 "장대 끝에 둥근 구슬을 쌓음을 말함이다〔謂累丸於竿頭也〕."고 풀이한 이래 정설로 받아들여져 왔지만 金谷治 등은 본문에 竿자가 보이지 않으므로 손바닥 위에서 연습하는 것으로 보는 것이 옳다고 주장했다.

9) 錙銖 : 적다는 뜻. 成玄英은 "저울로 무게를 달 때의 가장 작은 값이다〔稱兩之微數也〕."라고 풀이했다.

10) 吾處身也 若厥株拘 : 내 몸을 나무 그루터기처럼 웅크림. 吾處身也의 身자가 없는 판본이 있고(王重民, 寺岡龍含), ≪列子≫에는 身자가 없다. 曹礎基는 "몸을 움직임이니 매미를 잡을 때 신체의 동작을 지칭함이다〔運身 指承蜩時身體的動作〕."고 풀이했다. 厥과 株는 모두 나무 그루터기. 厥은 厥로 표기된 판본도 있고(孫毓修, 馬叙倫, 王叔岷, 寺岡龍含), 橛로 표기된 판본도 있다(王重民, 寺岡龍含). 拘는 웅크린 모양.

11) 吾執臂也 若槁木之枝 : 팔뚝은 시든 나무의 가지처럼 만듦. 執은 지탱한다는 뜻. 成玄英은 '用'으로 풀이했고, 陳景元은 '持'로 풀이했는데 후자가 적절하다. 陳壽昌이 '堅持'로 풀이한 것도 무난하다. ≪列子≫에는 也자가 빠져 있다. '槁木之枝'는 福永光司의 지적처럼 〈齊物論〉편 제1장에 이미 나온 비유이다.

12) 雖天地之大 萬物之多 而唯蜩翼之知 : 비록 천지가 광대하고 만물이 많지만 오직 매미날개만을 알 뿐임. 雖자가 없는 판본이 있다(王重民, 寺岡龍含). 林希逸은 "순일함이 지극함이다〔純一之至也〕."라고 풀이했고, 宣穎은 "뜻이 이처럼 전일함이다〔志專如此〕."고 풀이했는데 같은 뜻이다.

13) 不反不側 不以萬物易蜩之翼 : 돌아보지도 않고 옆으로 기울지도 않아서 만물 중 어느 것과도 매미날개와 바꾸지 않음. '不反不側'은 成玄英이 "反側은 변동함과 같다〔反側猶變動也〕."고 풀이한 것이 적절하다. 反側은 이리저리 뒤척인다는 뜻으로 같은 용례가 ≪詩經≫ 關雎에 "輾轉反側"으로 보인다.

14) 何爲而不得 : 어찌하여 매미를 잡지 못하겠습니까. 得은 매미를 잡음. 宣穎은 "이 매미를 줍는 방도를 터득함이다〔此掇蜩之道也〕."고 풀이했다.

15) 用志不分 : 뜻을 나누어 쓰지 않음. 곧 뜻을 한 가지 일에 집중한다는 뜻이다. 林希逸은 "그 뜻을 둘로 나누지 않음이다〔其志不貳也〕."고 풀이했다.

16) 乃凝於神 : 귀신과 다를 것이 없음. 凝이 疑로 표기된 판본이 있으며(蘇軾, 焦竑, 陸樹芝, 武延緖, 馬叙倫, 王叔岷, 寺岡龍含), 疑로 표기된 인용문도 있고(王叔岷), ≪列子≫에도 疑로 표기되어 있다. 林希逸이 疑로 표기해야 한다고 한 이래, 羅勉道, 焦竑, 陸德明, 兪樾, 王先謙, 武延緖, 馬叙倫, 王叔岷 등이 같은 주장을 되풀이하고 있다. 그러나 赤塚忠이나 池田知久의 견해처럼 凝으로 그대로 둔 채로 疑 또는 擬의 뜻으로 풀이할 수도 있다. 여기서는 후자를 따라 擬의 뜻으로 번역하였다.

第4章

顔淵이 **問仲尼**[1]**曰 吾嘗濟乎觴深之淵**[2]하다니 **津人**이 **操舟若神**[3]이어늘 **吾問焉曰 操舟**는 **可學邪**아 **曰 可**하니다 **善游者**는 **數能**[4]이어니와 **若乃夫沒人**[5]**則未嘗見舟而便操之也**[6]하나니라 **吾 問焉而不吾告**[7]하니 **敢問何謂也**잇고

仲尼曰 善游者 數能은 **忘水也**[8]니라 **若乃夫沒人之未嘗見舟而便操之也**는 **彼 視淵**이로대 **若陵**하며 **視舟之覆**한대 **猶其車却也**[9]라 **覆却萬方**이 **陳乎前**호대 **而不得入其舍**[10]어니 **惡往而不暇**[11]리오 **以瓦**로 **注者**는 **巧**하고 **以鉤**로 **注者**는 **憚**하고 **以黃金**으로 **注者殙**[12]하나니 **其巧 一也**로대 **而有所矜**[13]이면 **則重外也**니라 **凡外重者**는 **內拙**[14]하나니라

顔淵이 仲尼에게 물었다.

"언젠가 제가 觴深의 못으로 불리는 넓고 크고 깊고 물살이 센 곳을 건넌 일이 있었습니다만, 뱃사공이 배를 모는 솜씨가 마치 귀신같았습니다. 그래서 제가 '배 젓는 일은 배워서 되는 겁니까?' 하고 물었는데, 사공이 말하기를, '되지요. 헤엄을 잘 치는 사람은 배 젓는 것을 빨리 익힐 수 있습니다. 이를테면 잠수부 같은 사람은 배를 한 번 보지도 않고 바로 배를 저을 수 있지요.'라고 했습니다. 제가 그 까닭을 물어보았지만 저에게 말해 주지 않았습니다. 감히 여쭈어보겠

습니다만, 그게 무슨 뜻인지요?"

仲尼가 말했다. "헤엄을 잘 치는 사람이 빨리 배울 수 있다는 것은 그가 물을 잊어버리기 때문이다. 그런데 잠수부 같은 사람이 배를 한 번 보지도 않고 바로 배를 저을 수 있다는 것은 그가 깊은 연못을 마치 언덕과 같이 보고 배가 뒤집히는 것을 마치 수레가 後進하는 정도와 같이 여기기 때문이다. 顚覆과 퇴각 등 여러 가지 일들이 눈앞에 펼쳐지더라도 그것이 그의 마음을 어지럽히지 못하니, 어디에 간들 여유가 있지 않겠는가.

〈물건을 던져서 勝敗를 겨루는 던지기 놀이를 하는 경우에〉 별 가치가 없는 기왓장을 〈景品으로〉 걸고 던지는 경우에는 〈승부에 얽매이지 않으므로〉 아주 잘 던지고, 이보다 가치가 있는, 銀이나 銅으로 만든 혁대고리를 걸고 던지는 경우에는 마음이 약간 떨려 두려워하고, 황금을 걸고 던지는 경우에는 완전히 마음이 어두워져 혼란에 빠져 잘 맞추지 못한다. 〈그런 까닭은〉 기술은 같은데 놓치면 아깝다고 생각하는 집착심이 있게 되면 外物을 중시하여 거기에 마음을 빼앗기기 때문이다. 무릇 外物을 중시하는 경우에는 내면의 마음이 소홀하게 된다."

【역주】

1) 顔淵問仲尼 : 안연이 중니에게 물음. 顔淵은 顔回로 표기되어 있는 인용문이 있는데 淵은 字이고 回는 이름이다. 《列子》 〈黃帝〉편에도 顔回로 표기되어 있다(王叔岷). 問은 問於로 표기되어 있는 인용문이 있으며 《列子》에는 問乎로 표기되어 있다(王叔岷).

2) 吾嘗濟乎觴深之淵 : 觴深이라는 연못을 건넌 적이 있었음. 濟자가 游로 표기된 인용문이 있다(馬叙倫, 劉文典, 王叔岷). 觴深은 연못 이름. 成玄英은 "연못 이름이다. 그 모양이 잔과 비슷했기 때문에 그것을 따라 이름을 붙인 것이니 송나라에 있다〔淵名也 其狀似桮 因以爲名 在宋國也〕."라고 풀이했다. 李勉, 赤塚忠 등은 觴을 廣大하다는 의미인 湯觴의 뜻으로 풀이했다. 淵자는 泉자로 표기된 인용문이 있다(劉文典, 王叔岷).

3) 津人操舟若神 : 뱃사공이 배를 모는 솜씨가 마치 귀신같음. 津人은 成玄英이 "나루

를 건네주는 사람을 말함이다〔謂津濟之人也〕."고 풀이한 것처럼 뱃사공이다.

4) 善游者數(촉)能 : 헤엄을 잘 치는 사람은 배 젓는 것을 빨리 익힐 수 있음. 數은 嚴復이 "數能은 速成과 같다〔數能 猶速成也〕."고 풀이한 것을 따라 빠르다는 뜻으로 번역하였다. 다만 '數(삭)習而後'로 표기된 인용문이 있으며(馬叙倫, 劉文典, 王叔岷), 劉文典, 王叔岷 등은 그것이 옳다고 했는데 참고할 만하다.

5) 若乃夫沒人 : 잠수부 같은 사람. 若乃는 乃若으로 표기되어 있는 판본이 있으며(王重民, 寺岡龍含), ≪列子≫에도 乃若으로 표기되어 있다. ≪經傳釋詞≫에 따르면 "若乃는 말머리를 돌리는 표현이다〔若乃 轉語詞也〕."고 했는데 참고할 만하다.

6) 未嘗見舟而便操之也 : 배를 한 번 보지도 않고 바로 배를 저을 수 있음. 便操之는 바로 배를 조종할 수 있다는 뜻이다. 操之는 操之者로 표기되어 있는 판본(寺岡龍含)과 인용문이 있으며(馬叙倫), ≪列子≫에도 者자가 붙어 있다.

7) 吾問焉而不吾告 : 내가 그 까닭을 물어보았지만 나에게 말해 주지 않음. 宣穎은 "또 그 까닭을 물음이다〔又問其故〕."라고 풀이했다.

8) 善游者數能 忘水也 : 헤엄을 잘 치는 사람이 빨리 배울 수 있다는 것은 그가 물을 잊어버리기 때문임. 물을 잊어버리기 때문에 두려워하지 않으므로 빨리 배울 수 있다는 뜻이다. 陳景元은 "물을 잊어버리는 자는 배는 그대로 있지만, 배를 보지 않은 자는 물과 배를 모두 잊어버린 것이다〔忘水者 猶存舟 未嘗見舟 兼忘之也〕."고 풀이했다.

9) 彼視淵若陵 視舟之覆 猶其車却也 : 그는 깊은 연못을 마치 언덕과 같이 보고 배가 뒤집히는 것을 마치 수레가 後進하는 정도와 같이 여김. 宣穎은 "연못이 있는 것이 보이지 않으니 마치 뭍과 같이 보아 빠질까 하는 두려움이 없음이다〔不見有淵 如陸然 無沈溺之懼〕."라고 풀이했다. 淵은 衆泉으로 표기되어 있는 인용문이 있다(王叔岷). 郭象은 "연못을 언덕과 같이 보기 때문에 배가 연못에서 뒤집히는 것을 마치 수레가 비탈에서 뒤로 물러나는 것과 같이 여긴다〔視淵若陵 故視舟之覆於淵 猶車之却退於阪也〕."라고 풀이했다.

10) 覆却萬方陳乎前 而不得入其舍 : 전복과 퇴각 등 여러 가지 일들이 눈앞에 펼쳐지더라도 그것이 그의 마음을 어지럽히지 못함. 覆却은 배가 뒤집히는 것과 수레가 후퇴하는 것. 奚侗은 "위의 배와 수레를 이어 말한 것이다〔承上舟車言〕."고 말했다. 萬方은 林希逸이 풀이한 것처럼 '萬端'의 뜻이다.

11) 惡往而不暇 : 어디에 간들 여유가 없겠는가. 어떤 상황에서도 여유를 잃지 않는다는 뜻이다. 郭象은 "만난 상황마다 모두 겨를이 있다〔所遇皆閒暇也〕."고 풀이했다.

12) 以瓦注者巧 以鉤注者憚 以黃金注者殙 : 별 가치가 없는 기와를 〈景品으로〉 걸고 던지는 경우에는 〈승부에 얽매이지 않으므로〉 아주 잘 던지고, 이보다 가치가 있는, 銀이나 銅으로 만든 혁대고리를 걸고 던지는 경우에는 마음이 약간 떨려 두려워하고, 황금을 걸고 던지는 경우에는 완전히 마음이 어두워져 혼란에 빠져 잘 맞추지 못함. 모두 물건을 던져서 勝敗를 겨루는 던지기 놀이를 하는 경우를 견주어 말한 것이다. 이하의 문장은 ≪呂氏春秋≫ 〈去尤〉편, ≪淮南子≫ 〈說林訓〉편 등에도 나온다. 특히 赤塚忠의 지적처럼 ≪呂氏春秋≫에는 '莊子曰'이라는 세 글자가 덧붙여져 있으므로, 원래 ≪莊子≫에 있었던 문장이지만 그렇다고 해서 이 장 전체가 ≪呂氏春秋≫ 성립 이전의 저작이라고 확정할 수는 없다. 注는 ≪呂氏春秋≫에서 投로 표기되어 있고(陳景元), ≪淮南子≫에는 鈓로 표기되어 있고, ≪列子≫에는 摳로 표기되어 있다. 江南古藏本에도 投로 표기되어 있다고 한다(陳景元). 洪頤煊, 馬叙倫, 王叔岷이 말하는 것처럼 네 글자는 같은 의미로 '던진다'는 뜻이다. 憚은 ≪呂氏春秋≫에는 戰으로 표기되어 있고, ≪淮南子≫에는 跋로 표기되어 있는데 각각 '두려워하다', '비틀거리다'의 뜻으로 의미에 큰 차이가 없다. 陳景元이 "놀람이니 두려워함이다〔驚也 懼也〕."라고 풀이한 것이 무난하다. 殙은 어두워짐. ≪說文解字≫에서 "어두워짐이다〔瞀也〕."라고 풀이했다.

13) 其巧 一也 而有所矜 : 기술은 같은데 놓치면 아깝다고 생각하는 경품이 있게 되면. ≪呂氏春秋≫에는 矜자가 '殆者'로 표기되어 있다. 成玄英은 "아껴서 애석히 여김이다〔矜而惜之〕."고 풀이했다.

14) 凡外重者內拙 : 무릇 外物을 중시하는 경우에는 내면의 마음이 졸렬하게 됨. 外重은 重外로 표기되어 있는 판본이 있고(寺岡龍含), ≪列子≫에는 重外로 표기되어 있다. 拙은 위 문장의 巧와 상대되는 표현이다(池田知久).

第5章

田開之[1)]見周威公[2)]한대 威公曰 吾는 聞祝腎은 學生[3)]이라하니 吾子 與祝腎으로 游하니 亦何聞焉[4)]고

田開之曰 開之는 操拔篲하야 以侍門庭[5]이어니 亦何聞於夫子리잇고

威公曰 田子는 無讓하라 寡人은 願聞之하노라

開之曰 聞之夫子호니 曰 善養生者는 若牧羊然하니 視其後者而鞭之[6]라호라

威公曰 何謂也오

田開之曰 魯에 有單豹[7]者하니 巖居而水飮하야 不與民으로 共利[8]하야 行年이 七十而猶有嬰兒之色하더니 不幸하야 遇餓虎한대 餓虎 殺而食之하니라 有張毅[9]者하니 高門縣薄에 無不走也[10]하더니 行年이 四十而有內熱之病하야 以死[11]하니라 豹는 養其內하야늘 而虎 食其外하고 毅는 養其外하야늘 而病이 攻其內하니 此二子者는 皆不鞭其後者也니라

仲尼曰 無入而藏하며 無出而陽[12]하고 柴立其中央[13]이니 三者 若得이면 其名이 必極[14]이니라 夫畏塗者 十殺一人이면 則父子兄弟 相戒也하야 必盛卒徒[15]而後에야 敢出焉하나니 不亦知乎아 人之所取畏者 衽席之上[16]과 飮食之間이어늘 而不知爲之戒者는 過也니라

田開之가 周公의 후예인 威公을 뵈었더니 威公이 말했다. "내가 듣건대 祝腎이 양생술을 학습하고 있다고 하던데, 그대는 祝腎과 더불어 교유하고 있다고 하니 또한 무엇인가 좋은 가르침을 들었겠지요."

田開之가 말했다. "저는 빗자루를 손에 잡고 문 안 마당이나 쓸면서 그분을 모시고 있을 뿐이니 또 무슨 말을 선생(祝腎)에게서 들었겠습니까."

威公이 말했다. "田先生은 겸양하지 마시오. 과인은 부디 선생에게서 양생술에 대해 듣고 싶소."

開之가 말했다. "제가 우리 선생(祝腎)에게서 들었는데, 선생이 말하기를 '生을 잘 기르는 자는 羊을 기르는 것과 같아서 〈제대로 가는 놈은 놔두고〉 뒤처진 놈을 보고 채찍질을 한다.'고 했습니다."

威公이 말했다. "그것이 무슨 말입니까?"

田開之가 말했다. "魯나라에 單豹(선표)라는 隱者가 있었는데, 〈이 사람은〉 산중의 巖穴 속에 살면서 골짜기와 내의 물을 마시면서, 세상 사람들과 이해를 함께 다투지 않아서 살아온 나이가 70이었는데도 오히려 어린아이와 같은 불그레한 얼굴색을 지니고 있었는데, 불행히도 굶주린 호랑이를 만나 굶주린 호랑이가 죽여서 잡아먹고 말았습니다. 또 한편으로 魯나라에 張毅라는 사람이 있었는데, 그는 문이 높은 부자의 집과 발을 늘어뜨린 보통 사람들의 집에 열심히 쫓아다니지 않은 일이 없었는데 살아온 나이 40에 몸 안에서 열이 생기는 병에 걸려 죽고 말았습니다. 선표는 내면을 잘 길렀는데 호랑이가 바깥에 해당하는 육체를 잡아먹어 버렸고 장의는 바깥을 잘 길렀는데 병이 그 안을 공격하였으니, 이 두 사람은 모두 뒤처진 부분을 채찍질하지 않은 경우입니다.

仲尼가 말했다. "안쪽만을 중시하여 은둔하지 말 것이며 밖으로만 나가 너무 지나치게 드러내지 말고 內와 外의 한가운데에 枯木처럼 서야 할 것이니 이 세 가지를 잘 얻으면 그 명예가 반드시 최고의 경지까지 갈 것이다. 무릇 길 떠날 때의 위험을 두려워하는 자는 열 명 가운데 한 명이라도 죽음을 당하는 위험이 있으면 父子兄弟처럼 서로 〈합심하고〉 경계하여 반드시 호위하는 卒徒를 성대하게 갖춘 뒤에야 감히 여행길에 나서니 또한 지혜롭지 아니한가. 사람이 두려워하는 것은 〈이 밖에도〉 이부자리 위의 일(性欲)과 음식을 먹는 문제(食欲)인데 이것을 경계할 줄 모른다면 내면의 수양을 잘못한 것이다."

【역주】

1) 田開之 : 인명. 성은 田, 이름은 開之. 도를 배우는 사람(方勇・陸永品).

2) 周威公 : 주나라 위공. 주공의 후손. 성은 姬 이름은 竈. 崔譔은 周威公 竈로 표기하고 있다. 成玄英 또한 "주공의 후손으로 그 이름은 알려져 있지 않다. 주나라에서 식읍을 받았고 시호를 威라 했다〔周公之胤 莫顯其名 食采於周 謚曰威也〕."고 풀이했다. ≪史記≫ 〈周本紀〉에 나오는 인물이다(池田知久).

3) 祝腎學生 : 祝腎이 양생술을 배움. 祝腎은 인명. 성은 祝, 이름은 腎. 田開之가 도를 배우는 사람임에 상대하여 도를 아는 사람으로 등장하는 가공의 인물이다.

4) 亦何聞焉 : 또한 무슨 가르침을 들었는가. 무엇인가 좋은 가르침을 들었을 것이라

는 뜻.

5) 操拔篲以侍門庭 : 빗자루를 손에 잡고 문 안 마당이나 쓸면서 그분을 모심. 篲는 빗자루로 帚와 같다. 물 뿌리고 소제하는 제자의 도리를 한다는 뜻이다.

6) 視其後者而鞭之 : 뒤처진 놈을 보고 채찍질을 함. 제대로 가는 양은 놔두고 뒤에 처지는 양만 채찍질한다는 뜻이다. 羅勉道는 "양 중에서 이미 앞으로 나간 놈은 채찍질할 필요가 없고 오직 뒤에 처지는 양만 채찍질한다는 뜻으로 이미 내면을 잘 기른 사람은 다시 내면을 기르기 위해 힘을 쓸 것이 없음을 비유한 것이다〔羊已前行者 不須鞭 唯鞭其在後者 以喩旣養其內者 不必更用工於內〕."라고 풀이했다.

7) 單豹(선표) : 은자의 이름. 성은 單이고 豹는 이름. 李頤는 "은자의 성명이다〔隱人姓名也〕."고 풀이했다. ≪呂氏春秋≫ 〈必己〉편, ≪淮南子≫ 〈人間訓〉편에도 單豹와 張毅의 설화가 있다. 池田知久에 의하면 ≪呂氏春秋≫ → ≪莊子≫ → ≪淮南子≫의 순으로 성립한 것으로 추정된다.

8) 不與民共利 : 세상 사람들과 이해를 함께 다투지 않음. 共利는 爭利의 뜻이다.

9) 張毅 : 인명. 成玄英은 "姓은 張이고 이름은 毅이니 역시 노나라 사람이다〔姓張名毅亦魯人也〕."라고 풀이했다.

10) 高門縣薄 無不走也 : 대문이 높은 부잣집과 발을 늘어뜨린 집에 열심히 쫓아다니지 않음이 없음. 부잣집과 보통 사람들의 집까지 모두 찾아다녔다는 뜻이다.

11) 行年四十而有內熱之病以死 : 살아온 나이 40에 몸 안에서 열이 생기는 병에 걸려 죽음. 內熱之病은 열기가 지나치게 왕성해서 생기는 일종의 열병이다(方勇·陸永品).

12) 無入而藏 無出而陽 : 안쪽만을 중시하여 은둔하지 말 것이며 밖으로만 나가 너무 지나치게 드러내지 말아야 함. 너무 은둔하지도 말고 너무 드러내지도 말라는 뜻이다.

13) 柴立其中央 : 內와 外의 한가운데에 枯木처럼 섬. 柴는 말라 버린 나무. 枯木. 宣穎은 "마치 말라 버린 나무처럼 동정의 한가운데에 섬이다〔如槁木之無心 立於動靜之中〕."라고 풀이했다.

14) 三者若得 其名必極 : 이 세 가지를 잘 얻으면 그 명예가 반드시 최고의 경지까지 갈 것임. 三者는 '無入而藏', '無出而陽', '柴立其中央'의 세 가지를 말한다.

15) 必盛卒徒 : 호위하는 졸도를 성대하게 갖춤. 무리를 이룬 뒤에 길을 떠난다는

뜻이다.

16) 袵席之上 : 이부자리 위의 일. 곧 性欲을 지칭한다.

第6章

祝宗人[1]이 **玄端**으로 **以臨牢筴**[2]하야 **說彘**[3]하야 **曰 汝奚惡死**오 **吾 將三月**을 **豢汝**[4]하다가 **十日戒**하고 **三日齊**[5]하야 **藉白茅**[6]하고 **加汝肩尻乎彫俎之上**[7]호리라 **則汝爲之乎**아 **爲彘謀曰 不如食以糠糟**코 **而錯之牢筴之中**[8]커니따녀 **自爲謀則苟生有軒冕之尊**이면 **死得於腞楯之上**과 **聚僂之中**[9]이라도 **則爲之**하나니 **爲彘謀則去之**하고 **自爲謀則取之**하나니 **所異彘者**는 **何也**[10]오

〈宗廟의 祭官인〉 祝宗人이 현단복을 입고 돼지우리에 가서 돼지를 설득하여 말하기를 "그대는 어찌하여 죽는 것을 싫어하는고. 내 이제부터 석 달 동안 너를 잘 기를 것이다. 그러다가 나는 열흘 동안 몸을 깨끗이 재계하고 사흘 동안 마음을 깨끗이 재계하여 흰 띠풀을 깔고 단정히 앉아서 너의 어깨 부위의 고기와 궁둥이 부위의 고기를, 아름답게 조각하여 장식한 제사용 쟁반 위에 올려 神들에게 바치고자 한다. 그러니 너는 기꺼이 犧牲이 되어 주겠지?"라고 하였다.

〈이런 경우에〉 돼지를 위해 생각해 보면 〈사람들은 누구나 잘 먹이고 나서 犧牲으로 삼아 제사상에 올려 죽이기보다는〉 "겨나 술지게미 같은 것을 먹이더라도 돼지우리 속에서나마 자유롭게 살도록 놓아두는 것이 차라리 낫다."고 할 것이 틀림없다.

그러나 자기 자신을 위해 생각할 때는 만일 살아서 軒冕(貴人의 수레와 갓)의 존귀함을 누리고 죽어서 〈호화로운〉 영구차 위에 눕고 아름답게 장식한 관 속에 누울 수만 있다면 그것을 하려고 하니, 돼지를 위해 생각할 때는 그것을 버리고 자신을 위해 생각할 때는 그것을 택하니 돼지의 경우와 다른 까닭은 무엇인가.

【역주】

1) 祝宗人 : 宗廟의 제사를 관장하는 祭官.

2) 玄端 以臨牢筴(책) : 현단복을 입고서 돼지우리에 나아감. 현단복은 끝 부분을 검정색으로 마무리한 예복의 일종으로 ≪儀禮≫ 〈士冠禮〉편과 ≪禮記≫ 〈玉藻〉편에 자세한 내용이 전한다. 牢筴은 짐승의 우리. 여기서는 돼지우리를 지칭한다. 楊樹達은 筴은 柵으로 써야 한다고 했는데 참고할 만하다.

3) 說(세)彘 : 돼지를 달램. 彘는 암돼지. 여기서는 암수 구분 없이 쓰인 듯하다.

4) 吾將三月犧汝 : 내 이제부터 석 달 동안 너를 잘 기를 것임. 犧은 豢과 통용. 豢養의 뜻이다. 陳景元이 ≪莊子闕誤≫에서 인용한 張君房본에는 豢으로 표기되어 있다.

5) 十日戒 三日齊 : 열흘 동안 몸을 깨끗이 재계하고 사흘 동안 마음을 깨끗이 재계함. 齊는 齋와 통용한다.

6) 藉白茅 : 흰 띠풀을 깖. 띠풀을 바닥에 깔아서 정결하게 한다는 뜻이다.

7) 加汝肩尻乎彫俎之上 : 너의 어깨 부위의 고기와 궁둥이 부위의 고기를, 아름답게 조각하여 장식한 제사용 쟁반 위에 올릴 것임. 肩은 돼지 어깨 부위의 고기. 尻는 궁둥이 부위의 고기.

8) 不如食以糠糟 而錯之牢筴之中 : 겨나 술지게미 같은 것을 먹이더라도 돼지우리 속에서나마 자유롭게 살도록 놓아두느니만 못함. 돼지 입장에서는 차라리 술지게미를 먹더라도 조금이라도 자유롭게 사는 것이 낫다는 뜻이다.

9) 苟生有軒冕之尊 死得於腞楯(전순)之上 聚僂之中 : 만일 살아서 軒冕(貴人의 수레와 갓)의 존귀함을 누리고 죽어서 〈호화로운〉 영구차 위에 눕고 아름답게 장식한 관 속에 누울 수만 있다면. 軒은 수레. 冕은 면류관. 모두 신분이 높은 사람이 사용하는 기물이다. 腞은 관을 싣는 수레. 楯은 운구차. 王念孫은 "腞은 상여차의 뜻인 輇으로 읽어야 하니 관을 싣는 수레이다. 楯은 輴으로 읽어야 하니 이 또한 운구차이다〔腞讀爲輇 謂載柩車也 楯讀爲輴 亦謂柩車也〕."라고 풀이했다. 聚僂之中은 관 속. 陸德明은 "일설에 聚僂는 관곽이다〔一云 聚僂 棺槨也〕."라고 풀이했고, 成玄英도 이를 따랐다.

10) 自爲謀 則取之 所異彘者何也 : 자신을 위해 생각할 때는 그것을 택하니 돼지의 경우와 다른 까닭은 무엇인가. 之는 軒冕, 腞楯(운구차), 聚僂(관곽)의 세 가지를 지

칭한다(方勇·陸永品).

第7章

桓公이 田於澤[1)]할새 管仲이 御[2)]러니 見鬼焉코 公이 撫管仲之手하야 曰 仲父[3)]는 何見고 對曰 臣無所見이로소이다

公이 反[4)]하야 誒詒爲病[5)]하야 數日不出한대 齊士에 有皇子告敖[6)]者曰 公則自傷이언정 鬼 惡能傷公이리잇고 夫忿滀之氣 散而不反하면 則爲不足[7)]하고 上而不下하면 則使人善怒하고 下而不上하면 則使人善忘[8)]하고 不上不下하야 中身當心 則爲病[9)]하나니라

桓公曰 然則有鬼乎아

曰 有하니 沈에는 有履[10)]하고 竈에는 有髻[11)]하고 戶內之煩壤에는 雷霆이 處之[12)]하고 東北方之下者에는 倍阿鮭蠪이 躍之[13)]하고 西北方之下者에는 則泆陽[14)]이 處之하고 水有罔象[15)]하고 丘有峷[16)]하고 山有夔[17)]하고 野有彷徨[18)]하고 澤有委蛇[19)]하니이다

公曰 請問委蛇之狀은 何如오

皇子曰 委蛇 其大 如轂[20)]하며 其長이 如轅하고 紫衣而朱冠이니 其爲物也 惡聞雷車之聲하야난 則捧其首而立하나니 見之者는 殆乎霸니라

桓公辴然而笑[21)]하야 曰 此寡人之所見者也로다 於是에 正衣冠하야 與之坐하야 不終日而不知病之去也[22)]하니라

桓公이 沼澤地에 사냥을 나갔을 때 管仲이 말을 몰았는데 환공이 귀신을 보고는 관중의 손을 잡고서 말했다. "仲父는 무엇을 보았습니까?"

管仲이 대답했다. "신은 아무 것도 보지 못했습니다."

桓公은 사냥에서 돌아온 뒤 헛소리를 하며 병을 앓아 며칠 동안 아무 데도

나가지 못했다. 제나라의 士人 중에 皇子告敖라는 사람이 있었는데 환공을 문병하고 이렇게 말했다. "공께서 스스로를 손상시킨 것일지언정, 귀신이 어찌 공을 손상시킬 수 있겠습니까. 무릇 가득히 맺혀 풀리지 않는 氣가 흩어져서 돌아오지 않으면 체내의 氣가 부족하게 되고, 氣가 올라가서 내려오지 않으면 사람으로 하여금 성을 잘 내게 하고, 아래로 내려가서 올라오지 않으면 사람으로 하여금 잘 잊어버리게 하고, 올라가지도 않고 내려가지도 아니하여 몸의 한가운데에 머물러 있고 마음속에 막혀 있으면 病이 됩니다."

桓公이 말했다. "알겠다. 그러면 귀신이란 존재하는 것인가."

皇子告敖가 말했다. "있습니다. 진흙탕에는 履라는 이름의 귀신이 있고, 부뚜막에는 髻라는 부엌귀신이 있고, 집안의 더러운 쓰레기 더미 속에는 雷霆神이 살고 있고, 동북방 귀퉁이 담장 아래에는 倍阿와 鮭蠪이라는 귀신이 뛰어놀고, 서북방 귀퉁이 아래쪽에는 泆陽이라는 神獸가 살고, 물속에는 罔象이라는 물귀신이 있고, 언덕 위에는 峷이라는 이름의 山神이 있고, 산에는 夔라는 이름의 귀신이 있고, 들에는 彷徨이라는 이름의 귀신이 있고, 沼澤地에는 委蛇라는 귀신이 있습니다."

환공이 말했다. "묻노니 委蛇는 어떤 모양을 하고 있는가?"

皇子가 말했다. "委蛇는 굵기는 수레바퀴 통만 하고 길이는 수레의 끌채만 하고 紫色 옷에 붉은 갓을 쓰고 나타납니다. 委蛇의 성질은 우레 같은 수레 소리가 들리는 것을 싫어하는데 우레 같은 수레 소리를 듣게 되면 뱀 대가리 모양의 머리를 쳐들고 일어나니 그것을 본 사람은 틀림없이 覇者가 될 것입니다."

환공이 크게 웃으면서 말했다. "바로 과인이 본 것이다."

이에 환공은 〈병석에서 일어나〉 의관을 바로 하고 皇子告敖와 마주 앉아 담소하였는데 그날이 끝나기 전에 병이 나은 것을 알지 못했다.

【역주】

1) 桓公田於澤 : 환공이 沼澤地에 사냥을 나감. 桓公은 곧 齊桓公이다. 田은 사냥. 畋

과 통용하는 글자이다.

2) 管仲御 : 관중이 수레를 몲. 御는 수레나 말을 몬다는 뜻.

3) 仲父(보) : 제환공이 관중을 존대하여 부른 호칭. 父는 어버이와 같이 섬긴다는 뜻으로 '보'로 읽는다.

4) 公反 : 환공이 사냥에서 돌아옴. 反은 返과 같다.

5) 誒詒(희이)爲病 : 헛소리를 하며 병을 앓음. 誒詒는 헛소리. 胡文英은 "誒詒는 정신이 편치 못하여 미친 소리를 하는 것이다〔誒詒 神魂不寧而誑語也〕."라고 풀이했다.

6) 皇子告敖 : 인명. 성이 皇子, 告敖는 字이다. 제나라의 현인. 兪樾의 고증에 의하면 皇子는 복성이다.

7) 忿滀(축)之氣 散而不反 則爲不足 : 가득히 맺혀 풀리지 않는 氣가 흩어져서 돌아오지 않으면 체내의 氣가 부족하게 됨. 忿滀은 꽉 막힌 모양. 李頤는 "忿은 가득하다는 뜻이고 滀은 맺힌다는 뜻이다. 정신에 거스름이 있으면 음양의 기운이 내부에서 맺힌다〔忿 滿也 滀 結聚也 精神有逆 則陰陽結於內〕."라고 풀이했다. 不足은 기가 부족하게 되어 정신이 위축된다는 뜻이다(方勇·陸永品).

8) 上而不下 則使人善怒 下而不上 則使人善忘 : 氣가 올라가서 내려오지 않으면 사람으로 하여금 성을 잘 내게 하고, 아래로 내려가서 올라오지 않으면 사람으로 하여금 잘 잊어버리게 함. 上은 忿滀之氣가 위로 올라가 머리 쪽을 공격하는 것을 말한다(方勇·陸永品).

9) 不上不下 中身當心 則爲病 : 올라가지도 않고 내려가지도 아니하여 몸의 한가운데에 머물러 있고 마음속에 막혀 있으면 病이 됨. 中身當心은 忿滀之氣가 체내에 정체되어서 오장을 공격하는 것을 말한다(方勇·陸永品).

10) 沈有履 : 진흙탕에는 履가 있음. 司馬彪는 "沈은 물속의 진흙탕이다〔沈 水汙泥也〕."라고 풀이했다. 履는 진흙탕 속에 있는 물귀신. 成玄英은 "진흙탕 속에 귀신이 있는데 履라 한다〔有鬼曰 履〕."라고 풀이했고, 司馬彪는 '귀신 이름〔神名〕'이라고 풀이했다.

11) 竈有髻 : 부뚜막에는 髻라는 부엌귀신이 있음. 司馬彪는 "髻는 부뚜막귀신인데 붉은 옷을 입고 있으며 미녀와 같은 모양이다〔髻 竈神 著赤衣 狀如美女〕."라고 하였다.

12) 戶內之煩壤 雷霆處之 : 집안의 더러운 쓰레기 더미 속에는 雷霆神이 살고 있음. 煩壤은 쓰레기, 오물. 成玄英은 '糞壤'이라고 풀이했다.

13) 東北方之下者 倍阿鮭蠪躍之 : 동북방 귀퉁이 담장 아래에는 倍阿와 鮭蠪이라는 귀신이 뛰어놂. 東北方之下는 동북방 귀퉁이 담장 아래. 倍阿와 鮭蠪은 모두 귀신 이름. 成玄英은 "사람이 사는 집 동북방 귀퉁이 담장 아래에 귀신이 있는데 이름은 倍阿와 鮭蠪이다. 뛰어노는 모습이 어린아이 같고 키가 1척 4촌이고 검은 옷을 입고 붉은 머리띠를 두르고 칼을 차고 창을 잡고 있다〔人宅中東北牆下有鬼 名倍阿鮭蠪 躍狀如小兒 長一尺四寸 黑衣赤幘 帶劍持戟〕."고 풀이했다.

14) 泆陽 : 역시 귀신 이름. 成玄英은 "표범의 머리에 말 꼬리를 가지고 있는데 이름을 일양이라 한다〔豹頭馬尾 名曰泆陽〕."고 풀이했다.

15) 罔象 : 물귀신 이름. 司馬彪는 "모양은 어린아이와 같고 붉은색과 흑색을 띠고 있으며 붉은 손톱에 큰 귀, 긴 팔을 가지고 있다〔狀如小兒 赤黑色 赤爪 大耳 長臂〕."고 풀이했다. 陸德明은 "어떤 사람은 물귀신 이름이라 한다〔一云 水神名〕."고 풀이했다.

16) 峷(신) : 언덕에 사는 귀신 이름. 司馬彪는 "모양은 강아지 같고 뿔이 있으며 몸에 다섯 가지 채색의 문신이 있다〔狀如狗 有角 文身五采〕."고 풀이했고, 陸德明은 峷이 莘으로 표기된 판본도 있다고 풀이했다.

17) 夔 : 산에 사는 귀신 이름. 成玄英은 "크기는 소만 하고 모양은 북 같고 한 발로 다닌다〔大如牛 狀如鼓 一足行也〕."고 풀이했다.

18) 彷徨 : 들에 사는 귀신 이름. 成玄英은 "모양은 뱀 같고 머리가 두 개이며 다섯 가지 채색이 있다〔其狀如蛇 兩頭 五采〕."고 풀이했다.

19) 委蛇 : 뱀 모양의 귀신. 자세한 모양은 본문에 나와 있는 것처럼 '굵기는 수레바퀴 통만 하고 길이는 수레의 끌채만 하고 紫色 옷에 붉은 갓을 쓴' 뱀 모양의 귀신이다.

20) 轂 : 수레바퀴의 중심. 수레의 軸을 집어넣는 구멍이다.

21) 辴(진)然而笑 : 크게 웃음. 辴然은 웃는 모양.

22) 不知病之去也 : 병이 나은 것을 알지 못함. 자신도 모르는 사이에 병이 나았다는 뜻이다.

第8章

紀渻子 爲王하야 養鬪鷄[1])하더니

十日而問호대 鷄已乎[2])아 曰未也라 方虛憍而恃氣[3])하나이다

十日에 又問한대 曰未也라 猶應嚮景[4])하나이다

十日에 又問한대 曰未也라 猶疾視而盛氣[5])하나이다

十日에 又問한대 曰幾矣로소이다 鷄雖有鳴者하나 已無變矣[6])라 望之한댄 似木鷄矣니 其德全矣라 異鷄無敢應者요 反走矣[7])니이다

紀渻子가 왕을 위해 싸움닭을 키웠다. 10일이 지나서 왕이 물었다. "싸움닭으로서 완성되었는가?" 기성자가 말했다. "아직 아닙니다. 지금은 공연히 허세 부리며 자기 기력만 믿고 있습니다."

10일이 지나서 왕이 또 질문하자 기성자가 대답했다. "아직 아닙니다. 소리와 그림자에 바로 신경질적으로 대응하고 있습니다."

10일이 지나서 왕이 또 질문하자 기성자가 대답했다. "아직 아닙니다. 아직도 다른 닭을 노려보며 혈기를 드러내고 있습니다."

10일 후에 왕이 또 묻자, 기성자가 대답했다. "거의 완성되었습니다. 다른 닭이 우는 소리를 내도 이에 대응함이 없고, 바라보면 마치 나무로 조각하여 만든 닭 같으니, 그 본래의 德이 완전히 갖추어지게 되었습니다. 다른 닭들이 감히 대응하는 것이 없고, 도리어 달아나 버립니다."

【역주】

1) 紀渻子爲王養鬪鷄 : 紀渻子가 왕을 위해 투계를 기름. 기성자는 인명. 成玄英은 "성은 紀이고 이름이 渻子인데 消로 쓰기도 한다〔姓紀 名渻子 亦作消字〕."고 풀이했다. 司馬彪는 王을 齊王이라 했는데, 兪樾은 "≪列子≫ 〈黃帝〉편에도 이 이야기가 실려 있는데 기성자가 주나라 선왕을 위해 투계를 길렀다고 하니 여기의 왕은 제왕이 아니다〔列子黃帝篇亦載此事 云紀渻子爲周宣王養鬥雞 則非齊王也〕."라고 하여

제왕이 아니라 주나라 선왕이라고 했다. 陳景元도 같은 견해.

2) 鷄已乎 : 싸움닭으로서 완성되었는가? 王先謙은 ≪列子≫ 〈黃帝〉편에는 鷄자 밑에 '可鬪' 두 글자가 있는데 여기에는 빠져 있다고 했고, 王叔岷도 이 문장에는 '可鬪' 두 글자가 빠져서 마침내 뜻이 명확하지 않게 되었다고 풀이했는데 타당한 견해이다. 已는 끝나다, 완성되다의 뜻.

3) 方虛憍而恃氣 : 지금은 공연히 허세 부리며 자기 기력만 믿음. 憍는 驕慢의 驕와 통한다.

4) 猶應嚮景 : 여전히 소리와 그림자에 대응함. 다른 닭의 소리나 다른 닭의 그림자만 보아도 반응을 보인다는 뜻.

5) 猶疾視而盛氣 : 여전히 노려보며 혈기를 성대하게 드러냄. 내부의 사나움을 아직 없애지 못했음을 나타낸다.

6) 鷄雖有鳴者 已無變矣 : 다른 닭이 우는 소리를 내도 변함이 없음. 成玄英은 "마음과 정신이 안정되어 다른 닭이 울더라도 이미 변동하여 두려워함이 없다〔心神安定 雞雖有鳴 已無變慴〕."라고 풀이했다.

7) 異鷄無敢應者 反走矣 : 다른 닭들이 감히 대응하는 것이 없고, 도리어 달아남. 成玄英은 "그 덕이 온전하게 갖추어져 다른 사람의 닭은 그 닭을 보기만 해도 도리어 달아나니 천하에 무적이다. 누가 감히 대응하겠는가〔其德全具 他人之雞 見之反走 天下無敵 誰敢應乎〕."라고 풀이했다.

第9章

孔子 觀於呂梁[1)]하더시니 **縣水[2)]三十仞**이오 **流沫[3)]四十里**라 **黿鼉魚鼈之所不能游也**러라 **見一丈夫[4)] 游之**코 **以爲有苦而欲死也**로다하야 **使弟子**로 **竝流而拯之[5)]**한대 **數百步而出**하야 **被髮行歌而游於塘下[6)]**어늘

孔子 從而問焉하야 **曰 吾以子**로 **爲鬼**러니 **察子則人也**랏다 **請問**하노라 **蹈水 有道乎[7)]**아

曰 亡라 **吾**는 **無道**호라 **吾 始乎故[8)]**하야 **長乎性[9)]**하고 **成乎命[10)]**하야 **與齊俱入**하며

與汨偕出[11)]하야 從水之道而不爲私焉하노니 此 吾所以蹈之也니라

孔子曰 何謂始乎故 長乎性 成乎命고

曰 吾生於陵而安於陵이 故也요 長於水而安於水 性也요 不知吾의 所以然而然이 命也니라

孔子가 〈제자들과 함께〉 呂梁에 노닐며 유람하였는데 떨어지는 폭포의 높이가 30길이 되고, 물보라 치는 急流는 40里를 흘러가는데 큰 거북이・악어・물고기・자라들도 헤엄칠 수 없는 곳이었다.

〈그런데 그런 呂梁의 급류에서〉 한 사나이가 헤엄치고 있는 것을 보고, 〈孔子는〉 무엇인가 괴로움이 있어 죽으려고 뛰어든 것이라 생각하여 제자들로 하여금 물길과 나란히 따라가면서 그를 건지게 하였는데, 사나이는 몇 백 걸음의 거리를 헤엄쳐 내려간 뒤 물에서 나와 머리를 풀어헤친 채로 걷다가 노래하다 하면서 뚝방 아래를 왔다 갔다 하고 있었다.

孔子가 뒤좇아 가 물었다. "나는 〈그대가 헤엄치는 모습을 보고〉 그대를 귀신이라고 여겼는데 자세히 살펴보니 역시 인간이로다. 묻노니 물속을 헤엄치는 데에 무슨 비결이라도 있는가."

사나이가 말했다. "없습니다. 나에게는 비결이 따로 없습니다. 나는 본디 타고난 그대로에서 시작하고 習性 속에서 자라나고 자연의 이치를 따라 이루어서 소용돌이와 함께 물속으로 들어가며 솟는 물과 함께 물 위로 떠올라서 어떠한 경우에도 물의 법칙을 따를 뿐 제멋대로 움직이지 않습니다. 이것이 내가 헤엄을 잘 치는 방법입니다."

공자가 말했다. "무엇을 일러 본디 타고난 그대로에서 시작하고 習性 속에서 자라나고 자연의 이치를 따라 이룬다고 하는가?"

사나이가 말했다. "나는 언덕에서 태어났는데 언덕을 편안하게 여겼으니 이것이 본디 타고난 그대로의 것이고, 물속에서 자라면서 물속을 편안하게 여겼으니 이것이 습성이고, 내가 그러한 까닭을 알지 못하고 저절로 그러한 것이

명입니다."

【역주】

1) 呂梁 : 지명. ≪水經注≫에 의하면 呂梁은 徐州 부근에 있다(方勇·陸永品). ≪抱朴子≫에도 보인다.

2) 縣水 : 낙하하는 물. 곧 폭포. 縣은 懸과 같이 쓴다.

3) 流沫 : 물보라 치는 급류.

4) 丈夫 : 성인 남자를 지칭.

5) 竝流而拯之 : 물길과 나란히 따라가면서 그를 건지게 함. 林希逸은 竝을 沿의 뜻으로 풀이했다. 拯은 拯救의 拯과 같다(陸德明).

6) 被髮行歌而游於塘下 : 머리를 풀어헤친 채로 걷다가 노래하다 하면서 뚝방 아래를 왔다 갔다 함. 馬叙倫은 "游자는 마땅히 休자가 되어야 한다〔游當作休〕."고 주장했고, 劉文典은 '遊'자로 보았는데 의미는 큰 차이가 없다. 塘은 뚝(제방) 당, 못 당.

7) 蹈水有道乎 : 물속을 헤엄치는 데에 무슨 비결이라도 있는가. 蹈水는 물속을 잘 헤엄쳐 나간다는 뜻. 道는 方道, 비결의 뜻이다.

8) 始乎故 : 본디 타고난 그대로에서 시작함. 故는 '타고난 본성 그대로'의 뜻. 林希逸은 故를 '本然也'의 뜻으로 풀이했다.

9) 長乎性 : 習性 속에서 자람. 成玄英은 "습관이 본성으로 이루어진 것이다(習而成性也)."라고 풀이했다.

10) 成乎命 : 자연의 이치를 따라 이룸. 林希逸은 命을 自然之理로 풀이했다.

11) 與齊俱入 與汨偕出 : 소용돌이와 함께 물속으로 들어가며 솟는 물과 함께 물 위로 떠오름. 齊는 臍와 통용하는 글자로 소용돌이를 뜻한다(方勇·陸永品). 汨은 물이 솟아 나오는 곳. 馬叙倫은 淈(물이 솟아 흐르는 모양 굴)의 假借字로 풀이하였다.

第10章

梓인 慶이 削木爲鐻[1)]하더니 鐻成이어늘 見者 驚猶鬼神[2)]하더니 魯侯 見而問焉曰

子는 何術以爲焉고

對曰 臣은 工人이어니 何術之有이리잇고 雖然이나 有一焉하니 臣이 將爲鐻할새 未嘗敢以耗氣也[3)]하야 必齊以靜心하야 齊三日而不敢懷慶賞爵祿[4)]하고 齊五日에 不敢懷非譽巧拙[5)]하고 齊七日에 輒然忘吾의 有四枝形體也[6)]호이다 當是時也하야 無公朝[7)]라 其巧 專而外滑이 消[8)]한 然後에야 入山林하야 觀天性하야 形軀至矣[9)]인 然後에야 成見鐻[10)]하며 然後에야 加手焉하노이다 不然則已하야 則以天으로 合天[11)]하노니 器之所以疑神[12)]者 其是與인저

목수 慶이 큰 나무를 깎아서 鐻(鐘이나 磬을 걸어 놓는 架臺)를 만들었는데, 鐻가 완성되고 나자 그것을 본 사람들은 모두 놀라서 마치 귀신과 같은 솜씨라고 하였다.

魯나라 임금이 보고 물었다. “그대는 어떤 기술로 이것을 만들었는가?”

慶이 대답하였다. “신은 목수일 뿐인데 무슨 특별한 기술이 있겠습니까. 비록 그러하나 이런 것 한 가지는 있습니다. 신이 鐻를 만들 때에는 지금까지 체내의 氣를 소모한 적이 없어서 반드시 齋戒하여 마음을 고요하게 하여, 3일간 재계를 하면 감히 상으로 받는 물건이나 爵祿 따위를 마음에 품지 않게 되고, 5일간 재계를 하면 자기 작품에 대한 세상의 毁譽나 작품의 잘 되고 못 됨에 대한 생각을 마음에 품지 않게 되고, 7일간 재계를 하면 가만히 움직이지 않는 채로 내가 四肢와 육체를 가지고 있다는 것조차 잊어버리고 맙니다.

이때가 되면 조정의 권세도 마음에 없게 되는지라 기술이 專一하게 되고 방해가 완전히 소멸됩니다. 그런 뒤에 山林 속으로 들어가서 나무의 자연스러운 성질과 모양이 가장 좋은 것을 관찰합니다. 그런 뒤에 드러난 架臺를 마음속에서 완성합니다. 그런 뒤에 그 나무에 손을 댑니다. 그렇지 않을 경우에는 架臺 만드는 일을 그만둡니다. 〈鐻를 만드는 일은〉 자연스러운 本性을 가지고 나무의 자연스런 本性과 一致하게 하는 것이니 제가 만든 器物(鐻)이 귀신같은 솜씨로

인정받는 까닭은 바로 이 때문일 것입니다."

【역주】

1) 梓慶削木爲鐻 : 목수 慶이 나무를 깎아 鐻를 만듦. 梓는 梓人으로 주나라 때의 관직명으로 목수이다. 成玄英은 "성은 梓이고 이름이 慶이니 魯나라의 도목수이다. 또 梓란 官號이다〔姓梓 名慶 魯大匠也 亦云 梓者 官號〕."라고 풀이했는데 관직 명칭으로 보는 것이 옳을 듯하다. 鐻는 쇠북받침 거. 鍾이나 磬을 걸어 놓는 架臺이다. 成玄英은 "鐻란 악기이니 종을 끼워놓은 것 같다. 또 鐻는 모양이 범 같고 나무를 깎아서 만든다〔鐻者 樂器似夾鍾 亦言 鐻似虎形 刻木爲之〕."고 풀이했다.

2) 見者 驚猶鬼神 : 본 사람들이 놀라 귀신같은 솜씨라 함. 成玄英은 "새기고 깎음이 공교로워 사람의 솜씨 같지 않아서 본 사람들이 놀라고 의심하여 귀신이 만든 것 같다고 말함이다〔彫削巧妙 不類人工 見者驚疑 謂鬼神所作也〕."라고 풀이했다.

3) 未嘗敢以耗氣也 : 체내의 氣를 소모한 적이 없었음. 耗는 耗損의 뜻이다.

4) 不敢懷慶賞爵祿 : 상으로 받는 물건이나 爵祿 따위를 마음에 품지 않게 됨. 成玄英은 慶賞爵祿을 '慶弔, 賞罰, 官爵, 利祿'으로 풀이했다.

5) 不敢懷非譽巧拙 : 자기 작품에 대한 세상의 毁譽나 작품의 잘 되고 못 됨에 대한 생각을 마음에 품지 않게 됨. 非譽巧拙은 세상 사람들의 毁譽나 작품의 잘 되고 못 됨 따위의 평가를 말한다.

6) 輒然忘吾有四枝形體也 : 가만히 움직이지 않는 채로 내가 四肢와 육체를 가지고 있다는 것조차 잊어버림. 輒然은 가만히 움직이지 않는 모양. 成玄英은 "輒然은 감히 움직이지 못하는 모양이다〔輒然 不敢動貌也〕."고 풀이했다. 枝는 肢와 통용한다.

7) 無公朝 : 조정의 권세도 마음에 없게 됨. 郭象은 "公朝를 없는 것처럼 보게 되면 사모하는 마음이 끊어질 것이다〔視公朝若無 則跂慕之心絶矣〕."라고 풀이했다.

8) 其巧專而外滑消 : 기술이 專一하게 되고 방해가 완전히 소멸됨. 巧는 기술자가 가지고 있는 내부의 기술. 外滑은 밖의 어지러움. 곧 밖의 방해를 뜻한다. 成玄英은 "滑은 어지러움이다. 내부의 기술은 정밀해지고 외부의 어지러운 일은 소멸됨이다〔滑 亂也 專精內巧之心 消除外亂之事〕."라고 풀이했다.

9) 觀天性形軀至矣 : 나무의 자연스러운 성질과 모양이 가장 좋은 것을 관찰함. 成玄英은 "자연스러운 성질이 좋은 나무와 모양이 지극히 정묘한 나무를 살핌이다〔觀看

天性好木 形容軀貌至精妙〕."라고 풀이했다.

10) 成見(현)鐻 : 드러난 架臺를 마음속에서 완성함. 宣穎은 "황홀하게 이루어진 架臺가 눈에 나타난다〔恍乎一成鐻在目〕."고 풀이했다. 方勇·陸永品 또한 멋진 모습으로 완성된 架臺가 눈앞에 나타난다는 뜻으로 풀이했다.

11) 以天合天 : 자연스러운 本性을 가지고 나무의 자연스런 本性과 一致하게 함. 자신이 가지고 있는 자연의 본성과 나무에 있는 자연의 본성이 서로 일치된다는 뜻이다.

12) 疑神 : 귀신이 만든 것인지 의심함. 귀신같은 솜씨로 인정받는다는 뜻이다.

第11章

東野稷[1)]이 以御로 見莊公[2)]하대 進退 中繩하며 左右旋이 中規[3)]한대 莊公이 以爲文〔父〕도 弗過也[4)]로다하야 使之鉤百[5)]而反이어늘

顔闔이 遇之하고 入見하야 曰 稷之馬 將敗러이다 公이 密而不應이러니

少焉코 果敗而反이어늘 公曰 子는 何以知之오

曰 其馬 力竭矣 而猶求焉이론 故로 曰敗라호이다

工倕[6)] 旋而蓋規矩[7)]는 指與物化而不以心으로 稽[8)]라 故로 其靈臺 一而不桎[9)]하니라 忘足은 屨之適也라 忘要는 帶之適也라 知忘是非는 心之適也[10)]라 不內變하며 不外從은 事會之適也[11)]라 始乎適而未嘗不適者는 忘適之適也[12)]니라

東野稷이 말 부리는 솜씨를 가지고 衛나라 莊公을 뵈었다. 〈그가 말을 부릴 때〉 나아가고 물러남이 먹줄에 꼭 들어맞았으며 左右로 도는 것이 그림쇠에 들어맞았다.

莊公은 옛날 말을 잘 부리던 사람인 造父도 이보다 나을 수 없다고 하고서, 그로 하여금 거리를 한 바퀴 돌고 돌아오게 하였다.

顔闔이 〈조정에 나오는 도중에〉 東野稷을 만나 보고 들어와 莊公을 뵙고 말했다. "東野稷의 말은 이제 곧 지쳐 쓰러질 것입니다."

장공이 잠자코 대꾸하지 않고 있었는데, 잠시 지난 뒤 과연 말은 쓰러지고 東野稷만 돌아왔다. 公이 말했다. "그대는 어떻게 미리 그것을 알았는가."

顔闔이 말했다. "말의 힘이 다했는데도 여전히 달리기를 요구했기 때문에 지쳐 쓰러질 것이라고 말한 것입니다."

工倕는 〈물건을 만들 때〉 손을 움직이면 그림쇠와 곱자를 씌운 듯 딱 들어맞았다. 그의 손가락은 나무나 쇠 등의 재료와 일체가 되어 사심으로 이것저것 따지는 일이 없다. 그 때문에 마음이 한결같아서 막히는 일이 없는 것이다. 발을 잊어버리는 것은 신발이 꼭 맞기 때문이고, 허리를 잊어버리는 것은 허리띠가 꼭 맞기 때문이다. 〈이와 마찬가지로〉 우리의 知가 是와 非(善과 惡)의 판단을 잊어버릴 수 있는 것은 마음이 대상과 꼭 맞기 때문이다. 마음에 動搖가 없고 외물에 끌려가는 일이 없는 것은 일이 기회에 꼭 맞기 때문이다. 대상과 꼭 맞는 데서 시작하여 어떤 경우에도 꼭 맞지 않음이 없는 것은 꼭 맞게 행동하는 것이 꼭 맞다는 것조차도 잊어버리는 경지이다.

【역주】

1) 東野稷 : 인명. 성은 東野이고 稷은 이름이다. 말을 잘 모는 사람으로 東野子라고도 한다. ≪荀子≫ 〈哀公〉편, ≪韓詩外傳≫ 등에는 東野畢로 나온다(方勇・陸永品).

2) 以御見莊公 : 말 부리는 솜씨를 가지고 衛나라 莊公을 만남. 말 모는 솜씨가 뛰어나다고 해서 발탁되었다는 뜻.

3) 進退中繩 左右旋中規 : 나아가고 물러남이 먹줄에 꼭 들어맞았으며 左右로 도는 것이 그림쇠에 들어맞음. 繩은 먹줄로 직선을 그릴 때 사용하는데 여기서는 말의 동작이 정확하게 직선과 일치함을 말한 것이다. 規는 그림쇠로 원을 그릴 때 쓰는 도구이다.

4) 文〔父〕弗過也 : 造父도 나을 수 없음. 文弗過也의 文은 錢大昕에 의거 '父(보)'로 고치는 것이 옳다. '造父'로 표기되어 있는 인용문이 있다(馬叙倫, 劉文典). 吳汝綸도 造父가 옳다고 했다. 造父는 왕량과 함께 전국시대의 뛰어난 마부로 알려져 있다.

5) 使之鉤百(맥) : 그로 하여금 거리를 한 바퀴 돌고 돌아오게 함. 百은 阡陌의 陌(맥). 문헌에 따라 차이는 있지만 "동서로 난 길을 阡이라 하고 남북으로 난 길을

陌이라 한다〔東西曰阡 南北曰陌〕."고 한다.

6) 工倕 : 堯임금 시대의 名工. 〈胠篋〉편 제7절에 이미 나왔다.

7) 旋而蓋規矩 : 손을 움직이면 그림쇠와 곱자를 씌운 듯 딱 들어맞음. 旋은 손가락을 빙 돌려 원 따위를 그리는 동작을 말한다. 蓋를 盍의 오자 또는 假借字로 보고 合자의 뜻으로 보는 주석이 많지만 뚜껑을 '씌우다'는 뜻으로 보고 蓋자를 그대로 두는 것이 옳다.

8) 指與物化 而不以心稽 : 손가락이 나무나 쇠 등의 재료와 일체가 되어 사심으로 이것저것 따지지 아니함. 化는 同化의 뜻.

9) 其靈臺一而不桎 : 마음이 한결같아서 막히지 않음. 靈臺는 마음으로 〈德充符〉편에 나온 靈府와 같다. 郭象은 〈庚桑楚〉편 주석에서 "靈臺는 마음이다〔靈臺者 心也〕."라고 풀이했다. 桎은 막힘. 馬叙倫은 '窒'의 가차자라고 풀이했는데 타당한 견해이다.

10) 忘足 屨之適也 忘要 帶之適也 知忘是非 心之適也 : 발을 잊어버리는 것은 신발이 꼭 맞기 때문이고, 허리를 잊어버리는 것은 허리띠가 꼭 맞기 때문이고, 知가 是와 非를 잊어버릴 수 있는 것은 마음이 대상과 꼭 맞기 때문임. 要는 腰와 같다. 陳景元의 ≪莊子闕誤≫에 인용된 張君房본과 文如海본에는 모두 知忘是非의 知자가 빠져 있는데 바로 위의 忘足, 忘要와 마찬가지로 知자를 빼고 忘是非로 보아야 한다는 견해가 유력하지만(方勇·陸永品), 일단은 본문을 변형하지 않고 知자를 살려서 번역하였다.

11) 不內變 不外從 事會之適也 : 마음에 動搖가 없고 외물에 끌려가는 일이 없는 것은 일이 기회에 꼭 맞기 때문임. 王先謙은 不內變 不外從을 두고 "안으로 자신의 뜻을 바꾸지 아니하고 밖으로 외물을 따라가지 아니함이다〔內不變志 外不從物〕."고 풀이했다. 事會之適은 만나는 일마다 모두 편안함을 뜻한다(方勇·陸永品).

12) 始乎適 而未嘗不適者 忘適之適也 : 대상과 꼭 맞는 데서 시작하여 어떤 경우에도 꼭 맞지 않음이 없는 것은 꼭 맞게 행동하는 것이 꼭 맞다는 것조차도 잊어버리는 경지임. 郭象은 忘適之適을 두고 "꼭 맞추는 것을 의식하는 것은 아직 맞추지 않은 것과 같다〔識適者 猶未適也〕."고 풀이했고, 陸西星은 "꼭 맞다는 것조차 잊어버리면 꼭 맞지 않는 경우가 없을 것이니 이것은 바로 군자는 어디에 가도 스스로 뜻을 얻지 못함이 없다는 뜻이다〔惟忘適之適 則自無所不適矣 此便是君子無入而不自得之意〕."라고 하여 ≪中庸≫ 제14장에서 "군자는 어디에 가도 스스로 뜻을 얻지 못

함이 없다〔君子無入而不自得焉〕."라고 한 내용과 연관지어 풀이하였다.

第12章

有孫休[1)]者 踵門而詫子扁慶子[2)]하야 曰 休 居鄕하야 不見謂不脩하며 臨難하야 不見謂不勇[3)]호대 然而田原에 不遇歲[4)]하며 事君에 不遇世하야 賓於鄕里[5)]하며 逐於州部호니 則胡罪乎天哉오 休는 惡遇此命也[6)]하노라

扁子曰 子는 獨不聞夫至人之自行邪아 忘其肝膽하며 遺其耳目이오 芒然彷徨乎塵垢之外하며 逍遙乎無事之業[7)]이라하니 是謂爲而不恃며 長而不宰[8)]니라 今汝는 飾知以驚愚하며 脩身以明汙하론대 昭昭乎若揭日月而行也[9)]하나니 汝得全而形軀하며 具而九竅[10)]하야 無中道夭於聾盲跛蹇[11)]이오 而比於人數 亦幸矣[12)]어니 又何暇乎天之怨哉리오 子는 往矣어다

孫子 出이어늘 扁子 入坐하얏다가 有間[13)]이오 仰天而歎이어늘 弟子問曰 先生은 何爲歎乎잇고

扁子曰 向者에 休來커늘 吾告之以至人之德호니 吾는 恐其驚而遂至於惑也하노라 弟子曰 不然하니이다 孫子之所言이 是邪요 先生之所言이 非邪인댄 非固不能惑是오 孫子所言이 非邪요 先生所言이 是邪인댄 彼固惑而來矣이니 又奚罪焉[14)]이리오 扁子曰 不然하니라 昔者에 有鳥 止於魯郊[15)]어늘 魯君이 說之하야 爲具太牢以饗之하며 奏九韶以樂之한대 鳥乃始憂悲眩視하야 不敢飮食하니 此之謂以己養으로 養鳥也니라 若夫以鳥養으로 養鳥者는 宜棲之深林하며 浮之江湖하며 食之以〈鰌鰷隨行列而止〉 委蛇〈而處〉 則〈安〉平陸而已矣[16)]니라 今休는 款啓寡聞之民也[17)]어늘 吾告以至人之德호니 譬之인댄 若載鼷以車馬하며 樂鴳以鐘鼓也[18)]니 彼는 又惡能無驚乎哉리오

魯나라의 孫休라는 사람이 扁慶子 선생의 문하에 이르러 탄식하면서 이렇게 말했다. "저는 고향에 살면서 사람들에게서 부도덕하다고 하는 악평을 듣지 않았으며, 전쟁터에 나아가서는 비겁하다는 악평을 듣지도 않았습니다. 그런데도 들에서 농사를 지음에 풍년을 만나지 못하고 나아가 벼슬하여 임금을 섬김에 제때를 만나지 못하여, 鄕里에서도 擯斥되고 州의 관청으로부터 추방되었으니 하늘에 무슨 죄를 지은 것일까요? 저는 어찌하여 이 같은 운명을 만나게 되었을까요?"

扁子가 말했다. "그대도 至人이 어떻게 자유롭게 행동하는지 들어서 알고 있겠지? 至人은 자기의 肝과 膽의 활동을 잊어버리며, 귀와 눈에 의한 감각작용을 잊어버리고서 멍하니 세속의 티끌 밖에 방황하며, 아무 것도 일삼지 않는 일에 逍遙한다고 한다. 이것을 일컬어 하면서도 자기의 공로를 뽐내지 아니하며, 길러 주면서도 主宰하지 않는다고 한다. 그런데 지금 그대는 잘 알지도 못하는 지식을 꾸며 어리석은 자들을 놀라게 하고, 몸을 깨끗하게 닦아서 타인의 오점을 밝게 드러내는데 그 행동이 밝고 밝아서 마치 해와 달이라도 내건 듯하니 그대와 같은 사람은 그대의 몸뚱이를 온전히 갖고 그대 몸의 각종 기관을 온전히 갖추고서 귀머거리·장님·절름발이·앉은뱅이 등으로 중도에 요절함 없이 사람들 무리 속에 나란히 서 있는 것만으로도 다행인데 또 어느 겨를에 하늘을 원망하겠는가. 그대는 어서 돌아가라."

孫子가 나갔다. 扁子는 〈손자를 전송하러 나갔다가〉 다시 안으로 들어와 잠깐 앉아 있다가 하늘을 우러러보면서 탄식하였다. 제자가 물었다. "선생님께서는 어찌하여 탄식하십니까?"

扁子가 말했다. "아까 孫休가 찾아왔기에 내가 그에게 至人의 德에 대해 말해 주었는데, 나는 아무래도 그가 놀라 드디어 혼란에 빠질까 걱정이다."

제자가 말했다. "그렇지 않습니다. 만약 孫子가 말한 것이 옳고 선생님이 말씀하신 것이 그른 것이라면 그른 것은 진실로 옳은 것을 혼란에 빠뜨릴 수 없고, 반대로 孫子가 말한 것이 그르고 선생님이 말씀하신 것이 옳은 것이라면 그는 본시 혼란한 상태로 찾아온 것이니, 〈선생님에게〉 또 무슨 죄가 있겠습니까."

扁子가 말했다. "그렇지 않다. 옛날 魯나라 도성 밖에 새 한 마리가 날아와 앉았는데 노나라 임금이 기뻐하여 최고급요리를 갖추어 향응하고, 九韶의 음악을 연주하여 즐겁게 하였는데 새는 처음부터 근심하고 슬퍼하며 눈이 어찔어찔 어지러워하다가 감히 마시지도 먹지도 못했다. 이것을 일컬어 魯君 자신의 양생법을 가지고 새를 기른 것이라고 하는 것이다.

새를 기르는 데 알맞은 방법으로 새를 기르려면 마땅히 깊은 수풀 속에 살게 하며 江湖에 떠다니게 하며 미꾸라지나 피라미를 먹게 하고, 자기와 부류가 같은 새들의 行列을 따라다니거나 함께 머물러 있게 하며, 있는 그대로 만족스럽게 지내면서 살게 하면 새가 편안하게 살 것이다.

그런데 지금 저 孫休는 작은 구멍 열어보듯 보는 것이 좁고, 들은 것이 적은 사람인데 내가 至人의 德을 이야기해 주었으니 비유하면 새앙쥐를 수레나 말에 태우고 메추라기를 종 치고 북 치는 음악으로 즐겁게 해주려는 격이니 그가 또 어찌 능히 놀람이 없을 수 있겠는가?"

【역주】

1) 孫休 : 인명. 成玄英은 "성은 孫, 이름은 休, 노나라 사람이다〔姓孫 名休 魯人也〕."고 풀이했다.

2) 踵門而詫(타)子扁慶子 : 扁慶子 선생의 문하에 이르러 탄식함. 踵門은 〈德充符〉편의 踵見과 같이 문하에 이르렀다는 뜻. ≪孟子≫ 〈滕文公 上〉에 '踵門而告文公'이라는 구절이 있는데 여기서의 '踵門'과 마찬가지로 "발이 문에 닿다〔足至門也〕."는 뜻(朱熹)으로 쓰였다. 詫는 告함(司馬彪), 탄식함(成玄英), 괴이하게 여겨서 물음(怪問 : 朱得之, 宣穎, 池田知久), 꾸짖음(咤 : 赤塚忠) 등 여러 견해가 있지만 怛咤(비통해함)의 뜻으로 보고 '탄식하다'로 번역하였다. 門은 扁慶子 선생이 있는 거처의 문. 子扁慶子에서 앞의 子자는 敬稱(森三樹三郎, 福永光司, 金谷治, 赤塚忠)이라는 주장과 '于의 잘못〔疑子是于之誤〕'(曹礎基)이라는 주장이 있지만 여기서는 앞의 견해를 따랐다.

3) 居鄕 不見謂不脩 臨難 不見謂不勇 : 고향에 살면서 사람들에게서 부도덕하다고 하

는 악평을 듣지 않았으며, 전쟁터에 나아가서는 비겁하다는 악평을 듣지도 않았음. 不脩는 ≪論語≫ 〈述而〉편에서 "덕이 닦여지지 않음〔德之不脩〕."이라고 한 구절에서 나왔고, 不勇 또한 〈爲政〉편에서 "올바른 도리를 보고 실천하지 않는 것은 용기가 없는 것이다〔見義不爲 無勇也〕."고 한 데서 나온 표현이다.

4) 田原不遇歲 : 들에서 농사를 지음에 풍년을 만나지 못함. 田原의 原은 들, 田은 농사짓는다는 뜻이고 歲는 풍년을 뜻한다.

5) 賓於鄕里 : 鄕里에서 擯斥당함. 賓은 擯의 가차자로 擯斥당한다는 뜻으로 쓰였다.

6) 休惡遇此命也 : 저(休)는 어찌하여 이 같은 운명을 만나게 되었을까요? 惡는 어찌. 也는 의문사로 쓰였다.

7) 忘其肝膽 遺其耳目 芒然彷徨乎塵垢之外 逍遙乎無事之業 : 자기의 肝과 膽의 활동을 잊어버리며, 귀와 눈에 의한 감각작용을 잊어버리고서 멍하니 세속의 티끌 밖에 방황하며, 아무 것도 일삼지 않는 일에 逍遙함. 彷徨과 逍遙에 대한 표현은 〈逍遙遊〉에 나온 내용을 답습한 것이며 忘其肝膽 이하의 네 구는 같은 표현이 〈大宗師〉에 그대로 나오는데 無事之業은 〈大宗師〉편에는 無爲之業으로 되어 있다. 자세한 함의에 대해서는 이 책의 〈逍遙遊〉편과 〈大宗師〉편을 참조할 것.

8) 爲而不恃 長而不宰 : 하면서도 자기의 공로를 뽐내지 아니하며, 길러 주면서도 主宰하지 않음. ≪老子≫ 제10장과 제51장의 내용과 똑같다.

9) 今汝飾知以驚愚 脩身以明汙 昭昭乎若揭日月而行也 : 지금 그대는 잘 알지도 못하는 지식을 꾸며 어리석은 자들을 놀라게 하고, 몸을 깨끗하게 닦아서 타인의 오점을 밝게 드러내는데 그 행동이 밝고 밝아서 마치 해와 달이라도 내건 듯함. 明汙는 다른 사람의 오점을 밝게 들추어낸다는 뜻. 汙는 汚와 같다. 昭昭는 밝게 드러난 모양.

10) 具而九竅 : 그대 몸의 각종 기관을 온전히 갖춤. 九竅는 사람 몸에 있는 아홉 개의 구멍으로 耳目口鼻 따위의 각종 기관을 지칭한다.

11) 無中道夭於聾盲跛蹇 : 귀머거리, 장님, 절름발이, 앉은뱅이 등으로 중도에 요절함 없음. 聾盲跛蹇은 각각 귀머거리, 장님, 절름발이, 앉은뱅이.

12) 比於人數 亦幸矣 : 사람들 무리 속에 나란히 서 있는 것만으로도 다행임. 比於人數는 온전한 사람들의 數에 나란히 낄 수 있음을 말한다.

13) 有間 : 잠깐의 시간이 흐름.

14) 孫子之所言是邪 先生之所言非邪 非固不能惑是 孫子所言非邪 先生所言是邪 彼固惑而來矣 又奚罪焉 : 만약 孫子가 말한 것이 옳고 선생님이 말씀하신 것이 그른 것이라면 그른 것은 진실로 옳은 것을 혼란에 빠뜨릴 수 없고, 孫子가 말한 것이 그르고 선생님이 말씀하신 것이 옳은 것이라면 그는 본시 혼란한 상태로 찾아온 것이니, 또 무슨 죄가 있겠습니까. 제자가 편자의 자책감을 위로하려는 뜻에서 억지로 만들어 낸 일종의 궤변으로 상식과 어긋나는 주장이다.

15) 有鳥止於魯郊 : 魯나라 도성 밖에 새 한 마리가 날아와 앉음. 이 부분의 문장은 〈至樂〉편 제5장의 海鳥問答을 거의 그대로 인용하고 있다. 자세한 함의에 대해서는 이 책의 〈至樂〉편을 참조할 것.

16) 浮之江湖 食之以〈鰌鰷隨行列而止〉 委蛇〈而處〉 則〈安〉平陸而已矣 : 江湖에 떠다니게 하며 미꾸라지나 피라미를 먹게 하고, 자기와 부류가 같은 새들의 行列을 따라다니거나 함께 머물러 있게 하며, 있는 그대로 만족스럽게 지내면서 살게 하면 새가 편안하게 살 것임. 본래 浮之江湖 食之以委蛇 則平陸而已矣로 되어 있었으나 그대로는 문의가 통하지 않으므로 〈至樂〉편에서 "江湖에 떠다니게 하며 미꾸라지나 피라미를 먹게 하고, 자기와 부류가 같은 새들의 行列을 따라다니거나 함께 머물러 있게 하며, 있는 그대로 만족스럽게 지내면서 살게 한다〔浮之江湖 食之鰌鰷隨行列而止 委蛇而處〕."고 한 내용을 따라 '鰌鰷隨行列而止', '而處' 두 구를 보완하고 번역하였다. 陳景元의 ≪莊子闕誤≫에서 인용한 劉得一본에는 則자 아래에 安자가 붙어 있다(方勇・陸永品).

17) 今休款啓寡聞之民也 : 지금 저 孫休는 작은 구멍 열어보듯 보는 것이 좁고, 들은 것이 적은 사람임. 款啓는 작은 구멍을 열어본다는 뜻. 李頤는 "款은 빈 구멍이고 啓는 연다는 뜻이니 마치 빈 구멍을 열어보는 것처럼 소견이 좁음이다〔款 空也 啓 開也 如空之開 所見小也〕."라고 풀이했다.

18) 譬之若載鼷以車馬 樂鴳以鐘鼓也 : 비유하면 새앙쥐를 수레나 말에 태우고 메추라기를 종 치고 북 치는 음악으로 즐겁게 해주려는 격임. 새앙쥐〔鼷〕와 메추라기〔鴳〕는 각각 가장 작은 종류를 든 것으로 모두 孫休의 좁은 식견을 비유한 것이다.

第20篇 山木

【해설】

陸德明은 "기록한 일을 들어 편 이름을 지었다〔擧事以名篇〕."고 풀이했다. 王先謙은 蘇輿의 말을 인용하여 "이 편도 장자의 학생이 기록한 것인데 〈人間世〉편과 같은 뜻으로 혼탁한 세상에 살면서 해로움을 피하는 기술을 말하고 있다〔此亦莊徒所記 旨同於人間世 處濁世避患害之術也〕."고 풀이했다(王叔岷).

이 편의 대지는 제1장에 있다 할 것이다. 여기서 장자는 스스로 無用과 有用의 사이에 머물겠다고 말하는데, 無用으로 천수를 누린 山木과 울지 못하기 때문에 일찍 죽게 된 거위의 상반된 이야기를 통해 어지러운 세상에서 생존하기가 얼마나 어려운지 말하고 있다.

제2장에서는 市南宜僚와 魯侯와의 문답을 통해 이상적 삶의 모습을 그리고 있다. 여기서 장자는 무위자연의 道를 체득하여 자신을 비우면 남을 해치지도 않고 남에게 해침을 당하지도 않는 이상적인 삶의 태도를 지닐 수 있다고 말하고 있다. 빈 배〔虛舟〕의 비유는 바로 자신을 비우는 무욕의 태도를 말하고 있다.

이 편에서 주목할 만한 또 다른 기사로는 제4장, 제5장, 제7장에 나오는 공자의 설화를 들 수 있다. 여기서 장자는 陳蔡之間에서 곤경을 당한 공자의 이야기를 통해 한편으로는 공자의 처지를 동정하면서 또 다른 한편으로는 공자의 처세를 비판하고 있는데, 〈人間世〉 제8장에 나오는 接輿의 孔子批判과 비교하면서 감상할 만하다.

第1章

莊子 行於山中하다가 見大木(하니) 枝葉이 盛茂호대 伐木者 止其旁而不取也어늘 問其故한대 曰無所可用이니라 莊子曰 此木은 以不材로(하다가) 得終其天年[1][2]이로다

夫子[3] 出於山하야 舍於故人之家하니 故人이 喜하야 命豎子[4]하야 殺雁而烹之[5]한대 豎子 請曰 其一은 能鳴하고 其一은 不能鳴하나니 請奚殺이잇고 主人曰 殺不能鳴者하라

明日에 弟子 問於莊子曰 昨日에 山中之木은 以不材로 得終其天年하고 今 主人之雁은 以不材로 死하니 先生은 將何處[6]잇고

莊子 笑曰 周는 將處乎材與不材之間[7]호리니(호리라) 材與不材之間은 似之而非也론 故로 未免乎累어니와 若夫乘道德而浮遊면 則不然[8]이라

無譽無訾[9]하며 一龍一蛇하야 與時로 俱化 而無肯專爲하며 一上一下에 以和로 爲量[10]하야 浮遊乎萬物之祖[11]하야 物物而不物於物[12]하나니 則胡可得而累邪리오 此 神農黃帝之法則也니라 若夫萬物之情과 人倫之傳[13]은 則不然하야 合則離하고 成則毁하고 廉則挫[14]하고 尊則議[15]하고 有爲則虧하고 賢則謀하고 不肖則欺하나니 胡可得而必乎哉[16]리오 悲夫라 弟子(아) 志之[17]하라 其唯道德之鄕乎[18]인저

莊子가 산속을 거닐다가 가지와 잎사귀가 무성한 큰 나무를 보았는데 伐木하는 사람들이 그 옆에 머물러 있으면서도 그 나무를 베지 않았다.

그 까닭을 물었더니 "쓸 만한 것이 없다."고 하였다.

莊子가 말했다.

"이 나무는 쓸모가 없기 때문에 天壽를 다할 수 있구나."

先生이 산에서 나와 옛 친구의 집에서 묵게 되었다. 친구가 기뻐하여 아이 종

에게 거위를 잡아서 요리하라고 시켰더니, 아이 종이 여쭙기를

"한 마리는 잘 우는데, 한 마리는 울지 못합니다. 어느 것을 잡을까요?" 하였다.

주인이 말했다.

"울지 못하는 놈을 잡아라."

다음 날 제자가 莊子에게 물었다.

"어제 山中의 나무는 쓸모없었기 때문에 天壽를 다할 수 있었고 지금 주인집 거위는 쓸모없었기 때문에 죽었으니 선생께서는 장차 어디에 몸을 두시겠습니까?"

莊子가 웃으면서 말했다.

"나는 쓸모 있음과 쓸모없음의 사이에 머물 것이다. 그런데 쓸모 있음과 쓸모없음의 사이에 머무는 것은 한편으로는 그럴듯하지만 아직 완전한 올바름이 아니기 때문에 세속의 번거로움을 면치 못할 것이다.

하지만 道와 德을 타고 어디든 정처 없이 떠다니듯 노니는 사람은 그렇지 않다. 명예도 없고 비방도 없이 한 번은 하늘에 오르는 용이 되었다가 또 한 번은 땅속을 기는 뱀이 되어 때와 함께 변화하면서 한 가지를 오로지 고집하는 것을 기꺼워하지 않는다. 한 번 하늘 높이 올라가고 한 번 땅속 깊이 내려감에 조화로움을 한량으로 삼아서 만물의 시초에 자유롭게 노닐며, 萬物을 萬物로 존재하게 하면서도 스스로는 物에 의해 物로 규정받지 않으니 어떤 物이 번거롭게 할 수 있겠는가? 이것이 옛날 神農과 黃帝가 지켰던 삶의 법칙이다.

그런데 만물의 實情과 인간 세상사의 轉變은 그렇지 않다. 그래서 합하였다 하면 이윽고 분열하고, 완성되었다 하면 이윽고 파괴되고, 날카롭게 모가 났다 하면 어느새 꺾이고, 尊貴하게 되었다 하면 어느새 몰락하고, 훌륭한 행동을 하는 인간이다 싶으면 무너지고, 현명하면 모함에 걸리고, 어리석으면 기만당하니 어찌 〈세상의 번거로움을 면할 것이라고〉 기필할 수 있겠는가. 슬픈 일이다. 제자들은 잘 기억해 두어라. 〈내 몸을 둘 수 있는 곳은〉 오직 道와

德의 고장일 뿐이다."

【역주】

1) 莊子行於山中……得終其天年 : 이 문단의 이야기는 池田知久의 지적처럼 〈人間世〉편의 匠石과 제자의 '散木 문답'과 南伯子綦가 商丘에서 본 '쓸모없는 나무 이야기'를 근간으로 주인공을 莊子로 바꾸어 요약한 것이다. '無所可用'이나 '終其天年' 따위의 말은 〈人間世〉편에도 그대로 보인다.

2) 此木以不材 得終其天年 : 이 나무는 쓸모가 없기 때문에 天壽를 다할 수 있음. 天年은 天壽. '此木以不材 得終其天年矣 子'로 된 판본이 있으나 矣자를 夫자로 보고 夫子를 아래 구에 붙이는 것이 옳다. ≪經典釋文≫에는 '子'字가 없다.

3) 夫子 : 莊子를 가리킨다.

4) 豎子 : 어린아이. 孺子와 같다. 童子.

5) 殺雁而烹之 : 기러기를 잡아 요리함. 雁은 기러기이지만 여기서는 鵝鳥, 곧 거위를 지칭한다. 王引之가 인용한 것처럼 ≪說文解字≫에서 雁을 鵝라 한 것을 따르는 것이 적절하다. 烹은 삶아서 요리한다는 뜻. 陸德明은 '煮(삶을 자, 지질 자)'로 풀이하고 있다. 한편 王念孫은 '烹'자를 '亨'자의 誤字로 보고 '享'과 같이 饗應의 뜻으로 풀이하고 있는데 참고할 만하다.

6) 先生將何處 : 선생께서는 장차 어디에 몸을 두시겠습니까? 내편에서 강조한 '無用之用'을 좀더 심화한 사상 표현이다.

7) 處乎材與不材之間 : 쓸모 있음과 쓸모없음의 사이에 머묾. 〈養生主〉편 제1장에서 "善을 행하되 명예에 가까이 가지는 말며, 악을 행하되 형벌에 가까이 가지는 말라〔爲善無近名 爲惡無近刑〕."고 한 내용과 같은 사상 표현이다. 이런 태도를 비판적으로 극복한 것이 〈達生〉편 제5장에서 "안쪽만을 중시하여 은둔하지 말 것이며 밖으로만 나가 너무 지나치게 드러내지 말고 內와 外의 한가운데에 枯木처럼 서야 할 것이다〔無入而藏 無出而陽 柴立其中央〕."라고 한 부분이다.

8) 若夫乘道德而浮遊則不然 : 道와 德을 타고 어디든 정처 없이 떠다니듯 노니는 사람은 그렇지 않음. 道德은 內篇 ≪莊子≫에는 보이지 않는 말이다. 〈騈拇〉·〈胠篋〉·〈天道〉 등의 용례와 함께 ≪老子≫ 사상과의 折衷이 강하게 느껴진다(福永光司). 林希逸은 "도덕을 타는 것은 자연을 따름이다〔乘道德者 順自然也〕."라고 풀이했다.

9) 無譽無訾 : 명예도 없고 비방도 없음. 세속의 毁譽褒貶에 超然하다는 뜻.

10) 一上一下 以和爲量 : 한 번 하늘 높이 올라가고 한 번 땅속 깊이 내려감에 조화로움을 한량으로 삼음. 成玄英은 "지인은 때에 따라 올라가고 내려와 조화를 도량으로 삼음을 말한 것이다〔言至人能隨時上下 以和同爲度量〕."라고 풀이했다. 한편 兪樾은 본래 이 구절은 一下一上 以和爲量으로 下와 和, 上과 量을 협운에 맞추어 쓴 것인데 후세 사람들이 잘 알지 못하고 一上一下로 잘못 베꼈다고 했는데 참고할 만하다.

11) 浮遊乎萬物之祖 : 만물의 시초에 자유롭게 노닒. 祖는 萬物生成의 根源에 있는 眞理 즉 道의 세계를 의미한다.

12) 物物而不物於物 : 萬物을 萬物로 존재하게 하면서도 스스로는 物에 의해 物로 규정받지 않음. 福永光司는 "본질적으로 限定을 갖는 상대적인 입장에서 '材', '不材'의 옳고 그름을 議論하는 것보다는, 상대적인 입장 그 자체를 초월한 '道'의 입장, 즉 眞實在의 세계에 눈을 뜬 삶이 한층 근원적임을 말한 것이다."고 풀이했는데 참고할 만하다.

13) 人倫之傳 : 인간 세상사의 轉變. 人倫은 덧없는 인간 세상을 의미한다. 倫은 類와 같다. 傳은 轉의 假借로 轉變, 곧 轉變無常함을 뜻한다. 王敔는 傳을 變의 의미로 보았는데 같은 뜻이다.

14) 廉則挫 : 날카롭게 모가 났다 하면 어느새 꺾임. 成玄英은 "청렴하면 꺾임을 당하게 된다〔淸廉則被剉傷〕."고 풀이했다. ≪老子≫ 제9장의 "헤아려서 날카롭게 하면 길이 보존될 수 없다〔揣而銳之 不可長保〕."고 한 대목과 유사한 사상 표현이다.

15) 尊則議 : 尊貴하게 되었다 하면 어느새 몰락함. '議'는 기운다는 뜻. '俄'와 같다(兪樾). '俄'는 '傾'과 같은 뜻이다.

16) 胡可得而必乎哉 : 어찌 期必할 수 있겠는가. 必은 期必함. 세상의 번거로움을 면할 것이라고 기필할 수 없다는 뜻.

17) 志之 : 기억해 두라. 마음에 잘 새겨 두라는 뜻으로 志는 識(지), 誌 등과 같이 쓰인다.

18) 其唯道德之鄕乎 : 오직 道와 德의 고장일 뿐임. 편안히 머물 수 있는 곳은 도덕의 고장일 뿐이라는 뜻이다. '道德之鄕'은 〈逍遙遊〉편에 나오는 '無何有之鄕'과 같은 경지라고 할 수 있다.

第2章

市南宜僚[1] 見魯侯[2]한대 魯侯 有憂色이어늘 市南子曰 君有憂色은 何也잇고

魯侯曰 吾學先王之道하고(하며) 脩先君之業[3]하야 吾敬鬼하며 尊賢[4]하야 親而行之[5]하야 無須臾離居호대 然不免於患[6]이라 吾是以로 憂하노라

市南子曰 君之除患之術이 淺矣샷다 夫豐狐文豹[7] 棲於山林[8]하며 伏於巖穴은 靜也요 夜行晝居는 戒也요 雖飢渴隱約[9]이라도 猶且胥疏於江湖之上而求食焉[10]은 定也라 然且不免於罔羅機辟[11]之患하나니 是는 何罪之有哉리오 其皮 爲之災也니라 今이 魯國은 獨非君之皮邪아 吾는 願君이 刳形去皮[12]하며 洒心去欲하고 而遊於無人之野[13]하소서 南越[14]에 有邑焉하니 名爲建德之國[15]이니 其民이 愚而朴하야 少私而寡欲[16]하며 知作而不知藏[17]하여 與而不求其報하며 不知義之所適[18]하며 不知禮之所將[19]이오 猖狂妄行[20]이로대 乃蹈乎大方하야 其生可樂이며 其死可葬[21]이니 吾는 願君이 去國捐俗하시고 與道로 相輔而行하소서

君曰 彼其道 遠而險[22]하고 又有江山하니 我無舟車호니 奈何오

市南子曰 君이 無形倨하며 無留居[23]하야 以爲君車하소서

君曰 彼其道 幽遠而無人이어시니 吾는 誰與爲隣[24]고 吾 無糧하며 我 無食호니 安得而至焉이리오

市南子曰 少君之費하시며 寡君之欲하시면 雖無糧이나 而乃足[25]하리니 君其涉於江而浮於海하야 望之而不見其崖하며 愈往而不知其所窮이라 送君者는 皆自崖而反이어든 君은 自此로 遠矣시리이다 故로 有人者는 累하고 見有於人者는 憂[26]하나니 故로 堯는 非有人이며 非見有於人也[27]니라 吾는 願去君之累하시며 除君之憂하

시고 **而獨與道**로 **遊於大莫之國**[28]하소서 **方舟而濟於河**[29]할새 **有虛船來觸**[30]이어든 **舟**에 **雖有惼心之人**이라도 **不怒**어니와 **有一人**이 **在其上**이면 **則呼張歙之**[31]호대 **一呼而不聞**하며 **再呼而不聞**커든 **於是**에 **三呼邪**면 **則必以惡聲**으로 **隨之**하리니 **向也**에 **不怒**코 **而今也**에 **怒**는 **向也**에 **虛**하고 **而今也**에 **實**일새니라 **人能虛己以遊世**하면 **其孰能害之**리오

저잣거리 남쪽에 사는 楚나라 사람 熊宜僚가 魯나라 임금을 만나 뵈었는데 魯나라 임금이 근심하는 기색을 띠고 있었다.

市南子(熊宜僚)가 말했다.

"임금께서 얼굴에 근심스러운 안색이 있는 것은 무슨 까닭입니까?"

魯나라 임금이 말했다.

"나는 옛날 聖王들의 治道를 배우고 先代 임금들의 遺業을 닦아서 鬼神을 공경하고 賢者를 존경하여 몸소 이런 도리를 실천하여 잠시도 先王之道를 떠나서 안일하게 거처함이 없었는데도 걱정에서 벗어나지 못하고 있습니다. 나는 이 때문에 근심하고 있습니다."

市南子가 말했다.

"임금께서 걱정을 없애는 방법이 천박합니다. 무릇 풍성한 털을 가진 여우와 아름다운 무늬의 가죽을 가진 표범이 山林 깊숙한 곳에 살며 巖穴 속에 몸을 숨기고 있는 것은 고요함을 잘 지키는 것이고, 밤에 나돌아 다니고 낮에는 꼼짝 않고 가만히 있는 것은 경계하는 것이고, 비록 배고프고 목마르고 困窮하더라도 오히려 커다란 河川이나 넓은 호수 가에서 멀리 떨어져 먹을 것을 찾는 것은 安定을 지키는 태도입니다. 그런데도 그물이나 덫에 걸려 죽는 걱정을 면치 못하니 어찌 이들에게 무슨 죄가 있어서 그런 것이겠습니까. 다만 그들의 가죽이 재앙을 초래하는 것입니다. 지금 魯나라야말로 바로 임금님의 가죽이 아니겠습니까. 저는 임금께서 임금이란 身分을 베어버리고 魯나라라는 가죽을 내버려서 마음을 씻고 욕심을 버리고 아무도 없는 들에서 자유롭게 노니시기를 바랍니

다. 南越에 어떤 고을이 있는데 이름을 德을 확립한 사람들의 나라라고 하는데, 그 백성들은 愚直하고 素朴하여 私欲을 적게 하고 욕심을 줄여서 묵묵히 일할 줄만 알고 자기 몫으로 貯藏할 줄 모르며, 남에게 주기만 하고 그 보답을 바라지 아니하며 도리에 꼭 맞출 줄 모르며 禮를 받들 줄도 모르고 미친 듯 제멋대로 행동하는데도 大道를 벗어나지 아니하여 삶을 즐길 만하고 죽음을 거두어 간직할 만하니 저는 임금께서 나라를 떠나 世俗을 버리시고 道와 더불어 서로 도우면서 이 나라〔建德之國〕로 떠나가시기를 바랍니다."

임금이 말했다.

"그 道程은 멀고 험한데다 큰 강과 산이 가로 놓여 있는데 나에게는 배와 수레가 없으니 어찌하면 좋겠습니까?"

市南子가 말했다.

"임금께서는 겉으로 드러나는 오만함을 없애고 편안하게 살겠다는 집착을 없애서 그것을 임금님의 수레로 삼으시기 바랍니다."

임금이 말했다.

"저 道는 깊고 멀어서 아무도 찾는 사람이 없으니 내 누구와 이웃이 될 수 있겠습니까? 또 나는 양식이 없고 먹을 것이 없으니 어떻게 저곳에 이를 수 있겠습니까?"

市南子가 말했다.

"임금께서 비용을 줄이시고 욕심을 적게 하면 비록 양식이 없어도 충분할 것입니다. 임금께서 강을 지나 바다에 떠가시면 멀리서 바라볼 때 그 끝이 보이지 않을 것이며 갈수록 다하는 곳을 알 수 없을 것입니다. 임금을 전송하는 이들은 모두 그 끝에서 되돌아오면 임금께서는 거기서부터 더 멀리 나아가실 것입니다. 그 때문에 인민을 자신의 소유로 삼아 다스리는 자는 얽매이고 다른 사람에게 부림을 당하는 자는 근심하게 됩니다. 그 때문에 요임금은 인민을 자신의 소유로 다스리려 하지 않았으며 다른 사람에게 부림을 당하지도 않았던 것입니다. 저는 임금께서 얽매인 것을 풀어버리고 근심하는 것을 제거해서 홀로 道와 함께 아득한 대막의 나라〔大莫之國〕에서 노니시기를 바랍니다.

두 척의 배를 나란히 띄워 하수를 건너갈 때 빈 배가 와서 부딪치면 비록 속 좁은 사람이라 하더라도 노여워하지 않지만 그 위에 사람이 있으면 고성으로 배를 밀어라 당겨라 하고 소리를 지르는데 한 번 소리쳐서 듣지 못하고 두 번 소리쳐도 듣지 못하여 결국에 세 번 소리 지르게 되면 반드시 욕설이 따르게 될 것이니 지난번에는 노여워하지 않았다가 이번에는 노여워하는 까닭은 지난번에는 빈 배였고 이번에는 사람이 타고 있었기 때문입니다. 이처럼 사람이 자신을 비워서 세상에 노닐면 누가 해칠 수 있겠습니까?"

【역주】

1) 市南宜僚 : 인명. 司馬彪는 "熊宜僚이다. 저잣거리 남쪽에 살았기 때문에 그것을 호칭으로 삼은 것이다〔熊宜僚也 居市南 因爲號也〕."고 풀이했고, 李頤는 "성은 웅이고 이름이 의료이다〔姓熊 名宜僚〕."고 풀이했다. 또 陸德明은 "≪春秋左氏傳≫을 살펴보건대 저잣거리 남쪽에 웅의료라는 이가 있는데 초나라 사람이라고 했다〔案左傳云 市南有熊宜僚 楚人也〕."고 풀이하고 있다(≪春秋左氏傳≫ 哀公16년). 한편 兪樾은 ≪淮南子≫ 〈主術訓〉편의 高誘 注에 의료가 성이고 이름이 웅으로 되어 있는 것을 들어 이름과 성이 서로 잘못된 것 같다는 견해〔高注淮南主術篇云 宜遼 姓也 名熊 疑名姓字互誤〕를 제시했는데 참고할 만하다.

2) 魯侯 : 노나라 임금. 애공으로 추정. 文如海의 고증을 따르면 노나라 애공으로 보는 것이 적절하다. 馬叙倫의 고증에 따르면 宣公은 아니다.

3) 學先王之道 脩先君之業 : 聖王들의 治道를 배우고 先代 임금들의 遺業을 닦음. 成玄英은 先王을 "왕계와 문왕을 말한다〔謂王季文王〕."고 풀이했는데 赤塚忠의 지적처럼 너무 좁게 본 것으로 유교에서 말하는 성왕들을 포괄적으로 일컬은 말로 보는 것이 적절하다. 先君은 成玄英이 "주공과 백금을 말함이다〔謂周公伯禽也〕."고 풀이한 것이 무난하다.

4) 敬鬼尊賢 : 鬼神을 공경하고 賢者를 존경함. 赤塚忠의 견해를 따라 敬鬼는 ≪墨子≫의 明鬼(귀신의 實在를 밝힘)로 보는 것이 적절하며, 尊賢은 ≪孟子≫에 '尊賢使能'이라는 말이 나오지만 여기서는 ≪墨子≫의 '尙賢'과 같다고 보는 것이 무난하다. 둘 다 墨家의 思想 표현이다. 한편 福永光司는 ≪論語≫의 '敬鬼神而遠之'를 인

용하고 있는데 일리가 있지만 맥락상 赤塚忠의 견해가 유력하다. 池田知久는 〈山木〉편 제2장이 성립된 것으로 추정되는 전국 말기에는, 墨家의 주장이 儒家의 그것과 혼동되어 있다는 견해를 제시했는데 참고할 만하다.

5) 親而行之 : 몸소 〈선왕의〉 도리를 실천함. 有德者와 친하여 정치를 시행한다는 견해(武延緖)와 친절하게 시행한다는 견해(林雲銘) 등이 있지만 阮毓崧이 "존경(敬鬼尊賢)의 일을 몸소 실천함이다〔躬行尊敬之事〕."고 풀이한 것이 적절하다.

6) 無須臾離居 然不免於患 : 잠시도 先王之道를 떠나서 안일하게 거처함이 없었는데도 걱정에서 벗어나지 못함. 陸德明은 '無須臾離'를 揭出(드러내어 표시)하고 있으며, "崔譔본에는 離자가 없다〔崔本無離字〕."라 하고, 또 '居然'을 揭出(드러내어 표시)하여 "崔譔은 居자를 위 구절과 이어서 읽었다〔崔讀以居字連上句〕."라고 풀이했다. 絶句는 成玄英이 올바르다. 離는 위 문장의 '先王之道' 등에서 떨어지는 것(赤塚忠). 居는 成玄英에 의거 "安居". 이 부분의 종래의 여러 학설에 대한 정리와 비판은 赤塚忠이 뛰어나다.

7) 豐狐文豹 : 풍성한 털을 가진 여우와 아름다운 무늬의 가죽을 가진 표범. 司馬彪는 豐을 '大'로 풀이했다. 이 문장의 의미를 알기 위해서는 福永光司의 지적처럼 〈應帝王〉편 제4장의 '虎豹之文來田'을 참조할 필요가 있다.

8) 棲於山林 : 山林 깊숙한 곳에 삶. 〈天地〉편에 "민첩한 원숭이가 山林에서 붙잡혀 온다〔猨狙之便 自山林來〕."고 한 내용이 있다.

9) 飢渴隱約 : 배고프고 목마르고 困窮함. 隱約은 窮困 혹은 憂苦의 뜻이다.

10) 猶且胥疏於江湖之上而求食焉 : 오히려 커다란 河川이나 넓은 호수 가에서 멀리 떨어져 먹을 것을 찾음. 林希逸은 "비록 배고프고 목마름으로 나아가 강이나 호수 가에서 먹을 것을 구한다 하더라도 여전히 사람을 피해서 그들과 서로 멀리 떨어져 있다〔雖有饑渴 出而求食於江湖之上 猶且避人而與之相疏遠也〕."라고 풀이하였다.

11) 罔羅機辟 : 〈逍遙遊〉편에도 "中於機辟 死於罔罟"라고 있다(阮毓崧). 罔은 網과 같다. 羅도 網의 일종.

12) 刳形去皮 : 임금이란 身分을 베어버리고 魯나라라는 가죽을 내버림. 괴로움의 근원인 군주의 지위를 버리라는 뜻이다.

13) 遊於無人之野 : 아무도 없는 들에서 자유롭게 노닒. 〈逍遙遊〉편의 "廣莫之野", 〈在宥〉편의 "遊於無極之野", 〈應帝王〉편의 "遊於無何有之鄕"과 유사한 표현이다. 成玄

英이 “도덕의 고장을 이름이다〔謂道德之鄕也〕.”고 풀이한 것이 무난하다.

14) 南越 : 지명. 郭象은 “남월에 붙인 것은 노나라와 거리가 멂을 취한 것이다〔寄之南越 取其去魯之遠也〕.”고 풀이했다.

15) 建德之國 : 德을 확립한 사람들의 나라. 建德은 무위자연의 德을 세웠다는 의미. 成玄英은 建德之國에 대해 “노나라와의 거리가 이미 멂을 말하고 또 무위의 도덕을 건립했음을 말한 것이다〔言去魯旣遙 名建立無爲之道德也〕.”고 풀이했다. ≪史記≫ 〈南越列傳〉에 南越王 建德의 이름이 보인다(池田知久).

16) 其民愚而朴 少私而寡欲 : 그 백성들이 愚直하고 素朴하여 私欲을 적게 하고 욕심을 적게 가짐. 福永光司는 “民에 대해 愚, 朴, 少私, 寡欲을 말하는 것은 ≪老子≫를 답습한 것이다.”라고 풀이했는데 ≪老子≫ 제3장, 제19장, 제57장, 제65장 등에 유사한 표현이 보인다.

17) 知作而不知藏 : 묵묵히 일할 줄만 알고 자기 몫으로 貯藏할 줄 모름. 作은 耕作으로 농사를 짓는다는 뜻이고 藏은 사사로이 곡물 등을 감춘다는 뜻이다.

18) 不知義之所適 : 도리에 꼭 맞출 줄 모름. 適은 꼭 맞춘다는 뜻. 劉鳳苞는 適을 가다〔往〕의 뜻으로 보았지만 適合의 뜻으로 보는 것이 더 좋다. 무엇이 정의에 합당한가를 의식하지 않고 행동한다는 뜻이다.

19) 不知禮之所將 : 禮를 받들 줄도 모름. 成玄英은 ‘將’을 ‘行’으로 풀이했다.

20) 猖狂妄行 : 미친 듯 제멋대로 행동함. 사려분별을 일체 하지 않고 자유로이 제멋대로 행동한다는 뜻. 猖狂은 상식에 구속되지 않고 미친 듯 행동하는 것을 의미하며, 〈在宥〉편 제4장, 〈庚桑楚〉편 제1장에도 보인다. 妄은 〈齊物論〉의 妄言, 妄聽의 妄과 같은 뜻으로 제멋대로, 함부로의 뜻이다. 馬叙倫은 忘의 가차자로 풀이했는데 다소 무리이다.

21) 蹈乎大方 其生可樂 其死可葬 : 大道를 벗어나지 아니하여 삶을 즐길 만하고 죽음을 거두어 간직할 만함. 方은 成玄英에 의거 ‘道’로 풀이하는 것이 적절하다. 大方은 〈秋水〉편에 이미 나온다(福永光司). 王敔는 大方을 “광대한 경지이다〔廣大之境也〕.”라고 풀이했는데 적절치 않다. 林希逸은 “마음대로 하고 싶은 대로 해도 모두 도리에 합당함이다〔從心所欲 皆合乎道〕.”고 하여 ≪論語≫를 인용하고 있는데 참고할 만하다. 葬은 매장함, 간직함. 藏과 통한다.

22) 彼其道 遠而險 : 그 道程은 멀고 험함. 彼其道의 彼는 ‘建德之國’을 지칭하며 道는

그곳으로 가는 길을 뜻한다.

23) 無形倨 無留居 : 겉으로 드러나는 오만함을 없애고 편안하게 살겠다는 집착을 없앰. 形倨는 形貌態度의 尊大함. 留居는 現狀에 얽매이는 보수적인 태도를 뜻한다.

24) 誰與爲隣 : 누구와 이웃이 될 수 있겠습니까. 與誰爲隣과 같다.

25) 少君之費 寡君之欲 雖無糧而乃足 : 임금이 쓰는 비용을 줄이고 욕심을 적게 하면 비록 양식이 없어도 충분할 것임. 林雲銘은 "이는 도에 입문하는 이는 마땅히 기욕을 제거해야 함을 말한 것이다〔此言入道者當去其嗜慾也〕."라고 풀이했는데 적절한 견해이다. 郭象은 ≪老子≫ 제46장을 인용하고 있으며, 福永光司는 제19장, 제44장을 인용하고 있고, 池田知久는 제33장을 참조할 필요가 있다고 주장했다. 乃足의 乃는 能과 같다(馬叙倫).

26) 有人者累 見有於人者憂 : 인민을 자신의 소유로 삼아 다스리는 자는 얽매이고 다른 사람에게 부림을 당하는 자는 근심하게 됨. 사람을 지배하는 군주는 항상 그 일 때문에 번거로움이 떠날 날이 없고 반면 남에게 지배를 당하는 인민은 고통이 떠날 날이 없다는 뜻이다.

27) 堯非有人 非見有於人也 : 堯임금은 인민을 자신의 소유로 다스리려 하지 않았으며 다른 사람에게 부림을 당하지도 않았음. 堯임금은 남을 지배함도 없고 남에게 지배받지도 않는 이상적인 정치를 이 세상에 실현하였다는 의미이다.

28) 大莫之國 : 아득한 대막의 나라. 莫은 邈, 漠, 寞, 無 등과 뜻이 통한다. 큰 寂寞의 세계. 근원적인 자유의 경지를 뜻한다. 褚伯秀는 "아무도 없는 무인의 들판을 걸어 덕이 확립된 건덕의 나라로 나아가 큰 나라에 노닐게 되면 德 또한 잊어버리게 될 것이니 바로 〈逍遙遊〉에서 이른바 무하유의 고을이 이에 해당한다〔蓋由無人之野 斯造建德之國 遊大國 則德亦忘矣 卽逍遙遊所謂無何有之鄕 是也〕."고 풀이했다.

29) 方舟而濟於河 : 두 척의 배를 나란히 띄워 하수를 건너감. 方舟는 ≪說文解字≫에서 "方은 배를 나란히 띄움이다〔方 幷船也〕."고 풀이한 것을 따라 나란히 배를 띄운다는 뜻인 比船으로 보는 것이 유력하나 方을 放으로 보고 단순히 배를 띄운다는 뜻으로 보는 것도 가능하다.

30) 有虛船來觸 : 빈 배가 와서 부딪침. 底本에는 船이 '舩'으로 표기되어 있는데, 馬叙倫에 의거하여 고쳤다. 어떤 판본에는 舡으로 되어 있다(林希逸).

31) 呼張歙之 : 배를 밀어라 당겨라 하고 소리를 지름. 張은 開(배를 밖으로 향하게

함), 歙은 斂(배를 안으로 향하게 함). 배를 '張하라, 歙하라' 하고 소리 지른다〔呼〕는 뜻. ≪淮南子≫ 高誘 注에 "배의 노를 젓는 자는 배를 강가에 가까이 대는 것을 '歙'이라 하고 강가에서 멀어지게 하는 것을 '張'이라 한다〔持舟檝者 謂近岸爲歙 遠岸爲張也〕."고 풀이한 것을 따른다.

第3章

北宮奢[1)]**爲衛靈公**하야 **賦斂以爲鐘**하더니 **爲壇乎郭門之外**[2)]한 **三月而成上下之縣**[3)]하거늘

王子慶忌[4)] **見而問焉曰 子何術之設**[5)]고

奢曰 一之間에 **無敢設也**[6)]하라 **奢**는 **聞之**호니 **旣彫旣琢**하야 **復歸於朴**[7)]이라호라 **侗乎其無識**[8)]하며 **儻乎其怠疑**[9)]하며 **萃乎芒乎**[10)]라 **其送往而迎來**하야 **來者**를 **勿禁**하며 **往者**를 **勿止**하야서 **從其强梁**하며 **隨其曲傳**하야 **因其自窮**[11)]하노니 **故**로 **朝夕**에 **賦斂而毫毛不挫**[12)]하니 **而況有大塗者乎**따녀

北宮奢가 衛나라 靈公을 위해 백성에게 특별히 세금을 걷어 그것으로 종을 만들었다. 〈이 종을 주조하기 위해〉 성곽문 밖에 土壇을 축조한 지 불과 삼 개월 만에 위아래 두 단에 종을 걸어놓자 〈이때 마침 衛나라에 망명해 있던 吳나라의〉 王子 慶忌가 그것을 보고 물었다.

"도대체 그대는 어떤 기술을 썼습니까?"

북궁사가 대답했다.

"저는 마음을 純一하게 하였을 뿐 감히 다른 기술을 쓰지 않았습니다. 제가 듣건대, '人爲를 깎고 쪼아 없앤 뒤에 自然의 純朴함으로 돌아간다.'고 하더군요. 저는 멍하게 아는 것이 없는 듯, 아무 생각 없이 어리석은 듯하며 황홀한 가운데 가는 사람을 보내고 오는 사람을 맞이함에 오는 사람을 막지 않고 가는 사람을 붙잡지 않아서 사나운 백성들은 사나운 채로 맡겨 두고 잘 구부리고 따르는 사람은 따르는 대로 내맡겨 두어 그들 스스로 이르는 것을 따랐을 뿐입니

다. 그 때문에 아침저녁으로 세금을 거두어도 털끝만큼도 백성들을 해치는 일이 없었으니 하물며 大道를 체득한 사람이겠습니까?"

【역주】

1) 北宮奢 : 인명. 북궁은 姓. 奢는 이름. 李頤는 "위나라 대부이며, 궁의 북쪽 북궁이라는 지방에 살았으므로 북궁이라고 하였다. 사는 그의 이름이다〔衛大夫 居北宮 因以爲號 奢 其名也〕."고 풀이했고, 成玄英의 풀이도 대동소이하다.

2) 爲壇乎郭門之外 : 성곽문 밖에 土壇을 축조함. 李頤는 "제사 지내는 것이다. 기도하기 때문에 단을 쌓는다〔祭也 禱之 故爲壇也〕."고 풀이한 이래, 成玄英과 林希逸 등이 이 견해를 따랐지만, 宣穎이 "단을 만들고 올라가서 거기서 종을 鑄造한다〔爲壇而登 因鑄於其所〕."고 풀이한 것이 정확하다.

3) 三月而成上下之縣 : 삼 개월 만에 위아래 두 단에 종을 걸어놓음. 上段 8개, 下段 8개, 合計 16개의 종이 묶여져 있는 編鐘을 완성했다는 뜻.

4) 王子慶忌 : 왕자인 慶忌. 인명. 李頤는 "왕족이다. 경기는 周의 대부인데, 北宮奢가 쉽고 빠르게 일을 진척하는 것을 신기하게 여겨 질문한 것이다〔王族也 慶忌 周大夫也 怪其簡速 故問之〕."라고 풀이했는데, 王子 慶忌는 吳나라 왕 僚의 자식. 자신의 아버지를 죽인 吳王 闔閭에게 복수를 맹세하고 위나라로 망명했다가 합려가 보낸 자객 要離에게 죽었다는 이야기가 ≪呂氏春秋≫ 〈忠廉〉편 등에 보인다(福永光司). 馬叙倫과 池田知久는 ≪呂氏春秋≫ 〈忠廉〉편의 王子 慶忌라 했는데 동일 인물로 추정된다.

5) 子何術之設 : 도대체 그대는 어떤 기술을 썼습니까? 어떤 묘수를 썼기에 이렇게 멋진 編鐘을 이렇게 簡速하게 만들 수 있느냐는 물음이다.

6) 奢曰 一之間 無敢設也 : 마음을 純一하게 하였을 뿐 감히 다른 기술을 쓰지 않았음. 郭象은 "고요히 하나를 끌어안아 지킬 뿐, 일을 벌여 쓸데없는 일을 늘리지 않는다〔泊然抱一耳 非敢假設以益事也〕."고 풀이했다.

7) 旣彫旣琢 復歸於朴 : 人爲를 깎고 쪼아 없앤 뒤에 自然의 純朴함으로 돌아감. 林希逸은 "모난 곳을 제거해서 원래 자연의 상태로 돌아가는 것을 말한다〔言去圭角而歸於自然也〕."고 풀이했다. 〈應帝王〉에도 "列子는 스스로 아직 배우지 못했다고 생각하여 집으로 돌아가 삼 년 동안 집 밖에 나오지 않고, 자기 아내를 위해 밥을 지었

으며, 돼지를 먹이되 사람에게 먹이듯 하였으며, 매사에 더불어 親疏를 따짐이 없었고, 새기거나 쪼아대는 人爲를 버리고 소박한 데로 돌아가, 아무런 감정 없이 외로이 홀로 서서 어지러이 만물과 뒤섞였는데, 한결같이 이런 태도를 지키면서 일생을 마쳤다〔列子自以爲未始學而歸 三年不出 爲其妻爨 食豕如食人 於事無與親 彫琢復朴 塊然獨以其形立 紛而封哉 一以是終〕."고 하여 彫琢復朴이라는 비슷한 표현이 나온다. 또 ≪老子≫ 제28장에도 '常德乃足 復歸於樸'이라는 표현이 나온다. 세속의 정을 깎아 버려서 정신을 純一한 상태로 연마하는 것을 말한다(福永光司).

8) 侗乎其無識 : 멍하게 아는 것이 없는 듯함. 陸德明은 侗乎를 "아무 것도 모르는 모양이다〔無知貌〕."라고 풀이했다. 한편 이 구절은 〈馬蹄〉편에 나온 '同乎無知'라는 표현과 유사한데 이 책의 〈馬蹄〉편에서는 '同乎無知'를 '侗乎無知'로 보지 않고 '함께 무지, 무욕하다'는 뜻으로 번역한 바 있다.

9) 儻乎其怠疑 : 아무 생각 없이 어리석은 듯함. 儻은 倘(혹시 당, 어정거릴 당)으로 되어 있는 판본이 있다(王叔岷). 馬叙倫은 惝의 假借字라고 했지만 다소 무리하다. 乎자가 兮로 되어 있는 인용문이 있다(馬叙倫). 成玄英이 "생각이 없음이다〔無慮也〕."로 풀이한 것이 무난하다. 儻然과 같은데 儻然은 〈天地〉편 제11장 〈田子方〉편 제1장에도 있다(福永光司, 李勉). 怠疑는 어리석은 모습. 郭象은 "지향하는 바가 없다〔無所趣也〕."고 풀이했고, 章炳麟, 阮毓崧, 赤塚忠 등이 이 견해를 따랐다. 成玄英은 "의심하여 결정하지 못하거나 깊이 생각하여 분별하는 일들이 이미 사라졌다〔言狐疑思慮之事 並已去矣〕."고 풀이했고, 林希逸은 "마치 게으른 듯 마치 의심하는 듯 마음에 담아두는 것이 없는 상태이다."고 풀이했다.

10) 萃乎芒乎 : 황홀한 모습. 萃는 武延緖가 芴(황홀할 홀, 아둔할 홀)의 뜻으로 풀이하고 있고, 奚侗이 芴의 假借字로 보았으며, 胡懷琛이 芴로 해야 한다고 했는데 이들의 견해를 따른다. 芒乎는 成玄英이 "멍하니 알지 못함이다〔芒然不知〕."고 풀이한 것이 무난하다.

11) 從其强梁 隨其曲傅 因其自窮 : 사나운 백성들은 사나운 채로 맡겨 두고 잘 구부리고 따르는 사람은 따르는 대로 내맡겨 두어 그들 스스로 이르는 것을 따랐을 뿐임. 從, 隨, 因은 모두 같은 뜻(林希逸, 王敔, 陳壽昌). 强梁은 힘이 세고 사나운 사람. 陸德明은 "强梁은 힘이 많음이다〔强梁多力也〕."고 풀이했다. 曲傅의 傅가 傳으로 표기된 판본이 있지만(馬叙倫, 劉文典, 王叔岷), 傅가 옳다(馬叙倫). 司馬彪는 "자

기 자신을 굽혀서 따르는 자를 말함이다〔謂曲附己者隨之也〕."고 풀이했는데 적절한 견해이다. 窮은 竆也로 표기되어 있는 판본이 있다(羅勉道). '因其自窮'은 林希逸이 "自窮이란 스스로 이르는 것이다. 혹 따르기도 하고 혹 거스르기도 하지만, 要는 결국 모두 구하지 않아도 스스로 이른다〔自窮者 自至也 或順或逆 要終皆不求而自至〕."고 풀이한 것이 적절하다.

12) 故朝夕賦斂而毫毛不挫 : 그 때문에 아침저녁으로 세금을 거두어도 털끝만큼도 백성들을 해치는 일이 없음. 毫가 豪로 표기된 판본이 있다(羅振玉). 挫는 馬叙倫의 견해를 따라 剉의 가차자로 보는 것이 무난. 不挫의 대상은 林希逸이 말하는 것처럼 백성이다. 林雲銘은 내 마음〔吾心〕이라 했는데 적절치 않다. 또 阮毓崧이 나와 남으로 한 것도 적절치 않다(池田知久).

第4章

孔子 圍於陳蔡之間하야 七日을 不火食[1)]이러니

太公任[2)]이 往弔之曰 子는 幾死乎아 曰然하다

子는 惡死乎아 曰然하다

任曰[3)] 予 嘗言不死之道호리라 東海에 有鳥焉하니 其名曰意怠[4)]니 其爲鳥也 翂翂翐翐[5)]而似無能[6)]하니 引援而飛[7)]하며 迫脅而棲[8)]하며 進不敢爲前하며 退不敢爲後[9)]하며 食不敢先嘗하야 必取其緖[10)]라 是故로 其行列이 不斥[11)]하며 而外人이 卒不得害[12)]라 是以로 免於患하나니라 直木이 先伐하며 甘井이 先竭하나니 子其意者[13)]는 飾知以驚愚[14)]하며 脩身以明汙[15)]하야 昭昭乎如揭日月而行[16)]故로 不免也로다 昔吾 聞之大成之人[17)]하니 曰自伐者는 無功[18)]하고 功成者는 墮하고 名成者虧[19)]리하니 孰能去功與名하야 而還與衆人[20)]하야 道流而不明居하며 得行而不名處[21)]하며 純純常常[22)]하야 乃比於狂[23)]하며 削迹捐勢[24)]하야 不爲功名코 是故로 無責於人이며 人亦無責焉[25)]이라 至人은 不聞[26)]하나니 子何喜哉[27)]오

孔子曰 善哉라 **辭其交遊**하며 **去其弟子**하고 **逃於大澤**하야 **衣裘褐**하며 **食杼栗**하면 **入獸不亂群**하며 **入鳥不亂行**호리니 **鳥獸**도 **不惡**이온 **而況人乎**따녀

孔子가 陳나라와 蔡나라 사이에서 포위되었을 때 이레 동안 따뜻한 밥을 지어 먹지 못했다. 太公任이 가서 조문하고 이렇게 말했다.

"당신은 거의 죽을 것 같습니다만?"

孔子가 대답했다.

"그렇습니다."

太公任이 말했다.

"당신은 죽는 게 싫습니까?"

孔子가 대답했다.

"그렇습니다."

太公任이 말했다.

"내가 시험 삼아 不死의 道理를 말해 보리다. 東海에 새가 있는데, 그 이름을 意怠라 한다오. 이 새는 돼먹기를 퍼덕퍼덕 날개를 치기만 할 뿐 제대로 날지도 못하고 아무 능력도 없는 것 같아서 다른 새들이 끌어당기면 겨우 날며, 닦달을 당하고 위협을 당하고 나서야 겨우 집에 들어가 쉬며, 나아갈 때는 남들보다 앞서지 않고, 물러날 땐 남들보다 뒤에 남지 않습니다. 밥 먹을 때에도 감히 먼저 맛보지 않고 반드시 모두가 남긴 찌꺼기를 먹습니다. 그 때문에 새의 대열에서 배척받지 않으며, 외부의 인간이 결국 해를 입히지 못하는지라 이런 까닭에 근심을 면하게 되었습니다.

곧은 나무는 먼저 베어지고 맛있는 우물은 먼저 마르게 마련이지요. 당신은 아마도 자신의 지식을 포장하여 어리석은 자들을 놀라게 하고, 자기 자신을 수양하여 그로써 다른 사람의 악행을 돋보이게 만들되, 분명하게 마치 해와 달을 치켜들고 다니듯 했기에 근심스러운 일에서 벗어나지 못한 것입니다. 예전에 내가 크게 도를 이룬 분에게 다음과 같은 말을 들은 적이 있습니다. 그는 '스스로 자랑하는 사람은 공적을 이룰 수 없고, 공은 이루어지고 나면 무너지게 되고

명성은 이루어지면 훼손된다.'고 했습니다. 누가 공적과 명예를 버리고 백성들에게 돌아가 함께 살아갈 수 있겠습니까? 道는 널리 세상에 퍼져 있으면서도 뚜렷하게 머물지 않고 德은 만물에 작용하면서 명성을 차지하지 않습니다. 순수하고 한결같아서 미치광이에나 비길 수 있을 것입니다. 흔적을 없애고 권세를 버려 功名을 추구하지 않으니 이 때문에 남을 책망하지도 않고 남에게 책망을 받지도 않습니다. 至人은 명성이 소문나지 않는 법인데 그대는 어찌하여 그런 것을 좋아하시오?"

공자는 "훌륭한 말입니다!"라고 하고는 교제를 사양하고 제자들을 돌려보내고 큰 연못가에 은둔하면서 가죽옷과 갈옷을 입으며 도토리를 먹고 살았다. 이윽고 짐승들 속에 들어가도 무리가 흩어지지 않고, 새들 사이에 들어가도 행렬이 흩어지지 않게 되었다. 새나 짐승들도 싫어하지 않는데, 하물며 사람이겠는가!

【역주】

1) 七日 不火食 : 이레 동안 따뜻한 밥을 지어 먹지 못함. 不火食은 불을 때서 따뜻한 밥을 지어 먹지 못했다는 뜻.

2) 太公任 : 인명. 太公은 신분을 나타내는 호칭. 任은 그 사람의 이름. 太자는 ≪經典釋文≫에 大로 표기되어 있다. 李頤는 "大公은 大夫를 말한다. 任은 그 이름이다〔大公 大夫稱 任 其名〕."고 풀이했고, 成玄英는 "太公은 노인을 일컬음이다. 任은 이름이다〔老者稱也 任 名也〕."고 풀이했다. 한편 兪樾은 태공을 複姓으로 보았는데 池田知久와 福永光司 등이 兪樾의 견해를 따르고 있다.

3) 任曰 : 馬叙倫은 任을 衍文이라 했는데 대화체의 형식상 연문이 맞는 듯하지만 의미의 차이가 없기 때문에 그대로 두었다.

4) 意怠(의이) : 제비. '빈둥빈둥'의 뜻으로 보고 '의태'로 읽어야 한다는 견해도 있지만 林希逸이 '지금의 제비〔燕〕'라고 한 이래 陸長庚, 馬叙倫 등이 모두 鷾鴯(의이 : 제비)라고 풀이했다.

5) 翂翂翐翐 : 퍼덕퍼덕 날개를 침. 陸德明은 司馬彪가 "翂翂翐翐은 느린 모양이다〔翂翂翐翐 舒遲貌〕."라고 풀이한 견해와 함께 "일설에 높이 날지 못하는 모양이라고 했

다〔一云 飛不高貌〕."는 견해를 소개하고 있는데 여기서는 李頤가 "날갯짓하는 소리이다〔羽翼聲〕."라고 풀이한 것을 따라 새가 날개를 치는 소리를 형용한 것으로 번역했다.

6) 而似無能 : 아무 능력도 없는 것 같음. 無能無才한 모양.

7) 引援而飛 : 다른 새들이 끌어당기면 겨우 낢. 成玄英이 "날 때에는 반드시 무리와 짝의 도움을 얻고, 감히 먼저 일어나지 않는다〔飛必援引徒侶 不敢先起〕."고 풀이한 것이 무난하다. 援도 引과 같은 뜻.

8) 迫脅而棲 : 닦달을 당하고 위협을 당하고 나서야 겨우 집에 들어가 쉼. 迫脅은 협박이나 强制의 뜻으로 보는 것이 타당하다(李勉, 福永光司).

9) 進不敢爲前 退不敢爲後 : 나아갈 때는 남들보다 앞서지 않고, 물러날 땐 남들보다 뒤에 남지 않음. 나아갈 때는 앞에 서는 것이 용감하고 물러날 때는 뒤에 남는 것이 용감한 행위인데 그렇게 하지 않고 항상 前과 後의 중간에 있다는 뜻. 이 편 제1장에서 "쓸모 있음과 쓸모 없음의 사이에 머물 것〔將處夫材與不材之間〕."이라고 한 부분, 또 〈達生〉편 제6장에서 "안쪽만을 중시하여 은둔하지 말 것이며 밖으로만 나가 너무 지나치게 드러내지 말고 內와 外의 한가운데에 枯木처럼 서야 한다〔無入而藏 無出而陽 柴立其中央〕."라고 한 부분과 유사한 내용이다. 대체로 無用之用의 사상적 전개로 볼 수 있다.

10) 食不敢先嘗 必取其緖 : 밥 먹을 때에도 감히 먼저 맛보지 않고 반드시 모두가 남긴 찌꺼기를 먹음. 陸德明은 緖를 '차례〔次緖也〕'라 했고, 成玄英도 '순서〔次敍〕'라고 했지만 적절치 않다. 呂惠卿, 陳景元, 王念孫 등의 견해를 따라 '나머지'로 보는 것이 타당하다. 한편 馬叙倫은 '緖'를 '儲'로 읽고 '庤(쌓을 치)의 가차'라고 했는데 다소 무리이다.

11) 其行列 不斥 : 새의 대열에서 배척받지 않음. 其行列은 새 무리의 행렬.

12) 而外人 卒不得害 : 외부의 인간이 결국 해를 입히지 못함. 外人은 밖의 인간들. 錢穆은 而外를 앞 구절에 붙이고 人을 아래 구절에 붙여서 人卒不得害로 보았는데 일리가 있지만 굳이 따르지는 않는다. 무리들과 평화롭게 어울려 싸우지 않는다는 뜻으로 郭象, 成玄英, 林雲銘, 蘇輿 등 대부분의 주석가들이 같은 견해를 제시하고 있다.

13) 子其意者 : 당신은 아마도. 意者는 阮毓崧이 "或者와 같다. 의심하는 말〔疑辭〕이

다〔猶或者 疑詞也〕."고 풀이한 것이 적절하다. 福永光司는 "抑者와 같은 發語辭이다."고 풀이했는데 의미의 차이는 없지만 앞에 '子'가 있기 때문에 발어사로 규정하는 것은 약간은 빗나간 견해이다.

14) 飾知以驚愚 : 자신의 지식을 포장하여 어리석은 자들을 놀라게 함. 자기의 현명함을 과시하여 어리석은 자들을 놀라게 한다는 뜻이다.

15) 脩身以明汙 : 자기 자신을 수양하여 그로써 다른 사람의 악행을 돋보이게 함. 자신의 장점을 드러내는 것은 곧 타인의 부도덕함을 밝히는 것과 다를 바 없다는 뜻이다.

16) 昭昭乎 如揭日月而行 : 분명하게 마치 해와 달을 치켜들고 다니듯 함. '飾知以驚愚'부터 여기까지는 〈達生〉편에 扁慶子의 말로 나온다. 자기 존재를 誇示한다는 뜻이다. 安東林은 昭昭乎를 '눈부시게'로 풀이하며 如揭日月而行을 '해와 달을 들고 가기라도 하듯'이라 풀이했는데 적절한 견해이다.

17) 吾聞之大成之人 : 내가 크게 도를 이룬 분에게 들었음. 成玄英은 大成之人을 老子라 했는데 반드시 그렇다고 확정할 수는 없다. 林希逸은 '큰 도를 터득한 선비'라 했고, 林雲銘은 '그 덕을 크게 완성한 사람'이라고 했는데 이 정도 견해가 무난하다.

18) 自伐者無功 : 伐은 成玄英의 '取也'는 부적당. 王先謙에 의해서 '자랑하다〔夸也〕.'가 적절하다. 이 구절은 ≪老子≫ 24장에 나온다. 赤塚忠은 본편 본장에 있어서 이 구를 후대로부터 덧붙인 것이 아닌지 의심한다(池田知久). ≪管子≫ 〈白心〉편에 '功成者墮 名成者虧'는 있지만, '自伐者無功'은 없다. 이 구절은 ≪老子≫ 24장 '自見者不明 自是者不彰 自伐者無功 自矜者不長'의 안에 있지만, 功名과는 관계가 없다. 후세 사람이 ≪老子≫에 의해서 첨가했든지, 또는 이 우화의 작가가 덧붙였을 것이다(赤塚忠).

19) 功成者墮 名成者虧 : 공은 이루어지고 나면 무너지게 되고 명성은 이루어지면 훼손됨. 成玄英은 墮를 '敗'로 '虧'를 '毁辱'으로 풀이했는데 적절한 견해이다. 이 두 구절은 ≪管子≫ 〈白心〉편에도 보인다(阮毓崧). 통행본 ≪老子≫에는 이 두 구절이 없고 제2장에 '功成而不居'와 제9장 '功遂身退'라는 구절이 있는데 이 구절과 유사한 의미이다(陳鼓應).

20) 孰能去功與名 而還與衆人 : 누가 공적과 명예를 버리고 백성들에게 돌아가 함께 살아갈 수 있겠습니까. 還與衆人은 돌아가 백성들과 함께 한다는 뜻이다. 林希逸은

"물러나 뭇 백성들과 같아진다."고 풀이했다.

21) 道流而不明居 得行而不名處 : 도는 널리 세상에 퍼져 있으면서도 뚜렷하게 머물지 않고 덕은 만물에 작용하면서 명성을 차지하지 않음. 도는 천하에 두루 유행하지만 스스로 드러내지 아니하고 덕은 세상에 널리 유행하지만 이름을 차지하지 않는다는 뜻이다. 郭象과 陸德明은 道流而不明 居得行而不名處로 絶句했지만 여기서는 呂惠卿, 褚伯秀, 林自의 절구를 따라 居를 앞 구절에 붙여 道流而不明居 得行而不名處로 절구한다. 道流의 流는 아래 구의 得行의 行과 같은 뜻이다. 宣穎은 明을 名으로 고쳐야 한다고 했는데 옳지 않다. 得은 德과 같다. 郭象은 '얻다'는 뜻으로 보았는데 옳지 않다. 成玄英, 林希逸, 呂惠卿 모두 德으로 보았다. 赤塚忠에 의하면 道流而不明居는 道流而不居明의 도치이고, 아래의 不名處도 마찬가지로 도치라 했는데 타당한 견해이다.

22) 純純常常 : 순수하고 한결같음. 純純은 순수한 모양. 成玄英은 "재질이 소박함〔材素〕."으로 풀이했고, 林自는 "섞이지 않음〔不雜〕."으로 풀이했다. 한편 楊愼은 ≪老子≫ 제20장의 惷惷(帛書甲本)과 같은 뜻으로 보았는데 福永光司, 赤塚忠 등이 이 견해를 따르고 있다. 純純을 ≪老子≫ 제20장의 沌沌(어두울 돈)과 같이 보고 '어리석고 흐리멍덩한 모습'으로 풀이하는 견해도 있다.

23) 乃比於狂 : 미치광이에나 비길 수 있을 것임. 속인의 눈에는 도리어 狂人처럼 보인다는 뜻. ≪論語≫와 ≪孟子≫에 나오는 狂者를 참고할 필요가 있다.

24) 削迹捐勢 : 흔적을 없애고 권세를 버림. 자신의 형적을 남기지 않는다는 뜻. 捐은 棄와 같은 뜻이다. 〈天運〉편 제4장, 〈山木〉편 제5장의 내용과 유사하지만 〈山木〉편 제5장의 '削迹於衛'는 삭적을 당하는 것으로 이 구절과는 차이가 있다.

25) 是故無責於人 人亦無責焉 : 이 때문에 남을 책망하지도 않고 남에게 책망을 받지도 않음. 成玄英이 "내가 이미 다른 사람을 책망하지 않는지라 다른 사람 또한 나를 책망함이 없다〔我旣不譴於人 故人亦無責於我〕."고 풀이한 것이 무난하다.

26) 至人不聞 : 至人은 명성이 소문나지 않음. 至人은 세속적인 名聲과 무관하다는 뜻.

27) 子何喜哉 : 그대는 어찌하여 그런 것을 좋아하는가. 어찌하여 功名 따위를 좋아하느냐는 뜻이다.

第5章

孔子 問子桑雽[1]曰 吾는 再逐於魯하며 伐樹於宋하며 削迹於衛하며 窮於商周[2]하며 圍於陳蔡之間하야 吾 犯此數患[3]하니 親交益疏하며 徒友益散하나니 何與오

子桑雽曰 子獨不聞假人[4]之亡與오 林回 棄千金之璧하고 負赤子而趨어늘 或曰 爲其布與[5]인댄 赤子之布 寡矣[6]오 爲其累與인댄 赤子之累 多矣어늘 棄千金之璧하고 負赤子而趨는 何也오 林回曰 彼는 以利로 合이오 此는 以天으로 屬也니 夫以利로 合者는 迫窮禍患害하야 相棄也[7]커든 以天으로 屬者[8]는 迫窮禍患害하야는 相收也하나니 夫相收之與相棄 亦遠矣라 且君子之交는 淡若水하고 小人之交는 甘若醴라 君子는 淡以親하고 小人은 甘以絶하나니 彼 無故以合者는 則無故以離하나니라

孔子曰 敬聞命矣로리라하고 徐行翔佯而歸하야 絶學捐書한대 弟子 無挹於前이나 其愛 益加進[9]이러라

異日에 桑雽又曰 舜之將死에 眞泠〔乃令・愼令〕禹[10]曰 汝 戒之哉어다 形莫若緣코 情莫若率[11]이니 緣則不離하고 率則不勞하니라 不離不勞하면 則不求文以待形하리니 不求文以待形이면 固不待物[12]이니라

공자가 子桑雽에게 이렇게 물었다. "나는 魯나라에서 두 번이나 쫓겨났으며 宋나라에서는 桓魋가 나무를 베어 죽이려 한 위험을 당했고 衛나라에서는 발자취까지 삭제되었고 商나라의 옛터나 周나라의 서울에서 궁지에 빠졌으며 陳나라 蔡나라 사이에서는 포위되었습니다. 내가 이처럼 여러 차례의 환난을 당해 친교가 더욱 疏遠해지고 문도와 학우들이 더욱 흩어지게 되었는데 어째서 이런 일을 당한 것인지요."

子桑雽가 말했다. "당신도 假나라 사람이 도망친 이야기를 들어서 알고 있겠

지요. 林回라는 사람이 천금의 구슬을 버리고 갓난아기를 업고 도망쳤는데 어떤 사람이 묻기를 '돈이 나가는 물건이라 여겨서 그리한 것이라면 갓난아기는 돈이 얼마 되지 않으며, 거추장스러워서 그리한 것이라면 오히려 갓난아기의 거추장스러움이 더 심한데 천금의 구슬을 버리고 갓난아기를 업고 도망친 까닭은 어째서인가.' 하고 묻자, 임회가 대답하기를 '저 구슬은 이익으로 맺어진 관계이고 이 아기는 하늘이 붙여준 관계이다.'고 했습니다.

무릇 이익으로 맺어진 관계는 급박하고 곤궁하며 재앙이 닥치면 서로 버리게 되는데 하늘이 맺어준 관계는 급박하고 곤궁하며 재앙이 닥치면 서로 거두어주니 서로 거두어줌과 서로 버리는 것은 차이가 큽니다. 뿐만 아니라 군자의 사귐은 맑기가 물과 같고, 소인의 사귐은 달기가 단술과 같습니다. 군자는 맑음으로 친밀함을 이어가고 소인은 단 것으로 관계를 끊게 되니 저 소인들처럼 까닭 없이 모인 자들은 까닭 없이 흩어지게 됩니다."

공자가 말했다. "삼가 가르침을 받들겠습니다." 하고는 천천히 걸어 자유로이 방황하면서 집으로 돌아가 〈그 뒤로는〉 학문을 끊고 책을 버렸다. 제자들도 공자 앞에서 揖하는 일이 없어졌으나 공자에 대한 마음속의 사랑은 더욱 깊어졌다.

다른 날 子桑雽가 또 이렇게 말했다. "舜임금이 죽을 때 禹에게 신중히 명령하여 이르기를 '너는 경계하도록 하라. 형체는 자연을 따르는 것보다 더 좋은 게 없고 감정은 천진에 맡기는 것보다 더 좋은 게 없으니 자연을 따르게 되면 乖離되지 않고 천진에 맡기면 수고롭지 않게 된다. 괴리되지도 않고 수고롭지도 않으면 문식으로 몸뚱이를 꾸미려 하지 않을 것이니 문식으로 몸뚱이를 꾸미려 하지 않으면 당연히 외물에 의존하지 않게 될 것이다.' 하였다."

【역주】

1) 子桑雽 : 인명. ≪經典釋文≫에 子桑雽로 표기되어 있고, 陸德明은 "음은 '호'이고 雩로 표기된 판본도 있는데 음이 '우'이다〔音戶 本又作雩 音于〕."라고 풀이했다. 李頤는 "桑은 姓이고 雩는 그 이름이다. 은자이다〔桑 姓 雩 其名 隱人也〕."라고

풀이했고, 兪樾은 〈大宗師〉편 제4장의 子桑戶와 같다고 했는데 본래 林希逸의 주장이다.

2) 伐樹於宋 削迹於衛 窮於商周 : 송나라에서는 환퇴가 나무를 베어 죽이려 한 위험을 당했고 위나라에서는 발자취까지 삭제되었고 상나라의 옛터나 주나라의 서울에서 궁지에 빠졌음. 〈天運〉편에 이미 나온 내용이다. 자세한 내용은 〈天運〉편 참조.

3) 犯此數患 : 이처럼 여러 차례의 환난을 당함. 犯은 章炳麟의 견해를 따라 逢의 假借字로 보는 것이 무난하다.

4) 假人 : 假나라 사람. 假는 나라 이름. 李頤는 假를 '國名'이라 풀이했다. 한편 安東林에 의하면 "孫詒讓의 《莊子札迻》에서는 司馬彪는 林回를 殷의 逃民의 姓名이라 했으므로 假人은 의당 殷人의 잘못으로 보아야 한다. 殷과 假는 글자 모양이 비슷하여 잘못된 것이다. 또 殷나라의 후예는 宋나라이므로 宋의 偃王이 포학하여 그 백성이 도망한 것을 말하지 않았나 생각된다."고 풀이했는데 참고할 만하다.

5) 爲其布與 : 돈이 나가는 물건이라 여겨서 그리한 것인가? 布는 금전적 가치를 뜻한다. 與는 의문사.

6) 赤子之布 寡矣 : 갓난아기는 돈이 얼마 안 됨. 갓난아기의 금전적 가치가 적다는 뜻이다.

7) 迫窮禍患害 相棄也 : 급박하고 곤궁하며 재앙이 닥치면 서로 버리게 됨. 迫은 급박, 핍박의 뜻이다. 林雲銘은 "近과 같다〔猶近也〕."고 풀이했고, 陸樹芝는 "偪과 같다〔猶偪也〕."고 풀이했다.

8) 以天屬者 : 하늘이 맺어준 관계. 앞의 以利合者와 상반되는 관계.

9) 無挹於前 其愛益加進 : 제자들도 공자 앞에서 挹하는 일이 없어졌으나 공자에 대한 마음속의 사랑은 더욱 깊어짐. 挹은 揖과 통한다.

10) 眞泠〔乃令·愼令〕禹 : 우에게 신중히 명령함. 眞은 愼을 생략한 글자(福永光司, 池田知久)로 보는 견해와 乃로 보는 견해(王引之 등)가 모두 타당성이 있다. 羅勉道는 "眞泠禹는 인명이고 汝는 순임금을 지칭한다〔眞泠禹是人名 汝指舜也〕."고 풀이했지만 적절치 않다. 朱得之는 "眞泠은 乃其命의 잘못이다〔眞泠乃其命之誤〕."라고 풀이했고 王敔는 "其命 두 글자가 잘못된 것이다〔其命二字之誤〕."라고 풀이했다. 王引之는 眞자가 어떤 판본에는 直으로 되어 있고 直은 迺의 誤寫일 것이라고 추정했는데 迺는 乃와 같으므로 眞泠을 乃令으로 본 입장이다. 泠은 令

의 誤字(池田知久).

11) 形莫若緣 情莫若率 : 형체는 자연을 따르는 것보다 더 좋은 게 없고 감정은 천진에 맡기는 것보다 더 좋은 게 없음. 劉鳳苞는 "緣은 따름이니 자연을 따름이다. 率은 맡김이니 天眞에 맡김이다〔緣 因也 因其自然也 率 任也 任其天眞也〕."라고 풀이했다.

12) 固不待物 : 당연히 외물에 의존하지 않게 됨. 참다운 독립, 절대의 자유의 세계에 노닐 수 있다는 뜻이다. 固자가 故로 표기된 판본이 있는데 이를 근거로 '固'를 '故'로 풀이하는 견해도 있다(方勇·陸永品).

第6章

莊子 衣大布而補之[1)]하고 **正〔以〕緳係履**[2)]하야 **而過魏王**한대 **魏王曰 何先生之憊邪**[3)]오

莊子曰 貧也라 **非憊也**니라 **士有道德不能行**은 **憊也**어니와 **衣弊履穿**은 **貧也**라 **非憊也**니 **此所謂非遭時也**니라 **王**은 **獨不見夫騰猿乎**잇가 **其得柟梓豫章也**[4)]에는 **攬蔓其枝**[5)]**而王長其間**[6)]이어든 **雖羿蓬(逢)蒙**[7)]이라도 **不能眄睨也**라나 **及其得柘棘枳枸之間也**하야는 **危行側視**하야 **振動悼慄**하나니 **此**는 **筋骨**이 **非有加急而不柔也**라 **處勢不便**이라 **未足以逞其能也**일새니라 **今**에 **處昏上亂相之間**하야서 **而欲無憊**인댄 **奚可得邪**리오 **此 比干之見剖心**[8)]이니 **徵也夫**인저

莊子가 여기저기 기운 자리가 많은 헐렁한 베옷을 입고 삼줄로 이리저리 묶은 신발을 신고 魏나라 왕 앞을 지나가고 있었는데 위나라 왕이 이렇게 말했다.

"선생께서는 어찌하여 이처럼 고달프게 사십니까?"

장자가 대답했다.

"가난한 것이지 고달픈 것이 아닙니다. 선비에게 도덕을 시행하지 못하는 것은 고달픈 것이지만 옷이 해지고 신발이 터진 것은 가난한 것이지 고달픈 것이 아니니 이것이 이른바 제 때를 만나지 못한 것입니다. 왕께서는 뛰어다니는 원숭이를 보지 못하셨습니까? 원숭이가 녹나무나 가래나무를 얻었을 때

가지를 붙잡고 그 사이에서 군왕 노릇을 하면 비록 羿나 蓬蒙처럼 활 잘 쏘는 사람이라 하더라도 곁눈질하지 못하지만 원숭이가 산뽕나무, 대추나무, 탱자나무, 호깨나무 따위의 가시나무를 얻었을 때에는 바짝 긴장하고 움직이며 곁으로 흘겨보아서 진동할 때마다 두려워하니 이것은 원숭이의 근골이 더 급해지거나 부드럽지 못한 것이 아니라 머물러 있는 형세가 편치 못하기 때문에 자기 능력을 발휘하기에 부족하기 때문입니다.

지금 어두운 군주와 어지러운 재상의 사이에 머물면서 고달픔이 없기를 바란다면 어찌 얻을 수 있겠습니까. 이것은 比干이 심장을 가르는 형벌로 죽게 된 일에서도 분명히 증명할 수 있습니다."

【역주】

1) 衣大布而補之 : 여기저기 기운 자리가 많은 헐렁한 베옷을 입음. 大布는 헐렁한 옷으로 천한 사람의 옷을 지칭한다. 補之는 '깁다'의 뜻. 거친 베옷을 입었는데 그것도 여기저기 기운 자리가 많았다는 뜻이다.

2) 正〔以〕緳係履 : 삼줄로 이리저리 묶은 신발을 신음. 正은 以의 오류. 馬叙倫은 以의 잘못이라고 주장했는데 이 견해를 따라 번역하였다. 郭嵩燾는 正을 "가지런히 정돈한다〔整齊〕."는 뜻으로 풀이했지만 옳지 않다. 金谷治와 福永光司 등도 모두 正緳을 以緳로 보아야 한다는 견해를 제시했다. 緳은 '띠 혈'. 成玄英이 "신발끈이다〔履帶也〕."고 풀이한 것이 적절하다.

3) 何先生之憊邪 : 선생께서는 어찌하여 이처럼 고달프게 사십니까. 何……邪는 '어쩐 일입니까?'의 뜻. 先生之憊는 '선생의 고달픔'. 곧 "어째서 선생께서는 이다지도 고달파 보이십니까?"의 뜻이다.

4) 其得枏(남)梓豫章也 : 원숭이가 녹나무나 가래나무를 얻었을 때. 成玄英은 "녹나무와 가래나무는 모두 단정하고 곧아서 좋은 재목이다〔枏梓豫章 皆端直好木也〕."라고 풀이했다. 枏은 '녹나무 남'. 梓는 '가래나무 재'. 豫는 '녹나무 예'이고 章은 '녹나무 장'. 따라서 枏梓豫章은 녹나무와 가래나무로 번역하는 것이 간편하다.

5) 攬蔓其枝 : 가지를 붙잡음. 攬과 蔓은 모두 붙잡다, 잡아당기다의 뜻. 林希逸은 "攬은 붙잡음이고 蔓은 둘러쌈이다〔攬 把之也 蔓 纒繞也〕."라고 풀이했지만 蔓 또한 '끌어당기다, 잡아당기다〔蔓 引也〕'의 뜻으로 보는 견해(朱駿聲, 章炳麟, 馬叙倫)가

유력하다.

6) 王長其間 : 그 사이에서 군왕 노릇을 함. 王敔가 王長을 "왕이 되고 패자가 된 듯함을 말함과 같다〔猶言爲王爲伯〕."라고 풀이한 것이 적절하다. 章炳麟도 같은 견해를 제시했다.

7) 羿蓬(방)蒙 : 두 사람의 인명. 羿와 蓬蒙은 둘 다 활쏘기의 명인이다. 〈德充符〉편 제2장에 이미 나왔다. 羿와 蓬蒙의 관계는 ≪孟子≫ 〈離婁 下〉편에 자세하다. ≪孟子≫에 의하면 방몽은 예의 제자였는데 예에게서 활쏘는 기술을 모두 배운 뒤 그를 죽였다고 하는데 ≪孟子≫에는 逄蒙(방몽)으로 나온다. 蓬은 '쑥 봉'이지만 姓으로 썼을 때에는 '방'으로 읽어야 한다.

8) 比干之見剖心 : 비간이 심장을 가르는 형벌을 당함. 〈胠篋〉편 제2장에도 비간이 심장을 가르는 형벌에 관한 이야기가 나왔다.

第7章

孔子 窮於陳蔡之間하야 七日을 不火食하야 左據槁木하고 右擊槁枝하사 而歌猋氏之風[1)]하시니 有其具而無其數하며 有其聲而無宮角호대 木聲이 與人聲으로 犁然有當於人之心하더니

顔回端拱하야 還目而窺之한대 仲尼 恐其廣己而造大也하며 愛己而造哀也[2)]할가하야 曰 回아 無受天損은 易커니와 無受人益은 難[3)]하니 無始而非卒也라 人與天이 一也[4)]니 夫今之歌者 其誰乎오

回曰 敢問無受天損이 易하노이다

仲尼曰 飢渴寒暑와 窮桎不行은 天地之行也며 運物之泄也[5)]니 言與之偕逝之謂也라 爲人臣者 不敢去之하야 執臣之道하리도 猶若是온 而況乎所以待天乎[6)]따녀

何謂無受人益이 難이잇고

仲尼曰 始用四達하야 爵祿竝至而不窮하나니 物之所利 乃非己也니 吾命이 其

在外者也라 君子 不爲盜하며 賢人은 不爲竊하나니 吾 若取之인댄 何哉[7)]리오 故로 曰鳥 莫知於鷾鴯[8)]하야 目之所不宜處에는 不給視하며 雖落其實이라도 棄之而走하며 其畏人也나 而襲諸人間이어든 社稷으로 存焉爾[9)]니라

何謂無始而非卒이잇고

仲尼曰 化其萬物이어든 而不知其禪之者[10)]어니 焉知其所終이며 焉知其所始리오 正而待之而已耳니라

何謂人與天이 一邪잇고

仲尼曰 有人도 天也며 有天도 亦天也니 人之不能有天이 性也라 聖人은 晏然하야 體逝而終矣나니라

孔子가 陳나라와 蔡나라 사이에서 곤경을 당해 7일 동안 따뜻한 밥을 지어 먹지 못했는데 왼쪽으로 말라 버린 나무에 기대어 오른쪽으로 마른 나뭇가지를 치면서 염제 신농씨의 노래를 부르니 두드리는 도구는 있었지만 가락이 없었으며 소리는 났지만 음률이 없었다. 그런데도 나무 두드리는 소리와 사람의 목소리가 조리 있게 사람의 마음에 꼭 맞는 점이 있었다.

顔回가 단정히 拱手하고 조심스럽게 눈길을 돌려 살펴보자 공자는 그가 자기(공자)를 달관한 사람이라고 여겨 지극히 큰 사람으로 여기며 자기(공자)를 사랑한 나머지 지나치게 슬퍼할까 염려하여 이렇게 일러 주었다.

"回야! 하늘의 훼손을 받지 않기는 쉽지만 사람들의 도움을 받지 않기는 어렵다. 시작함도 일정함이 없고 마침도 일정한 것이 아니니 이런 이치는 사람과 하늘이 마찬가지이다. 지금 노래하는 이는 〈본래〉 누구였던가?"

顔回가 말했다.

"감히 '하늘의 훼손을 받지 않기는 쉽다.'는 말씀에 대해 여쭙습니다."

孔子가 말했다.

"굶주림과 목마름, 추위와 더위, 그리고 곤궁과 질곡, 행하지 못함은 천지의

운행법칙이며 만물이 운행하는 자연스러운 흐름이다. 이 말은 천지 만물이 그것과 함께 흘러감을 말함이니 남의 신하된 자는 감히 없애지 못하고 신하된 도리를 지키기를 이 같이 하는데 하물며 하늘을 기다리는 경우이겠는가?"

〈顔回가 말했다.〉 "'사람들의 도움을 받지 않기는 어렵다.'는 것은 무슨 뜻입니까?"

중니가 말했다.

"처음 등용되어 사방으로 나아갈 때는 벼슬과 녹봉이 함께 이르러 곤궁하지 않다고 여기지만 이것은 외물이 이롭게 해 준 것으로 나 자신이 이룬 것이 아니니 나의 목숨이 외물에 달려 있는 것이다. 군자는 도둑질하지 않으며 현인은 훔치지 않으니 내가 만약 그것을 가진다면 어찌할 것인가? 그 때문에 새는 鷾鴯(제비)보다 더 지혜로운 것이 없어서 마땅하게 여기지 않는 곳에는 눈으로 보지도 아니하며 비록 열매가 떨어졌다 하더라도 버리고 도망하며 사람을 두려워하지만 사람이 사는 곳에 들어가 사는데 마치 사직이 한 곳에 있게 되면 다른 곳으로 옮겨 가지 못하는 것과 같다."

顔回가 물었다.

"무엇을 일러 '시작함도 일정함이 없고 마침도 일정한 것이 아니다.'고 하신 겁니까?"

孔子가 대답했다.

"만물을 변화시키는데 그것을 변하게 하는 것을 알 수 없으니 어찌 마치는 것을 알 수 있겠으며 어찌 시작하는 것을 알 수 있겠는가. 자신을 올바르게 하고 기다릴 뿐이다."

顔回가 물었다.

"사람과 하늘이 마찬가지라고 하신 것은 무슨 뜻입니까?"

孔子가 말했다.

"사람이 있게 된 것도 자연이며 하늘이 있게 된 것도 또한 자연이니 사람이 하늘을 가질 수 없는 것이 본성이다. 성인은 편안하게 자연과 함께 흘러가는 것을 체득하여 삶을 마친다."

【역주】

1) 猋氏之風 : 猋氏의 노래. 猋氏는 猋帝 神農氏. 陸德明은 焱氏(표씨)로 표기하고 "옛날 무위를 실천했던 제왕이다〔古之無爲帝王也〕."라고 풀이했고, 焱氏로 표기되어 있는 판본도 있지만(馬叙倫, 王叔岷, 寺岡龍含) 猋이 옳다(羅振玉). 猋氏之風은 呂惠卿이 말하는 것처럼 〈天運〉편 제3장의 有猋氏之頌을 답습한 것이라 할 수 있다(池田知久). 대의는 褚伯秀가 "상심한 마음으로 옛날을 생각함이다〔傷念思古也〕."고 풀이한 것이 무난하다.
2) 恐其廣己而造大也 愛己而造哀也 : 그가 자기(공자)를 달관한 사람이라고 여겨 지극히 큰 사람으로 여기며 자기(공자)를 사랑한 나머지 지나치게 슬퍼할까 염려함. 恐其의 其는 顔回를 지칭한다. 廣己의 己와 愛己의 己는 모두 공자를 지칭한다(阮毓崧).
3) 無受天損 易 無受人益 難 : 하늘의 훼손을 받지 않기는 쉽지만 사람들의 도움을 받지 않기는 어려움. 人益은 사람들의 도움. 池田知久와 金谷治는 "榮爵을 받지 않기란 어렵다."고 풀이했고, 安東林은 "부귀의 자리에 있으면서 마음 편히 태연하기란 어렵다."는 뜻으로 풀이했다.
4) 人與天一也 : 사람과 하늘이 마찬가지임. 인간 세계의 이법이나 천지자연의 이법도 궁극적으로 하나라는 뜻이다.
5) 運物之泄也 : 만물이 운행하는 자연스러운 흐름. 泄은 '설'로 누설의 뜻. 여기서는 앞의 天地之行의 行과 같이 流行의 의미이다.
6) 況乎所以待天乎 : 하물며 하늘을 기다리는 경우이겠는가. 군신관계보다 더 심각한 근거인 자연에 의지하는 경우에는 말할 것도 없이 순종해야 한다는 의미이다.
7) 吾若取之 何哉 : 내가 만약 그것을 가진다면 어찌할 것인가? 그것을 가질 생각이 전혀 없다는 뜻이다. 馬叙倫은 ≪說文解字≫ '若'字의 段玉裁 注를 근거로 삼아서 若은 擇과 같은 뜻이라 했지만 굳이 따르지 않는다. 한편 "그런데 내가 세속 속에서 爵位, 俸祿을 갖고 있음은 어쩐 일인가."(金谷治, 安東林)라는 뜻으로 보는 견해도 있다.
8) 鷾鴯(의이) : 제비〔燕子〕의 딴 이름. 앞의 意怠(의이)와 같다.
9) 襲諸人間 社稷存焉爾 : 사람이 사는 곳에 들어가 사는데 마치 사직이 한 곳에 있게

되면 다른 곳으로 옮겨 가지 못하는 것과 같다. 襲은 들어간다는 뜻이다. 宣穎은 "襲은 들어감이다. 사람이 사는 집에 들어가 집을 짓지만 단지 그곳에 거처를 의탁할 뿐이고 달리 탐내는 것이 있어서가 아님을 말한 것이다〔襲 入也 言入巢於人室 但以托居在此耳 非有所貪也〕."고 풀이했다. 한편 林雲銘은 "사람이 사는 집에 머물지 않을 수 없는 것은 무엇 때문인가? 제비는 이곳을 버리면 달리 몸을 편안히 둘 수 있는 곳이 없으니 마치 인간의 사직이 이곳에 머물게 되면 다른 곳으로 옮겨 가지 못하는 것과 같다〔不能不處於人間堂上 何也 蓋燕舍此 別無可安身之地 猶人之社稷安於此 不能他移也〕."고 풀이했다.

10) 不知其禪之者 : 그것을 변하게 하는 것을 알 수 없음. 禪은 嬗(선)의 가차자(馬叙倫)로 보는 견해가 유력하다. 嬗은 變한다는 뜻.

第8章

莊周 遊於雕陵之樊[1)]할새 覩一異鵲이 自南方來者 翼廣이 七尺이오 目大 運寸[2)]이러니 感周之顙而集於栗林이어늘 莊周曰 此何鳥哉오 翼殷不逝하며 目大不覩[3)]하놋다 蹇裳躩步[4)]하야 執彈而留之[5)]하야서 覩一蟬이 方得美蔭而忘其身하며 螳蜋이 執翳而搏之[6)]하야 見得而忘其形하며 異鵲이 從而利之하야 見利而忘其眞이러라 莊周怵然曰 噫라 物固相累[7)]라 二類 相召也[8)]로다하고 捐彈而反走하더니 虞人이 逐而誶之[9)]할새 莊周 反入하야 三日을 不庭[10)]호라 藺且[11)] 從而問之호대 夫子는 何爲로 頃間을 甚不庭乎오

莊周曰 吾守形하다가 而忘身하야 觀於濁水而迷於清淵하라 且吾聞諸夫子[12)]호니 曰入其俗하야 從其令이리할때녀 今吾 遊於雕陵而忘吾身하야늘 異鵲이 感吾顙하야 遊於栗林而忘眞이어늘 栗林虞人이 以吾로 爲戮[13)]할새 吾所以不庭也니라

莊周가 雕陵의 울타리 안에서 산보하며 노닐 적에 남방에서 온 한 마리의 기이한 까치를 보았는데, 이 까치는 날개 너비가 7尺이고 눈의 크기는 직경이 1寸이었는데 장주의 이마를 스쳐 지나가서는 밤나무 수풀에 머물렀다.

장주가 말했다.

"이 새는 어떤 새인가. 날개는 큰데도 제대로 날지 못하고, 눈은 큰데도 제대로 보지 못하는구나." 이렇게 말하고는 아랫도리를 걷어 올리고 살금살금 걸어가서 새총을 잡고 그것을 당겨 새를 잡으려 머물러 있다가, 한 마리 매미가 막 시원한 나무 그늘을 얻어 자기 몸을 잊고 있는 것을 보았다.

그런데 그 매미 뒤에서는 사마귀가 도끼모양의 발을 들어 올려 매미를 잡으려 하고 있었는데, 매미를 잡는다는 이득만 생각하고 자기 몸을 잊고 있었다. 이상한 까치는 바로 그 뒤에서 사마귀를 잡는다는 이익만 생각하고 자기 몸을 잊고 있었다.

莊周는 깜짝 놀라 "아! 物이란 본시 이처럼 서로 해를 끼치는 관계로구나. 利欲에 빠진 두 가지 다른 종류는 서로가 서로를 부르는구나." 하고는 새총을 버리고 몸을 돌려 달아나려 했는데 산지기가 쫓아와 장주를 호되게 꾸짖었다.

莊周가 돌아와 집으로 들어온 뒤 사흘 동안 기분 나빠했다. 제자 藺且(인저)가 찾아가 물었다.

"선생께서는 요즈음 무엇 때문에 오랫동안 기분 나빠하십니까?"

장주가 말했다.

"나는 바깥의 형체에 정신을 빼앗겨 자신을 잊어버리고 탁한 물만 보다가 맑은 연못을 잃어버리고 말았다. 게다가 나는 우리 선생님에게서 '세속에 들어가서는 세속을 따라야 한다.'고 들었는데 지금 나는 〈세속의 禁法을 어기고〉 雕陵 울타리 안에 들어가 노닐다가 〈막 그늘을 차지하고 자신을 잊어버린 매미처럼〉 자신을 잊어버렸는데 마침 괴이한 까치가 내 이마를 스치고 가기에 어느새 栗林 속으로 들어가 노닐다가 나 자신의 본래 모습을 잊고 있었는데, 栗林의 산지기가 나를 밤을 훔친 범죄자로 처벌해야 한다고 꾸짖었기 때문에 내가 기분 나빠하는 것이다."

【역주】

1) 遊於雕陵之樊 : 雕陵의 울타리 안에서 노닒. 丘陵의 명칭. 이 장의 기술에 따르면

栗林이 그 속에 있다. 樊은 울타리로 보는 것이 무난하나, 褚伯秀는 울타리가 아니라 나무가 우거진 곳을 말한다고 했는데 참고할 만하다.

2) 目大 運寸 : 눈의 크기가 1寸임. 王念孫이 "目大運寸은 눈의 크기가 직경 1촌임을 말한 것일 뿐이다〔目大運寸 猶言目大徑寸耳〕."라고 풀이한 것이 적절하다.

3) 翼殷不逝 目大不覩 : 날개는 큰데도 제대로 날지 못하고, 눈은 큰데도 제대로 보지 못함. 殷은 殷盛의 뜻으로 크다는 의미이다.

4) 蹇裳躩步 : 아랫도리를 걷어 올리고 살금살금 걸어감. 蹇(건)은 걷어 올린다는 뜻이고 躩(확)은 빠르게 가는 모양. 躩步는 빠른 걸음이라는 뜻인데 여기서는 맥락상 빠르지만 조용히 걸어가는 모습을 형용한 말이다.

5) 執彈而留之 : 새총을 잡고 그것을 당겨 새를 잡으려고 머묾. 留之는 그 아래에 머물러 있으면서 새총을 발사할 틈을 본다는 뜻(方勇・陸永品).

6) 執翳而搏之 : 도끼모양의 발을 들어 올려 매미를 잡으려 함. 司馬彪는 翳를 "풀을 들어 스스로 가림이다〔執草以自翳也〕."라고 풀이했는데 郭象을 비롯한 다수의 주석가들이 이 견해를 따르고 있고 阮毓崧도 "翳는 蔽이며 나뭇잎을 들어 스스로 감춤이다."고 하여 같은 견해를 제시하고 있지만 옳지 않다. 高亨은 "翳는 戉(도끼 월)의 假借字이며 ≪說文解字≫에 斧라 했다. 사마귀의 두 팔에 도끼가 있음을 말함이다."라고 풀이했고, 陳景元은 "도끼를 말함이다. 사마귀가 도끼를 잡고 있는 것이 마치 덮개로 스스로를 가리는 것과 같음이다〔謂斧也 螳螂執斧 如蓋以自蔽也〕."라고 풀이했는데 이 견해가 옳다. 宣穎도 거의 같은 견해.

7) 物固相累 : 物이란 본시 이처럼 서로 해를 끼침. 固는 '본디, 참으로'의 뜻. 相累는 서로 누를 끼침. 해를 끼친다는 뜻.

8) 二類相召也 : 두 가지 다른 종류는 서로가 서로를 부름. 이욕에 빠져서 서로가 서로를 탐낸다는 뜻이다. 陸西星은 "두 가지 다른 종류가 서로를 부른다는 것은 매미가 사마귀를 부르고 사마귀가 새를 부르고 새가 다시 나를 부름을 말한 것이다〔二類相召者 言蟬召螳螂 螳螂召鵲 今鵲復召我矣〕."라고 풀이한 것이 적절하다.

9) 虞人逐而誶(수)之 : 산지기가 쫓아와 장주를 호되게 꾸짖음. 虞人은 산지기. 산지기는 장자가 밤을 훔치는 도둑이라고 생각한 것이다. 誶는 꾸짖을 수.

10) 三日不庭 : 사흘 동안 기분 나빠함. 三日은 底本에는 三月로 되어 있지만 焦竑, 王念孫 등의 고증에 따라 三日로 고쳤다. 庭은 불쾌함. 王念孫의 고증에 따라 逞으로

읽는다. 池田知久도 같은 견해.

11) 藺且(인저) : 인명. 司馬彪는 "장자의 제자이다〔莊子弟子也〕."고 풀이했다.

12) 吾聞諸夫子 : 우리 선생님에게서 들음. 여기의 夫子가 누구인지에 대해서는 이설이 분분하다. 成玄英은 老子라 했고, 陳景元은 長桑公이라 했고, 阮毓崧은 孔子라 했으며, 池田知久는 老子가 아니라고 했는데 모두 뚜렷한 근거가 있는 것은 아니다.

13) 栗林虞人 以吾爲戮 : 栗林의 산지기가 나를 밤을 훔친 범죄자로 생각함. 곧 장자를 처벌해야 한다고 꾸짖었다는 뜻. 戮은 형륙을 당한 사람, 또는 형륙의 처벌을 받아야 할 사람. 戮은 成玄英 이래 치욕〔辱〕의 뜻으로 보는 것이 거의 정설이고 장자 자신이 욕을 당한 것을 말한다는 견해(安東林)가 있지만 어법상 자연스럽지 못한 점이 있다.

第9章

陽子[1]**之宋**하다가 **宿於逆旅**[2]러니 **逆旅人**이 **有妾二人**[3]호대 **其一人**은 **美**하고 **其一人**은 **惡**한대 **惡者貴而美者賤**[4]이어늘 **陽子問其故**한대 **逆旅小子**[5] **對曰 其美者自美**라 **吾不知其美也**며 **其惡者 自惡**라 **吾不知其惡也**하노라

陽子曰 弟子아 **記之**하라 **行賢而去自賢之行**이면 **安往而不愛哉**[6]리오

陽子(楊朱)가 宋나라에 갔다가 여관에서 하룻밤 묵었다. 여관 주인에게 두 명의 첩이 있었는데 그중 한 명은 미인이고 또 다른 한 명은 추녀였다. 그런데 추녀가 귀한 대접을 받고 미녀가 박대받고 있었다.

양자가 그 까닭을 물었더니 여관의 머슴이 이렇게 말했다.

"미인은 스스로 아름답다고 여기는지라 제가 오히려 아름다운지 알지 못하겠고, 추녀는 스스로 추하다고 여기는지라 제가 추한지 알지 못하겠습니다."

양자는 따라온 제자들에게 말했다.

"제자들아. 잘 기억해 두어라. 현명하게 행동하면서도 스스로 현명하다고 과시하는 태도를 버리면, 어디 간들 사람들에게 사랑받지 않겠는가."

【역주】

1) 陽子 : 인명. 楊朱의 존칭으로 추정(司馬彪). 成玄英은 좀 더 구체적으로 "성은 陽이고 이름은 朱이며 字는 子居이고 秦나라 사람이다〔姓陽 名朱 字子居 秦人也〕."라고 풀이했다.

2) 宿於逆旅 : 여관에서 하룻밤 묵음. 逆旅는 나그네를 맞이하는 곳, 곧 여관. 宿은 하룻밤을 묵는다는 뜻이다.

3) 逆旅人有妾二人 : 여관 주인에게 첩이 둘 있음. 逆旅人의 人은 여관 주인.

4) 惡者貴而美者賤 : 추녀가 귀한 대접을 받고 미녀가 박대받음. 여관 주인이 추녀를 총애하고 미녀를 경시했다는 뜻이다.

5) 逆旅小子 : 여관의 머슴. 아래 문장의 '吾不知其美也', '吾不知其惡也'의 주어를 기준으로 따져 보면 여관의 머슴이 아니라 여관 주인으로 볼 수도 있다. 또 福永光司는 ≪韓非子≫에 근거하여 '逆旅之父(보)' 곧 여관 주인으로 고치는 것이 마땅하다 하였다. 하지만 그대로 두어도 무방하다. 曹礎基는 小子를 "나이가 어린 사람에 대한 호칭이다."고 풀이했다.

6) 行賢而去自賢之行 安往而不愛哉 : 현명하게 행동하면서도 스스로 현명하다고 과시하는 태도를 버리면, 어디 간들 사람들에게 사랑받지 않겠는가. 行賢은 현명하게 행동한다는 뜻이고, 自賢之行은 스스로 현명하다고 과시하는 행위, 태도를 뜻한다.

第21篇 田子方

【해설】

이 편의 주인공인 田子方은 魏나라의 현인으로 魏 文侯의 스승으로 알려져 있는데 공자의 제자인 子夏 계열의 유학자로 추정된다. 일찍이 莊子 儒門설을 주장했던 韓愈가 장자의 출신을 공자 후학으로 본 것도 이 편의 기록에 근거한 것이다. 福永光司는 이 편은 내편 〈德充符〉편을 祖述하는 의도에서 논한 것이라 했는데, 그의 견해를 따르면 〈達生〉편은 내편 〈養生主〉편을 祖述한 것이고, 〈山木〉편은 내편 〈人間世〉편을 祖述한 것이며, 〈知北遊〉편은 내편 〈大宗師〉편을 祖述한 것이다.

제1장에서는 田子方과 魏 文侯의 대화를 통해 道를 체득한 사람의 모습을 하늘처럼 텅 비어 있다고 표현하고 있다.

제2장에서는 溫伯雪子가 주인공으로 등장하여 禮儀에 밝고 까다로운 공자가 사실은 사람의 마음을 제대로 헤아리지 못하고 있다며 유가의 형식주의를 비판하고 있다.

한편 제3장에서는 제2장에서 비판받았던 공자가 도리어 장자의 사상을 이해하고 체득한 이로 등장하고 있는 점이 이채롭다.

또 제4장의 시작부분에는 〈齊物論〉편 제1장에 보이는 南郭子綦와 顏成子游의 대화와 유사한 전개방식이 눈에 띈다.

王叔岷은 이 편의 寓意가 〈人間世〉편과 서로 부합한다고 했는데, 그를 포함하여 많은 학자들이 이 편의 대지를 〈德充符〉편과 유사하다는 견해를 제시했다.

第1章

田子方[1]이 侍坐於魏文侯[2]하야서 數稱谿工[3]한대

文侯曰 谿工은 子之師邪아

子方曰 非也라 無擇之里人也니 稱道 數當할새 故無擇이 稱之하노이다

文侯曰 然則子는 無師邪아

子方曰 有하니이다

曰子之師는 誰邪오

子方曰 東郭順子[4]니이다

文侯曰 然則夫子는 何故로 未嘗稱之오

子方曰 其爲人也 眞이라 人貌而天虛[5]하며 緣而葆眞하며 淸而容物하야 物이 無道어든 正容以悟之하야 使人之意也로 消케하나니 無擇은 何足以稱之[6]리잇고

子方出이어늘 文侯 儻然[7]終日不言이라가 召前立臣而語之曰 遠矣라 全德之君子여 始吾 以聖知之言과 仁義之行으로 爲至矣라니 吾聞子方之師하고 吾形解而不欲動하며 口鉗而不欲言호니 吾所學者는 直土梗[8]耳로소니 夫魏는 眞爲我의 累耳로다

田子方이 魏 文侯를 모시고 앉아서 이야기할 때 谿工을 자주 칭찬했더니, 文侯가 말했다. "谿工은 선생의 스승입니까?"

子方이 대답하였다. "아닙니다. 저와 같은 마을에 사는 사람입니다. 道에 대해 일컫는 말이 자주 합당했기 때문에 제가 그를 칭찬한 것입니다."

文侯가 말했다. "그렇다면 선생에게는 스승이 없습니까?"

子方이 말했다. "있습니다."

文侯가 말했다. "누구입니까?"

子方이 말했다. "東郭順子입니다."

文侯가 말했다. "그렇다면 선생은 무슨 까닭으로 아직 한번도 스승에 대해 일컬은 적이 없었습니까?"

子方이 말했다. "그분은 사람됨이 진실한지라 사람의 모습을 하고 있지만 하늘처럼 텅 비어 있으며, 사물을 따르지만 자연의 참된 본성을 잃지 아니하며, 맑으면서도 사물을 포용하여 사물이 무도하면 자신의 행동을 바로 함으로써 그들을 깨우쳐 다른 사람이 비난하려는 의지를 소멸케 하니 제가 어찌 그를 일컫기에 충분한 사람이겠습니까?"

子方이 나가고 나자 문후는 멍하니 종일토록 말하지 않다가 앞에 서 있던 신하를 불러 이렇게 말했다. "원대하구나! 덕을 온전히 갖춘 군자여! 처음에 나는 성스럽고 슬기로운 말과 인의의 행동을 지극하다 여겼더니만 내가 자방의 스승에 관한 이야기를 듣고 나자 내 몸은 해체되어 움직이려 하지 아니하고, 입은 재갈 물린 것처럼 말하지 않으려 하니 내가 지금까지 배웠던 것은 단지 흙으로 만든 인형일 뿐이었으니 위나라는 참으로 나를 얽어매는 물건이로다."

【역주】

1) 田子方 : 인명. 위나라의 현인. 李頤는 "위문후의 스승이다. 이름은 무택이다〔魏文侯師也 名無擇〕."고 풀이했고, 成玄英은 "성은 田이고 이름은 무택이며 자는 자방이고 위나라의 현인으로 문후의 스승이다〔姓田 名無擇 字子方 魏之賢人也 文侯師也〕."고 풀이했다. 郭慶藩은 無擇은 無斁(역)으로 표기해야 한다고 주장했다. 일찍이 韓愈는 〈送王塤序〉에서 田子方과 莊周의 관계에 대해 고찰하고 있다(池田知久).

2) 魏文侯 : 위나라 임금. 成玄英은 "文侯는 필만의 7세손이고 武侯의 아버지이다〔文侯是畢萬七世孫 武侯之父也〕."고 풀이했다.

3) 谿工 : 인명. 역시 위나라의 賢人. 成玄英은 "성은 谿이고 이름은 工이며 역시 위나라의 현인이다〔姓谿 名工 亦魏之賢人〕."라고 풀이했다.

4) 東郭順子 : 인명. 전자방의 스승. 成玄英은 "성곽 동쪽에 살기 때문에 그것을 따라 氏로 삼았다. 이름은 順子이다. 자방의 스승이다〔居在東郭 因以爲氏 名 順子 子方

之師也〕."라고 풀이했다. 한편 馬叙倫은 동곽순자를 실제 인물로 보고 자공의 제자라고 했지만 赤塚忠의 지적처럼 실제 인물로 보는 것은 무리이다.

5) 人貌而天虛 : 사람의 모습을 하고 있지만 하늘처럼 텅 빔. 郭象 이래 '人貌而天'으로 절구하는 경우가 많지만 兪樾이 天虛에서 斷句해야 한다고 한 주장이 타당하다.

6) 無擇何足以稱之 : 무택이 어찌 그를 일컫기에 충분한 사람이겠습니까. 동곽순자가 일컫기에 부족한 사람이기 때문에 일컫지 않았던 것이 아니라 참으로 위대한 것은 말로 표현하기에 부족하다는 뜻으로 자신의 표현이 부족함을 이야기한 대목이다.

7) 儻然 : 멍한 모습. 司馬彪는 "뜻을 잃어버린 모양이다〔失志貌〕."고 풀이했다.

8) 土梗 : 흙으로 빚어 만든 인형. 비를 맞으면 뭉개지고 마는 흙 인형처럼 헛된 존재라는 뜻. 梗은 馬叙倫에 의하면 偶의 가차자. 司馬彪는 "土梗은 土人이다. 비를 맞으면 뭉개진다〔土梗 土人也 遭雨則壞〕."고 풀이했다.

第2章

溫伯雪子[1] 適齊할새 舍於魯[2]러니 魯人[3]이 有請見之者어늘 溫伯雪子曰 不可하다 吾聞中國之君子[4] 明乎禮義而陋於知人心[5]이라호니 吾는 不欲見也하라

至於齊라가 反舍於魯어늘 是人也 又請見한대 溫伯雪子曰 往也에 蘄見我하고 今也에 又蘄見我하나니 是必有以振我也[6]로다하고

出而見客하고 入而歎하다 明日에 見客하고 又入而歎이어늘 其僕曰 每見之客也에 必入而歎은 何耶잇고

曰吾固告子矣로라 中國之民은 明乎禮義而陋乎知人心이라하니 昔之見我者 進退에 一成規하고 一成矩[7]하며 從容에 一若龍하고 一若虎[8]하며 其諫我也 似子하고 其道我也 似父[9]할새 是以로 歎也하노라

仲尼는 見之而不言한대 子路曰 吾子 欲見溫伯雪子 久矣러시니 見之而不言은 何邪잇고

仲尼曰 若夫人者는 目擊而道存矣라 亦不可以容聲矣[10]로다

溫伯雪子가 齊나라로 가다가 魯나라에서 하룻밤을 묵었는데 어떤 노나라 사람이 만나기를 요청했다. 溫伯雪子가 말했다. "안 된다. 내가 들으니 中國의 군자들은 禮義에는 밝아도 사람의 마음을 아는 데는 서툴다고 한다. 나는 그런 사람을 만나고 싶지 않다."고 하고는 齊나라에 이르렀다가 돌아와 또 魯나라에서 하룻밤을 묵게 되었는데, 먼젓번 그 사람이 또 만나기를 요청하였다.

溫伯雪子가 말했다. "먼젓번에도 나를 만나 보기를 바랐고 이제 또 나를 만나고 싶어 하니 틀림없이 나를 구해줄 방법을 가지고 있을 것이다."고 하고는 숙소에서 나가서 그 客을 만나 보고는 숙소로 들어가 탄식하였다. 다음 날에 또 그 客을 만나 보고는 숙소에 들어와 또 탄식하였다. 온백설자의 종복이 말하였다. "선생님께서는 客을 만나 볼 적마다 반드시 들어와 탄식을 하시는데 무슨 까닭입니까?"

온백설자가 말했다. "내가 본래 그대에게 일러 주기를 중국의 군자는 예의에는 밝아도 사람의 마음을 아는 데는 서툴다고 했는데, 어제 내가 만났던 사람은 나아가고 물러날 때 어떤 때는 그림쇠에 꼭 맞았고 또 어떤 때는 곱자에 꼭 맞았으며 조용히 있을 때에는 어떤 경우에는 용 같았고 또 어떤 경우에는 범 같았으며 나에게 간할 때는 마치 자식 같았고 나를 인도할 때는 마치 어버이 같았다. 이 때문에 내가 탄식하는 것이다."

한편 仲尼(孔子)는 온백설자를 만나 보고 나서 아무 말도 하지 않았다.

子路가 말했다. "우리 선생님은 온백설자를 만나고 싶어 하신 지가 오래되었는데 지금 그를 만나 보고 나서는 아무 말도 하지 않으시는 것은 무슨 까닭입니까?"

仲尼가 말했다. "그 같은 사람은 한번 보기만 해도 도가 있는 사람임을 알 수 있는지라 말로 형용할 수 없다."

【역주】

1) 溫伯雪子 : 인명. 李頤는 "남국의 현인이다〔南國賢人也〕."고 풀이했고, 成玄英은 "성은 溫이고 이름은 伯이며 字는 雪子이다. 초나라 출신으로 도를 품고 있는 사람

이다〔姓溫 名伯 字雪子 楚之懷道人也〕."고 풀이했다. 兪樾은 ≪廣韻≫을 인용하여 "溫伯은 複姓이다〔溫伯爲複姓〕."고 풀이했는데 그렇다면 成玄英이 姓을 溫이라 풀이한 것도 옳지 않다.

2) 舍於魯 : 노나라에서 하룻밤 묵음. 舍는 하룻밤 묵는다는 뜻으로 宿과 같다.

3) 魯人 : 노나라 사람. 공자를 지칭. 成玄英은 "魯人은 공자의 문인이다〔魯人是孔子門人〕."고 풀이했는데 옳지 않다. 굳이 福永光司나 池田知久의 견해를 인용하지 않더라도 아래 문장을 살펴보면 공자를 가리킨 것이 분명하다. ≪呂氏春秋≫에는 분명하게 '孔子'라 하고 있기도 하다.

4) 中國之君子 : 중국의 군자. 君子가 民으로 표기되어 있는 판본이 있다(羅振玉).

5) 明乎禮義而陋於知人心 : 禮義에는 밝아도 사람의 마음을 아는 데는 서툶. 겉치레만 또박또박 따지고 사람의 진실한 마음을 알지는 못한다는 뜻으로 허례허식에 구속되어 막상 사람을 알아보지 못하는 유가학자들에 대한 비판이다.

6) 振我也 : 振은 王敔의 "振은 拯과 통한다. 자신의 과실을 바로잡아 줄 것이라고 겸손하게 말한 것이다〔振拯通 謙言救己之失〕."고 풀이했는데 振을 拯, 救 등의 글자와 같은 뜻으로 본 것으로 적절한 견해이다. 이 외에 成玄英은 "움직임이다〔動也〕."라고 풀이했고, 林希逸은 "德을 떨쳐줌이니 반드시 나에게 이로울 것임을 말한 것이다〔振德也 言必有益我也〕."고 풀이했고, 羅勉道는 "일으켜 세움이다〔起發也〕."고 풀이했는데 의미에 큰 차이는 없다.

7) 進退 一成規 一成矩 : 나아가고 물러날 때 어떤 때는 그림쇠에 꼭 맞았고 또 어떤 때는 곱자에 꼭 맞음. 規는 원을 그릴 때 쓰는 도구 곧 그림쇠이고, 矩는 네모를 만들 때 쓰는 도구 곧 곱자이다. 합쳐서 規矩라고 하면 올바른 법도를 의미한다. 몸의 움직임이 그림쇠로 그린 듯, 곱자로 잰 듯 정확하게 예의범절에 맞았다는 뜻이다.

8) 從容 一若龍 一若虎 : 가만히 있을 때에는 어떤 경우에는 용 같았고 또 어떤 경우에는 범 같음. 從容은 앞의 進退와 상대해서 한 말로 가만히 있을 때를 뜻한다. 용이 똬리를 튼 것처럼 범이 어슬렁거리는 것처럼 진중함을 비유한 표현이다.

9) 其諫我也 似子 其道我也 似父 : 나에게 간할 때는 마치 자식 같았고 나를 인도할 때는 마치 어버이 같음. 道는 인도함〔導〕. 江南古藏本에는 導로 표기되어 있다.

10) 目擊而道存矣 亦不可以容聲矣 : 한번 보기만 해도 道가 있는 사람임을 알 수 있는

지라 말로 형용할 수 없음. 目擊은 눈으로 본다는 뜻으로 擊은 움직인다는 뜻이다(成玄英). 容聲은 德音으로 덕스러운 용모와 목소리를 뜻한다(郭象).

第3章

顔淵이 問於仲尼曰 夫子步亦步하며 夫子趨亦趨하며 夫子馳亦馳호대 夫子奔逸絶塵이어든 而回瞠若乎後矣[1)]로이다

夫子曰 回아 何謂邪오

曰 夫子步亦步也는 夫子言亦言也요 夫子趨亦趨也는 夫子辯亦辯也요 夫子馳亦馳也는 夫子言道回亦言道也요 及奔逸絶塵이어시든 而回瞠若乎後者는 夫子不言而信하며 不比而周[2)]하며 無器而民滔乎前[3)]한들 而不知所以然而已矣로다

仲尼曰 惡라 可不察與아 夫哀는 莫大於心死하고 而人死亦次之[4)]하니 日出東方而入於西極이어든 萬物을 莫不比方[5)]하며 有目有趾者[6)] 待是而後에야 成功[7)]이라 是出則存하고 是入則亡[8)]이니 萬物도 亦然이라 有待也而死하며 有待也而生하나니 吾는 一受其成形[9)]하나로 而不化以待盡[10)]하며 效物而動호대 日夜無隙而不知其所終하며 薰然其成形[11)]하야 知命不能規乎其前[12)]이라 丘 以是로 日徂[13)]하노니

吾終身與汝로 交一臂而失之[14)]하니 可不哀與아 汝는 殆著乎吾所以著也[15)]로다 彼已盡矣어늘 而汝求之以爲有[16)]하나니 是는 求馬於唐肆也[17)]어니따녀 吾服汝也도 甚忘하며 汝服吾也도 亦甚忘[18)]이니라 雖然이나 汝는 奚患焉이리오 雖忘乎故吾나 吾有不忘者 存[19)]하니라

顔淵이 仲尼에게 이렇게 물었다. "선생님께서 걸으시면 저도 걷고 선생님께서 빠른 걸음으로 걸으시면 저도 빠른 걸음으로 걷고 선생님께서 달리시면 저도

달립니다. 선생님께서 눈에 보이지 않을 정도로 달리면서 먼지 하나 내지 않으실 때에는 저는 다만 뒤에 처져서 눈만 휘둥그레질 따름입니다. 〈어떻게 그럴 수 있는지요?〉"

중니가 말했다. "回야. 무슨 말이냐?"

顔回가 말했다. "선생님께서 걸으실 때 저도 걷는다고 한 것은 선생님께서 의견을 말씀하시면 저도 또한 의견을 말한다는 것입니다. 선생님께서 빠른 걸음으로 걸으시면 저도 빠른 걸음으로 걷는다고 한 것은, 선생님께서 변론을 하시면 저도 따라서 변론을 한다는 것이고, 선생님께서 달리시면 저도 달린다고 한 것은 선생님께서 道에 대해 말씀하시면 저도 道에 대해 말을 한다는 것입니다. 그런데 선생님께서 눈에 보이지 않을 정도로 빨리 달리면서 먼지 하나 내지 않으시는데 이르러서, 제가 다만 뒤에 처져 눈이 휘둥그레질 따름이라고 한 것은, 선생님께서 아무 말씀도 하지 않고서도 사람들에게 믿음을 주고, 친하게 지내지 않고서도 모든 사람들에게 두루 사랑을 받으시고, 따로 통치의 수단을 갖고 있지 않아도 민중들이 선생님 앞에 모이는데 그러면서도 그렇게 되는 까닭을 알지 못할 뿐입니다."

仲尼가 말했다. "아아. 잘 살펴야 할 일이다. 무릇 가장 슬픈 일은 마음이 언젠가는 죽는다는 사실이고, 육체가 죽지 않을 수 없다는 사실은 그 다음으로 슬픈 일이다. 해는 동방에서 떠올라 서쪽 끝으로 들어가는데, 지상의 모든 존재〔萬物〕가 나란히 따르지 않음이 없으며, 눈이 있고 발이 있는 존재는 이 해에 의존한 뒤에라야 일을 성취할 수 있는지라, 이것이 떠오르면 세상에 드러나고 해가 지면 함께 어둠 속으로 사라지니 만물 또한 그러하다. 무엇인가를 기다린 뒤에 죽고 무엇인가를 기다린 뒤에 생존하게 되니 나라는 존재는 한번 몸〔成形〕을 받으면 곧장 죽지는 않더라도 소진되기를 기다리며 〈그 사이〉 다른 존재를 따라 움직이는데 밤낮으로 잠시의 쉴 틈도 없어 어디서 마치는지를 알지 못한다.

어렴풋한 가운데 사람의 몸을 받고 태어나 자신의 운명을 알고는 있다 하더라도 이전의 모습은 도저히 알 수 없으니 나는 이 몸을 가지고 날마다 변화와 함께 나아가고 있다. 나는 종신토록 너와 함께 하는데 너는 팔뚝 한 번 스치고 지나간 것처럼 뒤에 처져 나를 잃어버리니 슬퍼하지 않을 수 있겠는가. 너는 아마도 나의 드러난 면만을 보는 것 같다. 그러나 저 겉모습은 이미 다한 것인데 너는 그것을 있는 것이라고 여겨서 찾으니 이는 마치 말이 길가의 쉬어가는 곳〔路亭〕에 잠시 머물다 갔는데 뒤늦게 그 모습을 찾는 것과 같다.

내가 과거에 너에 관해 생각했던 것을 이미 잊어버린 것처럼 너도 나에 관해 생각하던 것을 빨리 잊어버려야 할 것이다. 비록 그렇지만 너는 무슨 걱정할 것이 있겠는가. 비록 옛날 나의 모습을 잊어버렸다 하더라도 나에게는 잊혀지지 않는 것이 있기 때문이다."

【역주】

1) 夫子步亦步……而回瞠若乎後矣 : 선생님께서 걸으시면 저도 걷고 선생님께서 빠른 걸음으로 걸으시면 저도 빠른 걸음으로 걷고 선생님께서 달리시면 저도 달립니다. 선생님께서 눈에 보이지 않을 정도로 달리면서 먼지 하나 내지 않으실 때에는 저는 다만 뒤에 처져서 눈만 휘둥그레질 따름입니다. 林希逸은 步, 趨, 馳, 奔逸, 絶塵은 모두 말〔馬〕의 상태를 비유한 것이라고 풀이했다. 특히 奔逸은 나는 듯 달림(林希逸)이고 絶塵은 워낙 빨리 달려 달릴 때 일어나는 먼지가 말을 따라잡지 못함을 나타낸 표현이다(方勇・陸永品). 瞠若은 눈이 휘둥그레한 모양.

여러 학자들의 지적처럼 이 대목은 ≪論語≫ 〈子罕〉편에서 안연이 공자의 모습을 두고 "우러러볼수록 더욱 높고 뚫을수록 더욱 단단하며 바라보면 앞에 있더니 어느덧 뒤에 있다〔仰之彌高 鑽之彌堅 瞻之在前 忽焉在後〕."고 탄식한, 이른바 '仰鑽瞻忽'의 탄식을 염두에 두고 작성한 듯하다.

2) 不言而信 不比而周 : 아무 말 하지 않고서도 사람들에게 믿음을 주고, 친하게 지내지 않고서도 모든 사람들에게 두루 사랑을 받음. '不比而周'는 ≪論語≫ 〈爲政〉편에서 "군자는 두루 사랑하고 패거리를 짓지 아니하며 소인은 패거리를 짓고 두루 사랑하지 않는다〔君子 周而不比 小人 比而不周〕."고 한 대목을 약간 변형하여 작성한 듯하지만 맥락은 다소 다르다.

3) 無器而民滔乎前 : 통치의 수단을 갖고 있지 않아도 민중들이 선생님 앞에 모임. 器는 국가를 다스리는 도구, 곧 권력이나 지위 따위를 말한다. 成玄英은 "실제로 인군의 지위도 없는데 백성들의 발길이 앞에 이르러 많은 무리가 모임이다〔實無人君之位 而民足蹈乎前而衆聚也〕."고 풀이했다.

4) 哀莫大於心死 而人死亦次之 : 가장 슬픈 일은 마음이 언젠가는 죽는다는 사실이고, 육체가 죽지 않을 수 없다는 사실은 그 다음임. 心死는 정신적 죽음을 뜻하고 人死는 육체적인 죽음을 뜻한다.

5) 萬物 莫不比方 : 지상의 모든 존재〔萬物〕가 나란히 따르지 않음이 없음. 比方은 나란히 따라간다는 뜻.

6) 有目有趾者 : 눈이 있고 발이 있는 존재. 곧 인류를 지칭한다. 〈天地〉편에 나온 '有首有趾者'와 같다. 褚伯秀는 "머리가 있고 발이 있다는 것은 하늘을 이고 땅을 밟고 있는 모든 사람을 일컬음이다〔有首有趾 謂凡戴天履地之人〕."고 풀이했다.

7) 待是而後 成功 : 이 해에 의존한 뒤에라야 일을 이룸. 是는 해를 지칭한다.

8) 是出則存 是入則亡 : 이것이 떠오르면 세상에 드러나고 해가 지면 함께 어둠 속으로 사라짐. 是는 역시 해를 지칭한다.

9) 成形 : 이루어진 형체. 곧 사람이 태어날 때 부여받은 본래의 신체를 의미한다.

10) 不化以待盡 : 곧장 죽지는 않더라도 消盡되기를 기다림. 당장 죽지는 않지만 언젠가는 신체의 기능이 소진되어 죽는다는 뜻. 〈齊物論〉편 제1장에도 "한번 몸〔成形〕을 받으면 곧장 죽지는 않더라도 소진되기를 기다리는 것인데 〈공연히〉 사물과 더불어 서로 다투어서 소진시키는 것이 말달리는 것과 같아서 멈추게 하지 못하니 또한 슬프지 아니한가?〔一受其成形 不亡(化)以(而)待盡 與物 相刃相靡 其行盡如馳而莫之能止 不亦悲乎〕"라고 하여 유사한 내용이 나오지만 의미는 다소 다르다.

11) 薰然其成形 : 어렴풋한 가운데 사람의 몸을 받고 태어남. 薰然은 어렴풋한 모양. 薰에 대해서는 몇 가지 견해가 있지만 赤塚忠이 曛의 가차자로 풀이한 것이 적절하다.

12) 知命不能規乎其前 : 자신의 운명을 알고는 있다 하더라도 이전의 모습은 도저히 알 수 없음. 명을 아는 知命者라 하더라도 태어나기 이전의 모습을 알 수는 없다는 뜻. 規는 '헤아리다'는 뜻. 馬叙倫은 '規'를 '窺'의 가차자로 보고 '엿보다'는 뜻으로 이해했는데 참고할 만하다.

13) 丘 以是日徂 : 나는 이 몸을 가지고 날마다 변화와 함께 나아감. 是는 이루어진 형체, 곧 成形을 지칭한다. 徂는 간다〔往〕는 뜻. 成玄英은 "徂는 감이다〔徂 往也〕." 라고 풀이했고, 林疑獨은 "날로 감은 변화와 함께 감을 말함이다〔日徂 言與化俱往〕."고 풀이했다.

14) 吾終身與汝 交一臂而失之 : 나는 종신토록 너와 함께 하는데 너는 팔뚝 한 번 스치고 지나간 것처럼 뒤에 처져 나를 잃어버림. 交一臂는 팔뚝 한 번 스치고 지나가는 것처럼 우연히 만나는 짧은 관계를 뜻한다. 失은 서로 잃어버려 뒤에 처진다〔相失在後〕는 뜻. 王敔는 " '吾終身與汝'의 與자는 ≪論語≫에서 나는 너희들과 '함께' 행동하지 않음이 없다고 할 때의 與자와 같다〔與字 與論語吾無行而不與之與同〕." 라고 풀이했는데 정확한 견해이다.

15) 汝殆著乎吾所以著也 : 너는 아마도 나의 드러난 면만을 보는 것 같음. 吾所以著는 내가 드러내는 것. 앞의 著는 드러나는 것을 드러난 것으로 본다는 뜻. 殆는 아마도. 汝는 이인칭.

16) 彼已盡矣 而汝求之以爲有 : 저 겉모습은 이미 다한 것인데 너는 그것을 있는 것이라고 여겨서 찾음. 彼는 드러난 겉모습을 지칭한다.

17) 是 求馬於唐肆也 : 이는 마치 말이 길가의 쉬어가는 곳〔路亭〕에 잠시 머물다 갔는데 뒤늦게 그 모습을 찾는 것과 같음. 唐肆에 대해서는 여러 견해가 있다. 대부분 唐肆를 '텅 빈 마시장'으로 풀이했지만 여기서는 方勇·陸永品의 견해를 따라 路亭, 곧 말이 잠시 쉬어가는 곳으로 보고 번역하였다. 唐肆가 '텅 빈 마시장'이 아님은 方勇·陸永品이 지적하고 있는 것처럼 郭象도 "사람의 삶이란 마치 말이 휴게소를 지나가는 것과 같다〔人之生 若馬之過肆耳〕."고 풀이한 데서도 알 수 있다.

18) 吾服汝也 甚忘 汝服吾也 亦甚忘 : 내가 과거에 너에 관해 생각했던 것을 이미 잊어버린 것처럼 너도 나에 관해 생각하던 것을 빨리 잊어버려야 함. 服은 생각한다는 뜻. 郭象은 "服이란 마음속에 생각함을 이름이다〔服者 思存之謂也〕."라고 풀이했다.

19) 雖忘乎故吾 吾有不忘者存 : 비록 옛날 나의 모습을 잊어버렸다 하더라도 나에게는 잊혀지지 않는 것이 있음. 잊혀지지 않는 것이 무엇인지에 대해서는 '천지가 나에게 부여한 장구한 흐름'이라느니 '조화의 도구'라느니 여러 견해가 있으나 마땅히 사색을 통해 깊이 생각해야 할 부분인지라 굳이 해설을 붙이지 않는다.

第4章

孔子 見老聃한대 老聃이 新沐[1)]하야 方將被髮而乾[2)]하야 慹然似非人[3)]이어늘 孔子 便而待之[4)]러니 少焉코 見曰 丘也는 眩與아 其信然與아 向者에 先生의 形體 掘若槁木하야 似遺物離人而立於獨也[5)]로다

老聃曰 吾는 遊心於物之初하노라

孔子曰 何謂邪잇고

曰 心이 困焉而不能知하며 口 辟焉而不能言[6)]이니 嘗爲汝하야 議乎其將호리라 至陰은 肅肅하고 至陽은 赫赫하니 肅肅은 出乎天하고 赫赫은 發乎地니 兩者 交通成和하야 而物生焉[7)]호대 或爲之紀而莫見其形[8)]하며 消息滿虛와 一晦一明이 日改月化하야 日有所爲而莫見其功하며 生有所乎萌하며 死有所乎歸하야 始終相反乎無端而莫知乎其所窮[9)]하나니 非是也면 且孰爲之宗이리오

孔子曰 請問遊是하노이다

老聃曰 夫得是면 至美至樂也니 得至美而遊乎至樂을 謂之至人이라하나니라

孔子曰 願聞其方하노이다

曰 草食之獸는 不疾易藪[10)]하고 水生之蟲은 不疾易水[11)]하나니 行이 小變而不失其大常也[12)]라 喜怒哀樂을 不入於胸次하나니라 夫天下也者는 萬物之所一也니 得其所一而同焉이면 則四肢百體 將爲塵垢며 而死生終始 將爲晝夜라 而莫之能滑이온 而況得喪禍福之所介乎따녀 棄隷者 若棄泥塗는 知身이 貴於隷也[13)]니라 貴在於我면 而不失於變하나니 且萬化而未始有極也어니 夫孰足以患心이리오 已爲道者아 解乎此[14)]하리라

孔子曰 夫子는 德配天地하신대 而猶假至言하야 以修心하시니 古之君子는 孰能

脫焉이리오

老聃曰 不然하니라 夫水之於汋也에 無爲而才自然矣[15)]오 至人之於德也에 不修而物不能離焉하나니라 若天之自高와 地之自厚와 日月之自明은 夫何脩焉이리오

孔子 出하야 以告顔回曰 丘之於道也에 其猶醯鷄與[16)]인저 微夫子之發吾覆也를 吾不知天地之大全也[17)]랏다

孔子가 老聃을 만났는데 老聃은 그때 막 새로 머리를 감고 나서 바야흐로 머리를 풀어헤친 채 햇볕에 말리려 하고 있었다. 그런데 꼼짝도 않고 있는 그 모습이 사람 같지가 않았다. 孔子는 물러나 기다리고 있다가 잠시 뒤에 뵙고 말하기를 "제 눈이 먼 걸까요. 아니면 참으로 그랬던가요. 아까 선생의 형체는 우뚝 서 있는 마른나무와 같아서 萬物을 잊고 인간세계를 떠나서 홀로 서 계신 것 같았습니다."

老聃이 말했다. "나는 萬物의 근원에서 노닐고 있었소."

공자가 말했다. "무슨 말씀입니까?"

노담이 말했다. "마음을 아무리 괴롭혀도 알 수 없으며, 입을 아무리 크게 열어도 말할 수 없습니다. 그러니 시험 삼아 그대를 위해 그 대략을 이야기해 보겠습니다. 순수한 음기는 고요하고 차며 순수한 양기는 밝게 빛나고 뜨거우니, 고요하고 찬 음기는 하늘에서 나와 땅으로 내려오고 밝게 빛나고 뜨거운 양기는 땅에서 나와 하늘로 올라가니, 이 至陰과 至陽의 두 氣가 서로 통해서 혼합하여 화합을 이루어 만물이 생기는데, 무엇인가 혹 처음을 이루는 것이 있는 것 같지만 그 형체를 볼 수 없으며, 만물이 榮枯盛衰를 되풀이하고 어두워졌다가 밝아졌다 함이 날로 바뀌고 달로 변화하여 날마다 작용이 있지만 그 功을 볼 수 없습니다.

生成되는 사물은 싹트는 바가 있고 死滅해가는 사물은 돌아가는 곳이 있어서, 처음과 마침(生과 死)은 끝이 없는 데에서 서로 反轉(生은 死로, 死는 生으로,

始는 終으로, 終은 始로)하여 그 궁극의 끝을 아무도 알지 못합니다. 그러니 이 至陰과 至陽이 아니면 도대체 무엇이 만물의 근원이 될 수 있겠습니까."

공자가 말했다. "여기에 노닌다고 함은 무슨 뜻인지 묻고 싶습니다."

노담이 말했다. "무릇 이 至陰과 至陽을 얻으면 지극히 아름답고 지극히 즐거워지니 지극한 아름다움을 체득하여 지극히 즐거운 경지에 노니는 사람을 일러 至人이라 합니다."

공자가 말했다. "원컨대 그 이치를 듣고 싶습니다."

노담이 말했다. "초식동물은 수풀 바꾸는 것을 싫어하지 아니하고 물속에 사는 동물은 물 바꾸는 것을 싫어하지 않으니 행동이 조금 변해도 커다란 〈삶의〉 원칙을 잃어버리지는 않기 때문에 〈작은 변화에 따라〉 喜怒哀樂의 감정이 흉중에 침입하지 않는 것입니다. 무릇 천하라고 하는 것은 만물이 일체로 존재하고 있는 공간입니다. 그러니 一體를 얻어서 동화하면 〈나의〉 四肢와 온몸은 장차 티끌이나 때와 다를 것이 없는 존재가 되며 死生終始가 장차 낮과 밤과 같은 자연의 순환으로 여겨져 아무 것도 어지럽힐 수 없게 되는데, 하물며 得失이나 禍福 따위가 개입할 수 있겠습니까. 〈사정이 있어서〉 노예를 버리는 사람이 마치 진흙을 버리듯 함은 자기 몸이 노예보다도 귀함을 알고 있기 때문입니다. 귀한 것이 나의 마음속에 있으면 변화로 인해 그것을 잃어버리지 않습니다. 게다가 인간의 육체는 千變萬化해서 애초에 끝이 있는 것이 아니니 대저 무엇이 마음을 괴롭히기에 충분하겠습니까? 이미 道를 닦은 至人이라야 이것을 이해할 수 있을 것입니다."

공자가 말했다. "선생은 덕이 천지와 짝하는데도 오히려 至言을 빌려서 마음을 닦고 있으니, 옛날의 군자가 이런 방법을 벗어날 수 있었겠습니까."

노담이 말했다. "그렇지 않습니다. 무릇 물이 솟아 나오는 것은 아무런 작위가 없이 재질이 저절로 그러한 것이고, 至人이 德을 체득함에는 수양이라는 작위가 없어도 萬物萬民이 〈그를 사모해〉 떨어지지 않습니다. 하늘이 저절로 높고 땅이 저절로 두텁고 해와 달이 저절로 밝은 것 같은 것에 무슨 닦음이 있겠습니까."

공자가 나와서 顔回에게 일러 말했다. "내가 道에 대해 아는 수준은 아마도 항아리 속의 초파리와 같다고 할 것이다. 노담 선생이 나의 항아리 뚜껑을 열어 주지 않았더라면 나는 천지자연의 위대함을 알지 못했을 것이다."

【역주】

1) 新沐 : 새로 머리를 감음. 저본에는 沐자가 沫자로 표기되어 있지만 대부분의 판본에 沐자로 표기되어 있는 것을 따라 沐자로 고쳤다. 沐浴의 沐은 머리를 감는 것이고 浴은 몸을 씻는 것.

2) 方將被髮而乾(간) : 바야흐로 머리를 풀어헤친 채 햇볕에 말리려 함. 被는 披와 통용한다. 乾은 햇볕에 말림.

3) 慹然似非人 : 꼼짝도 않고 있는 그 모습이 사람 같지 않음. 慹然은 움직이지 않는 모습. 胡文英은 "慹然은 마음이 움직이지 않음이다〔慹然 心不動也〕."고 풀이했는데 慹의 글자 모양에 근거한 풀이이지만 굳이 '마음'에 국한할 필요는 없다.

4) 孔子 便而待之 : 공자가 물러나 기다림. 便은 屛의 가차자(章炳麟). 여기서는 물러난다는 뜻. 方勇·陸永品에 의하면 徐廷槐의 ≪南華簡鈔≫에서는 便을 소변(小便)의 便(변)으로 풀이하고 있는데 다소 엉뚱한 견해이다.

5) 形體 掘若槁木 似遺物離人而立於獨也 : 형체가 우뚝 서 있는 마른나무와 같아서 萬物을 잊고 인간세계를 떠나서 홀로 서 계신 듯함. 掘若은 우뚝 솟은 모양. 遺物離人은 만물을 잊고 인간세계를 떠남. 이 장의 시작부분부터 여기까지는 〈齊物論〉 제1장에 보이는 南郭子綦와 顔成子游의 대화와 유사한 전개방식이다.

6) 心困焉而不能知 口辟焉而不能言 : 마음을 아무리 괴롭혀도 알 수 없으며, 입을 아무리 크게 열어도 말할 수 없음. 마음으로 아무리 생각해도 알 수 없고 아무리 말로 표현하려 해도 표현할 수 없을 정도로 심오막측함을 뜻한다. 困은 '피곤하게 하다, 고민하다'의 뜻. 辟은 입을 열다는 뜻으로 闢과 같다(胡文英).

7) 兩者 交通成和而物生焉 : 兩者는 陰氣와 陽氣를 지칭한다. 成和는 음기와 양기가 조화된 상태를 이름. 至陰과 至陽의 두 氣가 서로 통해서 혼합하여 화합을 이루어 만물이 생김.

8) 或爲之紀而莫見其形 : 혹 처음을 이루는 것이 있는 것 같지만 그 형체를 볼 수 없

음. 紀는 사물의 시초. 劉鳳苞는 "암암리에 眞宰를 가리킨 것이다〔暗指眞宰〕."라고 풀이했는데 참고할 만하다.

9) 始終相反乎無端而莫知乎其所窮 : 처음과 마침(生과 死)은 끝이 없는 데에서 서로 反轉(生은 死로, 死는 生으로, 始는 終으로, 終은 始로)하여 그 궁극의 끝을 아무도 알지 못함. 삶과 죽음은 서로 상반되는 것이지만 한편 서로 연속된 것임을 지적하고 그런 과정이 끊임없이 순환하여 그 끝을 알 수 없다는 뜻이다.

10) 草食之獸 不疾易藪 : 초식동물은 수풀 바꾸는 것을 싫어하지 아니함. 수풀을 옮겨 다니는 것을 싫어하지 않는다는 뜻. 삶과 죽음을 초식동물이 수풀을 바꾸는 것에 비유한 표현이다. 易(역)은 바꾸다는 뜻.

11) 水生之蟲 不疾易水 : 물속에 사는 동물은 물 바꾸는 것을 싫어하지 않음. 역시 삶과 죽음을 물속에 사는 동물들이 물속을 헤엄쳐 이리저리 다니는 것에 비유한 표현이다.

12) 行小變而不失其大常也 : 행동이 조금 변해도 커다란 〈삶의〉 원칙을 잃어버리지는 않음. 삶과 죽음의 변화를 다른 존재로 바뀌는 것으로 표현하고 그 과정 속에서 존재의 영속성이 이어지고 있다는 암시를 포함하고 있는 부분이다.

13) 棄隷者 若棄泥塗 知身 貴於隷也 : 노예를 버리는 사람이 마치 진흙을 버리듯 함은 자기 몸이 노예보다도 귀함을 알고 있기 때문임. 노예가 귀중하지만 자기 몸보다 더 중요할 수는 없다는 뜻으로 主와 客에 대한 가치의 결정적 차이를 지적하고 있는 부분이다.

14) 已爲道者 解乎此 : 이미 道를 닦은 至人이라야 이것을 이해할 수 있음. 已爲道者는 이미 도를 터득한 사람.

15) 水之於汋也 無爲而才自然矣 : 물이 솟아 나오는 것은 아무런 작위가 없이 재질이 저절로 그러함. 汋은 자연스럽게 솟아나는 샘. 인공적으로 만든 샘이 아님을 의미한다. 王先謙은 "汋은 자연스럽게 솟아 나오는 물로 아무런 작위 없이 오직 그 재질이 저절로 그러한 것이다〔汋 乃水之自然涌出 無所作爲 唯其才之自然也〕."라고 풀이했다. 才는 才質.

16) 丘之於道也 其猶醯鷄與 : 내가 道에 대해 아는 수준은 아마도 항아리 속의 초파리와 같음. 醯鷄는 초파리, 술파리. 醯鷄甕이라고 하면 초파리가 항아리 안을 하늘로 여긴다는 뜻이다.

17) 微夫子之發吾覆也 吾不知天地之大全也 : 선생이 나의 항아리 뚜껑을 열어주지 않았더라면 나는 천지자연의 위대함을 알지 못했을 것임. 發吾覆은 나를 덮고 있는 천박한 지식을 의미한다. 微는 非와 같다.

第5章

莊子 見魯哀公[1)]한대 哀公曰 魯多儒士호대 少爲先生方者[2)]하니라

莊子曰 魯에 少儒하니라

哀公曰 擧魯國而儒服이어늘 何謂少乎오

莊子曰 周는 聞之호니 儒者 冠圜冠者는 知天時[3)]하고 履句屨者는 知地形[4)]하고 緩〔綬〕佩玦者는 事至而斷[5)]이니 君子 有其道者는 未必爲其服也요 爲其服者도 未必知其道也니다 公이 固以爲不然인댄 何不號於國中曰 無此道而爲此服者는 其罪死[6)]라하시나니잇고

於是에 哀公이 號之한대 五日而魯國에 無敢儒服者요 獨有一丈夫 儒服而立乎公門이어늘 公이 卽召而問以國事한대 千轉萬變而不窮하더라

莊子曰 以魯國而儒者 一人耳로소니 可謂多乎아

莊子가 魯나라 哀公을 만났는데 애공이 이렇게 말했다. "우리 魯나라에는 孔子의 가르침을 받드는 儒者들은 많은데, 당신의 道를 닦는 이는 적소이다."

장자가 말했다. "魯나라에는 儒者도 적습니다."

애공이 말했다. "온 노나라가 儒服을 입은 사람들인데 어찌 적다 합니까?"

장자가 말했다. "제가 들으니 유자가 둥근 갓을 머리에 쓰고 있는 것은 天時를 아는 것을 상징하고 네모난 신발을 신고 있는 것은 地形을 잘 아는 것을 상징하며 玉 장식을 허리에 차고 있는 것은 일이 생겼을 때 決斷을 내릴 줄 아는 것을 상징한다고 합니다. 군자가 그 道를 가지게 되면 반드시 그런 복장을 하지는 아니하고 그런 복장을 한 사람이라 할지라도 반드시 그 道를 알고 있는 것은

아닙니다. 公께서 진실로 그렇지 않다고 생각하시면 어디 나라 안에 명령을 내려서 '이 〈儒者의〉 道를 지니고 있지 않으면서 이 〈유자의〉 옷을 입고 있는 자는 그 죄가 死罪에 해당한다.'고 해 보십시오."라고 했다.

이에 애공이 명령을 내렸더니, 5일이 지나자 노나라 안에 감히 유복을 입는 자가 아무도 없게 되었다. 그런데 단 한 사람의 장부가 儒服을 입고 公門 앞에서 있거늘, 公이 바로 불러서 國事를 물었더니 千變萬化하는 어떤 난제에도 막힘이 없었다.

장자가 말했다. "노나라를 통틀어 儒者가 한 사람일 뿐이니 많다고 할 수 있겠습니까?"

【역주】

1) 莊子 見魯哀公 : 장자가 노나라 애공을 만남. 陸西星은 "장자는 위나라 혜왕과 동시대의 사람으로 노나라 애공의 시대와는 120년 차이가 나니 어찌 서로 만나서 유복에 대해 이야기할 수 있겠는가. 여기서 그렇게 말한 것은 단지 우언일 뿐이다〔莊子與魏惠王同時 去魯哀百二十年 安得相見而論儒服 此云爾者 特寓言耳〕."고 풀이했는데 타당한 지적이다.

2) 少爲先生方者 : 당신의 道를 닦는 이는 적음. 方은 方術, 道術의 뜻이다.

3) 冠圜冠者 知天時 : 둥근 갓을 머리에 쓰고 있는 것은 天時를 아는 것을 상징함. 圜은 圓과 통용한다. 하늘이 둥글다고 생각하여 하늘의 모양을 본떠 둥근 관을 만들어 썼다는 뜻이다.

4) 履句屨者 知地形 : 네모난 신발을 신고 있는 것은 地形을 잘 아는 것을 상징함. 句屨는 네모난 신발. 句는 方과 같다(李頤). 句자가 方으로 표기된 판본도 있다.

5) 緩〔綬〕佩玦者 事至而斷 : 玉 장식을 허리에 차고 있는 것은 일이 생겼을 때 決斷을 내릴 줄 아는 것을 상징함. 緩은 綬의 잘못이다(馬敍倫, 王叔岷, 方勇・陸永品). ≪白虎通義≫에 "군자는 결단할 줄 알기 때문에 옥 장식을 허리에 찬다〔君子能決斷 則佩玦〕."고 했는데 참고할 만한 기록이다(方勇・陸永品).

6) 何不號於國中曰 無此道而爲此服者 其罪死 : 어찌하여 나라 안에 명령을 내려서 '그 道를 지니고 있지 않으면서 그 옷을 입고 있는 자는 그 죄가 死罪에 해당한다.'고 하지 않으십니까? 이는 나라 안에 명령을 내려서 '儒者의 道를 실천하지 않으면서

유자의 옷만 입고 있는 자는 그 죄가 死罪에 해당한다.'고 해 보라는 권고이다.

第6章

百里奚[1)]는 **爵祿**을 **不入於心**이라 **故**로 **飯牛而牛肥**하야 **使秦穆公**으로 **忘其賤**하야 **與之政也**하니라 **有虞氏**는 **死生**이 **不入於心**[2)]이라 **故**로 **足以動人**[3)]하니라

百里奚는 벼슬과 녹봉을 바라는 욕심이 마음에 침입하지 못하였다. 그 때문에 소를 먹이자 소가 살쪄서 秦나라 穆公이 그의 천한 신분을 잊고 정사를 맡기게 하였다. 舜임금은 삶과 죽음이 마음속에 침입하지 못했다. 그 때문에 충분히 사람들을 감동시킬 수 있었다.

【역주】

1) 百里奚 : 인명. 成玄英은 "성은 孟이고 字가 百里奚이다. 秦나라의 현인이다. 본래 虞나라 사람이다〔姓孟 字百里奚 秦之賢人也 本是虞人〕."고 풀이했는데 百里奚에 대한 기록은 ≪孟子≫ 〈萬章 上〉과 ≪春秋左氏傳≫, 사마천의 ≪史記≫ 등에 자세하다. 일찍이 朱熹는 ≪孟子集註≫ 〈萬章 上〉의 주석에서 "장주가 이르기를 '백리해는 벼슬과 봉록을 바라는 욕심이 마음에 침입하지 못하였다. 그 때문에 소를 먹이자 소가 살쪄서 진나라 목공이 그의 천한 신분을 잊고 정사를 맡기게 하였다.'고 했으니 그 또한 백리해를 잘 알았던 사람이라고 할 만하다〔莊周曰 百里奚爵祿不入於心 故飯牛而牛肥 使穆公忘其賤而與之政 亦可謂知百里奚矣〕."고 하여 이 부분을 인용하고 있는데 '使秦穆公忘其賤 與之政也'가 '使穆公忘其賤而與之政'으로 되어 있어 秦穆公의 秦과 마지막의 也자는 빠져 있고 而자는 추가되어 있다.

2) 死生不入於心 : 삶과 죽음이 마음속에 침입하지 못함. 죽고 사는 문제에 동요되지 않았다는 뜻. 林雲銘은 "아버지는 완악하고 어머니는 모질어서 늘 순을 죽이고자 한 것을 가리켜 말한 것이다〔指父頑母嚚常欲殺舜而言〕."고 풀이했고, 宣穎은 "곳간을 수선하게 하고 우물을 파게 한 일이다〔完廩浚井 是也〕."고 풀이했는데 모두 타당한 견해이다.

3) 足以動人 : 충분히 사람들을 감동시킴. 아버지를 비롯한 가족들을 감동시켜 교화할 수 있었다는 뜻이다. 動人은 林希逸이 "감동시켜서 교화함을 말함이다〔言感動而化

之也〕."고 풀이한 것이 적절하다. 한편 宣穎은 "순이 머문 곳이 고을을 이루고 도시를 이루어 많은 사람들이 요임금에게 선양할 사람으로 순을 지목하게 했다〔成邑成都 師錫帝禪〕."고 하여 좀 더 폭넓게 이해하였는데 역시 타당한 견해이다.

第7章

宋元君[1)]이 **將畫圖**어늘 **衆史**[2)]**皆至**하야 **受揖而立**[3)]하야 **舐筆和墨**[4)]하야 **在外者半**[5)]이러니 **有一史後至者 儃儃然**[6)]**不趨**하며 **受揖不立**하고 **因之舍**어늘 **公**이 **使人**으로 **視之**하니 **則解衣般礴臝**[7)]러라 **君曰 可矣**라 **是**야 **眞畫者也**[8)]로다

송나라 임금이 장차 그림을 그리려고 할 때 여러 화공들이 모두 당도하여 〈송원군의〉 揖을 받고 시립해서 붓에 침을 바르고 먹을 타며 밖에 있는 자가 절반이었는데 어떤 화공 한 명이 뒤늦게 이르러 느긋하게 종종걸음으로 걷지 않으며 읍을 받은 뒤 서 있지 않고 곧바로 집안으로 들어갔다. 공이 사람을 시켜 엿보게 했더니 옷을 벗고 벌거벗은 채로 앉아 있었다. 임금이 말하기를 "옳다. 이 사람이야말로 진정한 화공이다."고 했다.

【역주】

1) 宋元君 : 宋元公, 在位 기간은 B.C. 531~B.C. 517(金谷治, 福永光司). 이름은 佐. 전국 후기의 군주(池田知久). 畫圖는 成玄英이 "국중의 산천과 토지의 형상을 그림이다〔畫國中山川地土圖樣〕."고 풀이한 것이 적절하다. 福永光司는 이 장의 대의에 대해 "참으로 창조적인 정신을 가진 인간이 형식적인 속박을 타파하고 있는 점을 밝히고 있는 장이다. 또한 참으로 개성적인 회화예술이 規矩準繩에 얽매이지 않는 적나라한 인간성의 표현을 그 본질로 함을 밝히고 있는 장이다."고 풀이했는데 참고할 만하다.

2) 衆史 : 여러 화공. 史는 畫師(成玄英).

3) 受揖而立 : 읍을 받고 시립함. 송원군의 인사를 받았다는 뜻(方勇·陸永品). 司馬彪는 "명령을 받고 읍을 한 뒤 섬이다〔受命揖而立也〕."고 受와 揖의 주체를 반대로 풀이했는데 옳지 않다. 한편 馬叙倫은 '揖'을 '牘'의 가차자로 풀이하고 그림 그리는

판으로 이해했는데 다소 무리이다.

4) 舐筆和墨 : 붓에 침을 바르고 먹을 탐. 그림 그릴 준비를 하고 있는 모양을 묘사한 부분이다.

5) 在外者半 : 밖에 있는 자가 절반이었음. 앞 다투어 달려간 자들이 많았다는 뜻이다.

6) 儃儃(탄탄)然 : 느긋한 모양. 儃은 '찬찬한 모양 탄, 머뭇거릴 천'.

7) 解衣般礴臝 : 옷을 벗고 벌거벗은 채로 앉음. 막 그림을 그리려고 하는 모양을 묘사한 대목이다. 般礴은 두 다리를 뻗고 앉음. 司馬彪는 "두 다리를 뻗고 앉음이다〔謂箕坐也〕."고 풀이했다. 臝는 裸와 같다. 林希逸은 "곧 裸이다〔卽裸也〕."라고 풀이했다. 司馬彪는 "막 그림을 그리려고 했기 때문에 옷을 벗고 몸을 드러낸 것이다〔將畫故解衣見形〕."고 풀이했다. 安東林은 "옷을 벗고 두 다리를 내뻗은 채 벌거숭이로 쉬고 있었다."고 풀이하고 있는데 참고할 만하다.

8) 眞畫者也 : 진정한 화공임. 畫者가 畫之者로 표기된 판본이 있다(王叔岷).

第8章

文王[1)]이 觀於臧[2)]하다가 見一丈夫釣로대 而其釣莫釣[3)]하니 非持其釣하야 有釣者也로대 常釣也[4)]러라

文王이 欲擧而授之政이나 而恐大臣父兄之弗安也요 欲終而釋之나 而不忍百姓之無天也[5)]하사 於是에 旦而屬之大夫[6)]하야 曰 昔者에 寡人이 夢見良人[7)]호니 黑色而䫇이오 乘駁馬而偏朱蹄[8)]하야 號曰寓而政於臧丈人이면 庶幾乎民有瘳乎[9)]인저하더라

諸大夫 蹴然[10)]曰 先君王也랏다

文王曰 然則卜之[11)]하라

諸大夫曰 先君之命이시란대 王其無他[12)]어시다 又何卜焉[13)]이리오

遂迎臧丈人而授之政한대 典法을 無更하며 偏令을 無出[14)]한 三年에 文王이 觀於國則列士壞植散群[15)]하며 長官者 不成德[16)]하며 斔斛이 不敢入於四竟[17)]하더

라 列士壞植散群은 則尙同[18]也요 長官者不成德은 則同務[19]也요 斔斛不敢入於四竟則諸侯無二心也[20]니라

文王이 於是焉에 以爲太師하고 北面而問하야 曰政可以及天下乎아 臧丈人이 昧然而不應하고 泛然而辭[21]하야 朝令而夜遁하야 終身無聞[22]하니라

顔淵이 問於仲尼曰 文王도 其猶未邪아 又何以夢爲乎[23]리오

仲尼曰 默汝無言하라 夫文王이 盡之也[24]하니 而又何論刺焉이리오 彼 直以循斯須也[25]니라

周나라 文王이 臧이라는 땅에 노닐다가 어떤 남자가 낚시질을 하고 있는 것을 보았는데 그의 낚시질은 물고기를 낚으려 하지 않았다. 물고기를 낚으려는 생각을 가진 것이 아니라 따로 낚으려는 것이 있어서 늘 낚시질을 하고 있었다.

문왕이 그를 등용하여 정치를 맡기려고 하였지만 대신들과 부형들이 불안해할까 두려웠고, 끝내 그대로 놔두려고 하니 백성들에게 하늘로 떠받들 훌륭한 사람이 없는 것을 차마 그대로 두고 볼 수 없었다. 이에 아침이 되자 대부들을 불러 물었다. "어젯밤에 과인이 꿈에 훌륭한 사람을 보았는데 얼굴은 검고 구레나룻을 길렀으며, 한쪽 발굽만 붉은 얼룩말을 타고 와서 큰 소리로 명령하기를 '그대의 國政을 臧 땅의 노인에게 맡겨라. 그러면 民草들의 고통도 거의 구제될 것이다.'라고 하였소."

여러 대부들이 놀라 얼굴빛을 고치고서 말하였다. "선군왕이십니다."

문왕이 말했다. "그렇다면 점을 쳐서 어떻게 해야 할지 결정하시오."

여러 대부들이 말했다. "先君의 명령이시니 왕께서는 다른 것은 생각하지 마십시오. 또 무엇을 점칠 것이 있겠습니까."

〈그리하여〉 드디어 臧 땅의 노인을 맞이해서 그에게 정사를 맡겼더니 그 노인은 지금까지의 법률을 고치는 것이 하나도 없고 편파적인 명령을 내리는 일이 하나도 없었다. 3년이 지난 뒤 문왕이 국내의 政情을 살펴보았더니, 조정에 늘어선 관리들은 빗장을 부수고 파벌을 흩어버렸으며, 여러 관직의 책임자들은

자기의 덕을 드러내지 않았으며, 사사로운 됫박이 감히 사방의 국경에서 들어오지 않았다.

조정에 늘어선 관리들이 빗장을 부수고 파벌을 흩어버린 것은 곧 윗사람과 의견이 같음을 숭상하는 것이고, 여러 관직의 책임자들이 자기의 덕을 드러내지 않는 것은 일을 똑같이 함이고, 사사로운 됫박이 감히 사방의 국경에서 들어오지 않음은 제후들에게 두마음이 없는 것이다.

문왕이 이에 그를 太師로 삼고 스스로 제자의 자리에 나아가 北面하고서 말했다. "이 정치를 온 천하에 미루어 갈 수 있을까요?"

그랬더니 臧 땅의 노인은 멍한 채로 대답도 하지 않고 사양하는 듯 마는 듯하더니 아침에 문왕의 명령을 받고서는 그날 밤으로 도망하여 몸을 마치도록 영영 소식을 들을 수 없었다.

顔淵이 仲尼에게 물었다. "문왕도 아직은 聖人의 경지에 도달하지 못하신 모양입니다. 도대체 또 무엇 때문에 꿈을 빌릴 필요가 있었습니까?"

중니가 말했다. "너는 잠자코 아무 말도 하지 마라. 대저 문왕은 성인의 경지를 극진히 하셨으니 또 어떻게 비판할 수 있겠는가. 그는 다만 잠시의 방편을 따랐을 뿐이다."

【역주】

1) 文王 : 周나라 문왕. 陸德明에 의하면 司馬彪본에는 文王 두 글자 아래에 '微服而'의 세 글자가 붙어서 '文王微服而觀於臧'으로 되어 있었다고 한다.

2) 觀於臧 : 장 땅을 遊覽함. 군왕의 유람을 觀이라 한다.

3) 其釣莫釣 : 그의 낚시질은 물고기를 낚으려 하지 않았음. 비록 낚시질을 하고는 있었지만 물고기 잡으려는 뜻은 없었다는 뜻이다.

4) 非持其釣 有釣者也 常釣也 : 물고기를 낚으려는 생각을 가진 것이 아니라 따로 낚으려는 것이 있어서 늘 낚시질을 함. 有釣者也는 따로 낚으려는 것이 있다는 뜻이다.

5) 欲終而釋之 而不忍百姓之無天也 : 끝내 그대로 놔두려고 하니 백성들에게 하늘로 떠받들 훌륭한 사람이 없는 것을 차마 그대로 두고 볼 수 없었음. 釋之는 등용하지

않고 그대로 놔둔다는 뜻. 百姓之無天은 백성들이 하늘처럼 떠받들 훌륭한 사람이 없다는 뜻이다.

6) 屬(촉)之大夫 : 대부에게 물음. 屬은 '불러 놓고 물어본다'는 뜻이다.

7) 夢見良人 : 꿈에 훌륭한 사람을 봄. 成玄英은 良人을 "어진 사람이다〔賢良之人〕."고 풀이했고, 王先謙은 "善人이라고 말한 것과 같다〔猶言善人〕."고 풀이했다. 曹礎基는 君子로 풀이했는데 池田知久 등이 이에 동의했다.

8) 黑色而䫇 乘駁馬而偏朱蹄 : 얼굴은 검고 구레나룻을 길렀으며, 한쪽 발굽만 붉은 얼룩말을 탐. 䫇(염)은 王敔가 "䫇은 髯과 같다〔䫇髯同〕."고 풀이한 것처럼 髯과 같다. 駁은 陳壽昌이 "흑색이 순수하지 않음이다〔黑色不純〕."고 풀이한 것이 적절하다. 偏朱蹄는 발굽 하나만 붉다는 뜻으로 李頤가 "한쪽 발굽만 붉음이다〔一蹄偏赤也〕."고 풀이한 것이 적절하다.

9) 寓而政於臧丈人 庶幾乎民有瘳乎 : 그대의 國政을 臧 땅의 노인에게 맡기면 민초들의 고통이 거의 구제될 것이다. 而는 이인칭. 瘳는 병이 나음. 곧 백성들이 고통에서 구제된다는 뜻이다.

10) 蹴然 : 깜짝 놀라는 모양. 〈德充符〉에서 '깜짝 놀라 얼굴빛을 고치고 몸을 가다듬다〔蹴然改容更貌〕.'고 표현한 부분을 비롯 여러 차례 나왔다.

11) 然則卜之 : 그렇다면 점을 쳐라. 길흉을 점쳐 보라는 뜻이다.

12) 王其無他 : 왕께서는 다른 것은 생각하지 마십시오. 의심할 필요가 없다는 뜻이다.

13) 又何卜焉 : 또 무엇을 점칠 것이 있겠습니까. 점을 쳐보지 않고도 길함을 알 수 있다는 의미이다.

14) 典法無更 偏令無出 : 지금까지의 법률을 고치는 것이 하나도 없고 편파적인 명령을 내리는 일이 하나도 없음. 典法은 지금까지 지켜오던 典章法度. 更은 고친다는 뜻. 林希逸은 "법도를 바꾸지 않음이다〔不變易法度也〕."고 풀이했다.

15) 列士壞植散群 : 조정에 늘어선 관리들은 빗장을 부수고 파벌을 흩음. 壞植의 植은 빗장. 壞植은 빗장을 부수어 문호를 열었다는 뜻이다. 散群은 사사로이 만들었던 파벌 세력을 흩어버렸다는 뜻이다.

16) 長官者 不成德 : 여러 관직의 책임자들은 자기의 덕을 드러내지 않음. 成玄英은 "장관들이 자신의 공덕을 드러내지 않음이다〔長官不顯其德〕."고 풀이했다. 또 陸西星은 "장관들이 공을 이루지 않음은 공을 차지하지 않음이다〔長官不成德 不居功

也〕."로 풀이하여 약간의 차이가 있으나 대동소이하다.

17) 斔斛不敢入於四竟 : 사사로운 됫박이 감히 사방의 국경에서 들어오지 않음. 斔와 斛은 모두 부피를 헤아리는 용기로 斔는 庾의 가차자로 一庾는 열여섯 말에 해당하며, 斛은 열 말에 해당하는데 시대마다 차이가 있다. 竟은 境과 같다.

18) 尙同 : 윗사람과 의견이 같은 것을 숭상함. 여기의 尙同을 묵가의 尙同과 같은 것으로 이해하여 장자의 글이 아니라고 주장하는 이가 있으나 方勇·陸永品의 지적처럼 묵가의 尙同과는 맥락이 다르다.

19) 同務 : 일을 똑같이 함. 각각의 임무를 평등하게 분담한다는 뜻이다.

20) 諸侯 無二心也 : 제후들에게 두마음이 없음. 문왕에 대한 제후들의 충성을 보장하는 증표라는 뜻이다.

21) 昧然而不應 泛然而辭 : 멍한 채로 대답도 하지 않고 사양하는 듯 마는 듯함. 昧然은 멍한 모양. 泛然而辭는 〈德充符〉의 '氾(而)若辭'와 같다. 氾(而)若辭는 얽매임이 없어서 마치 사양하는 듯한 모습인데 '氾'은 얽매임이 없는 모양이다(陸德明). 泛과 氾은 통하는 글자이다. 사양하는 듯 마는 듯 분명치 않은 태도를 보였다는 뜻이다.

22) 朝令而夜遁 終身無聞 : 아침에 문왕의 명령을 받고서는 그날 밤으로 도망하여 몸을 마치도록 영영 소식을 듣지 못함. 令은 문왕이 말한 '정치를 온 천하에 미루어 갈 수 있느냐〔政可以及天下乎〕'는 요구를 지칭한다.

23) 又何以夢爲乎 : 또 무엇 때문에 꿈을 빌릴 필요가 있었습니까. 대부들을 직접 설득하지 못하고 선왕의 꿈을 핑계 대었음을 말한 것이다.

24) 文王盡之也 : 문왕은 성인의 경지를 극진히 함. 盡은 ≪論語≫ 〈八佾〉편에서 "선생께서 순임금의 소악을 평가하시되 지극히 아름답고 또 지극히 선하다고 하셨고, 무왕의 무악을 평가하시되 지극히 아름답지만 지극히 선하지는 않다〔子謂韶 盡美矣 又盡善也 謂武 盡美矣 未盡善也〕."고 했는데 이때의 盡자와 같은 의미이다.

25) 直以循斯須也 : 잠시의 방편을 따랐을 뿐임. 일시적인 방편을 따랐다는 뜻. 直은 다만. 斯須는 잠깐.

第9章

列禦寇 爲伯昏無人[1)]하야 射하더니 引之盈貫[2)]하니 措杯水其肘上[3)]이러라 發之하니 適矢復沓[4)]이어늘 方矢復寓[5)]하더니 當是時하야 猶象人也러라

伯昏無人이 曰 是는 射之射라 非不射之射也[6)]로다 嘗與汝로 登高山하야 履危石하야 臨百仞之淵이면 若이 能射乎아

於是에 無人이 遂登高山하야 履危石하야 臨百仞之淵하고도 背逡巡이오 足二分이 垂在外[7)]하더니 揖禦寇而進之[8)]한대 禦寇 伏地하야 汗流至踵이어늘

伯昏無人이 曰 夫至人者는 上闚青天하며 下潛黃泉하며 揮斥八極[9)]하야도 神氣不變하나니 今汝 怵然有恂目之志하니 爾於中也에 殆矣夫[10)]인저

列禦寇가 伯昏無人을 위하여 활쏘기의 기술을 보였는데, 그가 활을 끝까지 잡아당겼더니 〈그 자세가 반듯하여〉 물을 담은 잔을 왼쪽 팔꿈치 위에 올려놓을 수 있었다. 그런 자세로 화살을 쏘았는데 화살을 쏜 뒤 이어지는 화살을 계속 쏘자, 나란히 날아가는 화살이 다시 앞의 화살에 바짝 다가가 몸을 붙이는 것 같았는데 이때에 그는 마치 본떠 만든 人形 같았다.

그러나 옆에서 보고 있던 伯昏無人이 말했다. "이것은 활쏘기를 의식한 활쏘기이지 활쏘기를 초월한 활쏘기는 아니다. 시험 삼아 너와 함께 높은 산에 올라가 위태로운 바위를 밟고 서서 백 길이나 되는 깊은 못을 내려다보면서도 너는 활을 잘 쏠 수 있을 것인가."

이에 伯昏無人이 〈列禦寇를 데리고〉 마침내 높은 산에 올라 위태로운 바위를 밟고 서서 백 길의 깊은 못을 내려다보았다. 못을 등지고 뒷걸음질 쳐서 발의 3분의 2가 바위 밖 공중으로 내민 채 列禦寇에게 읍하고서 그를 앞으로 나오게 하였다. 그랬더니 列禦寇는 땅에 엎드린 채 식은 땀을 흘려 발꿈치에까지 이르렀다.

伯昏無人이 말했다. "무릇 至人은 위로는 푸른 하늘을 엿보고 아래로는 黃泉 속에 잠기며 우주의 팔방 끝까지를 자유로이 날아다니면서도 神氣가 조금도 변하지 않는데 지금 너는 벌벌 떨면서 눈이 두려워하는 정도의 심지를 가지고 있으니 너는 화살을 명중시키기가 어려울 것이다."

【역주】

1) 伯昏無人 : 人名. 열자의 스승. 〈德充符〉편에 申徒嘉와 子産이 伯昏無人에게 함께 배웠다는 이야기가 나왔다. 또 〈列禦寇〉편에도 伯昏無人에 대한 이야기가 전한다.

2) 引之盈貫 : 활을 끝까지 잡아당김. 盈貫은 화살촉이 있는 곳까지 활을 끝까지 잡아당겼다는 뜻이다. 貫은 화살촉〔鏑〕이다(司馬彪, 林雲銘 등).

3) 措杯水其肘上 : 물을 담은 잔을 왼쪽 팔꿈치 위에 올려놓을 수 있음. 자세가 반듯함을 비유한 표현이다.

4) 適矢復沓 : 이어지는 화살이 다시 겹쳐짐. 화살을 쏜 뒤 이어지는 화살을 계속 쏜다는 뜻. 첫 번째 화살을 쏜 뒤에 다시 두 번째 화살이 활에 걸렸다는 뜻이다. 陸西星은 "앞의 화살이 막 떠나고 나서 뒤의 화살이 다시 활에 올려짐을 말함이다〔言前矢適去 而後矢復搭〕."고 풀이했다.

5) 方矢復寓 : 나란히 날아가는 화살이 다시 앞의 화살에 바짝 다가가 몸을 붙이는 것 같음. 화살과 화살이 꼬리를 문 것처럼 이어짐을 표현한 대목이다.

6) 是 射之射 非不射之射也 : 이것은 활쏘기를 의식한 활쏘기이지 활쏘기를 초월한 활쏘기는 아님. 바로 앞 제8장의 '낚시질 하지 않는 낚시질〔其釣莫釣〕'과 통하는 비유이다.

7) 背逡巡 足二分垂在外 : 못을 등지고 뒷걸음질 쳐서 발의 3분의 2가 바위 밖 공중으로 내민 채로. 背逡巡은 못을 등지고 뒤로 물러난다는 뜻이다. 成玄英은 "연못을 등지고 뒤로 물러남이다〔背淵卻行〕."고 풀이했다. 足二分垂在外는 발의 3분의 2가 바위 밖으로 나가 있다는 뜻으로 垂자의 정확한 의미는 〈天地〉편 제14장을 참조할 것.

8) 揖禦寇而進之 : 열어구에게 읍하여 그를 앞으로 나오게 함. 進之는 그를 앞으로 나오게 했다는 뜻이다.

9) 揮斥八極 : 팔방 끝까지를 자유로이 날아다님. 郭象은 揮斥을 "자유롭게 돌아다님이다〔猶放縱〕."고 풀이했다.

10) 怵然有恂目之志 爾於中也 殆矣夫 : 벌벌 떨면서 눈이 두려워하는 정도의 심지를 가지고 있으니 너는 화살을 명중시키기가 어려울 것임. 恂은 두려워하는 모양. 〈齊物論〉 제3장의 '木處則惴慄恂懼'의 경우처럼 '惴·慄·恂·懼'는 모두 두려워하는 모양이다. 殆矣는 위태로움. 여기서는 어렵다는 뜻.

第10章

肩吾[1] 問於孫叔敖[2]하야 曰 子 三爲令尹而不榮華하며 三去之而無憂色[3]하니 吾 始也에 疑子[4]하더니 今에 視子之鼻間한댄 栩栩然[5]하니 子之用心은 獨奈何오

孫叔敖曰 吾何以過人哉리오 吾는 以其來 不可却也며 其去 不可止也니 吾는 以爲得失之非我也라하야 而無憂色而已矣언정 我는 何以過人哉리오 且不知케라 其在彼乎아 其在我乎아 其在彼邪인댄 亡乎我요 在我邪인댄 亡乎彼니 方將躊躇하며 方將四顧어니 何暇에 至乎人貴人賤哉리오

仲尼 聞之코 曰 古之眞人은 知者도 不得說하며 美人도 不得濫하며 盜人도 不得劫하며 伏戲黃帝도 不得友[6]하며 死生이 亦大矣로대 而無變乎己온 況爵祿乎따녀 若然者는 其神이 經乎大山而無介하며 入乎淵泉而不濡[7]하며 處卑細而不憊[8]하야 充滿天地라 旣以與人하고도 己愈有[9]하니라

肩吾가 孫叔敖에게 말했다. "당신은 세 번이나 楚나라의 令尹이 되었는데도 그것을 영예로 여기지 않았으며 세 번이나 그 자리를 그만두고 떠났는데도 우울한 기색이 없었습니다. 나는 처음에 그 이야기를 듣고는 '설마!' 하고 의심했는데, 지금 당신의 코 사이의 숨을 살펴보니 숨 쉬는 모습이 조용하니 당신의 마음가짐은 유독 어떠합니까?"

孫叔敖가 말했다. "내가 어찌 다른 사람보다 뛰어난 점이 있겠습니까? 나는 생각하기를 令尹 자리가 오는 것을 물리칠 수도 없으며, 그 자리가 떠나는 것을 멈추게 할 수도 없다고 여겼습니다. 나는 그 자리를 얻고 잃음은 나에게 달려 있는 것이 아니라고 생각해서 근심하는 기색이 없었을 뿐이언정 내 어찌 다른 사람보다 뛰어남이 있겠습니까. 또한 알지 못하겠습니다. 〈참으로 귀한 것은〉 저기에 있는 것인가요? 아니면 나에게 있는 것인가요? 그것이 저기에 있는 것이라면 나와는 상관이 없는 것이고, 그것이 나에게 있는 것이라면 저와는 상관이 없는 것입니다. 그러므로 늘 주저하고 늘 사방을 돌아보게 되니 어느 겨를에 속인들의 貴賤을 생각할 수 있겠습니까."

仲尼가 그 이야기를 듣고 말했다. "옛날의 眞人은 知者도 그를 설득하지 못했으며 美人도 그를 넘치게 하지 못했으며 도둑도 그를 위협하여 빼앗지 못했으며, 伏戲나 黃帝와 같은 위대한 제왕도 그를 친구로 삼을 수 없었다. 죽고 사는 것은 중대한 문제였지만 그것조차도 자기를 바꾸게 할 수 없었는데 하물며 작록 따위이겠는가. 그 같은 사람은 그 정신이 태산을 지나가도 방해받지 아니하고 깊은 못의 바닥까지 들어가도 물에 젖지 아니하며, 미천한 신분에 머물더라도 고달파하지 않아서 천지 사이에 그 정신이 충만한지라, 모든 것을 남에게 다 주어도 도리어 자기 자신은 더욱 부유하게 된다."

【역주】

1) 肩吾 : 人名. 전설상의 인물로 〈逍遙遊〉, 〈大宗師〉, 〈應帝王〉편에 이미 나왔다.

2) 孫叔敖 : 人名. 춘추시대 楚나라 출신. ≪春秋左氏傳≫과 ≪史記≫에 전기가 전한다.

3) 三爲令尹而不榮華 三去之而無憂色 : 세 번이나 영윤이 되었는데도 그것을 영예로 여기지 않았으며 세 번이나 그 자리를 그만두고 떠났는데도 우울한 기색이 없었음. ≪論語≫ 〈公冶長〉편에 "영윤 자문은 세 번 영윤이 되었는데 기뻐하는 기색이 없었고 세 번 그만두게 되었는데도 노여워하는 기색이 없었다〔令尹子文 三仕爲令尹 無喜色 三已之 無慍色〕."고 하여 비슷한 표현이 보인다.

4) 始也疑子 : 처음에 그 이야기를 듣고는 '설마!' 하고 의심함. 그 이야기가 사실인지

긴가민가 했다는 뜻.

5) 視子之鼻間 栩栩(후후)然 : 코 사이의 숨을 살펴보니 숨 쉬는 모습이 조용함. 栩栩然은 〈齊物論〉편에서는 '나비가 펄럭펄럭 경쾌하게 나는 모양'을 나타냈고, 여기서는 숨이 조용히 들락날락하는 모양을 '栩栩然'으로 표현했다.

6) 知者 不得說(세) 美人 不得濫 盜人 不得劫 伏戲黃帝 不得友 : 知者도 그를 설득하지 못했으며 美人도 그를 넘치게 하지 못했으며 도둑도 그를 위협하여 빼앗지 못했으며, 복희나 황제와 같은 위대한 제왕도 그를 친구로 삼을 수 없었음. 知는 智와 통한다. 說는 설득하다는 뜻으로 '세'로 읽는다. 濫은 행실을 지나치게 함. 곧 그를 유혹하여 음란하게 하지 못했다는 뜻이다.

7) 其神 經乎大山而無介 入乎淵泉而不濡 : 그 정신이 태산을 지나가도 방해받지 아니하고 깊은 못의 바닥까지 들어가도 물에 젖지 아니함. 大山은 泰山. 泰山으로 표기된 판본이 있다. 濡는 물에 젖는다는 뜻이다.

8) 處卑細而不憊 : 미천한 신분에 머물더라도 고달파하지 않음. 憊는 고달파함.

9) 旣以與人 己愈有 : 남에게 다 주어도 도리어 자기 자신은 더욱 부유하게 됨. 有는 富有의 뜻이다. ≪老子≫ 제81장에 "성인은 쌓아두지 않고 다른 사람에게 모두 주니 그럴수록 더욱 부유해지고 다른 사람에게 주는데 오히려 자기는 더 많이 가지게 된다〔聖人不積 旣以爲人 己愈有 旣以與人 己愈多〕."고 한 대목과 유사하다.

第11章

楚王[1)]이 與凡君[2)]으로 坐러니 少焉코 楚王의 左右曰 凡亡者 三[3)]이로다 凡君曰 凡之亡也 不足以喪吾存[4)]이니 夫凡之亡이 不足以喪吾存인댄 則楚之存이 不足以存存[5)]이니라 由是로 觀之컨댄 則凡이 未始亡이며 而楚 未始存也[6)]니라

楚나라 왕이 凡나라의 군주와 함께 앉아 있었는데 조금 있더니 楚王의 측근 신하들이 "범나라에는 망할 조짐이 세 가지가 있습니다."라고 말했다. 범나라 군주가 말했다. "범나라가 망하는 것이 나의 생존을 잃게 하기엔 부족합니다. 범나라가 망한다 하더라도 그것이 나의 생존을 잃게 하기에 부족하다면 곧 楚

나라의 존속이 道를 유지 존속하기에는 부족함을 알 수 있습니다. 이로 말미암아 살펴본다면 범나라가 처음부터 망한 것도 아니며 楚나라가 처음부터 존속한 것도 아닙니다."

【역주】

1) 楚王 : 楚나라 文王(成玄英).
2) 凡君 : 범나라 군주. 곧 凡僖侯. 凡은 고대의 나라 이름.
3) 凡亡者三 : 범나라에 망할 조짐이 세 가지 있음. 郭象은 "세 가지 망할 징조가 있음을 말함이다〔言有三亡徵也〕."라고 풀이했다. 한편 安東林은 '楚王左右曰 凡亡者三'을 "초왕 좌우의 시자가 세 번이나 '범나라가 멸망했습니다.'라고 알렸다."고 번역하고 있는데 참고할 만하다.
4) 凡之亡也 不足以喪吾存 : 범나라가 망하는 것이 나의 생존을 잃게 하기엔 부족함. 범나라가 망했다 하더라도 자신의 존재 근거인 스스로 체득한 무위자연의 道가 사라지지는 않는다는 뜻으로 국가의 흥망보다 도의 存否가 더욱 중대함을 말한 것이다.
5) 夫凡之亡 不足以喪吾存 則楚之存 不足以存存 : 범나라가 망한다 하더라도 그것이 나의 생존을 잃게 하기에 부족하다면 곧 楚나라의 존속이 道를 유지 존속하기에는 부족함을 알 수 있음. 앞의 전제를 인정한다면 초나라가 비록 망하지 않고 존립한다 하더라도 그것이 도가 존재하는 것을 보장하는 것은 아니라는 뜻이다.
6) 凡未始亡 而楚未始存也 : 凡나라가 처음부터 망한 것도 아니며 楚나라가 처음부터 존속한 것도 아님. 국가의 흥망이 도의 존속 여부를 결정짓는 것은 아니라는 뜻이다.

第22篇 知北遊

【해설】

福永光司의 견해에 따르면 이 편은 내편 〈大宗師〉편을 祖述한 것이라 했는데 본래 馬叙倫이 ≪莊子故≫에서 인용한 姚鼐의 주장이기도 하다. 陸德明은 "의미를 취하여 편 이름을 지었다〔以義名篇〕."고 했지만 편의 첫머리에 나오는 '知北遊' 세 글자를 따서 이름을 지은 것이다.

이 편의 대지는 제1장에 있다. 제1장에 등장하는 인물은 知, 無爲謂, 狂屈, 黃帝 네 사람인데, 知는 인간의 분별지를 상징하고, 無爲謂는 道를 상징하며, 狂屈은 세속의 禮敎로부터 일탈하여 분별지를 잊은 사나이를 각각 상징한다(池田知久). 특히 '無爲謂'는 '無爲'와 '無謂'를 하나의 이름으로 합친 것으로 참된 도의 체득자는 말이 없다(無謂)는 점을 강조한 것이기도 하다. 곧 ≪老子≫ 제56장에 나오는 것처럼 "아는 이는 말하지 아니하고 말하는 자는 알지 못한다〔知者不言 言者不知〕."고 한 논리와 유사한데, 제1장뿐 아니라 이 편 전체를 꿰뚫는 논리이기도 하다. 그 때문에 네 주인공 중에서 道에 관해 가장 자세하게 말하는 黃帝는 그저 '知言'의 수준에 있는 것으로 평가될 뿐이다.

제9장에서는 明知의 밝음(光輝)를 의미하는 光曜라는 이름의 현자와 상식적인 존재를 초월한 道를 의미하는 無有라는 有道者와의 문답을 통해 모든 개념적인 규정을 초월한 '道의 절대성'을 밝히고 있다. 이 설화는 ≪淮南子≫ 〈道應訓〉편에도 거의 비슷한 문장으로 실려 있다(池田知久).

第1章

知[1] 北遊於玄水之上[2]하야 登隱弅之丘而適遭無爲謂焉[3]하야 知 謂無爲謂하야 曰 予欲有問乎若하노라 何思何慮면 則知道며 何處何服이면 則安道며 何從何道면 則得道[4]오 三問[5]而無爲謂 不答也하니 非不答이라 不知答也[6]니라

知 不得問하야 反於白水之南[7]하야 登狐闋[8]之上而睹狂屈[9]焉하야 知 以之言也로 問乎狂屈한대 狂屈曰 唉라 予 知之하노니 將語若호리라 中欲言而忘其所欲言[10]하야늘

知 不得問하야 反於帝宮[11]하야 見黃帝而問焉한대 黃帝曰 無思無慮라야 始知道하고 無處無服이라야 始安道하고 無從無道라야 始得道[12]하리라

知 問黃帝曰 我與若의 知之와 彼與彼의 不知也 其孰是邪오

黃帝曰 彼無爲謂는 眞是也요 狂屈은 似之하고 我與汝는 終不近也하니라 夫知者는 不言하고 言者는 不知[13]하니 故로 聖人은 行不言之敎[14]하나니라 道不可致[15]며 德不可至[16]요 仁可爲也며 義可虧也며 禮相僞也[17]니 故로 曰失道而後에 德이오 失德而後에 仁이오 失仁而後에 義오 失義而後에 禮니 禮者는 道之華而亂之首也[18]니라 故로 曰爲道者는 日損이니 損之하고 又損之하야 以至於無爲하나니 無爲而無不爲也[19]니라 今에 已爲物也요 欲復歸根이 不亦難乎[20]아 其易也는 其唯大人乎[21]인저

生也는 死之徒요 死也는 生之始니 孰知其紀[22]오 人之生은 氣之聚也니 聚則爲生이오 散則爲死니 若死生爲徒면 吾又何患이리오 故로 萬物이 一也어늘 是其所美者를 爲神奇오 其所惡者를 爲臭腐[23]언마는 臭腐 復化爲神奇하며 神奇 復化爲臭腐[24]하나니 故로 曰通天下히 一氣耳[25]라하니 聖人이 故로 貴一하나니라

知 謂黃帝曰 吾問無爲謂호니 **無爲謂 不應我**하니 **非不我應**이라 **不知應我也**니라 **吾問狂屈**호니 **狂屈**이 **中欲告我而不我告**하니 **非不我告**라 **中欲告而忘之也**니라 **今予 問乎若**호니 **若**이 **知之**하니 **奚故**로 **不近**고

黃帝曰 彼其眞是也는 **以其不知也**라 **此其似之也**는 **以其忘之也**[26]라 **予與若**이 **終不近也**는 **以其知之也**니라

狂屈이 **聞之**하고 **以黃帝**로 **爲知言**[27]이라하다

知가 북쪽으로 현수 물가에 놀러 가서 隱弅의 언덕에 올랐다가 마침 無爲謂를 만났다. 지가 무위위에게 이렇게 말했다. "내가 너에게 물어볼 것이 있다. 어떻게 생각하고 고민해야 도를 알 수 있으며 어떻게 처신하고 일해야 도에 편안할 수 있으며 무엇을 따르고 무엇을 말미암아야 도를 터득할 수 있는가?" 하고 세 가지를 물었는데 무위위가 대답하지 않았는데 대답하지 않은 것이 아니라 대답할 줄을 몰랐던 것이다.

지가 더 이상 물어보지 못하고 백수의 남쪽으로 돌아가서 狐闋 위에 올라서 狂屈을 보았다. 지가 그 이야기를 가지고 狂屈에게 물어보자 광굴이 말했다. "응! 내가 그것을 안다. 너에게 일러 주겠다." 하고는 말을 막 하려던 중에 말하고자 하던 것을 잊어버렸다.

지가 더 이상 물어보지 못하고 黃帝의 궁궐로 돌아가서 황제를 만나 물어보자 황제가 이렇게 말했다. "생각하지 말고 고민하지 말아야 비로소 도를 알게 되고 처신하지 말고 일하지 말아야 비로소 도에 편안할 수 있고 아무 것도 따르지 말고 말미암지 말아야 비로소 도를 터득할 수 있을 것이다."

지가 황제에게 물었다. "나와 당신은 도에 대해서 알고 저 무위위와 광굴은 알지 못하는데 누가 옳은 것일까요?"

황제가 말했다. "저 무위위는 정말 제대로 아는 자이고 광굴은 비슷하게 아는 자이고 나와 당신은 끝내 도에 가까이 갈 수 없는 사람들이다. 무릇 아는 자는 말하지 아니하고 말하는 자는 알지 못하니 그 때문에 성인은 말하지 않는 가르

침을 베푸는 것이다. 도는 이르게 할 수 없고 덕은 이를 수 없는 것이지만 仁은 해볼 수 있는 것이며 義는 훼손할 수 있는 것이며 禮는 서로 거짓을 꾸미는 것이다. 그 때문에 '도를 잃어버린 뒤에 덕을 말하고 덕을 잃어버린 뒤에 인이 나타나게 되고 인을 잃어버린 뒤에 의를 말하게 되고 의를 잃어버린 뒤에 예를 강조하게 되는 것이니 예란 도를 거짓으로 꾸민 것이고 어지러움을 일으키는 으뜸이다.'라고 말하는 것이다. 또 그래서 '도를 추구하는 것은 날로 덜어내는 것이니 덜어내고 또 덜어내어 함이 없음에 이르니 함이 없지만 하지 않는 것이 없다.'고 말하는 것이다. 지금 이미 사물이 되어 있으니 근본으로 돌아가고자 함이 또한 어렵지 않겠는가. 그런 일을 쉽게 할 수 있는 이는 오직 대인뿐일 것이다.

삶이란 죽음과 같은 무리이고 죽음이란 삶의 시작이니 누가 그 끝을 아는가. 사람의 삶은 기가 모인 것이니 모이면 태어나고 흩어지면 죽게 되는 것이니 만약 삶과 죽음이 같은 무리임을 안다면 내 또 무엇을 근심하겠는가. 무릇 만물은 매한가지인데 자기가 아름답다고 여기는 것을 신기하다 하고 자기가 싫어하는 것은 냄새나고 썩었다고 하지만 냄새나고 썩은 것이 다시 신기한 것으로 바뀌고 신기한 것이 다시 냄새나고 썩은 것으로 바뀐다. 그 때문에 '천하를 통틀어 一氣일 뿐이다.' 하고 말하는 것이니 성인은 그 때문에 하나를 중시한다."

知가 黃帝에게 이렇게 말했다. "제가 無爲謂에게 물어보았더니 무위위는 나에게 대꾸하지 않았습니다. 〈그런데 알고 보면〉 무위위는 나에게 대꾸하지 않은 것이 아니라 대꾸할 줄을 몰랐던 것입니다. 내가 狂屈에게 물어보았더니 광굴이 나에게 일러 주려고 하던 중에 〈잊어버리고〉 나에게 일러 주지 않았습니다. 〈그런데 알고 보면〉 나에게 일러 주지 않은 것이 아니라 일러 주려고 하던 중에 일러 줄 것을 잊어버린 것입니다. 지금 내가 당신에게 물어보았더니 당신은 그것을 아는데 무슨 까닭으로 도에 가깝지도 못하다 하시는지요."

黃帝가 말했다. "저 無爲謂가 참된 도를 터득한 것은 알지 못함으로써 이고 저 狂屈이 도와 비슷한 것은 그것을 잊어버렸기 때문이며 나와 그대가 끝내 가까이 가지 못하는 것은 그것을 알기 때문이다.”

狂屈이 그 이야기를 듣고 황제를 두고 말을 아는 사람이라고 여겼다.

【역주】

1) 知 : 가공의 인명. 人知를 의인화하여 우언으로 표현하였다.

2) 北遊於玄水之上 : 북쪽으로 현수 물가에 놀러 감. 玄水는 물 이름. 아래의 白水와 상대되는 표현이다. 玄자가 元으로 표기된 판본이 많다(方勇·陸永品). 李頤는 “현수는 물 이름이다〔玄水 水名〕.”라고 풀이했고, 成玄英은 “北은 어두운 곳이고 물 또한 어두운 지방이다〔北是幽冥之域 水又幽昧之方〕.”라고 풀이했다. 司馬彪와 崔譔본에는 上자가 北으로 표기되어 있는데 아래의 白水之南과 상대되는 표현으로 본다면 北자가 맞을 듯하지만 그대로 두어도 큰 차이가 없기 때문에 굳이 고치지 않는다.

3) 登隱弅之丘而適遭無爲謂焉 : 은분의 언덕에 올랐다가 마침 무위위를 만남. 隱弅은 가공의 지명. 弅(분)은 높은 언덕. 盆으로 표기된 판본도 있다(王叔岷). 成玄英은 “隱은 깊고 멀어서 알기 어려움을 말한 것이다〔隱則深遠難知〕.”라고 풀이했다. 無爲謂는 知와 마찬가지로 寓意를 담은 가공의 인명. 林自는 “아무런 행위도 하지 않고 아무 말도 하지 않는 것이 도이다〔無爲無謂者 道也〕.”라고 풀이했는데 적절한 견해이다. 適은 ‘그때 마침’.

4) 何思何慮則知道 何處何服則安道 何從何道則得道 : 어떻게 생각하고 고민해야 도를 알 수 있으며 어떻게 처신하고 일해야 도에 편안할 수 있으며 무엇을 따르고 무엇을 말미암아야 도를 터득할 수 있는가. 服은 일하다는 뜻. 成玄英은 ‘服勤’으로 陳壽昌은 ‘事’로 풀이했고 阮毓崧은 ‘行’으로 풀이했는데 모두 무난한 풀이이다. 何道의 道는 奚侗이 ‘由’의 뜻으로 풀이한 것이 적절하다. 뒤에 宣穎과 陳壽昌 등이 奚侗의 견해를 따랐다. 成玄英은 말한다는 뜻으로 풀이했는데 앞의 從자와 병렬관계에 있으므로 奚侗의 견해가 더 정확하다.

5) 三問 : 세 가지를 물음. 같은 물음을 세 차례 반복해서 물었다는 뜻으로 볼 수도 있지만 ‘何思何慮則知道’, ‘何處何服則安道’, ‘何從何道則得道’의 세 가지를 물은 것으로 보는 것이 무난하다.

6) 非不答 不知答也 : 대답하지 않은 것이 아니라 대답할 줄을 몰랐던 것임. 대답하기

싫어서 거절한 것이 아니라 대답할 방법을 알지 못했다는 의미로 無爲謂는 이름의 뜻 그대로 말을 할 줄 모르는 사람임을 암시하고 있다.

7) 反於白水之南 : 백수의 남쪽으로 돌아옴. 陸德明은 물 이름〔水名〕으로 풀이했다. 成玄英은 “흰색은 깨끗한 색이고 남쪽은 밝게 드러난 방향이다〔白是潔素之色 南是顯明之方〕.”라고 풀이했고, 呂惠卿은 “백수 남쪽으로 돌아간 것은 다시 밝은 곳에 좇아가 답을 구한 것이다〔反於白水之南 又趨明以求之〕.”라고 풀이했다. 反은 돌아옴. 返과 같다.

8) 狐闋(호결) : 가공의 언덕 이름(司馬彪, 李頤). 陳景元은 “여우는 의심을 나타내고 闋은 쉰다는 뜻이다〔狐者疑也 闋者息也〕.”라고 우의를 풀이했는데 褚伯秀와 宣穎 등이 같은 견해를 제시하고 있다.

9) 狂屈 : 역시 가공의 인명. 陳景元은 “狂은 망령됨이고 屈은 구부림이다〔狂 妄也 屈 曲也〕.”고 우의를 풀이했다.

10) 中欲言而忘其所欲言 : 말을 막 하려던 중에 말하고자 하던 것을 잊어버림. ‘中欲’이 ‘中’으로 표기된 판본이 있다(寺岡龍含).

11) 帝宮 : 황제의 궁궐. 呂惠卿은 “황제의 궁이니 뜻이 있는 곳을 뜻한다〔黃帝之宮 意之所在〕.”고 풀이했다.

12) 無從無道 始得道 : 아무 것도 따르지 말고 말하지 말아야 비로소 도를 터득할 수 있음. 〈達生〉편에 “마음에 動搖가 없고 외물에 끌려가는 일이 없는 것은 기회에 꼭 맞기 때문이다〔不內變 不外從事 會之適也〕.”라고 한 대목을 참고할 필요가 있다.

13) 知者不言 言者不知 : 아는 자는 말하지 아니하고 말하는 자는 알지 못함. ≪老子≫ 제56장에 같은 내용이 보인다.

14) 聖人行不言之教 : 성인은 말하지 않는 가르침을 베풂. ≪老子≫ 제2장에 같은 내용이 보인다.

15) 道不可致 : 도는 이르게 할 수 없음. 도는 人知로 궁구할 수 없는 것이라는 뜻. 成玄英은 ‘致’를 ‘得’으로 풀이하여 도를 터득하다, 얻다는 뜻으로 이해했고, 阮毓崧은 “바로 招致의 致이다. 취하여 배운다는 뜻이다〔即招致之致 有取學意〕.”라고 풀이하여 招來의 뜻으로 이해했는데 뒤의 德不可至와 대구임을 감안한다면 阮毓崧의 견해가 보다 유력하다 할 수 있다.

16) 德不可至 : 덕은 이를 수 없음. 至는 到 또는 及의 뜻으로 도달하다는 뜻. 德은 언

어로 도달할 수 없다는 뜻이다.

17) 仁可爲也 義可虧也 禮相僞也 : 仁은 해볼 수 있는 것이며 義는 훼손할 수 있는 것이며 禮는 서로 거짓을 꾸미는 것임. 인, 의, 예는 도와 덕에 비해 인위적인 것임을 강조하는 표현. 이 부분은 ≪老子≫ 제38장의 원형으로 추정된다(池田知久).

18) 失道而後德 失德而後仁 失仁而後義 失義而後禮 禮者道之華而亂之首也 : 道를 잃어버린 뒤에 德을 말하고 덕을 잃어버린 뒤에 仁이 나타나게 되고 인을 잃어버린 뒤에 義를 말하게 되고 의를 잃어버린 뒤에 禮를 강조하게 되는 것이니 禮란 道를 거짓으로 꾸민 것이고 어지러움을 일으키는 으뜸이다. ≪老子≫ 제38장에 '失道而後德 失德而後仁 失仁而後義 失義而後禮 夫禮者 忠信之薄而亂之首'라고 하여 유사한 내용이 보인다.

19) 爲道者 日損 損之又損之 以至於無爲 無爲而無不爲也 : 道를 추구하는 것은 날로 덜어내는 것이니 덜어내고 또 덜어내어 함이 없음에 이르니 함이 없지만 하지 않는 것이 없다. 역시 ≪老子≫ 제48장에 "배우는 일은 날마다 보태지만 도를 닦는 일은 날마다 덜어낸다. 덜어내고 또 덜어내서 함이 없음에 이르니 함이 없지만 하지 않음이 없다〔爲學日益 爲道日損 損之又損 以至於無爲 無爲而無不爲〕."라고 하여 유사한 내용이 보인다.

20) 今已爲物也 欲復歸根 不亦難乎 : 지금 이미 사물이 되어 있으니 근본으로 돌아가고자 함이 또한 어렵지 않겠는가. 세상 사람들은 이미 순박한 본성을 잃어버렸기 때문에 대도로 돌아갈 것을 생각해도 매우 어렵다는 뜻(方勇·陸永品). ≪老子≫ 제16장에 '夫物芸芸 各復歸其根'이라고 하여 유사한 대목이 나오지만 취지는 상당히 다르다.

21) 其易也 其唯大人乎 : 그런 일을 쉽게 할 수 있는 이는 오직 대인뿐임. 대인은 도를 터득한 사람. 때로 眞人, 至人, 聖人 등으로 표현되는 이상적 인간을 지칭한다.

22) 生也 死之徒 死也 生之始 孰知其紀 : 삶이란 죽음과 같은 무리이고 죽음이란 삶의 시작이니 누가 그 끝을 아는가. 삶과 죽음은 끊임없이 순환하여 끝이 없다는 뜻. 紀는 窮極의 뜻(方勇·陸永品). 成玄英은 '紀'를 '紀綱'으로 풀이했지만 方勇·陸永品의 지적처럼 문의가 통하지 않는다.

23) 是其所美者 爲神奇 其所惡者 爲臭腐 : 자기가 아름답다고 여기는 것을 신기하다 하고 자기가 싫어하는 것은 냄새나고 썩었다고 함. 세상 사람들이 悅生惡死하는 태

도를 비판하는 내용이다.

24) 臭腐 復化爲神奇 神奇 復化爲臭腐 : 냄새나고 썩은 것이 다시 신기한 것으로 바뀌고 신기한 것이 다시 냄새나고 썩은 것으로 바뀜. 삶과 죽음이 끊임없이 순환 반복함을 비유한 표현이다.

25) 通天下一氣耳 : 천하를 통틀어 일기일 뿐임. 通은 貫通의 뜻(曹礎基). 林希逸은 "고금에 걸쳐 오고 가는 것은 단지 일기일 뿐이다〔亘古窮今 來來往往 只此一氣而已〕."라고 풀이했다. 臭腐와 神奇가 모두 一氣임을 지적한 내용이다. '通天地一氣耳'로 표기된 판본도 있다(陳景元).

26) 彼其眞是也 以其不知也 此其似之也 以其忘之也 : 저 無爲謂가 참된 도를 터득한 것은 알지 못함으로써 이고, 저 狂屈이 도와 비슷한 것은 그것을 잊어버렸기 때문임. 彼는 無爲謂를 지칭하고 此는 狂屈을 지칭한다.

27) 狂屈聞之 以黃帝爲知言 : 狂屈이 그 이야기를 듣고 황제를 두고 말을 아는 사람이라고 여김. 知言의 수준을 어떻게 이해하느냐에 따라 '황제를 두고 겨우 말귀 정도는 알아듣는 사람'이라고 제한적으로 평가한 것이라는 이해도 가능하고, '황제야말로 참으로 말을 제대로 이해하는 통찰을 가진 사람'이라는 칭송으로 이해할 수도 있다. 여기서는 후자의 견해를 따랐다.

第2章

天地 有大美而不言하며 四時 有明法而不議하며 萬物이 有成理而不說[1])이니 聖人者는 原天地之美而達萬物之理[2])라 是故로 至人은 無爲하고 大聖은 不作[3])하니 觀於天地之謂也[4])니라

今彼神明至精이 與彼로 百化[5])하야 物已死生方圓[6])이어늘 莫知其根也하며 扁然而萬物이 自古以固存[7])하야 六合爲巨나 未離其內하며 秋毫爲小나 待之成體[8])하며 天下 莫不沈浮하야 終身不故[9])라 陰陽四時 運行호대 各得其序[10])하며 惛然若亡而存[11])하며 油然不形而神하며 萬物畜而不知[12])하나니 此之謂本根이니 可以觀於天矣[13])니라

천지자연은 커다란 아름다움을 지니고 있으면서도 그것을 말로 표현하지 않으며 사계절은 밝은 법칙을 가지고 있으면서도 따지지 아니하며 만물은 이루어진 이치를 가지고 있으면서도 말하지 않는다. 성인은 천지의 아름다움에 근원하여 만물의 이치에 통달한 사람이다. 이 때문에 至人은 無爲하고 大聖은 작위하지 않는다 하니 천지자연을 살펴보았음을 말한 것이다.

지금 저 神明과 至精의 기가 저 만물과 함께 백 가지로 변화하여 만물은 이미 죽거나 살거나 모나거나 둥글게 변화하지만 그 근원을 알 수 없으며 날로 새로워지는 만물이 예부터 이미 존재하고 있어서 六合이 크다 하지만 그 안을 떠나지 않으며 가을 털이 작다 하지만 그것을 얻어 몸체를 이루며 천하 만물은 예외없이 모두 浮沈을 되풀이해서 죽을 때까지 옛 모습 그대로 있지 아니하며 陰陽二氣나 춘하추동 사계절은 운행하지만 각각 그 차례를 지킨다.

〈그런데 도는 천하 만물, 陰陽四時의 배후에서〉 어렴풋하게 존재하지 않는 듯하면서도 실존하며, 느긋하게 모습을 드러내지 않으면서도 신묘하게 작용하며, 만물은 〈도에 의해〉 길러지면서도 〈스스로 그런 사실을〉 알지 못하니 이것을 일컬어 천하 만물의 근본이라고 하니 그것을 하늘에서 살펴볼 수 있다.

【역주】

1) 天地 有大美而不言 四時 有明法而不議 萬物有成理而不說 : 천지자연은 커다란 아름다움을 지니고 있으면서도 그것을 말로 표현하지 않으며 사계절은 밝은 법칙을 가지고 있으면서도 따지지 아니하며 만물은 이루어진 이치를 가지고 있으면서도 말하지 않는다. 大美는 만물을 화육하는 위대한 미덕. 陸德明은 "하늘이 덮어주고 땅이 실어주는 아름다움이다〔謂覆載之美也〕."라고 풀이했고, 陸樹芝는 "천지의 화육은 큰 아름다움을 지니고 있다〔天地之化育 有大美矣〕."고 풀이했는데 대동소이한 견해이다. 하늘이 말을 하지 않는다는 내용은 郭象, 褚伯秀, 池田知久 등이 이야기하는 것처럼 ≪論語≫ 〈陽貨〉편의 "하늘이 무슨 말을 하던가〔天何言哉〕."라는 내용과 관계가 있을 것이다.

2) 聖人者 原天地之美而達萬物之理 : 성인은 천지의 아름다움에 근원하여 만물의 이치에 통달함. 天地之美와 達萬物之理의 구체적인 내용은 위의 세 구절이다.

3) 至人無爲 大聖不作 : 至人은 無爲하고 大聖은 작위하지 않음. 林自는 至人과 大聖이 다르다고 하나 成玄英의 견해처럼 같은 존재로 보는 것이 자연스럽다. 不作은 林希逸의 견해대로 無爲로 보는 것이 무난하다. 無爲와 不作은 王雱의 견해대로 주로 不言, 不義(議), 不說을 가리킨다고 보는 것이 무난하다(池田知久).

4) 觀於天地之謂也 : 천지자연을 살펴보았음을 말한 것임. 천지자연의 무위를 본받은 것임을 말한다는 뜻이다. 林雲銘은 "천지를 살펴봄이란 또한 자연을 체득함일 뿐이다〔觀於天地 亦體其自然而已〕."라고 풀이했다.

5) 今彼神明至精 與彼百化 : 지금 저 신명과 지정의 기가 저 만물과 함께 백 가지로 변화함. 앞의 彼는 林自의 풀이대로 '天地'로 보는 것이 타당하며 뒤의 彼는 林希逸의 풀이대로 만물을 지칭한다(池田知久).

6) 物已死生方圓 : 만물은 이미 죽거나 살거나 모나거나 둥글게 변화함. 死生方圓은 '神明至精'에 의해 일어난 物의 온갖 變化이다(林希逸). 郭象과 成玄英은 이를 自化로 파악했는데 옳지 않다. 그러나 神明至精의 氣가 自化해서 百化한다고 볼 수도 있다(安東林).

7) 扁然而萬物自古以固存 : 날로 새로워지는 만물이 예부터 이미 존재하고 있음. 扁然은 날마다 변화하는 모양. 陳景元에 의하면 扁然은 文如海본에는 翩然으로 표기되어 있으며 "날로 새로워지는 모양이다〔日新貌〕."라고 풀이했다.

8) 六合爲巨 未離其內 秋毫爲小 待之成體 : 六合이 크다 하지만 그 안을 떠나지 않으며 가을 털이 작다 하지만 그것을 얻어 몸체를 이룸. 六合은 上下四方을 합친 것. 〈齊物論〉편에 이미 나왔다. 成玄英은 "六合은 天地四方이다〔六合 天地四方也〕."고 풀이했다. 또 "짐승의 털이 가을볕을 만나면 털끝에 가는 털, 곧 毫가 생기는데 이 毫는 지극히 미세한데 이것을 秋毫라 한다〔獸逢秋景 毛端生毫 毫極微細 謂秋毫也〕."라고 풀이했다. 아울러 "육합이 비록 크지만 여전히 至道 안에 위치하고 가을 털이 지극히 작지만 도에 의지하여 체질을 이룬다〔六合雖大 猶居至道之中 毫毛雖小 資道以成體質也〕."라고 大意를 풀이하고 있다. 陸德明은 未離其內를 "스스로 변화하는 데에서 벗어나지 못함을 말한 것이다〔謂不能出自化也〕."라고 풀이했다. 爲小가 '雖小'로 표기되어 있는 인용문이 있다(王叔岷).

9) 天下 莫不沈浮 終身不故 : 천하 만물은 예외 없이 모두 부침을 되풀이해서 죽을 때까지 옛 모습 그대로 있지 아니함. 대의는 成玄英이 "세간의 여러 사물은 부침하지

않음이 없어서 오르내리고 태어나고 죽으며 가고 옴을 그만두지 않고 운행이 그치지 않아 새로움이 서로 이어져 옛 모습을 그대로 지키는 적이 없다〔世間庶物 莫不浮沈 升降生死 往來不住 運之不停 新新相續 未嘗守故也〕."고 풀이한 것이 무난하다. 故는 본래의 모습, 옛 모습으로 舊와 같다. 한편 馬叙倫은 故를 尻의 가차라 했는데 참고할 만하다.

10) 陰陽四時 運行 各得其序 : 陰陽二氣나 춘하추동 사계절은 운행하지만 각각 그 차례를 지킴. 음양의 이기의 작용에 따라 사계절이 질서정연하게 운행하여 차질이 없다는 뜻. 成玄英은 "이기가 이리저리 얽혀서 사계절이 갈마들어 봄가을과 추위와 더위가 차례대로 자연스럽게 운행하니 어찌 그렇게 하기를 기다린 뒤에 운행하겠는가〔夫二氣氤氳 四時運轉 春秋寒暑 次敍天然 豈待爲之而後行之〕." 하고 풀이했고, 郭象도 "그렇게 하기를 기다리지 않는다〔不待爲之〕."라고 풀이했다.

한편 池田知久는 이 대목의 의미를 郭象이나 成玄英을 따르는 것은 옳지 않으며 呂惠卿이 "陰陽과 사계절이 각기 차례를 얻으니 각기 차례를 얻는 것은 저 도가 아니면 누가 그렇게 하겠는가〔陰陽四時 各得其序 各得其序 非彼而誰爲哉〕."라고 풀이한 것과 林自가 "陰陽과 四時가 그 도를 따라서 차례를 얻는다〔陰陽四時 因之以得其序〕."라고 풀이한 것이 옳다고 했지만 오히려 郭象과 成玄英의 견해가 간명함만 못하다.

11) 惛然若亡而存 : 어렴풋하게 존재하지 않는 듯하면서도 실존함. 도는 천하 만물, 陰陽四時의 배후에 있어서 보이지는 않지만 실재한다는 뜻이다. 惛然은 成玄英이 "어렴풋이 어두워서 없는 것 같지만 있다〔惛然如昧 似無而有〕."라고 풀이한 것이 적절하다. 道는 시각적으로 파악하기 어렵지만 실재함을 뜻한다.

12) 油然不形而神 萬物畜而不知 : 느긋하게 모습을 드러내지 않으면서도 신묘하게 작용하며, 만물은 〈도에 의해〉 길러지면서도 〈스스로 그런 사실을〉 알지 못함. 油然은 느긋한 모양. 成玄英은 "유연히 얽매임이 없다〔無係〕."라고 풀이했는데 적절한 견해이다.

13) 此之謂本根 可以觀於天矣 : 이것을 일컬어 천하 만물의 근본이라고 하니 그것을 하늘에서 살펴볼 수 있음. 成玄英은 "군생들과 만물을 번식시키고 길러주어 깊은 功의 혜택을 암암리에 입지만 날마다 쓰면서도 알지 못하니 이것의 진정한 힘은 지도와 근본을 같이 한다〔亭毒群生 畜養萬物 而玄功潛被 日用不知 此之眞力 是至道

一根本〕."라고 풀이했다. 또 宣穎은 "천지의 근본이 이와 같으니 이것이 지인과 성인이 천지를 본받아서 작위를 하지 않는 까닭이다〔天地根本如此 此至人聖人所以觀於天地 而無事爲作也〕."라고 풀이했다.

第3章

齧缺問道乎被衣[1]한대 **被衣曰 若**이 **正汝形**하며 **一汝視**하면 **天和將至**[2]하리며 **攝汝知**하며 **一汝度**하면 **神將來舍**[3]라 **德將爲汝美**하며 **道將爲汝居**[4]하야 **汝 瞳焉如新生之犢**[5]이라 **而無求其故**하리라

言未卒하였거늘 **齧缺**이 **睡寐**[6]한대 **被衣大說**하야 **行歌而去之**[7]**曰 形若槁骸**하고 **心若死灰**[8]하야 **眞其實知**[9]하고 **不以故**로 **自持**하며 **媒媒晦晦**[10]하야 **無心而不可與謀**[11]로소니 **彼何人哉**[12]오

齧缺이 被衣에게 도를 묻자 피의가 말했다. "네가 네 몸을 단정하게 하고 네 시선을 한결같이 하면 자연의 和氣가 이를 것이며, 너의 지식을 거두어들이고 너의 기를 한결같이 하면 정신이 와서 머물 것이다. 덕이 너의 아름다움이 될 것이며 도가 너의 거처가 되어서 너는 어리석은 모습이 마치 막 태어난 송아지와 같을 것이니 그 까닭을 찾지 않을 것이다."

말이 아직 끝나지 않았는데 齧缺이 잠들자 被衣가 크게 기뻐하면서 이렇게 노래를 부르며 그곳을 떠났다.

"몸뚱이는 말라 버린 나무줄기 같고 마음은 불 꺼진 재와 같아서 자기가 아는 것을 진실하게 하고 옛것을 스스로 지키지 아니하며 흐리고 어두워 무심하여 더 이상 함께 이야기할 수 없으니 저 사람은 누구인가!"

【역주】

1) 齧缺問道乎被衣 : 齧缺이 被衣에게 도를 물음. 齧缺은 〈齊物論〉 제3장에 이미 나왔고 被衣는 〈應帝王〉편 제1장의 蒲衣子와 같은 인물로 추정된다.

2) 若正汝形 一汝視 天和將至 : 네가 네 몸을 단정하게 하고 네 시선을 한결같이 하면

자연의 화기가 이를 것임. 天和는 자연의 화기. 胡文英은 冲和之氣로 풀이했다.

3) 攝汝知 一汝度 神將來舍 : 너의 지식을 거두어들이고 너의 기를 한결같이 하면 정신이 와서 머물 것임. 攝은 거두어들인다는 뜻으로 成玄英은 '收攝'으로 풀이했다.

4) 德將爲汝美 道將爲汝居 : 덕이 너의 아름다움이 될 것이며 도가 너의 거처가 될 것임. ≪孟子≫ 〈離婁 上〉에서 "仁은 사람이 편안히 쉴 수 있는 집이고 義는 사람이 걸어가야 할 올바른 길이다〔仁 人之安宅也 義 人之正路也〕."라고 한 대목과 유사한 비유이다.

5) 汝 瞳焉如新生之犢 : 너는 어리석은 모습이 마치 막 태어난 송아지와 같을 것임. 瞳은 어리석은 모양. 憃으로 읽어야 한다(楊樹達). 李頤는 "아직 지식을 갖지 않은 모양이다〔未有知貌〕."라고 풀이했고, 成玄英은 "무지하게 똑바로 바라보는 모양이다〔無知直視之貌〕."라고 풀이했다. 新生之犢은 赤子, 嬰兒 등과 유사한 비유이다(林希逸, 陸長庚).

6) 齧缺睡寐 : 설결이 잠에 빠짐. 陸德明은 "몸이 좋아하는 것을 따라 보고 듣는 것을 두려워했기 때문에 잠든 것이다〔體向所說 畏其視聽以寐耳〕."라고 풀이했다.

7) 被衣大說行歌而去之 : 피의가 크게 기뻐하면서 노래를 부르며 그곳을 떠남. 陸德明은 "도를 받아들임이 빨랐기 때문에 피의가 기뻐한 것이다〔受道速 故被衣喜也〕."라고 풀이했다. 〈應帝王〉편의 齧缺과 蒲衣子의 문답에도 유사한 맥락의 이야기가 나온다.

8) 形若槁骸 心若死灰 : 몸뚱이는 말라 버린 나무줄기 같고 마음은 불 꺼진 재와 같음. 成玄英은 "몸뚱이는 말라 버린 나무의 줄기와 같고 마음은 불 꺼진 재의 흙과 같다〔形同槁木之骸 心類死灰之土〕."라고 풀이했다. 槁骸는 여러 곳에 비슷한 표현이 나오는데 이 편과 〈徐无鬼〉편에는 '槁骸'로 표기되어 있고, 〈齊物論〉편에는 '槁木'으로 표기되어 있고, 〈庚桑楚〉편에는 '槁木之枝'로 표기되어 있다(王先謙).

9) 眞其實知 : 자기가 아는 것을 진실하게 함. 吳汝綸은 "≪淮南子≫ 〈道應訓〉편에는 '眞實不知 以故自持'로 되어 있다〔道應篇作 眞實不知 以故自持〕."고 하면서 眞其實知의 '實'을 '所'와 같다고 했는데 탁견이다(王叔岷). 한편 奚侗은 眞을 寘의 가차자라고 했지만 眞僞의 眞으로 보는 것이 적절하다.

10) 媒媒晦晦 : 흐리고 어두움. 李頤는 媒媒를 "어두운 모양이다〔晦貌〕."라고 풀이했고, 陳景元은 "무심한 모양이고 또 어두운 모양이다〔無心貌 又冥昧貌〕."라고 풀이

했고, 林希逸은 "아득해서 보이지 않음이다〔芒芴無見也〕."라고 풀이했는데 대동소이한 뜻이다.

11) 無心而不可與謀 : 무심하여 더 이상 함께 이야기할 수 없음. 被衣가 齧缺과 함께 상의할 수 없다는 뜻이다. ≪論語≫ 〈衛靈公〉편에 나오는 "함께 이야기할 수 없다〔不可與言〕."라고 했을 때의 與와 같고 〈衛靈公〉편에서 "함께 논의할 수 없다〔不相爲謀〕."고 한 내용과 비슷하다.

12) 彼何人哉 : 저 사람은 누구인가! 칭찬하고 감탄하는 표현이다. 林希逸은 "크게 찬미한 것이다〔深美之也〕."라고 풀이했다.

第4章

舜이 **問乎丞**[1)]**曰 道**는 **可得而有乎**[2)]아

曰 汝身이 **非汝有也**어늘 **汝何得有夫道**리오

舜曰 吾身이 **非吾有也**라 **孰有之哉**오

曰 是天地之委形也[3)]니라 **生非汝**라 **有是天地之委和也**[4)]며 **性命**이 **非汝有**라 **是天地之委順也**[5)]며 **孫子**[6)] **非汝有**라 **是天地之委蛻也**[7)]니 **故**로 **行不知所往**하며 **處不知所持**하며 **食不知所味**라 **天地之强陽氣也**니 **又胡可得而有邪**리오

舜임금이 뒤에서 보필하는 丞에게 물었다. "도를 가질 수 있습니까?"

丞이 말했다. "당신의 몸뚱이도 당신의 차지가 아닌데 당신이 어떻게 도를 가질 수 있겠습니까?"

순임금이 말했다. "내 몸뚱이가 내 것이 아니라면 누구 것이란 말이오?"

승이 말했다. "그것은 천지자연이 모습을 맡긴 것입니다. 삶은 당신의 것이 아닙니다. 천지자연이 조화로움을 맡긴 것이며, 성명이 당신의 것이 아닙니다. 천지자연이 순조로움을 맡긴 것이며 자손들이 당신의 것이 아닙니다. 천지자연이 허물을 맡긴 것입니다. 그 때문에 길을 갈 때도 어디로 가야 할지 알지 못하며 머물 때에도 무엇을 지켜야 할지 알 수 없으며 먹어도 맛을 알지 못하는지라

천지자연의 강건한 양기가 작용한 것이니 또 어찌 차지할 수 있겠습니까?"

【역주】

1) 舜問乎丞 : 순이 승에게 물음. 丞은 관명으로 前疑, 後丞, 左輔, 右弼의 丞. 丁若鏞에 의하면 諫官이다. ≪經世遺表≫에 "옛날 左輔, 右弼, 前疑, 後丞은 모두 간쟁하는 신하였다〔古者左輔右弼 前疑後丞 皆是諫諍之臣〕."라고 기록하고 있다. 李頤는 "순의 신하이다〔舜師也〕."라고 풀이했고, 陸德明은 일설로 "옛날에는 네 명의 보좌관이 있었다. 前疑와 後丞은 관명인 듯하다〔古有四輔 前疑後丞 蓋官名〕."라고 소개하고 있다. 烝으로 표기된 판본도 있다(陳景元).

2) 道可得而有乎 : 도를 가질 수 있습니까? 有는 私有의 뜻. 〈大宗師〉편 제1장에서 "道는 情과 信은 있지만 작용이나 형체는 없는지라, 전해 줄 수는 있지만 받을 수는 없으며, 터득할 수는 있지만 볼 수는 없으니, 스스로를 근본으로 삼는다〔夫道 有情有信 無爲無形 可傳而不可受 可得而不可見 自本自根〕."고 한 내용과 〈天運〉편 제5장에서 "만일 道가 다른 사람에게 바칠 수 있는 것이라면 사람들이 그것을 자기 임금에게 바치지 않을 자가 없을 것이며, 만일 道가 남에게 올릴 수 있는 것이라면 사람들이 그것을 그 어버이에게 올리지 않을 자가 없을 것이며, 만일 道가 남에게 말해 줄 수 있는 것이라면 사람들이 그것을 자기 형제에게 말해 주지 않을 자가 없을 것이며, 만일 道가 남에게 줄 수 있는 것이라면 사람들이 그것을 자손들에게 주지 않을 자가 없을 것이다〔使道而可獻 則人莫不獻之於其君 使道而可進 則人莫不進之於其親 使道而可以告人 則人莫不告其兄弟 使道而可以與人 則人莫不與其子孫〕."라고 한 맥락과 유사한 내용이다.

3) 是天地之委形也 : 그것은 천지자연이 모습을 맡긴 것임. 委는 맡김. 陸樹芝는 "맡김이니 위촉함이다〔任也 屬也〕."라고 풀이했고, 兪樾은 "붙여줌이다〔付屬〕."라고 풀이했는데 비슷한 뜻이다.

4) 有是天地之委和也 : 천지자연이 조화로움을 맡긴 것임. 林希逸은 "음양이 조화를 이룬 뒤에 사물이 생성된다. 그 때문에 생성은 조화를 맡긴 것이라고 말한 것이다〔陰陽成和而後物生 故曰生者委和也〕."라고 풀이했다.

5) 是天地之委順也 : 천지자연이 순조로움을 맡긴 것임. 福永光司와 池田知久 등은 順을 〈養生主〉편에 나오는 "때마침 죽는 것은 선생이 따르는 것이다〔適去 夫子之順

也〕."라고 할 때의 順과 같다고 했는데 順을 '주어진 운명을 따른다.'는 뜻으로 이해한 것이다. 陳壽昌은 "和順은 모두 기를 가지고 말한 것이다〔和順皆以氣言〕."라고 풀이했다.

6) 孫子 : 자손. 子孫으로 표기되어 있는 판본(劉文典)이 있으며 子孫으로 표기되어 있는 인용문(王叔岷)이 있다. 子孫으로 함이 올바를 듯하다.

7) 天地之委蛻(세)也 : 천지자연이 허물을 맡긴 것임. 蛻는 허물.

第5章

孔子 問於老聃曰 今日에 晏閒[1)]하시란대 敢問至道하노이다

老聃曰 汝齊戒[2)]하야 疏瀹而心[3)]하며 澡雪而精神[4)]하며 掊擊而知[5)]하라 夫道는 窅然難言哉[6)]니 將爲汝하야 言其崖略[7)]호리라

夫昭昭 生於冥冥하고 有倫이 生於無形[8)]하고 精神이 生於道하고 形은 本生於精[9)]이라 而萬物이 以形으로 相生하나니 故九竅者는 胎生하고 八竅者는 卵生[10)]하나니라 其來 無迹하며 其往이 無崖[11)]하며 無門無房하야 四達之皇皇也[12)]니 邀於此者는 四肢彊[13)]하며 思慮恂達[14)]하며 耳目聰明하며 其用心不勞하며 其應物無方하나라 天이 不得이면 不高하며 地不得이면 不廣하며 日月이 不得이면 不行하며 萬物이 不得이면 不昌[15)]이니 此其道與[16)]인저

且夫博之不必知[17)]와 辯之不必慧[18)]를 聖人이 以斷之矣[19)]니라 若夫益之而不加益하며 損之而不加損者[20)]는 聖人之所保也[21)]니 淵淵乎其若海[22)]하며 巍巍乎其終則復始也[23)]니라 運量萬物而不匱[24)]則君子之道 彼其外與[25)]어니와 萬物이 皆往資焉而不匱[26)]아 此其道與[27)]인저

中國有人焉[28)]하니 非陰非陽이라 處於天地之間하야 直且爲人이언정 將反於宗[29)]하나니라 自本觀之컨댄 生者는 喑醷物也[30)]니 雖有壽夭나 相去 幾何[31)]오 須臾之說也니 奚足以爲堯桀之是非리오 果蓏有理[32)]하며 人倫이 雖難이나 所以

相齒니 聖人은 遭之而不違하며 過之而不守[33)]하나니라 調而應之는 德也요 偶而應之는 道也[34)]니 帝之所興이며 王之所起也[35)]니라

人生天地之間이 若白駒之過郤이라 忽然而已[36)]니 注然勃然[37)]하야 莫不出焉하며 油然漻然[38)]하야 莫不入焉하나니라 已化而生하고 又化而死[39)]커든 生物이 哀之하며 人類 悲之[40)]하나니 解其天弢하며 墮其天袠[41)]이니라 紛乎宛乎[42)]하야 魂魄將往이어든 乃身從之[43)]하나니 乃大歸乎[44)]인저 不形之形과 形之不形은 是人之所同知也라 非將至之所務也[45)]니 此衆人之所同論也니라 彼 至則不論하나니 論則不至[46)]니라 明見은 無値니 辯不若默[47)]하니라 道不可聞이니 聞不若塞[48)]하니 此之謂大得[49)]이니라

孔子가 老聃에게 물었다. "오늘은 조금 한가하신 듯하여 감히 至道에 대해서 여쭙습니다."

老聃이 대답했다. "당신은 齋戒해서 당신의 마음을 소통시키고 당신의 정신을 깨끗하게 씻어내고 당신의 지혜를 밀쳐 버리도록 하십시오. 道는 아득하여 말로 표현하기 어려우니 장차 당신을 위해 그 언저리의 대략을 말해 보겠습니다.

무릇 밝은 것은 어두운 것에서 생기고 모양이 있는 것은 모양이 없는 것에서 생기고 정신은 도에서 생기고 모습은 본래 精氣에서 생깁니다. 만물은 모양을 갖추고 생성하니 무릇 구멍이 아홉 개인 것들은 胎에서 생겨나고 여덟 개인 것들은 알에서 생겨납니다. 올 때에는 자취가 없고 갈 때에는 끄트머리가 없으며 문도 없고 방도 없어서 사방으로 탁 트여 있을 뿐이니 이것을 따르는 자는 사지가 강하고 생각이 순조롭게 이해되고 耳目이 총명해지고 마음 씀씀이가 수고롭지 아니하며 사물에 대응함에 일정함이 없습니다.

하늘이 그것을 얻지 못하면 높아질 수 없고 땅이 그것을 얻지 못하면 넓어질 수 없으며 해와 달이 그것을 얻지 못하면 운행되지 못하며 만물이 그것을 얻지 못하면 昌盛할 수 없으니 이것이 바로 道입니다. 뿐만 아니라 박학다식한 사람

이라도 반드시 도를 알 수는 없으며 말재주가 뛰어난 사람이라도 반드시 도를 알지는 못하기 때문에 聖人이 그런 것들을 이미 끊어버린 것입니다. 이를테면 보태도 보태지지 아니하며 덜어내도 덜어지지 않는 것은 성인이 보존하는 것이니 깊고 깊어서 마치 바다와 같고 높고 높아서 끝나면 다시 시작합니다. 만물을 運行하고 包容하여 버리지 아니하니 군자의 도는 그것에서 벗어나 있는 것이 아니겠습니까. 만물이 그에게 가서 의지하지만 부족해지지 아니하니 이것이 진정한 도가 아니겠습니까.

중국에 어떤 사람이 있는데 陰도 아니고 陽도 아닙니다. 천지 사이에 머물러서 단지 잠시 사람이 되었을지언정 장차 사물의 조종으로 돌아갑니다.

근본인 大道를 기준으로 살펴본다면 삶이란 氣가 잠깐 모인 것에 지나지 않으니 비록 오래 살고 일찍 죽는 차이가 있으나 서로 간의 거리가 얼마나 되겠습니까. 잠깐 사이의 이야기에 지나지 않는데 어찌 堯임금과 桀王의 시비를 따지기에 충분하겠습니까. 나무의 과실과 풀에서 자라는 열매는 생장하는 이치가 있으며 사람의 윤리를 가지런히 다스리기가 비록 어렵다지만 이빨이 서로 배열되어 있는 것처럼 나란하니 성인은 그런 것을 만나면 어기지도 아니하지만, 지나갈 뿐 지키려 하지도 않습니다.

함께 화합하면서 대하는 것은 德이고 만나서 호응하는 것은 道이니 도와 덕은 帝王이 興起하는 근거입니다. 사람이 천지 사이에 사는 것은 마치 빠른 말이 틈을 지나가는 것과 같은지라 순식간에 지나갈 뿐이니 줄줄이 쑥쑥 자라나서 생성되지 않음이 없으며 스르르 흘러가서 죽음으로 들어가지 않음이 없습니다.

이미 변화해서 태어나고 또 변화해서 죽게 되면 태어난 사물은 〈같은 무리가 죽으면〉 슬퍼하고 사람의 무리는 〈같은 사람이 죽으면〉 비통해 하지만 사실은 하늘의 활 통에 갇혀 있다가 풀려난 것이며 하늘의 칼집에 매여 있다가 떨어진 것과 같아서 이리저리 흩날리고 이리저리 굴러서 혼백이 막 돌아가게 되면 마침내 몸이 함께 따르게 되니 바로 크게 돌아가는 것입니다. 드러나지 않은 것이 나타나고 나타난 것이 사라지게 되는 것은 사람들이 다 같이 알고 있습니다.

이것은 막 道에 도달하려는 사람이 힘쓰는 것이 아니라 중인들이 함께 이야기하는 것입니다.

저 도에 도달하려는 지인은 말을 하지 않으니 말하면 〈道에〉 도달하지 못하기 때문입니다. 〈道가〉 분명하게 보이는 자는 〈道를〉 만나지 못할 것이니 말 잘하는 것이 침묵만 못합니다. 도는 들을 수 없으니 듣는 것이 귀를 막느니만 못하니 이것을 大得이라 합니다."

【역주】

1) 晏閒 : 조금 한가함. 晏은 安과 같고 閒은 閑과 같다. 成玄英은 "晏은 편안함이니 편안하고 한가로움이다〔晏 安也 安居閒暇〕."라고 풀이했다.

2) 汝齊戒 : 당신은 齋戒하시오. 齊는 齋와 같다. 재계의 구체적인 내용은 아래의 세 句, 곧 '疏瀹而心', '澡雪而精神', '掊擊而知'이다.

3) 疏瀹而心 : 당신의 마음을 소통함. 疏와 瀹은 모두 통한다는 뜻. 瀹자가 瀹으로 표기된 판본이 많지만 馬叙倫의 지적처럼 瀹자로 표기된 판본을 따르는 것이 옳다. ≪孟子≫ 〈滕文公 上〉에 "우임금이 구하를 소통시키고 제수와 탑수를 터서 바다로 물을 댔다〔禹疏九河 瀹濟漯而注諸海〕."고 했는데 이때 瀹은 물과 물을 서로 트다는 뜻으로 쓰였다. 林希逸은 疏瀹을 "소통시켜 인도함이다〔通導之也〕."라고 풀이했다. 而는 이인칭.

4) 澡雪而精神 : 당신의 정신을 깨끗하게 씻어냄. 澡雪은 깨끗하게 씻어냄. 丁展成은 "때는 닦아내고 뿌리는 끊지 않음이다〔治去孳垢 不絶其本也〕."라고 풀이했다. 馬叙倫은 雪을 洒의 가차자로 풀이했는데 그 이전에 成玄英이 이미 澡雪을 "洒濯과 같다〔猶洒濯也〕."고 풀이했다.

5) 掊擊而知 : 당신의 지혜를 밀쳐 버리시오. 掊擊은 밀쳐 버림. 打擊의 뜻. 〈人間世〉편 제4장에 "스스로 세속 사람들에게 타격을 받는다〔自掊擊於世俗〕."고 하여 비슷한 뜻으로 이미 나왔다. '掊'는 打와 같은 뜻(成玄英).

6) 夫道窅然難言哉 : 道는 아득하여 말로 표현하기 어려움. 窅然은 깊고 먼 모양, 멍한 모양, 고요한 모양, 그윽하고 어두운 모양. 窅然은 〈逍遙遊〉편 제3장, 〈知北遊〉편 제10장에도 나온다.

7) 言其崖略 : 그 언저리의 대략을 말함. 崖略은 언저리의 대략. 林希逸은 "崖는 가장

자리이다. 崖略은 깊고 현묘한 것은 말로 표현하기가 어려워서 단지 그 주변과 대략을 말할 수 있을 뿐임을 말한 것이다〔崖 邊際也 崖略者 謂深妙者難言 只言其邊際粗略者而已〕."라고 풀이했다.

8) 夫昭昭 生於冥冥 有倫 生於無形 : 무릇 밝은 것은 어두운 것에서 생기고 모양이 있는 것은 모양이 없는 것에서 생겨남. 昭昭는 밝은 것, 冥冥은 어두운 것. 林希逸이 "볼 수 있는 것과 볼 수 없는 것이다〔可見者也 不可見者也〕."라고 풀이한 것이 적절하다. 두 구절은 아래 세 구절을 끌어내기 위한 문학적 수사이므로 굳이 呂惠卿을 비롯한 주석가들처럼 딱딱하게 개념적으로 꿰어 맞춰 해석할 것이 없다. 有倫은 일정한 규칙이나 모양이 있는 것을 말한다. 成玄英은 '理'로 풀이했지만 無形의 形과 상대되는 의미로 파악해야 의미가 통한다. 陸德明은 無形을 "태초를 말함이다〔謂太初也〕."라고 풀이했다.

9) 精神生於道 形本生於精 : 정신은 도에서 생기고 모습은 본래 정기에서 생겨남. 精神은 사람에게 있는 정밀하고 신묘한 능력을 의미한다. 成玄英은 "精智와 神識의 마음이다〔精智神識之心〕."라고 풀이했고, 林希逸은 "정신은 사람에게 있는 것이다〔精神 在人者也〕."라고 풀이했다. 赤塚忠은 '精氣'를 가리킨다고 풀이했다.

10) 九竅者胎生 八竅者卵生 : 구멍이 아홉 개인 것들은 태에서 생겨나고 여덟 개인 것들은 알에서 생겨남. 九竅는 〈應帝王〉편에 보이는 渾沌의 7竅에다 몸에 있는 두 개의 구멍을 더한 것. 〈齊物論〉편과 〈達生〉편에도 나왔다. 九竅는 각각 사람과 짐승들을 지칭하고 八竅는 조류를 지칭한다.

11) 其來無迹 其往無崖 : 올 때에는 자취가 없고 갈 때에는 끄트머리가 없음. 無迹은 〈天地〉편 제13장에, 無崖는 〈人間世〉편 제3장에 나왔다.

12) 四達之皇皇也 : 사방으로 탁 트여 있음. 四達은 ≪老子≫ 제10장의 '明白四達'과 유사한 표현이다. 또한 이 책 〈刻意〉편 제3장에도 "정신이 사방으로 통달하고 널리 流行하여 세상 끝 어디까지든지 가지 않는 곳이 없다〔精神四達竝流 無所不極〕."고 하여 유사한 표현이 나온다. 之는 而와 같다(赤塚忠). 皇은 탁 트인 모양. 成玄英은 "皇은 큼이다〔皇 大也〕."라고 풀이했다.

13) 邀於此者 四肢彊 : 이것을 따르는 자는 사지가 강함. 邀는 따른다는 뜻. 成玄英은 郭象의 주에 근거하여 "邀는 만남이다〔邀 遇也〕."라고 풀이했지만 兪樾이 ≪說文解字≫에서 "邀는 따름이다〔邀 循也〕."고 풀이한 것을 따라 循의 뜻으로 본 것이 보다

정확하다(池田知久). 馬叙倫 또한 邀는 順과 같은 뜻이라 했다.

14) 思慮恂達 : 생각이 순조롭게 이해됨. 恂은 통함, 곧 이해된다는 뜻. 成玄英은 '通'으로 풀이했다.

15) 天不得不高 地不得不廣 日月不得不行 萬物不得不昌 : 하늘이 그것을 얻지 못하면 높아질 수 없고 땅이 그것을 얻지 못하면 넓어질 수 없으며 해와 달이 그것을 얻지 못하면 운행되지 못하며 만물이 그것을 얻지 못하면 창성할 수 없음.

〈大宗師〉 제1장에서 "狶韋氏는 그것을 얻어서 천지를 동여매었으며, 伏戲는 그것을 얻어서 氣의 근원을 취했으며 北斗星은 그것을 얻어서 영원토록 어긋나지 않으며, 日月은 그것을 얻어서 영원토록 쉬지 않으며, 堪坏는 그것을 얻어서 곤륜산을 받아들였으며, 馮夷는 그것을 얻어서 황하에서 노닐었으며, 肩吾는 그것을 얻어서 태산에 머물렀으며, 黃帝는 그것을 얻어서 雲天에 올랐으며, 顓頊은 그것을 얻어서 玄宮에 거처하였으며, 禺强은 그것을 얻어서 북극의 바다에 섰으며, 西王母는 그것을 얻어서 少廣山(세계의 서쪽 끝에 있는)에 앉아 그 시작을 알 수 없고 그 마침을 알 수 없게 했으며, 彭祖는 그것을 얻어서 위로는 有虞氏에게 미치고 아래로는 五覇에 미쳤으며, 傅說은 그것을 얻어서 武丁을 도와 천하를 모두 소유하였으며 東維星을 타고 箕星과 尾星을 몰아 列星과 나란하게 되었다〔狶韋氏得之 以挈天地 伏戲得之 以襲氣母 維斗得之 終古不忒 日月得之 終古不息 堪坏得之 以襲崐崙 馮夷得之 以遊大川 肩吾得之 以處大山 黃帝得之 以登雲天 顓頊得之 以處玄宮 禺强得之 立乎北極 西王母得之 坐乎少廣 莫知其始 莫知其終 彭祖得之 上及有虞 下及五伯 傅說得之 以相武丁 奄有天下 乘東維 騎箕尾 而比於列星〕."라고 한 내용을 기준으로 판단하면, '不得不高'는 '不得이면 不高'로 읽어야 함이 명백하다. 이하 마찬가지.

陸德明은 "一의 道를 얻지 못하면 높아질 수 없음을 말한 것이다〔謂不得一道 不能爲高也〕."라고 풀이했는데 역시 〈大宗師〉편의 내용을 참고해 볼 때 적절한 견해라 할 수 있다.

16) 此其道與 : 이것이 바로 도이다! 이것이 진정한 도가 아니겠는가 하고 도에 대한 감탄을 표시하는 내용이다. 宣穎은 "어떤 판본에는 비슷하게 견주고 논의하는 말로 되어 있으니 도를 표현하기가 어려움을 나타낸 것이다〔一本作擬議之詞 甚見道之難言也〕."라고 풀이했지만 池田知久의 지적처럼 감탄문으로 보는 것이 적절하다.

17) 博之不必知 : 박학다식한 사람이라도 반드시 도를 알 수는 없음. 陸德明은 "기이

한 책을 보는 것이 박학이다〔觀異書爲博〕."라고 풀이했고, 福永光司와 赤塚忠 등은 儒家 등의 博學을 야유한 것이라고 풀이했다. ≪老子≫ 제81장에도 유사한 사상 표현이 나온다.

18) 辯之不必慧 : 말재주가 뛰어난 사람이라도 반드시 도를 잘 알지는 못함. 慧는 지혜로운 생각, 곧 도를 잘 안다는 뜻이다. 〈齊物論〉편 제2장의 '大辯不言' 등과 유사한 표현이다.

19) 聖人以斷之矣 : 성인이 그런 것들을 이미 끊어버림. 以는 已와 같다. 以를 已와 통용하는 경우는 ≪孟子≫를 비롯한 고전에 자주 나온다. 呂惠卿, 林自 등도 以를 已로 풀이하였다(池田知久). 斷之는 끊어버림. 成玄英은 "그런 것들을 끊어버림이다〔斷棄之〕."라고 풀이하였다. 羅勉道는 "일정한 견해가 있음이다〔有一定之說〕."라고 풀이하여 判斷의 斷으로 보았는데 옳지 않은 듯하다.

20) 若夫益之而不加益 損之而不加損者 : 이를테면 보태도 보태지지 아니하며 덜어내도 덜어지지 않는 것. 道의 완전성을 강조하는 말이다. 〈秋水〉편 제1장과 〈齊物論〉 제2장에도 유사한 맥락의 이야기가 나온다.

21) 聖人之所保也 : 성인이 보존하는 것임. 保는 守와 같다(林雲銘).

22) 淵淵乎其若海 : 깊고 깊어서 마치 바다와 같음. 淵淵은 깊은 모양.

23) 巍巍乎其終則復始也 : 높고 높아서 끝나면 다시 시작함. 巍巍는 높고 큰 모양. 역시 道에 대한 묘사이다. 馬叙倫은 앞의 其若海와 대구가 되므로 여기의 其는 其若山으로 표기해야 한다고 주장했는데 참고할 만하다.

24) 運量萬物而不匱 : 만물을 운행하고 포용하여 버리지 아니함. 運量은 운행하고 포용한다는 뜻. 林希逸은 "운용하고 헤아림이다〔運用而量度之〕."라고 풀이했다. 不匱의 匱가 遺로 표기된 판본도 있는데 두 글자는 통한다.

25) 君子之道 彼其外與 : 군자의 도는 그것에서 벗어나 있는 것이 아니겠습니까. 君子之道는 지금까지 말한 참된 道와는 거리가 있다는 뜻이다. 成玄英은 君子之道를 聖人之道와 동일시하여 긍정적으로 파악하였으나 적절치 않다(李勉, 池田知久).

26) 萬物皆往資焉而不匱 : 만물이 그에게 가서 의지하지만 부족해지지 아니함. 匱는 다함. 匱乏의 뜻(方勇·陸永品).

27) 此其道與 : 이것이 참된 도가 아니겠는가. 위 문장의 '此其道與'와 호응한다. 姚鼐는 "노자의 말은 여기에서 끝났다〔老子辭止此〕."라고 풀이했는데 이하의 내용을 별

도의 章으로 간주한 것이다(池田知久).

28) 中國有人焉 : 중국에 어떤 사람이 있음. 郭象과 林自 등은 人을 "성인을 말함이다〔謂聖人〕."라고 풀이했지만 赤塚忠, 池田知久 등의 지적처럼 굳이 그렇게 보지 않고 일반 사람으로 보아도 무리가 없다.

29) 直且爲人 將反於宗 : 단지 잠시 사람이 되었을지언정 장차 사물의 조종으로 돌아감. 直은 다만. 且는 잠시, 우선. 林自는 直且爲人을 "마침 이 몸뚱이를 만남이다〔適遇此形〕."라고 풀이했고, 羅勉道는 "단지 어쩌다보니 우선 사람이 되었을 뿐이다〔但聊且爲人耳〕."라고 풀이했는데 적절한 견해이다. 宗은 아래 문장의 本과 마찬가지로 道를 가리킨다(成玄英).

30) 生者 喑醷(음애)物也 : 삶이란 기가 잠깐 모인 것에 지나지 않음. 喑醷는 郭象과 李頤가 "기가 모이는 모양이다〔聚氣貌〕."라고 풀이한 것이 무난하다.

31) 雖有壽夭 相去幾何 : 비록 오래 살고 일찍 죽는 차이가 있으나 서로 간의 거리가 얼마나 되는가. 〈齊物論〉 제1장에서 "天下에는 가을 털의 끝보다 큰 것이 없고 太山은 가장 작다. 일찍 죽은 아이보다 長壽한 사람이 없고 8백 년을 살았다고 하는 彭祖는 가장 일찍 죽은 것이다〔天下莫大於秋毫之末 而太山爲小 莫壽乎殤子 而彭祖爲夭〕."라고 주장하는 논리와 유사한 맥락이다. '相去幾何'는 《老子》 제20장에도 나오는 표현이다.

32) 果蓏有理 : 나무의 과실과 풀에서 자라는 열매는 생장하는 이치가 있음. 果는 나무의 과실이고 蓏는 풀의 열매. 〈人間世〉편 제4장에 이미 나왔다(丁展成). 理는 생장하는 이치. 福永光司는 倫과 같다고 풀이했고, 池田知久는 物 속에 있는 본질적 속성이라고 풀이했는데 참고할 만하다.

33) 聖人遭之而不違 過之而不守 : 성인은 그런 것을 만나면 어기지도 아니하지만, 지나갈 뿐 지키려 하지도 않음. 之는 人倫을 가리킨다(羅勉道). 〈天運〉편 제4장에 나오는 "仁義는 옛 선왕들이 잠시 묵었던 임시 처소인지라 단지 하룻밤 정도 묵을지언정 오래 머물러서는 아니 된다〔仁義先王之蘧廬也 止可以一宿 而不可以久處〕."라고 한 것과 유사한 사상 표현이다.

34) 調而應之德也 偶而應之道也 : 함께 화합하면서 대하는 것은 덕이고 만나서 호응하는 것은 도임. 調와 偶는 모두 화합을 뜻한다. 郭象은 "화합을 말함이다〔和合之謂也〕."라고 풀이했다. 之는 人倫을 가리킨다(羅勉道, 曹礎基).

35) 帝之所興 王之所起也 : 帝가 흥성하고 王이 일어나는 바임. 곧 도와 덕은 제왕이 흥기하는 근거라는 뜻. 〈人間世〉편 제1장의 "禹임금과 舜임금이 지켰던 방법이고 伏戲氏와 几蘧氏가 죽을 때까지 실천했던 일인데 하물며 이들만 못한 보통 사람이겠는가〔禹舜之所紐也 伏戲几蘧之所行終 而況散焉者乎〕."라고 한 부분과 유사한 사상 표현이다.

36) 若白駒之過郤 忽然而已 : 마치 빠른 말이 틈을 지나가는 것과 같은지라 순식간에 지나갈 뿐임. 陸德明을 비롯한 많은 주석가들이 白駒를 '햇빛〔日〕'이라고 했지만, 成玄英이 "白駒는 준마이다. 또한 햇빛을 말한다〔白駒 駿馬也 亦言日也〕."라고 풀이한 것처럼 빨리 지나감이 마치 준마와 햇빛과 같다는 뜻을 포함하는 重義的 표현으로 이해하는 것이 적절하다. 郤은 틈. 隙과 같다. 忽然은 林希逸이 "잠깐이라는 뜻이다〔須臾之意〕."라고 풀이한 것이 적절하다.

37) 注然勃然 : 줄줄이 쑥쑥 자라남. 注然은 물을 대는 것처럼 연속되는 모양. 勃然은 흥기하는 모양. 成玄英은 "注와 勃은 生出하는 모양이다〔注勃是生出之容〕."라고 풀이했는데 적절한 견해이다.

38) 油然漻(류)然 : 스르르 흘러가서 죽음으로 들어감. 만물이 변화 소멸하는 모습을 나타낸다. 漻는 변화하는 모양, 물 흐르는 모양. 油然과 漻然은 모두 죽음으로 흘러가는 모양을 표현한 것이다. 成玄英은 "油然과 漻然은 죽음으로 들어가는 모양이다〔油漻 是入死之狀〕."라고 풀이했다. 한편 赤塚忠은 油然을 두고 '油油然'과 같고 평안한 모습이라고 풀이했는데 참고할 만하다.

39) 已化而生 又化而死 : 이미 변화해서 태어나고 또 변화해서 죽게 됨. 〈大宗師〉편 제1장에 나온 "사람의 형체와 같은 것은 千變萬化하여 처음부터 일정함이 없다〔若人之形者 萬化而未始有極也〕."라고 한 표현과 〈大宗師〉편 제5장에서 "변화에 순응하여 사물과 同化되어, 아직 알지 못하는 변화를 기다릴 뿐이다〔若化爲物 以待其所不知之化已乎〕."라고 한 표현과 유사한 맥락이다(福永光司, 池田知久).

40) 生物哀之 人類悲之 : 태어난 사물은 〈같은 무리가 죽으면〉 슬퍼하고 사람의 무리는 〈같은 사람이 죽으면〉 비통해 함. 변화해 죽게 되면 다른 사물이 되는데 변하지 않고 살아 있는 것들은 그것을 슬퍼하고 그중에서도 인간들은 더욱 다른 존재가 되는 것을 싫어해서 비통해 한다는 뜻이다. 宣穎은 "죽은 존재와 상대해서 生物이라고 표현했고 다른 사물과 구별하여 人類라고 말한 것이다〔對死者言曰生物 別乎物

曰人類〕."라고 풀이한 것이 명쾌하다.

41) 解其天弢(도) 墮其天袠(袟) : 하늘의 활 통에 갇혀 있다가 풀려난 것이며 하늘의 칼집에 매여 있다가 떨어진 것과 같음. 弢(도)는 활 통. 袠(질)은 칼집. 사람의 죽음은 하늘의 속박에서 풀려난 것에 지나지 않는다는 뜻이다.

42) 紛乎宛乎 : 이리저리 흩날리고 이리저리 구름. 紛은 어지러이 변화하는 모양. 宛은 이리저리 변화하는 모양. 羅勉道는 "활 통에 갇혀 있다 풀려나고 칼집에 매여 있다가 떨어지는 모양을 형용한 것이다〔形容解弢墮袠之貌〕."라고 풀이했다.

43) 魂魄將往 乃身從之 : 혼백이 막 돌아가게 되면 마침내 몸이 함께 따르게 됨. 魂魄은 精神. 林希逸은 "魂魄은 精神이다〔魂魄 精神也〕."라고 풀이했다.

44) 乃大歸乎 : 바로 크게 돌아가는 것임. 육체만 죽거나 정신만 죽는 것이 아니라 정신과 육체가 모두 돌아간다는 뜻. 方勇·陸永品은 "정신과 육체가 동시에 태허로 돌아감이다."라고 풀이했다.

45) 非將至之所務也 : 막 도에 도달하려는 사람이 힘쓰는 것이 아님. 宣穎은 成玄英, 林希逸 등의 견해를 따라 "막 道에 도달하려는 사람이다〔將至於道者〕."라고 풀이했다.

46) 彼 至則不論 論則不至 : 저 도에 도달하려는 지인은 말을 하지 않으니 말하면 〈도에〉 도달하지 못하기 때문임. 彼는 道에 도달하려는 사람, 곧 至人. 道는 논의될 수 없으며 논의가 가능하면 그것은 도가 아니라는 뜻(池田知久).

47) 明見無値 辯不若默 : 분명하게 보이는 자는 〈도를〉 만나지 못할 것이니 말 잘하는 것이 침묵만 못함. 明見은 분명하게 보인다는 뜻. 보이지 않는 도가 분명하게 보인다는 것은 곧 도가 아님을 암시하고 있다. 値는 만남. 呂惠卿, 陸長庚은 明見을 긍정적인 뜻으로 보았지만 옳지 않다. 成玄英이 "만약 분명하게 들리거나 보이면 참된 도에 부합되지 못한다〔若顯明聞見 則不會眞也〕."라고 풀이한 것이 옳다.

48) 道不可聞 聞不若塞 : 도는 들을 수 없으니 듣는 것이 귀를 막느니만 못함. 분명하게 보이는 明見이 도와 어긋나는 것처럼 분명하게 들리는 것도 부정적으로 파악하고 있다. 도는 감각으로 파악할 수 없다는 뜻이다.

49) 此之謂大得 : 이것을 大得이라 함. 成玄英은 "큰 이치를 깊이 터득함이다〔深得於大理〕."라고 풀이했다. 福永光司, 赤塚忠 등은 大得을 大德과 같다고 주장했는데 池田知久는 반대했지만 大得을 大德으로 보고 읽어도 큰 무리는 없다.

第6章

東郭子[1]問於莊子曰 所謂道는 惡乎에 在[2]오

莊子曰 無所不在하니라

東郭子曰 期而後에 可[3]니라

莊子曰 在螻蟻[4]하니라

曰 何其下邪오

曰 在稊稗하니라

曰 何其愈下邪오

曰 在瓦甓하니라

曰 何其愈甚邪오

曰 在屎溺[5]하니라

東郭子不應이어늘 莊子曰 夫子之問也 固不及質[6]이로다 正獲之問於監市[7]에 履狶也[8] 每下愈況[9]하니라 汝唯莫必이면 無乎逃物[10]이니 至道 若是하며 大言이 亦然[11]하니라 周遍咸三者는 異名同實하니 其指一也[12]라

嘗相與游乎無何有之宮하야 同合而論컨댄 無所終窮乎[13]인저 嘗相與無爲乎인저 澹而靜乎인저 漠而淸乎인저 調而閒乎[14]인저 寥已吾志[15]니 無往焉이라 而不知其所至하며 去而來에 而不知其所止하니 吾已往來焉而不知其所終[16]이라 彷徨乎馮閎[17]하야 大知에 入焉[18]而不知其所窮이니라 物物者는 與物無際니 而物有際者는 所謂物際者也[19]니라 不際之際는 際之不際者也[20]라 謂盈虛衰殺라하나니 彼爲盈虛언정 非盈虛며 彼爲衰殺언정 非衰殺며 彼爲本末이언정 非本末이며 彼爲積散이언정 非積散也니라

東郭子가 莊子에게 이렇게 물었다. "이른바 도는 어디에 있는지요?"

莊子가 대답했다. "있지 않은 곳이 없다."

동곽자가 말했다. "꼭 찍어 말씀해 주셔야 알아듣겠습니다."

장자가 말했다. "땅강아지나 개미에게 있다."

동곽자가 말했다. "어찌 그리 낮은 곳에 있습니까?"

장자가 말했다. "돌피나 피 따위에 있다."

동곽자가 말했다. "어찌 더 아래로 내려가십니까?"

장자가 말했다. "기왓장이나 벽돌 조각에 있다."

동곽자가 말했다. "어찌 더 심해지십니까?"

장자가 말했다. "똥이나 오줌 속에 있다."

동곽자가 대답하지 않았다.

장자가 말했다. "그대가 물은 것은 본디 본질에 미치지 못한 것이다. 돼지 잡는 正獲이 시장 관리인에게 물을 때 돼지의 넓적다리를 밟아보는 것은 아래쪽으로 내려갈수록 살찐 것을 알기가 쉽기 때문이다. 그대가 어떤 사물에 도가 있느냐고 꼭 집어서 말하지 않으면 〈도가〉 어떤 물건에서든 떠날 수 없을 것이니 至道는 이와 같고, 훌륭한 말도 또한 그러하다. '두루', '널리', '모두' 이 세 가지는 명칭은 다르지만 실제의 내용은 같으니 그 뜻은 마찬가지이다.

늘 無何有의 궁궐에 노닐면서 만물을 같은 것으로 보고 말하면 끝남이 없을 것이다. 늘 함께 무위하며 담담히 고요하며 아득히 맑을 것이며 고르고 한가할지어다. 그렇게 하면 내 뜻이 고요해질 것이니 갈 곳이 없어지는지라 이를 곳을 알지 못하며 떠나서 옴에 머물 곳을 알지 못하니 내가 이미 가고 옴에 끝나는 곳을 알지 못하는지라 커다란 馮閎에서 방황하여 큰 지혜가 들어와 그 끝을 알지 못한다.

사물을 사물로 있게 하는 것은 사물과 사이에 경계가 없으니 사물과 사이에 경계가 있는 것은 이른바 사물의 경계라고 하는 것이다. 경계가 없는 경계는 경계가 경계로 나타나지 않는 것인지라 차고 비며 쇠락함이 있지만 저 도는 차고 비지만 실제로 차고 비는 것이 아니며 쇠락함이 있지만 쇠락하는 것이 아니며 저 도는 根本이 되기도 하고 枝末이 되기도 하지만 근본이나 지말이 아니며 저 도는 쌓이고 흩어짐이 있지만 쌓이고 흩어지는 것은 아니다."

【역주】

1) 東郭子 : 인명. 〈田子方〉편에 나온 田子方의 스승인 東郭順子와 동일 인물로 추정. 李頤는 "성 외곽 동쪽에 살았다〔居東郭也〕."고 풀이했는데 南郭子綦의 경우와 같은 寓意를 붙인 작명이다. 成玄英은 "無擇의 스승, 東郭順子이다〔無擇之師 東郭順子也〕."라고 풀이했는데 無擇은 바로 田子方의 이름이다.

2) 所謂道惡乎在 : 이른바 도는 어디에 있는지요? 道安在로 표기되어 있는 인용문이 있다(劉文典). 〈天下〉편 제1장에서 "옛날 이른바 도술이라고 한 것은 과연 어디에 있는가〔古之所謂道術者 果惡乎在〕."라고 표현한 것과 유사한 맥락의 질문이다(池田知久).

3) 期而後可 : 꼭 찍어 말씀해 주셔야 알아듣겠음. 期는 꼭 찍어서 말해 준다는 뜻. 林希逸은 "期所를 지정한 뒤에 알아들을 수 있음을 말한 것이다〔言指定期所而後可〕."라고 풀이했고, 羅勉道는 "지정해서 말함이다〔指定言之也〕."라고 풀이했는데 羅勉道의 견해가 간명하다.

4) 螻蟻 : 땅강아지와 개미. 땅바닥을 기는 하찮은 생물에 비유함으로써 道가 無所不在함을 암시하고 있다. 이하의 사물들도 마찬가지.

5) 屎溺(시뇨) : 똥과 오줌. 屎가 矢로 표기되어 있는 판본이 있다(陸德明). 溺는 尿와 통한다.

6) 固不及質 : 본디 본질에 미치지 못함. 質은 본질. 成玄英은 '實'로 풀이했다. 아래 문장에 나오는 實과 같다.

7) 正獲之問於監市 : 돼지 잡는 正獲이 시장 관리인에게 물음. 正獲은 도축을 담당하는 관리. 成玄英이 "正은 관호이니 지금의 市令이고 獲은 이름이다〔正 官號也 則今之市令也 獲 名也〕."라고 풀이한 것처럼 正이 관호이고 獲은 사람의 이름이라는 견해가 있으나 뚜렷한 근거가 있는 것은 아니다. 監市는 시장을 관리하는 사람. 李頤는 "시장의 우두머리이다〔市魁也〕."라고 풀이했고, 成玄英은 "요즘의 屠卒이다〔今屠卒也〕."라고 풀이했는데 李頤의 견해를 따른다.

8) 履狶(시)也 : 돼지를 밟음. 맥락상 돼지의 넓적다리를 밟는다는 뜻으로 이해하는 것이 적절하다. 李頤는 "狶는 돼지이다. 履는 밟음이다. 시장의 우두머리가 돼지를 밟을 때 넓적다리를 밟는 것은 돼지가 살이 오르기 어려운 부분이기 때문에 돼지가 살쪘는지를 알 수 있다. 이처럼 도를 물을 때에도 또한 낮고 천한 것으로 비유하면 도를 알 수 있다〔狶 大豕也 履 踐也 夫市魁履豕 履其股脚 狶難肥處 故知豕肥耳 問道亦況下賤則知道也〕."고 풀이했다. 이설이 분분하지만 우선 李頤의 주장을 따라 번역하였다.

9) 每下愈況 : 아래쪽으로 내려갈수록 살찐 것을 알기가 쉬움. 況은 더욱 분명해진다는 뜻. 곧 아래쪽으로 내려갈수록 분명하게 알 수 있다는 뜻이다. 郭象과 陸德明, 李頤 등은 모두 況을 比況의 뜻으로 풀이했지만 분명해지다는 뜻으로 풀이한 林希逸의 견해가 유력하다. 특히 林希逸은 "下는 시장을 관리하는 천한 사람이다. 正獲의 관리가 돼지가 살쪘는지 수척한지를 알고 싶을 때 비천한 자에게 물을수록 비유함이 더욱 분명해진다〔下 監市之賤者也 正獲之官 欲知狶之肥瘠 若問其卑賤者 其比況說得愈明〕."라고 풀이하여 況을 比況의 뜻으로 보면서 愈를 더욱 분명해진다는 뜻으로 풀이했고, 下 또한 돼지의 아래쪽 부분이 아니라 신분이 비천한 사람을 말한다고 풀이한 것도 참고할 만하다.

10) 汝唯莫必 無乎逃物 : 그대가 어떤 사물에 도가 있느냐고 꼭 집어서 말하지 않으면 〈도가〉 어떤 물건에서든 떠날 수 없을 것임. 林希逸은 "기필하지 말라는 말은 고집하고 기필하는 뜻을 없애야 한다는 뜻이다. 그대에게 만약 고집하고 기필하는 마음이 없다면 사물의 지극한 이치가 모두 도망할 곳이 없을 것이라는 뜻이다〔莫必者 無固必之意也 汝若無固必之心 則物之至理 皆無所逃〕."라고 풀이했다.

11) 至道若是 大言亦然 : 至道는 이와 같고, 훌륭한 말도 또한 그러함. 宣穎은 "그대가 앞의 네 가지를 가지고 한 말을 자잘하다 여겼지만 그것은 비록 큰 것을 가지고 말하더라도 또한 네 가지와 같을 뿐임을 알지 못한 것이다〔汝以我前四言爲瑣小 不知雖大言之 亦與四者同耳〕."라고 풀이했는데 참고할 만하다.

12) 周遍咸三者 異名同實 其指一也 : '두루', '널리', '모두' 이 세 가지는 명칭은 다르지만 실제의 내용은 같으니 그 뜻은 마찬가지임. 成玄英은 "周悉, 普遍, 咸皆에 도가 있다는 것이니 이는 지극한 도는 사물에서 벗어나지 않아서 비록 세 가지 이름의 다름이 있지만 實理가 귀결하는 것은 동일함을 거듭 밝힌 것이다〔周悉普遍咸皆有

道 此重明至道不逃於物 雖有三名之異 其實理旨歸則同一也〕."라고 풀이했다.

13) 嘗相與游乎無何有之宮 同合而論 無所終窮乎 : 늘 무하유의 궁궐에 노닐면서 만물을 같은 것으로 보고 말하면 끝남이 없을 것임. 池田知久의 지적처럼 同合而論으로 절구하는 것은 郭象 이래의 정설이지만 無所終窮乎까지를 이어서 완전한 문장으로 삼는 것이 보다 완전하다. 嘗은 常과 통한다. 아래 嘗相與無爲乎의 嘗도 마찬가지.

14) 嘗相與無爲乎 澹而靜乎 漠而淸乎 調而閒乎 : 늘 함께 무위하며 담담히 고요하며 아득히 맑을 것이며 고르고 한가할지어다. 澹은 고요함을 지키는 모양. 成玄英은 '恬淡'으로 풀이했고, 陸樹芝는 '淡泊' 등으로 풀이했는데 대동소이하다. 閒은 한가함. 成玄英은 "느긋하고 한가하고 편안하게 즐기는 것이다〔寬閒逸豫〕."라고 풀이했다.

15) 寥已吾志 : 내 뜻이 고요해짐. 吾志寥已의 도치형. 成玄英은 '寂寥'라고 풀이했고 林希逸은 '虛'로 풀이했다. 已는 矣와 같다(林希逸).

16) 不知其所終 : 끝나는 곳을 알지 못함. 終은 아래 문장의 窮이 공간적 有限을 나타내는 것에 비해 시간적 有限을 나타낸다(池田知久).

17) 彷徨乎馮閎 : 커다란 馮閎에서 방황함. 馮閎은 커다란 공간. 馮과 閎은 모두 크다는 뜻. 李頤는 "모두 큼이다〔皆大也〕."라고 풀이했고, 郭象은 "빈 성곽을 말함이다〔虛廓之謂也〕."라고 풀이했다.

18) 大知入焉 : 큰 지혜가 들어옴. 郭象과 成玄英은 大知之人이 馮閎에 들어온다고 풀이했고, 林希逸, 陸長庚, 陸樹芝 등은 내가 大知 속에 들어간다고 해석했는데, 전후의 맥락상 위대한 大知가 내 안에 들어옴, 또 위대한 大知가 내 안에서 생겨난다는 뜻으로 보는 것이 타당하다. 특히 阮毓崧은 〈人間世〉편에 "도는 빈 곳에 모인다〔唯道集虛〕."는 표현이 있음을 강조하고 있기도 하다.

19) 物物者 與物無際而物有際者 所謂物際者也 : 사물을 사물로 있게 하는 것은 사물과 사이에 경계가 없으니 사물과 사이에 경계가 있는 것은 이른바 사물의 경계라고 함. 郭象과 成玄英의 견해를 비롯, 이설이 분분하지만 우선 呂惠卿의 견해를 따라 번역하였다.

20) 不際之際際之不際者也 : 경계가 없는 경계는 경계가 경계로 나타나지 않음. 앞 장의 "不形之形 形之不形"과 같다(呂惠卿). 褚伯秀는 "도는 흩어지면 사물이 되고 사물은 온전해지면 도로 돌아간다〔道散而爲物也 物全而歸道也〕."라고 풀이했는

데 참고할 만하다.

第7章

婀荷甘이 與神農으로 同學於老龍吉[1)]하더니 神農이 隱几하야 闔戶晝瞑[2)]이어늘 婀荷甘이 日中에 奓戶而入[3)]하야 曰 老龍이 死矣라하야늘 神農이 隱几라가 擁杖而起하야 嚗然放杖而笑[4)]하야 曰 天이 知予의 僻陋慢訑하사 故棄予而死케다 已矣[5)]라 夫子는 無所發予之狂言而死矣夫[6)]인저

弇堈이 弔[7)]라가 聞之하고 曰 夫體道者는 天下之君子의 所繫焉이니 今於道에 秋毫之端을 萬分에 未得處一焉이로대 而猶知藏其狂言而死[8)]하곤 又況夫體道者乎따녀 視之無形하며 聽之無聲[9)]하니 於人之論者에 謂之冥[10)]이라하나니 冥所以論道而非道也[11)]니라

婀荷甘은 神農과 함께 老龍吉에게서 배웠다. 신농이 책상에 기댄 채 문을 닫고 낮잠을 자고 있는데 아하감이 한낮에 문을 열고 들어와 "노룡 선생이 돌아가셨소."라고 말했다. 신농이 책상에 기대어 있다가 지팡이를 잡고 일어나더니, 휙 지팡이를 내던지고 웃으면서 말했다.

"하늘 같으신 선생께서는 내가 비뚤어지고 속이 좁으며 거짓말 잘하고 엉터리라는 것을 아셨기 때문에 나를 버리고 돌아가셨다. 이제 그만이로구나! 선생은 나를 계발시켜줄 狂言 한 마디 없으신 채 돌아가셨구나."

弇堈이 조문하다가 그 이야기를 듣고 말했다. "무릇 도를 터득한 이는 천하의 군자들이 歸服하는 대상이다. 〈그런데 지금 노룡길은〉 道에 대해서 가을 짐승의 털끝만큼의 만분의 일조차도 얻지 못했으면서도, 오히려 〈道에 관한〉 狂言을 간직한 채로 죽을 줄 알았다. 하물며 저 至道를 체득한 사람이겠는가! 道는 보아도 형체가 없으며 들어도 소리가 없으니 사람들이 道를 말할 때 어둡다고 말하는데 어둡다고 말하는 것은 도를 논하는 방법이긴 하지만 어두움 자체가

道인 것은 아니다."

【역주】

1) 婀荷甘與神農同學於老龍吉 : 婀荷甘은 神農과 함께 老龍吉에게서 배움. 婀荷甘과 神農은 모두 인명. 成玄英은 "성은 婀이고 字가 荷甘이다〔姓婀 字荷甘〕."라고 풀이했고, 神農에 대해서는 "神農은 三皇의 神農이 아니라 후세 사람이다〔神農者 非三皇之神農也 則後之人物耳〕."라고 했는데, 오히려 三皇의 神農으로 보는 것이 寓意를 이해하기에 적합하다. 老龍吉은 李頤가 "도를 품은 사람이다〔懷道人也〕."라고 풀이한 것처럼 道를 터득한 至人으로 보는 것이 무난하다.

2) 神農隱几闔戶晝瞑 : 신농이 책상에 기댄 채 문을 닫고 낮잠을 잠. 闔은 문을 닫다는 뜻. 成玄英은 闔을 '合'이라고 풀이했는데 다소 거리가 있다. 晝瞑은 낮잠을 말한다. 福永光司는 이 대목을 두고 ≪論語≫ 〈公冶長〉편에 宰予가 낮잠을 잤다는 대목을 의식한 표현이라고 했는데 꼭 그렇지 않다고 의심할 이유는 없다.

3) 日中 奓(차)戶而入 : 한낮에 문을 열고 들어옴. 日中은 해가 중천에 떴다는 뜻으로 여기서는 대낮을 의미한다. 奓는 司馬彪가 풀이한 것처럼 열다(開)는 뜻.

4) 嚗(박)然放杖而笑 : 휙 지팡이를 내던지고 웃음. 嚗然은 李頤가 "지팡이를 버리는 소리이다〔放杖聲也〕."라고 풀이한 것이 적절하다. 王敔는 笑聲이라 했는데 '放杖嚗然而笑'의 도치문으로 본다면 그럴 법도 하다.

5) 天知予僻陋慢訑 故棄予而死已矣 : 하늘 같으신 선생께서는 내가 비뚤어지고 속이 좁으며 거짓말 잘하고 엉터리라는 것을 아셨기 때문에 나를 버리고 돌아가셨음. 天은 하늘 같은 선생, 곧 成玄英이 풀이한 것처럼 老龍吉을 지칭한다.

6) 無所發予之狂言而死矣夫 : 선생은 나를 계발시켜줄 狂言 한 마디 없으신 채 돌아가셨구나! 狂言은 미친 소리로 여길 정도로 커다란 말. 成玄英은 "至言과 같다〔猶至言也〕."고 풀이했다. 〈天道〉편 제10장에서 "옛사람도 〈말로는〉 전할 수 없는 것을 가지고 죽었을 것입니다. 그렇다면 임금께서 읽고 있는 것은 옛사람의 찌꺼기일 따름입니다.〔古之人與其不可傳也死矣 然則君之所讀者 古人之糟魄已夫〕."라고 말한 것과 같은 맥락으로 이해할 수 있다.

7) 弇堈弔 : 엄강이 조문함. 弇堈은 인명. 弔는 조문하다는 뜻. 李頤는 "弇堈은 도를 체득한 사람으로 弔는 그 이름이다〔弇堈 體道人 弔 其名〕."라고 풀이했지만 老龍吉

의 죽음에 조문한 것으로 보는 맥락이 자연스러우므로 成玄英과 林希逸이 弇을 姓, 堈을 名. 弔를 弔問의 뜻으로 본 견해를 따랐다.

8) 今於道 秋毫之端 萬分未得處一焉 而猶知藏其狂言而死 : 〈그런데 지금 노룡길은〉 道에 대해서 가을 짐승의 털끝만큼의 만분의 일조차도 얻지 못했으면서도, 오히려 〈道에 관한〉 狂言을 간직한 채로 죽을 줄 알았다. 이 문장의 주어를 신농으로 보는 견해(安東林, 福永光司)가 있지만 老龍吉로 보는 견해(金谷治, 池田知久)가 옳다.

9) 視之無形 聽之無聲 : 〈道는〉 보아도 형체가 없으며 들어도 소리가 없음. ≪老子≫ 제14장에서 "보아도 보이지 않는 것을 夷라 하고 들어도 들리지 않는 것을 希라 하고 잡아도 잡히지 않는 것을 微라 한다〔視之不見 名曰夷 聽之不聞 名曰希 搏之不得 名曰微〕."라고 한 내용과 유사한 표현이다.

10) 於人之論者 謂之冥 : 사람들이 道를 말할 때 어둡다고 말함. 論은 論道의 뜻(羅勉道). 陸樹芝는 "사람들 중에서 도를 말하는 경우이다〔在人之論道者〕."라고 풀이했고, 赤塚忠은 "者는 거의 則과 같다."라고 풀이했는데 타당한 견해이다(池田知久). 冥은 아래 구의 冥과 합쳐서 冥冥으로 절구해야 한다는 견해가 있지만 陶鴻慶과 池田知久의 견해를 따라 謂之冥으로 끊어 읽는 것이 보다 명확하다.

11) 冥 所以論道而非道也 : 어둡다고 말하는 것은 도를 논하는 방법이긴 하지만 어두움 자체가 道인 것은 아님. 도의 모습이 어두운 것은 맞지만 어둡다는 것은 도를 표현한 것일 뿐이고 그 자체가 도인 것은 아니라는 뜻이다.

第8章

於是에 泰清이 問乎無窮하야 曰[1] 子는 知道乎아

無窮曰 吾는 不知로라

又問乎無爲한대 無爲曰 吾는 知道하노라

曰 子之知道 亦有數乎[2]아

曰 有하니라

曰 其數 若何오

無爲曰 吾는 知道之可以貴며 可以賤이며 可以約이며 可以散하노니 此 吾의 所以知道之數也니라

泰淸이 以之言也로 問乎無始하야 曰 若是則無窮之弗知와 與無爲之知 孰是而孰非乎오

無始曰 不知는 深矣오 知之는 淺矣니 弗知는 內矣오 知之는 外矣[3)]니라

於是에 泰淸이 卬而歎曰[4)] 弗知乃知乎아 知乃不知乎아 孰知不知之知오

無始曰 道不可聞이니 聞而非也며 道不可見이니 見而非也며 道不可言이니 言而非也니라 知形形之不形乎아 道不當名이니라

無始曰 有問道而應之者는 不知道也니 雖問道者라도 亦未聞道하나니라 道無問이며 問은 無應하니 無問이어늘 問之하나니 是 問窮也라 無應이어늘 應之면 是 無內也라 以無內로 待問窮하나니 若是者는 外不觀乎宇宙하며 內不知乎大初라 是以로 不過乎崑崙이며 不遊乎太虛[5)]니라

어느 때인가 泰淸이 無窮에게 물었다. "그대는 도를 아는가?"

無窮이 대답했다. "나는 모른다."

태청이 다시 無爲에게 묻자 무위가 말했다. "나는 도를 안다."

태청이 말했다. "그대가 도를 아는 데에는 특별한 방법이라도 있는가?"

無爲가 말했다. "있다."

泰淸이 말했다. "그 방법은 어떠한가?"

無爲가 말했다. "나는 도가 귀해질 수도 있고 천해질 수도 있으며 묶을 수도 있고 흩을 수도 있다는 것을 안다. 이것이 내가 도를 아는 방법이다."

태청이 이 이야기를 無始에게 하면서 물었다. "만약 그렇다면 무궁이 알지 못하는 것과 무위가 아는 것 중에서 어떤 것이 옳고 어떤 것이 그른가?"

無始가 말했다. "알지 못한다고 하는 것은 도를 깊이 체득했기 때문이고 안다고 하는 것은 도를 얕게 알고 있기 때문이다. 알지 못하는 것은 도를 내면에

둔 것이고 아는 것은 도를 밖에 두고 있는 것이다."

이에 泰淸이 크게 탄식하며 이렇게 말했다. "알지 못하는 것이 아는 것이고 아는 것이 알지 못하는 것인가. 누가 알지 못하는 것이 아는 것임을 알겠는가."

無始가 말했다. "도는 들을 수 없는 것이니 만약 들을 수 있다면 도가 아니며 도는 볼 수 없는 것이니 만약 볼 수 있다면 도가 아니며 도는 말할 수 없으니 말할 수 있다면 도가 아니다. 드러난 모습을 드러나 보이게 하는 것은 보이지 않는다는 사실을 아는가? 도는 이름을 붙일 수 없는 것이다."

無始가 말했다. "도를 물었을 때 대답하는 자는 도를 알지 못하는 자이니 비록 도에 관해 묻더라도 도가 무엇인지 들을 수 없다. 도는 물을 수 없는 것이며 물음에는 대답할 수 없는 것이다. 물을 수 없는 것인데 물으니 이것은 물음이 다한 것이다. 대답할 수 없는데 대답한다면 이것은 도가 안에 없는 것이다. 안에 없는데 물음이 다한 것을 기다리니 이 같은 자는 밖으로는 우주를 보지 못하고 안으로는 태초가 무엇인지 알지 못하는 자이다. 이 때문에 곤륜산을 지나가지 못해서 태허에서 노닐지 못한다."

【역주】

1) 於是 泰淸 問乎無窮曰 : 어느 때인가 태청이 무궁에게 물음. 泰淸과 無窮은 모두 인명으로 이 대화의 주체이지만 成玄英이 "泰는 大이다. 至道는 크고 넓으며 고요하고 맑고 비어 있지만 無窮을 주머니에 넣고 있다. 그 때문에 泰淸과 無窮을 이름으로 삼은 것이다〔泰 大也 夫至道弘曠 恬淡淸虛 囊括無窮 故以泰淸無窮爲名也〕."라고 풀이한 것처럼 道의 두 측면을 의인화한 것이다. 한편 池田知久는 泰淸은 天의 작용의 의인화이고, 無窮은 공간적 무한의 의인화이고 이어서 등장하는 無爲는 인위의 부정을 의인화한 것이고 無始는 시간적 무한, 즉 영원의 시간을 의인화한 것이라고 풀이했는데 참고할 만하다. 冒頭에 於是라는 표현이 있는 걸로 보아 앞에 이와 관련된 다른 이야기가 있었던 것으로 추정되지만 지금 없기 때문에 於是를 우선 '어느 때인가'로 번역하였다.

2) 子之知道 亦有數乎 : 그대가 도를 아는 데에는 특별한 방법이라도 있는가? 數는 術數, 방법이라는 뜻. 成玄英은 '名數'로 풀이했다. 林希逸은 "일일이 거론할 수 있음

을 말한 것이다〔謂可歷歷而言也〕."라고 풀이하여 약간 다른 방향으로 이해했다.

3) 弗知 內矣 知之 外矣 : 알지 못하는 것은 도를 내면에 둔 것이고 아는 것은 도를 밖에 두고 있는 것이다. 도를 내면에 두고 있으면 도를 밖에 있는 대상으로 보지 않기 때문에 도를 안다고 말하지 않고, 도를 안다고 말하는 것은 道를 대상화한 것이므로 나라는 주체에 상대한 도가 따로 있는 것이므로 도가 밖에 있는 것이라는 뜻이다.

4) 泰淸 卬而歎曰 : 태청이 크게 탄식하며 말함. 卬은 저본에는 中으로 표기되어 있다. 成玄英, 林雲銘, 陸樹芝는 中의 의미 그대로 해석하고 있지만, 陳景元에 의해 고치는 것이 옳다. 崔譔본에는 卬으로 되어 있다(陸德明).

5) 不過乎崑崙 不遊乎太虛 : 곤륜산을 지나가지 못해서 太虛에서 노닐지 못함. 곤륜산을 지나야 태허에서 노닐 수 있는데 곤륜산조차 지나가지 못하므로 도의 세계인 태허에 들어갈 수 없다는 뜻이다. 林希逸은 "곤륜산은 우주 밖에 있고 태허는 또 곤륜산 밖에 있다. 곤륜산조차 지나지 못했는데 어찌 태허에 이를 수 있겠는가〔崑崙在於宇宙之外 太虛又在崑崙之外 崑崙且未過 安得至太虛乎〕."라고 풀이했다.

第9章

光曜問乎無有[1)]曰 夫子는 有乎아 其無有乎아

光曜不得問而孰視其狀貌하니 窅然空然하야 終日視之而不見하며 聽之而不聞하며 搏之而不得也[2)]리라

光曜曰 至矣라 其孰能至此乎리오 予는 能有無矣로대(오) 而未能無無也하야 及爲無有矣호니 何從至此哉[3)]리오

光曜가 無有에게 물었다. "선생께서는 있습니까? 아니면 있음도 없습니까?"

광요는 더 물을 수 없어서 할 수 없이 無有 선생의 모습을 자세히 살펴보았더니, 그 모습은 멀고 텅 빈 듯하여 종일토록 살펴보아도 아무것도 보이지 않았으며, 들어보아도 아무 것도 들리지 않았으며, 손으로 만져보아도 아무런 반응이 없었다.

光曜가 말했다. "지극하구나. 그 누가 이 경지에 도달할 수 있겠는가. 나는 無가 있는 경지까지만 도달할 수 있고 無조차 없는 경지에는 도달하여 無無의 경지에 미치지 못하니 어떻게 이런 경지에 도달할 수 있겠는가."

【역주】

1) 光曜問乎無有 : 光曜가 無有에게 물음. 光曜와 無有는 인명이지만 모두 허구의 인물이다. 成玄英은 "光曜는 볼 줄 아는 智이고 無有는 보이는 경계이다. 智는 비추어 살필 줄 알기 때문에 光曜라는 이름을 빌렸고 경계의 형체는 텅 비고 고요하기 때문에 無有라는 이름을 빌린 것이다〔光曜者 是能視之智也 無有者 所觀之境也 智能照察 故假名光曜 境體空寂 故假名無有也〕."라고 풀이했다.

2) 終日視之而不見 聽之而不聞 搏之而不得也 : 종일토록 살펴보아도 아무것도 보이지 않았으며, 들어보아도 아무 것도 들리지 않았으며, 손으로 만져보아도 아무런 반응이 없었음. 이 구절 또한 ≪老子≫ 제14장에서 "보아도 보이지 않는 것을 夷라 하고 들어도 들리지 않는 것을 希라 하고 잡아도 잡히지 않는 것을 微라 한다〔視之不見 名曰夷 聽之不聞 名曰希 搏之不得 名曰微〕."라고 한 내용과 유사한 표현이다.

3) 予能有無矣而未能無無也 及爲無有矣 何從至此哉 : 나는 無가 있는 경지까지만 도달할 수 있고 無조차 없는 경지에는 도달하여 無無의 경지에 미치지 못하니 어떻게 이런 경지에 도달할 수 있겠는가. 能有無의 경지는 有無, 곧 없다고 함이 있는 것으로 無를 대상화한 표현으로 無가 '있는' 경지이고 能無無의 경지는 없다고 하는 것조차도 없다는 것으로 無를 無로서 의식하는 것조차 없는 경지, 즉 無와 하나가 된 경지를 뜻한다. 한편 焦竑, 吳汝綸, 武延緖, 劉文典 등은 ≪淮南子≫에 의거하여 無有를 無無로 고치고, 馬叙倫, 楊樹達, 王叔岷, 安東林 등이 이 견해를 지지하고 있으나 옳지 않다.

第10章

大馬之捶鉤者[1] 年이 八十矣로대 而不失豪芒[2]이어늘 大馬曰 子巧與아 有道與아 曰臣은 有守也호대 臣之年이 二十而好捶鉤호대 於物에 無視也하야 非鉤어든

無察也[3)]호니 **是 用之者 假不用者也**로대 **以長得其用**[4)]이온 **而況乎無不用者乎**[5)]따녀 **物**이 **孰不資焉**[6)]이리오

大司馬를 위해 갈고리를 담금질하는 장인이 나이가 80세에 이르렀는데도 조금도 차질이 없자 대사마가 말했다. "그대의 기술은 참으로 뛰어나구나. 무슨 방도라도 있는 것인가?" 장인이 말했다. "신은 지키는 방도가 있습니다. 신의 나이가 20세에 이르렀을 때부터 병기를 단련하는 것을 좋아했는데 사물을 볼 때 다른 것은 보지 않고 병기가 아니면 살피지 않았습니다. 유용하게 쓰이는 것은 쓰이지 않는 것을 빌린 것인데도 그 쓰임을 크게 얻을 수 있는데 하물며 쓰이지 않는 것조차 없는 경우이겠습니까. 무엇인들 그에 의지하지 않겠습니까."

【역주】

1) 大馬之捶鉤者 : 대사마를 위해 갈고리를 담금질하는 장인. 大馬는 大司馬. 奚侗은 "大司馬를 大馬라고 일컫는 것은 마치 ≪漢書≫ 〈食貨志〉에서 大司農을 大農이라고 일컫는 것과 같다〔大司馬稱大馬 猶漢書食貨志 稱大司農爲大農〕."라고 풀이했다. 鉤는 갈고리, 여기서는 갈고리 창을 가리킨다. 成玄英은 '腰帶'라 했는데 맥락상 옳지 않다.

2) 年八十矣而不失豪芒 : 나이가 80세에 이르렀는데도 조금도 차질이 없음. 병기를 담금질하는 데 조금의 실수도 없었다는 뜻이다.

3) 於物無視也 非鉤無察也 : 사물을 볼 때 다른 것은 보지 않고 병기가 아니면 살피지 않았음. 한눈팔지 않고 오직 병기에만 집중했다는 뜻이다.

4) 是用之者 假不用者也 以長得其用 : 유용하게 쓰이는 것은 쓰이지 않는 것을 빌린 것인데도 그 쓰임을 크게 얻을 수 있음. 유용한 것은 無用을 빌린 것에 의해 유용한 것이라는 뜻. 宣穎은 "쓰이는 것이란 기술을 지칭한 것이고 쓰이지 않는 것이란 神을 지칭한 것이다〔用之者 指技 不用者 指神〕."라고 풀이했다.

5) 況乎無不用者乎 : 하물며 쓰이지 않는 것조차 없는 경우이겠는가. 無不用은 쓰이지 않는 것조차 없는 것. 林希逸은 "無不用이란 도가 하는 것이 없으면서도 하지 않는 것이 없는 것이다〔無不用者 道之無爲而無不爲者也〕."라고 풀이했다.

6) 物孰不資焉 : 무엇인들 그에 의지하지 않겠는가. 천하 만물이 모두 도에 의지한다는 뜻이다.

第11章

冉求問於仲尼하야 曰 未有天地를 可知邪잇가

仲尼曰 可하니 古猶今也하니라

冉求失問而退라가 明日에 復見하야 曰 昔者에 吾問 未有天地를 可知乎잇가호니 夫子曰 可하니라 古猶今也라하야시늘 昔日에 吾昭然이라니 今日에 吾昧然[1]호니 敢問何謂也잇고

仲尼曰 昔之昭然也 神者 先受之 今之昧然也 且又爲不神者 求邪[2]인저 無古無今하며 無始無終[3]하니 未有子孫이라도 而有子孫이 可乎[4]아

冉求未對어늘 仲尼曰 已矣어다 未應矣니라 不以生으로 生死하며 不以死로 死生[5]이니 死生有待邪 皆有所一體[6]니 有先天地生者 物邪아 物物者는 非物[7]이니라 物이면 出不得先物也니 猶其有物也[8]라 猶其有物也 無已[9]니 聖人之愛人也 終無已者는 亦乃取於是者也니라

冉求가 중니에게 물었다. "아직 天地가 있기 이전의 일을 알 수 있습니까?" 仲尼가 말했다. "알 수 있다. 옛날도 지금과 같다."

冉求는 더 이상 물을 수가 없어 물러났다가 다음 날 다시 뵙고 말했다. "어제 제가 아직 천지가 있기 이전의 일을 알 수 있느냐고 여쭤보았더니 선생님께서는 '알 수 있다. 옛날도 지금과 같다.'고 말씀하셨습니다. 그런데 어제는 제가 밝게 아는 것 같았는데 오늘은 어두워졌으니 감히 여쭙겠습니다. 무슨 말씀이신지요?"

仲尼가 말했다. "어제 밝게 알았던 것은 神이 먼저 받아들였기 때문이고 지금 어두워진 것은 또 神으로 구하지 못했기 때문일 것이다. 옛날도 없고 지금도

없으며 시작도 없고 마침도 없으니, 본시 자손이 없었는데도 뒤에 자손이 있다고 한다면 되겠는가?"

염구가 대답하지 못하자 중니가 말했다. "그만두어라. 아직 대답할 수 없을 것이다. 살아 있는 것을 기준으로 죽음을 살리려 하지 않으며 죽은 것을 기준으로 살아 있는 것을 죽이려 하지 않아야 할 것이니 삶과 죽음은 의지하는 것이 있는가? 모두 일체인 것이다. 천지보다 앞서서 생긴 사물이 있는가? 사물을 사물로 만든 것은 사물이 아니다. 사물이라면 나타남이 사물〔道〕보다 앞설 수 없으니 사물은 사물을 있게 하는 존재에서 말미암는 것이다. 사물을 있게 하는 존재에서 말미암게 되면 그만둠이 없으니 성인이 사람을 사랑하는 것을 끝까지 그만둠이 없는 것은 그 또한 여기에서 취했기 때문이다."

【역주】

1) 昔日 吾昭然 今日 吾昧然 : 어제는 제가 밝게 아는 것 같았는데 오늘은 어두워짐. 昭然은 밝은 모양으로 분명히 아는 것을 말하고 昧然은 어두운 모양으로 알지 못하는 것을 말한다.

2) 昔之昭然也 神者 先受之 今之昧然也 且又爲不神者 求邪 : 어제 밝게 알았던 것은 神이 먼저 받아들였기 때문이고 지금 어두워진 것은 또 神으로 구하지 못했기 때문일 것이다. 神은 成玄英이 풀이한 '精神'도 좋지만, 인간의 내면에 있는 소박한 자연의 明知로 보는 것이 타당하다(池田知久). 不神은 神, 곧 明知가 상실된 상태를 의미한다.

3) 無古無今 無始無終 : 옛날도 없고 지금도 없으며 시작도 없고 마침도 없음. 도에는 시작이나 끝이 없다는 뜻이다. 陳壽昌은 "이것이 곧 옛날이 지금과 같다는 뜻이고 그것을 거듭 말한 것이다〔此卽古猶今之意而申言之也〕."라고 풀이했는데 옛날이 지금과 같다는 것은 도가 예나 지금이나 생멸 없이 존재함을 나타낸 것이다.

4) 未有子孫而有子孫 可乎 : 본시 자손이 없었는데도 뒤에 자손이 있다고 한다면 되겠는가. 子孫은 天地를 비유한 것이다. '未有子孫'은 곧 '未有天地'에 해당하고 천지를 낳은 근원이 된다. 곧 道를 지칭한다.

5) 不以生 生死 不以死 死生 : 살아 있는 것을 기준으로 죽음을 살리려 하지 않으며

죽은 것을 기준으로 살아 있는 것을 죽이려 하지 않아야 함. 생과 사를 각각의 상태 그대로 인정해야지 한쪽 편에 서서 죽음을 미워하거나 삶을 바라는 태도를 가져서는 안 된다는 뜻이다.

6) 死生有待邪 皆有所一體 : 삶과 죽음은 의지하는 것이 있는가? 모두 일체인 것이다. 삶과 죽음은 근원적으로 한 몸이라는 뜻.

7) 物物者 非物 : 사물을 사물로 만든 것은 사물이 아님. 사물을 사물로 만든 物物者는 곧 道를 지칭한다.

8) 物 出不得先物也 猶其有物也 : 사물이라면 나타남이 사물〔道〕보다 앞설 수 없으니 사물은 사물을 있게 하는 존재에서 말미암는 것임. 만물의 출생은 도를 앞설 수 없다는 뜻. 뒤의 物은 《老子》 제25장에서 "혼돈으로 이루어진 물건이 있다〔有物混成〕."고 할 때의 物과 같다. 곧 道를 지칭한다(方勇·陸永品).

9) 猶其有物也 無已 : 사물을 있게 하는 존재에서 말미암게 되면 그만둠이 없음. 道의 끊임없는 생성작용을 비유한 말이다.

第12章

顔淵이 問乎仲尼曰 回嘗聞諸夫子호니 曰無有所將하며 無有所迎[1)]이라하시니 回는 敢問其遊[2)]하노이다

仲尼曰 古之人은 外化而內不化러니 今之人은 內化而外不化[3)]하나니 與物化者 一不化者也니 安化安不化[4)]며 安與之相靡오 必與之莫多[5)]니 狶韋氏之囿 黃帝之圃 有虞氏之宮 湯武之室[6)]이니라 君子之人은 若儒墨者師라 故以是非相䪡也어늘 而況今之人乎[7)]따녀 聖人은 處物호대 不傷物하나니 不傷物者는 物亦不能傷也하나니라 唯無所傷者야 爲能與人으로 相將迎이니라

山林與아 皐壤與아 〈與我無親〉使我欣欣然而樂與[8)]아

樂未畢也하야서 哀又繼之하나다 哀樂之來를 吾不能禦며 其去를 弗能止로소니 悲夫라 世人이여 直爲物의 逆旅耳[9)]로다 夫知遇요 而不知所不遇하며 知能能이오

而不能所不能[10)]하나니 **無知無能者**는 **固人之所不免也**어늘 **夫務免乎人之所不免者**는 **豈不亦悲哉**[11)]리오 **至言**은 **去言**하고 **至爲**는 **去爲**니 **齊知之所知則淺矣**[12)]니라

顔淵이 仲尼에게 이렇게 물었다. "제가 일찍이 선생님께 들었는데 '보내지도 말고 맞이하지도 말라.'고 하셨습니다. 제가 감히 그 까닭을 여쭙습니다."

중니가 말했다. "옛사람들은 밖으로는 〈만물과 함께〉 변화해도 안은 〈자연의 천성을 지켜〉 변하지 않았는데 요즘 사람들은 안은 〈자연의 천성을 잃고〉 변화해도 밖은 변하지 않고 〈만물과 대치하고〉 있으니 밖으로 〈만물과 함께〉 변하는 사람은 안으로는 한결같이 변하지 않으니, 무엇을 변한다 하고 무엇을 변하지 않는다고 하겠으며 어찌 만물과 다투겠는가. 반드시 만물과 다투어 이기려 하지 말아야 할 것이니 狶韋氏의 동산과 黃帝의 들과 有虞氏의 궁궐과 湯임금의 집이 그러한 곳이다. 이른바 군자라는 사람들은 儒家와 墨家의 스승이 되어서도 시비를 가지고 서로 다투는데 하물며 요즘 사람들이겠는가.

성인은 만물과 함께 살지만 만물을 해치지 않으니 만물을 해치지 않는 이는 만물 또한 그를 해치지 않는다. 오직 만물을 해치지 않는 자라야 다른 사람들과 서로 보내고 맞이할 수 있는 것이다.

높은 산과 깊은 숲을 보고 늪지의 땅을 보았는가. 나와 친함이 없지만 나로 하여금 기뻐하면서 즐기게 하는구나. 그러나 그 즐거움이 아직 다하지 않았을 때에 슬픔이 또 이어진다. 슬픔과 즐거움이 오는 것을 내가 막을 수 없고, 슬픔과 즐거움이 가는 것을 내가 붙잡을 수 없으니 슬프다. 세상 사람들은 다만 外物을 맞이하고 보내는 여관일 뿐이로구나.

무릇 〈인간은〉 만난 것은 알지만 만나지 못한 것은 알지 못하며 할 수 있는 것만 할 수 있고 할 수 없는 것은 할 수 없으니 알 수 없는 것과 할 수 없는 것은 본디 사람이 피할 수 없는 것인데 사람이 피할 수 없는 것을 피하려고 애쓰는 것은 어찌 또한 슬픈 일이 아니겠는가. 지극한 말은 말을 떠나고 지극한

행위는 행위를 떠나니 앎이 알 수 있는 것을 가지런히 하려고 한다면 천박한 행위가 될 뿐이다."

【역주】

1) 無有所將 無有所迎 : 보내지도 말고 맞이하지도 말라. 將은 傳送한다는 뜻. 迎은 맞이함. 〈大宗師〉편 제2장에서 "사물을 보내지 아니함이 없고 맞이하지 아니함이 없다〔無不將也 無不迎也〕."고 한 내용의 역설적 표현이다.

2) 敢問其遊 : 제가 감히 그 까닭을 여쭙습니다. 遊는 까닭. 由와 같다. 奚侗은 由의 가차자로 풀이했다.

3) 古之人 外化而內不化 今之人 內化而外不化 : 옛사람들은 밖으로는 〈만물과 함께〉 변화해도 안은 〈자연의 천성을 지켜〉 변하지 않았는데 요즘 사람들은 안은 〈자연의 천성을 잃고〉 변화해도 밖은 변하지 않음. 변해야 할 것이 변하지 않고 변하지 말아야 할 것이 변했다는 비판이다.

4) 安化安不化 : 무엇을 변한다 하고 무엇을 변하지 않는다고 하겠는가. 成玄英은 安을 "맡김이다〔任也〕."라고 풀이하여 이 대목을 '변화에도 편안하고 변화하지 않음에도 편안하다.'는 뜻으로 이해했지만 바로 앞에 〈만물과 함께〉 변하는 사람은 안으로는 한결같이 변하지 않는다〔與物化者 一不化者也〕는 표현이 나오므로 맥락상 安을 '어찌'로 보는 것이 자연스럽다.

5) 必與之莫多 : 반드시 만물과 다투어 이기려 하지 말아야 할 것임. 多는 많음을 다투어 이기려 한다는 뜻. 林希逸은 "多는 많기를 구함이다. 많기를 구함은 서로 이기려 함이다. 많기를 구하지 않으면 서로 이기려 하지 않는다〔多 求多也 求多 相勝也 莫多 則不求相勝也〕."라고 풀이했다.

6) 狶韋氏之囿 黃帝之圃 有虞氏之宮 湯武之室 : 시위씨의 동산과 황제의 들과 유우씨의 궁궐과 탕임금의 집이 그러한 곳임. 狶韋氏는 상고시대의 제왕. 〈大宗師〉편에 이미 나왔다. 囿, 圃, 宮, 室은 모두 인간의 정신세계를 뜻하며 道가 있는 곳을 나타낸다.

7) 以是非相整也 而況今之人乎 : 시비를 가지고 서로 다투는데 하물며 요즘 사람들이겠는가. 整는 다툰다는 뜻으로 앞의 '靡'자, 바로 뒤의 '傷'자와 같은 뜻으로 쓰였다.

8) 山林與 皐壤與〈與我無親〉使我欣欣然而樂與 : 높은 산과 깊은 숲을 보고 늪지의 땅

을 보았는가. 나와 친함이 없지만 나로 하여금 기뻐하면서 즐기게 하는구나. 陳景元의 ≪莊子闕誤≫에 인용된 江南古藏本에는 皐壤與 아래에 與我無親의 네 글자가 있는데 郭象의 주에서 이 구절을 풀이하면서 “山林과 皐壤이 나에게 잘해 주지 않지만 내가 그것들을 즐거워하니 이것이 연고 없이 즐거워하는 것이다〔山林皐壤 未善於我 而我便樂之 此爲無故而樂也〕.”라고 했는데 方勇・陸永品의 지적처럼 郭象注의 ‘未善於我’가 바로 빠진 것으로 추정되는 ‘與我無親’ 네 글자에 대한 주석일 가능성이 높기 때문에 덧붙여 넣는다.

9) 直爲物 逆旅耳 : 세상 사람들은 다만 外物을 맞이하고 보내는 여관일 뿐임. 逆旅는 나그네를 맞이하는 곳으로 여관이다.

10) 夫知遇 而不知所不遇 知能能 而不能所不能 : 무릇 〈인간은〉 만난 것은 알지만 만나지 못한 것은 알지 못하며 할 수 있는 것만 할 수 있고 할 수 없는 것은 할 수 없음. 遇는 경험한 것이고 不遇는 경험하지 못한 것을 말한다.

11) 夫務免乎人之所不免者 豈不亦悲哉 : 사람이 피할 수 없는 것을 피하려고 애쓰는 것은 어찌 또한 슬픈 일이 아니겠는가. 알 수 없는 것을 기어코 알려 하고 할 수 없는 것을 기어코 하려 하는 세속인들의 헛된 욕심을 비판하는 내용이다.

12) 齊知之所知則淺矣 : 앎이 알 수 있는 것을 가지런히 하려고 한다면 천박한 행위가 될 뿐임. 齊知之所知는 인간의 앎이 알 수 있는 것을 가지런히 하려 함. 곧 알 수 없는 것과 알 수 있는 것의 차이를 인정하지 않고 모두 다 알려고 기를 쓴다는 뜻으로 인간이 가진 지적 욕망의 천박성을 비판하는 말이다. 齊知를 인간의 명민한 知로 보는 견해(赤塚忠, 池田知久)와 일반적인 세간의 지혜로 보는 견해(金谷治)가 있지만 齊知 자체를 성어로 보는 것은 구문상 부자연스러워 문의가 통하지 않는다.

第23篇 庚桑楚

【해설】

福永光司는 庚桑楚를 노담의 제자라 하면서 도가의 사상가로 추정했다. 그러나 池田知久를 비롯한 여러 학자들의 지적처럼 ≪史記≫의 〈老莊申韓列傳〉에는 "畏累虛, 亢桑子 등속은 모두 空語이고 사실이 없다〔畏累虛 亢桑子之屬 皆空語無事實〕."고 기록하고 있으며, ≪漢書≫ 〈藝文志〉의 道家條에도 庚桑楚라는 이름은 보이지 않는다. 따라서 庚桑楚를 실재했던 역사적 인물로 보는 것은 다소 무리한 견해이다.

陸德明의 ≪經典釋文≫에는 庚桑楚에서 楚자가 없고 "사람으로 편 이름을 지었다. 판본에 따라 庚桑楚로 된 경우도 있다〔以人名篇 本或作庚桑楚〕."고 풀이하고 있다(王叔岷). 또 王應麟의 ≪困學紀聞≫에는 "주희는 경상초가 모두 선가의 말과 같다고 했다〔朱文公謂庚桑楚一篇皆是禪〕."고 한 기록이 보이는데 王叔岷의 지적처럼 꼭 그렇다고 평가할 수만은 없다.

이 편의 대지는 庚桑楚와 그의 제자 南榮趎, 그리고 南榮趎와 庚桑楚의 스승 老聃과의 문답을 통해 생명을 지키는 도리(衛生之經)를 이야기하고 있는 제1장에 있다 할 것이다. 나머지 12개 장은 제1장의 취지를 구체화한 내용이다. 다만 후반부에서 宋鈃, 尹文 일파의 저작이나 愼到의 사상과 유사한 부분이 보이고 있는 점은 〈天道〉편이나 〈刻意〉편과 유사한데, 이는 이 편의 성립이 상당히 뒤늦은 시기에 이루어졌음을 짐작케 한다(池田知久).

第1章

老聃之役[1)]에 有庚桑楚者 偏得老聃之道[2)]하야 以北居畏壘之山[3)]하더니 其臣之畫然知者를 去之[4)]하며 其妾之挈然仁者를 遠之[5)]하고 擁腫之與居[6)]하며 鞅掌之爲使[7)]하야 居三年에 畏壘大壤[8)]이어늘 畏壘之民이 相與言曰 庚桑子之始來에 吾洒然異之[9)]라니 今吾日計之而不足하고 歲計之而有餘[10)]하니 庶幾其聖人乎인져 子는 胡不相與尸而祝之하며 社而稷之乎[11)]오

老聃의 제자 중에 庚桑楚라는 이가 있었는데 노담의 도를 일부 얻어서 북쪽으로 가서 畏壘山에서 살고 있었는데 그 신하 중에서 분명히 굿는 것을 지혜로운 것으로 여기는 자를 내보내고 첩 중에서 〈인자하게〉 이끌어 주는 것을 어진 것으로 여기는 자를 멀리하고 법도에 맞지 않게 행동하는 이와 함께 하고 용모를 꾸미지 않는 이를 부려서 삼 년 동안 머물러 畏壘가 크게 번성하자 외루의 백성들이 서로 이렇게 말했다.

"庚桑子가 처음 왔을 때에 우리가 놀랍도록 기이하다 여겼더니만 지금 하루하루 헤아려 보면 부족하고 일 년 동안 헤아려 보면 넉넉하니 아마도 성인인가 보다. 그대들은 어찌하여 함께 그를 尸祝으로 받들고 社稷을 세워 모시지 않는가."

【역주】

1) 老聃之役 : 노담의 제자. 役은 노담의 부림을 받는 사람이라는 뜻으로 林希逸이 "役은 徒이니 문인 제자이다〔役 徒也 門人弟子也〕."라고 풀이한 것이 적절하다.

2) 偏得老聃之道 : 노담의 도를 일부 얻음. 偏得은 일부를 얻었다는 뜻. 林希逸은 "偏得은 홀로 얻음이다〔偏得 獨得也〕."라고 풀이했는데 근거가 있는 주장은 아니다. 한편 王叔岷은 偏이 徧으로 표기되어 있는 판본이 있음을 들어 徧과 통한다고 했는데 그럴 경우 偏得은 모두 터득했다는 뜻으로 이해해야 한다. 여기서는 경상초가 노담의 도를 모두 터득한 것은 아니고 일부만 얻은 것으로 보고 번역하였다.

3) 以北居畏壘之山 : 북쪽으로 가서 외루산에서 삶. 畏壘는 산 이름. 王念孫은 ≪說文解字≫에 "鍡鑸는 평평하지 않음이다〔鍡鑸 不平也〕."라고 풀이한 것을 따라 鍡鑸의 가차로 보았는데 적절한 견해이다.

4) 其臣之畫然知者去之 : 그 신하 중에서 분명히 긋는 것을 지혜로운 것으로 여기는 자를 내보냄. 畫然은 분명하게 긋는 모양. 林希逸은 "臣은 종복이고 畫然은 분명하다는 뜻이다〔臣 僕也 畫然 分明之意〕."라고 풀이했다.

5) 其妾之挈然仁者遠之 : 첩 중에서 〈인자하게〉 이끌어 주는 것을 어진 것으로 여기는 자를 멀리함. 挈자가 絜로 표기된 판본이 있다. 林希逸은 "絜然은 인자하고 부드럽게 대한다는 뜻이다〔絜然 慈柔之意〕."라고 풀이했다.

6) 擁腫之與居 : 법도에 맞지 않게 행동하는 이와 함께 함. 우둔한 사람과 함께 한다는 뜻. 林希逸에 의하여 "擁腫은 외모가 우둔함이다〔擁腫 鈍外也〕."라고 풀이했다. 〈逍遙遊〉편 제5장에 "나에게 큰 나무가 있는데 사람들은 그것을 가죽나무라고 말한다. 그런데 그 큰 줄기는 울퉁불퉁하여 直線을 그릴 수가 없고 그 잔가지는 비비 꼬이고 구부러져 동그라미나 네모꼴을 그릴 수가 없다〔吾有大樹 人謂之樗 其大本擁腫而不中繩墨 其小枝卷曲而不中規矩〕."라고 한 대목에 擁腫이라는 표현이 나오는데 〈逍遙遊〉편에는 나무줄기가 울퉁불퉁하여 곱자나 그림쇠를 댈 수 없는 모양을 직접적으로 표현한 것이고 여기서는 '울퉁불퉁하게 행동하는 것' 곧 법도에 맞지 않게 행동한다는 뜻으로 쓰였다.

7) 鞅掌之爲使 : 용모를 꾸미지 않는 이를 부림. 林希逸은 "鞅掌은 지리함과 같다〔鞅掌 猶支離也〕."라고 풀이했다.

8) 畏壘大壤 : 외루가 크게 번성함. 大壤은 크게 번성했다는 뜻으로 壤은 穰(풍성할 양)의 가차자이다. 林希逸은 "大壤은 풍성함이다〔大壤 豐也〕."라고 풀이했다.

9) 庚桑子之始來 吾洒(수)然異之 : 경상자가 처음 왔을 때에 우리가 놀랍도록 기이하다 여겼음. 洒然은 놀라는 모양. '洒'은 '물뿌릴 쇄', '씻을 세', '놀라는 모양 수', '높고 험한 모양 최', '공손할 선' 등으로 읽는데 여기서는 向秀의 音을 따라 놀라는 모양이라는 뜻인 '수'로 읽는다.

10) 日計之而不足 歲計之而有餘 : 하루하루 헤아려 보면 부족하고 일 년 동안 헤아려 보면 넉넉함. 林希逸은 "오래될수록 보태짐이다〔久而有益也〕."라고 풀이했다.

11) 子胡不相與尸而祝之 社而稷之乎 : 그대들은 어찌하여 함께 그를 尸祝으로 받들고

사직을 세워 모시지 않는가. 林希逸은 "尸祝社稷은 단지 공경하는 마음으로 제사 지낸다는 뜻이다〔尸祝社稷 只是敬祀之意〕."라고 풀이했다.

庚桑子聞之하고 **南面而不釋然**[1]이어늘 **弟子異之**러니 **庚桑子曰 弟子**는 **何異於予**오 **夫春氣發而百草生**하며 **正得秋而萬寶成**[2]하나니 **夫春與秋**는 **豈無得而然哉**[3]리오 **天道已行矣**[4]니라 **吾**는 **聞**하니 **至人**은 **尸居環堵之室**하야 **而百姓猖狂**하야 **不知所如往**[5]이라호나 **今**에 **以畏壘之細民**으로 **而竊竊焉欲俎豆予于賢人之間**하나니 **我其杓之人邪**인저 **吾是以不釋於老聃之言**하노라

庚桑子가 그 이야기를 듣고 남쪽을 바라보며 기뻐하지 않았다. 제자가 이상하게 여기자 경상자는 이렇게 말했다.

"제자는 무엇 때문에 나를 기이하게 여기는가. 무릇 봄기운이 움직이면 백 가지 초목이 자라나며 가을이 되면 만 가지 보배가 이루어지는데 저 봄과 가을이 어찌 아무 것도 얻지 않고 그렇게 할 수 있겠는가. 天道가 이미 운행되었기 때문이다. 나는 들으니 '至人은 담으로 빙 둘러쳐진 방안에 가만히 앉아 있어도 백성들은 마음대로 행동하여 어디로 가야할지 알지 못하고 자유롭다.'고 했는데 지금 畏壘에 사는 어린 백성들로 하여금 사사로이 논의하면서 나를 현인 사이에 두고 제사 지내고자 하게 했으니 나는 남의 본보기가 되려는 사람인가. 내 이 때문에 老聃의 말에 비추어 볼 때 기뻐하지 않는 것이다."

【역주】

1) 南面而不釋然 : 남쪽을 바라보며 기뻐하지 않음. 釋然은 기뻐하는 모양.

2) 正得秋而萬寶成 : 가을이 되면 만 가지 보배가 이루어짐. 兪樾은 得자를 잘못 끼어든 글자로 보았는데 앞의 春氣發而百草生과 대구가 되므로 得자가 있는 것이 옳다. 다만 正秋得而萬寶成으로 바꾸는 것이 옳다. 한편 方勇·陸永品의 지적처럼 ≪周易≫ 〈說卦傳〉에 正秋而萬寶成이라는 구절이 있는데 得자가 빠져 있으므로 得자가 잘못 끼어든 글자일 가능성을 완전히 배제할 수는 없다.

3) 春與秋 豈無得而然哉 : 봄과 가을이 어찌 아무 것도 얻지 않고 그렇게 할 수 있겠는

가. 林希逸은 "봄과 가을이 그럴 수 있는 것은 하늘이 그렇게 운행했기 때문이다. 그 때문에 어찌 아무 것도 얻지 않고 그럴 수 있겠는가 하고 말한 것이다〔春秋之所以得而然者 天爲之也 故曰 豈無得而然哉〕."라고 풀이했다.

4) 天道已行矣 : 천도가 이미 운행되었기 때문이다. 거기에는 천도, 곧 자연의 법칙이 이미 그렇게 작용하고 있다는 뜻이다.

5) 至人尸居環堵之室 而百姓猖狂不知所如往 : 지인은 담으로 빙 둘러쳐진 방안에 가만히 앉아 있어도 백성들은 마음대로 행동하여 어디로 가야 할지 알지 못하고 자유로움. 尸居는 시신처럼 고요히 머문다는 뜻. 環堵之室은 사방 一丈 정도 되는 작은 방. 堵는 一丈. 司馬彪는 "一丈을 堵라 한다〔一丈曰堵〕."라고 풀이했다. 猖狂은 미친 것처럼 마음대로 행동한다는 뜻으로 〈山木〉편에 '猖狂妄行'이라는 표현이 나왔다. 不知所如往은 정처 없이 자유로이 방황한다는 의미로 如와 往은 모두 간다는 뜻이다.

弟子曰 不然하니이다 **夫尋常之溝洫**[1]에는 **巨魚無所還其體**커든 **而鯢鰌爲之制**[2]하고 **步仞之丘陵**[3]에는 **巨獸無所隱其軀**커든 **而蘖狐爲之祥**[4]하나니라 **且夫尊賢授能**하며 **先善與利**는 **自古堯舜**으로 **以然**이온 **而況畏壘之民乎**따녀 **夫子**는 **亦聽矣**니라

제자가 말했다. "그렇지 않습니다. 무릇 작은 도랑에는 큰 물고기가 몸뚱이를 돌릴 곳이 없지만 미꾸라지 따위의 작은 물고기는 몸을 돌리기에 적당하다 여기고, 몇 걸음에 오를 수 있는 작은 언덕에는 큰 짐승이 몸뚱이를 숨길 곳이 없는데 작은 여우는 그것을 좋게 여깁니다. 하물며 어진 사람을 높이고 능력 있는 자에게 일을 시키며 훌륭한 사람에게 이익을 주는 것은 옛날 堯舜시절부터 그렇게 해 온 것인데 하물며 畏壘의 백성들이겠습니까. 선생께서는 받아들이셔야 합니다."

【역주】

1) 尋常之溝洫 : 작은 도랑. 尋은 8尺. 常은 그 두 배 곧 16尺. 저본에는 尋常之溝로

洫자가 빠져 있지만 馬叙倫이 ≪太平御覽≫의 인용구에는 洫자가 있고, 아래의 步仞之丘陵과 대구가 되므로 洫자를 넣어야 한다고 주장한 것이 타당하다.

2) 鯢鰌爲之制 : 미꾸라지 따위의 작은 물고기는 몸을 돌리기에 적당하다 여김. 鯢는 도롱뇽, 鰌는 미꾸라지. 여기서는 모두 작은 물고기라는 뜻. 制는 몸을 구부린다는 뜻으로 折과 같다. 郭慶藩은 制와 折은 옛날에는 통용했다고 풀이했다. 한편 奚侗은 制를 利자로 보았는데 참고할 만하다.

3) 步仞之丘陵 : 몇 걸음에 오를 수 있는 작은 언덕. 앞의 尋常之溝洫은 낮은 곳을 지칭한 것이고 이것은 높은 곳을 지칭한 것으로 서로 상대되는 표현이다.

4) 䕯狐爲之祥 : 작은 여우는 그것을 좋게 여김. 䕯狐는 들에 사는 여우. 爲之祥은 다행으로 여긴다는 뜻. 崔譔은 "작은 벌레나 여우는 작은 언덕을 좋은 곳으로 여긴다. 祥은 좋다는 뜻이다〔蠱狐以小丘爲善也 祥 善也〕."라고 풀이했다. 한편 李頤는 "祥은 괴이함이다〔祥 怪也〕."라고 풀이했고, 王叔之는 "여우가 그곳에 의지해서 요상한 짓을 한다〔野狐依之作妖祥也〕."고 풀이하여 祥을 凶의 뜻으로 보는 견해가 있지만 앞의 鯢鰌爲之制에 특별히 부정적인 묘사가 있는 것이 아닌데 대구가 되는 이 구절만 부정적인 맥락으로 풀이하는 것은 지나친 견해이다.

庚桑子曰 小子아 **來**하라 **夫函車之獸 介而離山**하면 **則不免於罔罟之患**[1)]하고 **呑舟之魚 碭而失水**하면 **則〈螻〉蟻能苦之**[2)]하나니 **故**로 **鳥獸不厭高**하며 **魚鼈**이 **不厭深**하나니 **夫全其形生之人**은 **藏其身也**에 **不厭深眇而已矣**[3)]니라 **且夫二子者**는 **又何足以稱揚哉**[4)]리오 **是其於辯也**에 **將妄鑿垣牆而殖蓬蒿也**[5)]니라 **簡髮而櫛**하며 **數米而炊**[6)]하나니 **竊竊乎**아 **又何足以濟世哉**리오 **擧賢則民相軋**하고 **任知則民相盜**[7)]하나니 **之數物者**는 **不足以厚民**이니라 **民之於利**에 **甚勤**[8)]하야 **子有殺父**하며 **臣有殺君**하며 **正晝爲盜**하며 **日中穴阫**하나니 **吾語汝**호리라 **大亂之本**이 **必生於堯舜之間**하야 **其末存乎千世之後**하니 **千世之後**에 **其必有人與人**이 **相食者也**하리라

庚桑子가 말했다. "어린 제자야 이리 오너라. 무릇 수레를 삼켜버릴 정도로

큰 짐승이라도 홀로 산을 떠나게 되면 그물에 걸리는 재앙을 피할 수 없게 되고 배를 삼킬 만한 큰 물고기라도 튕겨나가 물을 잃어버리게 되면 땅강아지나 개미 따위가 괴롭힐 수 있게 된다. 그 때문에 새나 짐승은 높은 것을 싫어하지 않으며 물고기나 자라가 깊은 것을 싫어하지 않으니 타고난 모습을 온전하게 지키는 사람은 자신의 몸을 감출 때 깊고 어두운 것을 싫어하지 않을 따름이다.

뿐만 아니라 저 두 사람이야 어찌 稱揚하기에 족하겠는가. 그들은 사람들을 까다롭게 구별하여 장차 함부로 담장을 파고 쑥을 심을 것이다. 머리카락을 가려서 빗질하며 쌀알을 헤아리면서 밥을 지을 것이니 그렇게 비교하고 따지면서 또 어찌 세상을 다스리기에 충분하겠는가. 어진 사람을 등용하면 백성들이 서로 다투고 지혜로운 이에게 맡기면 백성들이 서로 도둑질할 것이니 이 몇 가지 일은 백성들을 풍요롭게 하기에 부족하다.

백성들은 이익이라면 심하게 추구하여 자식으로 어버이를 죽이는 이가 있고 신하로서 임금을 죽이는 이가 있으며 한낮에 도둑질을 하며 해가 중천에 있을 때 담에 구멍을 뚫을 것이니 내 너에게 일러 주겠다. 큰 어지러움의 근본은 반드시 堯舜의 시대에 생겨서 그 末弊가 천 년 뒤에도 남아 있게 될 것이니 천 년이 지난 뒤에는 반드시 사람과 사람이 서로 잡아먹는 일이 있을 것이다."

【역주】

1) 函車之獸 介而離山 則不免於罔罟之患 : 수레를 삼켜버릴 정도로 큰 짐승이라도 홀로 산을 떠나게 되면 그물에 걸리는 재앙을 피할 수 없음. 函은 삼킨다는 뜻으로 含과 통하는 글자. 介는 홀로의 뜻으로 兪樾은 "짐승이 짝이 없는 것을 介라 한다〔獸無偶曰介〕."라고 풀이했다. 林希逸은 "函車呑舟의 函 또한 삼킨다는 뜻이다. 介는 홀로이다〔函車呑舟 函亦呑也 介 獨也〕."라고 풀이했다.

2) 呑舟之魚 碭而失水 則〈螻〉蟻能苦之 : 배를 삼킬 만한 큰 물고기라도 튕겨나가 물을 잃어버리게 되면 땅강아지나 개미 따위가 괴롭힐 수 있게 됨. 碭(탕)은 튕겨나감. 蕩과 통한다. 林希逸은 "碭은 흘러나감이다. 이는 이름이 세상에 드러나면 자신을 해칠 수 있음을 말한 것이다〔碭 流蕩也 此喩名見於世 能害其身也〕."라고 풀이했다. 螻蟻는 땅강아지와 개미.

3) 全其形生之人 藏其身也 不厭深眇而已矣 : 타고난 모습을 온전하게 지키는 사람은 자신의 몸을 감출 때 깊고 어두운 것을 싫어하지 않음. 林希逸은 "타고난 모습을 온전하게 지킨다는 것은 길게 살면서 오래 보는 것이고 몸을 감춤에 깊고 어두운 것을 싫어하지 않는다는 것은 세상을 피해서 이름이 없기를 바람이다〔全其形生 長生久視者也 藏身不厭深眇 欲避世而無名也〕."라고 풀이했다.

4) 且夫二子者 又何足以稱揚哉 : 저 두 사람이야 어찌 칭양하기에 족하겠는가. 두 사람은 요임금과 순임금을 지칭한다. 林希逸은 "두 사람은 요순을 지칭한다〔二子 指堯舜也〕."라고 풀이했다.

5) 是其於辯也 將妄鑿垣牆而殖蓬蒿也 : 그들은 사람들을 까다롭게 구별하여 장차 함부로 담장을 파고 쑥을 심을 것임. 辯은 辨과 같다. 林希逸 "담장 위에 풀을 심으려 함이니 이런 이치는 없다. 마땅함을 잃어버렸음을 말한 것이다〔垣牆之上 將欲種草 無此理也 謂引證失其宜也〕."라고 풀이하였다. 成玄英은 辯을 '別'로 풀이했다. 한편 馬叙倫은 辯을 治의 뜻으로 풀이했는데 池田知久, 福永光司, 金谷治 등이 따르고 있다.

6) 簡髮而櫛 數米而炊 : 머리카락을 가려서 빗질하며 쌀알을 헤아리면서 밥을 지음. 까다롭게 따진다는 뜻.

7) 擧賢則民相軋 任知則民相盜 : 어진 사람을 등용하면 백성들이 서로 다투고 지혜로운 이에게 맡기면 백성들이 서로 도둑질할 것임. ≪老子≫ 제3장에 나오는 "어진 사람을 숭상하지 않아서 백성들로 하여금 다투지 않게 하고 얻기 어려운 재화를 중시하지 않아서 백성들로 하여금 도둑질하지 않게 한다〔不尙賢 使民不爭 不貴難得之貨 使民不爲盜〕."고 한 구절과 같은 맥락의 이야기이다.

8) 民之於利甚勤 : 백성들은 이익을 심하게 추구함. 勤은 懇懃의 뜻으로 몹시 바란다는 뜻이다.

南榮趎蹴然正坐하야 曰 若趎之年者는 已長矣로니 將惡乎託業하야라 以及此言邪[1]오 庚桑子曰 全汝의 形하며 抱汝의 生[2]하야 無使汝의 思慮로 營營[3]이어니 若此三年이면 則可以及此言矣리라 南榮趎曰 目之與形을 吾不知其異也로대 而盲者는 不能自見[4]하며 耳之與形을 吾不知其異也로대 而聾者는 不能自聞하며

心之與形을 吾不知其異也로대 而狂者는 不能自得하나니 形之與形이 亦辟矣[5]로대 而物或間之邪인댄(아) 欲相求而不能相得[6]리로소이다 今謂趎曰 全汝形하며 抱汝生하야 勿使汝思慮로 營營이라하시니 趎勉聞道達耳矣[7]니이다 庚桑子曰 辭盡矣로다 曰 奔蜂이 不能化藿蠋[8]하며 越鷄不能伏鵠卵이어든 魯鷄는 固能矣[9]나니라 鷄之與鷄 其德이 非不同也로대 有能與不能者는 其才固有巨小也니라 今吾는 才小라 不足以化子로소니 子는 胡不南見老子[10]오

南榮趎가 깜짝 놀라 자리를 바로 하고 이렇게 말했다. "저 만큼 나이를 먹은 자는 이미 성장했으니 앞으로 어떤 일을 해야만 이 말에 미칠 수 있을까요?"

庚桑子가 말했다. "너의 몸을 온전히 지키고 너의 삶을 끌어안아서 너의 생각이 움직이게 하지 말아야 할 것이니 이 같이 하기를 삼 년 동안 하면 이 말에 미칠 수 있을 것이다."

南榮趎가 말했다. "눈의 모양이 다른 사람과 다른 것을 나는 알지 못하겠는데 장님은 스스로 보지 못하며 귀의 형체가 다른 사람과 다른 줄 나는 모르겠는데 귀머거리는 스스로 듣지 못하며 마음의 모양이 다른 사람과 다른 줄 나는 알지 못하겠는데 미친 자는 스스로 알지 못하니, 형체가 다른 형체와 또한 같을 뿐인데 사물이 간혹 끼어들면 서로 구하더라도 얻지 못할 것입니다. 지금 저에게 이르시길 '너의 몸을 온전히 지키고 너의 삶을 끌어안아서 너의 생각이 움직이게 하지 말아야 할 것'이라고 하시니 제가 힘써 도를 들어도 귀에만 도달할 뿐입니다."

경상자가 말했다.

"내가 할 수 있는 말은 다 전했다. 재빨리 날아다니는 작은 벌은 커다란 콩벌레를 부화시키지 못하고 작은 닭은 큰 고니의 알을 품지 못하지만, 큰 닭은 본디 그것을 할 수 있다. 닭이란 점에서 비교하자면 그 덕이 같지 않은 것은 아니지만 어떤 닭은 할 수 있고 어떤 닭은 할 수 없는 것은 그 재능에 본디 대소의 차이가 있기 때문이다. 지금 나는 재능이 작은지라 그대를 교화시킬 수 없으

니 그대는 어찌하여 남쪽으로 가서 노자를 만나 뵙지 않는가."

【역주】

1) 將惡乎託業以及此言邪 : 앞으로 어떤 일을 해야만 이 말에 미칠 수 있을까요? 누구에게 가서 가르침을 받아야 하느냐는 질문이다. 林希逸은 "託業은 수학함을 말함이다. 이 말에 미친다는 것은 경상자가 가르쳐 준 것에 미치기를 바람이다〔託業 言受學也 及此言者 欲及庚桑子之所誨也〕."라고 풀이했다.

2) 全汝形 抱汝生 : 너의 몸을 온전히 지키고 너의 삶을 끌어안음. 抱는 保와 같다(兪樾). 生을 性으로 보는 견해가 있으나 生의 뜻으로 번역해도 무리가 없기 때문에 일단 본래 글자를 따라 번역하였다.

3) 無使汝思慮營營 : 너의 생각이 움직이게 하지 말아야 함. 營營은 사물을 끊임없이 좇아가는 모양.

4) 目之與形 吾不知其異也 而盲者不能自見 : 눈의 모양이 다른 사람과 다른 것을 나는 알지 못하겠는데 장님은 스스로 보지 못함. 成玄英은 "눈이 멀거나 귀가 먹은 사람은 보통 사람과 눈이나 귀의 생김새는 다를 것이 없지만 눈이 먼 사람은 색을 보지 못하고 귀 먹은 사람은 소리를 듣지 못한다〔盲聾之士 與凡常之人耳目無異 而盲者不見色 聾者不聞聲〕."라고 풀이했다.

5) 形之與形亦辟(비)矣 : 형체가 다른 형체와 또한 같음. 辟는 같다는 뜻. 譬와 같다. 王敔는 "譬와 같다. 균등해서 다름이 없다고 말함과 같다〔與譬同 猶言均是而無異也〕."고 풀이했다. 馬叙倫은 譬의 가차자로 '친근'하다는 뜻으로 풀이했다.

6) 物或間之邪 欲相求而不能相得 : 사물이 간혹 끼어들면 서로 구하더라도 얻지 못할 것임. 사물이 끼어들어 방해하면 서로 상대를 찾더라도 만나지 못할 것이라는 뜻이다.

7) 趎勉聞道達耳矣 : 제가 힘써 도를 들어도 귀에만 도달할 뿐임. 귀로 듣기만 하고 마음으로 듣는 수준에는 이르지 못했음을 암시한다. 崔譔은 "겨우 귀에만 도달하고 아직 마음속에 통하지 못함이다〔僅達於耳 未徹入於心也〕."라고 풀이했다. 勉자가 晩으로 표기된 판본이 있지만 오류인 듯하다.

8) 奔蜂不能化藿(곽)蠋 : 재빨리 날아다니는 작은 벌은 커다란 콩 벌레를 부화시키지 못함. 奔蜂은 바삐 날아다니는 벌. 藿蠋은 콩 벌레.

9) 越鷄不能伏鵠卵 魯鷄固能矣 : 작은 닭은 큰 고니의 알을 품지 못하지만, 큰 닭은 본디 그것을 할 수 있음. 越鷄는 작은 닭. 司馬彪는 '小鷄'로 풀이했다. 鵠卵은 고니의 알. 魯鷄는 大鷄(向秀). 魯는 크다는 뜻으로 路와 통하는 글자.

10) 今吾才小不足以化子 子胡不南見老子 : 지금 나는 재능이 작은지라 그대를 교화시킬 수 없으니 그대는 어찌하여 남쪽으로 가서 노자를 만나 뵙지 않는가. 庚桑楚는 자신을 奔蜂과 越鷄에 비유하고 鵠卵과 魯鷄를 각각 남영주와 노자에 비유함으로써 남영주에게 노자를 뵙고 가르침을 받음으로써 대도를 깨우치도록 인도한 것이다(方勇·陸永品).

南榮趎贏糧하야 **七日七夜**에 **至老子之所**하니 **老子曰 子**는 **自楚之所**로 **來乎**[1]아 **南榮趎曰 唯**라 **老子曰 子**는 **何與人**으로 **偕來之衆也**[2]오 **南榮趎懼然顧其後**[3]어늘 **老子曰 子**는 **不知吾所謂乎**아 **南榮趎俯而慙**하고 **仰而歎**하야 **曰 今者**에 **吾忘吾答**하야 **因失吾問**이니이다 **老子曰 何謂也**오 **南榮趎曰 不知乎**인댄 **人**이 **謂我**를 **朱愚**라하고 **知乎**인댄 **反愁我軀**[4]하리며 **不仁則害人**코 **仁則反愁我身**하리며 **不義則傷彼**오 **義則反愁我己**하리로소니 **我安逃此而可**잇고 **此三言者 趎之所患也**니 **願因楚而問之**하노이다 **老子曰 向吾見若**의 **眉睫之間**하고 **吾因以得汝矣**[5]로니 **今汝又言而信之**[6]호다 **若**이 **規規然若喪父母**하고 **揭竿而求諸海也**[7]로소니 **女**는 **亡人哉**[8]인대 **惘惘乎**[9]라 **汝欲反汝**의 **情性而無由入**이로소니 **可憐哉**라

南榮趎가 양식을 짊어지고 일곱 날 일곱 밤을 걸어 노자가 있는 곳에 이르렀다.

老子가 말했다. "그대는 庚桑楚가 있는 곳에서 왔는가?"

남영주가 말했다. "예."

노자가 말했다. "그대는 어찌 여러 사람과 함께 왔는가?"

南榮趎는 두려워하면서 뒤를 돌아보았다.

老子가 말했다. "그대는 내가 무슨 말을 하는지 모르는구먼."

南榮趎는 고개를 숙이고 부끄러워하다가 우러러 탄식하면서 말했다.

"저는 뭐라 대답해야 할지를 잊어버려서 다시 뭐라고 물어야 할지도 잃어버렸습니다."

老子가 말했다. "무슨 말인가?"

"제가 지혜롭지 못하면 사람들은 제가 어리석다고 할 것이고 지혜로우면 도리어 제 몸을 괴롭힐 것이며 어질지 못하면 다른 사람을 해칠 것이고 어질면 도리어 제 몸을 괴롭힐 것이며 의롭지 못하면 저들을 해칠 것이고 의로우면 도리어 제 자신을 괴롭힐 것이니 제가 어떻게 해야 이런 어려움으로부터 벗어날 수 있겠습니까? 이 세 가지 이야기가 제가 걱정하는 것이니 그 때문에 庚桑楚를 통해 선생님께 여쭙는 것입니다."

노자가 말했다.

"아까 나는 그대의 두 눈썹 사이를 보고 자네가 어떤 사람인지 알아보았는데 지금 다시 그대가 하는 말을 듣고 보니 그것을 확신할 수 있겠다. 자네는 허둥지둥 정신없는 모습이 마치 부모를 여읜 듯하고 장대를 들고 바다의 깊이를 재려는 듯하니 그대는 본성을 잃어버린 사람이다. 멍하니 그대의 본성을 회복하고자 하나 들어갈 방법이 없으니 가련한 일이로군."

【역주】

1) 子自楚之所 來乎 : 그대는 경상초가 있는 곳에서 왔는가? 楚는 庚桑楚를 지칭한다.

2) 子何與人偕來之衆也 : 그대는 어찌 여러 사람과 함께 왔는가? 여러 사람이란 뒤에 南榮趎가 말하는 知·不知, 仁·不仁, 義·不義의 三言을 두고 여러 사람과 같다는 뜻으로 비유한 것이다.

3) 南榮趎懼然顧其後 : 남영주는 두려워하면서 뒤를 돌아봄. 노자의 말뜻을 이해하지 못하고 실제로 자신을 따라온 사람이 있는지 의심했다는 뜻이다.

4) 不知乎 人謂我朱愚 知乎 反愁我軀 : 제가 지혜롭지 못하면 사람들은 제가 어리석다고 할 것이고 지혜로우면 도리어 제 몸을 괴롭힐 것임. 朱愚는 어리석은 모양. 成玄英은 "무지한 모양이다〔無知之貌也〕."라고 풀이했는데, 王念孫이 朱자를 무디다는 뜻인 銖의 가차자로 본 견해가 보다 정확하다.

5) 向吾見若 眉睫之間 吾因以得汝矣 : 아까 나는 그대의 두 눈썹 사이를 보고 자네가 어떤 사람인지 알아보았음. 向은 아까, 지난번에. 得汝는 상대가 어떤 사람인지 알았다는 뜻으로 여기서는 南榮趎가 세 가지 다른 생각을 품고 있음을 알았다는 의미이다.

6) 今汝又言而信之 : 지금 다시 그대가 하는 말을 듣고 보니 그것을 확신할 수 있음. 信之의 之는 노자 자신의 짐작을 가리킨다.

7) 若規規然若喪父母 揭竿而求諸海也 : 자네는 허둥지둥 정신없는 모습이 마치 부모를 여읜 듯하고 장대를 들고 바다의 깊이를 재려는 듯함. 앞의 若은 이인칭. 規規然은 허둥지둥하는 모양. 정신없는 모양. 揭竿而求諸海也는 장대를 들고 바다의 깊이를 재려 한다는 뜻. 宣穎이나 楊樹達 등은 揭竿而求諸海를 두고 장대를 표지 삼아 들고 바다에서 부모를 찾는다는 뜻으로 풀이했는데 喪父母와의 연결이 부자연스럽기 때문에 취하지 않는다.

8) 女 亡人哉 : 그대는 본성을 잃어버린 사람이다. 女는 이인칭으로 汝와 통한다.

9) 惘惘乎 : 멍한 모습. 무엇인가 잃어버린 모습을 나타낸다.

南榮趎請入就舍하야 召其所好하고 去其所惡[1)]하아서 十日自愁라가 復見老子한대 老子曰 汝自洒濯하여(이) 熟哉(라) 鬱鬱乎[2)]나(로다) 然而其中津津乎는 猶有惡也[3)]로다 夫外韄者는 不可繁而捉이라 將內揵[4)]하고 內韄者는 不可繆而捉이라 將外揵[5)]하나니 外內韄者는 道德도 不能持온 而況放道而行者乎[6)]따녀

南榮趎曰 里人이 有病에 里人이 問之어든 病者能言其病이면 然其病病者猶未病也[7)]이어니와 若趎之聞大道는 譬猶飮藥以加病也[8)]로소니 趎願聞衛生之經而已矣로이다

老子曰 衛生之經은 能抱一乎[9)]며 能勿失乎며 能無卜筮而知吉凶乎며 能止乎며 能已乎며 能舍諸人而求諸己乎[10)]며 能翛然乎[11)]며 能侗然乎[12)]며 能兒子乎[13)]인저 兒子終日嗥而嗌不嗄는 和之至也요 終日握而手不目掜는 共其德也오 終日視而目不瞚은 偏不在外也니라 行不知所之하며 居不知所爲하며 與

物로 **委蛇而同其波 是衛生之經已**니라 **南榮趎曰 然則是**는 **至人之德已乎**아 **曰 非也**라 **是乃所謂冰解凍釋者 能乎**[14)]니라

南榮趎는 간청하여 학사에 들어가 자기가 좋아하는 것을 밝히고 자기가 싫어하는 것을 버려서 열흘 동안 혼자서 근심하다가 다시 老子를 뵈었다.

노자가 말했다. "자네는 스스로 깨끗이 씻어내서 무엇인가 빛나는 듯하지만 마음에서 스며 나오는 것은 아직도 나쁜 것이 남아 있다. 무릇 바깥의 사물에 얽매인 자는 마음이 번거로워 붙잡을 수가 없는지라 안에서 닫아걸 것이고, 안에서 닫아걸게 되면 이리저리 얽혀서 〈마음을〉 바로잡을 수 없는지라 밖에서 잠그게 될 것이니 안팎에서 잠그게 되면 도덕을 지닌 사람도 지킬 수 없을 터인데 하물며 도덕을 따라 움직이는 자이겠는가."

남영주가 말했다. "같은 마을에 사는 사람이 병들었을 때 동네 사람이 병의 차도를 물었는데 병든 사람이 자신의 병에 대해 말할 수 있다면 병을 병으로 여기는 그 사람은 아직 병든 것이 아닙니다. 그런데 제가 선생님에게 大道에 관해 들은 것은 비유하자면 마치 약을 먹고 병이 더 심해진 것과 같습니다. 저는 생명을 保衛하는 법칙을 듣고 싶을 따름입니다."

노자가 말했다. "생명을 보위하는 법칙이란 하나를 끌어안을 수 있는가, 또 그것을 잃어버리지 않을 수 있는가, 점을 쳐보지도 아니하고 길흉을 알 수 있는가, 멈출 줄 아는가, 그만둘 줄 아는가, 다른 사람은 놔두고 자기에게서 찾을 줄 아는가, 홀가분하게 떠나갈 줄 아는가, 멍한 모습으로 찾아올 줄 아는가, 어린아이처럼 행동할 줄 아는가를 말함이다. 어린아이가 종일토록 울어도 목이 쉬지 않는 것은 조화가 지극하기 때문이고 종일토록 주먹을 쥐고 있어도 손이 저리지 않는 것은 그것이 본성과 합치되기 때문이고 종일토록 눈을 뜨고 보아도 깜빡이지 않는 것은 집착하는 대상이 밖에 있지 않기 때문이다. 길을 떠나도 가는 곳을 알지 못하고 머물러 있어도 무엇을 해야 할지 모르며 다른 사물과 자연스럽게 어울리며 물결치는 대로 함께 흘러가는 것이 생명을 보위하는 법칙이다."

남영주가 말했다. "그렇다면 이것이 至人의 덕이라는 말씀입니까?"

노자가 말했다. "아니다. 이것은 바로 얼음을 녹이고 언 것을 풀 줄 아는 이 정도면 할 수 있을 것이다."

【역주】

1) 召其所好 去其所惡 : 자기가 좋아하는 것을 밝히고 자기가 싫어하는 것을 버림. 所好는 道. 所惡는 인간의 욕심.

2) 汝自洒濯 熟哉 鬱鬱乎 : 자네는 스스로 깨끗이 씻어내서 무엇인가 빛나는 듯함. 洒濯은 마음을 깨끗하게 씻어냄을 비유. 鬱鬱乎는 빛나는 모양. 郁郁乎와 통한다. 熟은 누구. 孰과 통한다.

3) 然而其中津津乎 猶有惡也 : 마음에서 스며 나오는 것은 아직도 나쁜 것이 남아 있음. 津津은 스며 나오는 모양. 林疑獨은 "津津은 여전히 바깥으로 드러나는 것이 있음이다〔津津 猶有發見於外者〕."라고 풀이했다.

4) 外韄者 不可繁而捉 將內揵 : 바깥의 사물에 얽매인 자는 마음이 번거로워 붙잡을 수가 없는지라 안에서 닫아걸 것임. 韄은 묶는다는 뜻. 林希逸은 "가죽으로 물건을 묶음이다〔以皮束物也〕."라고 풀이하였다.

5) 內韄者 不可繆(무)而捉 將外揵 : 안에서 닫아걸게 되면 이리저리 얽혀서 바로잡을 수 없는지라 밖에서 잠그게 될 것임. 繆는 이리저리 얽히는 모양.

6) 外內韄者 道德不能持 而況放道而行者乎 : 안팎에서 잠그게 되면 도덕을 지닌 사람도 지킬 수 없을 터인데 하물며 도덕을 따라 움직이는 자이겠는가. 道德不能持의 道德은 도덕을 지닌 사람. 放道而行者는 도덕을 따라 배우는 초학자를 지칭한다. 宣穎은 "외물이 밖에서 붙들어 매고 욕망이 안에서 구속하면 비록 도를 가진 이라 하더라도 힘써 지키지 못할진댄 하물며 초학자이겠는가〔物錮於外 欲胶於內 雖有道者不能强持 況初學乎〕."라고 풀이했다.

7) 病者能言其病 然其病病者猶未病也 : 병든 사람이 자신의 병에 대해 말할 수 있다면 병을 병으로 여기는 그 사람은 아직 병든 것이 아님. 病病의 앞 글자는 병을 병으로 진단하여 치료한다는 뜻이다.

8) 譬猶飮藥以加病也 : 마치 약을 먹고 병이 더 심해진 것과 같음. ≪老子≫ 제71장에 "알고서도 안다 하지 않는 것은 최상이고, 모르는 주제에 안다고 하는 것은 병이니,

오직 병을 병으로 여기는지라 그래서 병이 없게 되는 것이다. 성인이 병을 앓지 않는 것은 그 병을 병으로 자각하기 때문이다. 이 때문에 병들지 않는 것이다〔知不知上 不知知病 夫唯病病 是以不病 聖人不病 以其病病 是以不病〕."라고 한 대목과 유사한 내용이다.

9) 能抱一乎 : 하나를 끌어안을 수 있는가. 抱一은 ≪老子≫ 제10장에 "영백을 싣고 하나를 끌어안아서 떠남이 없을 수 있는가〔載營魄抱一 能無離乎〕."라고 한 대목과 유사하다. 마음을 통일시키는 것이 도를 잘 지키는 것이라는 뜻이다.

10) 能舍諸人而求諸己乎 : 다른 사람은 놔두고 자기에게서 찾을 줄 아는가. ≪孟子≫ 〈公孫丑 上〉에 "인을 실천하는 것은 활 쏘는 것과 비슷하니 활 쏘는 이는 자신을 바로하고 화살을 쏜 뒤에 적중하지 않더라도 자기를 이긴 자를 원망하지 아니하고 돌이켜 자신에게서 찾는다〔仁者如射 射者正己而後發 發而不中 不怨勝己者 反求諸己而已矣〕."라고 한 유가적 수양방법과 유사한 대목이다.

11) 能翛然乎 : 홀가분하게 떠나갈 줄 아는가. 외물에 얽매이지 않고 깨끗이 떠난다는 뜻. 翛然은 홀가분한 모습.

12) 能侗然乎 : 멍한 모습으로 찾아올 줄 아는가. 侗然은 무지한 모양. 이리저리 잔신경 쓰지 말고, 무지하고 소박해야 도를 지킬 수 있다는 뜻.

13) 能兒子乎 : 어린아이처럼 행동할 줄 아는가. 林希逸은 "어린아이의 마음을 잃어버리지 않음이다〔不失赤子之心也〕."라고 풀이했는데, ≪孟子≫ 〈離婁 下〉에서 "大人이란 어린아이의 마음을 잃어버리지 않은 자이다〔大人者 不失其赤子之心者也〕."라고 한 대목을 인용한 것으로 유가적 해석이라 할 만하다.

14) 是乃所謂冰解凍釋者 能乎 : 이것은 바로 얼음을 녹이고 언 것을 풀 줄 아는 이 정도면 할 수 있을 것임. 衛生之經을 터득하는 것은 세상에서 이른바 얼음이 풀리고 얼어붙은 것이 녹은 것, 즉 마음의 미혹이 깨끗이 사라진 초학입문자의 경지를 말하는 것일 뿐이라는 뜻(呂惠卿, 池田知久).

夫至人者는 相與交食乎地 而交樂乎天[1]이라 不以人物利害로 相攖하며 不相與爲怪[2]하며 不相與爲謀하며 不相與爲事요 翛然而往하며 侗然而來[3]하나니 是謂衛生之經已니라 曰 然則是至乎아 曰 未也라 吾固告汝하야 曰 能兒子乎인저하

니 兒子는 動不知所爲하며 行不知所之[4)]하야 身若槁木之枝 而心若死灰[5)]니 若是者는 禍亦不至하며 福亦不來하나니 禍福도 無有론 惡有人災也리오

"무릇 至人은 사람들과 함께 땅에서 나는 것을 먹기를 바라고 하늘의 운행을 즐기기를 바랄 뿐이다. 인간이나 사물과의 관계나 이익, 손해 따위로 사람들과 서로 다투지 아니하며 서로 괴이한 행동을 하지 않으며 서로 모략을 일삼지 않으며 서로 일을 꾸미지 않는다. 그리하여 다만 홀가분하게 떠나가고 멍한 모습으로 찾아오니 이것이 바로 생명을 保衛하는 법칙이다."

南榮趎가 말했다. "그렇다면 이것이 지극한 덕입니까?"

老子가 말했다. "아직 아니다. 내가 본디 그대에게 일러 주기를 '어린아이처럼 행동할 수 있느냐.'고 했으니 어린아이는 움직일 때 무엇을 해야 할지 알지 못하며 길을 갈 때 어디로 가야 할지 알지 못해서 몸뚱이는 시든 나뭇가지와 같고 마음은 불 꺼진 재와 같다. 이와 같은 경지에 도달하면 禍도 이르지 않고 福도 이르지 않는다. 화와 복조차 없는데 어찌 인간의 재앙이 있을 것인가."

【역주】

1) 至人者相與交食乎地 而交樂乎天 : 지인은 사람들과 함께 땅에서 나는 것을 먹기를 바라고 하늘의 운행을 즐기기를 바랄 뿐임. 먹고 즐기는 모든 행위를 자연 그대로 따름을 말함이다. 交는 바라다는 뜻으로 邀와 같다. 郭象, 崔譔, 李頤 등은 모두 交자를 俱 또는 共으로 풀이했지만 兪樾이 ≪春秋左氏傳≫에 '邀食乎地 邀樂乎天'이 나오는 구절을 들어 같은 뜻이라고 풀이한 것이 정확하다.

2) 不相與爲怪 : 서로 괴이한 행동을 하지 않음. 爲怪는 이상한 행동을 한다는 뜻. 林希逸은 '爲異'로 풀이했다.

3) 翛然而往 侗然而來 : 홀가분하게 떠나가고 멍한 모습으로 찾아옴. 翛然과 侗然은 앞 문장 '能翛然乎 能侗然乎'에 이미 나왔다.

4) 兒子動不知所爲 行不知所之 : 어린아이는 움직일 때 무엇을 해야 할지 알지 못하며 길을 갈 때 어디로 가야 할지 알지 못함. 물욕이 없기 때문에 생명력이 충일한 상태에 있음을 말한다.

5) 身若槁木之枝 而心若死灰 : 몸뚱이는 시든 나뭇가지와 같고 마음은 불 꺼진 재와

같음. 槁木, 死灰의 비유는 〈齊物論〉편과 〈知北遊〉편에 이미 나왔고, 〈田子方〉편에는 形體掘若槁木으로 나왔다.

第2章

宇泰定者[1)]는 發乎天光[2)]이니 發乎天光者는 人見其人[3)]하나니라 人有脩者는 乃今有恒[4)]이니 有恒者는 人이 舍之하나 天이 助之[5)]하나니 人之所舍를 謂之天民이오 天之所助를 謂之天子[6)]니라

흉중이 태연히 안정되어 있는 이는 안에서부터 자연의 빛 天光이 나온다. 천광이 빛나는 사람은 자신의 참모습을 드러낸다. 도덕을 닦은 사람은 마침내 일정함을 갖추게 되니 일정함을 갖춘 사람은 사람들이 歸服하고 자연이 도와주니 사람들이 귀복하는 사람을 자연의 백성이라 일컫고 자연이 도와주는 사람을 자연의 자식이라 한다.

【역주】

1) 宇泰定者 : 흉중이 태연히 안정되어 있는 사람. 宇는 胸中, 마음을 뜻한다. 林希逸은 "宇는 胸中이다. 태연히 안정되면 天光이 발현할 것이니 바로 誠을 통해서 明함이다〔宇 胸中也 泰然而定 則天光發見 卽誠而明也〕."라고 풀이했는데 ≪中庸≫의 誠과 明을 인용하여 풀이한 것이다.

2) 發乎天光 : 天光이 발현됨. 天光은 인위적인 빛인 耀가 아닌 자연의 빛.

3) 人見其人 : 자신의 참모습을 드러냄. 참모습을 드러내기 때문에 모든 사람이 그 모습을 볼 수 있다는 뜻. 陳景元이 인용하고 있는 張君房본에는 人見其人 아래에 物見其物 네 글자가 있으나 方勇·陸永品이 지적하고 있는 것처럼 郭象의 주석이 잘못 끼어든 것으로 보는 것이 타당하다.

4) 人有脩者 乃今有恒 : 도덕을 닦은 사람은 마침내 일정함을 갖추게 됨. 恒은 일정함. ≪孟子≫에 나오는 恒心과 비교해 볼 만하다. 행위의 일관성을 높이 평가하는 대목이다. 林希逸은 "人有脩者는 참된 도를 닦은 사람이다. 참된 도를 닦은 사람이 천광이 발현하는 데 이르게 되면 일정하게 된다〔人有脩者 修眞之人也 修眞之

人 至於天光旣發則有恒矣〕."라고 풀이했는데, 恒을 '일정하게 오래간다'는 뜻으로 이해한 듯하다.

5) 有恒者 人舍之 天助之 : 일정함을 갖춘 사람은 사람들이 그에게 귀복하고 자연이 도와줌. 舍는 귀복한다는 뜻. 成玄英은 "창생들이 가서 머무는 바이다〔爲蒼生之所舍止〕."라고 풀이했고, 林希逸은 "舍는 머묾이니 돌아감이다〔舍 止也 歸也〕."라고 풀이했다. 舍를 버린다는 뜻으로 보는 견해가 있지만 일정함을 갖춘 사람을 사람들이 버린다는 맥락이 모순되므로 취하지 않는다.

6) 人之所舍 謂之天民 天之所助 謂之天子 : 사람들이 귀복하는 사람을 자연의 백성이라 일컫고 자연이 도와주는 사람을 자연의 자식이라 함. 여기서 人之所舍와 天之所助를 각각 天民과 天子로 표현한 것으로 보아서 舍자를 귀복한다는 뜻으로 보는 것이 타당함을 알 수 있다.

第3章

學者는 學其所不能學也[1)]라 行者는 行其所不能行也라 辯者는 辯其所不能辯也니라 知止乎其所不能知 至矣니 若有不卽是者면 天鈞이 敗之[2)]니라

세상에서 學問이라고 하는 것은 배울 수 없는 것을 배우려고 하는 것이다. 세상에서 實踐이라고 하는 것은 실천할 수 없는 것을 실천하려는 것이다. 세상에서 辯論이라고 하는 것은 변론할 수 없는 것을 변론하려는 것이다. 인간의 앎이 알지 못하는 것에서 그칠 수 있다면 지극한 것이니 만약 이런 경지에 나아가지 않으면 자연의 균형 天鈞이 무너질 것이다.

【역주】

1) 學者 學其所不能學也 : 학문이라고 하는 것은 배울 수 없는 것을 배우려고 하는 것임. 앞의 學은 이른바 세상에서 학문이라고 하는 것들을 비판적으로 지적하여 말한 것이다. 이하의 行, 辯, 知 등도 마찬가지이다.

2) 若有不卽是者 天鈞敗之 : 만약 이런 경지에 나아가지 않으면 자연의 균형 天鈞이 무너질 것임. 天鈞은 〈齊物論〉편과 〈寓言〉편에도 나온다.

第4章

備物하야 **以將形**[1)]하며 **藏不虞**하야 **以生心**[2)]하며 **敬中**하야 **以達彼**[3)]니 **若是而萬惡**이 **至者**는 **皆天也 而非人也**[4)]라 **不足以滑成**[5)]이며 **不可內於靈臺**[6)]니라 **靈臺者**는 **有持 而不知其所持**라 **而不可持者也**[7)]니라 **不見其誠己而發**이면 **每發而不當**[8)]하나니 **業入而不舍**[9)]하야 **每更爲失**하나니 **爲不善乎顯明之中者**[10)]는 **人得而誅之**하고 **爲不善乎幽閒之中者**[11)]는 **鬼得而誅之**하나니 **明乎人**하며 **明乎鬼者然後**에야 **能獨行**[12)]이니라

필요한 물자를 갖추어 육체를 기르고, 思慮하지 않는 無心의 지혜를 몸에 지녀 마음을 생육하고, 공경하는 마음으로 다른 사물에 미친다. 이와 같이 하고서도 오히려 여러 가지 재난이 닥치는 것은 모두 자연〔天〕에 의한 것이지 인간에 의한 것이 아니다. 따라서 그것으로 마음의 안정〔成〕을 어지럽히기에는 부족하고 또 신성한 영역인 마음에 들여서도 안 된다. 신성한 영역인 마음은 지키는 것이 있지만 무엇을 지키는지 알 수 없는지라 억지로 지킬 수 없는 것이다.

내 마음의 誠을 확인하지 않고 움직이면 움직일 때마다 적중하지 못하니 〈그리하면 바깥세상의〉 걱정거리들이 이미 침입해 그만두지 않게 되어 일이 바뀔 적마다 모두 실패한다.

사람들이 보고 있는 데서 불선을 저지르는 자는 사람들이 그를 잡아서 처벌하고 사람들이 보지 않는 데서 악을 행한 자는 귀신이 잡아서 처벌한다. 그러므로 사람에게도 밝고 귀신에게도 밝은 뒤에야 홀로 걸어갈 수 있다.

【역주】

1) 備物以將形 : 필요한 물자를 갖추어 육체를 기름. 將은 기른다는 뜻. 奚侗은 ≪詩經≫ 〈小雅〉에 '어버이 모실 겨를이 없다〔不遑將父〕'는 구절을 들어 將을 養으로 풀이했는데 적절한 견해이다.

2) 藏不虞以生心 : 思慮하지 않는 無心의 지혜를 몸에 지녀 마음을 생육함. 虞는 헤아

린다는 뜻. 郭象은 "헤아림을 일컬음이다〔臆度之謂〕."라고 풀이했다.

3) 敬中以達彼 : 공경하는 마음으로 다른 사물에 미침. 자신을 잘 닦아서 외물을 감화시킨다는 뜻으로 褚伯秀가 "몸이 닦여져서 외물이 감화됨을 이름이다〔身修而物化之謂〕."라고 풀이한 것이 적절하다.

4) 若是而萬惡至者 皆天也而非人也 : 이와 같이 하고서도 오히려 여러 가지 재난이 닥치는 것은 모두 자연에 의한 것이지 인간에 의한 것이 아님. 萬惡은 온갖 재난. 天은 자연의 運數.

5) 不足以滑成 : 그것으로 마음의 안정(成)을 어지럽히기에는 부족함. 滑은 어지럽힌다는 뜻. 成은 마음의 안정.

6) 不可內(납)於靈臺 : 신성한 영역인 마음에 들여서도 안 됨. 內은 들이다는 뜻으로 納과 같다. 靈臺는 마음. 〈德充符〉편에는 靈府로 되어 있는데 靈府가 곧 靈臺이다(王叔岷).

7) 靈臺者 有持而不知其所持 而不可持者也 : 신성한 영역인 마음은 지키는 것이 있지만 무엇을 지키는지 알 수 없는지라 억지로 지킬 수 없음. 마음은 일정한 방향으로 움직임이 있지만 그 일정함이 딱히 정해져 있는 것이 아니기 때문에 억지로 지킬 수 없다는 뜻으로 여러 가지 이설이 있지만 阮毓崧이 ≪孟子≫에 나오는 "마음이 향하는 곳을 알 수 없다〔莫知其鄕〕."는 말로 풀이한 것을 참고할 만하다.

8) 不見其誠己而發 每發而不當 : 내 마음의 誠을 확인하지 않고 움직이면 움직일 때마다 적중하지 못함. 자기 자신을 진실하게 하지 못하고 함부로 움직인다는 뜻(王先謙). 不當은 사리에 맞지 못함.

9) 業入而不舍 : 걱정거리들이 이미 침입해 그만두지 않게 됨. 業은 바깥세상의 일, 곧 걱정거리. 舍는 그만둠.

10) 爲不善乎顯明之中者 : 사람들이 보고 있는 데서 불선을 저지르는 자. 공개적으로 불선을 저지르는 경우를 지칭한다.

11) 爲不善乎幽閒之中者 : 사람들이 보지 않는 데서 악을 행한 자. 숨어서 나쁜 짓을 하는 경우를 지칭한다.

12) 明乎人 明乎鬼者 然後能獨行 : 그러므로 사람에게도 밝고 귀신에게도 밝은 뒤에야 홀로 걸어갈 수 있음. 공개적인 악행도 하지 않고 숨어서 악행을 저지르는 일도 없어야 홀로 걸어가도 두려움이 없을 수 있다는 뜻으로 위의 두 구절과 함께

≪中庸≫의 '愼獨'을 연상하게 하는 대목이다.

第5章

券內者는 行乎無名[1])하고 券外者는 志乎期費[2])하나니 行乎無名者는 唯庸有光[3])이어니와 志乎期費者는 唯賈人也[4])어늘 人이 見其跂하고 猶之魁然[5])하나다 與物로 窮者는 物이 入焉하고 與物且者는 其身之不能容이어니 焉能容人[6])이리오 不能容人者는 無親[7])이니 無親者는 盡人[8])이니라 兵은 莫憯於志하니 鏌鋣爲下[9])니라 寇는 莫大於陰陽하니 無所逃於天地之間[10])이니라 非陰陽이 賊之라 心則使之也[11])니라

내면을 충실하게 하려는 사람은 남에게 알려지기를 바라지 않으면서 행동하고, 겉으로 드러나는 것을 중시하는 사람은 재물을 끌어 모으는 데 뜻을 둔다. 남에게 알려지기를 바라지 않으면서 행동하는 사람은 평범하게 행동해도 빛이 나지만 재물을 끌어 모으는 데 뜻을 둔 사람은 장사치에 지나지 않는데 사람들은 그가 억지로 발돋움한 것을 보고 오히려 우뚝하다고 여긴다. 사물과 함께할 때 극진히 하는 자는 사물도 받아들여지고 사물과 상대하는 자는 자신조차도 용납되지 못하니 어찌 다른 사람을 용납할 수 있겠는가. 다른 사람을 용인하지 못하는 자는 친함이 없을 것이니 친함이 없으면 남을 지극히 괴롭힌다.

무기 중에는 사람의 마음보다 더 참혹한 것이 없으니 鏌鋣 같은 명검도 그보다 아래이다. 해침은 음양의 부조화보다 더한 것이 없으니 천지 사이에 도망할 곳이 없다. 그러나 사실은 음양이 해치는 것이 아니라 사람의 마음이 그렇게 하는 것이다.

【역주】

1) 券內者 行乎無名 : 내면을 충실하게 하려는 사람은 남에게 알려지기를 바라지 않으면서 행동함. 券은 힘쓴다는 뜻으로 務와 같다(陳榮選). 郭象과 成玄英은 券을 分으로 풀이했지만 적절치 않다. 行乎無名은 무명을 추구한다는 뜻으로 남에게 알려지기를 바라지 않는다는 뜻이다.

2) 券外者 志乎期費 : 겉으로 드러나는 것을 중시하는 사람은 재물을 끌어 모으는 데 뜻을 둠. 期는 거두어들인다는 뜻. 費는 재물이다. 兪樾은 "費는 財用과 같다〔費 猶財用也〕."라고 풀이했다. 또 馬叙倫은 "期費는 재물을 거둠과 같다〔期費 猶斂財也〕."라고 풀이했다.

3) 行乎無名者 唯庸有光 : 남에게 알려지기를 바라지 않으면서 행동하는 사람은 평범하게 행동해도 빛이 남. 庸有光은 평범하게 행동해도 빛이 난다는 뜻. 庸은 平常의 뜻이다.

4) 志乎期費者 唯賈(고)人也 : 재물을 끌어 모으는 데 뜻을 둔 사람은 장사치에 지나지 않음. 賈人은 이익만 추구하는 사람이라는 뜻이다.

5) 人見其跂 猶之魁然 : 사람들은 그가 억지로 발돋움한 것을 보고 오히려 우뚝하다고 여김. 羅勉道는 "발돋움하고 서는 사람은 사람들이 보고 그가 우뚝하게 장대하다고 여기지만 실제로는 그렇지 않다〔跂立者 人見其魁然長大 而實不然〕."라고 풀이했다.

6) 與物窮者 物入焉 與物且者 其身之不能容 焉能容人 : 사물과 함께 할 때 극진히 하는 자는 사물도 받아들여지고 사물과 상대하는 자는 자신조차도 용납되지 못하니 어찌 다른 사람을 용납할 수 있겠는가. 與物窮者는 사물과 처음과 끝을 함께 한다는 뜻이다. 郭象은 "窮은 終始를 이름이다〔窮 謂終始〕."라고 풀이했다. 入은 사물이 저절로 받아들여진다는 뜻. 褚伯秀는 "入은 귀복함과 같다〔入 猶歸也〕."라고 풀이했다. 且는 齟齬함. 阻, 沮 등과 통하는 글자. 成玄英은 '苟且'의 뜻으로 풀이했지만 章炳麟이 '阻'의 가차자로 본 것이 타당하다.

7) 不能容人者 無親 : 다른 사람을 용인하지 못하는 자는 친함이 없을 것임. 남을 포용할 줄 모르는 자는 다른 사람을 친애하지 않는다는 뜻이다.

8) 無親者 盡人 : 친함이 없으면 남을 지극히 괴롭힘. 盡人에 대해서는 사람들이 모두 타인이라는 견해(郭象, 方勇·陸永品), 사람의 부류를 다해도 그와 함께 무리가 될 수 없다는 뜻이라는 견해(陸西星) 등이 있으나, 아래에 사람을 해치는 내용이 나오므로 여기서는 親과 반대가 되는 뜻으로 보고 타인을 극진히 괴롭힌다는 뜻으로 번역하였다.

9) 兵 莫憯於志 鏌鎁爲下 : 무기 중에는 사람의 마음보다 더 참혹한 것이 없으니 막야 같은 명검도 그보다 아래임. 呂惠卿이 "뜻을 병기로 삼으면 사람의 마음을 해치지

만 막야 같은 명검은 사람의 몸을 해칠 뿐이다〔志之爲兵 傷人之心 鏌鋣則傷人之形 而已〕."라고 풀이한 것이 적절하다.

10) 寇 莫大於陰陽 無所逃於天地之間 : 해침은 음양의 부조화보다 더한 것이 없으니 천지 사이에 도망할 곳이 없음. 寇는 본래 노략질을 일삼는 도적. 여기서는 사람을 해친다는 뜻으로 쓰였다.

11) 非陰陽賊之 心則使之也 : 그러나 사실은 음양이 해치는 것이 아니라 사람의 마음이 그렇게 하는 것임. 음양이 와서 사람을 해치는 것이 아니라 사람이 음양의 해로움을 자초한다는 뜻이다. 陸西星은 "마음이 욕심을 부리면 스스로 해칠 뿐이다〔心貪則自賊耳〕."라고 풀이했다.

第6章

道는 通其分也니 其成也毁也[1)]니라 所惡乎分者는 其分也에 以備[2)]요 所以惡乎備者는 其有以備[3)]니라 故로 出而不反이면 見其鬼[4)]하나니 出而得을 是謂得死[5)]라하나니라 滅而有實이 鬼之一也[6)]일새니라 以有形者로 象無形者면 而定矣[7)]리라 出이 無本하면 入이 無竅[8)]하니 有實而無乎處하고 有長而無乎本剽니라 有所出而無竅者가 有實하니 有實而無乎處者는 宇也[9)]오 有長而無本剽者는 宙也[10)]니라 有乎生하고 有乎死하며 有乎出하고 有乎入[11)]하니 入出而無見其形을 是謂天門[12)]이니라 天門者는 無有也[13)]니 萬物出乎無有하나니라 有는 不能以有로 爲有라 必出乎無有[14)]하나니 而無有一無有[15)]니 聖人은 藏乎是하나니라

道는 만물을 구분하지 않고 통틀어 하나로 만드니 이루기도 하고 훼손하기도 한다. 구분하는 것을 미워하는 까닭은 구분할 때마다 갖추어지기를 바라기 때문이고 갖춤을 미워하는 까닭은 갖춤을 끊임없이 요구하기 때문이다. 그 때문에 나가서 돌아오지 않으면 귀신을 보게 될 것이니 나가서 얻게 되는 것을 죽음을 얻었다고 한다. 〈본질은〉 소멸되었음에도 여전히 〈껍데기가〉 남아 있는 것은 귀신 중의 하나이다. 형체가 있는 존재로서 형체가 없는 도를 본떠 행동하면

안정될 것이다.

생겨남에 근본이 없으면 돌아갈 구멍이 없는 것처럼 그런데 〈도는〉 실제로 존재하지만 머무는 곳이 없고 자라남이 있지만 근본과 지말이 없다. 생겨남은 있지만 돌아갈 구멍이 없는 것이야말로 실제로 존재하는 것이니 실제로 존재하지만 머무는 곳이 없는 것은 宇이고 자라남이 있지만 근본과 지말이 없는 것은 宙이다. 생성과 사멸이 있고 나오고 들어감이 있으니 들어가고 나옴에 그 모습을 볼 수 없는 것을 天門이라 한다. 천문이란 있음이 없는 無有이니 만물은 無有에서 나온다. 있는 것은 있는 것에서 있게 되었다고 할 수 없는지라 반드시 無有에서 나온 것이니 無有는 일체가 없는 것이니 성인은 이것을 간직한다.

【역주】

1) 道 通其分也 其成也毁也 : 道는 만물을 구분하지 않고 통틀어 하나로 만드니 이루기도 하고 훼손하기도 함. 어떤 사물은 이루어주고 어떤 사물은 훼손한다는 식의 일정함이 없다는 뜻. 郭象은 "이루고 훼손함에 일정한 구분 없이 도는 모두 통한다〔成毁無常分而道皆通〕."라고 풀이했다. 日本 高山寺古鈔本에는 其分也 아래에 成也 두 글자가 있지만 方勇·陸永品이 지적하고 있는 것처럼 다른 판본에 보이지 않을 뿐만 아니라 역대의 주석에도 언급하고 있지 않으므로 따르지 않는 것이 타당하다.

2) 所惡乎分者 其分也 以備 : 구분하는 것을 미워하는 까닭은 구분할 때마다 갖추어지기를 바라기 때문임. 郭象은 "자기 분수를 지키지 않고 갖추어지기를 바란다. 그 때문에 구분하는 것을 미워하는 것이다〔不守其分而求備焉 所以惡分也〕."라고 풀이했다.

3) 所以惡乎備者 其有以備 : 갖춤을 미워하는 까닭은 갖춤을 끊임없이 요구하기 때문임. 王先謙은 "갖추어서 가진 자는 계속 갖출 것을 요구하여 그만두지 않는다. 그 때문에 갖추는 것을 미워하는 것이다〔其備有者 仍求備不已 故厭備〕."라고 풀이했다.

4) 出而不反 見其鬼 : 나가서 돌아오지 않으면 귀신을 보게 될 것임. 죽게 될 것이라는 뜻이다. 成玄英은 "무릇 어리석고 미혹된 마음을 먹고 함부로 시비의 경계를 쫓아가서 본원으로 돌아갈 줄 모르는 자는 움직이면 사지로 가게 된다. 그 때문에 귀신을 보게 된다〔夫出愚惑 妄逐是非之境而不能反本還原者 動之死地 故見爲鬼也〕."고

풀이했다.

5) 出而得 是謂得死 : 나가서 얻게 되는 것을 죽음을 얻었다고 함. 林希逸은 "〈齊物論〉에 나온 죽음에 가까운 마음인지라 다시 소생할 수 없다고 한 것이 바로 이 뜻이다〔齊物論曰 近死之心 不可復陽 卽此意也〕."라고 풀이했다.

6) 滅而有實 鬼之一也 : 〈본질은〉 소멸되었음에도 여전히 〈껍데기가〉 남아 있는 것은 귀신 중의 하나임. 郭象은 "이미 본성을 상실했으니 비록 생명을 가지고 있다 하더라도 무엇이 귀신과 다르겠는가〔已滅其性矣 雖有斯生 何異於鬼〕."라고 풀이했다.

7) 以有形者 象無形者 而定矣 : 형체가 있는 존재로서 형체가 없는 도를 본떠 행동하면 안정될 것임. 象은 본뜬다는 뜻. 成玄英은 "象은 비슷하게 함이다〔象 似也〕."라고 풀이했다. 대의는 宣穎이 "자취를 거두어들이고 비움과 같이 하면 어지러움이 끊어질 것이다〔斂迹同虛 紛擾絶矣〕."라고 풀이한 것이 무난하다.

8) 出無本 入無竅 : 생겨남에 근본이 없으면 돌아갈 구멍이 없음. 도에는 달리 근본이 있지 않다는 뜻이다. 王先謙은 "道가 유행할 때에는 근본이 따로 없고 도가 거두어질 때 구멍이나 틈이 따로 없다〔道之流行無本根 道之斂藏無竅隙〕."라고 풀이했다.

9) 有所出而無竅者 有實 有實而無乎處者 宇也 : 생겨남은 있지만 돌아갈 구멍이 없는 것이야말로 실제로 존재하는 것이니 실제로 존재하지만 머무는 곳이 없는 것은 宇임. 上下四方을 宇라 한다. 道는 上下四方 어디에나 존재한다는 뜻이다.

10) 有長而無本剽者 宙也 : 자라남이 있지만 근본과 지말이 없는 것은 宙임. 往古來今을 宙라 한다. 道는 어느 때에나 존재한다는 뜻이다.

11) 有乎生 有乎死 有乎出 有乎入 : 생성과 사멸이 있고 나오고 들어감이 있음. 만물의 생성소멸은 모두 도에서 말미암는다는 뜻이다. 林雲銘은 "生死出入에 도를 말미암지 않음이 없다〔生死出入 莫不由之〕."라고 풀이했다.

12) 入出而無見其形 是謂天門 : 들어가고 나옴에 그 모습을 볼 수 없는 것을 天門이라 함. 入出이 出入으로 된 판본이 있고, 方勇·陸永品의 견해에 따르면 다른 곳에서는 모두 出入이라 했는데 이곳만 入出로 된 것이 마땅하지 않고 郭象 注와 成玄英 疏에도 모두 出入으로 되어 있으므로 出入으로 고치는 것이 옳다고 했지만 도치된 표현으로 보는 것도 무리가 없으므로 굳이 고치지는 않았다.

13) 天門者 無有也 : 천문이란 있음이 없는 無有임. 郭象은 天門을 ≪老子≫ 제1장에 나오는 '衆妙之門'이라고 풀이했다.

14) 有 不能以有爲有 必出乎無有 : 있는 것은 있는 것에서 있게 되었다고 할 수 없는지라 반드시 無有에서 나옴. 有가 有에서 나왔다고 말할 수 없기 때문에 無有에서 나왔다고 할 수밖에 없다는 맥락이다.

15) 無有一無有 : 無有는 일체가 없는 것임. 成玄英은 “일체가 모두 무이기 때문에 一無有라고 했다〔一切皆無 故謂一無有〕.”고 풀이했다.

第7章

古之人은 其知有所至矣라 惡乎至오 有以爲未始有物者하니 至矣 盡矣라 弗可以加矣로다 其次는 以爲有物矣[1)]라 將以生으로 爲喪也하고 以死로 爲反也니 是以로 分已[2)]니라 其次는 曰 始無有니 旣而有生코 生俄而死[3)]니 以無有로 爲首하고 以生으로 爲體하고 以死로 爲尻[4)]며 孰知有無死生之一守者오 吾與之爲友호리라 是三者雖異나 公族也[5)]니 昭景也는 著戴也오 甲氏也는 著封也[6)]라 非一也[7)]니라

옛사람들은 그 지혜가 지극한 곳까지 이르렀다. 어디에까지 이르렀는가.

처음에 사물이 아직 없다고 생각한 사람이 있었으니 지극하고 극진하여 이보다 더 나을 수 없다.

그 다음은 사물이 있다고 생각한 사람이 있었는데 태어나는 것을 잃어버리는 것으로 여기고 죽는 것을 돌아가는 것으로 여겼으니 이것은 아직 삶과 죽음을 구분한 것이다.

그 다음은 처음에는 있는 것이 없다고 여겼는데 얼마 있다가 삶이 있게 되고 삶이 이윽고 죽게 되었으니 있는 것이 없다는 것을 머리로 삼고 삶을 몸체로 삼고 죽음을 꽁무니로 삼았으니 누가 죽음과 삶이 한 가지임을 아는가. 나는 그와 벗이 될 것이다.

이 세 가지 입장은 비록 생각이 다르지만 같은 혈통에서 나온 왕공의 同族이다. 〈같은 公族이지만〉 昭氏와 景氏는 사람들이 떠받드는 직책으로 드러낸

姓이고 甲氏는 그가 소유한 領地를 기준으로 姓을 드러낸 것인지라 〈성을 드러내는 방식이〉 한 가지가 아니다.

【역주】

1) 古之人 其知有所至矣 惡乎至 有以爲未始有物者 至矣盡矣 弗可以加矣 其次 以爲有物矣 : 옛사람들은 그 지혜가 지극한 곳까지 이르렀다. 어디에까지 이르렀는가. 처음에 사물이 아직 없다고 생각한 사람이 있었으니 지극하고 극진하여 이보다 더 나을 수 없다. 그 다음은 사물이 있다고 생각한 사람이 있었는데. 이상의 내용은 〈齊物論〉에도 똑같이 나온다.

2) 是以分已 : 삶과 죽음을 구분한 것임. 以는 '아직도, 여전히'의 뜻. 猶와 같다.

3) 旣而有生 生俄而死 : 얼마 있다가 삶이 있게 되고 삶이 이윽고 죽게 됨. 俄는 '이윽고, 얼마 있다가'.

4) 以無有爲首 以生爲體 以死爲尻 : 있는 것이 없다는 것을 머리로 삼고 삶을 몸체로 삼고 죽음을 꽁무니로 삼음. 無를 머리로 생명을 몸뚱이로 죽음을 꼬리로 비유한 것으로 삶의 전후는 모두 無임을 상징적으로 표현한 대목이다.

5) 是三者雖異 公族也 : 이 세 가지 입장은 비록 생각이 다르지만 같은 혈통에서 나온 왕공의 同族이다. 宣穎은 "세 가지 말이 모두 도를 볼 수 있으니 물결은 다르지만 근원은 같다〔三說皆能見道 異派同源也〕."라고 풀이했다.

6) 昭景也 著戴也 甲氏也 著封也 : 昭氏와 景氏는 사람들이 떠받드는 직책으로 드러낸 성이고 甲氏는 그가 소유한 領地를 기준으로 성을 드러낸 것임. 戴는 사람들이 떠받드는 직책, 封은 封邑, 곧 영지를 말한다. 羅勉道는 "戴는 직책이고 封은 封邑이다〔戴 職任也 封 封邑也〕."라고 풀이했다. 王應麟은 ≪楚辭≫ 王逸 注의 서문에 楚나라의 왕족인 三姓을 昭·屈·景으로 기록하고 있는 것을 들어 甲氏는 바로 屈氏일 것이라고 했는데 참고할 만한 견해이다.

7) 非一也 : 성을 드러내는 방식이 한 가지가 아님. 곧 어떤 경우는 직책을 기준으로 성을 표기하고 어떤 경우는 봉읍을 기준으로 성을 표기하지만 모두 왕족의 동성인 것처럼 도를 말할 때에도 각기 다른 방식으로 표현하지만 사실은 다른 것이 아니라 모두 도를 표현한 것이라는 뜻이다.

第8章

有生이 黬也[1)]어늘 披然曰 移是[2)]하나니라 嘗言移是는 非所言也[3)]이니라 雖然이나 不可知者也[4)]니라 臘者之有膍胲는 可散而不可散也[5)]니라 觀室者 周於寢廟하고 又適其偃焉[6)]하나니 爲是 擧移是[7)]니라 請嘗言移是하노라 是는 以生으로 爲本하고 以知로 爲師하야 因以乘是非[8)]하나니라 果有名實하야 因以己로 爲質[9)]하야 使人으로 以爲己節이오 因以死로 償節[10)]하나니 若然者는 以用으로 爲知하고 以不用으로 爲愚[11)]하며 以徹로 爲名하고 以窮으로 爲辱[12)]하나니 移是는 今之人也[13)]라 是蜩與學鳩와 同於同也[14)]니라

삶이란 마치 가마솥 밑의 검댕처럼 홀연히 생기는 것인데 잠깐 사이에 흩어져 옳다고 판단하는 기준이 바뀐다. 시험 삼아 옳음의 기준이 바뀌는 것을 말해보자면 쉽게 말할 수 있는 것이 아니다. 비록 그러하나 〈말로 표현하지 않으면〉 그것을 알 수 없다. 〈그래서 말해본다.〉 선달 납제사를 지낼 때 소를 희생으로 바치는데 소의 내장과 굽은 따로 나누어야 하지만 〈제사를 지낼 때는 한 마리 온전한 소를 바쳐야 하기 때문에〉 나누어서는 안 된다. 또 집을 둘러볼 때 寢殿과 祠堂을 두루 살펴보고 나서는 뒷간을 살펴보는데 이렇게 하는 것이 옳다고 판단하는 기준이 바뀌는 일에 해당한다.

시험 삼아 옳다고 판단하는 기준이 바뀌는 것에 대해 말해보고자 한다. 이것은 삶을 근본으로 여기고 앎을 스승으로 받들고서 이것을 따라 시비를 가르는 입장에 서게 된다. 그 결과 명목과 실질의 분리가 생겨나고 이어서 자기의 기준을 바탕으로 삼아서 다른 사람들로 하여금 자기의 名節(명예)을 인정하게 하고 이어서 죽음으로 그 명절에 보상하니 이 같은 자는 쓰임이 있는 것을 지혜롭다 여기고 쓰이지 못하는 것을 어리석다 여기며 세상에 통하는 것을 명예로 여기고 곤궁한 것을 치욕으로 여기니 이처럼 옳고 그름을 바꾸는 것이

요즘 사람들이다. 이는 〈大鵬을 비웃는〉 매미나 작은 새들이 함께 하는 짓을 같이하는 것이다.

【역주】

1) 有生黬(암)也 : 삶이란 마치 가마솥 밑의 검댕과 같음. 생명은 가마솥 밑의 검댕처럼 홀연히 생긴다는 뜻이다. 黬은 솥 밑에 붙은 검댕.

2) 披然曰 移是 : 잠깐 사이에 흩어져 옳다고 판단하는 기준이 바뀜. 披然은 이리저리 흩어지는 모양(方勇・陸永品). 移是는 옳다고 판단하는 기준이 바뀐다는 뜻으로 시비에 일정한 기준이 있을 수 없음을 말한다. 郭象은 "이미 이리저리 흩어져서 구분이 있게 되면 각자 자기가 옳다고 생각하는 것을 옳다고 한다. 옳음은 일정하게 있는 곳이 없다. 그 때문에 옮긴다고 말한 것이다〔旣披然而有分 則各是其所是矣 是無常在 故曰移〕."라고 풀이했다.

3) 嘗言移是 非所言也 : 시험 삼아 옳음의 기준이 바뀌는 것을 말해보자면 쉽게 말할 수 있는 것이 아님. 시비의 기준은 수시로 바뀌기 때문에 말로 표현하기가 어렵다는 뜻이다.

4) 雖然 不可知者也 : 비록 그러하나 〈말로 표현하지 않으면〉 그것을 알 수 없다. 말로 표현하기 어렵지만 그나마 말조차 하지 않으면 시비의 기준이 얼마나 어지럽게 변하는지 알 수 없다는 뜻. 郭象은 "시비의 기준이 바뀐다는 것을 말하지 않으면 바뀐다는 사실조차 알 수 없기 때문에 시험 삼아 말해보는 것이다〔不言其移 則其移不可知 故試言也〕."라고 풀이했다.

5) 臘者之有膍胲 可散而不可散也 : 섣달 납제사를 지낼 때 소를 희생으로 바치는데 소의 내장과 굽은 따로 나누어야 하지만 〈제사를 지낼 때는 한 마리 온전한 소를 바쳐야 하기 때문에〉 나누어서는 안 됨. 臘은 납제사로 섣달에 先祖와 五祀에 지내는 제사이다. 膍는 처녑, 곧 소나 양 따위의 내장. 胲는 엄지발가락, 여기서는 굽을 가리킨다. 소를 잡을 때 내장과 굽은 먹지 않기 때문에 따로 분리해내지만 제사를 지낼 때에는 한 마리 소 전체를 바쳐야 하기 때문에 분리하지 않는다는 뜻으로 분리하는 것이 옳으냐 아니냐는 기준이 때에 따라 바뀜을 말한 것이다.

6) 觀室者 周於寢廟 又適其偃焉 : 집을 둘러볼 때 침전과 사당을 두루 살펴보고 나서는 뒷간을 살펴봄. 寢은 正寢이고 廟는 사당. 偃은 뒷간. 側間.

7) 爲是 擧移是 : 이렇게 하는 것이 옳다고 판단하는 기준이 바뀌는 일에 해당함. 擧는 옳음의 기준이 바뀌는 실례를 이와 같이 들 수 있다는 뜻이다.

8) 是 以生爲本 以知爲師 因以乘是非 : 이것은 삶을 근본으로 여기고 앎을 스승으로 받들고서 이것을 따라 시비를 가르는 입장에 섬. 삶과 앎의 기준에 맞지 않는 것은 모두 그릇된 것으로 여기는 편견에 빠진다는 뜻이다.

9) 果有名實 因以己爲質 : 그 결과 명목과 실질의 분리가 생겨나고 이어서 자기의 기준을 바탕으로 삼음. 명목과 실질을 까다롭게 따지고 자신의 기준으로 시비를 가늠하는 태도를 말한다.

10) 使人 以爲己節 因以死 償節 : 다른 사람들로 하여금 자기의 名節(명예)을 인정하게 하고 이어서 죽음으로 그 명절에 보상함. 목숨을 바쳐 자신이 명예롭다는 사실을 사람들에게 알린다는 뜻이다.

11) 以用爲知 以不用爲愚 : 쓰임이 있는 것을 지혜롭다 여기고 쓰이지 못하는 것을 어리석다 여김. 세상에 쓰이는 사람을 지혜로운 사람이라 여기고 그렇지 못한 사람을 어리석은 사람이라고 규정한다는 뜻이다.

12) 以徹爲名 以窮爲辱 : 세상에 통하는 것을 명예로 여기고 곤궁한 것을 치욕으로 여김. 徹은 통한다는 뜻. 窮은 困窮, 곧 막힌다는 뜻이다.

13) 移是 今之人也 : 이처럼 옳고 그름을 바꾸는 것이 요즘 사람들임. 이처럼 자신의 편의에 따라 옳고 그름의 기준을 제멋대로 바꾸는 것이 요즘의 세태라는 의미이다.

14) 是蜩與學鳩 同於同也 : 이는 〈대붕을 비웃는〉 매미나 작은 새들이 함께 하는 짓을 같이하는 것이다. 蜩與學鳩는 〈逍遙遊〉편에 나왔다.

第9章

蹍市人之足 則辭以放驚[1]하고 兄則以嫗하고 大親則已矣[2]하나니 故曰 至禮는 有不人이오 至義는 不物[3]이오 至知는 不謀요 至仁은 無親이오 至信은 辟金[4]이라하도다

시장에서 모르는 사람의 발을 밟으면 잘못했다고 사과하고 형의 발을 밟았을 경우에는 어루만져주는 정도로 끝내고 부모의 발을 밟았을 경우에는 잘못했다는 말을 하지 않는다. 그 때문에 지극한 禮는 상대를 남으로 대하지 않고,

지극한 義는 다른 일로 여기지 않고, 지극한 知慧는 智謀를 부리지 않고, 지극한 仁은 누구를 따로 친애함이 없고, 지극한 믿음은 金玉을 담보로 하는 일을 물리친다.

【역주】

1) 蹍市人之足 則辭以放驚 : 시장에서 모르는 사람의 발을 밟으면 잘못했다고 사과함. 蹍은 밟는다는 뜻. 司馬彪와 李頤는 '蹈'로 풀이했고 ≪廣雅≫에서는 '履'로 풀이했다. 放驚는 放傲와 같다. 무례한 짓을 저질렀다고 사과하는 말이다.

2) 兄則以嫗 大親則已矣 : 형의 발을 밟았을 경우에는 어루만져주는 정도로 끝내고 부모의 발을 밟았을 경우에는 잘못했다는 말을 하지 않음. 가까운 관계일수록 형식적인 예를 갖추지 않는다는 뜻이다. 林希逸은 형이 아우의 발을 밟는 것으로 해석했는데, 글쓴이 또는 독자의 입장에서 형의 발을 밟는 것으로 이해하는 것이 앞의 남의 발을 밟는 것과 무난하게 연결된다.

3) 至禮有不人 至義不物 : 지극한 예는 상대를 남으로 대하지 않고, 지극한 의는 다른 일로 여기지 않음. 상대를 어버이나 형처럼 대하는 것이 최상의 禮이고 최상의 義라는 맥락이다. 物은 事와 같다. 不物은 남의 일로 여기지 않는다는 뜻이다.

4) 至知不謀 至仁無親 至信辟(벽)金 : 지극한 지혜는 智謀를 부리지 않고, 지극한 仁은 누구를 따로 친애함이 없고, 지극한 믿음은 金玉을 담보로 하는 일을 물리침. 辟은 물리침. 王敔는 "辟은 물리침이다〔辟 屛除也〕."라고 풀이했다.

第10章

徹志之勃[1)]하며 解心之謬〔繆〕[2)]하며 去德之累하며 達道之塞[3)]이니 貴富顯嚴名利六者는 勃志也요 容動色理氣意六者는 繆心也요 惡欲喜怒哀樂六者는 累德也요 去就取與知能六者는 塞道也니 此四六者[4)] 不盪胸中則正하고 正則靜하고 靜則明하고 明則虛하고 虛則無爲而無不爲也[5)]리라

마음을 어지럽히는 것들을 제거하며, 마음을 묶는 속박을 풀며, 타고난 德에 달라붙는 장애를 버리며, 道를 막는 방해물을 소통시켜야 할 것이니 신분의 높

음, 재부, 출세, 권세, 명성, 이익의 여섯 가지는 사람들의 마음을 어지럽게 하는 것이고, 용모, 동작, 표정, 피부, 생기, 의욕의 여섯 가지는 사람들의 마음을 속박하는 것이고, 증오, 욕망, 환희, 분노, 비애, 열락의 여섯 가지는 타고난 德에 장애가 되는 것이고, 사직, 취임, 착취, 은혜, 지혜, 능력의 여섯 가지는 근원의 도를 막는 것이다.

이 네 가지에 해당하는 여섯 가지 종류가 흉중에서 요동치지 않으면 올바르게 되고, 올바르면 고요함을 지키게 되고, 고요함을 지키면 앎이 분명해 지고 앎이 분명하면 마음이 텅 비게 되고 마음이 비는 경지에 도달하면 아무 것도 하지 않아도 되지 않을 일이 없게 된다.

【역주】

1) 徹志之勃 : 마음을 어지럽히는 것들을 제거함. 徹은 제거한다는 뜻으로 撤과 통한다. 勃은 悖로 된 판본이 있는데(陸德明) 方勇・陸永品의 지적처럼 悖의 오류일 가능성이 있지만, 뜻이 어지럽게 일어나는 모양을 勃로 표현했을 가능성 또한 있으므로 굳이 본문을 고치지는 않는다.

2) 解心之謬〔繆〕: 마음을 묶는 속박을 풂. 謬가 繆로 된 판본이 있고(陸德明) 아래에 '繆心也'라는 구절이 있으므로 繆로 보는 것이 옳다(方勇・陸永品).

3) 達道之塞 : 道를 막는 방해물을 소통시킴. 達은 疏通시킨다는 뜻으로 通과 같다.

4) 此四六者 : 이 네 가지에 해당하는 여섯 가지 종류의 조목. 위에서 말한 志之勃, 心之繆, 德之累, 道之塞의 네 가지에 해당하는 여섯 가지를 통틀어 지칭한 말이다.

5) 虛則無爲而無不爲也 : 마음이 비는 경지에 도달하면 아무 것도 하지 않아도 되지 않을 일이 없게 될 것임. '無爲而無不爲'는 ≪老子≫ 제37장에 '道常無爲而無不爲'로 나온다.

第11章

道者는 德之欽也[1]요 生者는 德之光也[2]요 性者는 生之質也니 性之動을 謂之爲오 爲之僞를 謂之失[3]이라 知者는 接也며 知者는 謨也[4]니 知者之所不知는 猶

睨也[5)]니라 **動以不得已之謂德**[6)]이오 **動無非我之謂治**[7)]니 **名相反而實相順也**[8)]니라

道란 德이 공경하는 것이고, 생명이란 덕이 빛나는 모습이다. 본성이란 생명의 바탕이다. 性의 활동을 행위라 하고, 행위가 거짓되면 그것을 상실이라고 일컫는다. 안다는 것은 〈性이〉 외물과 접촉하는 것이며 안다는 것은 생각하는 것이다. 그런데 이러한 知로써 다 알 수 없는 것이 있는 것은 마치 곁눈질하는 것과 같기 때문이다. 어쩔 수 없는 뒤에 움직이는 것을 덕이라 하고 움직임에 자연의 나 아님이 없는 것을 일러 다스려진 것이라고 하니 이름은 상반되지만 실제로는 서로 일치하는 것이다.

【역주】

1) 道者 德之欽也 : 道란 德이 공경하는 대상임. 羅勉道는 "欽이란 공경함이니 거두어 들인다는 뜻이 있다. 도가 있은 뒤에 덕이 있게 되는지라 도란 덕이 공경하는 것이라고 말한 것이다〔欽者 敬也 有收斂之義 道而後德 故云道者德之欽也〕."라고 풀이했다.

2) 生者 德之光也 : 생명이란 덕이 빛나는 모습임. 呂惠卿은 "생명이 있지 않으면 덕을 볼 수 없다. 그 때문에 생명이란 덕이 빛나는 것이라고 말한 것이다〔不生無以見德 故生者德之光〕."라고 풀이했다.

3) 性之動謂之爲 爲之僞謂之失 : 性의 활동을 행위라 하고, 행위가 거짓되면 그것을 상실이라고 일컬음. 失은 바탕, 곧 性을 잃어버렸다는 뜻이다. 타고난 본성 그대로 행동하지 않는 것을 거짓이라고 지적한 말이다.

4) 知者 接也 知者 謨也 : 안다는 것은 〈性이〉 외물과 접촉하는 것이며 안다는 것은 생각하는 것임. 두 개의 知자에 대해 하나는 감성적인 知이고 또 하나는 이성적 知라는 주장을 비롯하여 이설이 분분하지만 모두 후대의 관념으로 덧칠한 것일 뿐, 본문 그대로 앎의 두 가지 측면으로 이해하는 것이 무난하다.

5) 知者之所不知 猶睨也 : 이러한 知로써 다 알 수 없는 것이 있는 것은 마치 곁눈질하는 것과 같기 때문임. 猶睨也는 곁눈질하는 것과 같다는 뜻으로 사물을 정확하게 인식하지 못하는 인간의 한계를 지적한 말이다. 睨를 視로 보아 "눈으로 대상을 보

기 때문이다."로 해석할 수도 있으나(金谷治) 睨자의 字義를 따져볼 때 다소 무리한 해석이다. 또 睨를 倪로 풀이하여 "知로서는 알 수 없는 대상, 곧 지적 인식의 범위 밖의 道와 같은 것에 대하여는 嬰兒와 같이 멍한 태도를 취하면 된다."로 해석하기도 하나(福永光司) 역시 무리이다.

6) 動以不得已之謂德 : 어쩔 수 없는 뒤에 움직이는 것을 덕이라 함. 스스로 나서는 것이 아니라 그만둘 수 없는 상황이 된 뒤에야 마지못해 움직이기 때문에 비난받지 않는다는 뜻이다. 成玄英은 "일이 임박한 뒤에 움직이고 화답만 하고 창도하지 않으며 어쩔 수 없게 된 뒤에 쓰니 성대한 덕이라고 일컬을 만하다〔夫迫而後動 和而不唱 不得已而用之 可謂盛德也〕."라고 풀이했다.

7) 動無非我之謂治 : 움직임에 자연의 나 아님이 없는 것을 일러 다스려진 것이라고 함. 모든 행동이 본성을 어기지 않기 때문에 어지러워지지 않는다는 뜻이다. 成玄英은 "본성을 따라 움직여서 나를 버리고 다른 사람을 본뜨지 않기 때문에 올바른 이치에 부합된다. 그 때문에 어지러워지지 않는다〔率性而動 不捨我效物 合於正理 故不亂〕."라고 풀이했다.

8) 名相反而實相順也 : 이름은 상반되지만 실제로는 서로 일치함. 겉으로는 피아나 시비의 구분이 있는 것 같지만 내용상으로는 서로 부합된다는 뜻이다. 成玄英은 "저와 나 옳고 그름의 이름이 있기 때문에 이름은 상반되지만 저와 나, 옳고 그름의 실제가 없기 때문에 실제로는 서로 일치한다〔有彼我是非之名 故名相反 無彼我是非之實 故實相順也〕."라고 풀이했다.

第12章

羿는 工乎中微코 而拙乎使人으로 無己譽[1)]하며(하니) 聖人은 工乎天코 而拙乎人[2)]하나니 夫工乎天而俍乎人者는 唯全人이라야 能之[3)]하나니라 唯蟲이아 能蟲하며 唯蟲이아 能天[4)]이어니라 全人의(은) 惡天은(하나니) 惡人之天[5)]이니(이온) 而況吾天乎人乎[6)]따녀

羿는 작은 표적을 맞추는 데는 아주 뛰어났으나 사람들로 하여금 자기를 칭찬

하지 않게 하는 데에는 졸렬하였다. 성인은 天(자연)에 대하여는 뛰어나지만 사람에 대해서는 졸렬하였다. 자연에 뛰어나면서 사람의 일도 잘하는 것은 오직 완전한 사람이라야만 할 수 있다. 오직 벌레만이 온전하게 벌레일 수 있으며 오직 벌레만이 자연 그대로일 수 있다. 한편 완전한 사람은 자연을 싫어하는 경우가 있는데 그것은 바로 인위적인 자연을 싫어하는 것이니 하물며 내 스스로 인위를 자연(天)이라 하는 경우이겠는가.

【역주】

1) 羿工乎中微 而拙乎使人 無已譽 : 羿는 작은 표적을 맞추는 데는 아주 뛰어났으나 사람들로 하여금 자기를 칭찬하지 않게 하는 데에는 졸렬함. 羿는 〈德充符〉편 〈山木〉편 등에 나왔고, 이 편과 〈徐无鬼〉편에도 나온다. 微는 작은 목표물, 표적. 不射之射의 경지에는 아직 도달하지 못했음을 말한다(方勇・陸永品).

2) 聖人工乎天 而拙乎人 : 성인은 天(자연)에 대하여는 뛰어나지만 사람에 대해서는 졸렬함. 성인은 자연의 도, 곧 천도를 본받는 데는 뛰어나지만 자신의 자취를 사람들에게 감추는 데는 서툴렀다는 뜻으로 위의 羿와 다를 것이 없다는 뜻이다. 郭象은 "자연에 맡기는 것은 천도를 잘 본받은 것이고 천하를 다스리고자 하는 마음을 가지는 것은 인위이다〔任其自然 天也 有心爲之 人也〕."라고 풀이했는데 人자에 대한 풀이가 다소 다르지만 대의는 거의 같다.

3) 夫工乎天而俍乎人者 唯全人能之 : 자연에 뛰어나면서 사람의 일도 잘하는 것은 오직 완전한 사람이라야만 할 수 있음. 俍은 '잘할 량'. 成玄英, 奚侗 등은 모두 '善'으로 풀이했다. 金谷治는 良과 같다고 풀이했다. 佷으로 표기되어 있는 판본이 있다(馬叙倫). 全人은 '全德之人'(林希逸).

4) 唯蟲能蟲 唯蟲能天 : 오직 벌레만이 온전하게 벌레일 수 있으며 오직 벌레만이 자연 그대로일 수 있음. 章炳麟은 "사물 중에서 가장 열등한 것으로 오직 어쩔 수 없는 경우에만 움직이는데 금석이 다 그러하지만 벌레 또한 그에 가깝다〔物類最劣者 唯動不得已 金石悉然 蟲亦近之〕."라고 풀이했는데 벌레를 높이 평가하는 맥락을 잘 설명하고 있다.

5) 全人惡天 惡人之天 : 완전한 사람은 자연을 싫어하는 경우가 있는데 그것은 바로 인위적인 자연을 싫어하는 경우임. 王敔와 陳壽昌 등은 惡를 어찌(何)의 뜻으로 풀

이했지만 다소 무리한 견해이다. 자연을 미워한다는 표현인 惡天의 맥락이 부자연스럽기 때문이었겠지만 문자 그대로 '미워한다'는 뜻으로 보는 것이 옳다.

6) 況吾天乎人乎 : 하물며 내 스스로 인위를 자연(天)이라 하는 경우이겠는가. 天乎人은 인위를 자연이라고 말한다는 뜻이다. 天乎와 人乎로 天과 人을 나누어 해석하는 것이 成玄英 이래 대부분의 주석가들이 따르는 견해이지만 문법적으로나 의미나 맥락을 기준으로 보더라도 작자는 천과 인을 나누어 천 쪽을 취하고 있으므로 무리이다. 王先謙이나 阮毓崧처럼 天乎人을 "以人爲天"의 뜻으로 보는 것이 옳다(池田知久).

第13章

一雀適羿어든 **羿必得之**는 **威〔或〕也**[1]이어니와 **以天下**로 **爲之籠**이면 **則雀**이 **無所逃**니라 **是故**로 **湯**이 **以庖人**으로 **籠伊尹**하며 **秦穆公**이 **以五羊之皮**로 **籠百里奚**[2]하니 **是故**로 **非以其所好**로 **籠之而可得者 無有也**하니라

介者拸畫은 **外非譽也**[3]요 **胥靡登高而不懼**는 **遺死生也**[4]니라 **夫復謵不餽**애 **而忘人**[5]이니 **忘人**이면 **因以爲天人矣**[6]니라 **故**로 **敬之而不喜**하며 **侮之而不怒者**는 **唯同乎天和者**아 **爲然**하나니라 **出怒不怒**면 **則怒出於不怒矣**오 **出爲無爲**면 **則爲出於無爲矣**니라 **欲靜則平氣**하고 **欲神則順心**[7]하고 **有爲也欲當**인댄 **則緣於不得已**[8]니 **不得已之類**는 **聖人之道**[9]니라

참새 한 마리가 명궁인 羿에게 다가갔을 때 羿가 반드시 그것을 쏘아 맞춰 잡는다는 것은 미혹된 생각이다. 하지만 천하를 가지고 새장으로 삼으면 새가 도망칠 곳이 없게 된다. 이 때문에 殷나라의 湯王은 요리사의 직책으로 伊尹을 새장에 넣었으며 秦나라 穆公은 다섯 마리 양의 가죽을 대가로 百里奚를 새장에 넣었다. 그러므로 상대방이 좋아하는 것을 가지고 새장으로 삼지 아니하고서 그를 손에 넣는 경우는 없는 법이다.

형벌로 다리를 잘린 사람이 화장도구를 버리는 것은 〈용모에 대한 사람들의〉

칭찬이나 헐뜯음을 도외시하기 때문이고 형벌을 받은 죄수의 무리가 높은 곳에 올라가도 두려워하지 않는 것은 생사를 도외시하기 때문이다. 남에게 굴복하고서도 부끄러워하지 않으면 사람들을 잊게 되니 사람들을 잊게 되면 그로 인해 자연의 사람이 된다. 그 때문에 사람들이 그를 공경해도 기뻐하지 않고 멸시해도 성내지 않는 것은 오직 자연의 조화와 일체가 된 사람이라야만 그렇게 할 수 있다. 노여움을 발출하더라도 인위적으로 노여워하지 않으면 노여워하지 않는 데서 노여움이 나오게 될 것이고 행위를 발출하더라도 인위적으로 행위하지 않으면 행위가 무위에서 나오게 될 것이다.

고요하기를 바라면 氣를 평화롭게 해야 하고 신묘하기를 바라면 자연스러운 마음을 따라야 하고 행동이 마땅하기를 바란다면 어쩔 수 없게 됨을 따라야 할 것이니 어쩔 수 없게 된 뒤에 움직이는 부류는 聖人의 도이다.

【역주】

1) 一雀適羿 羿必得之 威〔或〕也 : 참새 한 마리가 명궁인 羿에게 다가갔을 때 羿가 반드시 그것을 쏘아 맞춰 잡는다는 것은 미혹된 생각임. 아무리 활을 잘 쏜다 하더라도 놓칠 수 있다는 뜻이다. 或이 威로 된 판본도 있다. 林希逸은 威를 惑으로 풀이했다. 安東林은 "한 마리의 참새가 羿에게 날아가면 羿는 반드시 쏘아 떨어뜨리지만 이는 그의 인위의 위력에 의한 것이다."라고 번역했는데 威를 그대로 두고 해석한 경우이다.

2) 湯以庖人籠伊尹 秦穆公以五羊之皮籠百里奚 : 탕왕은 요리사의 직책으로 이윤을 새장에 넣었으며 진나라 목공은 다섯 마리 양의 가죽을 대가로 백리해를 새장에 넣음. 伊尹이 요리하는 일로 湯임금에게 벼슬을 구했다는 고사는 ≪孟子≫에 나오는데 맹자 스스로는 그럴 리가 없다고 부정하고 있지만 이곳에도 비슷한 내용이 나오는 걸로 보아 그런 전설이 있었던 것만은 분명하다고 할 수 있다. 百里奚와 관련된 고사는 〈田子方〉편에 나왔다. 천하를 다스리는 일을 명분으로 삼아 인재를 얻었음을 말한다.

3) 介者拸畫(치획) 外非譽也 : 형벌로 다리를 잘린 사람이 화장도구를 버리는 것은 〈용모에 대한 사람들의〉 칭찬이나 헐뜯음을 도외시하기 때문임. 介者는 형벌을 받

아 다리를 잘린 사람. 移畫은 화장도구를 버린다는 뜻. 畫은 화장도구. 郭象은 "畫은 용모를 꾸미는 도구이다〔畫 所以飾容貌也〕."라고 풀이했다. 崔譔은 "법도에 구속되지 않음이다〔不拘法度也〕."라고 풀이했는데 畫을 法度로 이해한 것은 다소 빗나간 이해이다. 陸德明은 移가 移로 표기된 판본을 소개하면서 '離'로 풀이하고 있는데 '버린다'는 뜻이다. 한편 兪樾은 郭象이 畫을 용모를 꾸미는 도구로 풀이하는 것은 적절한 비유가 아니라 하고 崔譔의 견해가 옳다고 주장하면서 장황하게 고증하고 있으나 郭象 注의 간명함을 따르니만 못하다.

4) 胥靡登高而不懼 遺死生也 : 형벌을 받은 죄수의 무리가 높은 곳에 올라가도 두려워하지 않는 것은 생사를 도외시하기 때문임. 胥靡는 형벌을 받아 부역에 끌려가는 무리.

5) 夫復謵不餽 而忘人 : 남에게 굴복하고서도 부끄러워하지 않으면 사람들을 잊게 됨. 復謵에 대해서는 이설이 분분하지만 伏慴의 가차자로 보는 馬叙倫의 견해가 유력하다.

6) 忘人 因以爲天人矣 : 사람들을 잊게 되면 그로 인해 자연의 사람이 됨. 郭象은 "사람의 감정이 없게 되면 저절로 자연의 사람이 된다〔無人之情 則自然爲天人〕."고 풀이했다.

7) 欲靜則平氣 欲神則順心 : 고요하기를 바라면 기를 평화롭게 해야 하고 신묘하기를 바라면 자연스러운 마음을 따라야 함. 平氣順心은 心平氣和(마음이 평화로우면 기 또한 조화된다)라고 말한 것과 같다(方勇・陸永品).

8) 有爲也欲當 則緣於不得已 : 행동이 마땅하기를 바란다면 어쩔 수 없게 됨을 따라야 할 것임. 林雲銘은 "어쩔 수 없게 된 뒤에 일어나면 하는 행동이 모두 마땅하게 될 것이다〔不得已而起 則所爲皆當〕."라고 풀이했다.

9) 不得已之類 聖人之道 : 어쩔 수 없게 된 뒤에 움직이는 부류는 성인의 도임. 성인은 나서서 창도하려는 욕심이 전혀 없기 때문에 어쩔 수 없게 된 뒤에야 움직인다는 뜻이다.

第24篇 徐无鬼

【해설】

陸德明은 "사람 이름을 따 편 이름을 지었다〔以人名篇〕."고 풀이했는데 〈庚桑楚〉편의 경우처럼 글의 첫머리가 徐无鬼로 시작되기 때문에 그것을 편 이름으로 삼은 것이기도 하다. 일찍이 王夫之는 "이 편은 노자에 나오는 '최상의 덕은 덕스럽지 않다'고 한 뜻을 부연한 것이다〔此衍老氏上德不德之旨〕."라고 풀이했는데 이런 의미는 제1장과 제2장에 나오는 徐无鬼와 魏 武侯와의 문답 중에서 천하 제일의 명마는 겉으로 보기에는 마치 자기 자신을 잃어버린 것처럼 멍한 모습을 지니고 있다고 한 데서 찾아볼 수 있다.

제1장에서 魏 武侯가 徐无鬼를 보고 '병들고 지친 모습'이라고 위로했다가, 서무귀의 강한 반박에 부끄러워하는 식의 서사구조는 ≪史記≫ 〈仲尼弟子列傳〉에서 공자의 제자 子貢이 또 다른 공자의 제자 原憲을 만나러 갔을 때 주고받은 문답과 유사하다.

제5장과 제6장에서는 ≪莊子≫ 전편에 걸쳐 장자의 논쟁 상대로 등장하는 惠施가 나오는데, 제5장에서는 儒家와 墨家와 楊朱와 公孫龍의 네 학파에 대한 두 사람의 비판적 진술이 보인다. 제6장에서는 혜시의 무덤을 지나면서 郢人蠅翼의 비유를 들어 더는 맞수가 없어 논쟁적 대화를 하지 못하게 된 것을 애석히 여기는 莊子의 술회가 실려 있는데 人口에 자주 膾炙되는 명구라 할 것이다.

제13장은 이 편의 결론에 해당하는 글로 福永光司의 견해에 따르면 자연이 가르치는 진리에 귀 기울일 것을 요구하면서 동시에 인간의 미혹됨과 깨달음의 문제를 고찰하고, 내편 장자의 道와 진인의 사상을 분명히 하고 있다.

第1章

徐无鬼[1]因女商[2]하야 見魏武侯[3]한대 武侯勞之[4]曰 先生이 病矣[5]로다 苦於山林之勞[6] 故로 乃肯見於寡人[7]이로다 徐无鬼曰 我則勞於君이언정 君有何勞於我[8]시리잇고 君將盈耆欲하며 長好惡 則性命之情이 病矣[9]오 君將黜耆欲하며 掔好惡(에) 則耳目이 病矣[10]나니라 我將勞君이언정 君有何勞於我시리잇고 武侯超然不對[11]러니 少焉[12]코 徐无鬼曰 嘗語君吾의 相狗也[13]호리라 下之質은 執飽而止하나니 是는 狸德也[14]니라 中之質은 若視日[15]하고 上之質은 若亡其一[16]하니이다 吾의 相狗는 又不若吾相馬也하니라 吾相馬는 直者中繩하며 曲者中鉤하며 方者中矩하며 圓者中規[17]하면 是國馬[18]也니 而未若天下馬也하니라 天下馬는 有成材[19]하야 若卹若失[20]하며 若喪其一[21]하니 若是者는 超軼絶塵[22]하야 不知其所[23]하나니라 武侯大悅而笑하니라

徐无鬼가 女商의 소개로 魏나라 武侯를 만났다. 武侯가 서무귀를 위로하며 말했다. "선생께서는 병들어 보이십니다. 산림에서 은둔생활의 수고로움에 지치셨군요. 그 때문에 과인을 기꺼이 만나 보려 하신 것이군요."

徐无鬼가 말했다. "나야말로 임금님을 위로하려고 온 것입니다. 그럴지언정 임금님께서 또 어떻게 나를 위로하겠다는 것입니까? 임금님께서는 먹고 마시는 욕망을 가득 채우고 好惡의 감정에 따라 행동하고자 하신다면 性命의 올바름이 병들 것이고, 〈반대로〉 임금님께서 먹고 마시는 욕망〔嗜慾〕을 억제하여 물리치고 好惡의 감정을 버리고자 하신다면 귀나 눈의 감각기관이 병들 것입니다. 그러니 나야말로 임금님을 위로해드릴지언정 임금님께서 또 어떻게 나를 위로한다는 것입니까?" 武侯가 언짢아하며 아무런 말도 하지 않았다.

얼마 있다가 서무귀가 말했다. "시험 삼아 임금님께 제가 개를 감정하는 방법을 말씀드려 보겠습니다. 하급의 자질에 해당하는 개는 배불리 먹는 데 집착할

뿐이니 이는 고양이와 다를 것이 없습니다. 중등의 자질에 해당하는 개는 마치 해를 쳐다보는 것 같이 먼 데를 쳐다봅니다. 그런데 상등의 자질에 해당하는 개는 마치 자신을 잊어버린 것과 같습니다. 그런데 제가 개를 보는 감정법은 또 제가 말을 감정하는 방법에는 미치지 못합니다.

제가 말을 감정하는 방법은 이렇습니다. 말이 직진할 때에는 먹줄에 맞고, 굽이돌 때에는 갈고리에 맞고, 네모진 모양으로 꺾어질 때에는 곱자에 맞고, 둥근 모양으로 돌 때에는 그림쇠에 들어맞으면 그런 말은 온 나라에서 가장 뛰어난 名馬라고 할 수 있을 것입니다. 그러나 이것은 아직 천하의 명마에는 미치지 못합니다.

이 천하제일의 명마는 天成의 美質을 갖추고 있는데, 이 말은 일견 공허한 듯하고 무엇인가를 잃어버린 것 같으며 마치 자기 자신을 잃어버린 것처럼 멍한 모습으로 있는데 이와 같은 말은 한 번 내달으면 다른 말들을 그냥 추월해서 먼지조차 따돌려 어디로 가는지도 알 수 없습니다."

武侯는 이 말을 듣고 크게 기뻐하며 흰 이를 드러내고 웃었다.

【역주】

1) 徐无鬼 : 인명. 姓은 徐, 字가 无鬼(成玄英). 魏나라의 隱者(陸德明). 李頤는 魏나라의 幸臣이라 했는데 본문의 내용으로 보아 은자로 보는 것이 타당하다.

2) 女商 : 인명. 姓은 女, 이름은 商(成玄英). 魏나라 宰臣(陸德明).

3) 魏武侯 : 위나라 문후의 아들. 惠王의 아버지.

4) 勞之 : 그를 위로함. 위무후가 서무귀를 위로했다는 뜻.

5) 先生病矣 : 선생께서는 병들어 보임. 〈山木〉편 제6장에 "어째서 선생께서는 이다지도 고달파보이십니까?〔何先生之憊邪〕"라고 한 표현과 비슷하다.

6) 苦於山林之勞 : 산림의 수고로움에 지침. 은둔생활의 괴로움에 지쳤을 것이라는 뜻.

7) 故乃肯見於寡人 : 그 때문에 과인을 기꺼이 만나 보려 한 것임. 肯見은 기꺼이 만나 봄. 馬叙倫은 故를 今의 誤字라고 했는데 일리가 있지만 그대로 두고도 무리 없는 번역이 가능하기 때문에 굳이 따르지는 않았다.

8) 我則勞於君 君有何勞於我 : 나야말로 임금님을 위로하려고 온 것입니다. 그렇지

언정 임금님께서 또 어떻게 나를 위로하겠다는 것입니까? 위로받아야 할 사람은 위무후이지 서무귀 자신이 아니라는 뜻. 위무후가 위로받아야 할 이유는 아래에 나와 있다.

9) 盈耆欲 長好惡 則性命之情病矣 : 먹고 마시는 욕망을 가득 채우고 好惡의 감정에 따라 행동하고자 하신다면 性命의 올바름이 병들 것임. 耆欲은 먹고 마시는 욕망. 好惡는 好惡의 감정. 耆는 嗜와 같다.

10) 君將黜耆欲 掔好惡 則耳目病矣 : 먹고 마시는 욕망〔嗜慾〕을 억제하여 물리치고 好惡의 감정을 버리고자 하신다면 귀나 눈의 감각기관이 병들 것임. 무리하게 욕망을 억지로 끊어 없애려고 하는 것도 도리어 신체에 손상을 준다는 뜻. 黜은 쫓아낸다는 뜻이고 掔은 끌어다 물리친다는 뜻. 成玄英은 "黜은 물러나게 함이고 掔은 끌어다 물리침이다〔黜 廢退也 掔 引卻也〕."라고 풀이했다. 이러지도 저러지도 못하는 위무후의 처지를 설명하고 있는 내용이다.

11) 武侯超然不對 : 武侯가 언짢아하며 아무런 말도 하지 않음. 羅勉道는 超然을 "스스로 높은 체하는 모양〔自高貌〕."으로 풀이했고, 陸樹芝는 "기꺼워하지 않는 뜻〔不屑之意〕."으로 풀이했는데, 司馬彪가 "기분 나빠함이다〔猶悵然也〕."라고 풀이한 것이 적절하다(池田知久, 安東林, 福永光司).

12) 少焉 : 얼마 있다가. 잠시 뒤에. 약간의 시간이 흐른 뒤를 뜻한다.

13) 嘗語君吾相狗也 : 시험 삼아 임금님께 제가 개를 감정하는 방법을 말씀드려 보겠음. 相狗는 개를 봄. 곧 개의 자질을 감정한다는 뜻인데 여기서는 사냥개의 좋고 나쁨을, 그 모습 · 체형 · 동작을 보아 품평하는 것이다. 漢代의 무덤에서 ≪相狗經≫이 발굴된 적도 있는 걸로 보아 그 이전부터 왕후들 사이에서 相狗의 풍속이 성행했음을 알 수 있다(池田知久).

14) 執飽而止 是狸德也 : 배불리 먹는 데 집착할 뿐이니 이는 고양이의 성질을 가진 개임. 곧 이런 개는 고양이와 다를 것이 없다는 뜻. 狸는 고양이, 猫와 같다. 고양이는 먹을거리를 잡고 나면 더 이상 사냥하지 않기 때문에 이런 성질을 가진 개는 사냥개로는 하급이라는 뜻이다.

15) 若視日 : 마치 해를 쳐다보는 것 같이 먼 데를 쳐다봄. 멀리 본다는 뜻으로 당장 눈앞의 먹을 것에 구속되지 않는다는 의미이다. 司馬彪는 "해를 본다는 것은 멀리 본다는 뜻이다〔視日 瞻遠也〕."라고 풀이했다.

16) 若亡其一 : 마치 자신을 잊어버린 듯함. 뒤의 若喪其一과 같은 뜻. 陸德明은 "一은 몸이다. 정신이 움직이지 않아서 마치 그 몸이 없는 듯함이다〔一 身也 謂精神不動 若無其身也〕."라고 풀이하여 다소 추상적인데, 宣穎이 '자기 자신〔己〕'으로 풀이한 것이 무난하다. 이 외에 林希逸은 '生之性'이라 했는데 이 또한 지나치게 추상적인 해석이다. 다만 林希逸이 〈達生〉편 제8장에 나오는 나무로 빚어 만든 닭인 '木鷄'를 인용하면서 "마치 자신을 잊어버린 것 같다는 것은 나무로 빚어 만든 닭과 같음이다〔若亡其一 猶鷄之似木鷄〕."라고 풀이한 것과 林雲銘이 이 표현을 〈齊物論〉편 제1장에서 "자기 짝을 잃어버린 것 같았다〔似喪其耦〕."라고 한 데에 근거한 표현이라고 한 것은 참고할 만하다.

17) 直者中繩 曲者中鉤 方者中矩 圓者中規 : 말이 직진할 때에는 먹줄에 맞고, 굽이 돌 때에는 갈고리에 맞고, 네모진 모양으로 꺾어질 때에는 곱자에 맞고, 둥근 모양으로 돌 때에는 그림쇠에 들어맞음. 司馬彪는 "곧음은 말의 치아를 말하고, 굽음은 말의 등을, 네모남은 말의 머리를, 둥긂은 말의 눈을 가리킴이다〔直 謂馬齒 曲 謂背上 方 謂頭 圓 謂目〕."라고 풀이했고 成玄英도 이것을 따랐지만 옳지 않다. 林自가 "먹줄과 갈고리와 그림쇠와 곱자에 맞다는 것은 모두 말을 훈련시키는 방법이다〔中繩鉤規矩 皆敎習之法〕."라고 풀이한 것이 옳다. 林希逸, 羅勉道, 陶鴻慶 등도 같은 견해.

18) 國馬 : 온 나라에서 가장 뛰어난 名馬. 一國을 통틀어 가장 뛰어난 말이라는 뜻.

19) 天下馬有成材 : 천하제일의 명마는 天成의 美質을 갖추고 있음. 天下馬는 천하를 통틀어 가장 뛰어난 말. 成材는 자연적으로 이루어진 아름다운 자질.

20) 若卹若失 : 일견 공허한 듯하고 무엇인가를 잃어버린 것 같음. 卹은 侐의 가차자로 고요하다〔靜〕는 의미. 安東林은 '조용히 안정되어 있으며'로 번역했다.

21) 若喪其一 : 마치 자기 자신을 잃어버린 듯함. 앞에 나온 若亡其一과 같은 뜻이다.

22) 超軼絶塵 : 다른 말들을 그냥 추월해서 먼지조차 따돌림. 超軼은 다른 말들을 앞질러 간다는 뜻. 軼은 본래 수레를 뜻하지만 여기서는 '群馬'의 뜻(方勇・陸永品). 〈田子方〉편 제3장의 '奔逸絶塵'과 비슷한 표현. 絶塵은 워낙 빨리 달려 달릴 때 일어나는 먼지가 말을 따라잡지 못함을 나타낸 표현이다(方勇・陸永品).

23) 不知其所 : 어디로 가는지 알 수 없음. 其所는 '其所往'으로 말이 달려가는 목적지(方勇・陸永品). 成玄英은 "이미 가르친다고 되는 것이 아니다. 그 때문에 어디에

서 말미암았는지 알 수 없다〔旣非敎習 故不知所由也〕."라고 풀이하여 所를 所由來의 뜻으로 풀이하였고, "말이 어디에 있는지 알 수 없다."는 뜻으로 풀이하는 견해도 있으나, 이 부분은 말이 달리는 모습을 형용한 것이므로 말이 어디에서 와서 어디로 가는지 알 수 없을 정도로 빠르다는 뜻으로 풀이하는 것이 무난하다.

徐无鬼出이어늘 女商曰 先生은 獨何以說吾君乎[1]오 吾所以說吾君者는 橫說之 則以詩書禮樂[2]이오 從說之 則以金板六弢[3]니 奉事而大有功者 不可爲數[4]로대 而吾君未嘗啓齒[5]러시니 今先生이 何以說吾君이완대 使吾君으로 說이 若此乎오 徐无鬼曰 吾直告之吾의 相狗馬耳로라 女商曰 若是乎아 曰 子는 不聞夫越之流人[6]乎아 去國數日에 見其所知而喜[7]하고 去國旬月에 見所嘗見於國中者하야 喜[8]하고 及期年也하야는 見似人者而喜矣[9]니라 不亦去人滋久하야는 思人滋深乎[10]아 夫逃虛空者 藜藋柱乎鼪鼬之逕이어든 踉位其空하야는 聞人足音이 跫然而喜矣[11]온 又況乎昆弟親戚之謦欬其側者乎[12]따녀 久矣夫라 莫以眞人之言으로 謦欬吾君之側乎[13]아

徐无鬼가 밖으로 나오자 女商이 말했다. "선생은 도대체 우리 임금님께 무슨 말을 하였소? 지금까지 내가 우리 임금님께 말씀드렸던 것은 橫으로는 詩·書·禮·樂을 말씀드렸고, 縱으로는 金板이나 六弢 같은 병법을 말씀드렸는데 때로는 일을 받들어 크게 공을 세운 적이 헤아릴 수 없을 정도로 많았습니다. 그런데도 우리 임금님께서는 한 번도 이를 드러내고 웃지 아니하셨습니다. 그런데 지금 선생께서는 우리 임금님께 무슨 이야기를 하셨기에 우리 임금님으로 하여금 이토록 기뻐하게 하신 겁니까?"

徐无鬼가 말했다. "저는 다만 임금님께 개나 말을 보는 방법에 대해 말씀드렸을 뿐입니다."

女商이 말했다. "그것뿐입니까?"

徐无鬼가 말했다. "당신도 남쪽 끝 越나라 땅에 유배된 죄인의 이야기를 들은 적이 있겠지요. 본국을 떠나 며칠이 지나면 〈귀양살이하는 사람은〉 자기가 알고 있는 사람을 만나면 기뻐하고, 본국을 떠나 열흘이나 한 달이 지나면 전에 본국에서 잠깐 본 일이 있는 사람을 만나도 기뻐하고, 일 년이 지남에 이르러서는 자기 나라 사람 비슷한 사람만 보아도 기뻐합니다. 이야말로 인간사회에서 떠난 지 오래되면 오래될수록 사람을 그리워하는 마음이 더욱 깊어진다는 것을 보여주는 것 아니겠소.

도대체 인적이 끊긴 산골짜기로 도망쳐 홀로 사는 사람도 족제비나 다니는 좁은 길에 명아주풀이 우거진 가운데 비틀거리며 텅 빈 골짜기에서 지내게 되면 어쩌다가 사람의 발걸음이 저벅저벅하는 소리만 들어도 기뻐하게 됩니다. 그런데 하물며 형제나 친척이 찾아와 자기 곁에서 기침소리 내며 이야기라도 나누게 되면 얼마나 기뻐하겠습니까! 참으로 오래되었나 봅니다. 아무도 〈개감정법이나 말감정법과 같은 養生의 진리를 말하는〉 眞人의 말로 우리 임금 곁에서 기침소리를 내며 이야기하지 않은 적이."

【역주】

1) 先生獨何以說(세)吾君乎 : 선생은 도대체 우리 임금님께 무슨 말을 하였소? 說는 유세한다는 뜻으로 말로 상대를 설득함을 말한다. 馬叙倫은 說를 司馬彪가 悅로 표기한 것을 두고 說(열)의 假借라 했고, 王先謙은 "說은 悅과 같다. 아래도 마찬가지이다〔說同悅 下同〕."이라 풀이했는데 옳지 않다.

2) 横說之 則以詩書禮樂 : 횡으로 유세할 때에는 詩·書·禮·樂을 말씀드림. 아래의 從說之와 상대되는 말로 이렇게도 말해보고 저렇게도 말해보았다는 뜻이다.

3) 從說之 則以金板六弢(도) : 종으로는 金板이나 六弢 같은 병법을 말함. 從은 縱橫의 縱과 같다. 金板六弢는 六韜三略으로 太公의 병법으로 전해진다. 六韜는 文韜·武韜·虎韜·豹韜·龍韜·犬韜의 6권. 三略은 上·中·下의 三略. 林希逸은 "바로 태공의 병법이다. 이 책은 조정에 간직되어 있었기 때문에 金板이라 한 것이니 金匱와 石室에 간직된 책이라고 말한 것과 같다〔卽太公兵法也 此書藏於朝廷 故曰金板 猶曰金匱石室之書也〕."라고 풀이했다. 儒家의 詩書禮樂과 兵家의 金板六弢를 폄하하고, 道家의 양생술을 말하는 眞人之言을 더 의미있는 사상으로 드러낸 표현이

다(池田知久).

4) 奉事而大有功者 不可爲數 : 일을 받들어 크게 공을 세운 적이 헤아릴 수 없을 정도로 많았음. 詩·書·禮·樂의 文과 金板六弢의 병법으로 나라를 다스려서 큰 효과를 보았다는 뜻으로 곧 유가의 학술과 병법가들의 병법으로 나라를 다스리도록 진언했지만 임금이 즐거워하지는 않았다는 뜻이다.

5) 吾君未嘗啓齒 : 우리 임금님께서 한 번도 이를 드러내고 웃었던 적이 없음. 啓齒는 이를 드러내고 크게 웃었다는 뜻이다.

6) 越之流人 : 越나라 땅에 유배된 사람. 流는 流配. 魏나라 사람으로 越나라에 유배된 죄인이라는 뜻이다. 司馬彪는 "流人은 죄를 짓고 유배된 자이다〔流人 有罪見流徙者也〕."라고 풀이했다.

7) 去國數日 見其所知而喜 : 본국을 떠나 며칠이 지나면 자기가 알고 있는 사람을 만나면 기뻐함. 見其의 其는 귀양살이하는 사람을 지칭하며 所知는 본국에서 교유하던 사람을 지칭한다.

8) 去國旬月 見所嘗見於國中者喜 : 본국을 떠나 열흘이나 한 달이 지나면 전에 본국에서 잠깐 본 일이 있는 사람을 만나도 기뻐함. 所嘗見於國中者는 교분은 없고 본국에서 잠깐 스쳐 지나간 적이 있는 사람을 말한다. 旬은 열흘이고 月은 한 달.

9) 及期年也 見似人者而喜矣 : 일 년이 지남에 이르러서는 자기 나라 사람 비슷한 사람만 보아도 기뻐함. 見似人者를 '사람 같은 모습을 하고 있는 것만 보아도'라고 글자 그대로 번역할 수도 있지만 아래에 비슷한 내용이 나오기 때문에 여기서는 자기 나라 사람과 비슷한 사람 정도로 번역하는 것이 무난하다.

10) 不亦去人滋久 思人滋深乎 : 이야말로 인간사회에서 떠난 지 오래되면 오래될수록 사람을 그리워하는 마음이 더욱 깊어진다는 것을 보여주는 것 아니겠소. '不亦~乎'는 '또한 ~가 아니겠는가'. 思人은 사람을 그리워함.

11) 夫逃虛空者 藜藋(여조)柱乎鼪鼬(생유)之逕 踉位其空 聞人足音 跫然而喜矣 : 도대체 인적이 끊긴 산골짜기로 도망쳐 홀로 사는 사람도 족제비나 다니는 좁은 길에 명아주풀이 우거진 가운데 비틀거리며 텅 빈 골짜기에서 지내게 되면 어쩌다가 사람의 발걸음이 저벅저벅하는 소리만 들어도 기뻐하게 됨. 虛空은 인적이 끊긴 빈 골짜기. 藜藋는 명아주로 여기서는 잡초를 뜻한다. 鼪鼬之逕은 족제비가 다니는 좁은 길. 踉位其空은 그 빈 골짜기에서 비틀거리며 지낸다는 뜻. 跫然은 기

빼하는 모양.

12) 又況乎昆弟親戚之謦欬其側者乎 : 하물며 형제나 친척이 찾아와 자기 곁에서 기침소리 내며 이야기라도 나눔에랴. 謦欬其側은 그 곁에서 기침소리를 냄.

13) 久矣夫 莫以眞人之言謦欬吾君之側乎 : 참으로 오래되었나 봅니다. 아무도 진인의 말로 우리 임금 곁에서 기침소리를 내며 이야기하지 않은 적이. 眞人之言은 개감정법이나 말감정법과 같은 養生의 진리를 말한다.

第2章

徐无鬼見武侯한대 武侯曰 先生이 居山林하야 食芧栗하며 厭葱韭하야 以賓寡人이 久矣夫[1]러니 今에 老邪아 其欲干酒肉之味邪[2]아 其寡人이 亦有社稷之福邪[3]아 徐无鬼曰 无鬼는 生於貧賤이라 未嘗敢飮食君之酒肉이어니와 將來勞君也니이라 君曰 何哉오 奚勞寡人고 曰 勞君之神與形[4]하노이다 武侯曰 何謂邪오 徐无鬼曰 天地之養也一[5]이라 登高不可以爲長이며 居下不可以爲短이어늘 君獨爲萬乘之主하야 以苦一國之民하야 以養耳目鼻口하시니 夫神者는 不自許也[6]리이다 夫神者는 好和而惡姦[7]하나니 夫姦이면 病也니 故로 勞之니 唯君의 所病之 何也[8]잇고

武侯曰 欲見先生이 久矣러니 吾欲愛民而爲義偃兵[9]하노니 其可乎아 徐无鬼曰 不可하니라 愛民이 害民之始也요 爲義偃兵이 造兵之本也[10]니라 君이 自此로 爲之則殆不成[11]하리라 凡成美는 惡이 器也[12]니 君雖爲仁義하나 幾且僞哉[13]인져 形固造形하며 成固有伐하며 變固外戰[14]이니 君亦必無盛鶴列於麗譙之間[15]하며 無徒驥於錙壇之宮[16]하며 無藏逆於得[17]하며 無以巧勝人하며 無以謀勝人하며 無以戰勝人이어다 夫殺人之士民하고 兼人之土地하야 以養吾私與吾神者함은 其戰이 不知孰善고 勝之惡乎在오 君若勿已矣[18]신댄 脩胸中之誠하야 以應天地之情而勿攖[19]이면 夫民이 死已脫矣[20]리니 君은 將惡乎에 用夫偃兵哉리오

徐无鬼가 武侯를 만났다. 武侯가 말했다. "선생께서는 山中에 들어앉아 도토리나 밤을 먹고 파와 부추로 실컷 배를 채우고서 寡人을 백안시하여 찾지 않은지 오래되었습니다. 〈그런데 이렇게 나를 만나 보러 찾아와 주었으니〉 그래 이제 노년이 되어 생활이 괴로워진 때문입니까? 아니면 술과 고기 등 맛있는 음식을 구하고자 해서입니까? 아니면 혹 寡人에게 社稷을 잘 다스릴 복이 있어서인가요?"

徐无鬼가 말했다. "저는 가난하고 미천한 데에서 태어나 자랐습니다. 그래서 고기 맛도 아는 사람이 찾는다고 저는 한 번도 감히 임금님께서 잡수시는 것과 같은 술과 고기를 먹어보지 못했습니다. 〈지금 이렇게 임금을 찾아온 것은〉 와서 임금님을 위로해드리려는 것입니다."

임금이 말했다. "그게 무슨 말이오? 어떻게 나를 위로한단 말이오?"

서무귀가 말했다. "임금님의 정신과 몸을 위로해드리고자 합니다."

武侯가 말했다. "그건 또 무슨 말입니까?"

서무귀가 말했다. "천지자연이 만물을 양육하는 작용은 한결같이 똑같습니다. 높은 곳에 올랐다고 해서 우월하다고 생각해서는 아니 되고, 낮은 곳에 머물러 있다고 해서 열등하다고 생각해서는 아니 됩니다. 그런데 임금께서만은 萬乘 大國의 군주가 되어서 온 나라 백성들을 괴롭혀서 耳目鼻口의 욕망을 만족시키고 있습니다. 그러니 이러한 생활은 정신적으로는 스스로 좋아하지 않을 것입니다. 무릇 정신이란 조화로움을 좋아하고 간악함을 미워하는 법입니다. 무릇 간악함은 병든 것이니 그 때문에 제가 임금님을 위로해드리려는 것입니다. 그런데 임금님께서는 병드신 것은 어떤 것인지요?"

무후가 말했다. "과인이 선생을 만나고자 한 지 참 오래되었습니다. 나는 인민을 사랑하고 정의를 위해 전쟁을 멈추려 하는데 이렇게 하는 것이 좋겠지요."

서무귀가 말했다. "좋지 않습니다. 백성을 사랑하겠다는 것이 도리어 백성을 해치는 첫걸음이고 정의를 위해 전쟁을 멈추겠다는 것이 전쟁을 시작하는 근본입니다. 임금님께서 이 같은 생각에서 그런 행위를 한다면 아마도 그것을 이루지 못하실 것입니다. 무릇 아름다움을 이루는 것은 악을 담는 그릇이니 임금님께서는 비록 인의를 실천하시려 하나 아마도 거짓이 되고 말 것입니다.

형식적 규범은 필연적으로 더욱 위선적인 형식적 규범을 만들며, 그 형식이 일단 성립되면 필연적으로 실패가 기다리며, 변동하는 마음이 일어나면 필연적으로 타인과 무력으로 다투게 됩니다. 임금님께서는 또한 절대로 鶴列의 陣을 높은 누각 사이에 정렬하지 말 것이며, 보병과 기병의 훈련을 제사를 지내는 錙壇의 궁전에서 하지 말 것이며, 도리를 저버린 逆氣를 타고난 그대로의 덕에 간직하지 말 것이며, 인위의 기교로 타인에게 이기려 하지 말 것이며, 모략을 써서 남에게 이기려 하지 말 것이며, 전쟁을 통해서 남에게 이기려 하지 말아야 할 것입니다. 무릇 타국의 병사들과 백성들을 죽이고 타국의 토지를 병합하여 나 자신의 사욕과 나의 정신을 만족케 하는 자들은 그 전쟁이 어느 나라가 정의이고 전쟁에 이기는 나라는 어느 나라가 될지 알 수 없습니다.

임금께서 만일 그만두실 수 없다면 흉중의 성실함을 닦아서 천지자연의 본래의 모습에 그대로 따라서 어지럽히지 말 것입니다. 그러면 백성들은 이미 死地에서 벗어났을 것이니 임금님께서는 도대체 무엇 때문에 전쟁을 멈추려고 애쓸 것이 있겠습니까."

【역주】

1) 食芧栗 厭葱韭(총구) 以賓寡人 久矣夫 : 도토리나 밤을 먹고 파와 부추로 실컷 배를 채우고서 과인을 백안시한 지 오래됨. 芧는 도토리. 〈山木〉편에는 杼로 되어 있다(方勇·陸永品). 葱韭는 파와 부추. 賓은 擯의 假借字로 '물리치다, 도외시하다'는 뜻. 賓을 글자 그대로 보고 客으로 대한다는 뜻으로 풀이한 견해(李頤)가 있으나 옳지 않다.

2) 其欲干酒肉之味邪 : 아니면 술과 고기 등 맛있는 음식을 구하고자 해서입니까? 其는 '아니면', 抑과 같다. 干은 구함.

3) 其寡人 亦有社稷之福邪 : 아니면 혹 寡人에게 사직을 잘 다스릴 복이 있어서인가요? 임금인 자신의 정치를 도와주기 위해서 당신 같은 현인이 찾아왔느냐는 뜻으로 벼슬을 구하는 것이 목적이냐는 물음이다.

4) 勞君之神與形 : 임금님의 정신과 몸을 위로해드리고자 함. 갖은 욕망에 정신과 몸이 지쳐 있는 임금을 위로하기 위해서 왔다는 뜻이다.

5) 天地之養也一 : 천지자연이 만물을 양육하는 작용은 한결같이 똑같음. 一은 귀천에 상관없이 똑같다는 뜻이다. 林希逸은 "一은 같음이다〔一者 同也〕."라고 풀이했다.

6) 夫神者 不自許也 : 정신적으로는 스스로 좋아하지 않을 것임. 육체적으로 쾌적할지는 모르나 정신적으로는 스스로 만족스럽지 못할 것이라는 뜻. 范耕研은 不自許를 不安의 뜻으로 풀이했는데 참고할 만하다.

7) 好和而惡姦 : 조화로움을 좋아하고 간악함을 미워함. 陸西星은 和를 두고 "虛靜 恬淡 寂寞 無爲는 和의 지극함이다〔虛靜 恬淡 寂寞 無爲 和之至也〕."라고 풀이했다.

8) 唯君 所病之何也 : 임금님께서는 병드신 것은 어떤 것인지요? 서무귀가 위무후에게 근심거리가 있음을 간파하고 하는 말.

9) 吾欲愛民而爲義偃兵 : 나는 인민을 사랑하고 정의를 위해 전쟁을 멈추려 함. 偃兵은 군대를 쉬게 함. 곧 전쟁을 중단한다는 뜻이다.

10) 愛民 害民之始也 爲義偃兵 造兵之本也 : 백성을 사랑하겠다는 것이 도리어 백성을 해치는 첫걸음이고 정의를 위해 전쟁을 멈추겠다는 것이 전쟁을 시작하는 근본임. 인위적으로 백성들을 사랑하겠다고 마음먹게 되면 인위로 인해 도리어 백성들을 해치게 되고, 의리를 지킨다는 것을 명분으로 전쟁을 중단하겠다는 마음은 거꾸로 말하면 의리를 지킨다는 명분으로 전쟁을 일으킬 수도 있다는 것을 의미한다는 것을 지적한 말이다.

11) 君自此爲之則殆不成 : 임금님께서 이 같은 생각에서 그런 행위를 한다면 아마도 그것을 이루지 못할 것임. 殆는 아마도.

12) 凡成美 惡器也 : 무릇 아름다움을 이루는 것은 악을 담는 그릇임. 陳景元은 "凡成美惡器也"로 절구하고, 林希逸은 "凡成美惡 器也"로 절구하지만 모두 옳지 않다. 郭象이 "아름다움이 앞에서 이루어지면 거짓이 나중에 생긴다. 그 때문에 아름다움을 이루는 것은 악을 담는 그릇이라고 말한 것이다〔美成於前 則僞生於後 故成美者乃惡器也〕."라고 풀이한 것이 적절하다. 朱得之, 阮毓崧도 거의 같은 견해를 제시했다. 한편 池田知久는 朱得之 이래로 ≪老子≫ 제2장 "천하의 모든 사람들이 아름다움을 아름답다고 하면 이는 추악한 것이다〔天下皆知美之爲美 斯惡已〕."라고 한 구절에 의거하여 해석하는 것이 정설이나 좋지 않다고 했는데 ≪老子≫ 제2장(池田

知久)과 유사한 사상 표현인 것만은 분명하다.

13) 君雖爲仁義 幾且僞哉 : 임금님께서는 비록 인의를 실천하시려 하나 아마도 거짓이 되고 말 것임. 幾는 거의, 아마도. 且는 장차.

14) 形固造形 成固有伐 變固外戰 : 형식적 규범은 필연적으로 더욱 위선적인 형식적 규범을 만들며, 그 형식이 일단 성립되면 필연적으로 실패가 기다리며, 변동하는 마음이 일어나면 필연적으로 타인과 무력으로 다투게 됨. 成固有伐의 伐은 실패의 뜻. 章炳麟은 "伐은 敗와 같다. ≪說文解字≫에 '伐은 敗라고도 한다'고 했다. 成固有敗는 성공이 있게 되면 반드시 실패가 있게 됨을 말함이다〔伐 與敗同 說文 伐 一曰敗也 成固有敗 言有成者必有敗也〕."라고 풀이했는데 적절한 견해이다. 變固外戰의 變은 변동하는 마음. 劉鳳苞는 "變이란 마음이 잘못 움직임이다〔變者 心之妄動也〕."라고 풀이했다.

15) 無盛鶴列於麗譙之間 : 鶴列의 陣을 높은 누각 사이에 정렬하지 말 것. 無는 '말라'는 뜻. 毋, 勿과 같다. 鶴列은 군사들을 학의 행렬처럼 배치하는 진법의 일종(成玄英). 麗譙는 누대 이름. 郭象은 "麗譙는 높은 누대이다〔麗譙 高樓也〕."라고 풀이했다.

16) 無徒驥於錙(치)壇之宮 : 보병과 기병의 훈련을 제사를 지내는 錙壇의 궁전에서 하지 말 것. 徒驥의 徒는 보병이고, 驥는 기병으로 여기서는 보병과 기병을 훈련시키는 것을 말한다. 錙壇은 宮의 명칭으로 제사를 지내는 곳이다. 郭慶藩은 "錙壇의 궁은 군루를 말함이다〔錙壇之宮 謂軍壘也〕."라고 풀이했는데 참고할 만하다.

17) 無藏逆於得 : 도리를 저버린 逆氣를 타고난 그대로의 덕에 간직하지 말 것. 得은 德과 같다. 陸德明에 의하면 司馬彪본에는 德으로 표기되어 있다고 했는데 德이 옳다.

18) 君若勿已矣 : 임금께서 만일 그만두실 수 없다면. 백성들을 사랑하는 마음을 없앨 수 없다면.

19) 脩胸中之誠 以應天地之情而勿攖 : 흉중의 성실함을 닦아서 천지자연의 본래의 모습에 그대로 따라서 어지럽히지 말아야 함. 誠은 성실, 진실. 攖은 어지럽힘. 成玄英은 "誠은 實이고 攖은 어지럽힘이다〔誠 實也 攖 擾也〕."라고 풀이했다.

20) 夫民 死已脫矣 : 백성들은 이미 死地에서 벗어났을 것임. 임금이 백성들을 사랑하거나 전쟁을 중단하지 않더라도 백성들 스스로 살길을 찾을 수 있을 것이라는 뜻.

第3章

黃帝將見大隗乎具茨之山[1)]하실새 方明이 爲御하고 昌寓驂乘하고 張若謵朋이 前馬하고 昆閽滑稽後車[2)]러니 至於襄城之野[3)]하야 七聖皆迷하야 無所問塗[4)]라가 適遇牧馬童子하야 問塗焉[5)]하야 曰 若이 知具茨之山乎아 曰 然하이다 若이 知大隗之所存乎아 曰 然하이다

黃帝曰 異哉라 小童이여 非徒知具茨之山이라 又知大隗之所存이로소니 請問爲天下하노라 小童曰 夫爲天下者도 亦若此而已矣니 又奚事焉이리오 予少而自遊於六合之內[6)]호니 予適有瞀病[7)]이어늘 有長者敎予[8)]曰 若이 乘日之車하야 而遊於襄城之野[9)]하라하더니 今에 予病이 少痊[10)]할새 予又且復遊於六合之外호리라 夫爲天下는 亦若此而已니 予는 又奚事焉[11)]이리오

黃帝曰 夫爲天下者 則誠非吾子之事이어니와 雖然이나 請問爲天下하노라 小童이 辭하야늘 黃帝又問한대 小童曰 夫爲天下者는 亦奚以異乎牧馬者哉리오 亦去其害馬者而已矣[12)]니라 黃帝再拜稽首하고 稱天師而退[13)]하시다

黃帝가 大隗를 具茨山에서 만나려고 여행을 떠났다. 우주 만물을 다 알고 있는 사방의 明知, 方明이 수레 고삐를 잡고, 宇內를 창성케 하는 사람, 昌寓가 陪乘하고, 넘치는 에너지의 張若과 饒舌꾼 謵朋이 先導役을 하고, 혼돈한 愚者 昆閽과 常軌를 일탈한 滑稽가 수레의 뒤를 따랐다.

襄城의 들판에 이르러 일행 일곱 명의 성인들이 모두 길을 잃었는데 길을 물으려 해도 물을 사람이 없었다. 그때 마침 말을 치는 童子를 만나 길을 물었다. "너는 具茨山을 아느냐?" 동자가 대답했다. "그렇습니다." "너는 大隗가 있는 곳을 아느냐?" "그렇습니다."

황제가 말했다. "기이한 아이로구나. 具茨山만 알고 있는 것이 아니라 또 대외가 있는 곳까지 알고 있다니. 그렇다면 천하를 다스리는 방법에 대해 물어보

고 싶구나."

동자가 말했다. "천하를 다스리는 일도 이 같이 할 뿐이니 또 무슨 일을 하겠습니까? 저는 어릴 때부터 스스로 六合 안에 노닐었는데 제가 마침 눈이 흐려지는 병에 걸렸습니다. 그때 어떤 어른이 저에게 가르쳐 주기를 '너는 해 수레를 타고 襄城의 들에서 노닐도록 하라.'고 했습니다. 지금 제 병이 조금 낫기에 저는 다시 육합 밖에서 노닐고자 합니다. 천하를 다스리는 일도 이와 같이 할 뿐이니 제가 또 무슨 일을 하겠습니까?"

黃帝가 말했다. "천하를 다스리는 일은 참으로 우리 동자의 일은 아니다. 비록 그렇지만 천하를 다스리는 방법에 대해서 물어보고 싶다."

童子가 사양했는데 황제가 다시 물었다.

동자가 말했다. "천하를 다스리는 일도 어찌 말을 기르는 것과 다를 수 있겠습니까? 또한 말을 해치는 것을 없앨 따름입니다."

황제가 두 번 절하고 머리를 조아린 다음 동자를 天師라고 부른 뒤 물러났다.

【역주】

1) 黃帝將見大隗乎具茨之山 : 황제가 大隗를 具茨山에서 만나려 했음. 大隗는 황제가 만나려고 하는 사람의 이름이기도 하고 산 이름이기도 하지만, 커다란 흙덩이라는 뜻으로 무위자연의 道를 상징하는 것으로 보는 것이 무난하다.

具茨 또한 가공의 산 이름으로 보는 것이 무난하지만 지금의 河南省 密縣의 동남쪽에 있다(方勇·陸永品)는 견해가 있는 것으로 보아 비록 가공의 산이기는 하나 실재하는 지명에 빗대어 창작한 것으로 보는 것이 적절하다.

한편 大隗를 大騩山이라 하고 大騩山이 곧 具茨山이라는 견해가 있고 大騩山이 실재하는 산의 이름이라는 견해(方勇·陸永品)가 있으나 "具茨山에서 大隗를 만나려 했다."는 본문의 표현과 문법상 맞지 않기 때문에 취하지 않는다.

2) 方明爲御 昌寓驂乘 張若謵(습)朋前馬 昆閽滑稽後車 : 우주 만물을 다 알고 있는 사방의 明知, 方明이 수레 고삐를 잡고, 宇內를 창성케 하는 사람, 昌寓가 陪乘하고, 넘치는 에너지의 張若과 饒舌꾼 謵朋이 先導役을 하고, 혼돈한 愚者 昆閽과 常軌를 일탈한 滑稽가 수레의 뒤를 따름. 方明 이하 다섯 사람은 모두 가공의 인물로 각각

의 이름 속에 번역으로 풀이한 우의가 담겨 있다. 驂乘은 수레의 오른쪽에 타고 있었다는 뜻. 前馬는 말 앞에서 일행을 인도했다는 뜻.

3) 至於襄城之野 : 襄城의 들판에 이름. 方勇·陸永品에 의하면 襄城은 지금의 河南省 襄城縣에 있다 한다.

4) 七聖皆迷 無所問塗 : 일곱 명의 성인들이 모두 길을 잃었는데 길을 물으려 해도 물을 사람이 없었음. 七聖은 方明을 비롯한 여섯 명과 황제를 합친 수. 所問塗는 所問塗之人으로 길을 물어볼 만한 사람. 方勇·陸永品은 "대도는 성과 지로 구할 수 없는 것이다. 때문에 여기에 이르러 모두 길을 잃은 것이다〔大道不可以聖智求 故至此皆迷〕."라고 풀이했는데 적절한 견해이다.

5) 適遇牧馬童子 問塗焉 : 마침 말을 치는 동자를 만나 길을 물음. 適은 마침. 塗는 途와 통용하는 글자.

6) 予少而自遊於六合之內 : 저는 어릴 때부터 스스로 육합 안에 노닐었음. 六合은 上下四方의 공간. 六合之內는 세속을 말한다.

7) 予適有瞀病 : 제가 마침 눈이 흐려지는 병에 걸렸음. 瞀病은 눈이 흐려지는 질병이다. 六合之內 곧 세속에 살다보니 俗塵에 눈이 흐려졌다는 암시이다. 胡文英이 "육합의 안은 속진이 어지럽게 가득하기 때문에 눈이 흐려지게 되었다〔六合之內 俗塵纏擾 故至于茫昧也〕."라고 풀이한 것이 적절하다.

8) 有長者教予 : 어떤 어른이 저에게 가르쳐 줌. 長者는 도를 아는 사람을 지칭한다(方勇·陸永品).

9) 若乘日之車 而遊於襄城之野 : 너는 해 수레를 타고 양성의 들에서 노닐도록 하라. 乘日之車는 乘日之居로 된 元嘉본을 따라 乘日而居의 뜻으로 보아야 한다는 견해(王叔岷)와 본래 車자가 專자로 되어 있었다는 견해(成玄英) 등이 있지만 司馬彪가 "해를 수레로 삼음이다〔以日爲車〕."라고 풀이한 것이 무난하다. 郭象은 "해가 뜨면 노닐고 해가 들어가면 쉼이다〔日出而遊 日入而息〕."라고 풀이했다. 若은 이인칭.

10) 今予病少痊 : 지금 제 병이 조금 나음. 痊은 병이 제거되었다는 뜻으로 병이 나았음을 말한다. 李頤는 痊을 '除'로 풀이했다.

11) 夫爲天下 亦若此而已 予又奚事焉 : 천하를 다스리는 일도 이와 같이 할 뿐이니 제가 또 무슨 일을 하겠습니까. 郭象은 이 대목을 두고 "무릇 천하를 다스리는 것은

스스로 방임하는 것보다 나은 것이 없으니 스스로 방임하게 되면 외물이 또 어떻게 어지럽힐 수 있겠는가. 그 때문에 〈노자에서〉 '나는 무위하는데 백성들은 저절로 교화된다.'고 한 것이다〔夫爲天下 莫過自放任 自放任矣 物亦奚攖焉 故我無爲而民自化〕."라고 풀이했다. 그러나 王叔岷은 郭象의 이 풀이를 두고 "郭象이 천하를 다스리는 것은 방임하는 것보다 좋은 방법이 없다고 한 것은 옳지 않다. 방임은 무위가 아니다. 무위는 자연을 따르는 것이고 방임은 자연을 잃어버리는 것이다."라고 비판했는데 참고할 만하다.

12) 亦去其害馬者而已矣 : 또한 말을 해치는 것을 없앨 따름임. 郭象은 "말은 분수에 지나친 것이 해로움이다〔馬以過分爲害〕."라고 풀이했고, 成玄英은 "말을 해친다는 것은 분수 밖의 일을 말함이다. 몸을 다스리는 것은 분수를 지키는 것보다 우선하는 것이 없다. 그 때문에 말을 기르는 기술로 백성들을 돌볼 수 있다. 물음이 이미 은근했기 때문에 그럭저럭 이렇게 대답한 것이다〔害馬者 謂分外之事也. 夫治身莫先守分 故牧馬之術 可以養民. 問旣殷勤 聊爲此答〕."라고 풀이했다.

13) 稱天師而退 : 동자를 天師라고 부른 뒤 물러남. 郭象은 "天의 자연을 스승으로 삼고 분수에 지나친 것을 제거했으니 大隗가 온 것이다〔師夫天然而去其過分 則大隗至也〕."라고 풀이하여 牧童이 곧 大隗의 현신이라고 풀이했는데 적절한 견해라 할 수 있다.

第4章

知士는 **無思慮之變則不樂**하고 **辯士**는 **無談說之序則不樂**[1)]하고 **察士**는 **無凌誶之事則不樂**[2)]하나니 **皆囿於物者也**[3)]일새니라 **招世之士**는 **興朝**[4)]하고 **中民之士**는 **榮官**[5)]하고 **筋力之士**는 **矜難**[6)]하고 **勇敢之士**는 **奮患**하고 **兵革之士**는 **樂戰**하고 **枯槁之士**는 **宿名**[7)]하고 **法律之士**는 **廣治**[8)]하고 **禮教之士**는 **敬容**하고 **仁義之士**는 **貴際**[9)]하나니라 **農夫無草萊之事則不比**하고 **商賈無市井之事則不比**[10)]하고 **庶人**이 **有旦暮之業則勸**하고 **百工**이 **有器械之巧則壯**하나니라 **錢財不積則貪者憂**하고 **權勢不尤則夸者悲**[11)]하고 **勢物之徒**는 **樂變**하고(하나니라) **遭時有所用**이면 **不**

能無爲也니라 **此皆順比於歲**라 **不物於易〔而易於物〕者也**[12)]니라 **馳其形性**하야 **潛之萬物**[13)]하야 **終身不反**하나니 **悲夫**라

智謀가 뛰어난 사람은 思慮(모략)를 짜내고 꾸밀 수 있는 사건이 일어나지 않으면 즐겁지 않고, 辯舌이 능한 사람은 자기의 熱辯을 휘두를 실마리가 없으면 즐겁지 않고, 사물을 잘 살피는 사람은 〈잘 살피고 조사하여 상대방을〉 욕하고 꾸짖으면서 몰아칠 수 있는 사건이 생기지 않으면 즐겁지 않으니 이들은 모두 외계의 사물에 구속되어 자기를 상실한 자들이다.

세상에 뛰어난 인물은 일어나 몸을 조정에 세우고, 중등의 인물로 백성들을 잘 다스리는 인물은 관료로서 영달하고, 힘이 센 사람은 危難을 당해서 자신만만하고, 용감한 사람은 患亂을 당했을 때 떨쳐 일어나고, 무기로 몸을 견고하게 감싼 사람은 전쟁을 즐거워하고, 야위고 까칠해져 가면서 자기주장을 고집하는 사람은 명예를 취하고, 법률을 닦는 사람은 정치를 넓게 펴 나가고, 禮의 가르침을 닦는 사람은 용모를 경건히 하고, 仁義의 도덕을 설파하는 사람은 사람과의 교제를 중시한다.

농부는 잡초를 뽑는 밭일이 없으면 즐겁지 않고, 상인은 시장에서 장사하는 일이 없으면 즐겁지 않고, 서민은 아침저녁으로 할 일이 있어야만 힘써 일하고, 기술자는 기계를 만드는 기교가 있어야만 씩씩해진다.

돈과 재물이 쌓이지 않으면 탐욕스런 인간들은 근심하고, 권세가 남보다 낫지 않으면 위세 부리기 좋아하는 인간들은 슬퍼하고, 권세와 재물에 사로잡힌 무리들은 사건이 일어나는 것을 즐거워하고 때를 만나 자기가 起用될 지위가 있게 되면 가만히 있지 못한다.

이들은 모두 세월의 推移에 따라서 外物로 인해 자기가 변화당한 자기상실자들이다. 자기의 육체와 본성을 몰아서 외계의 사물에 매몰시켜 죽을 때까지 본래의 자기로 돌아오지 않으니 슬프다.

【역주】

1) 無談說之序則不樂 : 자기의 열변을 휘두를 실마리가 없으면 즐겁지 않음. 談說之序

는 談說之緖와 같다. 成玄英은 "말할 실마리가 없으면 즐겁지 아니함이다〔無談說端緖 則不歡樂〕."라고 풀이했다.

2) 察士 無淩誶(신)之事則不樂 : 사물을 잘 살피는 사람은 〈잘 살피고 조사하여 상대방을〉 욕하고 꾸짖으면서 몰아칠 수 있는 사건이 생기지 않으면 즐겁지 않음. 察士는 까다롭게 따지는 사람. 誶은 따지고 묻는다는 뜻.

3) 皆囿於物者也 : 모두 외계의 사물에 구속된 자들임. 곧 외물에 구속되어 자기를 상실한 자들이라는 뜻. 각각의 성품에 따라 有爲의 세계에 얽매어져 있는 인간들의 모습을 표현하고 있는 대목이다. 〈刻意〉편 제1장에 나온 내용을 이어 야위고 까칠해져 가면서 세상과 타협하지 않는 고집스런 사람, 은둔지사 등을 비판하는 내용이다(福永光司, 赤塚忠, 池田知久).

4) 招世之士 興朝 : 세상에 뛰어난 인물은 일어나 몸을 조정에 세움. 林希逸은 招世之士를 두고 "명예를 좋아하는 사람〔好名者〕"이라고 풀이했고, 陸西星은 "세상에 알아주기를 구하며 스스로 드러내는 자〔招搖於世而自見者〕."로 풀이했는데, 아래에 중간 정도 가는 사람이라는 뜻으로 '中民之士'가 나오는 걸로 보아 招를 超의 가차자로 보고 超世之士, 곧 세상에 뛰어난 사람의 뜻으로 풀이하는 것이 간명하다.

5) 中民之士 榮官 : 중등의 인물로 백성들을 잘 다스리는 인물은 관료로서 영달함. 中民之士는 재능이 중등 가는 사람. 陸樹芝는 "中民이란 위로는 天民이 아니고 아래로는 凡民이 아니면서 民 중에서 중간 수준에 해당하는 자이다〔中民者 上非天民 下非凡民 而在民之中者也〕."라고 풀이했다.

6) 筋力之士 矜難 : 힘이 센 사람은 危難을 당해서 자신만만함. 陸西星은 "孟賁이나 烏獲 같은 무리이다〔孟賁 烏獲之徒也〕."라고 풀이했는데 孟賁과 烏獲은 모두 ≪孟子≫에 나온다. 矜難은 어려움을 극복하는 것을 자랑으로 여긴다는 뜻. 林希逸은 "患難을 극복하는 것을 자랑으로 여김이다〔以濟患難爲矜夸也〕."라고 풀이했다.

7) 枯槁之士 宿名 : 야위고 까칠해져 가면서 자기주장을 고집하는 사람은 명예를 취함. 枯槁之士는 말라비틀어진 모습의 은자를 지칭하는데 〈刻意〉편에 "말라비틀어진 모습으로 연못에 몸을 던지는 자들〔枯槁赴淵者〕."로 나온 적이 있다. 宿名은 명예를 취한다는 뜻. 陸德明은 宿을 오랫동안 머물다〔積久〕는 뜻으로 풀이했지만 兪樾의 견해를 따라 縮으로 보고 취한다는 뜻으로 번역하였다.

8) 法律之士 廣治 : 법률을 닦는 사람은 정치를 넓게 펴 나감. 법가를 비판한 내용이다

(方勇・陸永品).

9) 禮敎之士 敬容 仁義之士 貴際 : 예의 가르침을 닦는 사람은 용모를 경건히 하고 인의의 도덕을 설파하는 사람은 사람과의 교제를 중시함. 유가를 비판한 내용이다(方勇・陸永品).

10) 農夫無草萊之事則不比 商賈(고)無市井之事則不比 : 농부는 잡초를 뽑는 밭일이 없으면 즐겁지 않고, 상인은 시장에서 장사하는 일이 없으면 즐겁지 않음. 草萊는 잡초. 草萊之事는 잡초를 제거하는 일. 比는 즐거움. 比를 親比의 뜻으로 풀이하는 주석가들이 많지만 옳지 않다. 奚侗은 ≪廣雅≫를 인용하여 "比는 樂이다."라고 풀이했는데 이 견해가 옳다. 商賈는 장사하는 사람. 商은 行商이고, 賈는 居商이다.

11) 錢財不積則貪者憂 權勢不尤則夸者悲 : 돈과 재물이 쌓이지 않으면 탐욕스런 인간들은 근심하고, 권세가 남보다 낫지 않으면 위세 부리기 좋아하는 인간들은 슬퍼함. 尤자가 充자로 표기되어 있는 인용문이 있는 데 근거하여 馬叙倫은 充으로 보는 것이 옳다고 했지만 여기서는 赤塚忠이 優의 가차자로 본 견해를 따라 그대로 두고 번역하였다. 夸는 과시함. 곧 위세 부리는 것을 의미한다.

12) 此皆順比於歲 不物於易者也 : 이들은 모두 세월의 推移에 따라서 外物로 인해 자기가 변화당한 자기상실자들임. 不物於易은 馬叙倫이 지적하고 있는 것처럼 '而易於物'의 잘못으로 보는 것이 타당하다. 不物於易을 그대로 두고는 의미가 통하지 않는다. '不'과 '而'는 筆寫의 경우, 글자 모양이 유사하여 자주 혼동되며 '易'과 '物'도 글자 모양이 유사하다(池田知久).

13) 馳其形性 潛之萬物 : 자기의 육체와 본성을 몰아서 외계의 사물에 매몰시킴. 이 대목은 위에 거론한 19종에 달하는 세속 사람들의 잘못된 삶을 총괄한 표현이다(方勇・陸永品).

第5章

莊子曰 射者非前期而中을 謂之善射인댄 天下皆羿也니 可乎[1)]아 惠子曰 可하다 莊子曰 天下非有公是也 而各是其所是[2)]인댄 天下皆堯也니 可乎아 惠子曰 可하다 莊子曰 然則儒墨楊秉[3)]의 四 與夫子로 爲五니 果孰是邪오 或者若

魯遽者邪[4]인저 其弟子曰 我得夫子之道矣라 吾能冬爨鼎而夏造冰矣[5]로라 魯遽曰 是는 直以陽召陽하며 以陰召陰이라 非吾所謂道也[6]니라 吾示子乎吾道호리라하고 於是에 委之調瑟[7]호대 廢一於堂하며 廢一於室[8]하고 鼓宮宮動 鼓角角動하니 音律同矣夫[9]니라 或改調一弦호대 於五音無當也하니 鼓之에 二十五弦이 皆動[10]이니 未始異於聲 而音之君已[11]니라 且若是者邪인저

惠子曰 今夫儒墨楊秉이 且方與我以辯하야 相拂以辭하며 相鎭以聲호대 而未始吾非也[12]하나니 則奚若矣오 莊子曰 齊人이 蹢子於宋者 其命閽也에는 不以完[13]이오 其求鈃鍾也에는 以束縛하며 其求唐子也에는 而未始出域[14]하나니 有遺類矣夫[15]로다 楚人이 寄而蹢閽者[16] 夜半에 於無人之時에 而與舟人으로 鬪하니 未始離於岑하야서 而足以造於怨也[17]로다

莊子가 말했다. "활을 쏘는 자가 미리 표적을 정해두지 아니하고 무엇엔가 적중하였다고 할 때, 그것을 두고 활을 잘 쏜다고 말한다면 온 천하 사람이 모두 옛날 활쏘기의 명수인 羿가 되는 것인데 그렇게 말해도 되는가?"

惠子가 말했다. "그렇게 말할 수 있다."

장자가 말했다. "천하에 누구나 다 옳다고 하는 진리가 있는 것이 아니고 각자 자기가 옳다고 생각하는 것을 옳다고 하는 것을 인정한다면 천하 사람들이 모두 堯와 같은 성인이 되는 것이니 그렇게 말해도 되는가?"

혜자가 말했다. "그렇게 말해도 된다."

장자가 말했다. "그렇다면 儒家와 墨家와 楊朱와 公孫龍의 네 학파에다가 당신을 합쳐 다섯 학파가 되는 것인데 이 가운데 과연 어느 학파가 옳은 것인가? 아마도 魯遽의 이야기와 같을 것이다. 어느 날 魯遽의 제자가 말하기를 '저는 선생의 도를 다 터득했습니다. 저는 겨울에는 솥에 불을 때서 음식을 만들 줄 알고 여름에는 얼음을 만들 줄 압니다.'라고 했다. 그랬더니 魯遽가 말하기를 '그것은 다만 겨울이 되면 陽氣로 陽氣를 부르고 여름이 되면 陰氣로 陰氣를 부

르는 정도인지라 내가 말하는 도는 아니다. 내 이제 자네에게 나의 도를 보여주겠다.'라고 하고선, 이에 거문고를 조율하게 해서 하나는 대청마루에 놓고 또 하나는 방안에 놓았는데, 한쪽에서 宮의 가락을 뜯으면 다른 한쪽에서도 宮의 줄이 저절로 움직이며 또 한쪽에서 角의 가락을 뜯으면 다른 한쪽에서도 角의 가락이 저절로 움직이니 이는 양쪽의 음률이 같기 때문이다. 또 〈魯遽가〉 한 줄의 현을 고쳐 조율했는데, 이는 5음의 어느 음계에도 해당하지 않는 것이었는데 거문고를 뜯자 다른 25개의 현이 모두 공명하여 움직였다. 이것은 〈그 음이 물리적으로는〉 다른 소리와 다를 것이 없지만 〈위계상으로는〉 모든 음들의 으뜸이었기 때문일 뿐이다. 〈지금 그대가 옳다고 주장하는 것도〉 또 이와 같은 경우일 것이다."

惠子가 말했다. "유가와 묵가와 양주와 公孫龍의 네 학파가 바야흐로 나와 논쟁해서 서로 말로 배척하며 큰 소리로 억누르지만 아직 나를 그르다 하지는 못했다. 이런 경우는 어떻게 설명하겠는가?"

莊子가 대답했다. "齊나라 사람 가운데 宋나라에 자기 자식을 팔아넘긴 자가 있었는데, 문지기라도 시키려 했는데 온전한 몸으로는 문지기가 안 되기 때문에 자식을 불구자로 만들었다. 이런 자는 목이 긴 종을 구하면 혹시라도 그것이 훼손될까봐 소중하게 싸서 묶는 주제에, 팔려간 아들이 송나라에서 도망쳤다는 소식을 듣고서도 국경 밖으로 나가 〈아들을〉 찾으려고 하지는 않으니, 참으로 本末이 顚倒된 자라 할 것이다. 초나라 사람 가운데 절름발이로 몸이 팔려서 문지기가 된 자가 있었는데 이 자가 한밤중에 아무도 없을 때에 〈도망치려고 나루터까지 왔다가〉 뱃사공과 싸웠다고 하니 아직 건너편 언덕에 닿기도 전에 남의 원망을 사기에만 충분하다."

【역주】

1) 射者非前期而中 謂之善射 天下皆羿也 可乎 : 활을 쏘는 자가 미리 표적을 정해두지 아니하고 무엇엔가 적중하였다고 할 때, 그것을 두고 활을 잘 쏜다고 말한다면 온 천하 사람이 모두 옛날 활쏘기의 명수인 羿가 되는 것인데 그렇게 말해도 되는가?

前期는 목표물을 미리 정한다는 뜻. 郭象이 "표적을 미리 정해두지 않고 적중했다는 것은 잘못 적중함을 말함이니 활을 잘 쏘는 것이 아니다. 만약 잘못 적중한 것을 두고 활을 잘 쏜다고 말하면 이는 천하의 모든 사람들을 羿라고 말할 수 있으니 이렇게 말해도 되는가? 옳지 않음을 말한 것이다〔不期而中 謂誤中者也 非善射也 若謂謬中爲善射 是則天下皆可謂之羿 可乎 言不可也〕."라고 풀이한 것이 적절하다.

2) 天下非有公是也 而各是其所是 : 천하에 누구나 다 옳다고 하는 진리가 있는 것이 아니고 각자 자기가 옳다고 생각하는 것을 옳다고 하는 것을 인정함. 公是는 누구나 다 옳다고 인정하는 公理.

3) 儒墨楊秉 : 유가와 묵가와 양주와 公孫龍. 秉은 公孫龍. 成玄英은 "秉은 公孫龍의 字이다〔秉者 公孫龍字也〕."라고 풀이했다. 한편 成玄英은 "儒는 姓은 鄭이고 이름은 緩이다〔儒 姓鄭 名緩〕."라고 풀이했는데 어디에 근거했는지 분명치 않다.

4) 或者若魯遽者邪 : 아마도 魯遽의 이야기와 같을 것임. 魯遽는 인명으로 周나라 초기의 인물. 李頤는 "노거는 사람의 성명이다〔魯遽 人姓名也〕."라고 풀이했고, 陸德明은 "일설에 주나라 초기의 인물이다〔一云 周初時人〕."라고 풀이했다. 成玄英은 "성은 魯이고 이름은 遽로 주나라 초기의 인물이다〔姓魯 名遽 周初人〕."라고 풀이했는데 앞의 두 견해를 종합한 것으로 보인다.

5) 能冬爨鼎而夏造冰矣 : 겨울에는 솥에 불을 때서 음식을 만들 줄 알고 여름에는 얼음을 만들 줄 앎. 成玄英은 "겨울에 천년 된 마른 재를 가져다 불을 모으면 잠깐 만에 불이 만들어지니 불을 때서 음식을 끓일 수 있고, 한여름에 질그릇으로 만든 항아리에 물을 담아서 끓는 물 속에 담가 두었다가 우물 한가운데에 항아리를 매달아 두면 잠깐 만에 얼음이 생긴다〔冬取千年燥灰以擁火 須臾出火 可以爨鼎 盛夏以瓦瓶盛水 湯中煮之 縣瓶井中 須臾成冰也〕."라고 설명하고 있는데 사실 여부는 믿거나 말거나이다.

6) 直以陽召陽 以陰召陰 非吾所謂道也 : 다만 겨울이 되면 陽氣로 陽氣를 부르고 여름이 되면 陰氣로 陰氣를 부르는 정도인지라 내가 말하는 도는 아님. 成玄英은 "천년 된 마른 재는 양인데 불 또한 양이니 이것은 양기로 양기를 부르는 것이고, 우물 속은 음인데 물 또한 음이니 이것은 음으로 음을 부르는 것이다〔千年灰陽也 火又陽也 此是以陽召陽 井中陰也 水又陰也 此是以陰召陰〕."라고 풀이했다. 直은 다만.

7) 委之調瑟 : 거문고를 조율하게 함. 委는 맡긴다는 뜻이고 調瑟은 거문고를 조율한다는 뜻이다.

8) 廢一於堂 廢一於室 : 하나는 대청마루에 놓고 또 하나는 방안에 놓음. 廢는 놓아둠. 置와 같다(陸德明).

9) 鼓宮宮動 鼓角角動 音律同矣夫 : 한쪽에서 宮의 가락을 뜯으면 다른 한쪽에서도 宮의 줄이 저절로 움직이며 또 한쪽에서 角의 가락을 뜯으면 다른 한쪽에서도 角의 가락이 저절로 움직이니 이는 양쪽의 음률이 같기 때문임. 이 부분의 내용을 공명현상으로 설명하는 견해도 있지만 같은 공간에 울리는 소리의 반향을 말하는 것이 아니라 다른 방에 있는 악기의 줄이 따라 움직이는 의미이기 때문에 물리적으로 설명하기는 어렵다. 불과 얼음을 만드는 것처럼 이 또한 사실 여부는 덮어두는 것이 옳다.

10) 或改調一弦 於五音無當也 鼓之 二十五弦皆動 : 한 줄의 현을 고쳐 조율했는데, 이는 5음의 어느 음계에도 해당하지 않는 것이었는데 거문고를 뜯자 다른 25개의 현이 모두 공명하여 움직임. 오음의 어느 음계에도 해당하지 않는다는 것은 無爲를 상징하는 것으로 추정되지만 그런 경우 실제로 연주하는 것이 아니므로 鼓之라는 표현과 모순된다. 위의 경우와 마찬가지로 덮어두는 것이 옳다.

11) 未始異於聲 而音之君已 : 이것은 〈그 음이 물리적으로는〉 다른 소리와 다를 것이 없지만 〈위계상으로는〉 모든 음들의 으뜸이었기 때문일 뿐임. 音之君이 실제로 울리는 소리인지 아니면 소리는 나지 않지만 모든 음들의 으뜸이 되는 음의 근거를 말하는 것인지 불분명하다.

12) 未始吾非也 : 아직 나를 그르다 하지는 못함. 결국 자신이 옳다는 주장이다. 羅勉道는 "네 사람의 변론이 끝내 나를 꺾지 못했으니 결국 내가 옳고 네 사람은 그른 것이다〔四子之辯 終不能折我 則我是而四子非矣〕."라고 풀이했다.

13) 蹢子於宋者 其命閽也 不以完 : 송나라에 자기 자식을 팔아넘긴 자가 있었는데, 문지기라도 시키려 했는데 온전한 몸으로는 문지기가 안 되기 때문에 자식을 불구자로 만듦. 蹢은 '절뚝거리며 걷다〔躑躅〕'는 뜻으로 풀이하는 견해(宣穎), '귀양가다〔謫〕'는 뜻으로 풀이하는 견해(錢穆) 등이 있지만 팔아넘기다는 뜻인 鬻의 뜻으로 보는 것이 맥락에 맞다. 命閽은 문지기로 임명됨. 不以完은 온전한 몸으로는 문지기가 안 된다는 뜻으로 그 때문에 자식의 다리를 잘랐다는 뜻이다.

14) 其求鈃(형)鍾也 以束縛 其求唐子也 而未始出域 : 목이 긴 종을 구하면 혹시라도 그것이 훼손될까봐 소중하게 싸서 묶는 주제에, 팔려간 아들이 송나라에서 도망쳤다는 소식을 듣고서도 국경 밖으로 나가 찾으려고 하지는 않음. 唐子는 잃어버린 자식. 郭象은 "唐은 잃어버림이니 자식을 잃어버리고도 멀리 나가 찾을 줄 모름이다〔唐 失也 失亡其子 而不能遠索〕."라고 풀이했다. 惠施가 스스로 자신의 주장이 옳다고 생각하는 것은 제나라 사람이 이처럼 무도한 짓을 저지르고도 스스로 옳다고 여기는 것과 다름이 없다고 비판하는 내용이다. 鈃과 鍾은 모두 악기. 鈃은 鍾과 비슷하지만 목이 길다(陸德明).

15) 有遺類矣夫 : 본말이 전도된 자라 할 것임. 遺類는 等類를 저버렸다는 뜻으로 사물의 경중이 무엇인지 알지 못하는 무도한 행위를 말한 것이다.

16) 楚人寄而蹢閽者 : 초나라 사람 가운데 절름발이로 몸이 팔려서 문지기가 된 자. 寄는 馬叙倫이 절름발이(踦)로 풀이한 것이 적절하다.

17) 未始離於岑 而足以造於怨也 : 아직 건너편 언덕에 닿기도 전에 남의 원망을 사기에만 충분함. 離는 붙는다는 뜻인 麗(리)와 같다(宣穎). 岑은 郭象의 견해를 따라 언덕〔岸〕으로 보는 것이 적절하다. 未始離於岑은 아직 건너편 언덕에 닿지도 않았다는 뜻이다.

第6章

莊子送葬할새 **過惠子之墓**하다가 **顧謂從者曰 郢人**이 **堊**으로 **漫其鼻端**을 **若蠅翼**[1]이어늘 **使匠石**으로 **斲之**한대 **匠石**이 **運斤成風**하야 **聽而斲之**[2]호대 **盡堊而鼻不傷**[3]하며 **郢人**은 **立不失容**하야늘 **宋元君**[4]이 **聞之**하고 **召匠石曰 嘗試爲寡人**하야 **爲之**하라 **匠石曰 臣則嘗能斲之**호니 **雖然**이나 **臣之質**이 **死久矣**리하니 **自夫子之死也**로 **吾無以爲質矣**로니 **吾無與言之矣**[5]로다

莊子가 장례식에 참석하려고 惠子의 묘 앞을 지나가다가 따르는 제자를 돌아보고 말했다. "郢 땅 사람 중에 자기 코끝에다 백토를 파리날개 만큼 얇게 바르고 匠石에게 그것을 깎아 내게 하자 장석이 도끼를 바람소리가 날 정도로 휘둘

러 백토를 깎았는데 백토는 다 깎여졌지만 코는 다치지 않았고 영 땅 사람도 똑바로 서서 모습을 잃어버리지 않았다. 宋나라 元君이 그 이야기를 듣고 장석을 불러 '어디 시험 삼아 내게도 해 보여 주게.' 하니까 장석은 '제가 이전에는 그렇게 할 수 있었지만 지금은 그 기술의 근원이 되는 상대가 죽은 지 오래되었습니다.' 하더니만 지금 나도 혜시가 죽은 뒤로 장석처럼 상대가 없어져서 더불어 이야기할 사람이 없어졌다."

【역주】

1) 堊(악)漫其鼻端 若蠅翼 : 자기 코끝에다 백토를 파리날개 만큼 얇게 바름. 堊은 백색의 흙. 漫은 바름. 成玄英은 汚와 같다고 풀이했다. 蠅翼은 파리날개.

2) 運斤成風 聽而斲之 : 도끼를 바람소리가 날 정도로 휘둘러 백토를 깎음. 運斤은 도끼를 휘두름. 聽而斲之는 영 땅 사람이 도끼 소리만 듣고 있을 뿐 그대로 백토를 깎아 내게 했다는 뜻이다.

3) 盡堊而鼻不傷 : 백토는 다 깎여졌지만 코는 다치지 않음. 王叔岷은 '盡堊'이 '堊盡'으로 된 인용문을 소개하고 본래 '堊盡'이었는데 잘못 '盡堊'으로 도치되었을 것이라고 추정했는데 그럴 가능성이 있다.

4) 宋元君 : 송나라 임금. 곧 宋나라 元公이다.

5) 自夫子之死也 吾無以爲質矣 吾無與言之矣 : 나도 혜시가 죽은 뒤로 상대가 없어져서 더불어 이야기할 사람이 없어짐. 夫子는 혜시를 지칭한다. 장석의 상대가 죽어서 더 이상 묘기를 부리지 못한 것처럼 장자 또한 말 상대였던 혜시가 죽고 난 뒤 함께 이야기할 사람이 없게 되었다는 뜻이다.

第7章

管仲이 有病이어늘 桓公이 問之하야 曰 仲父之病이 病矣[1)]로소니 可不謂云[2)] 至於大病[3)]하야는 則寡人은 惡乎에 屬國而可오 管仲曰 公은 誰欲與[4)]잇고 公曰 鮑叔牙니라 曰 不可하이다 其爲人이 絜廉善士也[5)]라 其於不己若者에 不比之하며 又一聞人之過코 終身不忘하나니 使之治國이면 上且鉤乎君하며 下且逆乎民이라 其

得罪於君也 將弗久矣리이다 公曰 然則孰可오 對曰 勿已[6)]인댄 則隰朋이 可하니이다 其爲人也 上忘而下畔[7)]하야 愧不若黃帝하며 而哀不己若者하나니 以德으로 分人을 謂之聖이오 以財로 分人을 謂之賢이라하나니 以賢으로 臨人이면 未有得人者也오 以賢으로 下人이면 未有不得人者也하니 其於國에 有不聞也하며 其於家에 有不見也하나니 勿已인댄 則隰朋可하니이다

管仲이 병에 걸렸다. 桓公이 문병하며 말했다. "仲父의 병이 중태이니 말하지 않을 수 있을 것인가. 중보가 죽음에 이르게 되면 과인은 누구에게 나라를 맡겨야 하겠소?" 관중이 말했다. "공께서는 누구에게 정치를 맡기려고 하십니까?" 공이 말했다. "鮑叔牙를 생각하고 있습니다." 관중이 말했다. "안 됩니다. 포숙아는 사람됨이 결백하고 청렴하여 아주 착한 인물입니다. 그는 자기만 못한 사람과는 가까이하지 아니하며, 또 타인의 잘못을 한번 듣게 되면 종신토록 잊어버리지 않습니다. 그러니 그에게 나라를 다스리게 하면 위로는 장차 군주를 구속할 것이며 아래로는 이윽고 백성들을 거스를 것인지라 군주로부터 죄를 얻을 것이 장차 멀지 않을 것입니다."

공이 말했다. "그렇다면 누가 좋을까요?" 관중이 대답했다. "그래도 그만두지 말고 누구라도 꼭 추천하라 하시면 隰朋이 좋을 것입니다. 그 사람됨은 위로 군주를 잊고 아래로는 백성들과 함께 하여 자기의 덕이 黃帝만 못한 것을 부끄러이 여기며, 자기만 못한 사람을 애처롭게 여기며 돌봐 줍니다. 내 몸에 갖추어진 덕을 남에게 나누어주는 것을 성인이라 하고, 자기가 가지고 있는 재물을 남에게 나누어주는 것을 현인이라 하는데, 현인으로서 사람들 위에 군림하면 그렇게 하고서 사람들의 신망을 얻을 수 있는 경우는 아직 없고, 현인으로서 사람들에게 자기를 낮추면 그렇게 하고서 사람들의 신망을 얻지 못한 경우는 아직 없습니다. 그는 나라를 다스릴 때 〈자질구레한 것은〉 듣지 아니함이 있고 집안을 다스릴 때 〈자질구레한 것은〉 보지 않음이 있으니 그만두지 말고 누구라도 꼭 추천하라 하신다면 습붕이 좋습니다."

【역주】

1) 仲父之病病矣 : 중보의 병이 중태임. 病病에서 앞의 病은 병이고, 뒤의 병은 병이 심해진 것을 말한다. 成玄英은 "病病이란 병이 위중해짐을 말함이다〔病病者 言是病極重也〕."라고 풀이했다. 이하의 내용은 ≪呂氏春秋≫ 〈貴公〉편, ≪管子≫ 〈戒〉편 등 다른 문헌에 거듭 나온다(王叔岷).

2) 可不謂云 : 말하지 않을 수 있을 것인가. 관중이 죽게 되는 만일의 경우를 말하지 않을 수 없다는 뜻이다. 謂는 陳景元의 ≪莊子闕誤≫에서 인용한 江南李氏本에는 諱로 표기되어 있다. 楊愼에 의하면 江南古藏本 또한 마찬가지이다. 이에 근거하여 褚伯秀, 王念孫, 王引之 등이 모두 諱로 고치는 것이 옳다고 했고, 姚鼐, 奚侗, 楊明照 등도 같은 견해를 제시했지만 '관중이 죽게 되는 만일의 경우를 말하지 않을 수 없다'는 맥락을 읽어내지 못한 견해이기 때문에 취하지 않는다. 王引之는 可不을 不可로 표기해야 한다고 했지만 그대로 두는 것이 좋다(池田知久).

3) 至於大病 : 큰 병에 이르게 됨. 죽음에 이름을 말함이다. 大病은 죽음으로 陸德明은 "大病은 죽음을 말함이다〔大病 謂死也〕."라고 풀이했다.

4) 公誰欲與 : 공께서는 누구에게 정치를 맡기려고 하십니까? 與는 阮毓崧이 ≪列子≫ 〈力命〉편에 의해 의문사인 歟로 표기해야 한다고 했지만 陸德明이 "與는 본디 글자 그대로의 뜻이다〔與 如字〕."라고 한 것을 따라 '준다'는 뜻, 곧 정치를 맡긴다는 뜻으로 보는 것이 옳다.

5) 其爲人 絜廉善士也 : 사람됨이 결백하고 청렴하여 아주 착한 인물임. 絜은 潔로 표기되어 있는 판본이 있으나(王叔岷) 두 글자는 같은 뜻이다(阮毓崧).

6) 勿已 : 그래도 그만두지 말고 누구라도 꼭 추천하라 하시면. ≪孟子≫ 〈梁惠王 上〉에도 "그만두지 말고 꼭 말하라 하시면 왕도에 관해 말씀드리겠습니다〔無以〔已〕則王乎〕."라고 하여 비슷한 표현이 나온다(李勉).

7) 上忘而下畔 : 위로 군주를 잊고 아래로는 백성들과 함께 함. 畔은 同伴者의 뜻으로 伴자와 같다(章炳麟, 池田知久, 安東林).

第8章

吳王이 **浮於江**하야 **登乎狙之山**[1)]한대 **衆狙見之**하고 **恂然棄而走**하야 **逃於深蓁**[2)]

이어늘 有一狙焉이 委蛇攫抓하야 見巧乎王[3)]이러니 王射之(호대) 敏給搏捷矢[4)]하더니 王命相者하야 趨射之한대 狙執死[5)]어늘 王顧謂其友顏不疑[6)]曰 之狙也 伐其巧하고 恃其便하야 以敖予라가 以至此殛也하니 戒之哉어다 嗟乎라 無以汝色驕人哉어다 顏不疑歸而師董梧[7)]하야 以鋤其色하고 去樂辭顯[8)]하니 三年에 而國人이 稱之하니라

吳나라 왕이 강에서 배를 띄워 뱃놀이를 하고는 강가에 있는 원숭이 산에 올라갔다. 여러 원숭이들이 그것을 보고 깜짝 놀라 자기들의 거처를 버리고 달아나 풀이 무성한 깊은 숲 속으로 도망쳤다. 그런데 그 가운데 한 마리 원숭이가 이리 슬쩍 저리 슬쩍 뛰면서 도망치지도 않고 나뭇가지를 움켜잡거나 긁거나 하면서 왕에게 자기의 날렵한 재주를 약 올리며 보여주고 있었다. 그리하여 왕이 활을 쏘았더니 이 원숭이는 끊임없이 민첩하게 움직이면서 왕의 빠른 화살을 잡았다. 이에 왕이 조수에게 명하여 화살을 쉴 틈 없이 연속으로 쏘게 하였더니 드디어 원숭이가 잡혀 죽었다.

왕이 동행한 친구 顏不疑를 돌아보고 말했다. "이 원숭이는 자기의 재주를 뽐내고 자기의 날렵함을 믿고서 나에게 오만하게 굴다가 이와 같은 참혹한 죽음을 당하기에 이르렀으니 경계로 삼아야 할 것이다. 아아! 그대도 그대의 교만한 얼굴빛으로 남에게 오만하게 굴지 마시게!"

顏不疑는 집에 돌아와 오나라의 有道者 董梧를 맞이하여 스승으로 삼고 자기의 얼굴표정에서 교만한 안색을 제거하고 안락한 생활을 그만두고 높은 지위에서 물러났다. 이렇게 하여 3년이 지나자 나라 도성 안의 사람들이 그를 칭찬하게 되었다.

【역주】

1) 登乎狙之山 : 원숭이 산에 올라감. 원숭이가 많이 서식하고 있었기 때문에 붙여진 이름으로 추정(方勇·陸永品).

2) 恂然棄而走 逃於深蓁 : 깜짝 놀라 자기들의 거처를 버리고 달아나 풀이 무성한 깊은

숲 속으로 도망침. 恂然은 깜짝 놀라 두려워하는 모양.

3) 委蛇(이)攫抓 見巧乎王 : 이리 슬쩍 저리 슬쩍 뛰면서 도망치지도 않고 나뭇가지를 움켜잡거나 긁거나 하면서 왕에게 자기의 날렵한 재주를 약 올리며 보여줌. 委蛇는 놀라지 않고 느긋한 모양으로 앞의 恂然과 상대되는 표현. 攫抓는 나뭇가지를 움켜잡거나 긁는 모양.

4) 敏給搏捷矢 : 끊임없이 민첩하게 움직이면서 왕의 빠른 화살을 잡음. 敏給은 민첩하게 계속 움직인다는 뜻이다.

5) 趨射之 狙執死 : 화살을 쉴 틈 없이 연속으로 쏘게 하였더니 드디어 원숭이가 잡혀 죽음. 趨는 본래 종종걸음인데 여기서는 이어진다는 뜻으로 쓰였다. 따라서 趨射之는 화살을 쉴 새 없이 연이어서 쏘게 했다는 뜻이다.

6) 顔不疑 : 인명. 成玄英은 "姓은 顔이고 字가 不疑이며 오왕의 벗이다〔姓顔 字不疑 王之友也〕."라고 풀이했는데 본문 내용에서 그대로 읽어낼 수 있는 내용이다.

7) 董梧 : 인명. 顔不疑의 스승. 成玄英은 "姓은 董이고 이름은 梧이며 吳나라의 賢人이다〔姓董 名梧 吳之賢人也〕."라고 풀이했다.

8) 去樂辭顯 : 안락한 생활을 그만두고 높은 지위에서 물러남. 顯은 이름이 널리 드러나는 높은 벼슬자리를 뜻한다.

第9章

南伯子綦隱几而坐하야 仰天而噓어늘 顔成子入見曰[1] 夫子는 物之尤也[2]샤사이다 形固可使若槁骸며 心固可使若死灰乎아 曰 吾嘗居山穴之中矣라니 當是時也하야 田禾一覩我어늘 而齊國之衆이 三賀之[3]하니 我必先之라 彼故知之하며 我必賣之라 彼故鬻之니 若我而不有之며 彼惡得而知之며 若我而不賣之면 彼惡得而鬻之리오 嗟乎라 我悲人之自喪者하며 吾又悲夫悲人者하며 吾又悲夫悲人之悲者[4]하노니 其後로 而日遠矣[5]니라

南伯子綦가 팔뚝을 안석에 기대고 앉아서, 하늘을 우러러보며 길게 한숨을 쉬자 顔成子가 들어와 뵙고 이렇게 말했다. "선생님께서 만물 중에서 뛰어난 인

물이신지라 〈이처럼〉 육체를 진실로 말라버린 해골과 같게 할 수 있으며 마음을 진실로 불 꺼진 재와 같게 하실 수 있는 것입니까?"

南伯子綦가 말했다. "나는 언젠가 산 속 동굴 안에서 머물던 때가 있었는데, 그때에 제나라 왕 田禾가 한 번 산속 동굴로 나를 찾아와 본 적이 있었다. 그랬더니 제나라 민중들이 이 일을 세 번이나 축복하였으니, 이는 틀림없이 내가 먼저 현자인 체했기 때문에 그 사람이 그렇게 할 줄 알았을 것이며 틀림없이 내가 팔려고 하는 마음이 있었는지라 그 사람이 그 때문에 나를 사서 그것을 다시 팔려고 한 것일 터이다. 만일 내가 그런 마음을 가지고 있지 않았더라면 그 사람이 어찌 나를 알 수 있었을 것이며, 만일 내가 팔려는 마음이 없었더라면 그 사람이 어떻게 그것을 사서 다시 팔 생각을 할 수 있었을 것인가.

아아! 나는 사람들의 자기상실을 슬퍼하였는데 이제 다시 나는 사람들의 자기상실을 슬퍼하는 자(나)를 슬퍼하였으며, 그리고는 나는 또 다시 사람들의 자기상실을 슬퍼하는 자를 슬퍼하는 자(또 다른 나)를 슬퍼하였다. 그랬더니 그 뒤로 날로 자기상실로부터 멀어지게 되었다."

【역주】

1) 南伯子綦隱几而坐 仰天而噓 顔成子入見曰 : 南伯子綦가 팔뚝을 안석에 기대고 앉아서, 하늘을 우러러보며 길게 한숨을 쉬자 顔成子가 들어와 뵙고 말함. 이 내용은 〈齊物論〉편 제1장을 그대로 따르고 있다(成玄英).

2) 物之尤也 : 만물 중에서 뛰어난 존재임. 物은 萬物. 尤는 뛰어남.

3) 田禾一覩我 而齊國之衆 三賀之 : 田禾가 한 번 산속 동굴로 나를 찾아와 만나자 제나라 민중들이 이 일을 세 번이나 축복함. 田禾가 南伯子綦를 만난 것은 국왕이 현자를 존경한 미담이라 하여 제나라 백성들이 서로 기뻐했다는 뜻이다. 田禾는 제나라 왕의 성명.

4) 吾又悲夫悲人之悲者 : 나는 또 다시 사람들의 자기상실을 슬퍼하는 자를 슬퍼하는 자(또 다른 나)를 슬퍼함. 여기의 吾는 悲人之悲者의 주체인 참된 나를 뜻한다.

5) 其後而日遠矣 : 그 뒤로 날로 자기상실로부터 멀어짐. 슬퍼함을 통한 자기상실과

배제를 반복한 끝에 날로 자기상실로부터 멀어져 드디어 枯骸死灰(枯木死灰)와 같아졌다는 뜻이다.

第10章

仲尼之楚어늘 楚王이 觴之[1]할새 孫叔敖는 執爵而立이어늘 市南宜僚受酒而祭[2]하니라/하야 曰 古之人乎 於此에 言已[3]러니이다 曰 丘也는 聞不言之言矣오 未之嘗言이라니 於此乎에 言之호리라 市南宜僚는 弄丸 而兩家之難이 解[4]하고 孫叔敖는 甘寢秉羽 而郢人이 投兵[5]하니 丘는 願有喙三尺[6]하노라

彼之謂不道之道오 此之謂不言之辯하나니 故德은 總乎道之所一이오 而言은 休乎知之所不知 至矣[7]니 道之所一者는 德이 不能同也오 知之所不能知者는 辯이 不能擧也라 名若儒墨而凶矣[8]니라 故로 海不辭東流는 大之至也[9]니 聖人은 幷包天地하며 澤及天下 而不知其誰氏[10]라 是故로 生無爵하며 死無謚하며 實不聚하며 名不立하나니 此之謂大人이니라 狗를 不以善吠로 爲良하고 人을 不以善言으로 爲賢이온 而況爲大乎따녀 夫爲大는 不足以爲大온 而況爲德乎따녀 夫大備矣는 莫若天地나 然이나 奚求焉 而大備矣리오 知大備者는 無求[11]라 無失無棄하야 不以物로 易己也하며 反己而不窮하며 循古而不摩하나니 大人之誠[12]이니라

仲尼가 楚나라에 갔는데, 초나라 왕이 중니를 위해 주연을 베풀었다. 〈환영하는 쪽에서〉 재상인 孫叔敖는 잔을 잡고 섰는데 용감한 사람으로 이름이 났던 市南宜僚는 술을 받아 땅에 부어 신에게 제사 지냈다. 〈이렇게 주연이 시작되었는데〉 초나라 왕이 말했다. "옛사람이라면 이런 때에 무엇인가 좋은 말을 했을 것입니다."

仲尼가 말했다. "저는 말하지 않는 말(不言之言)이야말로 참다운 말이라고 들었습니다. 그래서 지금까지 한 번도 아는 체하고 입을 열어 이야기한 일이 없었습니다만, 지금처럼 좋은 때가 되었으니 한 마디 말씀드리겠습니다. 여기 있는

市南宜僚 같은 이는 〈일찍이 白公勝이 모반을 일으켜 令尹 子西를 죽일 것을 강요하였을 때〉 구슬을 가지고 노는 모습을 보여주어 〈그들의 요구에 겁을 먹지 않고 그들을 깨우쳐〉 白公과 子西 두 집안의 災難을 해결하였고, 孫叔敖 같은 이는 마음 편히 잠을 자거나 羽扇을 잡고 여유작작하는 無爲를 실천하여 초나라 서울 郢 땅의 사람들이 무기를 내던져버리고 평화를 즐기게 했다고 들었습니다. 이처럼 훌륭한 분들 앞이기는 하나, 저도 길이가 세 척이나 되는 긴 이야기를 하고자 합니다.

市南宜僚의 행동은 '道라고 말하지 않는 道'라 할 수 있고 孫叔敖의 행동은 '말하지 않는 말'이라고 할 것입니다. 그러므로 덕은 道가 가지런히 하는 대상 속에 통합되고 말은 인간의 知로는 더 이상 알 수 없는 한계에 멈추는 것이 최상입니다. 道가 가지런히 하는 대상은 德으로는 통합할 수 없고, 인간의 知로는 알 수 없는 한계는 말로 표현할 수 없기 때문입니다. 말재주로 이름이 알려지기를 儒家나 墨家처럼 한다면 흉할 것입니다.

그러므로 바다가 동쪽으로 흐르는 하천을 거부하지 않고 받아들이는 것은 大의 극치이니 〈이와 마찬가지로〉 성인은 천지를 아울러 싸안고 은택이 천하에 미치더라도 〈인민은〉 그가 누구인지조차도 알지 못합니다. 이 때문에 〈성인은〉 살아서는 尊爵이 없고 사후에도 시호가 없으며 實利(財貨)가 몸에 모이지 아니하며 명성도 확립되지 아니하나니 이런 사람을 일러 大人이라 합니다. 개가 잘 짖는다고 해서 훌륭한 개라고 평가할 수 없는 것처럼 사람도 말을 잘한다고 해서 현인이라고 할 수는 없습니다. 하물며 大人이라고 하기엔 무리입니다. 무릇 대인이 되려고 노력하는 한 오히려 대인이라 하기에 부족한데, 하물며 有德者가 되려고 노력하는 경우이겠습니까.

무릇 모든 것을 완전히 갖추고 있는 것으로는 천지에 미칠 만한 것은 없습니다. 그러나 어찌 천지가 무엇인가를 구해서 그렇게 크게 갖추어진 것이겠습니까. 크게 갖추어짐이 무엇인지를 아는 사람은 달리 무엇인가를 추구하는 것이 없습니다. 그래서 스스로를 잃어버리거나 내다버리지도 아니하여, 외물에 이끌려서 자기 본성을 변질시키는 일이 없습니다. 그리고 또 자기 본성으로 돌아감에 다함이 없으며 옛날 소박한 道를 따라 그것을 훼손시키지 않으니, 이 같은 '삶'이 바로 대인의 진실된 모습입니다."

【역주】

1) 楚王觴之 : 초나라 왕이 주연을 베풂. 觴은 술잔의 총칭. 觴之는 술잔으로 대접함. 곧 주연을 베풀었다는 뜻이다.

2) 孫叔敖 執爵而立 市南宜僚受酒而祭 : 재상인 孫叔敖는 잔을 잡고 섰는데 용감한 사람으로 이름이 났던 市南宜僚는 술을 받아 땅에 부어 신에게 제사 지냄. 孫叔敖는 춘추시대 楚나라 출신으로 ≪春秋左氏傳≫과 ≪史記≫에 전기가 전하며 〈田子方〉편에 이미 나왔다. 市南宜僚는 인명으로 〈山木〉편에 이미 나왔는데 姓은 熊이고, 이름은 宜僚(司馬彪, 李頤)이며, 〈則陽〉편에도 나온다. 陸德明이 지적하고 있는 것처럼 이 두 사람은 공자보다 훨씬 훗날 사람들이기 때문에 이 이야기는 사실이 아닌 寄言일 뿐이다(安東林).

3) 古之人乎 於此言已 : 옛사람이라면 이런 때에 무엇인가 좋은 말을 했을 것임. 陳壽昌, 馬其昶, 赤塚忠 등은 이 말을 초왕의 말이라 하고, 陳景元, 方勇・陸永品 등은 市南宜僚가 제사를 지내면서 말한 축사라고 했는데, 아래에 공자가 市南宜僚와 孫叔敖의 이름을 직접 부르고 있으므로 君前臣名의 禮에 비추어 볼 때 楚王이 공자를 염두에 두고 한 마디 해달라고 말하고 다시 공자가 초왕에게 대답한 것으로 보는 것이 타당하다.

古之人이 공자를 지칭한 것인지 아닌지를 두고도 견해가 엇갈리지만 공자가 대답하는 내용이 뒤에 나오는 것으로 보아 초왕이 공자를 직접 지칭하지는 않았다 하더라도 공자를 염두에 두고 한 말인 것만은 분명하다.

4) 弄丸而兩家之難 解 : 市南宜僚 같은 이는 〈일찍이 白公勝이 모반을 일으켜 令尹 子西를 죽일 것을 강요하였을 때〉 구슬을 가지고 노는 모습을 보여주어 〈그들의 요구에 겁을 먹지 않고 그들을 깨우쳐〉 白公과 子西 두 집안의 災難을 해결함.

陳景元의 ≪南華眞經章句音義≫에 인용된 文如海의 견해를 따르면 "白公勝과 대부 子西 두 집안이 군대를 일으켜 서로 공격하였는데 두 집안의 대부들이 말하기를 '시남의료는 뭍에 잠긴 은자이므로 한 사람으로서 5백 명을 감당할 만한 인물이다.'라고 하여 두 집안이 모두 사신을 보내 시남의료를 불렀다. 시남의료는 베개를 높이 베고 편안하게 누워서 두 대부가 보낸 사자들을 보면서 두 손으로 구슬을 가지고 놀며 그치지 않다가 잠들어서 다시 일어나지 않자 칼을 갖다 댔는데도 움직이지 않았다. 두 대부의 사신이 각자 자기 집안으로 돌아가 시남의료의 의도를 함께 논의했다. 두 대부가 말하기를 베개를 높이 베고 누운 것은 우리들에게 無爲해야 한다고 암시한 것이고 칼을 갖다 댔는데도 움직이지 않은 것은 무력은 믿을 것이 못 됨을 알려준 것이고 두 손은 두 집안을 비유한 것이고 구슬은 모양이 둥글어서 무위에 해당하는 물건인데 두 손으로 구슬을 가지고 놀면서 그치지 않은 것은 두 집안이 모두 곤경에 이를 것임을 보여준 것이다."라고 풀이했는데 文如海의 이 이야기가 어디에 근거하고 있는지를 알 수 없으나 내용상 맥락이 통하므로 우선 따른다(方勇・陸永品).

5) 甘寢秉羽 而郢人投兵 : 孫叔敖 같은 이는 마음 편히 잠을 자거나 羽扇을 잡고 여유작작하는 無爲를 실천하여 초나라 서울 郢 땅의 사람들이 무기를 내던져버리고 평화를 즐기게 함. 成玄英은 "손숙오는 진실한 앎에 바탕하여 베개를 높이 베고 소요하며 이치를 깨닫고 말을 잊었다. 깃으로 만든 부채를 잡고 文舞의 춤을 추어 스스로 만족함으로써 마침내 적국으로 하여금 침략하지 못하게 하였으니 천리 밖에서 적의 군대를 꺾어서 초나라 사람들이 아무 일을 저지르지 않았으니 문덕을 닦아서 그들의 武略을 중지시킨 것이다〔叔敖蘊藉實知 高枕而逍遙 會理忘言 執羽扇而自得 遂使敵國不侵 折衝千里之外 楚人無事 脩文德 息其武略〕."라고 풀이했다. 投兵은 병기를 던져버림. 곧 전쟁을 중단한다는 뜻이다. 成玄英은 "投는 쉼이다〔投 息也〕."라고 풀이했다.

6) 願有喙三尺 : 길이가 세 척이나 되는 긴 이야기를 하고자 함. 喙三尺은 입이 석 자라는 뜻인데 그 만큼 긴 이야기를 하겠다는 뜻이다. 앞에서 말하지 않는 말〔不言之言〕이야말로 참다운 말이라고 했기 때문에 자신이 앞으로 하는 말을 길다고 표현한 것이다.

7) 德總乎道之所一 而言休乎知之所不知 至矣 : 덕은 道가 가지런히 하는 대상 속에 통합되고 말은 인간의 知로는 더 이상 알 수 없는 한계에 멈추는 것이 최상임. 德은 도가 가지런히 바라보는 많은 대상 중의 하나일 뿐이고 지식으로 알 수 없는 영역은 말로 표현할 수 있는 것이 아니라는 뜻으로 언어의 한계를 지적한 말이다.

8) 名若儒墨而凶矣 : 말재주로 이름이 알려지기를 유가나 묵가처럼 한다면 흉할 것임. 유가나 묵가처럼 말재주로 세상에 이름이 나게 되면 재앙이 초래된다는 뜻. 陳景元은 "말 잘하기를 유가나 묵가처럼 하게 되면 또한 재앙을 초래할 뿐이다〔善辯若儒墨 亦所以召禍耳〕."라고 풀이했다.

9) 海不辭東流 大之至也 : 바다가 동쪽으로 흐르는 하천을 거부하지 않고 받아들이는 것은 大의 극치임. 東流는 동쪽으로 흘러 바다로 들어가는 하천을 지칭한다. 상대와 말로 따지지 않고 포용하는 것이 大의 조건이라는 뜻이다.

10) 聖人 并包天地 澤及天下 而不知其誰氏 : 성인은 천지를 아울러 싸안고 은택이 천하에 미치더라도 〈인민은〉 그가 누구인지조차도 알지 못함. 백성들이 통치자가 누구인지 알지 못한다는 뜻. 곧 無爲의 정치를 표현하고 있는 대목이다.

11) 知大備者 無求 : 크게 갖추어짐이 무엇인지를 아는 사람은 달리 무엇인가를 추구하는 것이 없음. 天地가 크게 갖추어지기를 바라지 않는데 저절로 크게 갖추어지는 것처럼 성인은 갖추어지기를 바라지 않는다는 뜻이다.

12) 反己而不窮 循古而不摩 大人之誠 : 자기 본성으로 돌아감에 다함이 없으며 옛날 소박한 道를 따라 그것을 훼손시키지 않으니, 이 같은 '삶'이 바로 대인의 진실된 모습임. 誠은 진실함. 郭象은 "인위적인 노력을 하지 않고 스스로 얻었기 때문에 진실하다 한 것이다〔不爲而自得 故曰誠〕."라고 풀이했다.

第11章

子綦[1)]有八子러니 陳諸前[2)]하고 召九方歅[3)]曰 爲我하야 相吾子하라 孰爲祥고 九方歅曰 梱[4)]也爲祥이로다 子綦瞿然喜[5)]하야 曰 奚若고 曰 梱也將與國君으로 同食[6)]하야 以終其身하리로다 子綦索然出涕[7)]하야 曰 吾子는 何爲로 以至於是極也오 九方歅曰 夫與國君으로 同食하면 澤及三族이온 而況父母乎[8)]따녀 今에 夫子聞之而泣하니 是禦福也로다 子則祥矣어늘 父則不祥[9)]이로다

子綦曰 歅아 汝는 何足以識之[10)]리오 而梱祥邪인들 盡於酒肉이 入於鼻口矣로소니 而何足以知其所自來[11)]리오 吾未嘗爲牧 而牂生於奧하며 未嘗好田 而鶉

生於宎[12)]어늘 若이 勿怪는 何邪[13)]오 吾所與吾子로 遊者는 遊於天地라 吾與之邀樂於天하며 吾與之邀食於地요 吾不與之爲事하며 不與之爲謀하며 不與之爲怪하야 吾與之乘天地之誠 而不以物로 與之相攖[14)]하며 吾與之一委蛇 而不與之爲事所宜호대 今也에 然有世俗之償焉[15)]이로다 凡有怪徵者는 必有怪行하나니 殆乎非我與吾子之罪라 幾天이 與之也로다 吾是以泣也[16)]하노라

無幾何오 而使梱으로 之於燕이어늘 盜得之於道하야 全而鬻之則難일새 不若刖之則易라하야 於是乎에 刖而鬻之於齊호대 適當渠公之街[17)]하니 然이나 身食肉而終[18)]하니라

南伯子綦에게는 여덟 명의 아들이 있었다. 〈어느 날〉 子綦는 그들을 앞에 늘어놓고 〈관상술의 대가인〉 九方歅을 불러 이렇게 말했다. "나를 위해 내 자식들의 관상을 봐주시오. 내 자식들 중 누가 가장 행복을 누릴 인상을 가지고 있는지요?"

九方歅이 말했다. "梱이란 아드님이 가장 길하다 하겠습니다."

子綦가 깜짝 놀라는 한편 기뻐하면서 말했다. "어떤 吉相이길래 그러한지요?"

九方歅이 말했다. "梱은 장차 한 나라의 임금이 먹는 음식과 같은 음식을 먹으면서 일생을 마칠 것입니다."

그러자 子綦는 주르륵 눈물을 흘리면서 말했다. "내 아들이 어찌하여 이토록 지독한 불행을 당해야 한단 말인가."

九方歅이 말했다. "무릇 한 나라의 임금이 먹는 음식과 같은 음식을 먹는 신분이 되면, 그 은택이 三族에까지 미칠 것인데, 하물며 부모의 행복이야 말할 것도 없습니다. 그런데 지금 선생께서는 이 기쁜 이야기를 듣고서 우시니, 이것은 〈기껏 닥친〉 행복을 막는 짓입니다. 아드님은 길상인데 아버지가 불길하군요."

子綦가 말했다. "歅이여. 당신이 어찌 그 까닭을 충분히 알 수 있겠습니까. 그래 梱이 길상이라 한들 〈그것은 기껏해야〉 술과 고기가 코와 입으로 들어오

는 것에서 끝날 뿐이니 당신이 어찌 〈그 술과 고기가〉 어디로부터 오는지 제대로 알겠습니까? 내가 지금까지 한 번도 양을 친 일이 없는데도 우리 집의 서남쪽 귀퉁이에서 암양이 태어나며, 또 지금까지 한 번도 사냥을 즐긴 일이 없었는데 메추라기가 우리 집의 동남쪽 귀퉁이에 나타나는데 그런 일을 당신이 괴이하게 여기지도 않는 것은 무슨 까닭인가요!

내가 우리 자식들과 함께 노니는 것은 천지 대자연에서 노니는 것입니다. 나는 내 자식들과 사는 즐거움을 하늘에서 찾고, 나는 내 자식들과 더불어 먹을 것을 땅에서 찾으며, 나는 내 자식들과 더불어 일하지도 아니하고, 그들과 더불어 일을 꾸미지도 아니하며, 그들과 더불어 기괴한 행동을 하지도 않아서 내 그들과 함께 천지의 진실함을 타고 사물에 얽매여 서로 가로채지 아니하며 내 그들과 함께 느긋하게 자연을 따르며 그들과 함께 일의 마땅한 바를 〈가려서〉 하지도 아니하였습니다. 그런데 지금 세속적 보상이 있게 되었습니다.

무릇 괴상한 조짐이 있는 것은 반드시 괴상한 행위가 있기 때문인데, 아마도 나와 내 자식의 죄는 아닐 것이고 아무래도 하늘이 준 운명일 것입니다. 내가 이 때문에 눈물을 흘리는 것입니다."

얼마 안 있어 子綦가 아들 梱으로 하여금 燕나라에 여행가게 하였는데, 도적들이 梱을 길에서 붙잡았다. 〈도적들은〉 몸이 온전한 채로 팔면 〈팔리기〉 어렵고 발을 잘라 파는 쪽이 쉬운 것만 못하다고 생각하여, 이에 발을 잘라서 齊나라에 팔아넘겼는데 마침 渠公의 거리 문지기자리였다. 하지만 몸은 평생 고기를 먹으며 마쳤다.

【역주】

1) 子綦 : 인명. 成玄英은 "초나라 사마 자기이다〔楚司馬子綦也〕."라고 했지만, 이미 여러 차례 등장한 南伯子綦의 이름으로 보는 것이 무난하다(陳壽昌, 福永光司).
2) 陳諸前 : 앞에 늘어놓음. 陳은 앞에 죽 늘어서게 했다는 뜻.
3) 九方歅 : 인명. 관상을 잘 보는 이. 成玄英은 "九方歅은 관상을 잘 보는 사람이다〔九方歅 善相者也〕."라고 풀이했다.
4) 梱 : 인명. 陸德明은 "자기의 아들 이름이다〔子綦子名〕."라고 풀이했다.

5) 子綦瞿然喜 : 子綦가 깜짝 놀라는 한편 기뻐함. 瞿然은 깜짝 놀라는 모양. 司馬彪는 기뻐하는 모양〔喜貌〕이라 했고 李頤는 놀라서 보는 모습〔驚視貌〕이라 했는데 李頤의 설명이 적절하다.

6) 將與國君同食 : 한 나라의 임금이 먹는 음식과 같은 음식을 먹을 것임. 문자 그대로 풀이하면 '한 나라의 군주와 함께 음식을 먹는다.'고 번역할 수 있으나 뒤의 내용으로 볼 때 임금과 함께 음식을 먹는 것이 아니라 임금이 먹는 음식과 같은 음식을 먹는다는 뜻으로 보는 것이 옳다.

7) 子綦索然出涕 : 子綦가 주르륵 눈물을 흘림. 索然은 눈물을 주르륵 흘리는 모양. 司馬彪는 "눈물을 흘리는 모양이다〔涕下貌〕."라고 풀이했다.

8) 況父母乎 : 하물며 부모이겠습니까. 삼족이 모두 은혜를 입을 것이므로 부모의 행복이야 말할 것도 없다는 뜻이다. 況은 況於로 표기되어 있는 판본이 있다(馬叙倫).

9) 子則祥矣 父則不祥 : 아들은 길한데 아버지가 불길함. 不祥이 不祥也矣로 표기되어 있는 인용문이 있다(王叔岷).

10) 汝何足以識之 : 당신이 어찌 그 까닭을 충분히 알 수 있겠는가. 이 부분의 絶句에 관하여 이설이 있다. 福永光司는 아래 문장의 '而梱祥邪'까지를 이어서 '당신이 어찌 곤이 길함을 알기에 충분하겠는가〔何足以識梱祥邪〕'와 같은 의미로 보아야 한다고 했지만 적절치 않다. 之는 아들 곤의 운명을 두고 불행하다고 여기는 까닭이다. 阮毓崧은 '우는 까닭〔所以泣者〕'이라 했지만 다소 미흡하다.

11) 而何足以知其所自來 : 당신이 어찌 〈그 술과 고기가〉 어디로부터 오는지 제대로 알겠는가. 而는 이인칭으로 汝와 같다(章炳麟).

12) 吾未嘗爲牧而牂生於奧 未嘗好田而鶉生於宎 : 내가 지금까지 한 번도 양을 친 일이 없는데도 우리 집의 서남쪽 귀퉁이에서 암양이 태어나며, 또 지금까지 한 번도 사냥을 즐긴 일이 없었는데 메추라기가 우리 집의 동남쪽 귀퉁이에 나타남. 牂은 암양. 陸德明은 "≪爾雅≫에 이르기를 암양이라고 했다〔爾雅云 牝羊也〕."라고 풀이했다. 奧는 서남쪽 모퉁이이고, 宎는 동남쪽 모퉁이이다. 成玄英은 "奧는 西南쪽 모퉁이로 未에 해당하는 곳으로 羊의 자리이고, 宎는 東南쪽 모퉁이로 辰에 해당하는 곳으로 메추라기의 자리이다. 그 때문에 각각 암양과 메추라기가 생긴다고 말한 것이다〔奧 西南隅未地 羊位也 宎 東南隅辰地也 辰爲鶉位 故言牂鶉生也〕."라고 풀이

했다. 嘗자가 曾자로 표기된 판본도 있다(陸德明).

13) 若勿怪何邪 : 당신이 괴이하게 여기지도 않는 것은 무슨 까닭인가. 九方歅의 관상 보는 능력을 회의하는 의미이다. 若은 이인칭.

14) 吾與之邀樂於天 吾與之邀食於地 吾不與之爲事 不與之爲謀 不與之爲怪 吾與之乘天地之誠而不以物與之相攖 : 나는 내 자식들과 사는 즐거움을 하늘에서 찾고, 나는 내 자식들과 더불어 먹을 것을 땅에서 찾으며, 나는 내 자식들과 더불어 일하지도 아니하고, 그들과 더불어 일을 꾸미지도 아니하며, 그들과 더불어 기괴한 행동을 하지도 않아서 내 그들과 함께 천지의 진실함을 타고 사물에 얽매여 서로 가로채지 아니함. 이 부분은 〈庚桑楚〉편 제1장에 유사한 문장이 나오는데(呂惠卿) 그보다 이편의 이장이 더 오래된 것으로 추정된다(池田知久). 邀는 찾음. 郭象과 陸德明은 모두 만남(遇)으로 풀이했지만 朱得之가 要로 풀이한 것이 적절하다.

15) 然有世俗之償焉 : 그런데 지금 세속적 보상이 있게 되었음. 아무런 보상도 구하지 않았는데 난데없이 한 나라 군주가 먹는 것과 같은 음식을 먹으면서 일생을 마칠 것이라는 세속적 보상이 우리 자식에게 있게 되었다는 뜻이다. 然은 지금, 이제야, 마침내의 뜻이다. 王引之가 "然은 乃와 같다〔然猶乃也〕."고 풀이한 것이 적절하다(林自, 褚伯秀에게서 유래). 償은 郭象에 의해 報의 뜻. 林希逸의 "還債也"는 부적당하다.

16) 凡有怪徵者 必有怪行 殆乎 非我與吾子之罪 幾天與之也 吾是以泣也 : 무릇 괴상한 조짐이 있는 것은 반드시 괴상한 행위가 있기 때문인데, 아마도 나와 내 자식의 죄는 아닐 것이고 아무래도 하늘이 준 운명일 것입니다. 내가 이 때문에 눈물을 흘리는 것입니다. 怪行은 怪徵의 원인이다. 阮毓崧은 반대로 怪行을 怪徵의 결과라고 했지만 맥락을 잘못 이해한 것이다. 郭象은 "지금 괴상한 행위도 없었는데 괴상한 조짐이 나타났기 때문에 그것이 천명임을 안 것이다〔今無怪行而有怪徵 故知其天命也〕."라고 풀이했다. 怪行은 위 문장의 '吾與之邀樂於天……'과 상반되는 행위를 가리킨다. 殆는 바로 뒤의 幾와 마찬가지로 아마도 ~에 가깝다는 뜻이다. 成玄英은 殆를 위태로움〔危〕이라고 풀이하고 幾를 ~에 가깝다〔近〕는 뜻으로 풀이했는데 殆를 위태로움〔危〕으로 풀이한 것은 옳지 않다.

17) 適當渠公之街 : 마침 渠公의 거리 문지기자리였음. 때마침 팔려간 데가 齊나라의 富商인 渠公의 거리 문지기자리였다는 뜻이다. 渠公은 제나라의 富商. 陸德明은

"어떤 이가 이르길 渠公은 제나라의 부자라 했다〔或云 渠公 齊之富室〕."라고 풀이했다. 福永光司에 의하면 當은 掌이고, 渠는 康으로 제나라의 국왕 康公을 가리키며, 街는 宮中의 小門을 뜻하는 闔자의 오류라 했는데 참고할 만하다.

18) 然身食肉而終 : 하지만 몸은 평생 고기를 먹으며 마침. 비록 절름발이 문지기였지만 먹은 것은 국왕과 똑같은 고기를 먹으면서 일생을 마쳤다는 뜻이다. 문지기의 음식이 어째서 국왕이 먹는 음식과 같은지에 대한 자세한 내막은 불분명하다. 馬叙倫은 然은 마침내〔乃〕의 뜻으로 읽어야 한다고 했는데 위에 나온 然有世俗之償焉의 然과 같은 의미로 본 것이다. 하지만 그대로 두어도 문제가 없기 때문에 따르지 않는다.

第12章

齧缺[1)]이 遇許由[2)]曰 子將奚之오 曰 將逃堯하노라 曰 奚謂邪오 曰 夫堯畜畜然仁[3)]하니 吾恐其爲天下笑하노라 後世에 其人與人이 相食與[4)]인져 夫民은 不難聚也라 愛之則親하고 利之則至하고 譽之則勸하고 致其所惡則散하나니라 愛利는 出乎仁義[5)]하나니 捐仁義者寡[6)]하고 利仁義者衆[7)]하니라 夫仁義之行은 唯且無誠[8)]이며 且假乎禽貪者器[9)]니 是以一人之斷制利天下[10)]함은 譬之猶一覕也[11)]니라 夫堯知賢人之利天下也하고 而不知其賊天下也하니 夫唯外乎賢者아 知之矣리라

어느 날 齧缺이 〈길에서 우연히〉 許由와 만났다.

齧缺이 말했다. "그대는 장차 어디로 가려는 것이오?"

허유가 말했다. "堯임금의 세상에서 도망가려고 합니다."

설결이 말했다. "그게 무슨 말입니까?"

허유가 말했다. "저 요임금은 돌보고 사랑하면서 仁을 행하고 있으니, 나는 堯임금이 〈언젠가는〉 천하의 웃음거리가 될까 두렵습니다. 〈仁의 정치를 행하면 그 폐단이〉 末世에 가서는 반드시 사람과 사람이 서로 잡아먹게 될 것입니다.

무릇 백성들이란 모으기가 어렵지 않습니다. 군주가 백성들을 사랑하면 백성들은 군주를 親愛하고, 군주가 백성들을 이롭게 해주면 백성들은 군주에게 가까이 오고, 군주가 백성들을 칭찬하면 백성들은 자발적으로 일을 하고, 백성들이 싫어하는 일을 행하면 도망가 흩어집니다. 그런데 백성들을 사랑하고 이롭게 해주는 행위는 仁義의 마음에서 나오는 것인데 仁義를 던져버리는 자는 드물고 이롭다고 여겨서 방편으로 이용하는 사람이 많습니다. 〈진심에서 仁義를 추구하지 않고 이롭다고 여겨서 억지로 인의를 행하는지라〉 무릇 인의의 실천은 오직 장차 진실함이 없는 위선으로 타락할 수밖에 없으며 도리어 장차 짐승처럼 貪欲스러운 권력자에게 집권욕 충족의 도구를 빌려주게 되고야 말 것입니다.

그러므로 집권자 한 사람의 재단으로 천하를 이롭게 하려는 것은 비유하자면 사물의 일면을 얼핏 보는 것과 같을 뿐입니다. 저 堯임금은 〈인의를 좋아하는〉 賢人이 천하 만민에게 이익을 주는 일면만을 알고 그것이 천하 만민을 해치는 점은 알지 못하나니, 무릇 오직 賢知를 버린 사람이라야만 이 같은 仁義의 양면을 알 수 있을 것입니다."

【역주】

1) 齧缺 : 인명. 許由와의 관계는 〈逍遙遊〉편 제5장에 자세히 나왔다.

2) 許由 : 인명. 堯와의 관계는 〈逍遙遊〉편 제2장에 자세하다.

3) 畜畜然仁 : 돌보고 사랑하면서 仁을 행함. 백성들을 돌보고 사랑한다는 뜻이다. 畜畜然은 돌보고 사랑하는 모양. 李頤는 "인을 행하는 모양이다〔行仁貌〕."라고 풀이했고, 王叔之는 "가엾게 여기고 사랑하기를 부지런히 애쓰는 모양이다〔卹愛勤勞之貌〕."라고 풀이했는데 王叔之의 풀이가 적절하다.

4) 後世其人與人相食與 : 末世에 가서는 반드시 사람과 사람이 서로 잡아먹게 될 것임. 仁은 서로 다투고 숭상하는 근원이므로 仁의 정치를 행하면 그 폐단이 이 지경에 이를 것이라는 뜻이다. 陸德明은 "장차 인의로 달려가게 되면 농사를 짓지 않게 될 것이니 그래서 주리게 되면 서로 잡아먹게 됨을 말한 것이다〔言將馳走於仁義 不復營農 飢則相食〕."라고 풀이했는데 이보다는 郭象이 "인이란 서로 다투고 숭상하는 근원이기 때문이다〔仁者爭尙之原故也〕."라고 풀이한 것이 타당하다(池田知久).

유사한 문장이 〈庚桑楚〉편 제1장에도 나왔다(林雲銘). 後世는 末世.

5) 愛利出乎仁義 : 백성들을 사랑하고 이롭게 해주는 행위는 仁義의 마음에서 나옴. 愛利는 현실적 방책이고 仁義는 원리적인 精神이므로 인의가 근원이고 愛利는 구체적인 행위이다.

6) 捐仁義者寡 : 仁義를 던져버리는 자는 드묾. 捐은 忘의 뜻에 가깝다. 이 구절은 아래의 外乎賢과 거의 같은 뜻이다.

7) 利仁義者衆 : 仁義를 이롭다고 여겨서 방편으로 이용하는 사람이 많음. 진심으로 인의를 좋다고 여겨서 실천하는 것이 아니라 그게 이로운 도구라고 생각해서 인을 이용하는 이가 많다는 뜻이다.

8) 唯且無誠 : 오직 장차 진실함이 없게 될 것임. 위선으로 타락할 수밖에 없다는 뜻이다.

9) 且假乎禽貪者器 : 장차 짐승처럼 貪欲스러운 권력자에게 집권욕 충족의 도구를 빌려주게 될 것임. 司馬彪는 "짐승처럼 탐내는 자는 사람을 죽여 끝이 없으며 인의를 탐내는 자는 사람을 해쳐 끝이 없다〔禽之貪者殺害無極 仁義貪者傷害無窮〕."라고 풀이했다. 禽貪者는 禽獸와 같이 탐욕스러운 권력자. 또는 禽자가 凶의 가차자일 수도 있다(奚侗, 馬叙倫, 福永光司).

10) 一人之斷制利天下 : 집권자 한 사람의 재단으로 천하를 이롭게 하려 함. '利'字는 唐寫本에는 없고(羅振玉, 楊明照), 없는 것이 옳은 것 같지만 굳이 바꿀 것까지는 없다(池田知久). 斷制는 ≪尙書≫ 〈呂刑〉편에도 보이는데 '制'를 끼어든 문자라고 하는 주장도 있다(馬叙倫).

11) 譬之猶一覕也 : 비유하자면 사물의 일면을 얼핏 보는 것과 같을 뿐임. 覕은 一覕함. 司馬彪는 "잠깐 보는 모양이다〔暫見貌〕."라고 풀이했고, 羅勉道는 "아주 짧은 시간 동안 보는 것만으로는 결정을 짓기에 부족하다〔一頃刻之見 不足爲定也〕."라고 풀이했다. 宣穎도 거의 같은 견해를 제시했다.

第13章

有暖姝者[1)]하며 有濡需者[2)]하며 有卷婁者[3)]하니 所謂暖姝者는 學一先生之言則暖暖姝姝而私自說也하야 自以爲足矣오 而未知未始有物也하나니 是以로

謂暖姝者也라하나니라

濡需者는 豕蝨[4)]이 是也니라 擇疏鬣하야 自以爲廣宮大囿[5)]하며 奎蹏曲隈와 乳間股脚을 自以爲安室利處[6)]라하야 不知屠者之一旦鼓臂하고 布草操煙火 而己與豕俱焦也[7)]하나니 此는 以域으로 進하며 此는 以域으로 退[8)]니 此其所謂濡需者也니라

卷婁者는 舜也니 羊肉이 不慕蟻라 蟻慕羊肉하나니 羊肉이 羶也일새니라 舜이 有羶行[9)]일새 百姓이 悅之하니 故로 三徙成都[10)]하야 至鄧之墟[11)] 而十有萬家러니 堯聞舜之賢하고 擧之童土之地[12)]하야 曰 冀得其來之澤[13)]하노라 舜이 擧乎童土之地할새 年齒長矣며 聰明衰矣로대 而不得休歸하니 所謂卷婁者也[14)]니라

是以로 神人은 惡衆至[15)]하나니 衆至則不比하고 不比則不利也[16)]니라 故로 無所甚親하며 無所甚疏오 抱德煬和하야 以順天下[17)]하나니 此謂眞人이니라 於蟻에 棄知하고 於魚에 得計하고 於羊에 棄意[18)]하야 以目으로 視目하며 以耳로 聽耳하며 以心으로 復心하니 若然者는 其平也繩이오 其變也循이니라 古之眞人은 以天으로 待之라 不以人으로 入天[19)]하며 古之眞人은 得之也生이오 失之也死며 得之也死요 失之也生[20)]이니라

이 세상에는 다른 사람과 잘 지내면서 자기를 요상하게 꾸미는 유형의 인간과 타인에게 지나치게 의존하여 안일함을 탐하는 유형의 인간과 몸을 움츠려서 뻗어나가는 기상이 없는 유형의 인간이 있다.

이른바 '다른 사람과 잘 지내면서 자기를 요상하게 꾸민다는 것'은 어떤 한 사람의 학설을 배우게 되면 곧 부드럽고 요상하게 스스로를 꾸며 스스로 자기만족에 빠져버린다. 그리고 본시 物이 있지 않음을 알지 못한다. 그래서 '잘 지내면서 자기를 요상하게 꾸미는 자'라고 말하는 것이다.

'타인에게 지나치게 의존하여 안일함을 탐한다는 것'은 돼지 몸에 붙은 이가

바로 이런 유형에 해당한다. 돼지의 거칠고 긴 털을 가려서 그 사이에 머물러 그것을 스스로 넓은 궁궐, 큰 마당이라고 생각하며 돼지의 굽이 갈라진 사이, 다리가 꼬부라진 모퉁이 사이와 젖통 사이, 다리 사이에 파고들어 그것을 스스로 안전한 방, 편리한 거처라고 생각하여 도살자가 어느 날 팔을 걷어붙이고 마른 풀을 깔고 불을 지펴 〈돼지를〉 구워먹으려고 불태우면 곧 자기 자신도 돼지와 함께 모두 타버리게 될 줄을 알지 못하니, 이것은 한정된 구역 안에서만 나아가고 한정된 구역 안에서만 물러나는 것이니 이것이 이른바 '남에게 지나치게 의존하면서 안일함을 탐하는 자'이다.

'몸을 움츠려서 뻗어나가는 기상이 없다는 것'은 〈고인 가운데〉 舜과 같은 경우에 해당한다. 양고기는 개미에 대해 사모하는 기분이 전혀 없는데 〈다만〉 개미가 양고기를 사모하고 따르니 그것은 양고기가 노린내를 풍기기 때문이다. 순임금은 노린내 나는 행동을 했기 때문에 백성들이 그것을 기뻐하였다. 그 때문에 세 번 사는 곳을 옮겼는데 그 주위에 도시가 이루어져서 鄧의 옛 터에 이르러서는 십여만 戶나 되는 대도시가 출현하였다. 요임금이 순이 어질다는 소문을 듣고 불모지에서 등용하면서 이르기를 '그가 와서 은택을 베풀기를 바란다.'고 했다. 그런데 순이 불모지에서 등용될 때 나이가 많았고 총명이 쇠퇴했는데도 돌아가서 쉬지를 못했으니 이른바 '몸을 움츠려서 뻗어나가는 기상이 없는 자'에 해당한다.

이 때문에 神人은 많은 사람들이 자기를 찾아오는 것을 싫어한다. 많은 사람이 오게 되면 서로 친하지 못하게 되고 서로 친하지 못하게 되면 서로 이롭지 못하다. 그 때문에 너무 가까이함도 없고 너무 멀리함도 없이 자연의 덕을 품고 하늘의 조화로운 기운을 배양하여 천하 사람들을 따르니 이런 사람을 일러 眞人이라고 한다.

〈眞人은〉 개미가 된 경우에는 양고기를 사모하는 지혜를 버리고, 물고기가 된 경우에는 강호에서 서로 잊고 자유로이 헤엄치는 계책을 몸에 붙이고, 양이 되어서는 노린내를 풍겨서 개미를 모으는 의도를 버리고서, 눈으로는 눈에 보이는 대로 보며 귀로는 귀에 들리는 대로 들으며 마음으로는 마음이 가는 곳으로 돌아간다. 그 같은 이는 그 평탄한 심경은 먹줄을 친 것처럼 반듯하고, 변화할 때에는 자연의 이법을 그대로 따른다.

옛날의 진인은 자연〔天〕 그대로 사물을 대하는지라 인위적으로 자연〔天〕에 끼어들지 아니하며 옛날의 진인은 자연〔天〕을 얻으면 태어나고 자연〔天〕을 잃으면 죽으며 인위에 빠지면 죽고 인위에서 벗어나면 살아났다.

【역주】

1) 暖姝(훤주)者 : 다른 사람과 잘 지내면서 자기를 요상하게 꾸미는 유형의 인간. 陸德明은 "暖은 부드러운 모양이고 姝는 요상한 모양이다〔暖 柔貌 姝 妖貌〕."라고 했다. 이 밖에 얕은 소견으로 스스로 기뻐함(김달진), 남의 학설에 사로잡힌 자(安東林), 비굴하게 아첨하는 인물(福永光司) 등의 풀이가 있다.

2) 濡需者 : 타인에게 지나치게 의존하여 안일함을 탐하는 유형의 인간. 陸德明은 "잠깐 동안 구차하게 편안하기를 다툼을 말함이다〔謂偸安須臾之頃〕."라고 풀이했고, 成玄英은 "자랑하는 모양이다〔矜誇之貌〕."라고 풀이했고, 呂惠卿은 "濡는 떠나지 못함이고 需는 의지함이다〔濡則不去 需則有待〕."라고 풀이했는데 呂惠卿의 풀이가 적절하다. 林希逸, 羅勉道, 赤塚忠, 金谷治도 이와 비슷하다(池田知久). 이 외에 권세와 이익을 탐내며 집착하는 것이라는 견해(김달진)도 있다.

3) 卷婁者 : 몸을 움츠려서 뻗어나가는 기상이 없는 유형의 인간. 陸德明은 卷婁를 "구속되고 얽매임과 같다〔猶拘攣也〕."고 풀이했다.

4) 豕蝨(슬) : 돼지 몸에 붙은 이. 돼지 몸에 붙어 기생하는 이처럼 타인에게 의존하는 자라는 뜻이다.

5) 擇疏鬣(렵) 自以爲廣宮大囿 : 돼지의 거칠고 긴 털을 가려서 그 사이에 머물러 그것을 스스로 넓은 궁궐, 큰 마당이라고 생각함. 鬣은 돼지의 갈기이고 疏는 그 속의 성긴 틈. 따라서 擇疏鬣은 돼지의 거친 갈기털 사이에 끼어서 머문다는 뜻이다. 陳景元의 ≪莊子闕誤≫에 인용된 張君房본에는 擇疏鬣 아래에 長毛 두 글자가 있는데 이 두 글자가 있는 것이 옳을 듯하다. 곧 '擇疏鬣長毛'가 되는데 그럴 경우 疏鬣은 '거친 갈기', 長毛는 '긴 털'로 '거친 갈기와 긴 털을 가려서 그 사이에 머문다'는 의미가 된다.

6) 奎蹏曲隈 乳間股脚 自以爲安室利處 : 돼지의 굽이 갈라진 사이, 다리가 꼬부라진 모퉁이 사이와 젖통 사이, 다리 사이에 파고들어 그것을 스스로 안전한 방, 편리한 거처라고 생각함. 奎蹏의 奎는 본래 '가랑이 사이'라는 뜻이지만 여기서는 蹏자와 함께 쓰였기 때문에 '굽이 갈라진 사이'라는 뜻으로 쓰였다. 曲隈는 다리가 구부러진 모퉁이, 곧 숨겨져 있는 부분이라는 뜻이다. 乳間은 젖통 사이. 股脚은 다리 사이.

7) 不知屠者之一旦鼓臂 布草操煙火 而已與豕俱焦也 : 도살자가 어느 날 팔을 걷어붙이고 마른 풀을 깔고 불을 지펴 〈돼지를〉 구워먹으려고 불태우면 곧 자기 자신도 돼지와 함께 모두 타버리게 될 줄을 알지 못함. 鼓臂는 팔을 움직임. 곧 팔을 걷어붙이고 돼지를 잡으러 나선다는 뜻이다.

8) 此 以域進 此 以域退 : 이것은 한정된 구역 안에서만 나아가고 한정된 구역 안에서만 물러나는 것임. 스스로 좋은 자리를 가려서 머물 곳을 정한다고 생각하지만 결국 돼지의 몸뚱이 안에서 나아가고 물러나는 것에 지나지 않는다는 뜻이다. 域은 돼지의 몸뚱이를 가리킨다(方勇・陸永品).

9) 舜有羶行 : 순임금은 노린내 나는 행동을 함. 仁義를 실천한답시고 노린내를 풍겼다는 뜻이다.

10) 三徙成都 : 세 번 사는 곳을 옮겼는데 그 주위에 도시가 이루어짐. 成玄英은 "순이 요임금의 아들 단주를 피했고 또 많은 사람들이 모이는 것을 원치 않았기 때문에 세 차례 도망하여 이사를 하여 피했지만 백성들이 그의 덕을 그리워하여 따르는 이가 십만에 이르렀고 머물렀던 곳에 저절로 도시가 이루어졌다〔舜避丹朱 又不願衆聚 故三度逃走 移徙避之 百姓慕德 從者十萬 所居之處 自成都邑〕."고 풀이했고, ≪史記≫ 〈五帝本紀〉에는 "일 년 만에 순이 머물렀던 곳에 취락이 이루어졌고, 이 년만에 고을을 이루었으며, 삼 년 만에 도시를 이루었다〔一年而所居成聚 二年成邑 三年成都〕."는 기록이 있다.

11) 鄧之墟 : 등의 옛 터. 鄧은 지명. ≪說文解字≫에는 南陽에 있다고 했다.

12) 擧之童土之地 : 불모지에서 그를 등용함. 童土는 불모지. 아직 성숙하지 못한 땅이라는 뜻에서 어리다는 뜻인 童자를 붙인 것이다. 向秀는 "童土는 땅에 초목이 없음이다〔童土 地無草木也〕."라고 풀이했다.

13) 冀得其來之澤 : 그가 와서 은택을 베풀기를 바람. 王先謙은 "순이 와서 은혜를 베

풀기를 바란다고 말한 것이다〔云望得舜來而施澤也〕."라고 풀이했다.

14) 年齒長矣 聰明衰矣 而不得休歸 所謂卷婁者也 : 순이 불모지에서 등용될 때 나이가 많았고 총명이 쇠퇴했는데도 돌아가서 쉬지를 못했으니 이른바 '몸을 움츠려서 뻗어나가는 기상이 없는 자'에 해당한다. '不得休歸'는 돌아가 쉬지 못했다는 뜻인데, 王叔岷은 이 구절을 두고 〈逍遙遊〉편에서 許由가 堯임금에게 "돌아가 쉬십시오, 임금이시여. 나는 천하를 위해 쓰일 곳이 없습니다〔歸休乎君 予無所用天下爲〕."라고 했으며 여기의 舜은 천하에 쓸모가 있었기 때문에 돌아가 쉬지 못하게 된 것이라고 풀이했는데 참고할 만한 견해이다.

15) 神人惡衆至 : 신인은 많은 사람들이 자기를 찾아오는 것을 싫어함. 郭象은 "많은 사람들이 스스로 찾아온 것이지 〈舜이〉 찾아오는 것을 좋아해서 부른 것이 아니다〔衆自至耳 非好而致也〕."라고 풀이하여 舜임금을 神人으로 이해한 듯하지만, 이 구절은 '신인은 舜처럼 仁義의 냄새를 풍겨서 사람들이 찾아오게 하지 않는다.'는 맥락으로 이해해야 하므로 郭象의 견해는 옳지 않다.

16) 衆至則不比 不比則不利也 : 많은 사람이 오게 되면 서로 친하지 못하게 되고 서로 친하지 못하게 되면 서로 이롭지 못함. 比는 親比의 뜻으로 화목하다는 의미. 陳壽昌은 "比는 和睦함이다. 많은 사람이 모이면 불화하기 마련인데 불화한 상태에서 화목하기를 추구하게 되면 정신을 다하고 육체를 피로하게 한다. 그 때문에 불리하다〔比 和也 衆聚則不和 不和而求其和 殫精勞形 故不利也〕."라고 풀이했다.

17) 抱德煬和 以順天下 : 자연의 덕을 품고 하늘의 조화로운 기운을 배양하여 천하 사람들을 따름. 抱德의 德은 자연의 덕성. 煬和는 養和, 곧 天和之氣를 기름. 奚侗은 煬을 養의 가차자라고 풀이했다.

18) 於蟻棄知 於魚得計 於羊棄意 : 개미가 된 경우에는 양고기를 사모하는 지혜를 버리고, 물고기가 된 경우에는 강호에서 서로 잊고 자유로이 헤엄치는 계책을 몸에 붙이고, 양이 되어서는 노린내를 풍겨서 개미를 모으는 의도를 버림. 林希逸은 "개미는 지극히 미천한 동물이지만 여전히 완전히 무지하지 못하고 양은 지극히 어리석은 동물이지만 여전히 완전히 의도가 없지는 못하다. 오직 진인만이 무지하고 의지가 없을 수 있다. 그 때문에 개미의 경우에는 지를 버리고 양의 경우에는 의도를 버린다고 말한 것이다. 물고기는 물에 있을 때 유유히 스스로 만족스러워하기 때문에 진인이 스스로를 위해 계책을 세울 때 단지 물고기처럼 할 뿐이다〔蟻 至微之物

也 而猶未盡能無知 羊 至愚者也 而猶未盡能無意 唯眞人則無知矣 無意矣 故曰 於蟻棄知 於羊棄意 魚之在水 悠悠自得 眞人之自爲計 但如魚然〕."라고 풀이했다.

19) 以天待之 不以人入天 : 자연〔天〕 그대로 사물을 대하는지라 인위적으로 자연〔天〕에 끼어들지 아니함. 以天待之는 자연 그대로 인사를 다스린다는 뜻이다. 陳景元의 ≪莊子闕誤≫에서 인용하고 있는 張君房본에는 待之의 之가 人자로 표기되어 있는데 方勇・陸永品은 이것을 따라야 한다고 주장했다. 하지만 之자를 그대로 두고도 같은 해석이 가능하기 때문에 굳이 바꾸지 않는다.

20) 得之也生 失之也死 得之也死 失之也生 : 자연〔天〕을 얻으면 태어나고 자연〔天〕을 잃으면 죽으며 인위에 빠지면 죽고 인위에서 벗어나면 살아났다. 앞의 두 之자는 자연을 지칭하고 뒤의 두 之자는 인위를 지칭한다. 다만 林希逸은 "生死와 得失에 한결같이 자연을 따르기 때문에 태어나는 것을 얻었다고 말해도 옳고 죽은 것을 얻었다고 말해도 옳으며 태어나는 것을 잃어버렸다고 말해도 옳고 죽는 것을 잃어버렸다고 말해도 옳다〔生死得失 一聽自然 生而曰得亦可 死而曰得亦可 生而曰失亦可 死而曰失亦可〕."라고 풀이했는데 네 之자를 모두 자연의 뜻으로 본 듯하다.

藥也 其實은 堇也와 桔梗也와 鷄雍也와 豕零也[1]라 是는 時爲帝者也니 何可勝言[2]하리오 句踐也 以甲楯三千으로 棲於會稽[3]어늘 唯種也能知亡之所以存호대 唯種也不知其身之所以愁[4]하니라 故로 曰 鴟目이 有所適하며 鶴脛이 有所節하니 解之也悲[5]라하나니라 故로 曰 風之過河也에 有損焉하며 日之過河也에 有損焉하니 請只風與日로 相與守河하니 而河는 以爲未始其攖也[6]하나니 恃源而往者也[7]일새니라 故로 水之守土也審하며 影之守人也審하며 物之守物也審[8]하니라

故로 目之於明也에 殆며 耳之於聽也에 殆며 心之於殉也에 殆[9]하며 凡能이 其於府也에 殆[10]하나니 殆之成也에는 不給改[11]라 禍之長也茲萃[12]하나니라 其反也는 緣功이오 其果也는 待久어늘 而人이 以爲己寶하나니 不亦悲乎아 故로 有亡國戮民이 無已는 不知問是也니라

故로 足之於地也踐하나니 雖踐이나 恃其所不蹍 而後에야 善博也[13]하나니라 人之於知也少하니 雖少나 恃其所不知 而後에야 知天之所謂也[14]하나니라 知大一[15]하며 知大陰[16]하며 知大目[17]하며 知大均[18]하며 知大方[19]하며 知大信[20]하며 知大定[21]이 至矣니 大一은 通之하고 大陰은 解之하고 大目은 視之하고 大均은 緣之하고 大方은 體之하고 大信은 稽之하고 大定은 持之하나니라

盡有天하며 循有照하며 冥有樞하며 始有彼[22]하니 則其解之也도 似不解之者하며 其知之也도 似不知之也니 不知而後에야 知之니라 其問之也에 不可以有崖며 而不可以無崖로다 頡滑이 有實하며 古今에 不代라 而不可以虧[23]니 則可不謂有大揚搉乎아 闔不亦問是已[24]오 奚惑然爲리오 以不惑으로 解惑하야 復於不惑이면 是尙大不惑[25]이니라

藥이라고 하는 것은 〈그것이 약이라는 점에서는 하나이지만〉 구체적으로는 씀바귀, 도라지, 가시연, 저령(시령) 따위이다. 이것들이 그때그때의 병 증세에 따라 主藥이 되는 것을 어찌 한마디로 다 말할 수 있겠는가.

옛날 越나라 왕 句踐이 군사 삼천을 끌고 會稽山에 들어가 농성하였는데 〈그러다가 결국 吳王 夫差에게 항복하여 모두 이제 망했다고 생각했으나〉 오직 大夫 種(文種)만이 지금 월나라의 멸망이 〈장래 월나라가〉 존속할 수 있는 원인이 된다는 것을 알았다. 그러나 그 大夫 種(文種)도 〈월나라가 다시 흥한 뒤에 讒言을 당하게 되어 구천에게 죽음을 당했으니〉 그것(월나라가 다시 일어난 것)이 자신의 근심이 되는 원인이었음을 알지 못했다. 그러므로 '올빼미의 눈은 그 나름대로 적합함이 있고 학의 다리 또한 나름대로의 적절함이 있는데 눈과 다리를 제거해버리면 올빼미와 학이 슬퍼할 것이다.'라고 말하는 것이다.

또 그래서 이르기를 '바람이 河水 위를 지나가면 하수가 줄어들고 해가 하수 위를 지나가면 하수가 줄어들지만 도리어 바람과 해로 하여금 함께 하수

를 지켜달라고 요구한다. 하수는 애초부터 자신의 것을 빼앗는다 여기지 않으니 하수는 根源에 의지해서 흘러가는 존재이기 때문이다.'라고 말하는 것이다. 그러므로 물흐름은 토지의 高低·形狀에 의지함이 긴밀하며, 그림자가 사람의 형체에 의지함이 긴밀하며, 어떤 사물은 또 다른 사물에 의지함이 긴밀하다.

그러므로 눈이 밝게 보는 것만 추구하면 위태로우며, 귀가 분명하게 듣는 것만 추구하면 위태로우며, 마음이 지혜로움만 생각하면 위태로우며, 인간의 모든 능력은 그 기관의 역할에 국한되면 위태로우니, 이미 위태로움이 이루어지고 나면 고치려고 하여도 미치지 못하는지라, 禍가 커져서(화가 화를 불러) 점점 더 많이 모이게 된다. 〈이렇게 화가 더 많아졌을 때〉 본래의 모습으로 되돌아가기 위해서는 많은 노력이 있어야 하고 성과가 이루어지기까지는 오랜 시간을 기다려야 하는데 세상 사람들은 〈위태롭기만 한 耳目의 聰明, 마음의 英知를〉 자기의 보물로 여기고 있으니 또한 슬프지 아니한가. 그러므로 군주로서 나라를 망치는 자와 백성으로서 주륙을 당하는 자가 끊임없이 續出하는 것은 이것을 물어볼 줄 모르기 때문이다.

그러므로 사람의 발이 땅을 직접 밟는 부분은 협소하지만 직접 밟지 않은 땅을 믿은 뒤라야 넓게 걸어 다닐 수 있다. 인간의 지식은 〈천지 우주의 한없는 광대함에 비하면〉 매우 적다. 비록 적으나 알지 못하는 바를 믿은 뒤라야 자연〔天〕이 가르치는 진리를 알 수 있을 것이다. 大一을 알고 大陰을 알고 大目을 알고 大均을 알고 大方을 알고 大信을 알고 大定을 알면 지극하다 할 것이다.

大一은 이것을 통하게 하고, 大陰은 이것을 분해하고, 大目은 이것을 보고, 大均은 있는 그대로를 따르고, 大方은 이것을 체득하고, 大信은 이것을 생각하고, 大定은 이것을 유지한다. 이 일곱 가지를 극진히 하면 天道가 현현하고, 天(自然)을 따르면 밝게 비추는 지혜가 있게 되고, 지혜가 작용하지 않는 데에서 冥合하면 樞要가 있게 되고, 우주의 시원에 저 道가 있게 된다.

그러니 이 道를 이해하고 있는 자는 도리어 아무 것도 이해하지 못한 것처럼 보이고, 그 道를 알고 있는 것도 도리어 아무 것도 알지 못한 것처럼 보인다. 그러니 알지 못하고서 그런 뒤라야 비로소 참으로 道를 알게 되는 것이다. 누군가가 道에 관해 물으면 그것을 무엇이라 한정지어 대답할 수도 없고 (그렇다고) 아무런 한정이 없다고 할 수도 없다.

〈道는〉 위에 있다가 아래에 있다가 또 이리 변하고 저리 돌아서 붙잡을 수 없지만 實在하는 것이며 예나 지금이나 바뀌지 않고 변함없이 존속해서 훼손할 수 없으니 세계를 크게 싸안은 커다란 테두리라고 하지 않을 수 있을 것인가. 〈사람들은〉 어찌하여 또한 이것(道)을 물어보지 않는고? 어찌하여 미혹되어 이 지경이 되었는가. 미혹되지 않은 밝은 知로 미혹을 풀어서 미혹되지 않은 경지로 돌아가면 이것이 크게 미혹되지 않은 경지에 가까울 것이다.

【역주】

1) 藥也 其實 堇也 桔梗也 鷄蘿也 豕零也 : 藥이라고 하는 것은 〈그것이 약이라는 점에서는 하나이지만〉 구체적으로는 씀바귀, 도라지, 가시연, 저령(시령) 따위이다. 거론한 약재들은 대체로 흔한 것들로 귀한 약재가 아니지만 특정 병증을 치료할 때에는 가장 중요한 약재가 되기도 한다는 맥락이다.

2) 是 時爲帝者也 何可勝言 : 是時爲帝者也 何可勝言 : 이것들이 그때그때의 병 증세에 따라 主藥이 되는 것을 어찌 한마디로 다 말할 수 있겠는가. 是는 앞에서 거론한 흔한 약재들을 지칭한다. 흔한 약재들이 특정의 병증을 치료할 때는 帝의 역할을 하는 것처럼 인간사도 이와 같아서 처지의 변화에 따라 賢도 되고 愚도 될 수 있다는 뜻이다. 郭象은 "필요한 때를 만나게 되면 천한 것이 없게 되고 쓰일 때가 아니면 귀한 것이 없다. 귀천은 때가 있는 법이니 누가 늘 귀할 수 있겠는가〔當其所須則無賤 非其時則無貴 貴賤有時 誰能常也〕."라고 풀이했는데 이 대목의 맥락을 정확히 간파한 견해라 할 수 있다.

3) 句踐也 以甲楯三千 棲於會稽 : 구천이 군사 삼천을 끌고 회계산에 들어가 농성함. 오나라 왕 부차와 싸우다 대패하여 살아남은 군사 삼천을 끌고 회계산으로 도망친 일을 말한다. 棲는 산에 올라가 농성했다는 뜻. 李頤는 "산에 올라가는 것을 棲라 한다〔登山曰 棲〕."고 풀이했다.

4) 唯種也能知亡之所以存 唯種也不知其身之所以愁 : 오직 大夫 種(文種)만이 지금 월나라의 멸망이 〈장래 월나라가〉 존속할 수 있는 원인이 된다는 것을 알았다. 그러나 그 大夫 種(文種)도 〈월나라가 다시 흥한 뒤에 讒言을 당하게 되어 구천에게 죽음을 당했으니〉 그것(월나라가 다시 일어난 것)이 자신의 근심이 되는 원인이었음을 알지는 못함.

成玄英은 "種은 월나라 대부의 이름이다. 당시 구천이 대패하여 오직 삼천의 군사를 끌고 회계산으로 도망하여 멸망이 멀지 않았지만 대부 종이 은밀하게 계획하고 깊은 지혜를 발휘하여 멸망에 가까운 나라를 보존할 수 있었다. 당시 거짓으로 오나라와 화친하고 그 뒤 이십 년 만에 오나라를 멸망시켰다. 〈그러나〉 민첩한 토끼가 죽고 나면 좋은 사냥개라도 삶아 먹히고 적국이 멸망하고 나면 충신이 죽게 되는 것은 자주 일어나는 일이다. 오나라를 평정한 뒤 범려는 월나라를 떠나 강호에서 노닐며 이름과 성을 바꾸고 지혜를 숨기고 자취를 없앴으니 도주공이 바로 그이다. 〈그러나〉 대부 종은 떠나지 못했다가 구천에게 죽임을 당했으니 단지 나라가 망할 때 보존할 계책만 알았고 자기 몸의 근심거리로 인해 필경 죽게 될 것임을 알지 못한 것이다〔種 越大夫名 其時句踐大敗 兵唯三千 走上會稽山 亡滅非遠 而種密謀深智 亡時可存 當時矯與吳和 後二十年而滅吳矣 夫狡免死 良狗烹 敵國滅 忠臣亡 數其然也 平吳之後 范蠡去越而游乎江海 變名易姓 韜光晦跡 卽陶朱公是也 大夫種不去 爲句踐所誅 但知國亡而可以存 不知愁身之必死也〕."라고 풀이했다.

5) 鴟(치)目 有所適 鶴脛 有所節 解之也悲 : 올빼미의 눈은 그 나름대로 적합함이 있고 학의 다리 또한 나름대로의 적절함이 있는데 눈과 다리를 제거해버리면 올빼미와 학이 슬퍼할 것임. 올빼미의 눈은 밤에 사물을 밝게 보는 데 적합함이 있고 학의 다리는 늪지대를 걷는 데 적절함이 있는데 그것을 생각하지 않고 낮에 보이지 않는다, 너무 길다 하여 눈과 다리를 제거해버리면 올빼미와 학이 슬퍼할 것이라는 뜻. 〈騈拇〉편에서 "오리의 다리가 비록 짧지만 이어주면 슬퍼하고 학의 다리가 길지만 잘라내면 슬퍼한다〔鳧脛雖短 續之則憂 鶴脛雖長 斷之則悲〕."고 한 취지와 같다. 鴟는 올빼미.

6) 請只風與日 相與守河 而河 以爲未始其攖也 : 바람과 해로 하여금 함께 하수를 지켜달라고 요구한다. 하수는 애초부터 자신의 것을 빼앗는다 여기지 않음. 하수는 바

람과 해가 불고 쬐고 하더라도 자신의 것을 빼앗는다고 여기지 않는다는 뜻으로 자연의 도를 지키는 사람은 외물이 어지럽힐 수 없다는 의미이다. 하수는 도를 지키는 진인을 비유한 것이다.

7) 恃源而往者也 : 하수는 根源에 의지해서 흘러가는 존재임. 福永光司는 이 황하의 물흐름이야말로 道, 곧 근원적 진리를 근거로 하여 살아가는 眞人의 모습이라고 풀이했다.

8) 水之守土也審 影之守人也審 物之守物也審 : 물흐름은 토지의 高低·形狀에 의지함이 긴밀하며, 그림자가 사람의 형체에 의지함이 긴밀하며, 어떤 사물은 또 다른 사물에 의지함이 긴밀함. 물은 흙 위에 꼭 붙어서 흐르고 그림자는 사람에게 꼭 붙어서 움직이는 것처럼 사물과 사물은 서로 긴밀하게 의지하고 있다는 뜻이다.

9) 目之於明也殆 耳之於聰也殆 心之於殉也殆 : 눈이 밝게 보는 것만 추구하면 위태로우며, 귀가 분명하게 듣는 것만 추구하면 위태로우며, 마음이 지혜로움만 생각하면 위태로움. 殉은 侚(순)의 가차로 재빠른 인간의 英知. 成玄英은 "쫓아감이다〔逐也〕."라고 풀이했고 方勇·陸永品 등이 이 견해를 따르고 있지만 옳지 않다. 章炳麟이 侚 또는 睿의 假借字라고 풀이한 것이 옳다(馬叙倫).

10) 凡能 其於府也殆 : 인간의 모든 능력은 그 기관의 역할에 국한되면 위태로움. 府는 위에 말한 耳目과 心의 기관을 말한다. 林希逸은 胸腑로 풀이했지만 꼭 가슴만 지칭한 것은 아니다.

11) 殆之成也 不給改 : 위태로움이 이루어지고 나면 고치려고 하여도 미치지 못함. 給은 及과 같다.

12) 禍之長也玆萃 : 禍가 커져서(화가 화를 불러) 점점 더 많이 모이게 됨. 玆는 점점 불어남. 滋와 같다. 萃는 모임.

13) 足之於地也踐 雖踐 恃其所不蹍 而後 善博也 : 사람의 발이 땅을 직접 밟는 부분은 협소하지만 직접 밟지 않은 땅을 믿은 뒤라야 넓게 걸어 다닐 수 있음. 成玄英은 踐과 蹍은 모두 '밟는다'는 뜻이라 했는데 兪樾은 '淺의 잘못'이라고 했다. 글자의 모양과 소리가 거의 비슷하기 때문에 혼용된 듯하다. 바로 뒤의 '人之知也少 雖少'라는 구절을 참고할 때 둘 다 淺자가 되어야 한다는 兪樾의 견해가 옳은 듯하지만 踐이 되든 淺이 되든 해석에는 영향을 미치지 못하기 때문에 심각하게 따

질 것이 없다.

14) 恃其所不知 而後 知天之所謂也 : 알지 못하는 바를 믿은 뒤라야 자연〔天〕이 가르치는 진리를 알 수 있음. 사람이 밟지 않은 땅을 믿은 뒤라야 걸어갈 수 있는 것처럼, 자신이 알지 못하는 영역의 것을 알지 못한다는 이유로 무시하면 알고 있는 것조차 성립할 수 없다는 뜻이다.

15) 大一 : 혼돈 상태인 道를 지칭한다. 陸西星은 "혼륜하여 아직 판별되지 않음을 말한다〔渾淪未判之謂也〕."고 풀이했다.

16) 大陰 : 고요한 상태. 大一 이후의 고요한 상태를 지칭한다. 陸西星은 "大陰이란 지극히 고요하여 감응이 없음을 말함이다〔大陰者 至靜無感之謂也〕."라고 풀이했다.

17) 大目 : 커다란 조목. 大陰 이후에 만물이 움직여서 여러 가지 명칭이 있게 된 상태를 말한다.

18) 大均 : 大目이 있게 된 뒤에 천지가 만물을 차별 없이 고르게 화육하는 것을 이른 말. 전혀 차별함이 없이 고르게 다스린다는 뜻에서 大均이라 한 것이다.

19) 大方 : 大均 이후에 만물이 천지 사이에 가득한 상태를 지칭한다(方勇·陸永品).

20) 大信 : 만물에 구체적인 실질이 있는 것을 일컬음이다. 信은 實의 뜻(方勇·陸永品).

21) 大定 : 만물에 각각 올바른 위치, 분수가 있게 된 것을 말함이다. 胡文英은 "大定은 자기 자리를 벗어나지 않음이다〔大定 不出其位〕."라고 풀이했다.

22) 盡有天 循有照 冥有樞 始有彼 : 이 일곱 가지를 극진히 하면 天道가 현현하고, 天(自然)을 따르면 밝게 비추는 지혜가 있게 되고, 지혜가 작용하지 않는 데에서 冥合하면 樞要가 있게 되고, 우주의 시원에 저 道가 있게 됨. 冥有樞는 冥合하면 樞要가 있게 된다는 뜻으로 冥合은 아무 말 없이 뜻이 서로 부합함을 말한다.

23) 頡滑有實 古今不代 而不可以虧 : 〈道는〉 위에 있다가 아래에 있다가 또 이리 변하고 저리 돌아서 붙잡을 수 없지만 實在하는 것이며 예나 지금이나 바뀌지 않고 변함없이 존속해서 훼손할 수 없음. 頡은 위아래로 오르내리는 모습이고, 滑은 이리저리 유동하는 모양이다. 陸西星은 "頡은 위아래로 오르락내리락 함이고 滑은 이리저리 흘러다님이다〔頡 謂升降上下 滑 謂流動旋轉〕."라고 풀이했다.

24) 可不謂有大揚搉乎 闔不亦問是已 : 세계를 크게 싸안은 커다란 테두리라고 하지 않

을 수 있을 것인가. 〈사람들은〉 어찌하여 또한 이것(道)을 물어보지 않는고? 大揚搉은 커다란 테두리. 곧 道를 말한다. 闔은 盍의 가차자. '어찌~하지 않는가(何不)'라는 뜻이다.

25) 以不惑解惑 復於不惑 是尙大不惑 : 미혹되지 않은 밝은 知로 미혹을 풀어서 미혹되지 않은 경지로 돌아가면 이것이 크게 미혹되지 않은 경지에 가까울 것임. 본래 미혹되지 않은 밝은 본성으로 미혹을 풀어서 본성으로 돌아가면 크게 미혹되지 않은 경지에 도달할 수 있을 것이라는 뜻이다. 尙은 '~에 가깝다'는 뜻. 林希逸은 "尙은 가까움이다〔尙 庶幾也〕."라고 풀이했다.

譯者 略歷

安炳周

서울 출생(본적 忠南 唐津)
성균관대학교 대학원 졸업(철학박사)
성균관대학교 유학대학장, 대동문화연구원장 역임
日本 東京大學 외국인 교수 역임(2년간)
성균관대학교 명예교수(現)
국제퇴계학회 명예회장(現)
국제유학연합회(북경 소재) 고문(現)
傳統文化研究會 顧問(現)

論著 및 譯書

儒教의 民本思想(著書)
儒學槪論(共著)
한국의 사상가 12人(共著)
民本儒教의 철학적 지향과 그 현실적 한계
栗谷의 개혁주의와 民本思想 등 다수

田好根

경북 영일 출생
성균관대학교 대학원 졸업(문학박사)
성균관 한림원에서 한문 수학
성균관대, 가톨릭대 강사
한국철학사상연구회 전임연구원(現)
민족의학연구원 편찬실장(現)
傳統文化研究會 이사(現)

論著 및 譯書

공자 지하철을 타다(공저, 푸른디딤돌)
先秦儒家의 天思想 變遷에 關한 研究
16세기 朝鮮 性理學의 특징에 관한 研究
논쟁으로 본 한국철학(공저, 예문서원)
教授用 指導書 童蒙先習(전통문화연구회) 등 다수

東洋古典譯註叢書 10

譯註 莊 子 3　　　　　　정가 39,000원

2004년 12월 31일 초판 발행
2024년 02월 15일 초판 10쇄

譯 註　安炳周 田好根
編 輯　東洋古典飜譯編輯委員會

發行人　郭成文

發行處　社團法人 傳統文化硏究會

등록 : 1989. 7. 3. 제1-936호
서울시 종로구 삼일대로 428 낙원빌딩 411호
전화 : (02)762-8401 전송 : (02)747-0083
전자우편 : juntong@juntong.or.kr
홈페이지 : juntong.or.kr
사이버書堂 : cyberseodang.or.kr
온라인서점 : book.cyberseodang.or.kr

인쇄처 한국법령정보주식회사(02-462-3860)
총 판 : 한국출판협동조합(070-7119-1750)

ISBN 978-89-91720-21-3 94150
978-89-85395-71-7(세트)

전통문화연구회 도서목록

범례 : 周易正義 1~4 〔全15〕 - 전체 15책 계획, 현재 1~4책만 간행된 경우

新編 基礎漢文教材

新編 四字小學·推句	고전교육연구실 編譯	11,000원
新編 啓蒙篇·童蒙先習	고전교육연구실 編譯	11,000원
新編 明心寶鑑	李祉坤·元周用 譯註	15,000원
新編 擊蒙要訣	咸賢贊 譯註	12,000원
新編 註解千字文	李忠九 譯註	13,000원
新編 原文으로 읽는 故事成語	元周用 編譯	15,000원
新編 唐音註解選	權卿相 譯註	22,000원

漢文讀解捷徑시리즈

漢文독해 기본패턴	고전교육연구실 著	15,000원
四書독해첩경	고전교육연구실 著	20,000원
한문독해첩경 - 文學篇	朴相水·李和春 외 著	15,000원
한문독해첩경 - 史學篇	朴相水·李和春 외 著	15,000원
한문독해첩경 - 哲學篇	朴相水·李和春 외 著	15,000원

五書五經讀本

論語集註 上·下	鄭太鉉 譯註	合 50,000원
孟子集註 上·下	田炳秀·金東柱 譯註	合 60,000원
大學·中庸集註	李光虎·田炳秀 譯註	15,000원
小學集註 上·下	李忠九 外 譯註	合 50,000원
詩經集傳 上·中·下	朴小東 譯註	合 90,000원
書經集傳 上·中·下	金東柱 譯註	合 90,000원
周易傳義 元·亨·利·貞	崔英辰 外 譯註	合 120,000원
詳說 古文眞寶大全後集 上·下	李相夏 外 譯註	合 64,000원
春秋左氏傳 上·中·下	許鎬九 外 譯註	合 109,000원
禮記 上·中·下	成百曉 外 譯註	合 90,000원

東洋古典國譯叢書

大學·中庸集註 - 개정증보판	成百曉 譯註	10,000원
論語集註 - 개정증보판	成百曉 譯註	27,000원
孟子集註 - 개정증보판	成百曉 譯註	30,000원
詩經集傳 上·下	成百曉 譯註	合 70,000원
書經集傳 上·下	成百曉 譯註	合 70,000원
周易傳義 上·下	成百曉 譯註	合 80,000원
小學集註	成百曉 譯註	30,000원
古文眞寶 後集	成百曉 譯註	32,000원

東洋古典譯註叢書

〈經部〉

〔十三經注疏〕

周易正義 1~4	成百曉·申相厚 譯註	合 139,000원
尙書正義 1~7	金東柱 譯註	合 228,000원
毛詩正義 1~8 〔全15〕	朴小東 外 譯註	合 259,000원
禮記正義 1~2, 中庸·大學	李光虎 外 譯註	合 77,000원
論語注疏 1~3	鄭太鉉·李聖敏 譯註	合 107,000원
孟子注疏 1~4 〔全5〕	崔彩基·梁基正 譯註	合 119,000원
孝經注疏	鄭太鉉·姜珉廷 譯註	30,000원
周禮注疏 1~4 〔全15〕	金容天·朴禮慶 譯註	合 122,000원
春秋左傳正義 1~2 〔全18〕	許鎬九 外 譯註	合 59,000원
春秋公羊傳注疏 1 〔全7〕	許鎬九 外 譯註	37,000원

春秋左氏傳 1~8	鄭太鉉 譯註	合 244,000원
禮記集說大全 1~5 〔全10〕	辛承云 外 譯註	合 160,000원
東萊博議 1~5	鄭太鉉·金炳愛 譯註	合 153,000원
韓詩外傳 1~2	許敬震 外 譯註	合 62,000원
說文解字注 1~4 〔全20〕	李忠九 外 譯註	合 141,000원

〈史部〉

思政殿訓義 資治通鑑綱目 1~22 〔全39〕	辛承云 外 譯註	合 671,000원
通鑑節要 1~9	成百曉 譯註	合 275,000원
唐陸宣公奏議 1~2	沈慶昊·金愚政 譯註	合 80,000원
貞觀政要集論 1~4	李忠九 外 譯註	合 102,000원
列女傳補注 1~2	崔秉準·孔勤植 譯註	合 68,000원
歷代君鑑 1~4	洪起殷·全百燦 譯註	合 135,000원

〈子部〉

孔子家語 1~2	許敬震 外 譯註	合 71,000원
管子 1~3 〔全4〕	李錫明·金帝蘭 譯註	合 91,000원
近思錄集解 1~3	成百曉 譯註	合 96,000원
老子道德經注	金是天 譯註	30,000원
大學衍義 1~5 〔全7〕	辛承云 外 譯註	合 144,000원
墨子閒詁 1~6 〔全7〕	李相夏 外 譯註	合 212,000원
說苑 1~2	許鎬九 譯註	合 50,000원
世說新語補 1~5	金鎭玉 外 譯註	合 171,000원
荀子集解 1~7	宋基采 譯註	合 224,000원
心經附註	成百曉 譯註	35,000원
顔氏家訓 1~2	鄭在書·盧暻熙 譯註	合 47,000원
揚子法言 1 〔全2〕	朴勝珠 譯註	24,000원

列子鬳齋口義	崔秉準·孔勤植·權憲俊 共譯	34,000원
二程全書 1~6〔全10〕	崔錫起·姜導顯 譯註	合 205,000원
莊子 1~4	安炳周·田好根 共譯	合 113,000원
政經·牧民心鑑	洪起殷·全百燦 譯註	27,000원
韓非子集解 1~5	許鎬九 外 譯註	合 174,000원

〔武經七書直解〕

孫武子直解·吳子直解	成百曉·李蘭洙 譯註	35,000원
六韜直解·三略直解	成百曉·李鍾德 譯註	26,000원
尉繚子直解·李衛公問對直解	成百曉·李蘭洙 譯註	26,000원
司馬法直解	成百曉·李蘭洙 譯註	26,000원

〈集部〉

古文眞寶 前集	成百曉 譯註	30,000원
唐詩三百首 1~3	宋載卲 外 譯註	各 25,000원~36,000원

唐宋八大家文抄

韓愈 1~3	鄭太鉉 譯註	合 78,000원
柳宗元 1~2	宋基采 譯註	合 44,000원
歐陽脩 1~7	李相夏 譯註	合 203,000원
蘇洵	李章佑 外 譯註	25,000원
蘇軾 1~5	成百曉 譯註	合 110,000원
蘇轍 1~3	金東柱 譯註	合 64,000원
王安石 1~2	申用浩·許鎬九 共譯	合 45,000원
曾鞏	宋基采 譯註	25,000원

明淸八大家文鈔

歸有光·方苞	李相夏 外 譯註	35,000원
劉大櫆·姚鼐	李相夏 外 譯註	35,000원
梅曾亮·曾國藩	李相夏 外 譯註	38,000원

東洋古典新譯

당시선	송재소·최경렬·김영죽 편역	22,000원
손자병법	성백효 역주	14,000원
장자	안병주·전호근·김형석 역주	13,000원
고문진보 후집	신용호 번역	28,000원
노자도덕경	김시천 역주	15,000원
고문진보 전집 上·下	신용호 번역	合 44,000원
신식 비문척독	박상수 번역	25,000원

동양문화총서

동양사상 해설과 원전	정규훈 外 저	22,000원
화합의 길 《중용》 읽기	금장태 저	20,000원
호설과 시장	신용호 저	20,000원
어느 노학자의 젊은 시절	심재기 저	22,000원

문화문고

경전으로 본 세계종교 그리스도교	이정배 편저	10,000원
〃 도교	이강수 편역	10,000원
〃 천도교	윤석산 외 편저	10,000원
〃 힌두교	길희성 편역	10,000원
〃 유교	이기동 편저	10,000원
〃 불교	김용표 편저	10,000원
〃 이슬람	김영경 편역	10,000원
논어·대학·중용	조수익·박승주 공역	10,000원
맹자	조수익·박승주 공역	10,000원
소학	박승주·조수익 공역	10,000원
십구사략 1~2	정광호 저	合 24,000원
무경칠서 손자병법·오자병법	성백효 역	10,000원
〃 육도·삼략	성백효 역	10,000원
〃 사마법·울료자·이위공문대	성백효 역	10,000원
당시선	송재소·최경렬·김영죽 편역	10,000원
한문문법	이상진 저	10,000원
한자한문전통교재	조수익·이성민 공역	10,000원
士小節 선비 집안의 작은 예절	이동희 편역	12,000원
儒學이란 무엇인가	이동희 저	10,000원
동아시아의 유교와 전통문화	이동희 저	13,000원
현대인, 동양고전에서 길을 찾다	이동희 저	10,000원
100자에 담긴 한자문화 이야기	김경수 저	12,000원
우리 설화 1~2	김동주 편역	合 20,000원
대한민국 국무총리	이재원 저	10,000원
백운거사 이규보의 문학인생	신용호 저	14,000원